KB177499

헨리 데이비드 소로(1817~1862)

▲〈논밭을 가로지르는 기차〉 조지 인네스 그림.《숲 속의 생활》과 같은 시기인 19세기 중반 미국 목장의 전형적인 풍경. 멀리 보이는 기차가 화면 왼쪽의 나무들과 조화를 이룬 새로운 전원풍경을 보여준다.

◀소로의 생가 윌러 마이넛 농가, 콩코드

▲콩코드 중심 거
리(1865)

▶콩코드 제일교회
소로의 장례식은
소로가 예배에 참
석하지 않겠다는
문서를 보낸 적이
있는 이 교회에서
그의 제자 3천여
명이 참석한 가운
데 치러졌다.

▲월든 호숫가에 복원된 오두막
본디 오두막은 1845년 봄, 소로가 직접 소나무를 다듬어 독립 기념일에 완성했다.

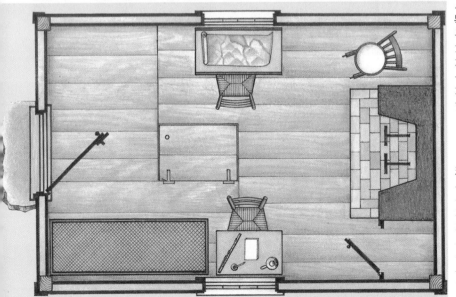

◀오두막 내부
3평 정도 되는 크기로 벽난로와 침대, 책상 두 개로 최소한의 가구만 놓았다. 소로는 2년에 걸쳐 자급자족, 부지런히 일하며 공부하는 생활을 실천했다.

랠프 월도 에머슨(1803~1882) 미국의 사상가·시인·초월주의자. 소로는 하버드 재학중 에머슨의 《자연론》을 읽었고, 졸업 때 에머슨의 〈미국의 학자〉가 강연되면서 그의 영향을 많이 받았다.

월든 호숫가의 사계 : 봄

여름

가을

겨울

WALDEN;

OR,

LIFE IN THE WOODS.

By HENRY D. THOREAU,

AUTHOR OF "A WEEK ON THE CONCORD AND MERRIMACK RIVERS."

I do not propose to write an ode to dejection, but to brag as lustily as chanticleer in the morning, standing on his roost, if only to wake my neighbors up. — Page 92.

BOSTON:

TICKNOR AND FIELDS.

M DCCC LIV.

《월든 또는 숲속의 생활》(1854) 속표지 여동생 소피아가 그린 삽화

레이첼 카슨(1907~1964)

레이첼 카슨의 생가 펜실베이니아주 피츠버그 북쪽 스프링데일

메릴랜드주 몽고메리카운티 실버스프링 자택 카슨은 1964년 이 집에서 56세의 나이로 생을 마쳤다.

▶펜실베이니아 여자
대학(현 채텀칼리지)
작가를 꿈꾸며 문
학 전공으로 입학했
지만, 2학년 때 스킨
커 교수의 생물학으
로 전공을 바꿨다.

▼우즈홀 해양생물
연구소
매사추세츠주 케이
프코드. 대학을 졸
업한 카슨은 이 연
구소에서 6주간 초
급생물학자 연구과
정에 참가한다.

신커티그 국립야생생물보호구역의 야생마와 중대백로 카슨이 '어류야생생물국' 근무 시절 자신의 신커티그 국립야생 생물보호구역 연구보고서가 《자연보호 현상황》에 실렸다.

▶목장에 DDT를 살포하는 항공 농약살포기 오리건주. 1948.

카슨은 DDT는 '농약 원자탄'이라며 하늘로부터의 살포는 대지에 대한 '공폭'이라고 표현했다.

▼농약더미 위에 앉아 있는 농부 펜실베이니아주 리티츠. 1955.

◀상원소위원회에서 증언하는 카슨 (1963)

농약의 유해에 관한 카슨의 증언은 케네디 행정부가 살충제의 영향을 조사하고 'DDT 사용금지'를 하도록 했으며, 환경보호국 설립을 촉발시켰다.

▼카슨의 무덤
몽고메리카운티 록빌의 파크론 기념공원 및 메로나 정원. 화장된 유골 일부는 메인 사우스포트 암초 해안에 뿌려졌으며, 일부는 어머니의 무덤에 함께 묻혔다.

카슨 동상 매사추세츠주 우즈홀(Woods Hall) 해양생물연구소 인근 워터프런트파크

The author of THE SEA AROUND US and
THE EDGE OF THE SEA
questions our attempt to control the
natural world about us

SILENT
SPRING
Rachel
Carson

《침묵의 봄》(1962) 표지

World Book 102

Henry David Thoreau/Rachel Carson
WALDEN, OR LIFE IN THE WOODS
SILENT SPRING/THE SENCE OF WONDER

월든/침묵의 봄/센스 오브 원더

헨리 데이비드 소로/레이첼 카슨/오정환 옮김

Henry David Thoreau

Rachel Carson

동서문화사

디자인 : 동서랑 미술팀

월든/침묵의 봄/센스 오브 원더
차례

월든 헨리 데이비드 소로

Walden, or life in the woods

월든

헨리 데이비스 소로

1
숲의 생활 경제학
ECONOMY

이 글을 쓸 때, 아니 이 글의 많은 부분을 쓰고 있을 즈음 나는 이웃들로부터 1마일쯤 떨어진 숲 속에서 혼자 생활하고 있었다. 매사추세츠 주 콩코드 월든 호숫가에 직접 오두막을 지어 보금자리로 삼고 하루하루 두 손으로 일하여 양식을 얻으면서 살았다. 나는 2년 2개월 동안 그렇게 지냈다. 그러나 지금은 다시 문명사회로 돌아와 살고 있다.

마을 사람들이 그때의 생활에 대해 꼬치꼬치 캐묻지 않았다면, 이러한 내 개인적인 나날의 일들을 독자 여러분에게 보란 듯이 드러낼 엄두를 내지 못했을 것이다. 그때의 내 생활에 대해 질문하는 것을 실례라고 여기는 사람도 있었겠지만, 나는 이러한 질문이 예의에 벗어나지 않으며 여러 사정을 두루 따져보면 지극히 자연스럽고 마땅한 귀결이라고 생각했다. 그들은 내가 주로 무엇을 먹고 살았는지, 외롭거나 무섭지는 않았는지에 대해 많이 질문했다. 또 내가 수입의 몇 할을 자선사업에 기부했는지 알고 싶어했는가 하면, 대가족을 부양하는 어떤 마을 사람들은 내가 불쌍한 아이들을 몇이나 키우는지 묻기도 했다. 따라서 나에 대해 별다른 관심이 없는 독자라도 이 책 속에서 내가 그러한 질문에 답하는 것을 널리 이해해 주었으면 한다.

사람들은 글을 쓸 때 일인칭인 '나'를 생략하지만, 이 책에서는 계속 사용할 예정이다. '나'라는 호칭을 고집하는 점이 이 책이 다른 책과 가장 크게 다른 점의 하나이다. 글을 쓸 때 이야기하고 있는 사람이 언제나 자기 자신이라는 것을 우리는 너무 쉽게 잊는다. 내가 나 자신을 아는 만큼 다른 누군가를 잘 알고 있다면 굳이 이렇게 내 이야기만 하지 않을 수도 있다. 하지만 유감스럽게도 삶의 테두리가 좁은 탓에 '나'라는 주제에 얽매이지 않을 수 없다. 덧붙여 말하면, 여러 저술가들이 타인의 경험뿐만 아니라 언젠가는 자기 자신의 생활에 대해서도 꾸밈없이 솔직하게 이야기하게 되기를 바란다. 마치 먼 나라에서 부모 형제에게 자신의 얘기를 편지에 써보내듯이. 그 사람의 생활이 진지한 것이라면 자기 자신의 생활에 대해 쓴 글이라도 나에게는 먼 나라에서 형제가 보낸 편지처럼 소중하기 때문이다. 이 책은 무엇보다 가난한 젊은이들에게 전하는 이야기가 될 것이다. 하지만 다른 독자들도 자신에게 어울리는 부분이 있다면 기꺼이 받아들이리라 믿는다. 예컨대 옷이 작다고 억지로 품을 잡아 늘리는 짓은 하지 않기를. 그래도 치수가 맞는 사람에겐 꽤 쓸모가 있을 테니까.

내가 이제부터 말하고자 하는 이야기는 중국인이나 하와이 사람들에 대한 것이 아니라, 이 책을 읽고 있는 여러분과 같이 뉴잉글랜드 지방에 사는 사람들에 대한 것이다. 즉 여러분이 놓인 상황, 특히 이 세계, 이 마을에 사는 사람들의 외면적인 상황이나 처지는 어떠한가, 오늘과 같이 심각한 상태는 도저히 벗어나기 힘든가, 어떻게 개선할 길은 없는가 등에 대한 이야기이다.

나는 지금 콩코드 마을을 수없이 돌아다녔지만 주민들이 들판이나 가게, 사무실에서 온갖 고된 일에 허덕이는 모습을 볼 때마다 입이 딱 벌어지곤 한다. 인도의 어떤 브라만은 사위의 모닥불을 쪼이며 앉은 자세로 태양을 뚫어져라 응시하거나, 타오르는 불 위에 거꾸로 매달리기도 하고, 자신의 어깨 너머로 줄곧 하늘을 올려다본 탓에 '결국 본디의 자연스런 자세로 돌아오지도 못하고 목이 꼬여 목구멍으로 액체만 넘길 수 있게 되었다'고 한다. 또 그들은 평생을 나무 밑동의 쇠고랑에 묶여 지내거나 광대한 인도 제국을 송충이처럼 기어다니기도 하고, 오랜 기간 기둥 맨꼭대기에 외발로 서 있는 이들도 있다고 한다. 이러한 갖가지 자발적인 고행도 내가 매일 목격하는 광경에 비하면 그다지 놀랄 일도, 믿기 어려운 일도 아니다. 헤라클레스가 치렀다는 12가지 고난도 우리 이웃들이 해내고 있는 노동에 비하면 새 발의 피에 불과하다. 헤라클레스는 기껏해야 열두 번으로 고생이 끝나지 않았는가. 이곳 주민들이 괴물을 퇴치하거나 사로잡아서 난관을 극복하는 장면을 나는 한 번도 본 적이 없다. 즉, 그들에게는 헤라클레스가 머리 아홉 달린 괴물의 머리 하나를 베면 머리 뿌리를 뜨거운 불로 지져주던 이올라우스와 같은 친구도 없기 때문에, 괴물의 목을 하나 끊어버렸다 싶으면 눈 깜짝할 사이에 또 하나의 머리가 돋아나는 꼴인 것이다.

나는 농장이나 가옥, 헛간, 가축, 농기구 등을 부모로부터 상속받았기 때문에 도리어 불행해진 이 마을의 젊은이들을 알고 있다. 이러한 물건들은 상속받기는 쉽지만 버리기는 어렵다. 차라리 그들이 넓은 목초지에서 태어나 늑대의 손에서 자라났다면, 자신이 땀 흘려 경작해야 할 밭이 어떤 곳인지 뿌옇게 서리 끼지 않은 눈으로 꿰뚫어볼 수 있으리라.

누가 그들을 토지의 노예로 만든 것인가? 하긴 '인간은 죽을 때까지 치욕의 흙을 큰 물통 모두를 먹는다'는 속담도 있지만, 그렇다 해도 60에이커나 삼켜야 하는 이유가 무엇인가? 이 땅에 태어나자마자 무덤을 파기 시작하는 것은 무엇 때문인가? 이런 무거운 짐을 짊어진 채로 그들은 생계를 꾸리기 위해 평생 악착같이 일해야만 하는 것이다. 불멸의 영혼을 지닌 많은 인간들이 길이 75피트, 폭 40피트의 헛간과 아무리 쓸어도 결코 깨끗해지지 않는 아우게이아스의 마구간(헤라클레스의 12가지 고난 중 한 가지. 아우게이아스는 축사에 소를 3000마리나 길렀는데, 30년 동안 한 번도 청소하지 않아 그 배설물이 산더미였다. 헤라클레스는 이곳을 하루만에 청소해야 했다), 경작지, 목초지, 풀밭, 삼림으로 이루어진 100에이커의 토지를 질질 끌면서 그 산더미 같은 무게에 뼈가 으스러질 듯한 상태에서 숨을 헐떡이며 인생의 길을 한 걸음 두 걸음 내딛는 모습을 수없이 많이 보았다. 이러한 쓸데없는 재산에 얽매이지 않은 알몸뚱이의 인간도 자신의 몸 하나를 경작하려면 등골이 빠지는 것이다.

그러나 인간의 노고란 오해에서 비롯되는 법이다. 인간의 몸은 언젠가는 흙으로 돌아가 거름이 되기 마련이다. 그런데 세상 사람들은 보통 필연이라 불리는 겉으로 드러난 운명만을 믿고, 옛 문헌에도 있듯이 벌레 먹고 녹이 슬며 도둑이 들어와 싹쓸이할 재산을 쌓아올리는 데만 급급하게 살고 있다. 어리석은 자의 일생이 아닐 수 없다. 처음에 그들은 이러한 사실을 깨닫지 못하지만 생애의 막바지에 이르면 알게 된다. 데우칼리온과 그의 아내 피라는 머리 뒤로 돌을 던져 인간을 창조했다고 한다.

Inde genus durum sumus, experiensque laborum,

Et documenta damus quâ simus origine nati

월터 롤리(Sir Walter Raleigh : 1552?~1618. 영국의 궁정시인·군인)는 이것을 격조 높은 시문으로 다음과 같이 옮겼다.

"그로부터 우리 종족은 굳건한 마음으로 노고를 견디고 자신의 육체가 돌의 본성을 지녔음을 증명해 보였다."

잘못된 신탁을 맹신해 머리 뒤로 돌을 던졌지만, 돌이 어디에 떨어졌는지 확인하지 않았기 때문에 이런 결과가 되어버린 것이다. 대부분의 사람들은 비교적 자유로운 이 나라에 살면서도 단지 무지와 오해 때문에 쓸데없는 걱정과 중노동에 얽매여 인생의 잘 여문 과실을 따지 못하고 있다. 그들은 지나친 노동으로 손가락을 너무 혹사시켜서 정작 열매를 딸 때는 손이 무디고 떨리는 것이다.

실제로 항상 일만 하는 인간에게는 하루하루를 진정 성실하게 살아갈 여유가 없으며, 사람답게 타인과 교제할 시간도 없다. 이래서 노동의 시장가치는 떨어지고, 인간은 결국 기계로 전락하고 만다. 자기가 알고 있는 바를 늘 과시해야 하는 사람이, 어떻게 인간의 성장에 필요한 무지를 기억할 수 있겠는가? 그러한 사람에게는 가끔 이쪽에서 먹을 양식과 입을 것을 베풀어주고, 보약으로 원기를 북돋운 다음 당사자를 평가해야 한다. 인간에게 가장 필요한 자질은 과일의 표면에 붙은 흰 가루와 마찬가지로 세심한 주의를 기울여 지켜야 하는데, 우리들은 자신이든 타인이든 이러한 자질을 별로 소중하게 다루지 않는다.

여러분 중에는 궁핍한 생활에 허덕이며 힘들게 살아가는 사람도 있을 것이다. 또 그 중에는 지금까지 먹은 식대조차 내지 못하고, 벌써 닳기 시작했거나 완전히 닳아빠진 옷이나 구두 대금도 지불하지 못한 채 시간을 아쉬워하기도 하고 훔치기도 하고, 또 채권자로부터 한때의 시간을 빼앗기기도 하면서 여기까지 읽어내려온 사람이 분명 있을 것이다. 내 눈은 오랜 경험으로 인해 아주 예리해졌기 때문에 초라하고 빠듯한 생활을 하고 있는 여러분의 모습을 결코 놓치지 않는다. 여러분은 장사를 시작해 보기도 하고, 빚더미에서 헤어나려고 발버둥치기도 하면서 항상 벼랑 끝에 서 있는 심정으로 살아갈 것이다. 아주 먼 옛날부터 진흙탕에 비유했던 빚을 라틴 사람들은 '타인의 놋쇠(aes alienum)'라고 불렀다. 이는 그들이 놋쇠로 동전을 만들었기 때문이다. 지금도 사람들은 이 타인의 놋쇠에 매달려서 살다가 죽고, 땅에 묻힌다. 내일은 빚을 갚는다, 꼭 갚는다 하면서도 결국 빚을 갚지 못한 채 오늘 덜컥 죽어버리고 마는 것이다.

사람들은 법을 어기지 않는 선에서 갖은 수단을 동원해 손님의 비위를 맞추고 이득을 보려 한다. 거짓말을 하고, 아첨을 하고, 투표를 하고, 몸을 움츠려 조막만 한 겸손의 껍데기 속으로 기어들어가는가 싶더니 이내 허풍을 떨며 안개처럼 얄팍한 도량을 보란 듯이 펼쳐 보이기도 한다. 이러한 행동은 모두 상대를 잘 구슬려 모자나 구두, 양복, 마차 따위를 만들어 바치고 물건을 사게 하려는 수작이다. 이러다가 급기야 건강을 해치기도 하는데, 사람들은 또 병이 날 것에 대비해 치료비를 모은답시고 낡은 옷장이나 벽 뒤에 돈을 숨긴 양말을 감추고, 더 안전하다는 생각에 벽돌로 지은 은행에 예금을 한다. 돈을 모으는 장소나 금액이 많고 적은 것은 문제가 아니다.

때때로 나는, 우리들이 흑인노예제도라고 하는 야비하고 경솔한 제도에 빠져 있을 만큼 천박한 국민이라는 사실에 놀라움을 금치 못한다. 지금 북부와 남부에는 모든 사람을 노예로 만들어버리는 악랄한 족속들이 많다. 남부에 노예감독이 있는 것도 참을 수 없지만, 이러한 존재가 북부에도 존재한다는 것은 더욱 참을 수 없는 일이다. 하지만 무엇보다 눈 뜨고 볼 수 없는 꼴은 자기 자신의 노예감독이 되는 것이다.

인간의 신성함이라니, 참 허울도 좋지! 밤낮으로 짐마차를 달리며 시장으로 향하는 마부를 보라. 그의 내부에 신성함이 싹틀 낌새라도 보이는가? 이자가 맡은 최고의 임무란 고작 말에게 여물을 주고 물을 마시게 하는 것이다. 짐을 날라 몇 푼이라도 챙길 수 있다면 자신의 운명 따위는 어떻게 되든 상관없다는 처지이다. '세간의 평판'이라는 나라를 섬기며 마차를 달리고 있을 뿐인데, 이자의 어디가 신성하고 불후하다는 것인가? 그는 사람 눈을 피하며 종일 할 수 없는 불안에 사로잡혀 오금도 못 펴고 지낼 뿐이다. 신성하고 영원하기는커녕 자신에 대한 평가, 즉 자신의 행위가 획득한 평판의 노예가 되고 죄인이 되어 사는 셈이다.

하지만 세간의 평가 따위는 우리가 남몰래 품는 자기에 대한 평가에 비하면 소심한 폭군에 불과할 뿐이다. 결국은 스스로 자신을 어떤 존재로 생각하느냐에 따라 인간의 운명을 결정하고 시사하는 것이다. '이미 노예가 해방되고 있는' 영국령 서인도 제도에서도 이러한 환상과 상상에서 자신을 해방시키는 경우라면, 글쎄 도대체 어떤 윌버포스(William Wilberforce : ^{1759~1833. 영국의 정치가.}
^{노예제도 폐지운동을 이끈 지도자})

가 나타나서 그것을 실현시켜줄 것인가? 또 최후의 심판을 앞두고 자기의 운명에 대한 관심을 얼버무리려 일부러 장식 이불의 천을 짜는 아낙네들을 생각해보라! 쓸데없이 시간을 낭비해도 영원은 상처받지 않는다고 생각하는 것일까?

사람들 대부분은 조용히 절망의 나날을 보내고 있다. 포기한다는 것은 다름 아닌 절망의 확인이다. 사람은 절망의 도시를 빠져나가 절망의 숲으로 가서 밍크나 사향뒤쥐의 용기를 목격하고 스스로를 위로하는 수밖에 없다. 인류가 즐기는 갖가지 경기나 오락의 밑바탕에는 반드시 이러한 무의식적인 절망이 숨어 있다. 거기에는 유희가 없다. 유희란 일한 뒤에 오는 것이니까. 하지만 절망적인 행동은 아예 하지 않는 것이 지혜의 가장 큰 특징이다.

'인간의 가장 큰 목적은 무엇인가?', '생활에서 정말로 필요한 물건이나 수단은 무엇인가?'라고 교리문답식으로 생각해보면 사람들은 흔하디흔한 생활방식이 무엇보다 마음에 들었기 때문에 그것을 선택한 것인데, 그들은 오히려 달리 선택의 여지가 없기 때문에 이러한 생활방식을 따르는 것이라고 믿는다. 그러나 건강하고 주의 깊은 인간이라면 떠오르는 태양이 만물을 골고루 비춘다는 사실을 잊어서는 안 된다. 편견을 버리기에 너무 늦은 경우란 없다. 사람들의 사고방식이나 행동양식이 아무리 오래된 것이라 해도 증거 없이 믿어서는 안 된다. 오늘 한결같이 입을 모아 옳다고 인정하던 사실이, 내일이면 잘못된 것으로 판정될 수도 있기 때문이다. 사람들은 편견을 밭에 단비를 뿌리는 구름인 줄 알지만, 결국 '견해'라는 이름의 연기에 지나지 않는다.

옛 사람들이 할 수 없다고 포기했던 일이라도, 실제로 시도해보면 가능한 일이 있다. 옛 사람들에게는 옛날의, 지금 사람들에게는 지금의 방식이 있는 것이다. 옛날 사람들은 불을 꺼뜨리지 않기 위해 새 연료를 보태는 법도 몰랐을 것이다. 요즘에는 마른 장작이라 할 수 있는 석탄을 증기 가마 속에 조금씩 보태면서 쏜살같이 빠르게 지구를 돌 수도 있다. 옛날 사람들이 봤다면 가슴 철렁할 모습이리라. 나이 든 노인이 교사의 역할을 젊은이들보다 더 잘할 수 있을까? 오히려 뒤질지도 모른다. 나이를 먹으면 얻는 것보다 잃는 게 많아지기 때문이다. 최고의 현인이라 해도 살아가는 동안 절대적인 가치를 지니는 무엇인가를 터득했는지 몹시 의심스럽다. 사실상 노인들이라고 해서 젊은이들에게 정말 소중한 조언을 해줄 수 있는 것은 아니다. 그들 자신의 경험도 지극히 한정되어 있을 뿐만 아니라, 그 인생은 본인들이 생각하기에는 차마 말 못할 어떤 이유로 인해 무참히 실패로 끝났기 때문이다. 노인들 중에는 과거의 경험을 비판할 수 있을 만큼 성실함을 잃지 않고, 단지 예전보다 나이를 먹었을 뿐인 사람도 있을지 모른다. 하지만 나는 지구상에 산 지 30년 가까이 되었지만 나이든 이들로부터 가치 있는 조언은커녕 진지한 충고 한번 받은 적이 없었다. 그들은 뭐 하나 도움이 되는 말을 해주지 않았고, 그렇게 하고 싶어도 할 능력이 없었을 것이다.

여기에 내가 아직 손을 댄 적이 없는 인생이라는 실험이 있다. 이전에 누가 이 실험에 손을 댔다고 해서, 그 경험이 내게 도움이 되는 것은 아니다. 혹 내가 가치 있다고 생각되는 경험에 맞닥뜨리게 된다면 그것은 나의 스승이 한 번도 가르쳐주지 않은 무엇이리라. 한 농부가 나에게 이런 말을 한 적이 있다. "인간은 말이지. 야채 같은 식물성만 먹어서는 살아갈 수가 없어. 뼈를 만드는 성분을 섭취할 수 없거든." 그래서 농부는 제 몸의 뼈를 만들기 위해 정해진 시간을 꼬박꼬박 일에 바친다. 이렇게 얘기를 나누는 사이에도 밭을 가는 소의 뒤를 계속 따라 걸어야만 한다. 그런데 식물성 뼈를 지닌 황소들은 어떤 장애물도 개의치 않고 묵직한 쟁기와 농부를 질질 끌고 다닌다. 극히 무기력하고 병적인 사회에서 생활필수품으로 간주되는 물건이 다른 사회에서는 그저 사치품에 지나지 않고, 나아가 또 다른 사회에서는 그 존재조차 알려지지 않을 수도 있다.

인간 생활의 모든 영역은 산꼭대기부터 골짜기 밑바닥까지 모두 선각자들이 답파하고, 이미 구석구석 관심을 기울이지 않은 곳이 한 군데도 없다고 생각하는 사람이 있다. 이블린(John Evelyn : 1620~1706. 영국의 문인. 찰스 2세의 궁정인)에 따르면 "현자 솔로몬은 나무와 나무 사이의 간격까지 법령으로 정했다. 또 로마의 집정관들은 이웃집 땅에 들어가 떨어진 도토리를 주울 경우 몇 회까지 불법 침입죄를 묻지 않는지, 또 그 중 몇 할이 이웃집 것인지까지 규정하려고 했다"고 했다. 심지어 히포크라테스는 손톱 자르는 법까지 기록해 놓았다. 손가락 끝과 일치하는 것이 좋고 손가락 끝보다 너무 길거나 짧으면 안 된다는 것이다. 인생의 다양성과 기쁨을 모두 맛보았다고 느끼는 데서 생기는 따분함과 권태는 확실히 태초의 아담과 이브 때부터 있었던 것이다. 그러나 인간의 능력은 결코 다 드러난 것이 아니다. 또 전례만으로 인간의 능력을 한정해서도 안 된다. 그것은 단지 부분적으로 시험된 것에 불과하기 때문이다. "과거의 실패가 어떻든 걱정할 필요는 없다. 애야, 네가 하다 만 일을 너의 책임으로 돌리는 자는 없으니까."

우리는 여러 가지 간단한 검사를 통해 자기 인생의 가치를 측정해 볼 수 있다. 한 예로 내 밭에서 자라는 강낭콩을 익게 하는 태양은 지구와 아주 닮은 태양계의 여러 행성을 동시에 비추고 있다. 이러한 사실만 잊지 않았어도 우리는 몇 가지 과오를 면할 수 있었을 텐데……. 이 빛은 내가 콩밭에서 풀을 뽑을 때의 빛이 아니다. 삼각형의 정점을 이루는 저 별들은 얼마나 훌륭한가! 머나먼 저편, 우주의 다양한 별자리에 사는 어떤 판이한 인간들도 같은 순간 이 태양을 바라보고 있을 것이다. 자연과 인간의 생활이란 우리의 체질과 마찬가지로 변화무쌍한 것이다. 한 사람의 인생이 다른 사람의 인생에 어떠한 전망을 제시하는지는 누구도 알아맞힐 수 없다. 하지만 우리가 한 순간 서로의 눈을 통해 사물을 바라보는 것만큼 큰 기적이 또 있을까? 우리들은 짧은 시간 안에 다양한 시대와 다채로운 세계를 한꺼번에 살아야만 한다. 우리는 다양한 시대, 다양한 세계를 살아갈 수 있다. 역사, 시, 신화……. 서로 다른 인간의 경험에 대해 이토록 놀랍고 유익한 읽을거리가 또 어디 있을까.

이웃들이 대부분 선이라 부르는 것을 나는 악이라고 믿고 있으며, 내가 무언가를 후회한다면 그것은 나 자신의 선행에 대한 것이 아닐까 생각한다. 그토록 멋지게 행동하다니, 어떤 악마가 나에게 깃든 것일까?

어르신들! 여러분은 70년이란 세월을 살면서 약간의 명예를 손에 넣었으니, 모든 지혜를 짜내 현명한 충고를 들려주세요. 나에게는 여러분의 충고에 조금도 귀를 기울일 필요가 없다는 거부하기 힘든 목소리가 들리는군요. 어떤 세대는 다른 세대의 업적을 난파선처럼 팽개쳐버리지요.

우리는 지금 믿는 것보다 훨씬 많은 것을 안심하고 믿어도 좋지 않을까 생각한다. 먹고 사는 문제로 너무 끙끙대지 말고 오히려 다른 일에 관심을 돌리면 어떨까. 자연은 인간의 강한 면뿐만 아니라 약한 면도 잘 이해하는 존재이다. 항상 걱정과 긴장에서 벗어나지 못하는 사람이 있는데, 이렇게 살아서야 불치병에 걸렸다고 할 수밖에 없지 않은가. 우리들은 어떤 일을 하면서 자칫 그 일이 지닌 가치를 과장해서 생각하기 쉽다. 그러면서도 손조차 대지 않고 끝나는 일이 얼마나 많은지. 혹 병이라도 걸린다면? 우리는 얼마나 소심한지 가능하면 신념 따위는 잊고 살아가려고 굳게 결심이라도 한 것 같다. 하루 종일 주위만 신경 쓰다가 밤이 되면 마지못해 기도를 올리고 애매모호한 존재에 몸을 맡긴다. 이렇게 우리들은 자신의 생활을 아주 조심스럽게 다루거나 변화시키려는 가능성을 부정하면서 철두철미하게 생활에 쫓기며 살아간다. 이렇게 사는 것이 유일한 삶의 방식이라는 것이다. 하지만 하나의 중심점으로부터 수많은 원을 그릴 수 있는 것처럼 사람들은 삶의 방식을 얼마든지 바꿀 수 있다. 모든 변혁은 기적이라고 할 수 있지만, 생활의 변혁은 부단히 일어나고 있는 기적이다. 공자는 말했다. "아는 것을 안다 하고, 모르는 것을 모른다 하는 것, 이것이 곧 아는 것이다(知之爲知之, 不知爲不知, 是知也)."《논어》 한 인간이 상상 속에서만 있던 행동을 실행해 누구나 느끼고 볼 수 있는 사실로 환원시킨다면, 모든 사람은 이 토대 위에 그들의 새로운 인생을 구축할 수 있을 것이다.

지금까지 언급한 고민이나 걱정이 대부분 어디에서 오는 것인지, 또 고민하거나 신경 쓰는 일이 어느 정도 필요한 것인지 잠시 생각해보자. 가령 피상적으로 문명의 한가운데에 산다 하더라도, 원시적인 생활을 해보면 최소한의 필수품이 무엇이고 그것을 손에 넣기 위해 어떻게 해야 하는지 알 수 있다. 이것은 꽤 유익하다. 상점의 오래된 장부를 들춰보면서 제일 잘 팔렸던 물건이 무엇이고, 가장 필요한 식료품이 어떤 것인지 조사해보는 것도 좋다. 시대의 진보도 인간 생활의 근본 법칙에는 거의 영향을 주지 않는다는 사실을 알 수 있으리라. 바로 현대인의 골격이 옛 조상들의 골격과 거의 구별되지 않듯이.

여기에서 생활필수품이란 인간이 자신의 노력으로 손에 넣은 것 중에서, 처음부터 또는 장기간에 걸쳐 사용한 결과 필수불가결한 물건으로, 야만인이든 빈민이든 철학자든 그것 없이는 살 수 없는 물건을 가리킨다. 이렇게 보면 많은 동물들에게 생활필수품이란 단지 '음식'을 의미한다는 사실을 알 수 있다. 숲이나 산그늘에서 잠자리를 구할 때를 제외하면, 대초원의 들소에게 생활필수품은 적당히 자란 맛있는 풀과 마실 물이다. 야생동물들은 먹이와 잠자리 이외의 것은 필요로 하지 않는다. 뉴잉글랜드 지방 같은 기후에서 살아가는 사람들의 생활필수품을 생각하면 대체로 음식, 잠자리, 의복, 연료와 같은 몇 가지 항목으로 나누어 생각할 수 있다. 사람들은 이러한 것을 확보할 때까지 오로지 성공을 향한 욕구로만 가득 차 있고, 인생의 근본적인 문제를 진지하게 고민할 생각은 하지 않는다.

인간은 집뿐만 아니라 의복을 만드는 방법과 음식을 조리하는 방법까지 발명했다. 또 처음에는 사치스럽다는 생각도 했을 테지만 우연히 따듯한 불을 발견해 집에 난방을 하게 되었고, 지금은 아예 불 없이는 지낼 수 없게 되었다. 아마 고양이와 개도 지금은 이와 같은 제2의 천성에 젖어든 것처럼 보인다. 적당한 잠자리와 의복만 있어도 인간이 체온을 유지하는 데 큰 어려움이 없다. 그런데 언제부터인가 연료를 과도하게 이용하기 시작하면서, 다시 말해 자신의 체온보다 실내 온도가 높아짐으로써 인간의 몸이 거꾸로 불위에서 조리되고 있는 것은 아닌지 생각해볼 일이다.

박물학자인 다윈이 쓴 티에라델푸에고 섬의 원주민에 대한 얘기를 보면, 다윈 일행은 두꺼운 옷을 입고 모닥불 옆에 앉아 있어 있으면서도 덥다고 느끼지 않았는데, 이 벌거숭이 미개인들은 모닥불에서 멀리 떨어져 있으면서도 '불의 열기에 땀을 줄줄 흘리고 있는' 것을 보고 아주 놀랐다고 한다. 마찬가지로 유럽인들이 옷을 입고 떨고 있는 온도에서도, 호주의 원주민들은 알몸인 채로 태연하게 지냈다고 한다. 이러한 미개인의 강인함과 문명인의 지성을 연결짓는 것은 불가능할까?

리비히(Justus Freiherr von Liebig : 1803~1873. 독일의 화학자)는 인간의 몸은 난로이고, 음식은 폐의 내부 연소를 유지하기 위한 연료라고 얘기했다. 우리는 추울 때는 좀 많이 먹고, 더울 때는 적게 먹는다. 동물의 체온은 완만한 연소의 결과로 유지되는데, 병에 걸리거나 죽는 것은 이 연소가 너무나도 급격하게 일어나는 경우 또는 연료 부족이나 통풍이 좋지 않아 불이 꺼지는 경우에 일어난다. 물론 생명의 열을 불과 혼동해서는 안 될 테니, 비유는 이 정도로 해두자.

어쨌든 위와 같은 점에서 동물의 생명은 곧 동물의 열이라고 표현할 수 있다. 음식은 실제 연료가 음식을 조리하거나 몸을 따뜻하게 하는 데 도움이 되듯, 인간 내부의 불을 꺼지지 않게 하는 연료라고 볼 수 있다. 그리고 잠자리와 의복은 이렇게 발생하고 흡수된 열을 유지하는 데 도움이 되는 존재이다.

따라서 인간이 살아가는 데 무엇보다 중요한 일은 몸을 따뜻하게 하는 것, 즉 몸 안에 있는 생명의 열을 유지하는 것이다. 우리는 입을 것과 먹을 것, 그리고 집뿐만 아니라 밤의 의복이라고 할 수 있는 침상을 꾸미는 데도 대단히 노고를 아끼지 않는다. 잠자리 중의 잠자리를 갖추기 위해 우리는 구멍 속의 두더지가 풀이나 나뭇잎을 그러모아 침상을 만들 듯, 새들의 깃털과 보금자리를 빼앗고 있다. 가난한 이들은 곧잘 세상인심이 차갑다고 한탄한다. 사실 우리의 고민은 이러한 세상의 냉랭함에서 비롯되는 일도 많지만, 이에 못지않게 육체의 차가움 때문에 생기기도 한다. 어떤 지방에서는 여름이 되면 낙원과 같은 생활을 할 수 있다. 먹을 것을 조리할 때 말고는 연료도 필요 없다. 태양이 불이 되고 많은 과일은 이 태양빛을 받아 익어간다. 음식도 풍부해져 쉽게 손에 넣을 수 있고, 의복이나 잠자리는 전혀, 또는 거의 필요 없게 된다.

경험에 비추어 말하면 현재 이 나라에서 필요한 생활용품이란 도구 몇 가지에 나이프, 도끼, 쟁기, 손수레 정도면 충분하다. 공부를 좋아하는 사람은 램프의 불빛과 필기도구와 책 몇 권을 덧붙일 수 있는데, 이러한 물건은 모두 얼마 안 되는 비용으로 얻을 수 있다. 그런데 어리석은 사람들은 언젠가는 뉴잉글랜드로 돌아와 안락한 삶을 즐기다 뼈를 묻겠다는 일념만으로 지구 반대편에 있는 거칠고 병든 토지에서 10년이고 20년이고 장사에 열을 올린다. 사치와 부를 한껏 누리는 돈 많은 양반들은 쾌적하고 편안하게 생활하면서, 동시에 푹푹 찌는 찜통 속에서 고행을 하고 있는 것이다. 앞에서도 잠깐 언급했지만 그들은 불 위에서 '현대식으로' 조리되고 있기 때문이다.

생활의 노리개, 또는 사치품이라고 부르는 물건은 대부분 필요도 없을 뿐더러, 오히려 인류의 발전을 방해한다고 할 수 있다. 옛날부터 최고의 현인들은 가난뱅이 이상으로 검소하고 청렴한 삶을 살았다. 중국·인도·페르시아·그리스 등의 고대 철학자들은 겉보기에 몹시 가난했지만, 내면적으로 가장 풍요로운 계급에 속했다. 우리 현대인들은 그들에 대해 많이 알지 못하며, 지금 이만큼 아는 것도 대단한 일인지도 모른다.

그들과 동족이라 할 수 있는 근대의 개혁자나 은인들 역시 마찬가지이다.

보통 자발적 빈곤이라고도 하는 밑바탕이 없으면, 어느 누구도 인간의 생활을 공평하고 현명한 눈으로 관찰할 수 없기 때문이다. 농업이든 상업이든, 문학이든 예술이든 사치한 생활에서는 사치라는 열매밖에 열리지 않는다. 요즘에는 철학 선생은 있을지 모르나 철학자는 존재하지 않는다. 그래도 철학 선생이 철학을 가르치면서 존경받는 이유는 옛날에는 철학자로 사는 것이 존경받을 만한 일이었기 때문이다. 철학자가 된다는 것은 단순히 난해한 사상을 품거나 학파를 이루는 것이 아니다. 오로지 지혜를 사랑하기 때문에 지혜가 지시하는 바에 따라 관용과 신뢰의 삶, 검소하고 독립적인 삶을 사는 것, 인생의 다양한 문제를 이론뿐만 아니라 실천으로 해결하는 것이 바로 철학자의 삶이다.

흔히 성공했다는 학자나 사상가들을 보면 대개가 아첨꾼과 진배없어 왕과 같은 면모, 남자다운 면모는 찾아볼 수 없다. 그들은 사실상 자신의 윗대와 마찬가지로 대세에 순응해 그럭저럭 연명하는 것에 불과하니 어떤 의미로도 고귀한 종족의 시조가 될 수 없다. 그런데 인간은 도대체 왜 타락하는 것인가? 고귀한 혈통이 끊어져 버린 때는 언제부터인가? 여러 사람을 나약하게 만들고 파멸로 몰아가는 사치의 본질은 무엇인가? 우리의 생활에 그것이 숨어 있지 않다고 누가 단언할 수 있을까? 철학자는 생활의 외면에 있어서도 시대를 앞서가고 있는 것이다. 그가 의식주나 생명의 열을 유지하는 방식은 다른 사람들과 다르다. 철학자이면서 타인보다 뛰어난 방법으로 생명의 열을 유지할 수 없다는 게 가당키나 한 소리인가?

이제껏 언급한 바와 같은 다양한 방법으로 몸이 훈훈해지면 무엇을 갖고 싶어질까? 설마 지금까지와 같은 따뜻함, 예를 들어 더 맛난 음식과 더 크고 훌륭한 집, 더 아름다운 옷이나 항상 타오르는 여러 개의 뜨거운 난로는 아니리라. 이렇게 생활에 필요한 것을 일단 손에 넣고 나면 더 많은 것을 욕심내기 전에 할 일이 있다. 따분한 노동에서 해방되어 휴가가 시작된 지금이야말로 인생의 모험에 나설 때가 아닌가. 씨앗에서 갓 돋아난 어린뿌리가 땅속으로 머리를 박는 모양새를 보면 토양이 씨앗에 맞는지 알 수 있다. 토양이 씨앗에게 맞는다면 이제 자신을 갖고 새싹이 위로 뻗어나갈 수 있어야 한다. 인간이 이렇게 단단히 대지에 뿌리를 내린 것은, 그것과 비례해 하늘을 향해 뻗쳐오르기 위해서가 아니겠는가. 고등식물을 하등의 야채처럼 취급하지 않고 더 대접하는 이유는 그것이 지면에서 높이 성장해 마침내 대기와 빛 속에서 열매를 맺기 때문이다. 그런데 야채류는 2년생인 경우에도 뿌리를 다 내릴 때까지만 재배하고, 재배를 목적으로 끊임없이 위쪽을 잘라버리는 바람에 개화기조차 알 수 없게 되었다.

나는 강하고 용감한 사람들을 위해 법칙을 정하려는 게 아니다. 가령 세상이 늘 꿈꿔온 그런 인물이 정말로 존재한다면, 그들은 천국에 있든 지옥에 있든 자신이 하고 싶은 일에 전념하고, 큰 부자를 능가하는 크고 장엄한 저택을 짓고 돈을 물 쓰듯이 쓰면서도 조금도 가난해지는 법이 없으며, 자신의 삶의 방식에 전혀 신경도 쓰지 않는 사람들일 것이다. 또 나처럼 현재 있는 그대로의 상태에서 격려와 영감을 얻고, 사랑에 빠진 자처럼 애정과 열의를 다해 현실을 아끼는 사람들 앞에서 법칙을 설파할 생각도 없다. 또 어떤 경우에 처하든 훌륭한 일을 하는 사람, 게다가 자신이 훌륭한 일을 하고 있는지를 잘 알고 있는 사람을 향해 말할 생각도 없다.

내가 말하려는 대상은 평소에 늘 불만을 품고 있는 이들, 쓸데없이 자신의 불운이나 세상의 각박함을 한탄할 뿐 전혀 사태를 개선하려 들지 않는 대다수의 사람들이다. 또 자신의 의무를 다한다고 믿기 때문에 늘 타인에 대한 불평불만을 소리 높여 외치고, 어떤 충고에도 귀를 기울이지 않는 사람들도 여기에 포함된다. 그리고 나아가 어찌어찌 돈을 좀 모으긴 했으나 잘 사용하는 법이나 버리는 법도 모르고, 자기 몸을 묶는 족쇄를 단련하는, 겉보기에는 부자이지만 여러 계층 가운데서도 끔찍할 만큼 빈곤한 사람들 역시 염두에 두고 있다.

몇 해 전부터 내가 어떤 생활을 보내려고 했는지 말하면 내 생활의 내력을 약간 아는 독자들도 무척 놀랄 것이고, 아무것도 모르는 사람 역시 고개를 설레설레 저을 것이다. 그러므로 여기서는 간단하게 내가 가슴에 품어온 계획의 한 단편을 언급하는 데 그치기로 하자.

날씨나 밤낮이라는 시간에 관계없이 나는 매시간을 소중하게 살면서 막대기에 눈금을 그려 그것을 기록해 두자고 마음먹었다. 나는 과거와 미래라는 두 영원이 만나는 바로 지금 이 순간에 발끝으로 존재하고자 했다. 글을 쓰는 방식이 약간 애매해도 모쪼록 이해해 주기 바란다. 일반적인 장사와 달리

나의 그것엔 비밀이 많은 것이다. 일부러 숨기는 건 아니지만 이 장사가 지니는 속성과 비밀은 떼려야 뗄 수 없는 관계에 있다. 하지만 나는 자신의 일에 관해서 알고 있는 모든 것을 기꺼이 얘기할 생각이며 문 앞에 '출입 금지'라는 팻말을 달거나 하지는 않는다.

아주 오래 전에 나는 사냥개 한 마리와 밤색 털의 말 한 필, 그리고 산비둘기 하나를 잃고 지금도 그 행방을 찾고 있다. 주로 길을 오가는 여행자들에게 그들에 대한 얘기를 들려주고 그들의 발자취나, 어떻게 부르면 대답하는지 등을 설명해주었다. 이 얘기를 들은 사람 중에는 사냥개의 울음소리를 들었다든지, 말발굽 소리를 들은 적이 있다는 이가 있다. 또 비둘기가 구름 사이로 사라지는 것을 보았다고 말하는 사람도 한두 명 있었다. 그들은 그것들이 자신의 것이라도 되는 양 어떻게든 이 동물들을 찾아주려고 했던 것 같다.

해돋이나 새벽뿐만 아니라, 할 수만 있다면 자연 그 자체에 앞서서 살아가고 싶다! 여름에도 겨울에도 나는 아침 일찍 일어나 아직 어느 누구도 일을 시작하지 않은 시간에 내 일에 착수하곤 했다. 당연히 일을 마치고 돌아오는 길에서 마을의 여러 주민들과 마주치게 된다. 농부들은 동이 틀 무렵에 벌써 보스턴으로 출발하고 나무꾼들도 일하러 나가는 시간이기 때문이다. 나는 태양이 떠오르는 것을 실질적으로 돕지는 않았지만, 해돋이와 마주하는 것만도 내게도 더할 나위 없이 중요한 의미가 있다는 것은 부디 의심치 말아주었으면 한다.

이렇게 해서 나는 가을과 겨울의 많은 날들을 마을 밖에서 지내며 바람이 실어다주는 소식에 귀를 기울이고, 여기서 들은 내용을 사람들에게 빠르게 전하려고 했다. 이러한 생활에 거의 내 모든 재산을 투자했을 뿐만 아니라 정면으로 바람을 향해 돌진하다 숨이 끊어질뻔 하기도 했다. 만약 이것이 어느 정당에 관한 소식이라면 최신 정보로서 〈가제트〉의 지면을 장식했을 것이다. 또 때로는 절벽이나 나무 위에 있는 관측소에서 지켜보다가 새로운 생물이 도착했을 때 전신으로 알리곤 했다. 땅거미 질 무렵이면 언덕 위에 진을 치고 하늘이 무너져버리면 뭔가 굴러 떨어지는 게 있겠지 하고 기대한 적도 있다. 그러나 별로 대단한 획득물은 없었고, 있더라도 다시 빛을 받으면 만나(성서에 나오는 하늘에서 내려준 신비한 양식)처럼 녹아 없어지고 말았다.

나는 오랜 기간 잘 팔리지 않는 신문의 기자 노릇을 하고 있었다. 그리고 내 원고의 대부분이 활자화하기에 적당하지 않다고 편집장이 단정하는 바람에, 문필가들에게 자주 있는 일이지만, 어떤 글이든 예외 없이 나의 노고는 헛수고로 끝났다. 하지만 이러한 생활을 하면서 나는 자신의 노고 자체로부터 보답을 받고 있었던 것이다.

몇 해에 걸쳐서 나는 스스로 눈보라나 폭풍우를 관측하는 기상 통보관을 자처하며 이 임무를 충실하게 이행했다. 또 도로는 아니더라도 숲의 오솔길이나 샛길의 측량사로서, 사람의 발자취가 남아 있는 것을 보고 편리하다고 생각되면 언제라도 그곳을 지날 수 있도록 했고, 골짜기에는 다리를 걸어 사계절 언제든 건너다닐 수 있도록 해두었다.

나는 울타리를 뛰어넘어 달아나는, 충실한 파수꾼을 애먹이는 말썽꾸러기나 가축들을 돌보기도 했다. 사람의 발길이 잦지 않은 농장의 구석구석까지 내 눈길은 빈틈없이 미치고 있었던 것이다. 조나스나 솔로몬이 오늘은 어느 밭에서 일하고 있는지 항상 알지는 못했으나, 나에게는 아무래도 상관없는 일이었다. 나는 빨간허클베리, 샌드 체리, 팽나무, 홍송(紅松), 검은물푸레나무, 청포도나무, 노란 제비꽃들에게 물을 주었는데 그렇게 하지 않았다면 건기에 모두 시들어버렸을 것이다.

자랑하는 건 아니지만, 요컨대 오랫동안 나는 이렇게 자신의 역할을 충실하게 완수했다. 하지만 끝내 마을 사람들이 나를 마을의 관리로 만들거나, 자그마한 한직(閑職)이라도 내어 수당을 받게 할 생각이 조금도 없다는 사실을 점점 더 분명히 깨닫게 되었다. 맹세코 거짓이 없는 나의 계산서는 실제로 한 번도 감사를 받지 않았고, 승인을 받거나 지불되거나 정산되는 일은 더욱 없었다. 하지만 내가 그런 일에 크게 구애받았던 것은 아니다.

별로 오래된 얘기는 아니지만, 각지를 돌아다니던 인디언 한 사람이 이웃에 사는 유명한 변호사 집에 바구니를 팔러 온 일이 있었다. "바구니 하나 들여놓으세요"라고 그는 말했다. "아니, 우리 집엔 바구니가 있소"라는 대답이었다. 그러자 인디언은 "쳇" 하고 문을 나서자마자 변호사가 들으라는 듯이 소리쳤다. "우릴 말려 죽일 작정인가?" 인디언은 교묘하게 변명을 둘러대는 것만으로도 요술처럼 부와 지위가 굴러들어오는 이 변호사처럼 주위의 백인들이 대단히 유복하게 사는 모습을 보고, '좋다, 나도 장사를 시작하기로 하자, 바구니를 짜는 거다, 이거라면 나도 할 수 있다'고 생각했다. 그는 바구니를 짜고 나면 자신의 역할은 끝난 것이고, 다음에는 백인이 그것을 살 차례라고 생각하고 있었다. 바구니를 다른 사람이 살 만한 가치가 있게 만들거나, 아니면 적어도 그런 생각이 들게 하거나, 혹은 바구니 말고 달리 살 만한 가치가 있는 물건을 만들 필요가 있다는 데까지는 아예 생각이 미치지 않았던 것이다.

나도 예전에 정성들여 바구니를 만든 적이 있지만 누구에게 사라고 권할 만한 물건이 아니었다. 하지만 내 경우에는 그렇다고 해서 바구니를 짜는 게 무가치한 일은 아니었고, 다른 사람이 사줄 만한 가치가 있는 물건을 만들기 위해 어떻게 해야 할지 고민하기보다 오히려 어떻게 하면 그것을 팔지 않아도 될까를 연구했다. 모두가 입을 모아 칭찬하는 인기 있는 인생이란 수많은 인생의 하나에 지나지 않는다. 왜 다른 삶의 방식을 희생하면서 하나의 삶만을 과대평가하는 것일까.

마을 사람들이 나에게 어떤 관공서 자리나 부목사 자리, 또는 다른 일자리를 마련해줄 낌새는 없었고, 스스로 살림을 꾸려나가야 한다는 사실을 깨달았기에 나는 한 가지에 더욱 전념해 자신이 더 많은 힘을 발휘할 수 있는 숲 속으로 얼굴을 돌리게 되었다. 그리고 상투적인 자본이 손에 들어오기를 기다리지 않고, 전부터 수중에 있던 몇 푼 안 되는 자금을 밑천 삼아 곧 일에 착수했다.

내가 월든 호수로 간 이유는 거기서 안락한 생활을 하거나 사치를 누리려는 것이 아니라, 어떤 개인적인 일을 되도록 사람들로부터 방해받지 않고 완수하기 위해서였다. 약간의 상식과 진취적인 기상, 실무 능력이 모자라 이 일을 제대로 완수하지 못한다면 한심하다기보다 어처구니없는 일이라는 생각이 들었다. 나는 항상 꼼꼼한 실무자의 습관을 몸에 익히려고 노력해 왔다. 이것이야말로 만인에게 필요불가결한 것이다.

가령 당신의 사업이 중국을 상대로 하는 경우, 세일럼 ^(미국 매사추세츠 주에 있는 도시)항 부근의 해안에 작은 회계사무소를 차리면 준비 끝이라고 생각하기 쉽다. 당신은 대량의 얼음과 소나무 목재, 약간의 화강암 등 이 나라가 산출하는 물품들을 항상 자국의 배로 수출할 수 있는 것이다. 모두 꽤 짭짤한 돈벌이가 되는 것들이다. 하지만 당신은 모든 일을 직접 관리해야만 한다. 선장이자 수로안내인, 그리고 선주인 동시에 보험업자가 되어야 한다. 사고팔고 기재하고, 받아든 편지는 모조리 쭉 훑어보고 송부하는 편지는 모두 자신이 읽고 써야 한다. 그리고 주야를 불문하고 수입품의 하역을 감독하고, 저지 부근의 해안처럼 고가의 뱃짐이 종종 떠밀려오는 경우도 있기 때문에 해안을 정신없이 뛰어다니기도 해야 한다. 당신은 또 스스로 전신기가 되어 끊임없이 수평선을 바라보며 해안으로 향하는 여러 선박들과 교신한다. 멀리 턱없이 비싼 값을 부르는 시장에 공급하기 위해 줄기차게 상품을 내보낸다. 그러려면 각지의 시장상황, 전쟁과 평화에 대한 정보에 정통하고 상거래와 문명의 동향을 예측해야 한다. 많은 탐험대의 성과와 새로운 항로, 항해술의 진보를 이용해야 하고, 해상도를 살펴 암초나 새로운 등대, 부표의 위치를 확인하고 계속해서 대수표(對數表)를 정정해야만 한다. 대수표의 계산이 틀려 선착장에 닿아야 할 배가 암초에 부딪쳐 산산조각 나는 일이 자주 있기 때문이다. 아직 진상은 밝혀지지 않았지만 라 페루즈(Comte de La Pérouse : 1741~1788. 프랑스의 해양 탐험가, 태평양 조사 중 실종됨)의 비운이 좋은 예가 될 수 있다. 과학 전반의 움직임에 뒤처지지 않도록 하고, 한노(Hanno : ?~? 카르타고의 제독, 탐험가)나 페니키아인에서부터 현대에 이르기까지 여러 위해한 발견자나 항해자, 위대한 모험가, 상인의 전기를 연구해야 한다. 그리고 마지막으로 사업의 현황을 파악하기 위해 때때로 재고도 파악해야만 한다. 이것은 인간의 지혜를 최대한 발휘해 임해야 할 큰일이고, 이익과 손실, 이자, 겉포장을 산정할 때 이용하는 다양한 용량 측정 방법과 같은 광범위한 지식을 필요로 하는 문제이다.

나는 월든 호수라면 일하기에 안성맞춤이라고 생각했다. 특별히 철도나 얼음을 잘라내는 작업 때문만은 아니다. 이 호수는 타인에게 가르쳐주기 아까울 만큼 여러 장점을 지니고 있기 때문이다. 월든 호수는 훌륭한 항구이자 지반도 튼튼했다. 어디에 집을 세우든 자신이 직접 말뚝을 박아야 했지만 네바 강의 습지처럼 매립할 필요는 없다. 서풍을 동반하는 밀물로 네바 강이 범람하고 얼음이 떠밀려 내려오면 상트페테르부르크의 거리는 지상에서 소멸돼 버린다고 하지 않는가.

이 일을 별다른 자본도 없이 시작하면서, 이러한 모든 계획에 빠뜨릴 수 없는 자재를 내가 과연 어디에서 구할 생각이었는지 좀처럼 상상이 안 가는 사람도 있으리라. 곧 문제의 실질적인 면으로 들어가서 우선 의복에 관해 말해 보기로 하자. 우리는 옷을 구입할 때 진정한 의미의 실용성보다는 최신 유행이랄까, 뭐 그런 외관상의 체면에 좌우되는 일이 많다. 일을 하는 사람에게 있어 의복의 목적은 우선 생명의 열을 유지하는 것이고, 그 다음이 오늘날의 사회 규범에 따라 알몸을 감싸는 점에 있다는 사실을 기억해야 한다. 이렇게 생각하면 옷장 안에 있는 짐을 늘리지 않아도 필요한, 또는 중요한 일을 척척 해치울 수 있다는 것을 알 수 있다. 전용 재단사가 만들어 바치는 옷을 단 한 번밖에 입지 않는 왕이나 여왕은 몸에 꼭 맞는 의상의 편안함을 맛볼 수 없다. 그들은 새 옷을 걸어두는 옷걸이와 다를 바 없는 존재들이다. 잘 맞는 옷은 입는 사람의 성격이 스며들고 날마다 육체에 동화되어 결국에는 그것이 우리 신체의 일부처럼 되어버린다. 그래서 그것이 우리의 몸이나 되듯이 수술이나 무슨 의식이라도 치르지 않으면 함부로 그 옷을 벗어버릴 수 없게 된다.

나는 여기저기 구멍 난 옷을 입었다고 해서 상대를 업신여긴 일이 없다. 그러나 사람들은 건전한 양심보다는 유행하는 옷, 새로 맞춘 옷을 갖고 싶어 안달이다. 하지만 제대로 깁지도 않아 여기저기 해진 옷을 입는다 하더라도, 그 옷차림으로 파헤칠 수 있는 최악의 악덕이란 기껏해야 부주의 하나 정도가 아니겠는가. 가끔 이런 물음으로 주위 사람을 시험해본다. 바지 무르팍에 천을 하나 덧대거나 꿰맨 자국을 달고도 태연할 수 있는가? 그러나 모두들 그런 바지를 입으면 그 자리에서 즉시 앞날의 희망이 완전히 사라진다고 믿는 것 같다. 찢어진 바지를 입고 거리로 나가기보다 삔 다리를 질질 끌며 다니는 편이 훨씬 쉽다고 생각한다. 신사의 다리에 사고가 생기면 대체로 치료할 수 있지만, 마찬가지로 그의 바지에 사고가 생기면 손을 쓸 방도가 없으니 어찌된 연유인가? 그는 진정한 의미에서 존경할 수 있는 것보다, 세상에서 존경받는 것을 더 중시하기 때문이다.

우리는 서로 알고 지내는 사람은 적지만 유행하는 옷에 대해서는 잘 알고 있다. 허수아비에게 나들이옷을 한 벌 입히고 당신은 옷을 입지 않은 채 그 옆에 서 있으면, 행인은 허수아비 쪽에 먼저 인사를 할 것이다. 요전에도 옥수수 밭을 지나치면서 말뚝에 걸쳐놓은 모자와 윗옷을 보고서야 겨우 그곳 주인이 누구인지를 알아보았다. 남자는 지난번 만났을 때보다 얼굴이 약간 더 그을었을 뿐인데도 말이다.

어떤 개는 주인집에 옷을 입은 낯선 사람이 접근하면 무섭게 짖어대지만, 알몸의 도둑한테는 쉽게 길들여진다는 얘기를 들은 적이 있다. 옷을 벗은 사람들이 자신의 상대적인 지위를 어느 정도 유지할 수 있을지는 매우 흥미로운 문제이다. 알몸인 상태에서 문명인들 중 가장 존경받는 계급의 사람을 확실히 구별하는 것이 가능할까? 파이퍼 부인(^{19세기
오스트리아의 여행가})은 동쪽에서 서쪽으로 모험에 가득 찬 세계일주를 하면서 고국에 근접한 러시아령 아시아까지 왔을 때, 당국자를 만나기 전에 여행복을 갈아입을 필요성을 느꼈다고 말했다. '문명국에 들어가면, ……복장으로 판단되기' 때문이다.

이 민주적인 뉴잉글랜드의 마을에서조차 부를 소유하고 그것을 의상이나 소지품으로 과시하면, 그것만으로도 거의 어디서나 존경을 받는다. 그러나 의상이나 소지품을 보고 사람을 존경하는 무리는 아무리 수가 많다 해도 어리석은 우상 숭배자에 불과하니, 마땅히 그쪽으로 선교사를 보내는 것이 도리이다. 더구나 의복에는 바느질이 따라붙게 마련인데, 이것 또한 끝도 없는 노동을 통해 가능한 일이다. 부인네들의 드레스로 말할 것 같으면 도저히 그 끝을 알 수 없다.

마침내 자신이 해야 할 일을 발견한 인간은 일부러 작업복을 새로 만들 필요도 없다. 쾨쾨한 다락방에서 먼지를 뒤집어쓰고 있는 낡은 옷 한 벌이면 족하다. 닳아빠진 구두라 해도 영웅이 신는다면 머슴이 신는 것보다 더 오래 신을 수 있다. 구두보다 맨발이 오래된 것이고 영웅은 맨발로도 어디든 헤쳐 나갈 수 있는 존재이다. 파티나 의회에 참석하는 사람들이나 새로 만든 옷을 입을 필요가 있다. 입고 있는 본인과 마찬가지로 끊임없이 상의도 바뀌는 것이다. 하지만 나의 재킷과 바지, 모자와 구두가 신을 예배하는 데 어울리는 것이라면 더 이상 이러쿵저러쿵 말할 필요가 없는 일 아니겠는가? 낡은 옷은 가난한 소년에게 주어도 자선 행위는 되지 않는다. 낡은 옷을 받은 소년이 더 가난한 아이에게 줘버리고 싶을 정도로 닳고 닳은 자신의 옷이 오래 입어 해지고 마침내 그것이 원시적인 요소로 분해되어버리는 것을 지켜본 인간이 과연 지금까지 있었을까?

새로운 옷을 입은 사람은 필요 없지만, 새 옷이 없으면 도무지 지탱할 수 없다는 사업은 모두 주의하는 편이 좋다. 새로운 사람이 없다면, 새 옷 따윈 어울릴 턱이 없지 않을까? 새로운 사업을 일으키고 싶으면 낡은 옷차림 그대로 해보는 것이 좋다. 여러 사람이 추구하는 것은 일의 수단이 아니라 일을 하는 것, 덧붙여 말하면 어떤 사람이 되는 것이다. 우리의 낡은 옷이 아무리 너덜너덜하고 더러워도, 어쨌든 행동을 취하고 사업을 계획하고 배를 띄운 결과, 자기 자신이 낡은 옷을 걸친 새로운 인간이 된 듯하고, 또 낡은 옷 그대로 있으면 새 술을 낡은 가죽 부대에 담아두는 것과 마찬가지라고 느끼게 되기 전에는 굳이 의복을 새로 맞출 필요가 없다.

새들의 털갈이 시기와 마찬가지로 인간이 옷을 바꿔 입는 시기는 생애에서 위기의 국면을 맞이한 때이다. '아비'란 새는 이 시기를 넘기려고 혼자 호수에 틀어박혀 지낸다. 또 뱀이 허물을, 송충이가 털옷을 벗어던지는 것도 내부의 노력과 성장 때문이다. 의복은 인간에게 겉가죽의 표피이자 형태에 지나지 않는다. 이러한 생각에 서지 않는 한 우리는 가짜 국기를 내걸고 항해하는 꼴이 되어 마침내 세상뿐만 아니라 자기 자신으로부터도 완전히 정나미가 떨어질 게 뻔하다.

우리가 계속해서 옷 위에 또 옷을 겹쳐 입는 모습을 보고 있으면 외생(外生)식물처럼 바깥층을 늘리면서 자라나는 것이 아닐까 의심스러울 정도다. 인간이 거죽에 걸치는 제일 얄팍하고 변덕스런 의복은 표피 또는 가짜 피부일 뿐이고 생명과는 아무 관계도 없기 때문에 군데군데 덧대어도 별로 치명상을 입지 않는다. 항상 입고 있는 두꺼운 옷은 세포질 외피, 즉 피질이 된다. 하지만 셔츠는 진짜 수피이고 그것을 벗겨내면 수피가 벗겨진 수목처럼 인간은 죽어버린다. 어떤 종족이든 한 계절에는 셔츠와 비슷한 옷을 입고 있지 않은가. 사람은 어두움 속에서도 자기 자신을 잃지 않도록 가능한 한 검소한 차림을 하고 있어야 한다. 여러 가지 면에서 간소한 마음가짐으로 불의의 사태에 대비하고 있으면, 적이 마을을 점령해도 어떤 고대 철학자처럼 빈손으로 유유히 성문을 빠져나갈 수 있다. 두툼한 옷 한 벌은 대개 얄팍한 옷 세 벌 몫을 하고, 싼 옷은 주머니 사정에 맞춰 살 수도 있다. 두툼한 윗옷을 5달러에 사면 5년은 간다. 두꺼운 바지는 2달러, 소가죽 부츠는 1달러 50센트, 여름 모자는 25센트, 집에서 만들면 거저나 마찬가지지만 테두리 없는 겨울 모자는 62.5센트면 살 수 있다. 이렇게 하면 자신의 벌이로 이만큼의 옷가지를 얻을 수 있는데, 경의를 표할 현인을 만나지 못한 불운한 인간이 어디 있을까?

내가 좋아하는 형태의 옷을 만들어 달라고 주문하면 양복점의 점원은 좀 곤란한 표정으로, "요즘엔 사람들이 이런 식으로 맞추지 않아요"라며 '사람들'이란 부분을 아주 가볍게 아무렇지도 않게 내뱉는다. 마치 '운명의 여신' 같은 초인적인 권위자의 말을 인용하는 듯하다. 이쪽이 농담을 하는 것도 아니며, 꽤 무모한 인간이라는 사실을 그녀가 도무지 믿지 않는 탓에 나는 좀처럼 내 뜻대로 옷을 맞출 수가 없다. 이러한 신탁과 같은 문구를 들으면 나는 잠시 생각에 잠기게 된다. 한마디 한마디를 따로 떼어 음미하면서 그 말의 의미를 이해하려 하고, '사람들'이 자신과 어느 정도 깊은 혈연관계에 있는지, 자신에게 있어서 이처럼 중대한 문제에 어떤 권위를 휘두르는지 알고 싶어지는 것이다. 이윽고 나는 그녀 못지않은 신비스런 말투로, 또 '사람들' 이란 부분 역시 아무렇지 않게 "분명 최근까지는 그랬지만 말이죠. 지금은 사람들의 유행이 바뀌고 있지요"라고 말하고 싶어진다.

만약 양복점 점원이 내 성격의 치수는 무시한 채, 윗옷을 걸어두는 못이라 여기고 내 어깨 치수를 잰다면 그것이 무슨 의미가 있을까? 우리는 '미의 여신'이나 '운명의 여신'이 아니라 '유행의 여신'을 숭상하고 있는 것이다. 이 여신은 막강한 권위를 발휘해 실을 뽑아서 천을 짜고 재단을 한다. 프랑스 파리의 최고 우두머리 원숭이가 테두리 없는 여행용 모자를 쓰면, 미국의 모든 원숭이들이 흉내를 낸다. 나는 때때로 이 세상에서 타인의 도움을 빌리려고 하면 일을 가능한 한 단순하고 정직하게 처리하기가 완전히 불가능해질 것이라는 절망적인 기분에 빠질 때가 있다. 우선 그들을 강력한 압착기에 넣어 낡고 진부한 관념을 모두 짜내고, 다시 일어서지 못하도록 해야만 한다. 그렇게 해도 어느샌가 낳아놓은 알에서 부화한 구더기 같은 기괴한 생각을 머릿속에 소중히 키우는 인간이 사람들 속에 나타날 것이다. 이 구더기는 끓이거나 태워도 죽지 않으며, 덕분에 이쪽의 노고는 헛수고가 된다. 단, 이집트의 밀알이 미라 덕택에 현대까지 전해지고 있다는 것도 잊지 말기를.

대체로 복장이라는 것은 우리나라를 비롯해 다른 어느 나라에서도 아직 예술로서의 품격을 갖추는 경지에는 이르지 못한다. 요즘 사람들은 무엇이든 손에 잡히는 대로 걸치면서 당장 급한 불을 끄고 있다. 난파선의 어부들처럼 해변에서 발견한 것을 닥치는 대로 몸에 걸치기 때문에, 살고 있는 장소나 시대가 조금이라도 다르면 서로의 분장이 이상하기 짝이 없는 것이다.

어느 세대든 옛 유행을 웃음거리로 만드는 주제에 또 새로운 패션의 뒤를 정신없이 쫓고 있다. 현대인은 헨리 8세나 엘리자베스 여왕의 의상을 보고 마치 식인종 추장이라도 본 것처럼 재미있어 한다. 인간으로부터 분리된 의상은 모두 초라하고 그로테스크한 법이다. 웃음을 억누르고 인간의 의상을 존귀하게 만드는 것은 그 의상 속에서 바라보는 진지한 눈길과 그 속에서 영위된 성실한 인생뿐이다. 피에로가 복통을 일으키면 그 현란한 의상도 비통한 분위기를 풍기지 않을 수 없다. 병사가 포탄을 맞으면 꾀죄죄한 군복도 귀족의 자줏빛 예복처럼 그 몸을 우아하게 치장한다.

새로운 무늬에 정신 팔린 유치하고 야만스런 취미의 남녀가 열심히 만화경을 흔들며 한쪽 눈을 질끈 감고 현 세대가 찾는 독자적인 무늬를 그 속에서 발견하려 한다. 섬유업자들은 이러한 취향이 일시적인 변덕에 지나지 않는다는 것을 일찍부터 알았다. 유행에 따라 독특한 빛깔의 실이 두세 줄 많거나 적을 뿐인 두 종류의 무늬 중에서 한쪽은 날개 돋친 듯이 팔리지만, 다른 한쪽은 창고 안에 쌓여 있게 된다. 그런데 계절이 바뀌자 이번에는 팔리지 않던 쪽이 유행의 파도를 타기도 한다. 이에 비하면 문신 따위는 흔히 말하듯 그렇게 끔찍한 습관이 아니다. 피부 깊숙이 파고들어 바꿀 수 없다는 것만으로 야만스럽다고 할 수는 없는 것이다.

우리나라의 공장 제도는 인간이 의복을 얻기 위한 최상의 방법이라고 할 수 없다. 직공들의 노동조건은 하루하루 영국의 공장 직공과 비슷해지고 있다. 이것은 별반 놀랄 만한 일이 아니다. 보고 들은 바에 따르면 공장 제도의 주된 목적은 인간이 정직하게 일한 돈으로 제대로 옷을 입도록 하는 것이 아니라, 회사를 살찌게 하는 데 있기 때문이다. 그렇기 때문에 인간은 자신이 겨냥한 목표물을 향해 나아가게 되어 있다. 따라서 당장은 실패한다 해도 더 높은 곳에 목표를 정하는 편이 좋을 것이다.

주거에 대해서는 집이 오늘날 생활필수품이라는 사실을 부정할 생각은 없다. 하지만 이 나라보다 추운 지역의 사람들이 오랫동안 집 없이 살아왔다는 예가 있다. 새뮤얼 래잉(Samuel Laing : 1780~1866. 스코틀랜드의 여행가, 저술가)에 따르면 "라플란드 사람은 털옷을 입고 있어도 얼어 죽을 만한 혹한 속에서, 가죽옷을 입고 머리와 어깨에 가죽 부대를 뒤집어쓴 채 몇 날 밤이고 눈 위에서 잠을 잔다"고

한다. 그는 라플란드 사람들이 그런 식으로 자는 모습을 가까이서 직접 목격한 것이다. 나아가 또 이렇게 덧붙이고 있다. "그들이 다른 사람들보다 특별히 강인한 건 아니다." 그렇기는 하나 인간은 아마도 지구상에 출현한 지 얼마 되지 않아 집 안에서 지내는 편리함, 즉 가족이 가져다주는 만족감보다 가옥이 가져다주는 만족감이라는 가정의 안락함을 발견했으리라. 하지만 집이라 해도 추운 겨울이나 우기에나 쓸모가 있는 존재이지, 일 년의 3분의 2는 파라솔 하나면 족한, 특별히 집이 필요 없는 풍토에서라면 극히 부분적이고 일시적인 의미만 있을 것이다.

우리나라 같은 풍토에서도 여름철에는 집은 밤에 머리 위를 가리는 역할밖에 하지 않았다. 인디언의 기록에 따르면 위그웜(미국 동북부에서 유목생활을 하던 부족이 살던 집)이 하루의 행진을 나타내는 상징이었고, 나무껍질에 그리거나 새겨진 위그웜의 수가 야영한 일수를 나타낸다. 인간은 별로 큰 몸과 강건한 육체를 부여받지 못했기 때문에 자신의 세계를 좁혀서 자신에게 맞는 공간을 벽으로 막는 수밖에 없었던 것이다. 그러한 인간도 처음에는 벌거숭이로 바깥에 있었다. 온화하고 따뜻한 낮에는 그렇게 지내는 것도 지극히 쾌적하겠지만, 타는 듯한 태양이 내리쬘 때, 우기나 겨울철에 서둘러 가옥이라는 피난처로 피하지 않았다면 인류는 봉오리도 맺기 전에 시들어버렸을 것이다. 우화에 따르면 아담과 이브는 옷으로 몸을 가리기 전에 나무 그늘에 몸을 감추고 있었다. 인간은 무엇보다 먼저 육체를 따뜻하게 하고, 애정을 돈독하게 하기 위해 따스하고 쾌적한 장소인 집을 찾았던 것이다.

인류의 유년 시절, 한때 모험심에 불타는 인간 하나가 동굴 속에 기어들어가 비와 이슬을 피했을 것이다. 아이들이란 모두 어느 정도 인류의 역사를 처음부터 다시 시작한다고도 할 수 있는데, 그들은 비나 추위를 아랑곳하지 않고 바깥에 있는 걸 좋아한다. 소꿉놀이, 말놀이를 하는 것은 그러한 본능 때문이다. 어릴 적 기괴한 암석이나 동굴을 봤을 때의 흥분을 기억하지 못하는 자가 있을까? 그건 우리 내부에 아직도 옛 습관의 일부분이 남아 있어 자연히 기괴한 암석이나 동굴을 그리워하기 때문이다. 우리의 지붕은 동굴에서 시작해 점차 종려 나뭇잎, 나무껍질이나 나뭇가지, 아마포, 초가지붕, 판자지붕, 돌지붕이나 기와지붕으로 진보했다. 그리고 마침내 인간은 옥외 생활이 어떤 것인지 알 수 없게 되었고, 옥외 생활은 스스로 생각하는 것 이상으로 여러 의미에서 가정적인 것이 되고 있다. 난로에서 밭두렁까지의 거리는 아주 멀어졌다. 만일 우리가 자신과 수많은 천체 사이를 가로막을 티끌 하나 없는 노천에서 낮과 밤을 보내게 된다면, 시인이 지붕 밑에서 이처럼 말을 많이 하지 않고, 성자가 오랫동안 문 밖에 머무를 수 있다면 얼마나 멋질까? 작은 새는 동굴 속에서 노래하지 않고, 비둘기도 새장 속에서는 천진함을 지닐 수 없는 것이다.

그러나 집을 지을 마음이 있다면 좀 미국인다운 꼼꼼함을 발휘했으면 한다. 그렇지 않으면 어느샌가 빠져나갈 실마리도 없는 미궁 또는 박물관, 구빈원, 감옥, 휘황찬란한 사당에 들어가 있는 꼬락서니가 될지도 모른다. 우선 얼마나 검소해야 할지 생각해보자. 나는 이 마을에서 둘레에 눈이 1피트 가까이 쌓여 있는데도 얇은 텐트 하나 달랑 세워 살아가는 페노브스코트 인디언을 본 적이 있는데, 눈이 더 쌓이면 오히려 바람을 막을 수 있어 그들이 더 좋아할 거라고 생각했다.

최근에는 유감스럽게도 다소 둔감해졌지만, 꽤 오래 전 내가 자신의 본업을 자유롭게 수행하면서 정직한 노동으로 생활비를 조달하려면 어떻게 해야 좋을지 지금 이상으로 고민하던 때에 작업장 인부들이 야간에 도구를 넣어두는 길이 6피트, 폭 3피트의 커다란 상자를 철로 옆에서 자주 보았다. 나는 그때 문득 생각했다. 몹시 궁핍한 사람이라면 이런 상자를 1달러에 사서 목공용 송곳으로 두세 군데 구멍을 뚫어 공기가 통하게 하고, 비가 내릴 때나 밤에 그 속에 들어가 뚜껑을 닫고 빗장을 지르면 사람의 세계에서 영혼도 자유로워지지 않을까라고. 이렇게 사는 것이 최악의 선택도, 결코 천한 선택도 아닌 것 같았다. 원하는 만큼 늦게까지 깨어 있을 수 있고, 몇 시에 일어나든 땅 주인, 집 주인한테 집세를 독촉당할 걱정 없이 돌아다닐 수 있는 것이다. 이런 상자 속에 살아도 얼어 죽을 걱정이 없는데 많은 인간들은 더 크고 사치스런 상자를 빌린 대가로 죽자 사자 고생하고 있다. 나는 농담을 하는 게 아니다. 경제란 것은 자칫 경솔하게 취급되기 쉽지만 그렇게 해결될 수 없는 문제이다.

옥외에서 지내는 일이 많았던 거칠고 강인한 종족들은 예전에는 이 부근에서도 대부분 자연이 쉽게 제공해 주는 재료로 쾌적한 집을 만들었다. 매사추세츠 식민지 관할의 인디언 감독관으로 있었던 구킨은 1674년에 다음과 같은 글을 썼다.

"그들이 살고 있는 집 중에서 나무껍질을 이용해 아주 정성 들여 따뜻하게 감싼 집이 최상의 집이다. 나무껍질은 수액이 상승하는 계절에 줄기에서 벗겨내 싱싱할 때 무거운 재목으로 꾹 눌러 얇고 큼직하게 늘린다. ……나무껍질로 감싼 집보다 못한 집은 큰고랭이의 일종으로 엮은 멍석을 씌워놓았는데 나무껍질로 감싼 집만큼 고급은 아니지만 충분히 따뜻했다. ……내가 본 집 중에는 길이가 60피트에서 100피트, 폭이 30피트에 달하는 것도 있었다. ……나는 그들의 위그웜에 자주 머물렀는데 영국의 최고급 주택에 조금도 뒤지지 않을 만큼 따뜻했다."

그는 나아가, "이러한 위그웜의 내부에는 대체로 훌륭한 무늬의 멍석이 깔려 있으며, 주위에도 멍석이 빙 둘러 있고 갖가지 살림 도구가 갖추어져 있다"고 덧붙였다. 인디언들은 지붕 위에 구멍을 내 멍석을 한 장 매달고 그것을 끈으로 조작함으로써 통풍을 조절하는 데까지 진보했다. 이러한 오두막은 처음 세울 때에도 하루나 이틀이면 충분하고, 그 후엔 두세 시간 정도면 접거나 다시 조립할 수 있다. 어떤 가구든 오두막 하나, 아니면 그 내부의 방 하나를 소유하고 있었다.

미개사회에서는 누구나 고급이라 할 수 있는 집을 소유하고, 이러한 집에서 원시적이고 단순한 욕망을 충분히 채우고 있었다. 하늘을 나는 새는 둥지가 있고 여우에겐 굴이 있고 미개인에겐 위그웜이 있는데, 현대의 문명사회에서는 전 인구의 절반이 집이 없다고 해도 과언이 아니다. 특히 문명이 발달한 큰 마을이나 도시에서는 집을 가진 사람의 수가 전체 인구의 극히 일부에 지나지 않는다. 나머지는 바야흐로 덥거나 춥거나 빼놓을 수 없는 이 거죽 옷 때문에 인디언의 위그웜 한 부락을 살 수 있을 비싼 집세를 매년 지불하면서도 평생 가난에서 헤어나지 못한다. 나는 집을 갖는 것에 비해 빌리는 것이 불리하다고 말하는 게 아니다. 하나 미개인들은 집이 싸니까 소유할 수 있는 반면, 대부분의 문명인은 그럴 여유가 없기 때문에 빌린다는 사실은 분명하다. 또 집을 빌렸다고 해서 전보다 여유가 생기는 것도 아니다. 가난한 문명인들은 집세를 지불하기만 하면 미개인들의 집과 비교도 안 될 궁전 같은 방을 확보할 수 있다고 반론을 펼 수도 있다. 이 나라의 집세는 연 25달러에서 100달러 사이로, 이만큼 지불하면 널찍한 방에 말끔한 벽지에 페인트칠, 럼포드식 난로, 뒷면의 회반죽칠, 베네치아식 블라인드, 구리 펌프, 용수철 자물통, 넓고 편리한 지하실, 그 외 몇 세기에 걸쳐 진보된 개량의 혜택을 누릴 수가 있다. 이러한 집에서 사는 문명인은 대체로 가난하고, 아무것도 갖지 않은 미개인은 나름대로 풍족한 이유는 무엇일까?

　문명이 인간의 생존 상태를 본격적으로 개선했다고 단언하려면 값을 올리지 않고도 더 좋은 주택을 생산할 수 있다는 사실을 증명해야만 한다. 또 사물의 가격은 그 자리에서, 또는 장래에 그것과 교환해야 할 생활의 양을 말한다. 이 부근의 집값은 보통 800달러 정도 하는데 이만 한 금액을 모으려면, 한 사람의 임금을 하루 평균 1달러로 산정했을 경우 가족을 부양하지 않는 노동자라도 10년 내지 15년을 일해야 한다. 즉 젊은 날의 반 이상을 소비해야 일반 사람들이 자신의 위그웜을 손에 넣는 것이 가능하다는 얘기다. 그렇다고 주택 마련을 포기하고 집세를 지불하며 산다고 해도 더 나은 선택이 될 리도 없다. 만약 미개인이 이런 조건으로 그의 위그웜을 궁전과 맞바꾼다면 과연 현명한 선택일까?

　장래를 위한 자금으로 여분의 재산을 가진다 해도 기껏해야 장례식 비용을 치르는 데 도움이 될 정도가 아니겠냐는 투로 들릴지도 모른다. 하지만 인간은 자신을 매장할 필요는 없다. 그런데 한 가지 여기에서 문명인과 미개인의 중요한 차이점이 드러난다. 세상은 분명 우리를 생각한 것이기는 하나 문명인의 생활을 의도적으로 하나의 제도로 바꿔놓았다. 종족을 보존하고 개선해 나가는 와중에 개인의 생활은 대부분 그 제도 속에 흡수되고 만 것이다. 나는 이러한 이익이 현재 얼마만큼 커다란 희생을 치르고 얻어진 것인지 밝히고, 아무 손해도 입지 않고 순수한 이익만 내 것으로 삼을 수 있는 삶의 방식이 존재하지 않겠는가 말하고 싶은 것이다. "가난한 사람들은 언제나 너희 곁에 있다"(〈마태복음〉)라든지, "아비가 신 포도를 먹었으므로 아들의 이가 시다"(〈에스겔서〉)와 같은 속담은 무슨 의미인가?

　"나, 주 여호와가 말하노라. 내가 나의 삶을 두고 맹세하노니 너희가 이스라엘 가운데서 다시는 이 속담을 쓰지 못하게 되리라."
　"모든 영혼이 다 내게 속한지라. 아비의 영혼이 내게 속한 것과 같이 아들의 영혼도 내게 속했나니 죄를 범하는 그 영혼은 죽으리라."(〈에스겔서〉)

나의 이웃들, 적어도 다른 계층의 사람들만큼 유복하게 살아가는 콩코드의 농민들에게 눈을 돌려보면, 그들은 대개 명실 공히 농장을 자신의 것으로 만들려고 20년, 30년, 40년 동안 힘들게 일해 왔다. 물론 그 벌이의 3분의 1은 집값으로 날아가 버린다. 이는 저당 잡혀 있는 농지를 상속하든지 빚을 내 토지를 매입한 경우가 많기 때문인데, 그들 대부분은 아직 빚을 다 갚지 못한 상태이다. 때로는 부채가 농장의 땅값을 웃돌아 농장 자체가 커다란 부담이 되는 경우도 있지만, 그래도 이러한 땅을 상속받는 인간은 끊이지 않는다. 본인들 말을 빌리자면 모든 걸 수긍한 다음 상속받는다는 것이다. 이런 사정이니 토지 사정관에게 물어보면 마을에서 부채가 없는 농장주는 채 열 명도 안 된다는 사실이 그리 놀랄 일도 아니다. 이러한 농장의 역사를 알고 싶으면 그들이 저당 잡혀 있는 은행에서 조사하면 된다. 온전한 자신의 농장을 갖고 있거나 농지 값을 말끔하게 지불할 수 있는 사람은 너무나도 적기 때문에 부근 사람들에게 물어보면 즉석에서 대뜸 가르쳐 줄 것이다. 그러한 사람이 콩코드 안에 세 명 있을까 말까 한 정도이다. 사업을 하는 100명 중에서 97명은 반드시 실패한다고 하는데 이것은 정확히 농민에게도 해당되는 말이다. 어떤 상인이 꽤 바른 말을 한 적이 있다. 그들의 실패는 대개 순전한 금전상의 실패가 아니라, 계약을 이행할 형편이 못 될 경우 그것을 태만히 여기는 데서 오는 것이라고. 즉 파산하는 것은 다름 아닌 그들의 도덕적인 인격이라는 것이다. 그렇게 되면 사태는 점점 심각해진다. 앞의 세 인물조차 이미 자신의 영혼을 구제할 수 없을 뿐만 아니라, 정직하게 일하다 실패하는 무리보다 그들이 훨씬 나쁜 의미에서 파산한 것이 아닌가 하는 생각마저 든다. 파산과 지불 불능은 곧잘 우리 문명이 공중제비를 넘기 위한 뜀틀이 되지만, 미개인들은 기아라는 탄력 없는 판 위에 서 있다. 그래도 농기계의 각 부분들은 탈 없이 원활하게 움직이고 있다고 광고라도 하듯이 땅에서는 미들섹스 가축품평회가 매년 성대하게 열린다.

　농민들은 생계 문제를 문제 자체보다 더 복잡한 공식을 이용해 해결하려 한다. 구두끈을 사기 위해 소 시세에 손을 내미는 것과도 같은 것이다. 안락한 생활과 자립을 얻으려고 노련한 솜씨로 덫을 놓지만 막상 돌아서려는 찰나, 자신의 한쪽 발이 덫에 걸리고 만다. 이래서야 가난으로부터 벗어날 도리가 없지 않은가. 마찬가지 이유로 우리는 모두 사치품에 둘러싸여 있으면서도 원시적인 무한한 즐거움이라는 점에서 보면 지극히 가난한 것이다. 채프먼(George Chapman : 1559?~1634. 영국의 시인이자 극작가)은 노래한다.

> "위선에 가득 찬 이들의 세계여
> 지상의 사치로 말미암아
> 천상의 즐거움은 공기와 같이 희박해졌노라"

이 상태에서 농민들이 집을 손에 넣는다 해도 유복해지기는커녕 도리어 그 반대가 되고 만다. 집이 그를 손 안에서 갖고 노는 것이다. 지혜의 여신 미네르바가 집을 짓자, 불평의 신 모무스가 "뭐야, 이동식으로 되어 있질 않잖아. 이 모양이니 보기 싫은 이웃한테서 어떻게 도망칠 수가 있나"라며 억지를 부렸다는 게 수긍이 간다. 이러한 억지는 계속 부렸으면 한다. 우리의 집은 상당히 취급하기 힘든 재산이고, 인간은 그 속에 살고 있다기보다 유폐되어 있다고 하는 편이 나은 상황이다. 또 피하고 싶은 이웃이란 다름 아닌 우리 자신의 비천한 자아이다. 변두리에 있는 자신의 집을 팔아 마을 안으로 이사 가기를 30년 전부터 고대해왔으면서도, 아직까지 소원을 이루지 못한 가족들이 있다. 그들은 죽지 않는 한 결코 자유의 몸이 될 수 없다.

가령 대다수의 인간이 잘 개량된 현대적인 주택을 소유하거나 빌릴 수 있게 되었다고 하자. 문명은 가옥을 개량해왔다. 하나 거기에 사는 인간까지 똑같이 개량해온 것은 아니다. 문명은 궁전을 탄생시켰지만 귀족이나 왕을 탄생시키는 일은 그다지 쉽지 않다. 만약 문명인의 일이 미개인의 그것 이상으로 가치 있는 것도 아니고, 문명인이 생활의 대부분을 오로지 생활용품과 위안물을 얻기 위해 소비한다면, 그들이 미개인보다 훌륭한 집에 살아야 할 이유가 어디에 있는가?

한편 다른 가난한 이들은 어떤 식으로 살아갈까? 일부의 외면적인 생활환경이 미개인들보다 좋아짐에 따라, 다른 사람들의 생활환경은 미개인들보다 나빠지게 된다. 한 계층의 사치는 다른 한 계층의 빈곤을 바탕으로 균형을 유지하기 때문이다. 한편에 궁전이 있으면 다른 한편에는 구빈원과 힘없는 빈민들이 있다. 역대 파라오의 무덤인 피라미드를 구축한 무수한 인부들은 마늘을 먹고 살았다고 한다. 아마 그들은 숨을 거둘 때 제대로 매장되지도 못했을 것이다. 궁전의 코니스(벽 윗부분에 장식으로 두른 돌출부)를 마무리한 석공은 밤이 되면 인디언의 위그웜보다도 초라한 오두막으로 돌아갔을지 모른다.

도처에 문명의 증거가 존재하는 나라에서는 압도적 다수가 문명인다운 생활을 하고 있을 것이라는 생각은 터무니없는 착각에 불과하다. 여기에서 내가 말하려는 것은 쇠락한 빈민에 관한 것이지 쇠락한 부자에 관한 것이 아니다. 이 사실을 알고 싶으면 최신 문명의 진보를 대표하는 철로를 따라 곳곳에 늘어선 판잣집을 보는 것만으로 충분하다. 내가 그곳을 산보하면서 매일 보는 것은 돼지우리 못지않게 더러운 움막에 사는 인간들이다. 빛을 얻기 위해 겨울 내내 문은 열어놓은 채, 장작더미는 어디에도 눈에 띄지 않을 뿐만 아니라 장작더미가 있으리라 상상조차 하기 힘든 곳이다. 늙은이든 젊은이든 추위와 비참함에 떠는 오랜 습관 탓에 몸은 움츠러들고 손발이나 지능도 성장이 멈춰 있다. 그들의 노동 덕택에 현대의 특징이라 할 수 있는 갖가지 사업들이 달성된 것이니, 이 계층에게 눈을 돌리는 것은 당연한 일이다.

세계에서 가장 거대한 공장이라 할 수 있는 영국에서도 여러 직공들 사이에서 많든 적든 이러한 상태를 볼 수 있다. 또 지도상으로 백지로 취급되기도 하고 문명국 대접도 받는 아일랜드의 이름도 기억해두자. 아일랜드인의 체격을 북미 인디언이나 남쪽 섬 지방의 주민, 그 외 문명인과 접촉하면서 퇴화한 예전의 여러 미개인들의 체격과 비교해보기 바란다. 나는 아일랜드의 통치자가 문명국의 평균적인 통치자들만큼 현명하다는 점을 조금도 의심치 않는다. 다만 아일랜드 사람들이 사는 모습은 참담한 생활과 문명이 양립할 수 있다는 사실을 증명한다고 말하고 싶을 뿐이다. 이 나라 주요 수출품의 생산자이자, 그 자체가 남부의 주요 생산물이기도 한 남부 여러 주의 노동자들에 관해서는 여기에서 새삼 언급할 필요가 없다. 여기에서는 그나마 괜찮은 처지에 있는 사람들로 얘기를 한정시키고 싶다.

대개의 사람들이 집이란 무엇인가에 대해 생각해본 적이 없는 것처럼, 자신도 이웃과 엇비슷한 집을 가져야 한다는 굳은 믿음 때문에 평생 사서 고생을 한다. 양복점에서 지은 옷이라면 무엇이라도 입어야 한다는 법이라도 있는가? 혹은 종려 나뭇잎이나 우드척 가죽의 테두리 없는 모자를 점점 쓰지 않게 되자 왕관을 살 여유가 없다며 세상살이의 괴로움을 한탄해야 하는가? 지금 자신이 소유한 집보다 훨씬 편리하고 사치스러운, 단 누구도 그 비용을 댈 수 없을 것 같은 그런 집을 그려 볼 수는 있다. 우리는 항상 더 많은 것을 손에 넣으려고 애쓰지만, 때로는 지금 가지고 있는 것보다 적은 것에 만족하도록 애를 써보면 어떨까? 어엿한 시민이 점잔 빼는 태도로 격언이나 실례를 들면서 젊은이들에게 "죽을 때까지 예비 덧신 몇 켤레, 박쥐우산 몇 개, 머리가 텅 빈 손님을 맞이하기 위한 텅 빈 응접실을 몇 곳을 더 준비할 수 있도록 힘쓰세요"라는 식으로 설교를 해도 괜찮은 것인가? 우리의 살림살이는 어째서 아라비아인이나 인디언의 생활처럼 검소하면 안 되는가? 하늘로부터 강림한 사도들, 인간에게 내리는 신의 선물을 전달하는 존재로 우리가 숭배하는 인류의 은인들을 생각할 때, 하인을 거느린 그들이 호사스런 가구를 짐수레 가득 싣고 찾아오는 모습을 나는 상상조차 할 수 없다.

좀 이상한 가정일지 모르나, 우리는 아라비아인보다 도덕과 지성 면에서 더 나으니까 그에 따라 가재도구도 복잡해지는 것이 당연하다면 도대체 어떤 결과가 나타날까? 현재 우리가 생활하는 집 안은 온통 가재도구로 북적대고 더럽혀져 있다. 유능한 주부라면 그런 것을 대부분 쓰레기통 속에 쓸어 담아 아침 일을 쓱쓱 마무리해버릴 것이다. 아침의 일! 새벽의 여신 오로라의 장밋빛과 멤논(그리스 신화에 나오는 에티오피아의 왕. / 새벽의 여신 에오스와 티토노스의 아들)의 음악에 맞춰 이 세상에서 해야만 할 아침의 일이란 도대체 무엇일까? 나는 예전에 석회석 세 덩어리를 책상 위에 놓아둔 적이 있다. 하지만 마음이라는 가구의 먼지는 전혀 떨어내지 못한 주제에, 이 돌멩이에 쌓인 먼지는 매일 떨어내고 있다는 사실을 깨닫고 이내 두려워져 석회석 덩어리들을 창밖으로 던져버리고 말았다. 사정이 이러하니 내가 감히 가구 달린 집을 넘볼 수 있겠는가? 나는 차라리 풀밭에 앉아 있고 싶다. 인간이 옆에서 흙이라도 파헤치지 않는 한 풀에는 먼지 하나 붙지 않을 테니.

유행을 만들어내는 것은 사치를 좋아하는 방탕아들이고, 대중은 그 뒤를 정신없이 쫓아다닌다. 일류 여관에서 묵은 경험이 있는 여행자는 곧 이 사실을 깨닫는다. 여관 주인은 그를 사르다나팔루스(아시리아의 마지막 왕. 사치스럽고 / 나약해 부하의 반란을 초래했다고 함)와 같은 우아한 남자로 단정 짓고 정중히 맞이하는데, 일단 그가 주인의 정중한 대접에 몸을 맡기게 되면 그 자리에서 완전히 무기력해진다. 열차의 내부는 안전성과 편리함을 위해서가 아니라 사치를 위해서 돈을 들이는 경향이 있다. 객차는 안전하지도 편리하지도 않으면서 긴 소파에 터키식 의자, 차양, 기타

서양에 도입된 수많은 오리엔트풍의 시설을 갖추며 최신식 응접실 흉내를 내려 한다. 이러한 것은 규방의 귀부인이나 중국의 연약한 국민들을 위해 발명된 것이고, 미국인이라면 이름을 듣는 것만으로도 부끄러워질 물건들이다. 나로서는 벨벳 쿠션 위에서 북적대기보다 호박 위에 앉아 공간을 독점하는 편이 훨씬 좋다. 말라리아 같은 독한 기운을 맞으며 그럴 듯한 유람열차를 타고 천국에 가기보다 흔들리는 소달구지를 타고 바람을 맞으며 지상 위를 달리는 편이 낫다.

원시 시대의 인간은 단순한 벌거숭이로 살았던 덕에 적어도 자연 속에서 살아갈 수 있다는 사실을 알았다. 음식과 수면으로 원기를 회복하면, 그는 또 다른 여로를 향해 발길을 돌렸다. 이른바 지상의 임시 거처에서 생활하면서 골짜기를 누비며 나아가거나 평원을 가로질러 산꼭대기에 오르곤했다. 그런데 어떠한가! 인간은 자신이 만든 도구의 도구로 전락해버리고 말았다. 배고프면 각자 마음대로 나무 열매를 따먹던 인간이 지금은 농부가 되었다. 나무 아래 서서 비나 이슬을 피하던 인간들은 집을 관리하고 있다. 우리는 이제 노숙을 하지 않을 뿐더러, 땅 위에 정착해 하늘을 잊고 사는 것이다. 우리가 기독교를 선택한 것도 단지 그것이 하늘이 아니라 땅을 경작하는 데 뛰어났기 때문이다. 사람들은 모두가 살아 있을 때를 위해서는 가족의 관을, 죽은 사람을 위해서는 가족의 묘비를 세우고 있다. 최고의 예술작품이란 이러한 상태에서 자신을 해방시키려는 인간의 투쟁을 표현한 것인데, 우리의 예술은 단지 이러한 낮은 경지를 쾌적한 상태라고 착각하게 만들어, 더 높은 경지를 잊게 하는 작용을 한다. 사실 이 마을에서는 미술품이 들어와도 놓아둘 장소가 없다. 우리의 생활이나 집, 거리도 미술품을 놓아둘 만한 받침대를 제공하지 않는다. 그림을 걸어둘 못 하나 없거니와 영웅이나 성인의 흉상을 얹어둘 선반도 없다.

우리들이 어떤 식으로 집을 짓고 그 비용을 지불하거나 혹은 지불하지 않은 채로 가계를 꾸려나가는지 생각하면, 나는 방문객이 벽난로 선반 위에 놓인 싸구려 장식품에 정신을 팔다가 발밑의 마루가 꺼져 지하실로 굴러 떨어져서는 견고하고 거짓이 없는 흙바닥에 부딪치지 않는 것이 신기할 따름이다. 어쨌거나 윤택하고 세련된 생활이라는 것에 사람들이 너나 할 것 없이 달려든다는 걸 잘 알기 때문에, 나는 오로지 그 달려드는 방식에 신경이 쓰여서 그러한 생활을 장식하는 예술품을 즐길 생각은 도무지 들지 않는 것이다. 내가 기억하는 바로 인간의 근력으로 가능한 최고의 도약 기록은 어떤 아라비아의 유목민이 평지에서 25피트 뛰었던 것이라고 한다. 인공적인 보조 수단이 없는 한 인간은 그 정도의 거리만 뛸 수 있고, 반드시 지상으로 다시 떨어지게 된다. 여기에서 내가 이러한 거짓 재산의 소유자에게 우선 물어보고 싶은 것은 "누가 당신을 지탱하고 있는가?", "당신은 97명의 실패자 중 하나인가, 아니면 세 명의 성공자 중 하나인가?"이다. 혹 이러한 질문에 대답할 수 있는 사람이라면, 나는 그 사람의 싸구려 모조품을 보고도 근사한 예술품으로 여길 것이다. 말에 짐마차를 다는 것은 보기 좋지도 않고 도움이 되지도 않는다. 우리들은 집을 아름답게 장식하기 전에 우선 벽지를 벗겨내고, 생활을 벗겨내서, 아름다운 살림과 아름다운 생활을 토대로 구축해야 한다. 미적인 감각이라는 것은 집도 아니고, 집을 관리하는 사람도 없는 옥외에서 가장 높이 함양되는 것이다.

존슨(Edward Johnson : 1598~1672. 매사추세츠 식민지의 초기 역사를 기록한 인물)은 그의 저서 《기적을 행하는 섭리의 신》 속에서 그와 동시대인이었던 이 마을 최초의 이민자들에 대해 다음과 같이 쓰고 있다. "그들은 당장의 거처를 마련하기 위해 비스듬한 언덕 아래에 구덩이를 파고, 목재 위에 흙을 높이 쌓아올려 언덕의 제일 높은 땅 위에서 바로 불을 피웠다." 그들은 "주님의 은총으로 대지가 그들을 위한 빵을 만들어주기 전까지는 자신들의 집을 세우지 않았다"고 한다. 첫해의 수확은 너무나 별볼일없었기 때문에 "그들은 오랫동안 빵을 얇게 썰어 먹어야 했다."

뉴네덜란드 식민지의 서기관은 토지를 갖고 싶어하는 사람들을 위한 정보를 1650년에 네덜란드어로 기록한 문서에서 다음과 같이 상세히 말하고 있다. "뉴네덜란드, 특히 뉴잉글랜드 농부들은 당초 바라던 농가를 세울 돈이 없으면 지면에 깊이 6~7피트, 길이와 폭은 각자가 적당한 크기로 정해 지하실과 같은 네모난 구멍을 판 다음, 안 벽은 목재로 빙 두르고, 그 위를 나무껍질 같은 것으로 덮어 흙이 틈새로 빠지지 않도록 한다. 이 지하실에 두꺼운 판자를 깔아 마루를 만들고 머리 위에 널빤지를 붙여 천장을 만든다. 통나무 지붕을 높이 올려 그 통나무를 나무껍질이나 푸른 잔디로 덮는다. 이런 식으로 그들은 온 가족과 함께 습기도 없고 따뜻한 집 안에서 2~4년 동안 생활할 수 있다. 가족 수에 따라서 이 지하실을 다시 몇 개로 나눈다. 이민 초기에 뉴잉글랜드의 유복한 권력자들까지 이런 양식의 집에서 생활한 것은 두 가지 이유 때문이다. 첫째는 집을 짓는 데 시간을 낭비해 다음 절기에 식량이 부족해지는 일이 없도록 하기 위해서이고, 둘째는 본국에서 데리고 온 많은 가난한 노동자들을 낙담시키지 않기 위해서이다. 3~4년쯤 지나 이 지역이 농업에 익숙해지게 되었을 때 그들은 수천의 돈을 들여 훌륭한 집을 세웠다.

선조들이 택한 이 방침에는 그들의 분별력과 사려 깊음이 잘 나타나 있다. 우선 당장 필요한 것부터 충족시킨다는 것이 그들의 원칙이었다. 그러나 오늘날, 이러한 우선적 필요는 모두 충족된 것일까? 나 같은 경우에는 가끔 호사스런 현대식 주택을 갖고 싶다는 생각이 들다가도 그만 주저하게 되고 만다. 이 나라로 말할 것 같으면 아직 인간을 경작하기에는 적당하지 않기 때문에 선조들이 밀 빵을 얇게 썰었던 것 이상으로 정신이라는 빵을 얇게 썰어 꾸려나가는 형편이기 때문이다. 하지만 아무리 미개한 시대라도 건축의 아름다움을 완전히 무시할 수는 없는 법. 다만 우리의 집은 겉모습부터 아름답게 할 것이 아니라 조개의 보금자리처럼 생활에 직결된 내부부터 아름답게 꾸며야 한다. 하지만 애석하게도 나는 몇몇 집을 엿본 적이 있어 내부가 어떻게 되어 있는지 알아버렸다.

오늘날 우리가 동굴이나 위그웜에서 살지 못할 만큼, 또 모피를 입을 수 없을 만큼 퇴화하지는 않았지만 비싸더라도 인류의 발명이나 산업이 제공해주는 갖가지 문명의 이기는 확실히 받아들이는 게 좋다. 이 근처에서도 판자나 지붕판, 석회나 벽돌 등은 동굴이나 자연 그대로의 통나무, 풍부한 나무껍질, 잘 이겨진 점토나 평석 같은 것보다 훨씬 싸고 간단하게 얻을 수 있다. 나는 이런 물건들에 대해 이론상으로나 실제적으로나 훤히 외고 있는 터라 나도 모르게 그만 마구 떠들어대고 싶어진다. 조금만 머리를 쓰면 우리는 이러한 재료를 사용해 이 땅의 대부호 이상으로 윤택해지기도 하고, 현대문명을 하나의 은총으로 바꿀 수도 있다. 문명인이란 경험을 쌓아 현명해진 미개인을 말한다. 이제 바로 나 자신의 경험을 얘기해보기로 하자.

1845년 3월 말에 나는 도끼 한 자루를 빌려 월든 호숫가의 숲으로 들어갔다. 그리고 예전부터 집을 짓고 싶었던 곳 가까이에 화살처럼 꼿꼿하게 솟은 스트로브잣나무 몇 그루를 자재용으로 벌채하기 시작했다. 물건을 빌리지 않고 일을 시작하는 것이 어렵기도 하지만, 물건을 빌리면서 내가 하는 작업에 대해 주위의 관심을 불러일으킬 수 있다면 꽤 친절한 행위가 되지 않을까 싶다. 도끼 주인은 그것을 건네면서 "이건 내 보물이라고"라고 했지만 나는 빌릴 때보다 더 날카롭게 날을 갈아서 돌려주었다. 내가 일을 한 곳은 소나무로 둘러싸인 비탈진 언덕으로, 나무들 사이로 호수가 보이고 소나무와 히코리(주로 북미에서 자라는 낙엽교목, 열매는 식용)가 자라는 숲 속의 작은 공터가 눈에 띄는 기분 좋은 장소였다. 호수의 얼음은 군데군데 녹은 곳도 있지만 완전히 녹지는 않았고, 거무스름한 빛을 띤 채 물에 잠겨 있었다. 일하는 동안 가끔 눈발이 날리기도 했지만, 집으로 돌아오는 길에 철로 쪽으로 가면 쭉 뻗은 황금색 모래 둑이 흐릿한 대기 속에서 빛나고 레일은 봄의 햇살을 받아 반짝였다. 우리와 함께 새로운 해를 맞으려고 일찌감치 날아온 종달새나 피위(pewee : 딱새류의 작은 새)의 지저귐도 들렸다. 온화한 봄. 인간의 불만에 찬 겨울은 대지와 함께 녹아 사라지고 깊은 잠에 빠졌던 생물은 팔다리를 길게 뻗는 시기이다.

　어느 날에는 도끼 자루가 빠지는 바람에 히코리의 어린 가지를 잘라 쐐기를 만들어 돌로 박아넣은 다음, 빠지지 않게 나무를 팽창시키기 위해 도끼를 호수에 넣어두었다. 그런데 언뜻 보니 줄무늬 뱀 한 마리가 물속으로 기어들어가 15분 이상이나 태연하게 밑바닥에 누워 있는 것이 아닌가. 아직 겨울잠에서 완전히 깨어나지 못한 것으로 생각하며, 나는 문득 같은 이유로 인간 또한 현재의 저급하고 원시적인 상태에서 벗어나지 못하고 있는 게 아닌가 하고 생각했다. 하지만 봄 속의 움직임이 자신을 깨우는 것을 느낀다면 인간은 분명 더 높은, 더 영적인 삶을 향해 일어설 것이다. 전에도 서리 내린 아침에 아직 몸이 덜 풀려 움직이지 못하는 뱀이 햇볕에 몸이 녹기를 기다리면서 내가 지나는 길 가운데 누워 있는 모습을 종종 본 적이 있다. 4월 첫날에는 비가 내리고 얼음이 녹았다. 그날 아침에는 짙은 안개가 끼어 방향을 잃은 기러기가 어찌할 바를 모르고 호수 위를 더듬으며 안개의 요정처럼 요란하게 울부짖는 소리가 들려왔다.

　이렇게 나는 며칠을 날이 좁은 도끼만으로 재목과 사잇기둥, 서까래를 자르고 깎았다. 이 기간 동안 남들에게 전할 만한 이렇다 할 생각이나 학자다운 사상도 머리에 떠오르지 않았고, 다만 혼자 이런 노래를 읊조릴 뿐이었다.

누구나가 아는 척을 한다.
하지만 보라, 예술도
과학도, 무수한 응용도
날개를 펼치고 날아가 버렸다!
모두가 알고 있는 것은 단지
문 밖을 스치는 바람뿐.

나는 주요 재목을 6인치 길이로 네모나게 깎고, 사잇기둥은 대부분 두 면을, 서까래와 마루판은 한 면만을 깎아 나무껍질이 붙은 채로 두었기 때문에 모두 톱으로 자른 것처럼 반듯하고 한층 더 튼튼했다. 어떤 목재든 끝 부분에 세심하게 장부(한 부재의 끝을 가늘고 길게 만든 부분 부재의 구멍에 끼울 수 있도록 다른) 구멍을 내 다른 목패와 연결할 수 있게 했다. 재목을 마련하면서 다른 도구들도 빌려두었던 것이다. 숲 속에서 보낸 시간은 그다지 길지 않았지만, 나는 버터 바른 빵을 도시락으로 가져가 한낮이 되면 베어낸 푸른 소나무 가지 가운데에 앉아 빵을 먹으면서 도시락을 쌌던 신문을 펼쳐 읽었다. 손에 송진이 끈적끈적하게 들러붙어 빵에 나뭇가지 냄새가 배었다. 비록 소나무를 몇 그루나 잘라내긴 했지만, 일을 끝낼 무렵에는 잘라낸 나무에 대해 잘 알게 되어, 마치 소나무와 친구가 된 것 같았다. 때로는 숲 속을 산보하던 사람이 도끼 소리에 이끌려 찾아오기도 했다. 그러면 우리는 흩어진 지저깨비를 바라보면서 즐거운 대화를 나누었다.

나는 결코 일을 서두르지 않고 가능한 한 정성을 기울였기 때문에 집의 뼈대가 완성되고 마룻대를 올리니 4월 중순이 되어 있었다. 목재를 얻기 위해서 나는 피츠버그 철도에서 일하는 아일랜드인 제임스 콜린스의 임시 오두막을 미리 사놓았다. 콜린스의 오두막은 아주 보기 드문 훌륭한 집이라고 했다.

내가 그 집을 둘러보러 갔을 때 그는 외출하고 없었다. 나는 한참 동안 오두막 주위를 서성거렸지만 창이 깊고 높은 위치에 있어 안에서는 나를 좀처럼 알아채질 못했다. 뾰족한 지붕이 덮인 작은 오두막 주위에는 높이 5피트에 달하는 토사가 퇴비더미처럼 수북이 쌓여 있어서 지붕 외에는 거의 아무것도 보이지 않았다. 그 지붕은 햇빛을 받아 상당히 휘고 약해 보였지만 그래도 제일 튼튼한 부분이었다. 현관에는 문턱이 없었고 널문 아래에는 닭이 언제라도 출입할 수 있도록 통로를 만들어 놓았다. 이윽고 콜린스 부인이 나타나 안을 살펴보라고 말했다.

내가 다가가자 닭은 집 안으로 쫓겨 들어갔다. 집 안은 어두웠으며 대부분이 축축하고 한기가 느껴지는 싸늘한 토방이었다. 여기저기 깔려 있는 판자는 조금만 움직여도 부서져버릴 것 같았다. 그녀는 램프를 켜고 지붕 안쪽과 벽, 침대 밑에 딸린 마루판 등을 보여준 다음, 지하실에는 들어가지 말라고 경고했다. 지하실은 깊이 2피트쯤 되는 것이 꼭 쓰레기 처리장 같았다. 그녀의 말로는 "지붕판도 고급, 벽판과 창도 고급"이라고 한다. 이 창에는 원래 두 장의 정방형 유리가 끼워져 있었는데, 요전에 고양이가 그곳을 넘어 가출했다고 한다. 집안에 있는 것이라곤 난로 하나, 침대 하나, 걸터앉을 수 있는 의자가 하나, 이 집에서 태어난 아기, 비단 파라솔, 금박 틀의 거울, 어린 떡갈나무에 못 박힌 신제품 커피 그라인더가 전부였다.

잠시 후 매매 계약을 체결할 수 있었다. 그럭저럭 집 구경을 하는 동안 제임스가 돌아왔기 때문이다. 그날 밤 나는 4달러 20센트를 지불하고, 그들은 다음날 아침 5시에 집을 비워주기로 했으며, 그 사이에 다른 누구에게도 오두막을 팔지 않기로, 그리고 나는 6시에 집을 인수하러 오기로 약속했다. 그는 집을 인수하기 위해 아침 일찍 와주었으면 좋겠다고 말했는데, 땅값이니 연료비니 뭐니 하는 확실치 않은 부당한 돈이 청구되기 전에 선수를 치는 게 낫다는 것이었다. 이외에 부채는 전혀 없다고 그는 내게 장담했다.

6시에 나는 그의 가족과 길에서 만났다. 커다란 꾸러미 하나에 온갖 살림살이가 다 들어가 있었다. 침대며 거울, 닭, 커피 그라인더 등등. 단 고양이는 숲으로 들어가 들고양이가 됐나보다 했는데, 나중에 알고 보니 우드척을 잡는 덫에 걸려 죽은 채로 발견됐다고 한다.

나는 바로 오두막을 무너뜨리고 목재에서 못을 뺀 다음, 작은 짐수레에 싣고 몇 차례나 호반으로 옮겼다. 휘어진 목재를 다시 평평하게 만들기 위해 햇볕이 좋은 풀밭 위에 늘어놓았다. 짐마차를 밀면서 숲의 오솔길을 지나자니 일찌감치 날아온 지빠귀 한 마리가 한 구절 두 구절 흥겨운 가락을 뽑았다. 패트릭이라는 아일랜드 젊은이가 자신의 친구를 배반하고 귀띔해 준 바에 따르면, 역시 아일랜드인인 실리라는 남자가 내가 짐을 운반하는 사이 아직 쓸 만한 튼튼하고 멀쩡한 못을 거멀못, 대못 할 것 없이 재빨리 주머니에 쑤셔 넣었다고 한다. 내가 돌아오자 그는 태연한 얼굴로 일어나 인사를 하고 봄처럼 들뜬 모습으로 오두막을 무너뜨린 흔적을 바라보고 있었다. "할 일이 없어서……"라고 변명을 하면서. 요컨대 이 남자는 구경꾼의 대표격으로 등장한 것이고, 보잘것없는 이 일을 트로이의 신들이 이삿짐이라도 빼는 듯한 그런 거창한 무언가로 보이게 한 것이다.

나는 남쪽으로 경사져 있는 언덕 허리, 예전에 우드척이 땅굴을 만들었던 곳 가까이에 지하실을 하나 만들기로 했다. 지하실은 옻나무나 검은딸기의 뿌리는 물론, 뿌리가 깊은 식물의 흔적조차 보이지 않을 만큼 깊게 팠다. 가로세로 6피트, 깊이 7피트의 구덩이로 추운 겨울에도 감자가 얼지 않는 자잘한 모래층까지 닿았다. 지하실의 측면은 경사진 채로 놔두고 돌로 보강하지 않았지만 햇빛에 한 번도 드러나지 않았기 때문에 지금까지도 모래층은 무너지지 않고 있다. 기껏해야 2시간 정도 걸린 작업이었다. 나는 특히 땅을 파는 작업을 즐겼다. 다양한 위도에서 인간은 균일한 온도를 찾아 대지에 구덩이를 파기 때문이다. 도시의 가장 호화로운 저택 밑에도 빠짐없이 지하실이 있다. 거기에는 옛날과 마찬가지로 근채류가 저장되어 있으며, 지상의 건물이 사라진 오랜 뒤에도 후세 사람들은 대지에서 구덩이의 흔적을 발견한다. 가옥이란 지금도 땅굴의 입구에 있는 현관과 같은 것이다.

마침내 5월 초순경, 사람 손을 빌릴 필요는 없었지만 이웃과의 친분을 돈독히 할 수 있는 절호의 기회라 생각하고 몇몇 아는 이들의 손을 빌려서 상량식을 거행했다. 상량을 하는 데 나만큼 훌륭한 사람들에 둘러싸인 자는 일찍이 없었을 것이다. 나는 그들이 앞으로 더 기품 있는 건물의 상량을 도울 운명이라는 것을 확신한다. 7월 4일 나는 판자를 붙이고 지붕 이는 작업을 끝내자 곧바로 오두막에서 생활하기 시작했다. 판자는 주의 깊게 한쪽 끝을 얇게 깎아 겹쳐서 조금도 비가 새지 않도록 했다. 판자를 붙이기 전에 호반에서 짐마차 두 대분의 돌멩이를 낑낑대며 날라 오두막 한쪽 구석에 굴뚝 토대를 쌓았다. 굴뚝은 가을 풀베기가 끝난 뒤 난로의 온기가 필요해지기 전에 만들었으며, 그때까지 취사는 아침 일찍 문 밖에서 해결했다. 문 밖에서 취사를 해결하는 것이 몇 가지 점에서 일반적인 방법보다 더 편리하고 기분 좋은 일이라고 생각한다. 빵이 다 구워지기 전에 세찬 바람이라도 불면 나는 모닥불 위에 판자 두세 장을 덮어씌우고, 그 밑에 앉아 빵을 지켜보면서 유쾌한 한때를 보냈다. 그 무렵에는 항상 일손이 부족해서 별로 독서를 하지 못했지만 물건을 싸거나 식탁보로 사용한 널브러진 작은 신문지 조각들은 《일리아스》 못지않은 기쁨을 안겨주었고, 또 많은 도움이 되기도 했다.

집을 지을 때 문이나 창문, 지하실이나 지붕이 인간의 본성 중에 어디에 기반을 두는지 생각하며, 단지 당장 필요하기 때문이라는 것보다 훨씬 훌륭한 이유를 발견하기 전에는 결코 토대 위에 기둥을 세우지 않을 정도로 사려 깊게 작업한다면 반드시 무언가 얻는 점이 있을 것이다. 인간이 집을 지을 때에는 새가 둥지를 만들 때와 마찬가지로 목적에 부합해야만 하는 것이다. 인간이 자기 손으로 직접 집을 짓고 단순하고 정직한 노동으로 자신과 가족을 부양한다면, 생활 속에서 항상 지저귀는 새처럼 모든 사람들의 집에도 시적인 재능이 싹트지 않을까?

하지만 슬프게도 우리들이 생활하는 방식은 다른 새가 만든 둥지 속에 알을 낳고 귀에 거슬리는 목소리로 시끄럽게 울어대며 길 떠나는 자에게 아무런 위안도 주지 않는 탁란찌르레기나 뻐꾸기와 닮아 있다. 우리는 집을 짓는 즐거움을 언제까지 목수에게만 맡겨둘 것인가? 사람들의 건축 경험은 보통 얼마나 될까? 나는 어디를 다녀봐도 자신의 집을 만든다는 지극히 단순하고 자연스런 일에 종사하는 사람을 한 번도 만난 적이 없다. 우리는 모두 공동체에 속해 있다. '재봉사 아홉이 모여야 겨우 한 사람 몫을 한다'라는 속담은 비단 양복점에만 해당되는 것이 아니다. 그것은 설교사, 상인, 농민들에게도 해당된다. 분업이라는 것은 도대체 어디까지 가야 끝이 나는 것일까? 분업은 결국 인간에게 무슨 도움이 되는 것일까? 물론 타인도 나 대신에 생각할 수 있을지 모르지만, 그렇다고 해서 나 스스로가 생각하지 않아도 되는 것은 아니다.

하기야 이 나라에도 건축가라고 불리는 사람들이 있다. 아니, 적어도 건축의 장식이야말로 진리의 핵심이자 필수 요소이며, 아름다움이라는 사상에 마치 계시라도 받은 듯 홀려 있는 어느 건축가에 대한 소문을 들은 적이 있다. 그 건축가의 관점에서 보면 매우 괜찮은 얘기겠지만, 사실 그것은 흔하디흔한 마니아의 영역을 넘어서지 못하고 있다. 건축의 감상적인 개혁자인 그는 토대가 아니라 코니스(건축 벽면에 띠\ 모양으로 돌출된 부분)부터 일을 시작한다. 아몬드에 설탕 따위는 묻히지 않는 편이 건강에 좋으련만, 사탕과자 속에 흔히 아몬드나 캐러웨이(회향풀의 일종.\ 향신료로 쓰임) 열매를 넣어두는 것처럼 진리의 핵심을 장식 안에 넣어두려고 하는 방법이다. 거주자가 정성을 다해 집 내부와 외부를 완성하고 자연스럽게 내버려둔다는 방식이 아닌 것이다.

대체로 이성이 있는 인간이라면 장식이라는 것은 단지 표면적인 것에 지나지 않음을 잘 알 것이다. 거북이 반점 있는 등딱지를, 조개가 진줏빛 껍데기를 지닌 것은 브로드웨이의 주민이 트리니티 교회를 하청 계약을 통해 세운 것처럼 계약에 따른 것이라고 생각하겠는가? 그러나 인간과 건축양식 사이에는 거북과 등딱지 모양 사이에서 볼 수 있는 그런 깊은 관계가 있는 것도 아니다. 병사가 자신의 용맹을 드러내는 빛깔을 일일이 군기에 칠할 필요는 없다. 언젠가는 적이 알게 될 터이고, 여차하면 병사 자신의 얼굴이 하얗게 질릴 수도 있기 때문이다. 앞서 말한 건축가는 코니스 위에 몸을 내밀어 건축가보다 진리에 정통한 소박한 거주자들을 향해 수박 겉핥기식의 진리를 속삭이고 있는 꼴이다. 내가 아는 한, 현재 볼 수 있는 건축미란 유일한 건설자인 거주자 자신의 필요성과 성격, 무의식적인 성실함과 품위 등을 바탕으로 겉모습 따위는 조금도 신경 쓰지 않고 내부에서 서서히 외부로 뻗어나가는 것이다. 이러한 아름다움이 앞으로 계속 생산될 운명에 있다면, 그것은 모두 무의식적인 생활의 아름다움 다음으로 출현할 것이다.

보통 이 나라에서 가장 정취 있는 집은 화가들이 잘 알고 있듯이 가난한 이들의 조금도 뻐기는 구석 없는 소박한 통나무집이나 시골집이라고 한다. 통나무집이나 시골집을 한 폭의 그림으로 그리는 것은 그 공간 안에 살고 있는 사람들의 생활이지 외관상의 특징 때문이 아니다. 또 도시 사람이 교외에 소유한 상자형 집 역시 거주자들의 생활이 단순하고, 집에 무리한 장식을 덧붙이지 않는다면 통나무집이나 시골집에 뒤지지 않는 깊은 정취를 풍기게 될 것이다.

건축상의 장식이란 대부분 글자 그대로 공허하기 짝이 없는 것으로, 9월에 큰 바람이 한바탕 몰아치면 빌려 붙인 깃털처럼 이내 찢겨 떨어진다. 지하실에 올리브 열매나 와인을 두지 않는다면 굳이 건축이 필요 없다. 만약 문학에서도 건축과 마찬가지로 문체의 수식을 둘러싸고 큰 소란을 피운다면, 또 성전의 건축가들이 교회 건축가들처럼 코니스 제작에 많은 시간을 허비했다면 도대체 어떻게 되었을까? 그런데 오늘날의 '미문학'이나 '미술', 그리고 이것을 가르치는 교수들은 코니스 제작에 많은 시간을 허비하도록 학생들을 가르치고 있다.

사실 나무토막 몇 개를 머리 위나 발밑에 어떤 식으로 비스듬하게 놓을 것인가, 살 집을 무슨 색깔로 칠할 것인가는 작은 문제가 아니므로, 집주인 스스로 진심을 담아 막대기를 배치하거나 색을 칠한다면 그래도 구원의 여지는 있다. 하지만 그렇게 하더라도 영혼이 깃들어 있지 않는다면 자신의 관이나 무덤을 만들고 있는 것과 매한가지일 뿐이다. 이렇게 되면 말만 '목수'이지 '관 짜는 사람'과 다를 게 뭐 있겠는가.

어떤 남자는 인생에 대한 절망 때문인지 아니면 무관심 때문인지 '발밑의 흙을 한 줌 쥐어서 그것으로 너의 집을 칠하면 되지 않는가'라고 말한다. 그는 마지막 거처인 그 좁은 집이라도 상상하고 있는 것일까? 차라리 동전을 휙 던져 뒷면인지 앞면인지에 따라 색을 정하는 편이 나을 것이다. 어쨌든 이 남자는 꽤나 할 일 없는 인물인 모양이다. 무엇 때문에 한 줌의 진흙을 주워 올리는가? 차라리 당신의 얼굴색과 똑같이 집을 칠해 당신 몸 대신 붉으락푸르락하게 하면 되지 않는가. 시골집의 개량 계획이라고? 글쎄, 당신이 나에게 어울리는 장식을 준비해준다면 뭐 한번 고려해 보겠지만.

겨울이 오기 전에 나는 굴뚝을 만들고 이미 비가 스며들지 않게 해놓은 집 벽에 널조각을 붙였다. 벽에 붙인 널조각은 통나무의 표면을 얇게 벗겨내어 만든 불완전한 생목 판자였기 때문에 끝부분을 대패로 깎아 고르게 만들어야 했다.

이렇게 해서 나는 폭 10피트, 길이 15피트, 기둥 높이 8피트의 판자를 붙이고 회반죽칠을 한 튼튼한 집을 갖게 되었다. 안에는 다락방과 벽장, 양측에 커다란 창이 하나씩, 뚜껑문 두 개, 출입용 문 하나를 만들고, 출입문 반대쪽에 벽돌로 만든 난로를 놓았다. 집을 짓는 데 든 정확한 비용은 다음과 같다. 사용한 재료에는 통상적인 대가를 지불했지만 자신의 힘으로 한 작업의 수고비는 계산에 넣지 않았다. 내가 여기에 명세서를 기록하는 것은 자기 집의 건축비를 명확하게 댈 수 있는 사람이 극히 드물고, 그것을 구성하는 각종 재료의 종목별 비용에 대해서는 더더욱 그러하기 때문이다.

판자 ····················	8달러 3.5센트(대부분 임시 오두막 판자)
지붕 측면용 널조각 ·····	4달러
얇은 판자 ···············	1달러 25센트
유리 달린 낡은 창 2짝 ···	2달러 43센트
낡은 벽돌 1000개 ·········	4달러
석회 2통 ·················	2달러 40센트(이것은 비싸다)
털 ······················	31센트(너무 많이 샀다)
철제 벽난로 가로장 ········	15센트
못 ······················	3달러 90센트
경첩과 나사 ··············	14센트
빗장 ····················	10센트
(회반죽용)백토 ···········	1센트
운반비 ···················	1달러 40센트(대부분은 내가 직접 짊어지고 날랐다)
합계 ·················	**28달러 12.5센트**

내가 불법거주자의 권리를 이용해 마음대로 사용한 목재, 돌, 모래를 제외하면 이상이 전부이다. 바로 옆에는 집을 짓고 남은 재료로 작은 장작 헛간도 만들었다.

이 집과 마찬가지로 비용도 크게 들지 않고 마음에 드는 집이라면 나는 콩코드 시내에 있는 어떤 저택도 능가할 만한 장엄하고 화려한 집을 지금 당장이라도 한 채 세우겠다.

지금 집을 갖고 싶어하는 학생이 있다면 현재 지불하고 있는 1년분 집세도 안 되는 비용으로 평생 살 수 있는 집을 손에 넣을 수 있다는 사실을 말해주고 싶다. 지나친 자랑이라고 생각할지 모르지만 그것은 자신을 위해서가 아니라 인류 사회를 위한 호언장담이라는 것이 나의 변명이다. 또 내가하는 말에 모순점이 있다 해도 진실에 금이 가지는 않을 것이다. 설사 거들먹거리는 위선적인 말투가 있다 해도, 그 점에 있어서는 자유롭게 호흡하며 마음껏 손발을 내뻗고 싶다. 그쪽이 도덕적으로나 육체적으로 훨씬 편하기때문이다. 이러한 말투는 나 역시 다른 사람과 마찬가지로 유감스럽게 생각하지만, 그건 밀가루에서 분리하기 힘든 밀 겨와 같은 것일 뿐이다. 게다가 나는 겸손한 척하면서 악마의 대리인으로 전락하지는 않겠다고 결심했으니 오직 진실을 말할 뿐이다.

케임브리지에 있는 하버드 대학에서는 내 방보다 약간 더 큰 기숙사 방을 빌리는 데 방세만 매년 30달러가 든다. 게다가 대학 측의 이익을 위해 한 지붕 아래 32개나 되는 방을 다닥다닥 붙여 지어 기숙사에서 생활하는 학생들은 시끄러운 이웃들 때문에 괴로울 뿐만 아니라, 4층에 방을 배정받게 될지도 모르는 불편을 감수해야 한다. 이러한 상황에 대해 우리에게 진정한 지혜가 있었다면, 이미 모두 상당한 교육을 받았으니 더 교육을 받을 필요가 없을 뿐더러, 교육비 역시 크게 줄였을 것이다. 하버드나 여타 대학에서는 학생들에게 필요한 편의를 제공하는 대가로 본인이나 경영자들이 잘 꾸려나갈 때보다 열 배나 무거운 인생의 짐을 그들에게 강요하고 있다. 가장 돈이 드는 것이 학생들이 가장 절실하게 원하는 것이라고 할 수는 없으리라. 가령 수업료는 학기마다 지불해야 하는 비용 중에서도 제일 중요한 항목이지만, 동시대의 교양 있는 인물들과 교제하면서 얻는 훨씬 가치 있는 교육은 무료이다. 대학을 설립하기 위해서는 보통 몇 달러 몇 센트 정도의 기부금을 모으고 지극히 신중하게 취급해야 하는 분업의 원리를 끝까지 맹목적으로 밀고 나가 대학 사업을 투기의 대상으로 생각하는 하청업자를 불러온다. 그러면 그는 아일랜드인이나 다른 인부들을 고용해 기초공사를 시작한다. 그 사이에 앞으로 대학에 입학하려는 젊은이들은 학생 신분에 어울리는 준비 교육을 받는다. 이러한 잘못의 대가는 다음 세대가 지불하게 될 것이다.

오히려 학생이나 대학을 통해 이익을 얻으려는 자들이 자기 손으로 기초공사를 하는 것이 월등히 나은 방법일 것이다. 인간이 해야만 할 여러 노동에서 계획적으로 벗어남으로써 고대하던 여가와 방에 틀어박히는 생활을 확보한 이들은, 여가를 가장 알찬 것으로 만들 수 있는 경험이라는 유일한 존재를 어리석게 스스로 포기하는 것이다. '하지만'이라고 어떤 자는 말한다. "설마 학생들에게 머리보다 손으로 일하라는 건 아니겠죠?" 나도 거기까지 확실히 단언할 생각은 없지만, 어느 정도는 그렇게 생각해도 상관없으리라. 내가 말하고 싶은 것은, 여러분은 사회가 이 돈 드는 놀이의 비용을 내준다고 해서 단순히 놀거나 배우기만 하지 말고 시종일관 인생을 진지하게 '살아가야 한다'는 것이다. 지금 바로 인생이라는 실험에 착수하지 않고 청년이 살아가는 것을 몸에 익힐 좋은 방법이 달리 있을까? 그것은 수학을 능가하는 지성의 단련이 될 것이다.

예를 들어 한 소년에게 일반적인 교양을 쌓게 하고 싶으면, 나는 흔히들하는 대로 그를 어느 교수 밑으로 보내는 짓은 하지 않을 것이다. 학교에서는 여러 가지를 가르치고 연습시키지만 살아가는 기술만큼은 가르쳐주지 않는다. 다시 말해 망원경이나 현미경을 통해 세상을 관찰하는 것은 배울지 모르지만, 육안으로 보는 법은 결코 배울 수 없다. 화학은 가르쳐도 빵을 만드는 법은 가르치지 않고, 기계학을 공부해도 기계를 만드는 법은 배우지 않는다. 해왕성이라는 새로운 별을 발견할 수는 있어도 눈 속의 티끌은 발견할수 없는 것이다. 자기 자신이 어떤 방랑자의 위성이 되고 있다는 사실, 그리고 한 방울의 식초 속에 있는 세균을 쭉 관찰하는 동안 주위에 몰려드는 괴물들에게 본인이 잡아먹히고 만다는 사실은 까맣게 모른다.

당장 필요한 만큼의 문헌을 읽고 자신이 채굴해 녹인 광석에서 대형 잭나이프를 만든 소년과, 공과대학에서 야금학 강의를 듣고 부친으로부터 로저스의 주머니칼을 선물 받은 소년을 비교하면 한 달 후에 어느 쪽이 더 커다란 발전을 이루고 있을까? 나이프를 쓰다 자신의 손가락을 자를 가능성이높은 사람은 둘 중 어느 쪽일까? 나는 대학을 졸업할 때 비로소 내가 공부한 게 항해술이었다는 사실을 깨닫고 참으로 놀랄 수밖에 없었다. 차라리 배를 타고 항구를 혼자 한 바퀴 돌았다면 항해에 관해 몇 배는 잘 알 수 있었을 것을. 이 나라의 대학에서는 가난한 학생조차 오로지 정치경제학만을 연구하고 배우는 반면, 철학과 동의어라 할 만한 이른바 삶의 경제학이란 것은제대로 배워본 적이 거의 없다. 그 결과 학생이 애덤 스미스(Adam Smith : ^{1723~1790. 스코틀랜드의 정치경제학자, 윤리철학자로 《국부론》의 저자}), 리카도(David Ricardo : ^{1722~1823. 영국의 경제학자}), 세이(Jean Baptiste Say : ^{1767~1832. 프랑스의 경제학자·실업가}) 등을 읽고 있는 동안 그의 아버지는 빚더미에 올라 앉아 옴짝달싹 할 수 없게 되기도 한다.

이 나라에서 대학에 대한 얘기는 갖가지 '현대적인 개선'이란 점에도 해당되는 사항이다. 대학에 대해 환상을 품는 사람이 많지만, 이 세상엔 의심할바 없는 진보만 있는 것은 아니다. 악마는 첫 번째 투자와 뒤에 되풀이되는투자에 대해 최후까지 복리로 쥐어짜려고 한다. 현대의 발명이란 항상 우리의 주의력을 소중한 것에서 멀어지게 하는 예쁜 장난감이다. 이러한 것은 개선되지 않는 목적을 달성하기 위한 개선된 수단에 지나지 않는다. 목적도 마찬가지로 철도가 보스턴이나 뉴욕으로 통하는 것처럼 너무나도 쉽게 달성할 수 있는 것이 되고 말았다.

우리들은 급히 서둘러 메인 주에서 텍사스 주까지 통신설비를 부설하려 한다. 메인 주나 텍사스 주나 서로 통신을 주고받아야만 할 급한 일이 무엇인가? 두 지역이 호들갑 떠는 모습은, 귀가 잘 안 들리는 어떤 유명한 여성을 만나고 싶어 견딜 수 없어 하던 남자가 드디어 얼굴을 마주 보고 그녀의 보청기에 손을 대는 순간, 사실은 아무 할 말이 없다는 사실을 깨닫는 것과 같은 꼴이다. 요즘 세상에서 중요한 것은 빠른 말투로 지껄이는 것이지 사려 깊게 얘기하는 것은 아닌 모양이다.

우리는 대서양에 해저 터널을 파고 하루라도 구세계를 빨리 신세계에 가까워지게 하려고 안달하지만, 정작 우리 귀에 들어오는 첫 번째 소식은 애들레이드 왕녀(19세기 조지 공작의 딸. 후에 윌리엄 4세의 왕비가 됨)가 백일해에 걸렸다는 소식일 것이다. 결국 1분에 1마일을 달리는 말에 탄 남자가 가장 중요한 뉴스를 전달하는 것도 아니라는 얘기다. 그는 복음전도사도 아니요, 메뚜기와 석청을 먹으면서 찾아오는 예언자도 아니다. 명마 플라잉 칠더즈는 1페크의 옥수수도 제분소에 싣고 가본 적이 없었을 것이다.

어떤 사람이 나에게 말한다. "자네는 저금도 하지 않는가. 여행을 좋아한다고 했지. 오늘이라도 기차를 타고 피츠버그로 나가 주변을 돌아보고 오면 좋을 텐데……." 하지만 나는 그보다 내가 더 현명하다고 생각한다. 제일 빠른 건 도보 여행이라는 걸 잘 알고 있기 때문이다. 나는 친구에게 말한다. "자네와 나 둘 중에 누가 먼저 도착하는가 생각해보지 않겠나. 거리는 30마일, 기차 삯은 90센트. 이것은 거의 하루치 급료지. 나는 이 철로에서 일하던 인부들의 급료가 하루 60센트였던 것을 기억하니까. 자, 나는 지금 걸어서 출발하면 밤이 되기 전에 목적지에 도착하겠지. 예전에 이런 빠른 길로 일주일간 계속 여행을 한 적이 있다네. 자네는 그동안 기차 삯을 벌면서 내일이나 혹은 오늘 밤중에 거기에 도착할 테지. 다행히 일을 금방 찾을 수 있다면 말이야. 즉 피츠버그에 가는 대신 자네는 여기서 하루 종일 일을 하고 있는 거야. 때문에 설령 기차로 세계를 일주할 수 있다 해도 역시 내가 자네보다 앞으로 나가게 될 거라고 생각하네. 게다가 그 지역을 구경한다는 경험을 쌓는 단계가 되면 자네와 만나 노닥거릴 시간은 있을 수 없는 것이지."

우주의 법칙은 이처럼 누구도 그것을 앞지를 수 없다. 철도 역시 마찬가지인 셈이다. 세계를 일주하는 철도를 부설해 전 인류의 이동에 이바지하는 것은 지구의 표면 전체를 고르게 만드는 것에 지나지 않는다. 이렇게 공동자본과 삽을 이용한 노동을 오래 계속하다 보면 이윽고 세상 사람들은 눈 깜짝할 사이에 공짜로 어디든 갈 수 있으리라는 막연한 환상에 빠지게 된다. 그러나 인파가 몰려드는 역에서 차장이 "여러분, 어서 타세요!"를 외치고 연기가 사라지고 증기가 응축된 후에 보면 타고 있는 사람은 정작 얼마 안 되고 다른 사람들은 모두 열차에 치여 있는 사건이 생길 수도 있다. 이것은 '비극적인 사고'로 불릴 테고, 사실 바로 그대로인 것이다.

승차비를 번 사람, 즉 그만큼 오래 산 자가 결국 승차할 수 있는 것은 틀림없지만 아마 승차비를 벌 때에는 여행을 할 만한 기운도 의욕도 완전히 잃고 말 것이다. 이렇게 해서 인생의 가치가 바닥으로 떨어진 노년기에 흐리터분한 자유를 즐기려고 인생의 가장 좋은 시기를 돈 버는 데 허비하는 사람들을 보면, 우선 인도로 나가 한 밑천 벌고 다음에 영국으로 돌아와 시인의 삶을 보내려 했던 한 영국인이 떠오른다. 이 남자는 곧장 다락방으로 올라가 시인의 생활을 시작해야 마땅했다. 백만의 아일랜드인이 이 나라의 모든 움막에서 뛰쳐나와 "뭣이라고! 우리들이 만든 철도가 변변치 못하다는 말인가?"라고 외칠지도 모른다. 그렇지는 않다고 나는 대답하리라. 굳이 말하자면 오히려 좋다고 할 수 있을 것이다. 왜냐하면 그들은 더 변변치 않은 일에 매달렸을지도 모르니까. 단지 형제로서 한마디 하자면, 이런 흙덩이를 파헤치지 않고도 시간을 더 유용하게 활용할 수 있지 않았을까.

집을 완성하기 전 임시 지출에 대비해, 정직하고 즐거운 방법으로 10달러나 12달러쯤 벌어둘 생각으로 나는 오두막 가까이에 있는 2.5에이커 정도의 부드러운 모래땅에 주로 강낭콩을 뿌리고 한쪽에는 감자와 옥수수, 완두콩, 순무 등도 심었다. 모래땅 일대는 전부 11에이커 정도 되고 소나무나 히코리가 주로 자라고 있었는데 지난 계절에는 1에이커당 8달러 8센트에 팔렸다. 어떤 농부는 "키키 울어대는 다람쥐나 키운다면 모를까 달리 쓸모가 없는 땅"이라고 말하기도 했다.

나는 이 토지의 소유자가 아니라 임차인에 지나지 않았고, 또 이만큼 넓은 땅을 다시 경작할 일도 없을 것 같아서 밭에는 비료도 주지 않고 구석구석 풀도 뽑지 않았다. 밭을 일구면서 커다란 나무 그루터기를 몇 개 파헤쳤는데 이것들은 나중에 오랫동안 땔감으로 쓸 수 있었다. 그루터기를 파헤친 자리에는 자그마한 원형의 처녀지가 생기고, 이곳에서는 강낭콩이 특히 잘 자랐기 때문에 여름이 되자 곧 구별할 수 있을 정도였다. 오두막 뒤편에 쓰러져 있는 값어치 없는 고목과 호수에 떠내려온 나뭇조각으로 부족한 연료를 충당할 수 있었다. 밭을 경작하기 위해 소 두 마리를 빌리고 인부를 한 사람 고용했지만, 쟁기질은 내가 직접 했다. 내가 농장을 경영한 첫해 농장의 지출은 농기구, 종자, 수고비 등 모두 합쳐 14달러 72.5센트였다. 옥수수 씨는 공짜로 받은 것이다. 이는 필요 이상으로 뿌리지 않는다면 대수롭지 않은 비용이다. 수확한 것은 강낭콩 12부셸(부셸은 약 35리터), 감자 18부셸, 그 외 완두콩과 사탕수수 약간씩이었다. 노란 옥수수와 순무는 파종이 너무 늦어서 열매를 맺지 못했다. 농장에서 얻은 총 수입은 23달러 44센트였다.

수입················· 23달러 44센트
지출················· 14달러 72.5센트
이익················· 8달러 71.5센트

이밖에 계산을 한 시점에서 내 손에 남아 있던 농작물은 4달러 50센트어치가 되었다. 더구나 직접 키우지 않고 구입한 몇 가지 작물의 금액을 빼더라도 여전히 꽤 많은 금액이 수중에 남았다. 여러 가지 점을 두루 생각해보면, 요컨대 영혼의 소중함이나 오늘이라는 시간의 소중함을 생각해보면 이 실험에 소비한 기간이 짧았음에도 불구하고, 아니 오히려 그것이 일시적 성격의 것이었기 때문에 나는 그 해에 콩코드에서 농사를 짓는 어떤 농민보다도 좋은 성적을 올릴 수 있었다.

다음해 농사는 더욱 잘 되었다. 이번에는 약 3분의 1에이커나 되는 필요한 만큼의 토지를 모두 직접 경작했고, 아서 영(Arthur Young : 1741~1820. 영국의 원예가·작가)을 포함한 농업에 관한 유명한 저술에 조금도 얽매이지 않고 2년간의 경험에서 다음과 같은 점을 배웠기 때문이다. 사람이 검소한 생활을 하며 자신이

키운 작물만을 먹고, 먹는 것 이상은 재배하지 않는다, 그것을 얼마 안 되는 고가의 사치스런 물품과 맞바꾸지 않는다면 겨우 몇 라드의 땅을 경작하는 것만으로도 충분하다, 말을 부려서 경작하기보다 자신이 직접 움직이고, 오래된 밭에 비료를 주기보다 때때로 새로운 장소를 고르는 편이 싸게 먹힌다, 필요한 작업은 모두 여름 안에 틈틈이 할 수 있다, 그렇게 하면 요즘 흔히 보듯이 인간이 황소나 말, 돼지에 얽매일 필요가 없다, 이런 점 등이다. 나는 이 점에 대해 현대의 온갖 경제적, 사회적 계획의 성공이나 실패에는 아무 이해관계도 없는 인간으로서 공평한 입장에서 얘기하고 싶다. 나는 콩코드의 어떤 농민보다 자립적이라 할 수 있었다. 집이나 농장에 얽매이지 않고 항상 좀 색다르게, 자신의 천성이 향하는 대로 살아가고 있었기 때문이다. 나는 이미 그들보다 윤택한 생활을 했을 뿐만 아니라, 설령 집이 불에 타버리거나 작황이 좋지 않다 해도 이전과 변함없이 윤택하게 살아갈 수 있었을 것이다.

　나는 인간이 가축을 기른다기보다 가축이 인간을 기르고 있지 않나 생각한다. 가축이 인간보다 훨씬 자유롭다. 인간과 소는 일을 서로 맞교환하고 있지만 필요한 일에 대해서만 생각하면 사람보다 소가 얻는 것이 더 많아 보인다. 인간은 소를 부리기 위해 6주에 걸쳐 건초를 만들지만 이것은 생각처럼 만만한 일이 아니다. 여러 면에서 간소한 생활을 하는 국민들, 즉 철학자로 이루어진 국민이라면 동물의 노동력을 이용하는 큰 실수는 저지르지 않을 것이다. 하긴 철학자의 나라라는 것이 예전도 존재하지 않았으며, 앞으로도 단시일 안에 나타날 가능성도 없고, 또 그런 나라가 있는 것이 좋은지 어떤지 확실히 모르겠다. 하지만 나라면 자기가 할 일을 위해 말이나 소를 길들이는 짓은 결코 하지 않을 것이다. 단순한 말 사육사나 소치기는 되고 싶지 않기 때문이다. 만약 소나 말을 키워 사회가 이득을 보는 것처럼 보여도 누군가의 득은 누군가의 손해가 될 수 있는 법이다. 마구간지기 소년이 주인과 마찬가지로 반드시 자기 생활에 만족한다고 볼 수는 없지 않은가? 여러 가지 공공사업이 가축의 힘을 빌리지 않았다면 이루어지지 않았으리라는 것도 인정하고, 인간이 소나 말과 이 영광을 나누어 갖는 것도 좋다. 하지만 소나 말의 도움을 받지 않았다면 인간은 자신의 역량에 더 어울리는 사업을 달성할 수도 있지 않았을까? 인간이 소의 힘을 빌어서 불필요하고 기교적인 일뿐만 아니라 사치스럽고 무익한 일까지 시작하는 순간 소수의 사람들은 소가 일할 수 있도록 돌보는 일에 종일 얽매이게 된다. 다시 말해 가장 강한 자의 노예가 되는 것은 불을 보듯이 뻔한 일이다. 이렇게 해서 인간은 자신의 내부에 있는 동물들을 위해서 뿐만 아니라 그러한 삶의 방식의 상징으로써 자신의 외부에 있는 동물들을 위해서도 일하게 된다.

벽돌이나 돌로 만든 견고한 집은 얼마든지 있는데, 농민의 부유함은 여전히 축사가 안채보다 어느 정도 큰지에 따라 가늠하는 형편이다. 어떤 마을은 외양간이나 마구간의 크기가 부근에서 으뜸이고 공공건축물도 이에 전혀 뒤지지 않는다. 그런데 이 군내에는 자유로운 예배나 자유로운 언론을 위한 공회당은 거의 없는 형편이다.

인간은 건축물이 아닌 추상적인 사고 능력으로 자신의 이름을 후세에 남겨야 하지 않을까? 〈바가바드기타〉_(힌두교에서 3대 경전 중 하나로 여기는 중요 경전)는 동양의 어떤 유적보다 찬탄할 값어치가 있지 않은가? 탑이나 사원은 임금과 제후의 사치에 불과하다. 검소와 독립을 존중하는 정신의 소유자는 황제가 명하는 대로 움직이는 자가 아니다. 현인은 어떤 황제의 신하도 되지 않으며, 그가 이용하는 소재는 극히 소량을 제외하면 은도 금도 대리석도 아니다. 애당초 무엇을 위해서 그런 대량의 석재를 망치로 두드리는 것인가? 내가 아르카디아_{(그리스 펠로폰네소스반도 중앙부에 있는 주(州))}에 머물 당시 망치로 대리석을 두드리는 인간은 눈을 씻고 찾아봐도 없었다. 여러 국민들은 망치를 휘둘러 대량의 석재를 남기는 것으로 자기 이름을 영원히 남기려는 광기에 사로잡혀 있다. 그만한 힘이 남아돈다면 그 힘을 자신의 행실을 세련되게 다듬는 데 쏟는 게 현명하지 않을까? 하늘을 찌를 듯한 기념비보다 한 조각의 양식이 더 후세에 남길 가치가 있다. 나는 대리석이 본래의 장소에 있는 게 좋다. 테베라는 도시의 장려함은 속된 것이다. 인생의 진정한 목적에서 멀리 떨어진 100개의 성문을 자랑하는 테베보다, 정직한 인간의 밭을 둘러싸는 1로드의 돌담이 백 배는 더 의미가 있다.

야만적인 이교도의 종교나 문명에서는 화려한 사원을 즐겨 세운다. 하지만 기독교는 그런 짓을 하지 않는다. 어떤 민중은 대부분의 돌을 오로지 묘석으로 사용하기 위해 다듬는다고 하니, 이것이야말로 스스로를 생매장하고 있는 것과 무엇이 다르겠는가. 피라미드 자체는 전혀 놀라운 유적이 아니다. 어떤 멍청하기 이를 데 없는 야심가의 무덤을 쌓아올리기 위해 그렇게 많은 인간들의 일생을 허비하게 할 정도로 타락한 사회가 있었다는 사실이 오히려 놀라운 일이다. 그런 놈들은 나일 강에 던져넣고 그 시체를 개에게 주는 편이 현명한 처사였으리라. 이러한 군중과 멍청이들을 위해 뭔가 그럴듯한 구실을 만들 수도 있겠지만 나에게 그럴 여유는 없다. 건축가들의 종교나 예술애호 취미에 대해 말하자면 이집트의 사원이든 미합중국의 은행이든 세계 속의 모든 것이 그 밥에 그 나물이다. 막대한 비용을 들이는 데 비해 결과가 형편없는 것이다. 근본적인 동기는 허영심이고, 그러한 허영심이 마늘과 버터와 빵에 대한 애착에 의해 조장되고 있다. 전도유망한 젊은 건축가 밸컴 씨가 소장하고 있는 비트루비우스(Vitruvius : ㅂC 1세기경의 로마의 건축가. 《건축서》를 남김)의 권말 여백에 딱딱한 연필과 자로 설계도를 그리면, 이 일은 도브슨 석재상으로 넘어간다. 3000년의 세월이 그것을 내려다볼 즈음 인류는 그것을 올려다보기 시작하는 것이다. 지상의 내로라할 높은 탑이나 기념비에 대해서 말하자면, 예전에 이 마을에 열심히 구멍을 파는 머리가 좀 이상한 남자가 있었다. 중국에 도달할 때까지 구멍을 파는 것이라고 했는데 꽤 깊이 파 들어갔을 무렵, 그는 중국인들의 냄비나 솥이 달그락 달그락 부딪치는 소리를 들었다고 했다. 나는 일부러 그가 판 구멍을 구경하러 갈 생각은 전혀 없다. 그런데 많은 사람들은 서양이나 동양의 기념비에 관심을 갖고 누가 세웠는지 알고 싶어한다. 나는 오히려 당시 누가 이러한 물건을 세우지 않았는지, 누가 이런 시시한 건축물로부터 초연하게 지냈는지를 알고 싶을 따름이다. 아무튼 이쯤에서 앞서 언급한 통계에 관한 얘기를 계속하기로 하자.

손가락 수에 버금가는 직업을 갖고 있던 나는 농사를 짓는 사이 토지측량, 목수일, 그 외에 마을의 온갖 잡다한 일을 해 13달러 34센트를 벌었다. 다음에 기록된 8개월간의 식비에는 직접 재배한 감자나 소량의 풋옥수수, 완두콩 값은 들어 있지 않고, 또 마지막 날에 남아 있던 식품의 가격도 포함하지 않았다. 참고로 나는 그곳에 2년 이상 살았으며, 이 숫자는 7월 4일부터 3월 1일까지의 계산이다.

쌀 ····························· 1달러 73.5센트
당밀 ························· 1달러 73센트 (제일 싼 감미료)
호밀가루 ···················· 1달러 4.75센트

옥수수가루·············· 99.75센트(호밀보다 싸다)
돼지고기················· 22센트

다음은 시험 삼아 먹어보았지만 실패였다.

밀가루··················· 88센트
설탕····················· 80센트
라드····················· 65센트
사과····················· 25센트
말린 사과················· 22센트
고구마··················· 10센트
호박 1개·················· 6센트
수박 1개·················· 2센트
소금····················· 3센트

보는 바와 같이 나는 총 8달러 74센트를 먹을거리를 구입하는 데 사용했
다. 하지만 여러분도 대부분 나와 같은 죄를 범하고 있고 그 행위를 활자화
하면 이것과 엇비슷하다는 사실을 익히 알고 있지 않았다면, 나 역시 안면몰
수하고 이렇게 자신의 죄상을 공표하지는 못했을 것이다. 다음해에는 물고
기를 잡아 식탁에 곁들이기도 하고, 한번은 콩밭을 엉망으로 만든 우드척을
해치워 게걸스레 먹어치우기도 했다. 타타르인의 말을 빌면 우드척이 윤회
를 거듭하게 도운 셈이다. 우드척을 먹은 것은 실험을 위한 것이기도 했는
데, 사향냄새가 약간 나기는 해도 한때의 미각을 즐겁게 하기에는 충분했다.
물론 오랜 기간 매일 먹을 만한 음식은 아니었는데, 마을의 정육점에 들러
제대로 손질해 달라고 하면 얘기는 달라질지도 모르겠다.

  그 내역까진 추측하기 힘들지만 같은 기간의 의복비와 임시 지출은 다음
과 같다.

의복비··················· 8달러 40.75센트
기름과 생활용품류······ 2달러

따라서 총 지출액은 다음과 같다. 단 주로 외부에 맡겨서 해결한 세탁물과 수선물은 아직 청구서가 오지 않았기 때문에 여기서 제외했다. 그러니까 이 지역에서 꼭 필요한 돈의 사용처는 이 정도면 충분하다는 얘기다. 아니 이것 도 너무 많은 것인지 모른다.

집 ·························· 28달러 12.5센트
농지(1년분)············14달러 72.5센트
음식(8개월분)···········8달러 74센트
의류 등(8개월분)······ 8달러 40.75센트
기름 등(8개월분)······ 2달러
합계····················· **61달러 99.75센트**

여기서 나는 생활비를 벌어 꾸려가야 하는 여러분에게 말한다. 이러한 비용을 지불하기 위해 농작물을 팔아 얻은 금액은 다음과 같다.

농작물 판매금액············ 23달러
잡일을 해 받은 일당······ 13달러 34센트
합계······················ **36달러 78센트**

이 액수를 지출액에서 빼면 25달러 21.75센트의 적자가 생기지만, 이 정도 는 내가 이 생활을 시작할 때 가지고 있던 자금과 거의 비슷한 액수였고, 앞 으로 지출할 금액이 얼마인지 알려줬다. 다른 한편으로 나는 여가와 독립, 건강을 확보했을 뿐만 아니라 원하는 만큼 오래 살 수 있는 쾌적한 집을 손 에 넣은 것이다. 이 통계는 사람들에게 별로 도움이 되지 않는 일시적인 것 으로 보일지 모르지만, 어느 정도는 완전한 것이니 도움이 되는 사람도 있을 것이다. 내가 사람들로부터 받은 것은 전부 결산보고에 포함되어 있다. 계산 에 따르면 식비만으로도 주당 27센트가 든 셈이다. 이후 근 2년 동안 나의 양식은 이스트 없는 호밀과 옥수수가루, 감자, 빵, 소금으로 절인 돼지고기 약간, 당밀, 소금이었고 음료수는 물이었다. 인도의 철학을 마음속 깊이 숭 상하는 내가 쌀을 주식으로 삼은 것은 퍽 어울리는 결정인 셈이다. 끈질기게

헐뜯기 좋아하는 자의 반론에 응하기 위해 여기에서 한마디 해두는 게 좋을 듯싶다. 나는 이전과 마찬가지로 때때로 밖에서 식사를 했고 앞으로도 그럴 기회가 있을 것으로 생각한다. 이렇게 밖에서 끼니를 해결하는 것이 오히려 가계에 손해를 입히는 일이 많았지만, 외식은 이른바 세상의 관례이기도 한 것이니 이러한 상대적인 회계 보고에는 아무런 영향도 끼치지 않는다고 생각한다.

나는 9년간의 경험에서 이처럼 높은 위도에서 생활해도 믿기 힘들 만큼 적은 노동력만으로도 필요한 식량을 충분히 손에 넣을 수 있다는 것, 인간은 동물처럼 간단한 식사만 해도 건강과 체력을 유지할 수 있다는 것을 알았다. 옥수수 밭에서 갓 딴 옥수수, 삶은 후에 소금을 뿌려 맛을 낸 서양쇠비름 (Portulaca oleracea) 한 접시만으로도 나무랄 데 없이 만족스러운 식사를 할 수 있었다. 나는 이 식물의 종명(oleracea : '야채와 닮은'이란 의미)이 꽤 식욕을 돋우기 때문에 일부러 라틴어 학명을 언급한 것이다. 양식 있는 사람이 평화로운 날의 평범한 점심 식사시간에 갓 따온 옥수수를 삶아 소금으로 맛을 내 원하는 만큼 먹는 것 말고 도대체 무엇이 필요하다는 말인가? 내가 식사에 약간의 변화를 시도한 것은 건강에 대한 욕구가 아니라 먹어보고 싶다는 욕구에 졌기 때문이다. 인간은 필수품이 부족해서가 아니고 사치품이 부족해서 금방 굶어죽을 듯한 얼굴을 한다. 내가 알고 있는 한 순진한 부인은 아들이 음료수로 물만 마신 탓에 생명을 잃었다고 믿고 있다.

독자는 내가 이 문제를 영양적인 면보다는 경제적인 관점에서 다루고 있음을 알 것이다. 따라서 식료품 창고를 가득 채운 뒤가 아니라면 나의 소박한 식생활을 시도해 볼 생각은 들지 않으리라.

내가 처음에 해먹었던 빵은 옥수수 가루와 소금만 넣어 만든 진짜 옥수수 빵이었는데, 나는 그것을 집 밖에서 널빤지나 집 지을 때 톱으로 켰던 나무 토막 위에 얹어 구워 먹곤 했다. 그래서 항상 연기 때문에 빵에 송진 냄새가 배게 되었다. 밀가루도 사용해보았지만 결국, 호밀과 옥수수 가루를 섞은 빵이 제일 만들기 쉽고 맛도 좋다는 걸 알게 되었다. 추운 계절에 이러한 몇 덩어리의 작은 빵을 마치 이집트인이 알을 부화시키는 것처럼 주의 깊게 이리 뒤집고 저리 뒤집으면서 굽는 일은 각별하게 즐거운 경험이었다. 이것이야말로 내가 열매를 맺게 한 진정한 곡물이었으니, 이 빵은 천에 싸서 오랫동안 보관해온 귀한 과일 이상으로 그윽한 향기가 났다.

나는 고대부터 우리 생활에서 빠뜨릴 수 없는 빵 제조법을 연구하면서 손에 넣을 수 있는 모든 권위 있는 문헌을 참고했다. 우선 원시 시대로 거슬러 올라가 인간이 나무 열매나 짐승에 의존하던 야생의 생활에서 처음으로 빵을 발명해 온화하고 세련된 생활을 할 무렵의 발효시키지 않은 최초의 빵에 대해서 조사했고, 점차 시대가 흘러 우연히 오래 묵은 반죽에서 발효 방법을 알게 된 일, 또 뒤에 개발된 다양한 발효법에 대해 살펴보았으며, 마침내 생명의 양식이 되는 '양질의, 맛있고 건강에 좋은 빵'에 도달하게 되었다.

효모를 빵의 영혼, 즉 그 세포조직을 가득 채운 영(spiritus)이라 여기고 베스타 여신(로마 신화에 나오는 화로의 여신)의 성화처럼 성스럽게 보존하는 사람도 있다. 생각해보면 병에 든 귀중한 빵 효모가 메이플라워호를 타고 바다를 건너 미국의 발전에 한몫했다고 할 수 있는데, 그 효모의 후손들이 여전히 큰 파도가 되어 나라 안에서 범람하고 물결치며 퍼져가고 있는 것이다.

나는 늘 정기적으로 빵 효모를 마을에 나가 사오곤 했는데, 어느 날 아침에 깜빡 사용법을 잊어버려 이스트를 끓이고 말았다. 하지만 이 생각지도 않은 사고 덕분에 나는 이스트조차 필수 요소가 아니라는 걸 알게 되었다. 그 뒤로 빵을 만들 때 이스트를 사용하지 않게 되었는데, 나의 발견은 항상 이처럼 종합적인 방법이 아니라 분석적인 방법으로 이루어진다. 물론 대부분의 주부들은 이스트 없이 안전하고 몸에 좋은 빵을 만들 수 없다고 열심히 설명했고, 나이 지긋한 양반들은 체력이 급속도로 떨어질 것이라 예언했지만, 나는 이스트가 필수 성분이 아니라는 사실을 알고 사용하지 않은 지 1년이 지난 지금까지 이렇게 변함없이 건강하기만 하다. 더구나 이스트 병을 주머니에 넣고 다니는 번거로움에서 해방된 것이 고맙기도 했다. 가끔씩 이스트 병의 뚜껑이 빠지는 바람에 내용물이 쏟아지는 낭패를 겪기도 했기 때문이다. 빵을 만들 때 이스트를 사용하지 않는 편이 오히려 더 간편하고 보기에도 좋다. 인간은 기후와 환경에 있어 어떤 동물에도 뒤지지 않는 적응력을 갖추고 있다. 나는 또 빵 속에 탄산소다, 산, 알칼리도 넣지 않았다. 말하자면 기원전 2세기경에 마르쿠스 포르키우스 카토(Marcus Porcius Cato : BC 234~BC 149. 고대 로마의 정치가·장군. 《기원론》, 《농업론》을 남김)가 가르쳐준 제조법에 따라 빵을 만들었다 해도 좋을 것이다.

"Panem depsticium sic facito. Manus mortariumque bene lavato. Farinam in mortarium indito, aquæ paulatim addito, subigitoque pulchre. Ubi bene subegeris, defingito, coquitoque sub testu."

나는 이것을 다음과 같이 해석한다.

"빵 반죽을 만들기 위해서는 이렇게 해야 한다. 양 손과 반죽 그릇을 잘 씻을 것. 가루를 그릇에 넣고 조금씩 물을 넣어 충분히 반죽한다. 반죽이 끝나면 틀을 만들어서 뚜껑 밑에서(즉 가마 속에서) 굽는다."

빵 효모에 대해서는 한마디도 언급하지 않고 있다. 그러나 나는 이 귀한 생명의 양식을 1년 내내 먹을 수는 없었다. 때로는 지갑이 텅텅 비어 한 달 넘게 빵은 구경도 못했다.

뉴잉글랜드인이라면 누구든 호밀과 옥수수의 산지에서 빵을 만드는 데 필요한 모든 재료를 손쉽게 재배할 수 있으니, 굳이 멀리 떨어진 변덕스런 시장에 의존하지 않아도 될 것이다. 그런데 우리들은 검소하고 독립적인 생활로부터 완전히 떨어져 있기 때문에 지금은 콩코드에서 신선하고 맛있는 곡물가루는 살 수가 없고, 더 굵은 알갱이의 옥수수나 곡물은 먹는 사람조차 없는 형편이다. 대부분의 농민들은 자신이 만든 곡물을 소나 돼지에게 먹이로 주고, 그것보다 건강에 좋을 리 없는 밀가루를 더 비싼 가격에 사서 먹는다. 나는 스스로 생활하는 데 필요한 1∼2부셸의 호밀이나 옥수수는 간단하게 재배할 수 있다는 것을 알았다. 호밀은 아무리 메마른 토지에서도 잘 자라고 옥수수 역시 최상의 토지가 필요한 것은 아니기 때문이다. 호밀과 옥수수를 손절구로 빻으면 쌀이나 돼지고기 없이도 살아갈 수 있다는 사실도 깨달았다. 또 짙은 단맛이 필요하다면 호박이나 사탕무에서 아주 좋은 당밀을 얻을 수 있다는 것도 실험으로 알게 되었고, 좀더 쉽게 단맛을 얻으려면 사탕단풍나무를 두세 그루 심으면 된다. 물론 사탕단풍나무가 자라는 동안에는 호박이나 사탕무 같은 대용품을 사용하면 된다. 우리 선조들도 이렇게 노래하지 않았는가.

입 안을 달게 적셔줄 당밀이라면
호박과 서양방풍나물, 호두나무 지저깨비로 만들면 된다네.

마지막으로 조미료 중에서도 가장 기본이 되는 소금에 대해 얘기해보자. 소금을 채취하러 간다면 해안을 산책할 좋은 구실이 될 테고, 소금 없이 지낸다면 그만큼 물을 마시지 않아도 되었을 것이다. 어쨌든 인디언이 일부러 소금을 찾으러 나섰다는 얘기는 들은 적이 없다.

이렇게 해서 나는 먹을 것에 관해서 만큼은 거래나 교환은 일절 하지 않아도 되었고, 살 집은 이미 있었으니 의복과 연료 문제만 해결하면 되었다. 내가 지금 입고 있는 바지는 어떤 농가에서 판 것이다. 고맙게도 인간에게는 아직 이만한 쓸모는 남아 있는 것이다. 농민이 직공으로 전락하는 것이 옛날에 인간이 농민으로 전락한 것에 필적할 만한 잊지 못할 대사건이라고 나는 생각한다. 또 새로운 토지에서는 연료가 도리어 방해될 정도이다. 집터에 대해 말하자면 여기에 정착하는 것이 허락되지 않았다면, 나는 이 땅의 원래 가격인 8달러 8센트로 1에이커의 토지를 샀을 것이다. 그런데 보는 바와 같이 이 땅에 임시로 정착함으로써 내가 이 땅의 가치를 끌어올려 주지 않았나 싶다.

세상에는 의심이 많은 사람들이 있어서 어떻게 채식만으로 살아갈 수 있었느냐는 질문을 받기도 한다. 그러면 나는 서슴지 않고 문제의 핵심을 찌르기 위해 "못만 먹어도 살아갈 수 있다"라고 대답할 자세가 되어 있다. 이 말을 이해하지 못하고서는 어차피 내가 하고 싶은 말을 알 수가 없기 때문이다. 어떤 젊은이가 "내 이를 절구라 여기고 근 반 달이나 딱딱한 날옥수수 알갱이만 먹고 살아봤다"라고 말했는데 나는 이와 같은 실험적 얘기를 좋아한다. 다람쥐들은 이 실험에 성공하지 않았나. 인류는 이러한 실험에 흥미를 보여야 한다. 이제 이가 빠져서 날옥수수 알갱이를 씹는 재주는 부릴 수 없는, 또는 죽은 남편의 유산 일부를 제분소에 투자한 몇몇 노부인들은 이런 얘기를 듣고 섬뜩할지 모르지만.

나는 일부 가구를 직접 만들었고, 나머지 가구를 사기 위해서도 1센트도 쓰지 않았기 때문에 결산보고서에 기재하지 않았다. 내가 갖춘 가구는 침대와 테이블, 책상, 의자 세 개, 직경 3인치의 거울, 부젓가락과 장작 받침쇠, 주전자, 냄비, 프라이팬, 국자, 세탁용 대야, 나이프와 포크 두 벌, 접시 세 장, 컵, 스푼, 기름 치는 용구, 당밀 항아리, 옻칠한 램프 등이었다. 호박

위에 걸터앉아야 할 만큼 가난한 인간은 하나도 없는 것이다. 그런 사람이 있다면 꽤나 주변머리가 없다는 증거이리라. 마을 집집의 다락방에는 쓸 만한 의자가 여기저기 뒹굴고 있어 얼마든지 거저 얻어 올 수가 있다. 가구가 어쨌다는 건가! 다행스럽게도 나는 가구점의 힘을 빌리지 않고도 앉았다 섰다 할 수 있는 것이다.

웬만큼 무감각한 사람이 아니라면 자신의 가구가 짐마차에 산더미처럼 쌓여, 빈 상자처럼 무가치한 모습을 드러낸 채 시골로 운반되는 모습을 보면 창피해서 몸 둘 바를 모르지 않을까? 저건 스폴딩네 가구로군. 이러한 이삿짐만으로는 그것이 부자의 것인지 가난한 자의 것인지 나는 전혀 구별할 수 없다. 이렇게 가구를 나르는 주인은 언제나 몹시 가난해 보였기 때문이다. 실제 가구는 손에 넣으면 넣을수록 도리어 가난해지는 법이다. 어떤 짐수레에는 오두막 내용물의 열 배는 차 있는 것 같다. 때문에 한 채의 오두막이 가난하면 짐은 열 배나 가난해지는 것이다.

살림살이, 다시 말해 우리들 허물을 벗어버리기 위해서가 아니면 애당초 무엇 때문에 이사를 하는 것일까? 마침내 세상을 떠나 저 세상으로 갈 때도 새로운 살림을 쓰기 위해 이승의 물건들은 태워버리는 것이 아닌가? 가구를 지닌다는 것은 덫이란 덫을 모조리 허리띠에 동여매는 것과 같다. 이 애물단지를 질질 끌고서는 이 험한 세상을 제대로 살아갈 수 없다. 덫에 꼬리를 남기고 도망친 여우는 오히려 행운이라 할 수 있다. 사향뒤쥐는 자유의 몸이 되기 위해서라면 뒷다리를 물어뜯어서라도 도망칠 것이다.

인간이 융통성을 잃어버린 것도 그다지 놀랄 일은 아니다. 늘 오도 가도 못하고 있으니. "저, 실례지만 오도 가도 못하다니, 무슨 뜻이지요?" 만약 여러분이 사물을 제대로 보는 통찰력이 있다면, 타인을 만날 때마다 그 사람의 부엌살림부터 쌓아둔 채 태워 없애지도 않는 잡동사니에 이르기까지 그가 소유한 모든 사물, 아니 소유하지 않은 척하는 다른 물건들까지 보게 될 것이다. 그들은 소유물이라는 고삐에 얽매인 상태로 어떻게든 앞으로 나아가려고 발버둥치고 있으리라. 요컨대 오도 가도 못하는 인간이란, 자신은 가까스로 옹이구멍 같은 문을 빠져나왔지만 수레에 쌓아올린 짐이 문에 걸려 옴짝달싹할 수 없는 인간을 말한다. 단정하고 말쑥한 차림새에 하늘을 날아오를 듯 패기에 넘치는 신사가 '가구 보험'에 가입했다는 얘기를 들으면 나는 동정을 금할 수가 없다. 그들은 사람들에게 "한데 내 가구는 어떻게 하면 좋을까요?"라고 물어오는 것이다. 이런 방식으로 우리의 활기찬 나비들이 거미줄에 걸려 꼼짝 못하게 된다.

이렇다 할 가구 없이 사는 것처럼 보이는 사람도 잘 살펴보면 남의 창고에 가구 몇 개를 맡겨두고 있다. 오늘날 영국인들은 짐을 잔뜩 짊어지고 여행하는 노신사와 닮은꼴이라 할 수 있다. 그들은 오랫동안 살림을 늘리면서 쌓인 잡동사니를 태워 없앨 용기가 없어 크고 작은 트렁크나 상자, 보자기에 넣어 끙끙 짊어지고 다닌다. 적어도 짐 세 개는 미련 없이 버려야 한다. 건강한 사람도 자신의 침대를 들고 다니는 건 힘에 부치는 일이다. 그러므로 병자들에게 침대는 두고 도망가라고 꼭 충고해주고 싶다. 언젠가 한 이민자가 덜미에 돈은 커다란 혹처럼 전 재산을 꾹꾹 쑤셔넣은 보따리를 어깨에 짊어지고 비틀거리며 걸어오는 것을 보았다. 나는 짐이 그것밖에 없어서가 아니라, 짐이 그토록 많아서 참으로 가련하다고 생각했다.

만약 내가 자신을 얽어맨 덫을 질질 끌고 걸어가야 한다면 되도록 몸을 가볍게 하고, 덫이 급소를 꽉 조이지 않도록 갖은 궁리를 다할 것이다. 물론 처음부터 덫에 걸리지 않는 것이 최상의 방도겠지만.

덧붙여 커튼에는 돈을 조금도 쓰지 않았다는 사실도 언급하기로 하자. 내가 생활한 오두막은 해와 달 말고 집안을 엿보는 자가 있을 리 없고, 해와 달이라면 오히려 집 안을 엿보는 것이 좋았다. 달빛 때문에 우유와 고기가 썩는 일도 태양 때문에 가구가 상하거나 양탄자 빛깔이 바래는 일도 없었다. 때로 강한 햇빛 때문에 땀에 흠뻑 젖을지도 모르지만, 그것 때문에 살림살이를 하나 늘리는 것보다 자연이 만들어주는 그늘에 틀어박혀 있는 편이 훨씬 경제적이다. 예전에 어떤 부인이 신발 터는 매트를 하나 주고 싶다고 얘기했지만 집 안에 놓아둘 장소도, 집 안팎에서 구두를 털 시간도 없거니와 그냥 현관 밖의 풀밭에서 터는 편이 낫다고 생각해 거절하기도 했다. 화근은 애초부터 뿌리 뽑아버리는 게 상책이다. 최근에 나는 한 교회 집사의 유물을 경매 처분하는 곳에 가본 적이 있다. 이 남자는 생전에 대단한 수완가였다.

"인간의 악행은 사후에도 남는다."

흔히 그렇듯이 대부분의 물건은 선친에게 물려받은 잡동사니였다. 개중에는 바짝 마른 촌충 한 마리까지 섞여 있었다. 이런 잡동사니들이 반세기동안 다락방이나 쓰레기통에 방치된 채 불태워지지 않고 있었고, 깨끗하게 불태워 정화(淨化)하는 대신 오히려 경매에 내놓아 값을 더 불리려고 하는 것이다. 이웃사람들은 이런 잡동사니가 보고 싶어 우르르 몰려들어서는 물건들을 깡그리 사들인 다음 각자 자기 다락방이나 쓰레기 모으는 곳으로 조심스럽게 실어갔다. 그 물건들은 그들이 죽은 뒤에 재산을 처분할 때 다시 밖으로 실려 나오기까지 그곳에 방치될 것이다. 사람은 죽을 때 먼지를 일으킨다는 얘기는 바로 이런 모습을 두고 하는 말이리라.

미개인들의 풍습 중에 우리가 본받을 만한 것이 있다. 적어도 일 년에 한 번, 허물을 벗는 것과 비슷한 의식을 치르는 것이다. 그들이 정말로 허물을 벗는지는 중요하지 않고, 그들이 이런 생각을 한다는 사실이 중요하다. 우리들도 바트램(William Bartram : 1739~1822. 미국 최초의 자연환경가)이 머클래스 인디언의 풍습이라고 소개했던 버스크, 즉 '햇곡식 수확제'를 벌이면 어떨까? 그는 이렇게 쓰고 있다. "마을이 버스크를 벌일 때는 미리 새로운 옷, 새 냄비나 솥, 기타 가재도구나 가구를 준비한다. 낡은 옷이나 오래 사용한 물품을 끌어 모아 각자의 집이나 광장, 마을 전체를 깨끗이 청소하고, 거기에서 쏟아져 나오는 쓰레기를 남아 있는 곡물이나 다른 오래된 식료품과 함께 쌓아올리고는 완전히 태워버린다. 그런 다음 그들은 약을 마시고 사흘간 단식을 한 뒤에 불을 끈다. 단식 기간 중에 그들은 식욕과 정욕을 모두 억제하고, 대사면을 선포해 죄인들을 모두 자기 마을로 돌려보낸다."

"나흘째 아침, 제사장이 마을 광장에서 마른 나무를 끌어모아 새로운 불을 지피고 주민 한 사람 한 사람이 거기에서 새로운 정화를 가지고 돌아간다."

"그들은 사흘 동안 햇옥수수와 과일로 잔치를 열고 춤추고 노래 부르면서 지낸다. 이어지는 나흘에는 마찬가지로 몸을 깨끗하게 닦고 새로운 준비를 마친 인근마을의 친구들이 찾아와 함께 즐긴다."

맥시코인들도 52년마다 세계의 종말이 온다고 믿고 이와 비슷한 정화 의식을 올렸다. 사전에 따르면 성례전이란 '내면적이고 정신적인 신의 은총이 외면적으로 눈에 보이는 표시'라고 정의되어 있는데, 나는 이렇게 진실한 성례전을 지금까지 들은 적이 없다. 그들은 계시를 기록한 성전 같은 것은 없지만, 하늘로부터 영감을 받아 직접 깨달았다는 것은 의심할 여지가 없다.

이렇게 해서 나는 5년 이상 두 손을 사용한 노동만으로 생활한 결과, 일 년에 약 한 달 보름 정도 일하면 생활비를 전부 충당할 수 있다는 것을 깨달았다. 또 거의 모든 여름날과 겨울날을 온전히 자유롭게 연구에만 몰두할 수 있었다. 예전에 학교를 경영하는 데 전력을 쏟은 일도 있지만, 수입과 지출을 계산해보면 수지타산이 맞지 않았다. 학교를 경영하면서 교사다운 생각과 신념을 품어야 했고, 교사에게 어울리는 복장을 준비해야 했으며, 그 외에도 많은 시간을 빼앗겼기 때문이다. 학생을 위해서가 아니라 단지 생계를 위해서 가르친 것이 실패의 원인이었다.

장사에 손을 댄 적도 있었지만 자리를 잡기까지는 10년이나 걸릴 것이고, 무엇보다 장사하는 동안에는 내가 악마의 유혹에 굴복한 느낌으로 살아야했다. 사실 나는 이러다가 장사가 번창하지나 않을까 걱정하고 있었다.

생계유지에 대해 이것저것 생각할 무렵, 친구들의 의견에 따르려다 맛본 쓸쓸한 기억이 생생했기 때문에 차라리 허클베리나 따서 생활하면 어떨까 하고 진지하게 생각했던 적도 있다. 이 일이라면 나도 충분히 할 수 있고, 허클베리를 따서 얻는 얼마 안 되는 수입으로도 충분히 살아갈 수 있을 것 같았으며, 밑천도 거의 필요 없고 마음을 어지럽히는 일도 별로 없을 것 같다는 어리석은 생각을 품은 것이다. 물욕이 없다는 것이 나의 최대장점이다.

주위 사람들이 주저하지 않고 여러 가지 장사나 직업에 뛰어드는 사이에 나는 이 일이 그들이 하는 일과 비교해도 결코 손색이 없을 것이라 생각했다. 여름에 야산을 돌아다니며 허클베리를 따고, 나중에 적당한 가격에 팔아치운다. 이렇게 해서 아드메토스의 양(그리스 신화에서 아폴론 신이 추방당했을 때 아드메토스 왕의 양치기로 일했다고 함)을 치며 살아가려고 한 것이다. 혹은 야생의 식용 풀을 채집하거나 상록수를 말려 차에 싣고 숲을 떠올리기 좋아하는 마을 사람들에게나 도시에 싣고 가면 어떨까 하는 몽상을 하기도 했다. 그런데 나중에 장사라는 것은 그것이 취급하는 모든 물건에 저주를 내린다는 사실을 알게 되었다. 설사 하늘에서 내린 계시를 판다고 해도 저주가 따라붙는 것이다.

나에게는 내 나름의 취향이 있고 무엇보다 자유가 소중했으며 허리띠를 바짝 졸라매고도 얼마든지 잘 지낼 수 있었기 때문에 특별히 비싼 양탄자나 멋진 가구, 맛있는 요리, 그리스풍 또는 고딕풍의 집을 손에 넣기 위해 시간을 허비하고 싶지 않았다. 이러한 물건을 소유한다 해도 자유로운 삶에 방해가 되지 않고, 소유한 뒤에 이러한 물건의 사용법을 잘 터득한 사람이 있다면 모든 것을 그에게 맡기도록 하자. 어떤 사람들은 애초부터 노동 그 자체를 사랑하기 때문에 열심히 일하는 것처럼 보인다. 또는 열심히 일하지 않으면 나쁜 짓을 하게 될까 두려워 일에 몰두하는 사람도 있다. 이러한 사람들에 대해서 당장은 아무 할 말이 없다. 지금보다 많은 여가가 생겨도 어떻게 쓰면 좋을지 모르는 사람들에게는 두 배로 일을 하도록 권하고 싶다. 자신의 몸을 다시 사서 자유의 증서를 손에 넣는 날까지 일하는 것이다. 일용직이야말로 특히 독립성이 높은 직업이 아닐까 싶다. 어쨌거나 일 년에 30~40일 정도만 일하면 먹고 살아갈 수 있으니까. 노동자의 하루는 일몰과 함께 끝나고, 이후에는 노동에서 해방되어 자신이 좋아하는 일에 몰두할 수 있다. 그런데 고용주는 다음날도 또 그 다음날도 운영에 고심하며 일 년 내내 숨 돌릴 여유조차 없이 살아야 한다.

요컨대 우리가 간소하고 현명하게 살아갈 마음이 있다면, 이 세상에서 자신의 앞가림을 한다는 것이 고통스럽기보다 기분전환이 될 수 있다는 사실을 나는 경험을 통해 확신하고 있다. 사실 오늘날에도 간소하게 살아가는 사람들의 노동은 인위적으로 살아가는 사람에게 스포츠와 같은 것이다. 나보다 땀을 많이 흘리는 사람이라면 몰라도 인간은 이마에 땀을 흘리며 밥벌이를 할 필요가 없다.

몇 에이커인가 토지를 상속받은 어떤 젊은이는 "재산만 있으면 나도 당신처럼 살아갈 텐데"라고 말한다. 하지만 나는 사람들에게 결코 타인의 삶을 흉내 내라고 권하고 싶지 않다. 그 사람이 다른 사람의 생활방식을 그럭저럭 몸에 익힐 무렵, 다른 사람은 벌써 더 나은 생활방식을 발견했을지도 모를 일이고, 세상에는 될 수 있으면 다양한 인간이 존재해야 한다고 생각하기 때문이다. 각자가 부모님이나 주위 사람들의 것이 아니라 자기 자신의 삶을 살아가는 방식을 발견하고, 그러한 삶을 관철했으면 한다. 집을 짓든 나무를 심든 바다로 떠나든 젊은이는 마음 내키는 대로 살아야한다. 단지 본인이 하고 싶은 일을 방해하는 일만 하지 않으면 된다. 뱃사람이나 탈주한 노예가 북극성에서 눈을 떼지 않는 것처럼. 어떤 수학적인 점을 지향하면서 방향감 각을 유지하면, 이 수학적인 점은 우리 인생에서 바른 길을 제시하는 훌륭한 나침반 노릇도 할 수 있으리라. 예정된 기간 안에 목적지에 닿지 못하더라도 올바른 항로를 따라 똑바로 나아갈 수는 있다.

한 사람에게 필요한 이야기는 수천 명에 대해서도 더욱 필요한 이야기이 다. 큰 집을 지을 때에는 작은 집을 지을 때보다 면적당 건축비가 싸게 먹히 는 것과 같은 이치다. 집을 지으려면 지붕 하나에 지하실 하나, 방을 몇 개 로 나누는 하나로 이어진 벽이 있으면 되니까. 하지만 나로서는 단독 주택이 더 좋고, 덧붙여 말하자면 벽을 공유하는 이점을 타인에게 설득할 시간에 자 신이 직접 한 채 짓는 편이 차라리 싸게 먹힌다. 또 상대를 잘 설득할 수 있 다 해도 공유하는 벽을 좀 더 싸게 지으려면 벽의 두께를 얇게 만들어야 하 고, 이웃이 못된 사람이라면 자신이 사는 공간의 벽은 수리도 하지 않고 팽 개쳐둘지도 모른다.

사람들이 서로 협력한다고 해도 대개는 극히 부분적이며 표면적인 것에 한정되어 있다. 때로는 진정한 협력이 이루어진다 해도, 이런 경우는 인간의 귀에 들리지 않는 화음과 같은 것이어서 거의 없는 것이나 마찬가지이다. 신 념이 있는 인간은 어디를 가도 같은 신념을 지닌 인간과 협력하지만, 신념이 없는 인간은 어떤 부류와 교제해도 세상 사람들과 마찬가지로 살아갈 뿐이 다. 협력한다는 것은 어떤 의미에서도 결국 생계를 함께한다는 것을 의미한 다.

최근 두 젊은이가 함께 해외여행을 떠나기로 했다는 말을 들었다. 한 사람 은 돈이 없어 가는 곳마다 고기잡이를 하거나 밭일을 해 돈을 모으고, 다른 한 사람은 주머니에 지폐를 잔뜩 넣고 나선다고 했다. 지폐를 두둑이 준비한 젊은이는 애당초 일할 마음이 없으니, 두 사람은 머지않아 서로 거북한 상황 이 되고 협력할 마음도 함께 사라질 것이라고 짐작할 수 있다. 그들은 모험 도중에 모처럼 재미있는 위기가 닥쳤을 때 결별하게 되리라. 게다가 앞에서 이야기한 바와 같이 혼자 여행을 떠나는 자는 오늘이라도 출발할 수 있지만, 누구와 함께 길을 떠나는 자는 상대의 준비가 끝날 때까지 상당한 시간을 기 다려야 한다.

그렇게 사는 것은 너무 제멋대로 아니냐고 마을 사람들이 하는 말을 들은 적이 있다. 고백하자면 나는 지금까지 자선사업에 큰 관심을 가진 것은 아니다. 난 의무감 때문에 몇 가지 희생을 치렀는데, 여기에는 자선사업의 즐거움도 포함되어 있다. 마을의 가난한 집들을 도와달라고 어떻게든 나를 설득하려 애를 쓴 사람들이 있다. 나도 달리 할 일이 없었다면 일종의 기분전환으로 자선사업에 손을 댔을지도 모른다. 속담에도 있듯이 게으름뱅이에게는 악마가 일을 찾아주는 법이니까. 그런데 언젠가 문득 자선사업의 즐거움에 빠져보고 싶어 가난한 사람들에게 나와 같은 쾌적한 생활을 하도록 '천국'의 은혜를 베풀고자 도움의 손길을 뻗쳤더니, 그들은 한결같이 지금 이대로가 좋다고 입을 모아 대답했다. 우리 마을에서는 남자나 여자 모두 주민의 복지를 위해 여러모로 힘을 쓰고 있으니 한 사람 정도는 뭔가 다른, 별로 인간 냄새가 나지 않는 일에 종사해도 괜찮지 않을까.

무슨 일이든 그렇지만 자선에도 지혜가 필요하다. '선행'이라고 하면 그것만으로도 어엿한 하나의 직업이다. 게다가 기묘하게 생각될지 모르지만 열심히 시도한 결과, 내 체질에는 선행이 별로 맞지 않는다는 확신을 얻었다. 사회가 밀어붙이는 선을 행하기 위해, 아니 우주를 파멸에서 구하기 위해서라 해도 내가 해야 할 천직을 의도적으로 버려서는 안 된다는 생각이 들었다. 그리고 나와 비슷한 생각, 하지만 비교할 수 없을 만큼 위대하고 확고한 어떤 정신이 어딘가에 존재하기 때문에 우주가 파멸하지 않는 것이라고 나는 믿고 있다. 그렇다고 해서 사람들이 천재성을 발휘하는 것을 방해할 생각은 추호도 없다. 또 내가 물러나는 이 일에 성심성의껏 몸과 생명을 다 바쳐 헌신하는 사람들에 대해 세상이 나쁘게 말하더라도 "끝까지 밀고 나가세요"라고 격려해주고 싶다.

나는 내 생각이 조금도 특이한 것이라고 생각하지 않는다. 여러분이라도 분명 나와 같은 변명을 할 것이다. 이웃들도 같은 생각을 하는지는 알 수 없지만, 어떤 일을 할 때 나는 정말로 고용할 가치가 있는 남자라고 서슴지 않고 말한다. 단, 나에게 어떤 일을 시킬 것인지는 고용주가 결정할 일이다. 내가 상식적인 의미에서 선을 행한다 해도 그것은 나의 본분이 아니며, 대부분의 경우에 내가 의도적으로 한 일이 전혀 아니다.

사람들은 결국 이런 말을 하고 싶어한다. "더 훌륭한 인간이 되려고 기를 쓰지 않아도 좋다. 지금 네 상태 그대로 시작하라, 평소 친절한 마음을 지니도록 하며 선행에 힘써라." 이런 식으로 나도 한마디 설교를 하자면 "우선, 좋은 인간이 되도록 하라"고 말하고 싶다.

사람들은 마치 태양이 저녁이 되면 달이나 6등성과 같은 밝기로 타오른 뒤에 활동을 멈추고, 로빈 굿펠로(중세시대 영국의 전설에 나오는 장난기 심한 요정)처럼 이웃집 창을 하나하나 엿보고 돌아다니며 미치광이를 흥분시키거나, 고기를 썩게 하거나, 암흑 속의 사물을 비추는 존재 정도로 여기는 듯하다. 하지만 진짜 태양은 부드러운 열과 자애를 점점 늘려나가, 마침내 인간이 똑바로 쳐다볼 수 없는 경지에 이른 존재이다. 항상 자신의 궤도를 따라 세계를 돌면서 세상에 공덕을 베풀거나, 과학이 제대로 발견한 것처럼 태양의 공덕을 받으며 이 세상 자체가 태양 주위를 도는 것이다. 태양신의 아들 파에톤은 인간에게 은혜를 베풀어 자신이 신의 아들이라는 사실을 증명하고 싶은 나머지 아버지인 태양신의 전차를 하루만 빌려달라고 했다. 그런데 타고 다니던 전차가 정해진 궤도에서 일탈해 천계 아래의 거리를 몇 구획이나 태워버린 데다 지구 표면까지 태우고, 온갖 샘을 마르게 하면서 사하라를 광대한 사막으로 바꾸어버렸기 때문에 결국 주피터는 번개를 내리쳐서 그를 땅바닥에 거꾸로 추락시켰다. 태양신은 아들의 죽음을 슬퍼해 일 년 내내 빛을 내지 않았다.

부패한 선행에서 피어오르는 악취만큼 역겨운 것은 없다. 그것은 인간의 부패이자 신의 부패이다. 누군가 나에게 선을 베풀려는 저의를 품고 집을 찾아온 걸 눈치챘다면, 나는 걸음아 나 살려라 하고 도망칠 것이다. 입과 코, 귀와 눈을 모래로 덮어씌워 결국에 인간을 질식시켜 죽게 한다는 아프리카 사막의 건조한 열풍에서 도망치듯이. 그 사람이 베푼 선행을 받았다가는 그런 선행의 바이러스가 내 혈액에 섞이지는 않을까 걱정이 되어 견딜 수 없다. 그렇게 되느니 차라리 자연스럽게 찾아오는 재해에 몸을 맡기는 편이 낫다.

내가 굶을 때 먹을 것을 주거나 추위에 떨 때 따뜻하게 해주고 구덩이에 빠졌을 때 건져준다고 해서 그 사람이 나에게 반드시 좋은 인간이라고 할 수는 없다. 그 정도의 일이라면 뉴펀들랜드 개(캐나다 남동부 뉴펀들랜드 섬 원산. 영국에서 개량되어 수난(水難) 구조에 이용됨)도 할 수 있다. 박애란 넓은 의미에서 동포애와는 다르다. 사실 하워드(John Howard : 1726?~1790. 영국의 박애주의자)는 나름대로 아주 친절하고 훌륭한 남자였으며 그에 어울리는 보답도 받았다. 그러나 뒤집어서 생각해보면, 우리가 가장 좋은 형편에 있을 때가 사실은 가장 큰 도움을 필요로 할 때인데, 이런 때에 박애가 우리에게 전혀 도움을 주지 않는다면 수백의 하워드가 있다 한들 도대체 무슨 의미가 있을까? 박애주의자의 집회에서 나와 같은 인간에게 무언가 도움이 되는 일을 한다는 얘기가 진지하게 오가는 것을 나는 아직 들은 적이 없다.

예수회의 선교사들은 이제 곧 훈제육 신세가 될 인디언들이 고문자들에게 새로운 고문법을 제안하는 것을 보고 두 손 들고 말았다. 인디언들은 육체적인 고통에 초연했기 때문에 선교사들의 어떤 위로도 별반 도움이 되지 않았던 것이다. 또 '남에게 대접을 받고자 하는 대로 너희도 남을 대접하라'는 기독교의 가르침도 자신이 어떤 취급을 당하는지에 대해서는 관심이 없고, 새로운 방식으로 적을 사랑하고 적들의 행위를 무조건 용서하는 경지에 이른 인디언들의 귀에는 별로 설득력이 없었던 모양이다.

가난한 사람을 도울 때는 그가 가장 필요로 하는 것을 줘야 한다. 비록 그것이 보여주기 위한 행동이고, 이 행동이 그들이 그대로 받아들이기 힘든 것일지라도 말이다. 돈을 준다면 진심으로 다해야 하고, 그저 막연하게 휙 던져주기만 해서는 안 된다. 우리들은 때때로 기묘한 과오를 범한다. 행색이 초라한 사람이 겉모습은 남루해 보일지 모르지만, 의외로 추위에 떨지도 않고 굶주리지 않을 수도 있다. 그의 행색은 어느 정도 그의 취향에 따른 것으로 반드시 불운이라고 할 수 없는 것이다. 그러한 사람에게 돈을 준다면 아마 더 많은 넝마를 사들일 것이다.

다소 세련되고 깔끔한 상의를 입은 나는 추위에 떨면서, 호수 위에서 아일랜드 출신 노동자들이 초라한 넝마를 입은 볼품없는 꼴로 얼음을 깨는 모습을 보고 늘 안타깝게 생각했다. 그런데 살을 에듯이 추운 어느 날의 일이다. 그들 중 한 사람이 미끄러져 물속에 빠지는 바람에 내가 사는 오두막으로 몸을 녹이러 왔다. 그는 더러운 넝마라고는 해도 바지 세 벌과 양말 두 켤레로 든든하게 무장하고 있었고, 내가 겉옷을 내밀었더니 그것을 사양하는 여유까지 보였다. 나는 오히려 내 자신이 불쌍해져서 물에 빠진 아일랜드인 노동자에게 옷가게를 한 채 사주는 것보다, 내 자신이 플란넬 셔츠를 한 장 사입는 게 더 큰 자선이 되겠다고 생각했다.

악의 가지를 자르려는 사람은 수천에 이르지만, 악의 뿌리를 뽑으려는 사람은 한 명밖에 없다. 빈곤한 사람에게 많은 시간과 돈을 보내더라도 오히려 이러한 선행은 가난한 사람이 없애고자 하는 불행을 증폭시키는 데 도움이 될 수 있다. 열 명의 노예 중 한 사람이 벌어들인 이익을 희생해, 나머지 아홉에게 일요일의 자유를 주는 노예 주인은 어찌 그리도 믿음이 깊은지. 가난한 사람을 고용해 부엌에서 일하게 하면서 그들에 대한 배려를 과시하려는 사람도 있다. 그것보다 자신이 스스로 부엌에서 일하는 편이 상대를 더 배려하는 행동이 아닐까? 수입의 10분의 1을 자선사업에 쓴다며 자랑하는 사람도 있지만, 오히려 10분의 9를 쓰고 그러한 일에서 빨리 손을 떼는 것이 낫지 않을까? 사회는 재산의 10분의 1만 회수하려고 하는데, 이것은 재산을 갖고 있는 사람들이 관대하기 때문일까, 아니면 재판관의 태만 때문일까?

박애는 인류가 충분히 가치를 인정하는 거의 유일한 미덕이다. 아니 오히려 박애는 상당히 과대평가된 것이기도 하다. 그리고 박애를 이런 식으로 과대평가한 것은 우리들의 이기심이다. 어느 맑은 날 콩코드의 아주 가난한 남자가 이 마을의 어떤 사람이 가난한 사람들을 친절하게 대한다며 내게 그를 극구 칭찬했다. 친절한 아저씨나 아줌마가 인류에 있어서 둘도 없는 정신적인 아버지나 어머니보다 더 존경을 받고 있다.

지와 덕을 겸비한 성직자가 영국에 대해서 강연하는 것을 들은 적이 있다. 그는 셰익스피어, 베이컨, 크롬웰, 밀턴, 뉴턴과 같은 영국의 위대한 과학자와 문필가, 정치가들 이름을 쭉 열거했다. 그런 다음 기독교계 영웅들에 관해 얘기하고, 직업상 어쩔 수 없는 건지 이들이야말로 위인 중의 위인이라며 앞에서 열거한 영웅들 꼭대기에 그들을 모셨다. 바로 펜, 하워드, 프라이 부인과 같은 사람들을 말이다. 이런 것은 속임수며 위선이라고 누구나 느낄 것이다. 이 세 사람은 영국이 낳은 최고의 남녀라기보다 기껏해야 최고의 박애주의자에 지나지 않는다.

나는 박애 행위에 대해 마땅히 보내야 할 찬사를 아까워하는 것이 아니라, 그 생애와 업적을 통해 인류에 은혜를 베푼 모든 사람을 공정하게 취급하도록 요구하는 것이다. 인간의 정직함이나 선의만을 존중할 수는 없다. 정직함이나 선의는 요컨대 인간의 줄기와 잎에 지나지 않는다. 시든 녹색 이파리로 병자의 차를 만드는 것은 건강을 회복하는 데 별 도움이 되지 않을 뿐더러, 돌팔이 의사들이나 하는 짓이다. 내가 구하는 것은 인간의 꽃과 열매이다. 그로부터 나에게 형용할 수 없는 향기가 피어오르게 하고, 성숙한 정신이 두 사람의 만남에 풍미를 더해주기를 바라는 것이다. 그의 선의는 부분적이고 일시적인 행위로 나타나는 것이 아니라 무의식중에 끝없이 솟아오르는 샘물과 같은 것이어야 한다. 이런 관계야말로 무수한 죄를 덮어주는 자애라고 할 수 있다. 박애주의자들은 걸핏하면 자신이 벗어버린 슬픔의 기억으로 인류를 포장하고는 그것을 연민의 감정이라 부른다. 우리들은 절망이 아니라 용기를, 병마가 아니라 건강과 안식을 서로 나누어야 하며, 절망과 질병이 전염병처럼 퍼지지 않도록 주의해야 한다. 남부의 어느 평원에서 탄식의 소리가 들려온다고 하는 것인가? 어느 하늘 아래 우리가 빛을 보내야 할 이교도들이 살고 있다는 것인가? 우리가 구원하고 싶어하는 그 무절제하고 흉포한 인간은 도대체 누구란 말인가?

인간은 건강이 나빠져 제대로 움직일 수 없게 되면, 예를 들어 배가 약간 아파도 즉시 세상의 개혁에 착수한다. 위장이야말로 동정심이 자리를 잡은 곳이기 때문이다. 스스로 하나의 소우주인 그는 이 세상이 익지 않은 풋사과를 먹고 있다는 사실을 발견한다. 이것은 올바른 발견이고, 그자는 진정한 발견자인 셈이다. 사실 그의 눈에는 지구가 덜 익은 사과로 비치는 것이고, 그는 이런 풋사과를 아이들이 익기 전에 깨물어 먹을 염려가 있다고 섬뜩해 한다. 이제 그의 맹렬한 박애정신은 지체 없이 에스키모나 파타고니아인을 발견하고 사람들이 바글거리는 인도나 중국의 마을을 포용한다. 이렇게 해서 그가 2~3년 동안 봉사활동을 계속하는 동안에 그의 소화불량은 치유되고, 지구는 익기 시작했는지 한쪽 혹은 양쪽 볼에 불그레하게 홍조가 돌기 시작한다—물론 그동안 신들은 이 사람을 자신들의 목적을 추구하는 데 이용했을 것이다—이로써 인생은 다시 즐겁고 살 만한 것이 된다. 결국 내가 지금껏 범한 것보다 더 심한 악행이 존재하리라고는 꿈에도 생각할 수 없고, 나보다 나쁜 인간은 지금까지도 본 적이 없고 앞으로도 볼 수 없으리라.

생각해보면 사회개혁자를 몹시 슬프게 하는 것은 딱한 처지의 동포가 아니라, 본인의 개인적인 고민이다. 설사 그가 더할 나위 없이 신성한 신의 아들이라 해도 마찬가지이다. 개인적인 고민이 사라지고 그에게도 봄이 찾아와 침대 머리 위에 아침 해가 떠오르면, 그는 한마디 변명도 없이 선량한 동료 개혁자들을 버릴 것이다. 나보고 왜 담배 피는 것을 반대하는 연설을 하지 않느냐고 물으면, 나는 담배를 피워본 적이 없으니 연설은 담배를 피운 사람에게 벌로 시키라고 둘러댄다. 사실 내가 지금까지 경험한 일 중에는 반대 연설을 해보고 싶은 것도 꽤 있기는 하다. 만일 여러분이 이러한 자선사업에 자신도 모르게 참여하게 된다면, 반드시 오른손이 하는 일을 왼손이 모르도록 해야 한다. 왜냐하면 그것을 알릴 이유가 없기 때문이다. 물에 빠진 사람을 건져주었으면 다음에는 자신의 구두끈을 묶자. 그리고 나서 천천히 뭔가 자유로운 일에 착수하는 것이다.

우리의 관습은 기독교도와 접촉하면서 손상되어왔다. 찬송가는 신에 대한 아름다운 저주의 노래와 영원한 인내로 가득 차 있다. 예언자나 속죄자들조차 인간에게 희망을 안겨주기보다, 다만 불안함을 덜어주었다고 하는 게 옳다. 생명이라는 선물에 대한 단순하고 억누르기 힘든 만족감이나 기억에 남는 신에 대한 찬가는 아직 어디에도 기록되어 있지 않다. 건강과 성공은 아무리 멀리 떨어져 있어도 나에게 좋은 감정을 안겨준다. 한편 병마와 실패는 아무리 깊은 동정이 나와 상대 사이에 오간다 해도 나에게 슬픔과 좋지 않은 감정을 안겨줄 뿐이다. 따라서 만약 우리가 진정으로 인디언이나 식물처럼 자력(磁力)으로 또는 자연적인 수단으로 인류를 훌륭하게 소생시키고 싶으면, 우선 우리 자신이 '자연' 그 자체처럼 단순하면서도 건강해져야 한다. 그리고 이마에 드리운 암운을 걷어내고 우리의 숨구멍으로 조금이라도 생명을 흡수하도록 해야 한다. 가난한 사람의 감독관으로 만족하지 말고, 세상의 가치 있는 인간 중 한 사람이 되도록 힘써야 하지 않겠는가.

나는 시라즈의 세익 사디(Sheik Sadi : 1190~1290. 이란의 시인)가 저술한 《굴리스탄》(장미원) 속에서 이런 구절을 읽었다. "그들은 현자를 향해서 물었다. 아주 고매한 신이 무성한 잎사귀로 풍성한 그늘을 제공하는 쭉 뻗은 큰 나무들 중에서 유독 열매를 맺지 않는 사이프러스만을 세상에서 자유로운 존재라고 부르는 것은 이상합니다. 이는 어째서인가요? 현자가 대답했다. 어느 나무에도 그에 어울리는 열매가 열리고 정해진 계절이 있다. 나무마다 어울리는 계절이 지속되는 동안은 싱싱한 꽃을 피우지만, 시기가 지나면 바짝 말라 시들어버린다. 그런데 사이프러스는 어떤 상태에서도 늘 변함없이 번성하지 않느냐. 자유라는 것, 즉 종교적으로 독립된 존재란 이러한 성질을 지닌 자를 말하는 것이다. 묶음 속으로 사라져가는 것들에 마음을 빼앗겨서는 안 된다. 티그리스 강은 카리브의 일족이 멸망한 뒤에도 바그다드를 가로질러 흘러갈 것이

다. 네 손에 넘칠 만큼 갖고 있다면 대추야자나무처럼 아낌없이 주어라. 그
러나 줄 만한 것이 없다면 사이프러스처럼 자유로워지거라."

덧붙이는 시

빈자의 사치

너는 너무 뻔뻔스럽다, 가련한 빈자여,
너의 그 나무통과 같은 초라한 오두막에서
돈이 들지 않는 햇빛을 받으며, 혹은 그늘진 샘물 한쪽에서,
풀뿌리나 푸성귀를 먹이로
게으르고 현학적인 덕을 쌓고 있다고 해서
천상에 너 있을 곳을 요구하다니.
너의 오른손은 아름다운 덕의 꽃을 피우게 해줄
인간다운 정열의 줄기를 정신의 토양에서 뽑아버리고,
자연의 성질을 타락시키고 감각을 둔하게 하고,
활동적인 인간을 고르곤 (그리스 신화에 나오는 괴물 세 자매. 그녀들과 처럼 돌로 바꾸어버린다.
눈을 마주치면 돌로 변한다는 전설이 있음)
우리들은 너의 내세울 것 없는 절제나,
기쁨도 슬픔도 모르는 그 부자연스런 우둔함과의
따분한 교제를 사양한다.
또 네가 활동적인 것보다 우월하다고 하는
수동적인 불굴의 정신과도 볼 일이 없다.
범용함 속에 묵직하게 눌러앉아 있는
이렇게 영락한 저속한 놈이야말로
너의 비굴한 근성에 어울리는 것이다.
우리들이 칭송하는 것은 과잉을 불문하는 미덕뿐.
용감하고 대범한 행위와 왕후의 기품,
모든 것을 꿰뚫어보는 분별, 헤아릴 수 없는 아량,
또 예부터 이름은 전해지지 않았으나
헤라클레스, 아킬레우스, 테세우스와 같이

모범 그 자체로서 전해지는 영웅적인 미덕.
자, 너의 판잣집으로 돌아가라,
그리고 새로이 빛을 발하는 하늘을 올려다볼 때엔
그 위인들이 어떠한 자였는가를 깊이깊이 생각해보라.

—T. 커루(Thomas Carew : 1594~1640? 17세기
영국의 왕당파 시인)

2
살았던 곳과 그 목적
WHEN I LIVED & WHAT I LIVED FOR

　인생의 어떤 시기에는 모든 장소가 집을 지을 수 있는 집터로 생각될 때가 있다. 나도 한때 내가 사는 곳에서 12마일 이내의 땅을 구석구석 조사해본 일이 있다. 상상 속에서 나는 여기저기 흩어져 있는 농장들을 차례로 사들였다. 모두 팔려고 내놓은 농장이고 가격도 알고 있었기 때문이다. 나는 각 농가의 땅을 둘러보며 그곳의 야생 사과를 먹어보기도 하고 농사에 대한 얘기를 나누기도 했다. 나는 속으로 얼마가 되든지 간에 상대가 말하는 가격으로 농장을 사들여, 그것을 당사자에게 담보로 맡겨두곤 했다. 부르는 가격보다 높은 가격을 붙인 일도 있다. 농장을 사들일 때는 모든 것을 인수했지만 토지 문서는 받지 않았다. 토지 문서 대신 상대의 말을 믿기로 했는데, 내가 워낙 얘기하길 좋아하는 성격이기 때문이다. 나는 농장을 경작하면서 동시에 농장을 팔려는 농부도 좀 계발해주지 않았나 생각한다. 이런 방식으로 나는 마음껏 농장을 경작해 본 다음에, 농부가 다시 농장을 경작하도록 되돌려 주었다.

　이 경험 때문에 친구들은 나를 일종의 부동산 전문가로 부르게 되었다. 나는 어디에 발을 디뎌도 거기에서 생활할 수 있었고, 풍경은 나를 둘러싸고 널리 펼쳐져 있었다. 집이란 결국 라틴어에서 말하는 'sedes', 즉 자리를 말하는 게 아닐까? 시골이라면 더 상쾌한 기분으로 지낼 수 있으리라. 나는 당장 사용할 수는 없지만 집을 짓기에 안성맞춤인 부지를 많이 발견했다. 사람들은 이 부지가 마을에서 너무 멀다고 생각했지만, 내가 보기에는 마을이 너무 멀리 떨어져 있는 것 같았다. 어디 여기에서 한번 살아볼까 중얼거리며 한 시간 동안 여름과 겨울을 지내 본 적이 있는데, 눈 깜짝할 사이에 몇 해인가 흘러가고 겨울을 지나 봄이 찾아왔다. 앞으로 이 지역에 살 사람들은 어디에 집을 짓든 분명 나의 발자취를 느끼게 될 것이다. 토지를 과수원이나 조림지 또는 목장으로 구분하고, 어귀 쪽에 떡갈나무와 소나무 중 무엇을 남겨둘지, 어디에서 보면 고목 한 그루 한 그루가 가장 눈에 잘 뜨일지 결정하는 데는 오후 반나절이면 충분했다. 그 뒤로 나는 그곳을 휴한지로 방치해 두었다. 내버려 두어도 좋은 것이 많을수록 인간은 넉넉해지기 때문이다.

나의 상상은 멈출 줄을 모르고 급기야 몇 개 농장의 선매권을 갖기에 이르렀는데, 선매권을 갖는 것이야말로 내가 바라던 바였다. 그러나 나는 실제 농장을 소유했을 때 겪을 수도 있는 어려운 상황을 경험한 적은 없다. 내가 실제로 땅을 소유하기 직전까지 갔던 것은 할로웰 농장을 사들였던 때이다. 나는 망설임 없이 종자를 골라내기 시작했고, 농장 일에 사용하거나 작물을 실어나르는 데 필요한 손수레를 만들 재료를 모았다. 그런데 갑자기 내게 토지 문서를 건네주기로 한 땅 주인은 그의 부인이 마음을 바꿔 땅을 내놓기 싫어한다고 10달러로 계약을 해지하자고 제안했다. 사실을 말하자면 나는 그때 전 재산을 톡톡 털어 10센트밖에 갖고 있질 않았다. 이렇게 되자 내가 10센트를 가진 것인지, 농장을 가진 것인지, 10달러를 가진 것인지 또는 그것들 모두를 소유한 것인지 도무지 알 수 없게 되어버렸다. 하지만 나는 10달러도 농장도 받지 않았다. 이미 농장 경영의 꿈은 충분히 이루어진 상태였으니까. 인심 좋게 자신이 사들인 가격으로 농장을 되팔고 땅 주인도 부자가 아니었으므로 10달러도 돌려보냈지만, 그래도 내 손에는 여전히 10센트와 종자, 손수레 재료가 남았다. 이렇게 해서 나는 내 가난함에는 아무 손해도 입히지 않고 부자가 된 것이다. 하지만 풍경만큼은 내놓지 않았기 때문에 그 뒤로 여기에서 수확할 수 있는 것은 손수레를 사용하지 않고 자꾸자꾸 실어나르기로 했다. 풍경으로 말하자면 이런 시가 있다.

> "나는 눈에 보이는 모든 대지의 왕으로서,
> 나의 권리엔 이의를 제기할 수 없다."

나는 한 시인이 농장에서 가장 가치 있는 부분을 한껏 즐긴 후에 자리를 뜨는 것을 종종 보았다. 그런데 무뚝뚝한 농장주는 고작해야 그가 야생 사과 서너 개를 가져갔을 거라고 생각한다. 그런데 주인이 오랫동안 알아차리지 못한 사이에 시인은 농장에 운율이라는 훌륭한 울타리를 둘러친 다음, 울타리 안에서 젖을 짜면서 크림을 고스란히 손에 넣고 주인에게는 찌꺼기만 남긴 것이다.

할로웰 농장은 다음과 같은 이유 때문에 나에게 특히 매력적이었다. 우선 완벽할 정도로 세상에서 떨어져 있다는 것. 그곳은 마을에서 약 2마일, 제일 가까운 이웃으로부터도 반 마일 떨어져 있었으며, 널찍한 밭을 끼고 길에서도 떨어져 있었다. 다음은 강가에 자리잡고 있다는 것. 농장주의 얘기로는 강에서 피어오르는 안개 덕에 봄 서리를 피할 수 있다고 하는데, 봄 서리는 나와는 상관없었다. 또 칙칙한 몸체와 다 쓰러져가는 헛간, 심하게 손상된 울타리가 전 주인과 나 사이에 오랜 시간이 경과한 듯한 느낌을 주었던 것. 나아가 이끼에 뒤덮이고 속이 텅 빈 사과나무에는 토끼가 갉아먹은 흔적이 있었는데, 그것을 보고 내가 앞으로 어떤 이웃과 만나게 될 것인지 짐작할 수 있었다는 것. 그러나 뭐니 뭐니 해도 가장 큰 이유는 예전에 배를 타고 강을 거슬러 올라 처음으로 여기에 이르렀을 때, 단풍나무가 우거진 붉은 숲 뒤에 집이 가려져 있어 숲 속에서 집 지키는 개가 멍멍 짖는 소리를 들었던 기억이 있기 때문이다.

나는 땅 주인이 커다란 돌멩이를 나르고, 텅 빈 사과나무를 잘라 쓰러뜨리고, 목초지에 서 있는 어린 자작나무를 파내기 전에, 다시 말해 대지 위를 자기 마음대로 이리저리 뜯어고치기 전에 서둘러 농장을 사들이려고 했다. 나는 아틀라스처럼 이 세계를 양 어깨로 짊어질 결심이었다. 이러한 고행의 대가로 그가 무엇을 손에 넣었는지는 모르지만 말이다. 농장의 대금만 지불하면 내가 농장을 소유했다고 해서 이러쿵저러쿵 이의를 제기할 자는 없으리라는 것 말고는 특별한 동기도 없이 이렇게 좋은 부분을 즐기고 싶어서 농장을 운영할 생각이 들었던 것이다. 가만히 놔두기만 해도 이 농장은 내가 바라던 대로 풍성한 열매를 맺어 주리란 걸 처음부터 알고 있었으니까. 하지만 결국 앞에서 언급한 것처럼 농장을 소유하지는 못하고 말았다.

따라서 채소밭을 일구는 거라면 지금까지 쭉 해왔지만, 큰 농장을 운영하는 일에 대해 내가 말할 수 있는 것은 단지 종자를 준비했다는 경험뿐이다. 많은 사람들은 종자가 해마다 질이 좋아진다고 생각한다. 물론 시간이 지나면 좋은 종자와 나쁜 종자를 확실히 구분할 수 있다. 따라서 마침내 내가 종자를 뿌릴 때가 되어도 나는 농사 결과에 실망하지 않을 수 있으리라. 하지만 여러분에게 이것만큼은 말해두고 싶다. 되도록 오래 자유롭게, 얽매이지 않고 살도록 노력하라고. 농장이든 형무소든 묶여 있다는 점에서는 큰 차이가 없다.

대(大)카토의 《농업론》은 나에게 있어 최근의 농업잡지를 대신하는 존재인데 그 속에는 다음과 같은 구절이 있다(내가 본 유일한 번역은 이 부분을 심하게 오역하고 있다). "농장을 살 때는 탐욕에 빠지지 않도록 주의해야 한다. 또 사전 답사를 할 때에는 발품을 아끼지 말아야 한다. 한번 검토한 것만으로 만족해서는 안 된다. 좋은 땅이라면 발을 들여놓을수록 점점 더 마음에 들 것이다. 나는 탐이 나는 농장이 생기면 곧바로 사들이지는 않겠지만, 살아 있는 동안에 몇 번이고 사전 답사를 나갈 생각이다. 나중에 내가 죽어 그 땅에 매장되기라도 하면, 더욱 그곳이 마음에 들 것이다."

여기에서 이야기하려는 나의 실험은 이러한 형태의 것으로써는 두 번째였다. 이에 대해서는 더 자세히 쓸 생각이지만, 편의상 2년 동안 겪은 경험을 1년으로 집약하기로 한다. 앞에서도 말한 바와 같이 나는 실의의 노래를 부를 생각은 없고, 횃대에 우뚝 서서 새벽을 알리는 수탉처럼 목청껏 자랑스럽게 울어대고 싶다. 이웃들의 눈을 번쩍 뜨게 할 수 있다면 그것으로 만족한다.

내가 처음 숲 속에 거처를 정하고 낮과 밤을 그곳에서 지내게 된 것은 우연히도 1845년 7월 4일 미합중국 독립기념일이었다. 그 무렵 나의 오두막은 아직 월동 준비를 마무리하지 못한 상태였고 단지 비만 피할 수 있을 정도였다. 회반죽칠도 하지 않았고 굴뚝도 세우지 않았으며 벽은 비바람을 맞은 널빤지를 대충 박아넣었기 때문에 여기저기 틈새가 크게 벌어져 밤에는 실내에 있어도 시원할 정도였다. 하지만 손으로 다듬은 흔적이 있는 나무 기둥이나 대패질을 한 지 얼마 안 되는 문과 창틀 덕분에 집안은 깔끔해보였다. 특히 통풍이 잘 되었는데, 아침나절 목재가 이슬에 촉촉이 젖어 있을 때는 더욱 시원했다. 점심 무렵에는 목재에서 달짝지근한 수지라도 스며 나오는 게 아닌가 싶을 정도였다.

이 오두막에서는 하루 종일 이렇게 새벽 기운이 감도는 분위기가 생생하게 느껴져서, 문득 지난해에 방문했던 산꼭대기의 오두막 한 채를 생각나게 했다. 회반죽칠도 하지 않고 통풍도 잘되는 그 집은 여행길에 지친 신들이 쉬어가기에 더할 나위 없는 곳이며, 또 여신이 옷자락을 끌며 걸어 다닐 만한 곳이었다.

내 거처를 스쳐 지나는 바람은 능선을 스쳐 지나는 바람과 같아서 지상의 음악에서 끊긴 선율을, 또는 천상적인 부분을 실어왔다. 아침 바람은 영원히 멈출 줄 모르고 창조의 시는 끊어지지 않았다. 단지 그것을 알아듣는 이가 좀처럼 없을 뿐. 올림포스 산은 속세 바로 옆에 펼쳐져 있다.

보트를 제외하면 내가 지금까지 소유했던 유일한 집은 가끔 여름철 여행에 사용했던 텐트뿐이다. 그 텐트는 지금도 다락방에 잘 간직하고 있다. 하지만 보트는 이 사람 저 사람 손을 거치는 사이 시간의 흐름을 따라 떠내려 가버리고 말았다. 대신 이번에는 훨씬 견고한 거처가 손에 들어왔으니 나도 세상에 뿌리를 내리는 방향으로 조금은 진보했다고 할 수 있겠다. 비록 조잡하고 누추한 집이지만, 이 오두막은 내 주위에 생긴 결정체이고 집을 지은 나에게 감동을 주고 있다. 이 집은 어디인지 모르게 뼈대가 드러난 그림을 떠오르게 했다. 실내 공기가 조금도 신선함을 잃지 않았기 때문에 나는 바깥 공기를 마시러 나갈 필요가 없었다. 장대비가 쏟아지는 날에도 집 안에 있다기보다 문의 뒤편에 앉아 있는 듯한 느낌이었다. 《하리방샤》(고대 인도의 서사시)에 "새가 없는 집은 간을 하지 않은 고기와도 같은 것"이라고 되어 있지만, 이 얘기는 나에게 해당되지 않았다. 나는 금방 새들의 이웃이 되었는데, 새를 집 안에 가둬놓는 것이 아니라 나 자신이 새장에 들어가 그들과 함께 살았던 것이다. 나는 채소밭이나 과수원을 자주 찾는 새뿐만 아니라 숲지빠귀, 비어리(개똥지빠귀의 일종), 붉은풍금조, 살색부리참새, 흰꼬리쏙독새 등 마을사람들 앞에서는 좀처럼 노래하지 않지만 야성미 넘치는 목소리로 영혼을 뒤흔드는 숲의 여러 요정들과 가까워졌다.

내 집은 작은 호숫가에 자리를 잡았는데 그곳은 콩코드 마을에서 1마일 반 정도 남쪽에 있었고, 마을보다 약간 높은 지대의 땅으로 콩코드와 링컨 사이에 펼쳐진 광대한 숲의 한가운데였다. 우리 마을에서 유명한 그리고 유일한 사적지라 할 수 있는 콩코드 옛 전장에서는 남쪽으로 2마일 정도 떨어진 곳이다. 그런데 내 오두막은 숲 속 한가운데 놓여 있기 때문에 마찬가지로 숲으로 덮인 반 마일 앞의 건너편 강가가 내게는 가장 먼 지평선이었다. 오두막에서 살기 시작한 처음 일주일 동안은 호수를 바라볼 때마다 밑바닥이 다른 호수의 수면보다 높은, 산중턱의 작은 호수라도 보고 있는 듯한 느낌이었다. 또 해가 떠오르면 호수가 밤새 몸에 두르고 있던 안개가 벗겨지면서 수면 여기저기에 어렴풋한 잔물결이 일었다. 그리고 빛을 반사하는 매끄러운 수면이 점차 모습을 드러내곤 했다. 한편 안개는 밤의 어둠을 틈타 비밀 집회를 끝낸 유령처럼 슬그머니 사방으로 흩어져 사라지거나 숲 속으로 빨려들어갔다. 산중턱에서 그렇듯 이슬도 한낮이 될 때까지 나뭇가지에 매달려 있는 것 같았다.

이 작은 호수가 특히 소중한 이웃이 되는 때는 8월의 작은 비바람이 멈출 때였다. 이 무렵에는 대기도 물도 쥐 죽은 듯이 조용하고, 하늘은 구름으로 덮여 한낮이면서도 석양의 온화한 기운이 감돌고, 숲지빠귀가 여기저기에서 노래하며 강변에서 강변으로 반가운 인사를 주고받는 소리가 들려온다. 이 계절에 호수는 이렇게 온화해지는 것이다. 게다가 호수 위에 흐르는 대기는 낮게 드리운 구름 아래 엷은 그늘을 띠고, 빛과 그늘이 가득 찬 수면은 그 자체가 한층 장엄한 땅 위의 하늘이 되었다. 얼마 전 갓 벌채한 숲 가까이에 있는 언덕에 오르니, 호수 너머 남쪽으로 강가를 이루는 언덕의 넓게 움푹 팬 곳을 통해 기분 좋은 풍경이 눈에 들어왔다. 마주 보는 언덕 비탈길이 울창한 계곡을 누비며 마치 강물 저편으로 흘러가는 듯한 느낌이었다. 주변의 촉촉하고 싱싱한 언덕 사이 또는 언덕 꼭대기 저편으로 푸른 기운이 도는 높은 언덕이 멀리 지평선을 이루는 것이 보였다. 또 발꿈치를 들면 북서쪽으로 더욱 파랗고 먼 산의 봉우리들이 보이는데, 마치 하늘에서 주조된 진청색 동전 같았다. 멀리로는 마을의 일부까지 살짝 눈에 들어왔지만, 나머지 방향은 이 언덕 꼭대기에 올라도 주위를 에워싼 숲 때문에 건너편을 바라볼 수 없었다.

근처에 물이 있으면, 물이 대지에 부력을 주기 때문에 물 부근의 땅까지 두둥실 떠 있는 듯한 느낌을 준다. 어떤 작은 우물이라도 속을 엿보는 사람에게 대지는 대륙이 아니라 섬이라는 것을 가르쳐주는데, 이것은 우물이 버터를 차갑게 보관해주는 것 못지않게 중요한 역할이다. 언덕 정상에서 호수 너머에 있는 서드베리 목장은 홍수 때는 신기루처럼 격류가 소용돌이치는 골짜기에 위치해 마치 물 위에 던진 동전처럼 떠 있는 듯 보였다. 지금은 강

건너편의 대지 전체가 이쪽과의 사이에 있는 작은 수면 때문에 격리된 물에 떠 있는 얄팍한 한 조각 땅처럼 보여, 내가 살고 있는 이 부근도 애당초 물이 바짝 말라버린 우물 바닥에 지나지 않음을 깨닫게 했다.

반면 집 앞에서 바라보는 전망은 조금 옹색하긴 했지만, 내가 답답하게 갇혀 있다는 느낌은 전혀 들지 않았다. 상상력을 발휘하기에 충분한 목초지가 있었기 때문이다. 건너편 강가에 융기한 떡갈나무 관목이 자라는 낮은 대지는 서부나 타타르의 대초원까지 쭉 이어져 방랑자들에게 풍부한 공간을 제공하고 있었다. "이 세상에 행복한 자가 있다면 그것은 광대하고 끝없는 지평선을 자유롭게 즐기는 사람들뿐이다." 다모다라(힌두교 신화의 신 크리슈나)는 소치기들이 더 넓고 새로운 목초지를 원했을 때 이렇게 말했다.

장소와 시간이 바뀌어 나는 내가 가장 강하게 이끌리던 우주의 어떤 장소와 역사상의 어떤 시대에 더욱 가깝게 다가가 생활하고 있었다. 내가 살던 곳은 밤마다 천문학자들이 관찰하는 수많은 별자리 못지않게 멀리 떨어진 장소였다. 자칫 우리들은 보기 드문 유쾌한 장소란, 시끌벅적한 속세에서 멀리 떨어진 태양계 저편, 더 높은 천상의 한 구석인 카시오페이아 자리 뒤에나 있다고 생각하기 쉽다. 나는 내 집이 정말로 우주의 그런 조그마한 구석에 있고, 나아가 영원히 더러움을 모르는 새로운 장소라는 사실을 발견한 것이다. 가령 플레이아데스 성단이나 히아데스 성단, 황소자리나 견우성 가까이에 눌러 사는 것이 훌륭한 일이라면 나는 바로 그러한 장소에 살고 있는 것이다. 즉 그곳은 내가 버리고 온 인간세계에서는 별자리처럼 멀리 떨어져 있었기 때문에 제일 가까이 사는 이웃의 눈에도 달이 없는 밤이 아니면 보이지 않을 만큼 희미하게 깜박이는 작은 빛에 지나지 않았던 것이다. 내가 자리를 잡은 곳은 대우주의 그러한 장소였다.

> "홀로 살아가는 양치기가
> 품은 생각의 고귀함은
> 주위의 양 떼들이
> 풀을 뜯는 산을 초월하네."

만약 양 떼들이 양치기의 생각보다 높은 곳에 자라는 풀밭을 향해 끊임없이 무리지어 간다면 그의 인생은 얼마나 초라할까?

날마다 찾아오는 아침은 나를 향해 자연 그 자체와 이 소박한, 굳이 말하자면 더럽혀지지 않은 인생을 보내지 않겠냐고 쾌활하게 부르짖고 있었다. 나는 그리스인과 마찬가지로 지금까지 항상 오로라 여신을 마음속으로 숭배해왔다. 아침에는 일찍 일어나 호수에서 목욕을 하곤 했는데, 그것은 일종의 종교적인 의식으로 내가 가장 좋아하는 일이기도 했다. 탕왕(湯王)의 욕조에는 "하루하루 완전히 너 자신을 새롭게 하라, 새롭게 하고 또 새롭게 하라, 영원히 새롭게 하라(苟日新, 日日新, 又日新)"《대학》)란 문구가 새겨져 있었다고 한다. 나는 그 의미를 잘 알 수 있다. 아침은 영웅의 시대를 되살아나게 한다. 새벽하늘이 붉게 밝아올 무렵, 문과 창문을 열어젖히고 앉아 있으면 방 안을 날아다니는 보이지도 않고 모습도 상상할 수 없는 모기 한 마리의 어렴풋한 날갯짓 소리가 명언을 칭송하는 어떤 나팔 소리 못지않은 감동을 주기도 했다. 그것은 호메로스의 레퀴엠이나 다름없었다. 모기의 날갯짓 소리 자체가 분노와 유랑을 노래하면서 공중을 날아가는 《일리아스》이자 《오디세이아》였다. 그 소리에는 목숨이 붙어 있는 한 세계의 영원한 활력과 풍요로움을 한껏 선전하려는, 무엇인지 모를 우주적인 느낌이 있었다.

아침은 하루 중에서도 가장 기억해야 할 때이며, 눈을 뜨는 시간이기도 하다. 아침처럼 졸음으로부터 자유로운 시간은 없다. 우리 내부에서 밤낮없이 잠들어 있는 부분조차도 아침에는 적어도 한 시간 정도는 눈을 뜨게 된다. 만약 우리들이 내적인 정기에 의해서가 아니라 하녀가 기계적으로 흔드는 손길에 의해 눈을 뜬다면, 또는 새로 비축된 힘과 내부로부터 넘쳐나는 도약에 의해 자극받아 부드럽게 물결치는 천상의 음악이나 그윽한 향기에 둘러싸여서가 아니라 공장의 작업 시작 종소리에 눈을 뜬다면, 요컨대 잠자리에 들 때보다 더 높은 삶을 향해 눈을 뜨는 것이 아니라면 그날 하루에서 많은 것을 기대할 수는 없으리라.

뿐만 아니라 어둠이 열매를 맺는 것이나, 어둠 또한 빛 못지않게 좋은 것이라는 사실 역시 증명할 수 없을 것이다. 하루하루가 과거에 더럽혀진 시간보다 빠르고 신성하며 서광이 가득 찬 시간을 품고 있다는 것을 믿지 않는 인간은 결국 어두워지는 비탈길에서 굴러 떨어지는 것처럼 인생에 대해 절망하게 된다. 인간이 자신의 감각만 만족시키는 생활을 일시 중단하면 그의 영혼과 여러 기관은 매일 아침 활력을 되찾고, 그의 정기는 다시 고상한 생활을 영위하기 위해 노력하게 될 것이다.

기억해야 할 많은 일들은 아침 시간, 아침의 대기 속에서 일어난다. 《베다》(인도 바라문교 사상의 근본 경전)에도 "모든 예지는 아침과 함께 눈을 뜬다"라고 쓰여 있다. 시와 예술을 비롯해 가장 아름답게 기념해야 할 인간의 행동은 이 시간에 시작된다. 시인과 영웅은 그리스 신화의 멤논과 마찬가지로 오로라 여신의 자식이며 해돋이와 함께 음악을 연주한다.

태양과 보조를 맞춰 탄력 있고 힘찬 생각을 시작하는 인간에게는 하루가 온통 아침이다. 시계가 몇 시를 가리키는지, 사람들의 태도나 노동이 어떠한가는 중요한 문제가 아니다. 아침이란 내가 눈을 뜨고 있는 시간을 말하는 것이고, 새벽은 나의 내부에 있는 것이다. 도덕성을 고취시킨다는 것은 다름 아닌 졸음을 내몰려는 노력을 말한다. 지금 그대로 드러누워 잠에 푹 빠질 생각이 아니라면 원래 그렇게 계산이 서툴렀던 것도 아닐 텐데 사람들은 어째서 이렇게 하루를 궁핍하게 보낸 계산서밖에 내밀지 못하는 것인가? 잠기운에 지지 않았더라면 그들도 어엿한 한 사람 몫의 일을 성취할 수 있었을 것이다.

육체노동을 할 수 있을 정도로만 깨어 있는 사람은 얼마든지 있다. 하지만 지성을 제대로 움직이게 할 만큼 깨어 있는 사람은 백만 명에 한 사람 있을까 말까 하다. 시와 같은 인생, 신성한 인생을 사는 사람은 1억 명에 한 사람 정도 있을 것이다. 깨어 있는 것이야말로 진짜로 살아 있는 것일 텐데, 나는 예나 지금이나 진정으로 깨어 있는 사람을 만난 적이 없다. 하물며 그러한 사람의 얼굴을 직접 눈으로 보는 일이 어찌 있을 수 있겠는가?

우리는 기계적인 수단에 의지하지 않고 아무리 깊은 잠에 빠져도 우리를 내버리지 않는 새벽에 대한 무한한 기대 때문에 다시 눈을 뜨는 방법, 또 언제까지나 눈을 뜨고 지내는 방법을 배워야만 한다. 인간은 의식적인 노력으로 자신의 생을 끌어올릴 능력을 갖춘 존재라는 사실처럼 우리를 고취시키는 일도 없다. 무엇인가 특정한 그림을 그리거나 조각상을 만들어 아름다운 작품을 탄생시키는 것도 확실히 훌륭하다. 하지만 우리가 사물을 꿰뚫어볼 수 있는 분위기나 매체 그 자체를 조각하거나 그리는 일은 더욱 훌륭하다. 이러한 일을 가능하게 하는 것은 우리들의 덕성이다. 그날 하루의 생활을 질적으로 높이는 일이야말로 바로 최고의 예술인 것이다. 모든 사람은 자신의 생활에서 세부적인 부분까지 자기 정신이 가장 고양되고 잘 닦여진 순간을 관조할 수 있도록 해야 한다. 만약 우리가 이런 사소한 교훈을 거부하거나 싫증 낸다면 신의 계시가 그러한 삶의 방식을 확실하게 알려줄 것이다.

내가 숲으로 간 이유는 사려 깊은 삶을 살면서 인생의 본질적인 사실에만 직면하고, 인생이 가르치는 바를 내가 과연 배울 수 있는지 확인하고 싶었기 때문이다. 죽을 때가 되어서 자신이 진정한 삶을 살지 않았다는 사실을 깨닫고 통곡하는 꼴이 되고 싶지 않았고, 인생이라 부를 수 없는 인생을 살고 싶지 않았다. 산다는 것은 그만큼 소중한 일이고, 무슨 일이 있어도 포기할 수 없는 것이다. 나는 깊이 살아서 인생의 정수를 남김없이 쭉 빨아들이고 싶었고, 스파르타인처럼 씩씩하게 살면서 인생이라 할 수 없는 것은 죄다 파멸시키고, 폭넓게 인생의 뿌리까지 잡아 뽑으며 생활을 구석구석 뒤쫓고 밑바닥까지 바짝 다가서고 싶었다. 설령 인생이 별 볼일 없음을 알게 된다 하더라도, 그 진정한 별 볼일 없음을 완전히 손에 넣어 세상에 알리리라 마음먹은 것이다. 또 만약 인생이 엄숙한 것이라면 몸소 그것을 체험하고, 다음 여행기에 있는 그대로를 기록할 생각이다. 대부분의 사람들은 인생이 신의 것인지 악마의 것인지 도무지 확신을 갖지 못하고, '신을 받들어 찬양하고 영원히 받아들이는' 일이 인간이 살아가는 주목적이라고 성급한 결론을 내리는데, 나는 이런 결론을 도저히 받아들일 수 없다.

우화에 따르자면 우리들은 아주 먼 옛날 이미 인간으로 변했어야 마땅한데도, 변함없이 개미처럼 초라한 일상을 보내고 있다. 우리들은 또 피그미족과 마찬가지로 두루미와 싸우고 있다. 그것은 부끄러움의 덧칠, 기운 데 덧기우는 것으로 인간의 최고 미덕조차, 불필요하고 또 피할 수도 있는 초라한 생활이 원인이 되어 생기고 있는 것이다. 우리는 사소한 문제에 얽매여 인생을 낭비하고 있다. 정직한 인간이라면 결코 열 개의 손가락보다 많은 것을 셀 필요는 없고, 필요한 경우에도 기껏해야 열 개의 발가락을 더하고 나머지는 하나로 뭉뚱그려 두는 것으로 충분하다.

무엇이든 간소하게, 간소하게 살아야 한다는 마음가짐을 지녀야 한다. 자신의 문제는 백이나 천이 아니라, 두 개나 세 개로 줄여두자. 백만을 세는 대신 여섯까지 세고 계산은 엄지손톱에 기록해둔다. 문명이라는 걷잡을 수 없는 바람이 몰아치는 바다 한가운데에서는 구름이나 폭풍, 물에 떠밀려 흐르는 모래 등 무수한 조건을 고려해야만 한다. 파도에 배가 침몰하고 목적지에 다다를 수 없는 사태를 피하고 싶으면 추측 항법으로 살아가는 수밖에 없다. 그러자면 웬만큼 계산을 잘하지 않고서는 성공은 꿈도 꿀 수 없다. 간소하게, 간소하게 늘 잊지 말고 주의하도록. 하루 세 끼의 식사도 필요하다면 한 끼로 줄이고, 백 접시 먹던 건 다섯 접시로, 그 외의 것도 이에 준해서 줄여나가는 것이다.

독일연방은 작은 주가 모인 나라로 국경이 끊임없이 변하기 때문에 독일인들조차 현재 그것이 어디에 그어져 있는지 전혀 모르는 형편이다. 그런데 우리는 어떠한가? 우리의 생활도 그와 다르지 않다. 이 나라는 내정을 개혁했다며 떠들지만 사실은 모두 표면적인 부분만 개혁한 것에 지나지 않는다. 훌륭한 목적과 냉철한 계산이 결핍된 탓에 애꿎은 살림살이만 마구 어질러 놓은 채 스스로 놓은 덫에 걸려 사치와 쓸데없는 낭비로 파멸 직전에 있는 감당하기 어려운 비대한 조직에 불과하다. 이러한 상황은 국내의 몇 백만에 이르는 가정에도 똑같이 적용된다. 국가에 있어서도 국민에게 있어서도 유일한 치료법은 허리띠를 바짝 졸라매고 스파르타인 이상으로 검소하고 엄격한 생활을 하며 더 높은 목표를 내거는 것이다.

지금 우리의 국가가 제시하는 삶의 방식은 너무나도 성급하다. 사람들은 국가는 반드시 상업에 종사하고 얼음을 수출해야 하며, 전신을 통해 서로 얘기를 나누고 시속 30마일로 달려야 한다고 생각한다. 그들 자신에게 그 일이 과연 필요한 것인지는 고려하지 않는다. 그 누구도 자신이 개코원숭이처럼 살아야 할지, 사람답게 살아야 할지 확신하지 못한다. 만약 우리가 밤낮으로 침목을 자르고 레일을 까는 데 몸 바쳐 일하지 않고, 어설프게 자신의 생활을 개선하자는 말을 꺼낸다면 누가 철도를 건설해줄까? 만약 철도가 깔리지 않게 되면 어떻게 시간 맞춰 천국에 도달할 수 있을까? 하지만 모두가 집에 있으면서 자기 일에만 몰두한다면 애당초 철도를 필요로 하는 존재는 누구일까? 실은 우리가 철도를 이용하는 것이 아니라, 철도가 우리를 이용하고 있는 것이다. 여러분은 철도 아래에 깔려 있는 침목이 도대체 무엇인지 생각해 본 일이 있는가? 하나하나가 인간, 즉 아일랜드인이고 미국인이다. 레일이 그들 위에 깔리고 모래가 뿌려지면, 기차가 그들 위를 매끄럽게 달려

간다.

튼튼한 침목인 그들은 푹 잠이 들어 있는 것이다. 몇 년에 한 번씩 새로운 침목이 깔리고, 기차는 그 위를 달린다. 그러므로 기차를 타고 즐기는 사람이 있는 반면, 기차에 깔린 채로 지내는 불행한 사람도 있는 것이다. 잠을 자면서 비틀비틀 걷고 있는 남자, 즉 잘못된 장소에 놓인 여분의 침목을 기차가 치어 잠에서 깨어나게 하면, 모두들 돌연 기차를 멈추고 이것은 뜻밖의 불행한 사건이라며 큰 소란을 피운다. 침목을 가지런히 유지하기 위해서는 5마일마다 수많은 선로수리공을 배치해야 한다는 소리를 듣고 나는 은근히 기뻤다. 이것은 그들이 언젠가는 다시 일어선다는 징후가 아니겠는가.

왜 우리들은 이렇게 허둥지둥 인생을 허비하며 살아가야 하는 것일까? 배도 고프지 않으면서 굶어 죽을 각오부터 하고 있다. "오늘의 바늘 한 땀은 내일의 아홉 바늘을 덜어준다"는 말을 하면서 내일의 아홉 바늘을 덜기 위해 오늘 천 바늘이나 꿰매고 있다. 일이라고 하지만 정작 중요한 일은 무엇 하나 하지 않는다. 우리는 모두 무도병에 걸려 있어 머리를 뒤흔들지 않고는 한시도 가만히 있을 수 없다. 가령 내가 화재를 알릴 때처럼 교회의 종을 힘껏 잡아당기면 아침나절에는 일이 바쁘다며 웅얼웅얼 변명을 늘어놓던 남자들과 여자들 심지어 아이들까지 한 사람도 빠짐없이 하던 일을 팽개치고 콩코드 주변 밭에서 종소리에 이끌려 정신없이 뛰어올 것이다. 그것도 불 속에서 가재도구를 끄집어내려는 것이라면 몰라도, 사실 그대로를 말하자면 불구경을 하고 싶기 때문이다. 불이 났다면 어차피 불타버릴 물건이고, 자신이 불을 붙인 게 아니라고 하면서 말이다. 또는 불 끄는 모습을 보고 싶기도 하고, 근사하게 보인다면 옆에서 불 끄는 일을 도와주고 싶을 수도 있다. 불타고 있는 것이 마을의 교회든 뭐든 말이다.

대부분의 사람들은 점심 식사 후에 30분 정도 눈을 붙이고 나서, 열이면 열 다 "별일 없었는가?"라고 물어본다. 당사자를 제외한 전 인류가 그를 위해 파수꾼 노릇이라도 하는 줄 아는지. 또 그 가운데는 30분마다 깨워달라는 부탁까지 하는 사람도 있는데, 이것도 역시 같은 질문을 하기 위해서이다. 깨워 준 답례로 그들은 자신의 꿈 얘기를 해준다. 하룻밤 잔 뒤에는 뉴스가 아침 식사와 마찬가지로 빠뜨릴 수 없는 양식이 된다. "여보게, 혹 새로운 사건이라도 있으면 들려주게. 지구상 어디든, 누구한테 일어난 일이든 상관없으니 말이지." 이렇게 이 남자는 커피와 롤빵으로 아침을 먹으면서 "그날 아침 와치토 강에서 누구누구의 두 눈이 도려내졌다"는 기사를 읽는다. 자신이 어두운 밑바닥 구석의 알려지지 않은 거대한 동굴에서 사느라 퇴화한 한쪽 눈의 흔적만 갖고 있다는 사실을 까맣게 모르는 주제에.

나 자신에 대해 말하자면, 나는 우체국이 없어도 태연하게 살아갈 수 있다. 우체국 신세를 질 만한 중요한 편지는 거의 없기 때문이다. 몇 년 전에도 같은 얘기를 글로 쓴 적이 있지만 간단히 말하자면 나는 우표를 붙일 가치가 있는 편지를 태어나서 지금까지 한두 통 받아봤을 뿐이다. 페니 우편제란 요컨대 멍하니 앉아 있는 상대를 향해서 "무엇을 생각하고 있는지 가르쳐준다면 1페니 주지"라고 농담을 하던 것이, 이제는 1페니를 아주 진지하게 건네주는 제도로 바뀐 것이다. 또 나는 신문에서 기억에 남는 기사는 한 줄도 읽은 적이 없다고 단언할 수 있다. 한 남자가 강도를 만났다든지, 살해당했다든지, 사고로 죽거나 집이 불타버렸다, 배가 난파했다, 기선이 폭발했다, 서부 철도에서 소가 열차에 치어 죽었다, 미친개를 죽였다, 겨울인데 메뚜기 떼가 나타났다는 등의 기사는 두 번 읽을 필요가 없다. 한 번 읽으면 충분하고도 남는 소식이다. 원칙만 터득하고 있으면 무수한 실례나 응용 따위는 아무래도 좋다. 철학자에게 있어서 뉴스라는 것은 하나같이 신변잡기에 지나지 않으며, 이런 신변잡기를 편집해 읽는 사람은 차를 마시며 떠들어대는 수다쟁이 부인네들 정도일 것이다. 그런데 이러한 가십에 흥분하는 인간들이 결코 적지 않다.

바로 얼마 전에도 최신 해외 토픽을 알아본다고 한 신문사에 사람들이 우르르 몰려가 소란을 피우다 사무실의 큰 유리창을 몇 장이나 깨뜨린 일이 있다고 하는데, 그 정도 뉴스라면 좀 눈치가 빠른 사람은 12개월 전이나 12년 전에 벌써 정확하게 쓰고도 남지 않았을까? 예를 들어 스페인에 관한 일이라면 돈 카를로스라든지 인판타 왕녀, 돈 페드로, 세비야, 그라나다와 같은 이름을 적당한 비율로 지면에 곁들이고, 마땅한 오락이 없으면 투우를 끄집어내면 그만이다. 내가 신문을 읽지 않게 된 뒤에 등장한 이름들은 약간 바뀌었을지도 모르지만, 어쨌거나 기사를 작성하는 이러한 몇 가지 요령만 터득해 글을 쓰면 문자 그대로 진실을 전하는 기사가 되고, 최근의 스페인 정세 또는 스페인 정세의 악화라는 묵직한 타이틀로 신문을 장식하는 기사와 비교해도 전혀 뒤지지 않는 기사가 될 것이다. 또 영국에 대해서 말하자면 영국에서 전달된 최근의 중대 뉴스는 1649년의 청교도혁명 정도이다. 따라서 영국의 연간 평균 곡물 수확량을 알고 있다면, 시세가 오를 것을 예상하고 증권을 사는 데 혈안이 된 사업가가 아닌 이상 여러분이 이 문제에 다시 주목할 필요가 전혀 없다. 거의 신문을 들여다보지 않는 사람이 판단하건대 최근 외국에서는 프랑스혁명을 포함해 어떤 새로운 사건도 일어나지 않았다.

뉴스가 도대체 무엇인가? 차라리 시간이 지나도 낡지 않는 무언가를 알고자 하는 것이 훨씬 중요하지 않을까? 위나라의 대부 거백옥(據伯玉)이 공자의 근황을 묻고자 사람을 보냈다. 공자는 심부름꾼을 가까이 앉히고 이렇게 물었다. "주군은 요즈음 어떻게 지내시나?" 그는 공손하게 대답했다. "주인님은 과오를 줄였으면 하고 계시지만 좀처럼 쉽지 않은 모양입니다." 그가 가버린 뒤 공자는 말했다. "얼마나 훌륭한 하인인가! 얼마나 훌륭한 하인인가!"

일요일은 쓸데없이 허비한 일주일의 마지막을 마무리하는 날이지 새로운 한 주일을 힘차고 활기있게 시작하는 날이 아니기 때문에, 목사는 일요일마다 옷자락을 질질 끄는 듯한 장황한 설교로 졸린 농부들의 귀를 괴롭히지 말고 이런 식으로 꾸짖었으면 좋겠다. "기다려! 멈춰라! 겉으로는 다급한 척하면서 어찌 그다지도 느려 터졌는가?"

진실은 거짓으로 취급되는 한편, 허위와 망상이 확고한 진리로 떠받들고 있다. 사람이 실재의 세계만 확실하게 관찰하고 미망에 빠지지 않도록 한다면, 인생은 우리들이 아는 것에 비유하면 동화나 아라비안나이트처럼 즐거운 이야기가 될 것이다. 필연적인 것, 존재할 권리가 있는 것만을 존중하면 시와 음악이 거리에 넘쳐흐르게 되리라. 그리고 서두르지 않고 현명하게 살다보면 위대하고 가치 있는 것만이 절대적인 존재이고, 불안이나 쾌락은 실재의 그림자에 지나지 않는다는 사실을 깨닫게 될 것이다. 실재하는 것은 늘 즐겁고 숭고하다. 하지만 사람들은 눈을 감고 잠에 빠져 있기 때문에 겉모습에 쉽게 현혹되어 여기저기 틀에 박힌 일상생활을 고정시킨 채 살아간다. 이러한 생활은 역시 순전히 환상이라는 토대 위에 구축된 것이다. 노는 것이 바로 살아가는 것인 아이들은 인생의 진정한 법칙이나 방법을 어른들보다 잘 알고 있다. 그런데 어른들은 살 만한 가치가 있는 인생을 살 수도 없는 주제에 실패한 경험에 기대어 아이들보다 현명하다고 믿고 살아간다. 힌두교의 경전에서 이런 글귀를 읽은 적이 있다.

옛날에 한 왕자가 있었다. 어릴 적에 태어난 마을에서 쫓겨나 숲 속의 야만족들 손에서 자랐기 때문에 성인이 되어서도 자신이 함께 생활하는 야만족과 같은 무리라고 믿었다. 그런데 부왕의 대신 중 하나가 그를 발견하고 신분을 밝힌 덕분에 태생에 대한 비밀이 풀리고 자신이 왕자라는 사실을 알게 된 것이다. 인도의 철학자는 계속해서 얘기한다. "인간의 영혼도 마찬가지다. 사람은 살아가는 환경 때문에 자신의 태생을 착각하게 되어 어떤 성스러운 자가 나타나 진상을 밝히기 전까지는 자신이 '브라마(梵天)'라는 것을 깨닫지 못한다"라고.

생각해보면 우리 뉴잉글랜드의 주민들이 지금 이렇게 별 볼일 없는 생활을 하는 것은 사물의 표면을 꿰뚫어보는 통찰력이 부족하기 때문이다. 우리들은 존재하듯 보이는 것을 실재하는 것으로 믿어버린다. 어떤 사람이 마을을 지나면서 실재하는 모습만 본다면 콩코드 중심에 있는 '밀댐 상점가'는 어디로 사라져 버릴까? 만약 그 사람이 마을에서 본 실재하는 세계를 있는 그대로 설명한다고 해도 우리들은 그가 얘기하는 장소가 여기라는 사실을 알아차리지 못할 것이다. 교회당, 재판소, 형무소, 상점, 주택 등을 진실하게 응시하면서, 그것들이 무엇인지 소리 내어 말해보라. 얘기하는 사이 그것들은 모두 산산조각이 날 것이다.

사람들은 진리가 태양계에서 멀리 떨어진 우주의 후미진 구석이나 밤하늘의 별 너머 아주 먼 곳, 또는 아담이 생겨나기 전이나 최후의 인간 뒤에 존재한다고 믿는다. 영원이란 시간은 분명 진실과 숭고함을 지닌다. 하지만 그러한 시간이나 장소, 기회는 모두 지금 여기에 있는 것이다. 당신 자신도 지금 이 순간, 영광의 정점에 올라서 있다. 헤아릴 수 없이 많은 시대를 스쳐 지난다 해도 신이 지금만큼 신성한 때는 다시 돌아오지 않는다. 따라서 우리들은 자신을 둘러싼 실재의 세계를 끊임없이 내부에 침투시키고 거기에 젖어 들어야 비로소 숭고하고 기품 있는 것을 이해할 수 있게 된다. 우주는 언제라도 솔직하게 우리들의 사색에 응해준다. 서둘러 가든 천천히 가든 우리의 궤도는 이미 존재하는 것이다. 그렇다면 사상을 잉태하는 일에 생애를 바쳐보지 않겠는가. 과거 시인이나 예술가가 품었던 아름답고 기품있는 구상은 어떤 것이라도 후세의 사람들은 훌륭하게 완성시켜왔다.

'자연' 그 자체와 마찬가지로 하루를 사려 깊게 지내보지 않겠는가. 호두 껍데기나 모기 날개가 레일 위에 떨어져 있다고 해서 일일이 궤도를 벗어날 수야 없지 않은가. 아침에는 일찍 일어나 차분히 마음을 가라앉히고 아침을 먹는다. 혹은 아침은 먹지 않을 수도 있다. 손님이 오는 것도 가는 것도, 종이 울리거나 아이가 우는 것도 하루를 마음껏 즐기자고 마음먹고 되는대로 내버려두자. 왜 우리가 물결에 저항하지 않고, 물의 흐름에 몸을 맡겨야 하는가? 정오의 여울에서 기다리는 점심이라는 무서운 급류나 소용돌이에 휩싸여 뒤집히지 않도록 주의하자. 이 난관만 이겨내면 이제 안심이다. 다음은 내리막길이니까.

그래도 마음을 가다듬으며 아침의 활력을 잃지 말고, 오디세우스처럼 돛대에 몸을 꽁꽁 묶은 채 눈을 돌리고 단번에 지나가자. 기적이 울리면 목이 쉬어 터질 때까지 울게 놔둬라. 종이 울렸다고 해서 뛰기 시작할 필요는 없고, 그 소리가 어떤 음악과 닮았는지 생각해보자. 가만히 자리를 잡자. 그리고 의견이나 편견, 전통, 망상, 외견과 같은 진흙탕, 다시 말해 지구를 뒤덮고 있는 퇴적물을 관통해 굳게 발을 딛고 파리, 런던, 뉴욕, 보스턴, 콩코드, 나아가 교회나 주(州)는 물론이요 시, 철학, 종교에 이르기까지 가차 없이 깨부수며 마침내 실재라 불리는 견고한 암반 위에 무사히 도착하면 "이것이다, 틀림없어!"라고 외쳐보자. 이렇게 해서 홍수와 서리, 화염 아래에 거점을 확보한 다음에 성벽과 국가를 건설하고 안전하게 가로등을 세울 장소를 개척하는 것이다. 그때 없는 것을 측정하는 나일 강 측정기가 아니라, 있는 것을 측정하는 실재의 측정기를 설치하면 후세 사람들은 가짜와 겉치레의 홍수가 어느 정도 깊은지 깨닫게 될 것이다.

만약 여러분이 어떤 사실과 정면으로 마주한다면, 아라비아의 신월도처럼 사실의 양면이 태양 빛을 반사하여 하얀 날이 번쩍 하며 심장과 골수를 보기 좋게 두 조각으로 가르는 것처럼 행복한 임종을 맞이하게 될 것이다. 삶이든 죽음이든 우리들이 좇고 있는 것은 진실뿐이다. 만약 우리들이 정말로 죽어간다면 목구멍이 쌕쌕거리고 손발이 차가워지는 느낌을 받을 것이다. 만약 살아 있는 것이라면 해야 할 일에 착수하도록 하자.

시간은 내가 낚시하는 냇물에 지나지 않는다. 나는 거기에서 물을 마신다. 마시면서 모랫바닥을 보고 그것이 너무 얕다는 것을 깨닫는다. 얕은 시내는 흘러가지만 영원은 남는다. 나는 더 깊이 마시고 싶은 것이다. 강바닥에 별과 같은 조약돌을 촘촘히 박아넣은 큰 하늘에서 낚시를 하고 싶은 것이다. 나는 하나를 셀 줄도 모른다. 알파벳의 첫 글자도 모른다. 항상 자신이 태어난 그날만큼 현명하지 못한 것을 안타까워하고 있다. 지성이란 커다란 고깃덩어리를 써는 식칼과 같은 것이다. 사물의 비밀을 더듬어 깊숙이 베어나간다. 나는 이제 필요 이상으로 손을 쓰고 싶지 않다. 머리를 손발처럼 움직이고 싶다. 내가 가진 최상의 능력은 모두 두뇌에 집중되어 있다는 것을 알고 있다. 어떤 동물에게는 코나 앞발이 구멍을 파는 역할을 하지만 나는 머리가 이 역할을 다하고 있음을 본능이 가르쳐준다. 따라서 나는 머리를 사용해 산 밑의 갱도를 파 나가고 싶다. 분명히 이 부근에는 아주 풍부한 광맥이 있으리라. 점치는 막대와 어렴풋이 피어오르는 수증기를 보니 짐작이 간다. 그러면 이 부근부터 파내려가기로 하자.

3

독서
READING

자신이 추구하는 것이 무엇인지 좀더 숙고한 뒤에 직업을 선택하면 누구나 학자나 관찰자가 되어 있을 것이다. 이는 인간의 성질과 운명이라면 누구나 관심이 있기 때문이다.

자신과 자손을 위해 부를 축적하든, 한 가문이나 국가를 건설하든, 명성을 획득하든 우리는 모두 죽을 운명에 처해 있다. 하지만 진리를 다룰 때에 우리는 불멸의 존재가 될 수 있으므로 변화나 우연을 두려워할 필요가 없다.

아주 오랜 옛날 이집트나 인도의 철학자들이 신의 조각상을 가린 베일의 한 끝을 들어 올렸을 것이다. 살랑살랑 흔들리는 신의 옷자락은 지금도 들어 올린 상태 그대로 변함이 없고, 나는 옛 철학자와 마찬가지로 그 생생한 광채에 넋을 빼앗기고 만다. 왜냐하면 옛날에 이렇게 대담하게 행동했던 것은 그 철학자 안에 있던 나 자신이었고, 지금 다시 그 모습을 눈앞에 떠올리는 것은 내 안에 있는 그 철학자이기 때문이다. 옷에는 티끌 하나 붙어 있지 않다. 신이 뚜렷한 모습을 나타낸 이래 시간은 전혀 경과하지 않았다. 우리가 정말로 활용하는 시간, 활용할 수 있는 시간이란 과거, 현재, 미래 중 어느 것도 아닌 것이다.

나의 거처는 사색을 위해서뿐만 아니라 차분히 책을 읽기에도 어느 도서관 못지않게 훌륭한 장소였다. 나는 순회도서관조차 찾아오지 않는 벽지에 살았지만, 세계 속을 돌고 있는 어떤 책으로부터 예전에 느끼지 못한 큰 감동을 받았다. 그 문장은 처음에는 나무껍질에 기록되었지만 지금은 가끔씩 종이에 복사되고 있을 뿐이다. 시인 미르 카마르 웃딘 마스트^(18세기 인도의 시인)는 말한다. "앉아 있으면서 정신의 세계를 거니는 것, 이것이 책으로부터 내가 손에 넣은 이익이다. 나는 현묘한 진리의 술을 마셨을 때 딱 한 잔의 술에 취하는 그 쾌락을 맛본 것이다."

여름 내내 나는 이따금 한두 장 넘기는 게 고작이면서도 호메로스의 《일리
아스》를 항상 테이블 위에 놓고 살았다. 집 손질을 마무리하는 동시에 콩밭
의 풀도 뽑아야 했기 때문에 처음에는 늘 육체노동에 쫓겨 그 이상의 공부를
할 시간은 도저히 없었다. 하지만 언젠가는 마음껏 독서를 할 수 있으리라
생각하고 자신을 격려하곤 했다. 일하는 사이사이 천박한 여행기를 한두 권
읽기는 했지만, 이윽고 이런 책을 읽는 자신이 부끄러워 도대체 너는 어디에
살고 있느냐고 자문해 보았다.

학생들이 호메로스나 아이스킬로스(Aeschylos : Bc 525~BC 456. 고대 그리스 3대 비극 시인 가운데 한 사람)를 그리스
어로 읽는다 해도 방탕이나 사치에 빠질 위험은 없을 것이다. 왜냐하면 이
책들을 읽다보면 어느 정도 이야기 속의 영웅들과 경쟁을 해야 하고, 이러한
작품을 읽는 재미에 푹 빠지면서 아침 시간을 정화할 수 있기 때문이다. 영
웅을 묘사한 책들은 설사 모국어로 인쇄했다 할지라도 타락한 시대에는 죽
은 언어로 쓰인 것과 다름없다. 따라서 우리는 자신의 지혜와 용기, 관대함
을 최대한 동원해 문법이 허용하는 범위를 뛰어넘는 더 큰 의미를 추측해가
면서 한 줄 한 줄 문장을 해독할 수밖에 없는 것이다.

요즘 대량으로 나돌고 있는 싸구려 출판물은 번역이 많이 되었음에도 우
리를 고대의 위대한 작가들에게 한 발자국도 가까이 다가가게 도와주지 않
는다. 그들은 변함없이 고독하고 인쇄물에 새겨진 문자는 변함없이 묘한 것
으로 보인다. 고대의 언어는 범용한 생활 속에서 우뚝 솟아, 늘 영원한 시사
와 자극을 부여한다. 그러므로 젊은 시절에 귀중한 시간을 내어서 그저 몇
마디에 불과하더라도 배워 볼 가치가 충분하다. 농부가 어쩌다 귀동냥해 들
은 라틴어 몇 마디를 입 안에서 웅얼거려보는 것도 마냥 쓸데없는 것은 아니
리라.

고전을 연구하는 일은 이제 더 현대적이고 실용적인 연구에 길을 양보할
것이라는 말을 많이 한다. 하지만 기개가 있는 학생이라면 그것이 어떤 언어
로 언제 쓰인 것이든 항상 고전을 연구할 것이다. 고전이란 기록되어 있는
인간의 사상 중에서 가장 고매한 것이기 때문이다. 고전은 지금도 사라지지
않고 남아 있는 유일한 신탁이고, 거기에는 어떤 현대적인 물음에 대해서도
델포이(아폴론 신의 신탁소가 있던 성역)나 도도나(제우스 신의 신탁소가 있던 성역)의 신탁이 결코 대답할 수 없는 응

답이 기록되어 있다. 낡아서 연구하지 않는다면 자연에 관한 연구도 그만두어야 마땅하다.

착실히 책을 읽는 것, 곧 좋은 책을 바른 정신으로 읽는 것은 고귀한 수련이며, 요즘의 풍습이 존중하는 어떤 수련보다도 독자에게 엄격한 노력을 강요한다. 그것은 옛날 운동선수가 견뎌야 했던 고된 훈련, 전 생애에 걸쳐 목적을 달성하기 위해 끊임없이 노력하는 정신의 집중을 요구한다. 책은 그것이 쓰였을 때와 마찬가지로 사려 깊고 주의 깊게 읽어야 한다. 책을 쓰는 데 사용한 언어를 말할 수 있는 것만으로는 충분하지 않다. 말하는 언어와 쓰는 언어, 듣는 언어와 읽는 언어 사이에는 현저한 거리가 있기 때문이다. 말하는 언어와 듣는 언어는 보통 일시적인 것으로 음성, 잡담, 방언에 지나지 않는 거의 동물적인 것이라 할 수 있다. 사실 동물과 마찬가지로 인간은 말하는 언어와 듣는 언어를 어머니로부터 무의식중에 배운다. 쓰는 언어와 읽는 언어는 말하는 언어가 성숙해지고 경험이 쌓이면서 성립된 것이다. 전자가 어머니의 말이라면 후자는 아버지의 말이고, 귀로 듣기에는 너무나 의미심장하고 세심하게 고른 표현이기 때문에 읽고 쓰는 언어를 말하기 위해서는 다시 한 번 태어날 수밖에 없다.

중세에 그리스어나 라틴어로 말하는 군중이 우연히 그 시대에 태어났다고 해서, 천재들의 저술을 원어로 읽을 능력을 갖추었던 것은 아니다. 이 시대의 그리스어와 라틴어 저술은 그들이 알고 있는 그리스어나 라틴어가 아니라 세심하게 고르고 고른 문학적인 언어로 쓰여 있기 때문이다. 그들은 그리스나 로마의 고귀한 방언을 배운 적이 없고, 그러한 말로 엮은 서적은 그들 입장에서 보면 휴지조각이나 마찬가지였다. 그래서 그들은 대신 동시대의 싸구려 문학을 극구 칭찬하기에 이른다.

그러나 유럽 여러 나라들은 세련되지는 않았지만 자국의 문학을 융성하게 할 명확한 문어를 획득하게 되었고, 비로소 학문이 부흥하고 학자들은 먼 시간의 흐름을 건너 고대의 보물을 발견할 수 있었다. 로마나 그리스의 대중이 귀로 들을 수 없었던 언어를 오랜 세월이 흘러 몇몇 학자들이 읽게 되고, 지금도 소수의 학자는 계속해서 읽고 있다.

웅변가의 끓어오르는 듯한 열변은 때로 우리를 감동시킨다. 그러나 비할 바 없이 고귀한 문장은 그러한 잠깐 동안의 열변을 뛰어넘는 더 높은 곳에 존재한다. 마치 별빛으로 빛나는 하늘이 구름 저편 뒤에 숨어 있는 것처럼 말이다. 별은 거기에 있고 능력이 있는 자는 그것을 읽을 수 있다. 천문학자들은 싫증도 모르고 별에 대해서 논하고 관찰한다. 별은 우리의 일상 회화나 순식간에 사라져버리는 숨결과는 달리 증발해버리는 일이 없다. 토론회장에서 이른바 웅변이라 부르는 것들을 서재에 돌아와 다시 읽어보면 대개 미사여구로 떡칠한 문장일 뿐이다. 웅변가는 즉석에서 느껴지는 감흥에 흔들리는 눈앞의 군중, 오로지 귀로만 듣는 무리를 향해서 말을 건넨다. 하지만 평소에 더 차분한 생활을 해야 하고, 웅변가를 고무하는 사건이나 군중을 접할 때 도리어 정신이 산란해지는 문필가는 인간의 지성과 심정에 호소하고, 자신을 이해하는 모든 시대 모든 사람들을 향해 얘기하는 것이다.

알렉산더 대왕이 원정을 나가면서 《일리아스》를 넣고 갔던 것도 전혀 이상할 것이 없다. 기록된 언어는 선조의 유물 중에서도 특히 고귀한 것이기 때문이다. 문학작품은 다른 어떤 예술작품보다 우리에게 가까이 있으면서 동시에 보편적인 것이다. 인생 자체에 가장 가까운 예술작품인 것이다. 그것은 다양한 언어로 번역되고, 단순히 읽는 차원을 넘어서 실제로 여러 인간의 입을 통해서 흘러나올 것이다. 캔버스나 대리석 위에 묘사될 뿐만 아니라 생명의 숨결 자체에서 선명히 떠오르기도 한다. 고대인이 생각한 상징물이 현대인의 말로 되살아나는 것이다. 2000번의 여름은, 그리스 문학의 기념비에, 그리스 대리석 건축물에 그랬던 것처럼 한층 더 원숙한 가을의 황금색을 더해 주었을 뿐이다. 그리스 문학은 여러 나라에 맑고 쾌청한 신성함을 가져다 주면서 오염으로 인한 부식으로부터 몸을 지켜온 것이다. 책은 세계가 소중히 간직해온 재산이며 그 나라의 국민들과 후손들이 대대로 이어받을 가치가 있는 유산이다. 가장 오래되고 좋은 책은 어떤 오두막의 책장에 놓아도 자연스럽게 어울린다. 그러한 책은 특별히 자기주장을 내세우지 않지만, 독자를 계몽하고 격려하는 한 독자의 양식이 그들을 거절하는 일은 없다.

고전의 저자들이 그들 시대의 타고난 귀족이나 황제 이상으로 인류에 영향을 미쳤음은 누구도 부정하기 힘들 것이다. 배운 것 없고 학문 같은 것은 경멸하던 장사꾼이 부지런히 일해 오랜 염원이던 여가와 독립을 손에 넣고 돈 많은 상류 사회에 출입할 수 있게 되면, 지성과 천재성으로 이루어진 더 높고 다가가기 힘든 사회에 좋든 싫든 눈을 돌리게 된다. 여기에서 그는 자신이 교양이 부족하다는 사실과 부의 허무함과 불충분함을 확연히 느끼고, 이번에는 자신에게 결핍된 지적인 교양을 적어도 자기 아이들에게는 보장해 주기 위해 갖은 애를 다 쓰는 것으로 학식이 있음을 드러내려고 한다. 이렇게 해서 그는 일족의 창시자가 되는 것이다.

고대의 주옥 같은 고전을 원어로 읽을 수 없는 사람들은 인류의 역사에 대해 매우 불완전한 지식을 갖고 있을 뿐이다. 놀라지 말기를, 고전의 사본은 이제껏 한 번도 어떤 현대어로도 번역된 적이 없기 때문이다. 물론 우리의 문명 자체가 이러한 고전들의 사본이라고 한다면 얘기는 달라진다. 호메로스는 물론이고 아이스킬로스나 베르길리우스(Vergilius : BC 70~BC 19. 고대 로마의 시인. 《아이네이스》의 저자) 등 아침 그 자체와 같이 세련되고 진실하며 아름다운 작품은 지금까지 한 번도 영어로 인쇄된 적이 없다. 후세의 작가들은 우리가 아무리 그 재능을 칭송해도 고전 작가들의 정묘한 아름다움이나 완성도, 일생을 통해 일군 문학상의 위대한 공적과 어깨를 나란히 하기 힘들다. 고전 작가들에 대해 무지한 사람들만이 그러한 것은 잊어버리자는 말을 한다. 그들에게 심취해보고, 그들을 이해할 수 있을만한 학문과 능력을 쌓은 후에 잊어버려도 결코 늦지는 않을 텐데 말이다. 우리가 이른바 고전이라 부르는 유산과 그보다 더 오래되고 수도 많으면서도 별로 알려지지 않은 각국의 고전을 더욱 집대성한 다음, 바티칸 궁전을 베다, 젠드아베스타(조로아스터교의 경전), 성경과 같은 경전들과 호메로스, 단테, 셰익스피어 등의 작품들로 하나 가득 채우고, 미래의 다양한 세기가 기념할 만한 작품들 역시 계속해서 세계의 광장에 쌓아올리는 때가 오면 참으로 풍요로운 시대가 도래하리라. 이 같은 움직임 덕분에 우리들도 마침내 천국에 오르기를 기대할 수 있을지도 모른다.

위대한 시인의 작품 중에는 아직 한 번도 인류의 손길이 닿지 않은 작품들이 많다. 그것을 읽을 수 있는 것은 위대한 시인뿐이니까. 대중은 그들의 작품을 밤하늘의 별을 읽을 때처럼 천문학적으로가 아니라, 기껏해야 점성술을 대하듯이 읽어왔다. 인간이 계산 방법을 배우는 것은 대개 장부를 기록하고 장사를 하면서 속지 않기 위해서이고, 글을 배우는 것 역시 별 볼일 없는 생활의 편의를 위해서이다. 그들은 지적인 훈련의 하나인 수준 높은 독서에 대해서는 거의 아는 바가 없다. 그런데 수준 높은 독서야말로 진정한 의미가 담긴 유일한 독서라고 할 수 있다. 즉 사치품처럼 우리의 관심을 불러 일으키지만 어느새 더 고귀한 능력을 잠들게 하는 독서가 아니라, 까치발로 선 채 읽는 듯한, 가장 높은 주의력과 깨어 있는 의식을 바쳐야만 하는 그런 독서를 해야 한다.

모국어의 글자를 익힌 다음 우리들은 최고의 문학작품을 읽도록 해야 한다. 4학년이나 5학년생이 교실에서 평생 제일 작은 앞줄 의자에 앉아 알파벳이나 한 음절 단어만 되풀이하고 있어서야 되겠는가. 대부분의 사람들은 《성서》라는 한 권의 양서를 읽고, 혹은 다른 사람이 읽는 것을 듣고 우연히 그 속에 담긴 진리 덕분에 자신의 죄를 깨닫게 되면 그것으로 만족해버린다. 그런 다음 일생 동안 가벼운 읽을거리만 전전하며 재능을 낭비하고 마는 것이다.

우리의 순회도서관에는 《리틀 리딩(Little Reading, 작은 읽을거리)》이라는 제목의 몇 권짜리 작품이 있는데, 나는 그것이 분명 내가 아직 가 본 적 없는 마을의 이름일 거라고 생각했다. 세상에는 가마우지나 타조처럼 음식을 버리는 게 싫어 고기나 야채를 배부르게 먹고도 여전히 온갖 것을 전부 소화할 수 있는 자들이 있다. 작자가 이러한 여물을 제공하는 기계라면 그들은 그것을 읽는 기계인 것이다. 그들이 읽는 것은 '제블론과 세프로니아'에 관해서 쓴 9천 번째의 이야기이고, 두 연인이 보기 드문 열렬한 사랑을 나누고 있다거나, 그들의 사랑의 길 역시 평탄치 않았다거나, 요컨대 두 사람의 사랑이 어떤 길을 더듬어갔으며 어떤 식으로 걸려 넘어지고, 그러고 나서 또다시 털고 일어나 어떻게 앞으로 나아갔는가 따위의 이야기들이다.

또 어떤 불우한 남자가 교회의 첨탑에 기어올라 갔다고 한다. 굳이 종루에까지 올라가게 할 필요가 있었을까 싶지만, 남자를 교회의 첨탑까지 올라가게 해놓은 소설가는 마냥 기분이 들떠 우렁찬 종소리를 울려대며 세상 사람들을 불러모아 들려주는 이야기라는 것이 고작 그자가 어떻게 다시 땅으로 내려왔는지 하는 것이니 그저 아연할 수밖에!

나로서는 옛 작가들이 영웅을 하늘의 별자리에 밀어 넣었던 것처럼, 현대의 작가들도 세계 속의 소설 왕국에 살고 있는 주인공들을 모두 인간 풍향계로 변신시켜 녹이 슬 때까지 빙글빙글 돌아가게 하면 어떨까 싶다. 그렇게 하면 그들이 지상으로 내려와 마구 나쁜 짓거리를 해 정직한 사람들에게 폐를 끼치는 일은 없지 않을까. 이번에 다시 소설가가 종을 울린다면 나는 설사 교회가 불에 타 무너진다 해도 꿈쩍하지 않을 작정이다.

"《티틀 톨 탄》을 쓴 유명한 작가의 중세 로망스 《팁 토 합의 도약》, 매월 간행. 주문이 쇄도하고 있으니 빠른 시일 내에 구매하십시오." 이러한 문구에 눈이 휘둥그레져서 유치하고도 왕성한 호기심에 자극받아 조금도 갈고 닦을 필요도 없고 피로해서 주름이 생기는 경우도 없이 읽는 모습은, 꼭 벤치에 걸터앉은 네 살배기 꼬마가 정가 2센트짜리 금박 표지의 《신데렐라》를 읽는 데 열중하는 것과 똑같다. 그러나 발음도 악센트도 억양도 전혀 진보하지 않고, 교훈을 끄집어내거나 끼워넣는 비결 역시 배울 수 없다. 그 결과 시력이 떨어지고 혈액순환이 나빠져 지적 능력이 뚝 떨어지거나 허물처럼 벗겨져버린다. 이러한 종류의 생강 쿠키는 거의 모든 부뚜막에서 매일, 순수한 밀가루나 호밀, 옥수수 가루로 만든 빵보다 많이 굽고 있으며 판매량도 나날이 증가하고 있다.

가장 훌륭한 양서는 좋은 독자라고 알려진 사람들조차 좀처럼 읽지 않는다. 우리 콩코드의 교양 수준은 어디쯤 도달해 있을까? 몇 안 되는 예외를 제외하면 이 마을에서 누구나 읽고 쓸 수 있는 언어로 쓰인 영문학의 최고걸작이나 걸작에 대한 흥미조차 전혀 발견할 수 없다. 비단 여기뿐만 아니라 어디를 가도 마찬가지인데, 대학을 나온 사람이나 소위 교양이 높다는 사람들이라도 영문학의 고전에 정통한 경우는 거의 또는 전혀 없다. 더구나 인류의 예지가 기록된 고대의 작품이나 성전으로 말할 것 같으면, 마음만 먹으면 누구라도 간단히 손에 넣을 수 있는데도 그것과 친해지려는 조그만 노력조차 보이지 않는다. 내가 아는 한 중년의 나무꾼은 불어로 된 신문을 보는데, 본인의 말에 따르면 뉴스를 읽기 위해서가 아니라 캐나다 태생이라서 '프랑스어를 잊지 않도록' 하기 위해서라고 한다. 그러면 당신이 이 세상에서 할 수 있는 가장 훌륭한 일은 무엇이라 생각하느냐고 물어보니, 그 밖에 영어 공부를 계속해서 어학 실력을 높이는 것이라고 대답했다. 대학을 나왔다는 인간이 하고 있는 일, 또는 하고 싶다는 일 역시 대체로 이 정도의 것이며 그들은 이를 위해서 영자 신문을 구독하고 있는 것이다.

영어로 쓰인 양서를 지금 막 독파한 사람은 그것에 대해 서로 얘기를 나눌 수 있는 상대를 과연 몇이나 발견할 수 있을까? 혹은 배우지 못한 사람들조차 세상에서 칭송받고 있다는 사실을 잘 알고 있는 그리스어나 라틴어의 고전을 누가 원어로 읽어냈다고 하자. 그는 과연 얘기를 나눌 만한 상대를 한 사람이라도 찾을 수 있을까? 아마 아무도 찾지 못하고 침묵을 지킬 수밖에 없을 것이다. 사실 이 나라의 대학에는 그리스어를 독해할 수 있는 교수는 있지만, 고대 그리스 시인의 기지와 감성을 제대로 이해해 명민하고 야무진 독자들에게 깊고 깊은 공감을 해설할 수 있는 교수는 거의 없을 것이다.

이런 상황인데 인류의 성서라고 할 수 있는 성스러운 경전들의 제목만이라도 제대로 말할 수 있는 자가 이 마을에 누가 있겠는가? 대부분의 사람들은 유대 민족 이외의 민족들도 모두 성전을 갖고 있다는 사실조차 모르고 있다. 1달러짜리 은화를 줍기 위해서라면 우리는 옆길로 꽤 벗어나도 개의치 않는다. 여기에 고대의 최고 현인들이 입으로 전하고, 그 후 다양한 시대의 현인들이 가치를 보증한 황금같은 이야기가 있다. 그런데도 우리들은 '가벼운 읽을거리'를 비롯해 초등독본 같은 초등학교 교과서들만 겨우 읽고, 또 학교를 졸업한 뒤에는 아이들과 초보자를 위한 《리틀 리딩》이나 동화책이나 읽고 있다. 그렇기 때문에 우리들의 독서나 대화, 사색은 모두 소인족이나 난쟁이 수준의 아주 낮은 차원에 머물고 있는 것이다.

나는 비록 그 이름이 이곳에 거의 알려지지 않았다 하더라도, 콩코드에서 태어난 사람보다 더 현명한 사람들과 꼭 알고 지내고 싶다. 내가 플라톤이라는 이름은 알면서 그의 저서는 전혀 읽지 않아도 괜찮은 것일까? 이것은 마치 플라톤이 같은 마을에 살고 있는데도 한 번도 만난 적이 없고, 이웃이면서도 말하는 소리를 듣지 못했으며, 그 예지 넘치는 말에 귀를 기울인 적도 없다고 하는 것과 마찬가지 아닌가. 그러나 현실은 어떤가? 그의 불멸의 영혼이 담긴 《대화편》은 바로 옆 책장에 꽂혀 있는데 나는 아직 한 번도 훑어보지 않았다. 우리는 궁색한 형편에 발육도 부진하고 무지한 것이다. 이 점에 있어 전혀 글을 읽을 줄 모르는 까막눈의 무지함이나, 어린애 같은 유치한 것만 겨우 읽을 수 있는 인간의 무지함 사이에는 별로 큰 차이가 없다. 우리도 고대의 위인들 못지않은 뛰어난 사람이 되어야 하지 않겠는가. 그러기 위해서는 우선 그들이 얼마나 뛰어난 인간이었는지 어느 정도 알고 있어야 한다. 우리는 지적인 소인족이기 때문에 우리의 지성은 일간지의 칼럼 이상으로 높이 날아오르지 못하는 것이다.

모든 책들이 그 독자와 마찬가지로 별 볼일 없는 것은 아니다. 어떤 책에는 지금 우리가 놓여 있는 상황에 들어맞는 내용도 분명 있을 것이다. 우리가 잘 알아듣고 이해할 수 있다면, 그러한 말은 아침이나 봄의 태양보다 더 생활에 도움이 될 것이고 사물의 새로운 면모를 파악할 수 있게 도와줄 것이다. 지금까지도 얼마나 많은 사람들이 한 권의 책을 읽고, 인생의 새로운 시기를 맞이해왔겠는가. 우리에게 일어난 기적을 해명하고, 나아가 새로운 기적을 계시해주는 그런 책이 분명 존재할 것이다. 지금 말로 표현하지 못하는 어떤 문제가 어느 책에 설명되어 있을지 모른다. 우리를 고민하게 하고, 난처하게 하고, 혼란하게 하는 문제는 예외 없이 고대의 여러 현인들에게도 따라다녔을 것이다. 현인들은 이런 문제에 대해 그들 각자의 능력에 따라 자신의 말과 인생을 가지고 대답해 온 것이다. 이러한 책을 읽으면서 우리는 예지와 함께 관대함도 배울 수 있으리라.

콩코드 변두리의 한 농장에 고용되어 홀로 생활하던 어떤 남자는 새로 태어난다는 특이한 종교적인 체험을 한 결과, 신앙이 명하는 대로 무거운 침묵을 지킨 채 집에 틀어박혀 사람을 만나지 않기로 했다. 그는 믿지 않을지 모르지만, 몇 천 년 전에 조로아스터라는 페르시아의 종교가(기원전 7~6세기)역시 길을 걸으며 똑같은 경험을 했다. 단 조로아스터는 현명했기 때문에 자신의 경험이 보편적인 것임을 알고, 이웃들을 처지에 맞게 대하면서 사람들 사이에 신앙을 일으키고 확립했다. 그렇다면 그 남자도 겸허한 마음으로 조로아스터에 대해 공부하면 어떨까? 여러 현인들의 영향으로 마음이 관대해지면, 예수 그리스도와 직접 만나도록 해, '우리들의 교회' 라는 식의 이기심을 버릴 수 있을 것이다.

사람들은 자신이 19세기의 인간이라는 것, 자신의 나라가 다른 어느 지역보다 빠르게 진보하고 있다는 것을 뿌듯하게 여긴다. 하지만 생각해보니 정작 이 마을 스스로의 문화의 수준을 높이기 위해 무엇 하나 해놓은 게 없지 않은가. 나는 마을 사람들에게 입에 발린 말을 하고 싶지 않고, 나 역시 그런 말을 듣고 싶지 않다. 그러면 어느 쪽도 진보하지 않기 때문이다. 우리에게는 자극이 필요하다. 즉 소와 같이 막대기로 옆구리를 찌르며 달려야 한다. 우리는 소와 다를 바가 없기 때문이다.

이 마을은 아이들만 다니는 평범한 공립초등학교에 비교적 제대로 된 제도를 갖추었다. 그러나 동절기에 열리는 빈사 상태의 시민 교양강좌와, 최근

주(州)의 도움을 얻어 가까스로 개관한 도서관을 제외하면 성인을 위한 학교는 찾아볼 수 없다. 우리는 몸에 자양분이 되는 음식에 대해서는 정신의 자양분 이상으로 돈을 들인다. 사람이 어엿한 한 남자나 여자로 성장하려는 찰나에 교육받지 못하는 일이 없도록 지금이야말로 평범한 학교와 다른, 성인을 위한 학교를 만들 때이다. 마을이 대학이 되고, 나이 지긋한 주민은 생활에 충분한 여유가 생기면 대학의 특별연구원이 되어 여가를 이용해 교양을 쌓는 데 힘써야 한다. 대학이라면 이 세상에 파리와 옥스퍼드 대학밖에 없는 상태가 언제까지 지속되어야 할 것인가? 학생들이 이곳에 머물러 살면서, 콩코드의 하늘 아래에서 높은 수준의 교양을 배울 수 있는 방법은 없는 것일까? 아벨라르(Pierre Abélard : 1079~1142. 프랑스 스콜라 철학자·신학자)와 같은 학자를 초빙해 강의를 듣게 할 수는 없는 것일까?

유감스럽게도 우리는 소에게 여물을 주거나 가게를 지키는 데 바빠서 너무나도 오랫동안 학교에서 멀어지고, 교육에 한심스러울 정도로 소홀한 상태이다. 이 나라에서 마을은 때로 유럽의 귀족을 대신해야 하고 예술의 보호자가 되어야 한다. 이 나라는 그 정도의 부는 지니고 있지만, 도량과 세련됨은 부족할 뿐이다. 마을은 농민이나 상인들이 고마워할만한 것에는 얼마든지 돈을 쏟아 부으면서도, 지적인 사람들이 더욱 높은 가치를 부여하는 일에 대해서 돈 쓸 것을 제안하면 몽상가라고 손가락질한다. 이 마을에 정말 돈이 많은 것인지, 아니면 정략이 뛰어난 것인지 1만 7000달러나 들여 관청을 지었다. 하지만 정작 껍데기 속에 넣을 중요한 알맹이, 살아 있는 지성을 키우기 위해서는 앞으로 백 년이 걸려도 그렇게 많은 돈을 쓸 필요가 없다. 겨울의 시민 교양강좌를 위해 매년 모금하는 125달러는 이 마을에서 모금하는 같은 액수의 기부금 중에서 가장 유용하게 사용된다. 우리들이 19세기에 살고 있다면, 19세기가 부여하는 혜택을 마음껏 누려야 하지 않겠는가.

어째서 우리들의 생활은 여러 가지 점에서 촌티를 벗어나지 못하는 것인가? 신문을 읽고 싶으면 보스턴의 가십 따위 잊어버리고, 지금 바로 이 세상 최고의 신문을 구독하면 되지 않겠는가? 뉴잉글랜드에 살고 있다고 해서 굳이 유아용 죽 같은 〈중립적 가정〉이란 신문을 빨거나 〈올리브 가지〉란 주간지를 뜯어먹을 필요는 없는 것이다. 여러 학회의 보고서를 가져오게 해 그들이 깊이 연구하고 축적한 지식의 수준을 들여다보는 게 낫지 않겠는가. 우리의 읽을거리를 왜 하퍼 앤 브라더스 출판사나 레딩과 같은 서점에게 맡겨두는 것인가. 고상한 취미를 지닌 귀족이 자신의 교양을 높여주는 천재성, 학문, 재능, 서적, 회화, 조각상, 음악, 물리 기구 등의 여러 물건을 자신 주변에 그러모으듯이 마을에도 이러한 물건을 모아보면 어떨까? 옛날 이 땅으로 발을 옮긴 우리의 선조들이 거친 바람에 드러난 바위 위에서 추운 겨울을 견딜 때, 선생 하나에 목사 하나, 교회지기 한 사람, 교구 도서관 하나, 세 명의 행정위원만으로 충분했다고 해서 지금도 그 정도 선에서 손을 놓을 수는 없는 일이다.

집단적으로 행동하는 것은 우리나라의 다양한 제도가 지닌 정신과 부합하는 일이다. 게다가 우리는 유럽의 귀족들보다는 호황을 누리고 있기 때문에 재력에 있어서도 그들보다 뛰어나다고 나는 확신한다. 뉴잉글랜드가 세계 속의 여러 현인들을 고용해 학생들을 가르치게 하고, 가르치는 동안 이곳에 머물도록 한다면 우리는 지방의 편협함에서 완전히 벗어날 수 있을 것이다. 이것이야말로 우리들에게 필요한, 평범함과는 다른 형태의 학교이다. 귀족이 아니라 인간이 사는 고귀한 마을을 만들어보자. 필요하다면 강에 걸치는 다리를 하나 절약해서 조금 멀리 돌아가더라도 우리를 둘러싼, 강보다 어두운 그 심연에 무지개 다리를 하나 만들도록 하자.

4
소리
SOUNDS

아무리 잘 고른 고전이라 해도 책에만 몰두하고, 방언에 지나지 않는 특정한 문자만 읽다보면 은유 없이 말을 하는 유일한 표준어인 삼라만상의 풍부한 언어를 잊어버릴 우려가 있다. 그것은 대량으로 발표되지만 인쇄되는 법은 없기 때문이다. 덧문을 통해 새어 들어오는 빛은 덧문을 완전히 떼어내면 더 이상 머리에 떠오르지 않을 것이다. 어떤 훈련이나 방법도 방심하지 않고 주의 깊게 관찰하는 것 이상은 없다. 보아야 할 것을 항상 잘 보게 하는 훈련에 비하면, 그 내용을 아무리 잘 선택한 것이라 해도 역사나 철학, 시 등의 강좌는 하찮은 것에 불과하다. 최고의 인물들과 교류하거나 또는 그들이 평소 살아가는 더할 나위 없이 훌륭한 모습도 마찬가지이다. 여러분은 단순한 독자나 학자가 될 것인가, 아니면 선각자가 될 것인가? 여러분은 자기의 운명을 파악하고, 눈앞에 있는 것을 보면서 미래를 향해 앞으로 나아가야만 한다.

첫해 여름에는 콩밭의 잡초를 뽑거나, 그와 비슷한 즐거운 일을 하기 위해 책을 읽지 않았다. 머리를 쓰는 일이든 손을 쓰는 일이든 꽃 피는 현재의 순간을 일 때문에 희생하고 싶지는 않았고, 생활에 여백을 남겨두고 싶었다. 여름날 아침에 평소처럼 미역을 감고 햇빛 잘 드는 현관문 앞에 앉으면, 누구에게도 방해받지 않는 고독과 정숙함 속에서 소나무와 히코리와 옻나무에 둘러싸인 채 동틀 무렵부터 점심때까지 흠뻑 몽상에 잠기곤 했다. 곁에서 지저귀는 새는 바람처럼 소리도 없이 집 안을 스쳐 지나갔다. 그러다 서쪽 창가에 비껴드는 햇살과 먼 길을 달려가는 여행자의 마차 소리에 문득 정신을 차리고 시간의 경과를 깨닫곤 하는 것이다. 이 계절에 나는 한밤의 옥수수처럼 쑥쑥 성장하고, 다른 어떤 일을 하는 것보다 더 좋은 시간을 보낼 수 있었다.

이러한 시간은 나의 생활에 마이너스가 된 것이 아니라, 오히려 내게 주어진 시간 위에 할당된 특별 수당 같은 것이었다. 나는 동양인이 말하는 명상이나 무위라는 말의 의미를 깨달았다. 대부분의 경우 시간이 흘러간다는 사실에는 조금도 신경이 쓰이지 않았고, 하루하루 시간이 흘러감에 따라 오히려 일의 양이 줄어드는 듯한 느낌조차 들었다. 아침이 왔나 싶으면 곧바로 저녁이 되었다. 이렇다 할 일은 아무것도 해내지 못했다. 나는 새처럼 노래하지는 않았지만 내게 주어진 끊임없는 행운에 말없이 미소를 지었다. 현관문 앞의 나뭇가지에 앉은 참새가 지저귀듯이 나는 혼자서 킥킥 웃거나 작은 목소리로 노래를 불렀는데, 나의 둥지 속에서 새어나오는 이러한 지저귐을 참새도 듣고 있었을 것이다. 나의 하루하루는 이교도 신들의 이름이 붙은 일주일의 무슨 요일이라는 것과 아무 관계가 없었고, 또 매시간을 나눠 생각할 일도 없었으며, 시곗바늘 소리에 고민할 필요도 없었다. 나는 퓨리 인디언과 같이 살고 있었기 때문이다. 이 부족은 "어제, 오늘, 내일이란 것을 단 한 마디로 표현하는데 어제에 대해서는 뒤, 내일에 대해서는 앞, 오늘에 대해서는 바로 위를 가리키는 방식으로 의미의 차이를 표현한다"고 한다. 이러한 생활은 여러분이 보면 마냥 나태한 것으로 여길 수 있지만, 새나 꽃들을 기준으로 판단하면 결코 그렇지 않다. 인간은 자신의 내부에서 생활의 근거를 찾아야 하는데, 지당하신 말씀이다. 자연의 하루는 아주 잔잔하게 흘러가는 것이니 인간의 게으름을 탓할 일이 아니다.

바깥세상에서 즐거움을 찾으려고 사교계나 극장으로 향하는 사람들과 비교하면 내가 생활하는 방식은 적어도 한 가지 장점이 있다. 내가 살아가는 생활 자체가 즐겁고, 늘 신선함을 잃지 않는다는 것이다. 이러한 생활은 계속 장면이 바뀌는, 끝이 없는 드라마와도 같은 것이다. 만약 우리가 생계를 잘 꾸려가면서 자신이 배워온 것 중 가장 좋다고 생각하는 방법으로 생활을 규제하면 권태로 고민하는 일은 절대 없을 것이다. 자기의 천분에 가능한 한 충실하게 살아간다면 시시각각 새로운 전망이 열리게 될 것이다.

집안일은 재미나고 유쾌한 놀이였다. 마루가 더러워지면 아침 일찍 일어나, 가구는 물론 침구나 침대까지 몽땅 문 밖의 풀밭 위로 실어나르고 마루에 물을 뿌린 뒤에, 그 위에 호수의 하얀 모래를 뿌리고 빗자루로 마루가 하

얇게 될 때까지 깨끗이 쓸었다. 이렇게 하면 마을 사람들이 아침 식사를 끝낼 무렵 햇살에 집 안이 바짝 말랐기 때문에 다시 집 안으로 들어가 명상을 하는 데 아무런 지장도 없었다. 가재도구를 마치 집시들의 살림살이처럼 풀밭 위에 작게 쌓아올리고, 책과 펜, 잉크병을 얹은 삼각 책상이 소나무 숲에 놓인 것을 바라보는 것은 퍽 즐거운 일이다. 이 물건들은 집 밖에서 노는 재미에 푹 빠져서 안에 들어가기 싫다고 뻗대는 듯이 보였다. 차라리 그 위에 천막을 치고 같이 앉아 있을까? 내리쬐는 햇볕 아래 그들을 바라보는 것, 스쳐 지나는 바람 소리를 듣는 것은 참으로 기분 좋은 일이었다. 평소 눈에 익은 물건도 집 안이 아니라 집 밖에 내다 놓으면 묘한 재미가 배어나온다. 작은 새가 한 마리 포르르 옆 나뭇가지에 날아와 앉으니 책상 밑에 있는 산떡쑥이 살며시 얼굴을 내민다. 검은딸기 덩굴이 다리를 휘휘 감고 솔방울, 밤송이, 딸기 잎이 사방에 흩어져 있다. 이들의 문양이 테이블이나 의자, 침대다리 등에 새겨지는 것은 본래 가구들이 이런 식으로 숲 속에 서 있었기 때문이 아닌가 싶다.

내 오두막은 산중턱의 소나무와 어린 히코리로 이루어진 숲의 한가운데에 있었으며, 더 광대한 숲의 끝자락으로 이어져 있었다. 호수로부터는 6로드 정도 떨어져 있고 언덕을 내려오는 오솔길 하나가 호숫가로 통하고 있었는데, 앞뜰에는 딸기와 검은딸기, 산떡쑥, 물레나물, 미역취, 떡갈나무 관목, 샌드체리(Cerasus pumila), 블루베리, 땅콩 등이 자라고 있었다. 5월의 끝 무렵이면 샌드체리가 짧은 줄기 둘레에 우산꽃차례와 같은 원통 모양의 꽃을 피워 오솔길을 나란히 장식했고, 가을이 되면 크고 훌륭한 체리가 여물어 그 무게로 줄기가 화환처럼 사방으로 휘어지곤 했다. 별로 맛은 없었지만 나는 자연에 경의를 표하기 위해 그 열매를 먹어보기도 했다. 옻나무(Rhus glabra)는 내가 쌓은 높은 흙을 들어 올리고 빠져나와 성장하더니 오두막 주위에 무성한 잎을 맺으며 5, 6피트의 높이로 솟아올랐다. 열대식물을 떠오르게 하는 큰 날개 같은 기묘한 형태의 잎은 보기에도 즐거웠다. 봄이 끝나갈 무렵 바싹 메말라 보이던 나뭇가지로부터 돌연 커다란 싹이 얼굴을 내미는가 싶더니, 마치 마법에라도 걸린 것처럼 쑥쑥 자라나 우아한 초록 잎을 붙인 길이 1인치 정도의 아름답고 여린 가지로 탈바꿈하는 것이었다. 또 창가에 앉아 있으면 너무 준비 없이 성장한 탓에 약한 뿌리에 부담을 준 여린 가지가 자신의 무게를 견디지 못하고 바람도 불지 않는 날씨에 돌연 부채처럼 툭하고 땅에 떨어지는 소리가 들리기도 했다. 한창 꽃이 필 때에 많은 야생 꿀벌을 끌어들이던 커다란 산딸기 덩어리는 8월이 되자 점차 벨벳처럼 선명한 주홍빛으로 바뀌고, 이것도 자신의 무게로 축 늘어져 결국에는 그 가냘픈 줄기가 꺾여 버리곤 했다.

여름이 정점에 이른 어느 날 오후, 창가에 앉아 있으려니 매 몇 마리가 개간지 위에서 원을 그리고 있다. 들비둘기가 격한 날갯짓으로 대기를 흔들면서, 두 마리 세 마리씩 내 시야를 가르며 비스듬히 교차하거나 혹은 집 뒤의 스트로브잣나무 가지에 초조한 모습으로 내려앉는다. 물수리 한 마리가 거울처럼 매끄러운 수면 위에 잔물결을 일으키며 고기를 잡아올린다. 밍크가 오두막 전방의 습지에서 몰래 나와 강가의 개구리를 잡는다. 저기 나지막이 날아다니는 쌀먹이새의 무게로 사초의 잎이 휘어져 있다. 요 30분 사이에 보스턴에서 시골로 여행객을 실어나르는 열차의 울림이 마치 자고새의 날갯짓 소리처럼 사라졌다가 다시 되살아나기를 되풀이한다. 소문에 따르면 마을 동쪽에 있는 한 농가로 일하러 나갔던 소년이 며칠 되지도 않아 집이 그립다고 도망쳐 뒤꿈치가 다 떨어진 신발을 질질 끌며 집으로 돌아왔다고 한다. 소년은 그렇게 구석지고 따분한 곳을 여태 한 번도 본 적이 없었던 모양이다. 농가 사람들은 모두 어딘가 나가 집을 비우고 있었고, 기적 소리조차 들리지 않았다던가. 요즘의 매사추세츠에 그런 장소가 있는지 믿을 수 없지만, 나는 그 소년만큼 세상에서 멀리 떨어져 있었던 건 아닌 셈이다.

"이렇게 해서 우리 마을은 저 놀랍도록 빠른
철도라는 화살의 표적이 되었다. 지금 우리
평화로운 초원 위에 울려 퍼지는 기분 좋은 그 울림은—콩코드."

피츠버그 철도는 내가 살고 있는 곳에서 남쪽으로 100로드 정도 떨어진 지점에 있으며 호수와 닿아 있다. 나는 항상 그 둑길을 지나 마을로 나가니까 말하자면 이 연결로를 통해 사회와 이어져 있는 것이다. 화물 열차를 타고 철로를 달리는 승무원들은 낯익은 이웃이라도 발견한 듯이 나를 향해서 고개를 끄덕이고 간다. 너무 자주 만나다보니 아무래도 나를 철도역 직원으로 착각하는 모양이다. 사실 나도 이 지구의 궤도 어딘가에서 기꺼이 철로를 고치고 싶은 마음이니, 그리 틀린 생각도 아니라고 할 수 있다.

기관차의 우렁찬 기적 소리는 농가의 뜰 위를 날아가는 날카로운 매의 울음소리처럼 여름에도 겨울에도 숲을 가로지르며, 성급한 도회의 상인들 또는 한몫 단단히 챙기려는 시골 상인들이 이 마을 안에 찾아왔다는 것을 알려준다. 그들이 같은 지평선 내에 들어오면 상대에게 선로에서 내리도록 경적을 울리고, 때로 그 소리는 두 마을을 꿰뚫으며 널리 퍼져나간다. "자, 식료품을 비롯해 쓸 만한 물건들이 도착했습니다, 시골 사람들이여! 당신들 양식이랍니다, 농사꾼들이여!" 그들을 향해서 "아니, 괜찮다"고 손사래를 칠만큼 농사일로 모든 양식을 해결하는 농부는 세상에 없는 것이다. "자, 돈받으시오"라고 이번에는 시골뜨기의 기적이 외치고, 옛날 성벽을 깨는 데 썼던 기구 같은 기다란 목재가 시속 20마일의 속도로 도시의 성벽을 노려보며 달려든다. 거기에는 성벽 안에 사는, 인생의 무게에 지치고 지친 사람들 모두가 앉을 만큼 충분한 좌석도 마련되어 있다. 이러한 거창하고 무겁고 답답한 울림으로 인사를 하며 시골은 도시 쪽에 의자를 건넨다. 인디언 허클베리는 하나도 남김없이 언덕에서 쥐어뜯기고, 들판의 크랜베리도 싹싹 긁어 모여 도시로 실려간다. 목화가 들어오고 짜인 천은 밖으로 나간다. 견사가 들어오고 모직물이 빠져나가며, 책이 들어오는 대신 그것을 쓰는 재능이 있는 자는 도시로 나간다.

긴 차량을 이끄는 기관차가 마치 행성이나(그 궤도는 원위치로 돌아오지 않고, 속도와 방향으로 보아 다시 이 태양계로 돌아올지 알 수 없기 때문에 오히려 혜성과 닮았다고 해야겠지만) 금색 은색이 소용돌이치는 깃발처럼, 내가 예전에 본 먼 상공에서 태양 빛을 받아 점차 풀려가는 새털구름처럼 증기의 구름을 길게 뒤로 날리면서 달려가는 모습을 마주칠 때면 마치 길 떠나는 천공의 신, 구름을 몰아세우는 반신(半神)이 붉게 타오르는 저녁노을로 함께 달리는 철마를 감싸주려는 것 같았다. 또는 이 철마의 천둥과 같은 숨소리가 언덕에 메아리치고, 그 다리로 대지를 뒤흔들며 콧구멍에서 불과 연기를 토해낼 때(사람들이 날개 달린 어떤 말을, 또 불을 뿜어내는 어떠한 용을 새로운 신화 속에 등장시킬 생각인지는 모르겠지만) 나는 지금이야말로 지구가 이 땅에 사는 데 어울리는 종족을 얻은 것이 아닐까 생각하는 것이다. 만약 모든 것이 눈에 보이는 그대로이고 인간이 고귀한 목적을 위해서 자연의 온갖 힘을 부리는 것이라면, 만약 기관차 위에 길게 뻗친 구름이 영웅적인 행위를 함으로써 흘린 땀이거나 적어도 농지 위에 떠 있는 구름처럼 인간에게 단비를 내리게 하는 존재라면, 자연의 온갖 힘과 자연 그 자체도 기꺼이 인간을 섬기는 종이 되고 호위병이 되어줄 것이다.

아침 열차가 지나쳐갈 때, 나는 하루도 어기지 않고 해돋이를 바라보는 기분으로 그것을 바라본다. 열차가 달리면서 솟아오른 연기는 긴 꼬리를 끌며 점차 하늘 높이 올라가고, 열차가 보스턴을 향해 전진하는 사이 열차에서 솟아오른 연기는 잠시 태양을 가려 멀리 떨어진 내 농지에 그림자를 떨어뜨린다. 이 그림자는 하늘을 향해 달리는 기차와도 같다. 그것에 비하면 지면에 달라붙어 달리는 저 조그만 열차는 창끝의 미늘에 지나지 않는 존재이다.

철마를 모는 마부는 이 추운 겨울 아침에도 골짜기 사이로 빛나는 별빛에 의지해 말에게 여물을 먹이고 안장을 얹었다. 이에 질세라 일찌감치 피워놓은 아궁이 불 역시 생명의 열을 말에게 쏟아부으며 출발을 재촉했다. 이른 아침에 시작하는 이 같은 작업이 더럽혀지지 않은 순수한 것이라면! 눈이 수북이 쌓이면 사람들은 철마에 눈 신발을 신기고, 거대한 제설용 쟁기로 산지에서 해안선까지 두렁을 만들었다. 그 뒤에 차량이 이어지고, 농부가 씨를 뿌리듯이 황급한 승객이 부초와 같은 물건들을 촌바닥에 흩뿌리고 간다. 이 화통 달린 말은 하루 종일 각지를 뛰어다니다 오로지 주인이 잠깐 숨을 돌릴 때만 잠시 발을 멈출 뿐이다. 나는 한밤중에 그의 말발굽 소리와 화난 듯이 씩씩대는 콧소리에 눈을 뜨곤 하는데, 그때 그는 어딘가 먼 숲 속 골짜기에서 눈과 얼음으로 무장한 자연의 힘과 대치하고 있는 것이다. 그는 새벽별과 함께 가까스로 마구간에 돌아와서도 휴식을 취하거나 눈을 붙일 사이도 없이 다시 길을 떠난다. 때로는 석양이 질 무렵, 마구간에서 심장과 뇌를 식히고 신경을 가라앉힌 뒤에 몇 시간의 잠에 빠져들기 위해 그날의 남은 에너지를 한꺼번에 토해내는 소리가 들리는 일도 있다. 이 지칠 줄 모르는 꾸준한 움직임이 영웅과 같이 위엄 있는 것이라면!

예전에는 대낮에 사냥꾼 외에 발을 들여놓는 사람이 없던 마을 변방의 고요한 숲을, 밝은 객차는 승객들도 깨닫지 못하는 사이 스쳐 지나며 밤의 어둠을 뚫고 나아갈 뿐이다. 각양각색의 인간들이 북적대는 마을이나 도시의 불 밝혀진 흰한 정거장에 멈추는가 하면, 다음에는 디즈멀 대습지에 잠시 멈춰 올빼미나 여우를 놀라게 한다.

열차의 발착이 지금은 하루의 시각을 가르쳐주게 되었다. 열차는 정시에 정확하게 출발하고, 또 도착한다. 기적 소리는 멀리에서도 들리기 때문에 농부들은 그것으로 시계를 맞추고 있다. 이렇게 정연하게 시행되는 하나의 제도가 지역 전체를 통제하는 것이다. 철도를 발명한 뒤로 사람들은 모두 전보다 더 시간을 잘 지키게 되지 않았을까? 모두 역마차 정거장에 있을 때보다 철도역에 있을 때 더 빨리 얘기하거나 생각하는 것이 아닐까? 철도역에는 뭔지 모르게 사람을 흥분시키는 것이 있다. 나는 한때 그것이 일으킨 기적을 목격하고 깜짝 놀랐다. 평소 이렇게 칼같이 시간 맞춰 움직이는 기차를 타고 보스턴에 가는 일은 절대 없을 것이라 생각했던 이웃 한 명이 발차 벨소리가 울리자 승강장에 딱 나와 서 있는 것이다. '철도식'으로 한다는 것이 요즘의 유행어가 되었다. 따라서 권위 있는 자들도 선로에 들어가면 안 된다고 진심으로 경고하고 또 경고해주는 것은 사실 고마운 일이다. 이러한 경우 그들은 차량을 멈추고 폭동 진압령을 소리 높여 낭독할 수도 없고, 폭도의 머리 위에 공포를 마구 쏘아댈 수도 없다. 우리들은 결코 진로를 바꾸는 법이 없는 운명의 여신, 아트로포스(^{그리스 신화에서 운명의} ^{세 여신 중 하나})를 창조해낸 것이다. 차라리 이것을 모든 기관차의 이름으로 정하면 어떨까. 몇 시 몇 분에 운명의 화살이 나침반의 어느 방향으로 발사된다는 것은 이미 모두에게 알려져 있다. 하지만 특별히 사람들의 일을 방해하는 것은 아니고 아이들은 다른 길을 통해 학교에 다닌다. 오히려 우리는 철도 덕분에 방향이 정해진 생활을 보내고 있는 것이다. 이렇게 해서 우리는 모두 빌헬름 텔의 아들이 되도록 교육받고 있는 것이다. 공중에는 눈에 보이지 않는 화살이 가득 차 있다. 여러분이 단 한 발자국이라도 자신의 길을 벗어나면 운명의 화살에 맞아죽고 만다. 그러니 오로지 여러분 자신의 궤도를 따라 걸어가기를.

내가 상업에서 마음에 들어 하는 점은 그 진취적인 정신과 용기이다. 상업은 주피터 신에게 손을 모아 기도하는 법이 없다. 나는 매일 상업에 종사하는 사람들이 크든 작든 용기와 만족감을 가지고 장사에 힘을 쓰며, 자신의 상상을 뛰어넘는 활약을 하고, 의식적으로 하고 싶어도 할 수 없을 만큼 일에 열중하는 모습을 눈앞에서 지켜본다. 나는 부에나비스타의 전선에서 30분간을 견딘 병사들의 대담함보다 제설차가 겨울의 막사라도 되는 것처럼 거기에서 누웠다 일어나는 사람들의 변함없는 쾌활함과 씩씩함에 감동한다. 그들은 나폴레옹이 좀처럼 기대하지 않았던 새벽 3시의 용기를 가졌을 뿐만 아니라, 그 용기를 일찌감치 쉬게 하지도 않고, 눈보라가 잠들거나 철마의 근육이 딱딱하게 굳어버렸을 때 겨우 눈을 붙이는 사람들인 것이다. 뜻밖에 오늘 아침에 큰 눈이 내렸고, 아직까지도 펑펑 눈이 쏟아지며 사람들의 피를 꽁꽁 얼어붙게 하는데, 기관차의 경적 소리가 얼어붙은 안개 층을 뚫고 나오는 소리를 듣는다. 이 소리는 북동쪽으로 휘몰아치는 뉴잉글랜드 특유의 눈보라에 저지당하면서도 열차가 크게 늦지 않고 도착했음을 알려준다. 이 세상 끝에 있는 시에라네바다 산맥의 둥근 돌멩이처럼 데이지 꽃이나 들쥐의 보금자리를 파헤치는 제설판 위에서 머리를 살짝 내보이면서 이윽고 온몸이 눈과 서리로 뒤범벅이 된, 흡사 농부와도 같은 제설차가 모습을 나타낸다.

상업이라는 것은 생각 외로 자신에 차 있고 냉정하고 빈틈이 없으며, 모험심이 강하고 피로를 모른다. 게다가 방법에 있어서 극히 자연스러워 다른 공상적인 사업이나 감상적인 실험보다 월등히 뛰어나다. 따라서 바로 의심할 바 없는 성공을 거둔 것이다. 화물열차가 덜커덩 덜커덩 눈앞을 통과할 때 나는 기분이 상쾌해지고 마음이 넓어진다. 보스턴 항의 롱 부두에서 챔플레인 호수까지 적재화물이 흩뿌리고 가는 냄새를 맡노라면 이국의 땅과 산호초, 인도양, 열대 지방, 지구의 넓이와 같은 생각이 계속해서 꼬리를 물고 머리에 떠오르게 된다. 또 다음 여름에, 많은 뉴잉글랜드인의 황갈색 머리를 덮게 될 모자용 종려 나뭇잎이라든지 마닐라 마(麻), 코코넛 껍데기, 고물들, 두꺼운 삼베 주머니, 고철, 녹슨 못 등을 보게 되면 점점 더 자신이 세계 속의 일원이라는 느낌이 든다. 화물차에 하나 가득 쌓아올린 찢어진 돛들은 종이로 재생되고 인쇄되어 책이 되었을 때보다 지금 그대로가 훨씬 읽기도 쉽고 흥미도 더해준다. 이 돛들이 지금까지 견딘 온갖 풍파를 이렇게 찢어진 구멍만큼 생생하게 묘사할 수 있는 자가 또 어디 있으랴? 그것은 다시 교정을 볼 필요가 없는 교정쇄인 것이다.

이번에는 벌채한 재목들이 운반되어 간다. 요전에 물이 불었을 때 바다로 떠내려가지 않았던 것들로, 당시 많은 재목이 떠내려가거나 갈라지는 바람에 길이 천 피트당 4달러나 값이 올라간 상태다. 잣나무, 가문비나무, 히말라야 삼나무 등 1급에서 4급까지 등급도 서로 다른 이 재목들은 바로 최근까지 모두 똑같은 나무로 곰과 사슴, 순록의 머리 위에서 흔들흔들 춤을 추었을 것이다.

다음에는 최상급의 토마스톤 석회가 지나간다. 소석회로 사용되기 위해 몇 굽이나 되는 산하를 거쳐 가는 것일 게다. 짐짝에 실려가는 각양각색의 넝마들도 있는데, 이것은 밑바닥 상태로 떨어진 면이나 마이다. 닳고 닳아 못 입게 된 옷들로 영국, 프랑스, 혹은 미국의 프린트천이나 깅엄, 모슬린등과 같은 질 좋은 천과 달리 밀워키 부근이 아니라면 요즘에는 거들떠보지도 않을 문양의 것들이다. 이러한 넝마가 부자나 가난한 자를 가리지 않고 도처에서 긁어모아져, 이윽고 한 가지나 두세 가지 색깔의 종이로 변신한다. 이 종이 위에는 사실에 근거한 상류층과 하류층의 실생활에 얽힌 다채로운 이야기가 묘사될 것이다.

문이 닫혀 있는 열차에서는 소금에 절인 생선 냄새가 코끝을 찌르는데, 이 강렬한 뉴잉글랜드의 상업적인 향기를 맡노라면 나는 그랜드 뱅크 어장이 자연스레 떠오른다. 소금에 절인 생선을 보지 못한 사람이 있을까? 현세에서의 보존처리가 너무나 완벽한 까닭에 결코 썩는 일이 없어 성자들의 인내심조차 체면을 잃을 정도다. 그것으로 사람들은 도로를 쓸거나 포장하거나 불쏘시개를 자를 수도 있고, 마부는 태양과 바람, 비로부터 자신의 몸과 짐을 보호할 수도 있다. 상인이라면 예전에 어떤 콩코드의 장사꾼이 그랬던 것처럼 가게 앞에 절인 생선을 매달아 간판 대신 사용해도 좋다. 그럭저럭 시간이 지나면 제일 오래된 단골이 보아도 그것이 과연 동물인지 식물인지, 아니면 광물인지 명확히 구별하기 어렵게 된다. 그래도 이 생선은 눈처럼 깨끗하기 때문에 일단 냄비에 넣어서 삶으면 갈색을 띤 훌륭한 생선 요리가 되어 토요일의 식탁을 풍성하게 한다.

다음에 들어오는 물건은 스페인 소의 모피. 모피에 달려 있는 꼬리는 여전히 그것의 주인이 스페니시 메인의 대초원을 달리던 무렵 모습 그대로 구부러져 있고, 삐친 각도까지 그대로이다. 이것이야말로 바로 완고함의 상징이라 할 수 있으니, 타고난 악덕은 거의 절망적일 만큼 치유하기 힘들다는 것을 증명하는 셈이다. 고백하건대 나는 어떤 인간의 진정한 기질을 알게 되면, 살아 있는 동안에 좋은 쪽이든 나쁜 쪽이든 그걸 바꾸겠다는 생각은 도저히 들지 않는다. 동양인들이 말하는 대로 "개의 꼬리는 아무리 데우고 짓누르고 끈으로 꽁꽁 동여매고, 12년간 별의별 짓을 다 해도 형태가 변할 줄 모른다." 이 꼬리에서 볼 수 있는 그런 완고함을 고치는 유일한 치료법은 항간에서 곧잘 하듯이 아교를 칠해 굳게 하는 것이다. 그렇게 하면 일직선으로 꼿꼿해져 움직이지 않게 된다.

다음에는 버몬트 주 커팅스빌에 사는 존 스미스 앞으로 당밀과 큰 브랜디 통이 들어온다. 이 인물은 그린 산맥의 산 속에 살고 있는 장사꾼인데 자신의 개척지 부근에 사는 농민들을 상대로 장사를 하고 있다. 지금 이 순간에도 그는 지하실로 통하는 계단의 덮개문 위에 서서 항구에 막 도착한 상품들이 자신의 매매가에 어떤 영향을 미치는지 머릿속으로 주판알을 굴리고 있다. 손님들을 향해, "다음 열차 편엔 아주 괜찮은 물건들이 들어온다고요!"라며 오늘 아침까지 스무 번도 더 외쳐댄 것을 지금껏 되풀이하고 있을지도 모른다. 이것은 〈커팅스빌 타임지〉지의 광고란에 나와 있다.

화물이 올라오고, 또 다른 화물이 내려간다. 횡 하니 바람을 가르는 소리에 놀라 읽고 있던 책에서 눈길을 떼자, 아주 먼 저편 북쪽 산에서 베어져 그린 산맥과 코네티컷 강을 넘어 찾아온 큰 소나무가 쏜살같이 마을을 빠져나가고 눈 깜짝할 사이에 모습이 보이지 않게 되었다. 언젠가는

"위대한 큰 배의
돛대가 되리라."

한번 들어보라! 이번에 찾아온 것은 가축 열차다. 무수한 언덕의 가축들, 양 우리, 마구간, 외양간, 그리고 지팡이를 든 가축몰이꾼, 양떼 속의 양치기 소년…… 산의 목장을 제외한 온갖 것이 9월의 세찬 바람에 휩쓸려가는 나뭇잎처럼 이 산 저 산으로부터 똑바로 허공을 향해 날아간다. 대기는 온통 새끼 말과 양의 울음소리, 황소가 비벼대는 소리로 충만해 마치 계곡의 목장이 스쳐 지나가는 듯하다. 선두에서 방울을 단 늙은 양이 방울을 울리자 큰 산은 숫양처럼, 작은 언덕은 어린 양처럼 춤을 춘다. 어떤 차량에서는 가축몰이꾼들이 짐승에 둘러싸여 있다. 그들은 이미 일자리를 잃고 가축과 동등

한 지위로 떨어지고 말았지만, 변함없이 자신의 임무를 나타내는 쓸모없는 지팡이에 매달려 있는 것이다. 그들의 개는 어디로 가버렸을까? 개의 눈으로 보자면 가축들의 대탈주다. 완전히 그들로부터 벗어나 냄새의 흔적조차 더듬을 수 없다. 그들이 피터보로 산지 저편에서 짖어대는 소리, 그린 산맥의 서쪽 비탈길을 헐떡이며 뛰어오르는 소리가 들려오는 것 같다. 개들은 가축의 죽음과 함께 할 수 없을 것이다. 일감도 없어지고 말았다. 그 충실함과 현명함은 이제 완전히 값어치가 떨어진 것이다. 그들은 면목을 잃고 풀이 죽어 개집으로 돌아가든지, 아니면 야생으로 돌아가 늑대나 여우와 도당을 만들게 될지도 모른다. 이렇게 해 목가적인 생활은 눈 깜짝할 사이에 지나가버린다. 기관차의 벨이 울린다. 나는 선로에서 내려 열차가 지나가도록 비켜주어야만 한다.

철도란 나에게 무엇일까?
그 도착점이
어디에 있는지 지켜볼 마음은 없다.
철도란, 거친 면을 고르게 하고
제비를 위해 둑을 쌓거나
모래 먼지를 일으키거나
검은딸기를 자라게 하는 것.

나는 숲 속의 마찻길에서처럼 그곳을 서둘러 횡단한다. 매연과 증기, 슈슈 하는 소리에 눈알이 튀어나오거나 귀가 멀고 싶지는 않다.

이렇게 해서 열차가 지나가고, 이와 함께 황망한 세상이 모두 날아가고 호수의 물고기가 이미 땅울림을 느끼지 않게 되면 나는 전보다 더 고독해진다. 그 뒤로 긴 오후 시간 동안 나의 명상을 방해하는 것이라면 아마 저쪽 길을 가는 마차나 짐마차의 흐릿한 울림 정도가 아닐까.

일요일에 바람의 방향이 좋으면 링컨, 액턴, 베드포드, 콩코드로부터 종소리가 들려왔는데, 그 소리는 원시림에 어울리는 작고도 기분 좋은 자연의 선율이었다. 숲을 넘어 거리가 멀어지면 소리는 지평선 소나무의 뾰족한 바늘

잎을 하프의 현을 튕기는 것처럼 가느다란 떨림으로 변하게 만든다. 소리는 멀찌감치 떨어져서 들으면 모두 같은 효과를 낳아 우주적인 현악기의 진동음으로 탈바꿈한다. 이것은 대기가 먼 산등성이를 하늘색으로 물들이며 보는 이의 눈을 즐겁게 하는 것과 비슷하다. 나에게 전달된 소리는 대기를 통해 걸러지고 숲 속의 나뭇잎이나 바늘잎과 속삭임을 주고받으면서 찾아온 선율이며, 자연의 힘이 음조를 정돈해 계곡에서 계곡으로 울려 퍼지게 하는 메아리였던 것이다. 어떤 독자성을 지닌 메아리는 신비한 마력과도 같은 매력을 띠고 있다. 그것은 종소리 중에서도 반복할 가치가 있는 부분을 되풀이하며, 숲의 정령이 노래하는 장난기 어린 시나 음률이 담긴 숲의 목소리를 담고 있었다.

저녁이 되자, 숲 저편 지평선에 있는 소 떼의 울음소리가 부드럽게 다가왔다. 처음에는 가끔 나에게도 목소리를 들려준 적이 있는 떠돌이 예술가들이 야산을 방황하면서 노래하는 것이 아닌가 착각했다. 얼마 지나 그것이 암소의 길게 늘어진, 싸구려 티 나는 타고난 소리라는 것을 알고 실망했지만 별로 기분이 나쁘지는 않았다. 젊은이들의 음악도 암소의 음악과 아주 흡사하다는 것, 어느 쪽이든 결국 자연이 내는 소리는 하나라는 것을 깨닫게 된 것이다. 이것은 결코 싫어서가 아니라, 오히려 그 젊은이들에게 진심으로 감사하고픈 마음에서 말하는 것이다.

여름날 저녁 열차가 지나간 뒤에 7시 반이 되면 어김없이 한 마리 쏙독새가 나타나 현관문 옆의 그루터기나 오두막의 들보 위에 앉아 반 시간쯤 저녁 기도를 속삭였다. 그들은 매일 저녁 해질 무렵에 맞춰서 일정한 시각의 5분 사이에 거의 시계와 같이 정확하게 노래하기 시작하곤 했다. 나는 그들의 습성을 알 수 있는 둘도 없는 기회를 만난 것이다. 때로는 수풀 여기저기서 네다섯 마리의 울음소리가 한꺼번에 들려오기도 했는데, 어찌된 일인지 한 마리만이 한 소절 뒤쳐져서 우는 일도 있었다. 그들은 아주 가까이에 있었기 때문에 한바탕 울어댄 다음 쿠쿠 하는 소리며, 거미줄에 걸린 파리가 내는 특이한 소리, 그들의 덩치에 맞춰 크게 한 것 같은 붕붕 소리도 들을 수 있었다. 또 숲 속에 있으면 이따금 한 마리가 끈으로 묶이기라도 한 듯 내 주위를 2, 3피트쯤 떨어져서 빙글빙글 날아다니기도 했다. 아마 부근에 알이라도 있었나 보다. 그들은 밤새도록 조금씩 사이를 두고 노래하다가 아침이 밝아오려 하면 다시 소리 높여 열창을 시작했다.

다른 새들이 모두 고요히 잠이 들면 부엉이가 슬픔에 잠긴 여인처럼 먼 옛날부터 변치 않는 소리로 우―루―루―우―루―루―울기 시작한다. 그 음침한 비명 소리는 그야말로 벤 존슨(Ben Jonson : 1572~1637, 영국의 시인·극작가) 같다고나 할까. 현명한 한밤중의 마녀들이여! 그것은 시인의 솔직하고 투박한 부엉부엉 소리가 아니라, 장난기 하나 없고 엄숙하기 이를 데 없는 묘지의 소곡이며, 함께 죽은 연인들이 숭고한 사랑의 고통과 환희의 추억에 잠기면서 지옥의 숲에서 서로를 위로하는 소리인 것이다. 그래도 나는 가끔 음악이나 작은새의 지저귐이 떠오르는, 온 숲을 떨리게 하는 그들의 한탄과 우울함에 찬 응답을 듣는 게 좋다. 그것은 마치 어두운 눈물을 자아내는 음악 같기도 하고, 노래해주기를 바라는 회한이나 한숨 같기도 하다. 그들은 망령인 것이다. 예전에는 인간의 모습으로 밤마다 이 지상을 배회하면서 오싹한 어둠의 행위를 저질렀지만, 지금은 그 악업의 무대로 다시 돌아가 한탄의 성가나 애가를 부르면서 자신의 죗값을 치르는 추락한 영혼들의 비루한 망령이자 음울한 예언인 것이다. 그들은 우리와 함께하는 이 자연의 다양성과 포용력을 다시금 깊이 깨닫게 해준다. "오―, 오―, 오―, 오―, 오―, 태어나지 말았어야 했는데 오―, 오―, 오―, 오―!" 하고 호수 이편에서 한 마리가 한숨을 내쉬며 절망한 나머지 침착함을 잃고 빙글빙글 날아다니다 잿빛 떡갈나무 위에 다시 앉는다. 그러자 호수 맞은편에서 "태어나지 말았어야 했는데 오―, 오―, 오―, 오―!" 하고 다른 한 마리가 떨리는 목소리로 진지하게 응답하고, 이어서 먼 저편 링컨 숲으로부터 "오, 오―, 오―, 오―오―!" 하고 어렴풋한 목소리가 되돌아온다.

나는 또 줄무늬올빼미의 세레나데를 듣는 일도 있었다. 가까이서 듣고 있노라면 이렇게 음울하고 어두운 자연의 소리가 또 있을까 싶다. 이 소리는 마치 자연이 인간이 내는 단말마의 신음을 일정한 선율로 바꿔 자신의 합창대에게 언제까지나 노래하게 하려는 것 같다. 그것은 희망이 끊어져 죽어가는 인간이 어두운 죽음의 문턱에서 내는 짐승의 먼 울부짖음과도 같은, 인간의 훌쩍임과도 같은 가늘고 애처로운 신음 소리로, 그렁그렁 목젖을 울리면서 노래하는 듯한 음조가 한층 더 두려움을 자아내곤 한다. 울음소리를 흉내내보니 '그릇' 하는 소리가 났다. 또 그 울음소리는 용기에 찬 건강한 사상이 힘을 잃고 소멸되어 젤라틴처럼 흐물흐물 곰팡이 핀 증상을 보이는 인간의 정신을 표현하는 것 같기도 하다. 가만히 듣고 있으면 사체를 뜯어먹는 귀신이나 백치, 미치광이가 발작하는 날카로운 외침을 떠올릴 수밖에 없다. 그런데 지금은 한 마리의 올빼미가 멀리 떨어져 있는 덕분에 참으로 아름다운 음률을 퍼뜨리며, "호—호—호—, 호라—호—" 하고 저편 숲에서 응답하고 있다. 사실 이러한 올빼미의 울음소리는 낮에도 밤에도, 여름에도 겨울에도 대개는 마음 들뜨는 이미지만 불러일으키곤 했다.

올빼미라는 존재가 있어 나는 기쁘다. 그들은 부디 인간을 위해 백치와도 같은, 광인과도 같은 목소리로 노래해주었으면 한다. 그 울림은 낮에도 여전히 어둡고 희미한 습지와 숲에 참으로 잘 어울리며, 아직 인간이 깨닫지 못한 광대한 미개의 자연이 존재한다는 것을 가르쳐 준다. 올빼미는 인간 가슴속의 황량한 노을이나 채워지지 않는 생각을 상징적으로 나타내고 있다. 태양은 하루 종일 황폐하고 거친 습지를 비추고 있었다. 거기에는 가지마다 소나무 겨우살이가 주렁주렁 실처럼 늘어진 가문비나무가 한그루 서 있고, 하늘 위에는 쏙독새가 난무하며 상록수 사이에서는 북미쇠박새가 지저귀고, 그 아래를 자고새나 토끼가 살금살금 걸어간다. 하지만 이윽고 이 장소에 어울리는 더욱 암울한 저녁노을이 찾아오면, 그때까지와는 다른 동물들이 눈을 뜨면서 주위에 자연의 의미를 밝혀주는 것이다.

밤이 이슥해지자 멀리 다리를 건너는 짐마차의 덜컹거리는 소리가 들려왔다. 이런 소리는 밤이 되면 다른 소리보다 더 멀리 들린다. 또 멀리 개 짖는 소리와 어딘가 멀리 있는 곳간 뜰에서 쓸쓸히 우는 암소의 소리도 들려왔다. 그 사이에도 호숫가 일대는 황소개구리의 요란한 합창소리로 떠나갈 듯했다. 소싯적에 술 좋아하고 놀기 좋아하던 한 떼의 망령들은 지금도 뉘우칠 줄 모르고 저승의 호수(물풀은 제대로 돋아나지 않았는데 개구리만 많아서 이렇게 표현해봤지만 월든의 요정들이 이런 비유를 용서해 줄지 모르겠다)에서 돌림노래를 부르는 것이다. 망령들은 옛날에 흥겨웠던 술잔치를 떠올리며 재연하고 싶어하지만, 그 소리는 쉬었고 엄숙하리만치 무겁고 답답하기만 해 모처럼 들뜬 소란을 비웃을 뿐이다. 술은 술대로 향기를 잃고 쓸데없이 배만 부풀릴 뿐, 덕분에 맛 좋은 술에 흠뻑 취해 과거를 잊어버리고 기분이 좋아지기는커녕 물집처럼 부풀어오른 터질 듯한 물배에 절절매는 꼬락

서니이다. 최고참 격인 개구리가 침이 질질 흐르는 턱을 냅킨 대신 부평초 위에 받치고, 예전에 깔보았던 이 북쪽 강변의 물을 벌컥 들이키면서 "개굴 개굴 개굴개굴!" 하고 외치며 잔을 돌린다. 그러자 곧이어 멀리 강어귀에서 똑같은 암호가 수면 위를 타고 되돌아온다. 아마 나이도 체격도 좀 떨어지는 놈이 자기 눈금이 그려진 잔을 쪽 들이켰나 보다. 이러한 의식이 강변을 한 바퀴 쭉 돌고 나면 선창을 한 녀석이 "개굴개굴 개굴개굴!" 하고 만족스런 소리로 크게 외친다. 그러자 제일 작게 부풀어오르는, 소리가 새는 듯한 느 슨한 배의 개구리에 이르기까지 계속해서 똑같은 울음소리를 되풀이한다. 이렇게 해서 몇 번이나 잔을 돌리고 또 돌리는 사이 태양이 아침 안개를 쫓 아내기 시작한다. 이 무렵이면 오로지 선임 개구리만 물 위로 나와 앉아 가 끔씩 "개굴개굴!" 하고 울고선 허무하게 대답을 기다린다.

나의 공터에서 수탉의 때를 알리는 소리를 들은 적이 있는지 확실히 기억 나지는 않지만, 그 음악을 들을 수 있는 것만으로도 노래하는 새롭고 젊은 수탉을 기를 가치가 있다고 생각한다. 예전에는 인도의 야생 꿩이었던 이 새 의 노랫소리는 다른 어떤 새보다도 단연 빼어나다. 집에서 기르는 것을 그만 두고 야생으로 돌아가게 하면, 그 즉시 기러기나 올빼미의 요란스런 울음을 능가하는 숲 속 제일의 훌륭한 소리꾼이 될 것이다. 더구나 바깥주인의 함성 이 그치면 냉큼 그 사이를 채워 "꼬꼬댁" 하고 우는 암탉을 상상해보라! 달 걀이나 요리용 넓적다리가 아니라도 인간이 이 새를 가금류에 포함시킨 것 은 아주 합당한 처사였다. 겨울 아침 일찍 많은 닭들이 정착하고 있는 그들 의 고향 숲을 산보하고 있으면, 나무 위에 앉은 야생의 젊은 수탉들이 몇 마 일이나 울려 퍼지는 투명하고 날카로운 함성을 울리면서 작은 새들의 약하 고 가느다란 노랫소리를 깨끗이 지워버린다. 그런 정경을 상상해보라! 그들 의 노랫소리는 여러 민족을 각성시킬 것이다. 이 소리를 듣고 날마다 점점 더 일찍 일어난다면 누구나 더할 나위 없는 건강과 풍요로움과 현명함을 얻 을 수 있으리라. 이 타국의 새가 부르는 노랫소리는 여러 나라의 시인들이 자기 나라 새의 노랫소리와 함께 칭송하곤 했다. 용감한 수탉에게는 다양한 풍토가 어울리는 것이다. 그는 본토산 조류 이상의 토착성을 갖고 있다. 수 탉의 건강은 항상 양호하고 폐는 튼튼하며 결코 기력이 쇠하는 법이 없다. 대서양이나 태평양의 뱃사람들조차 수탉 울음소리에 눈을 뜬다고 하지 않는

가. 비록 나는 그 날카로운 외침 때문에 잠에서 깨어난 적이 없지만 말이다.

나는 개나 고양이, 암소, 돼지, 암탉도 기르지 않았기 때문에 우리 집에는 뭔가 가정적인 소리가 결핍되었다고 생각하는 사람도 있을지 모르겠다. 또 '버터를 만들기 위한' 우유 젓는 기계도 없을뿐더러 베틀도 없고, 주전자 끓는 소리나 커피 끓이는 소리, 아이의 울음소리와 같이 마음을 달래주는 노래도 들려오지 않았다. 보수적인 인간이라면 벌써 정신이 이상해지든지 너무 따분한 나머지 죽어버렸을지도 모른다. 벽 속에는 쥐 한 마리 없었다. 식량 보급로를 차단해 몰아냈다기보다 그들의 식욕을 돋울 만한 먹이가 전혀 없었기 때문이다. 단지 지붕 위나 마루 밑에는 다람쥐가 있었고, 들보 위에는 쏙독새, 창 아래에는 요란하게 울어대는 푸른 어치, 집 아래에는 산토끼나 우드척, 집 뒤편에는 부엉이나 올빼미, 호수 위에는 기러기 떼, 비웃는 듯이 우는 아비, 또 밤이 되면 울기 시작하는 여우 등이 있었다. 종달새라든지 꾀꼬리와 같은 개척지의 얌전한 작은 새들은 한 마리도 나의 공터를 방문한 적이 없었다. 오두막 뜰에는 때를 알리는 젊은 수탉도, "꼬꼬댁" 하고 우는 암탉도 없었다. 애당초 뜰 같은 게 없는 것이다! 그 대신 울타리가 없는 자연이 바로 문턱 앞까지 다가와 있었다. 창문 아래에는 젊은 숲이 성장하고, 야생의 옻나무나 검은딸기의 덩굴이 지하실 속까지 비집고 들어와 있었다. 건장한 소나무들이 자리가 모자라 지붕 판자에 줄기를 비벼대며 궁색하게 소리를 내고, 그 뿌리는 오두막 바로 아래까지 파고들었다. 강풍이 불어도 천창이나 덧문은 날려가지 않고, 뒤편의 소나무가 꺾이거나 뿌리째 뽑혀 연료를 공급해준다. 큰 눈이 내리면 앞뜰의 문으로 통하는 길이 없어질 거라고 말하는 사람도 있지만, 여기에는 문도 없을뿐더러 앞뜰도 없고 문명세계와 통하는 작은 길조차 없는 것이다!

5
고독
SOLITUDE

기분 좋은 저녁이다. 이런 때는 온몸이 하나의 감각기관이 되어 모공 하나 하나마다 환희를 빨아들이는 듯하다. 나는 자연의 일부가 되어 불가사의한 자유로움으로 자연 속을 왔다 갔다 한다. 구름 낀 하늘에는 바람이 시원하고, 특별히 마음 끌리는 무엇이 있는 것은 아니지만 셔츠 한 장 차림으로 자갈이 깔린 호숫가를 걷노라면 자연을 구성하는 모든 원소가 어느 때보다 더 친숙하게 느껴진다. 황소개구리가 밤을 맞이해 요란한 소리로 울어대고, 쏙독새의 노래가 잔물결을 일으키는 바람에 실려 강 건너에서 들려온다. 나는 바람에 웅성거리는 오리나무나 포플러 나뭇잎에 공명해 숨이 막힐 것 같다. 이 호수와 닮은 나의 평화롭고 고요한 마음에는 잔물결만 일 뿐 거칠어지지 않는다. 저녁 바람이 일으키는 이러한 잔물결은 사물의 그림자를 비추는 매끈한 수면과 마찬가지로 폭풍과는 거리가 멀다.

날이 어두워져도 바람은 여전히 숲 속에서 신음 소리를 내고, 물결은 호숫가에 밀려온다. 누군가 자장가를 부르며 다른 생물들을 잠재우고 있다. 완전한 휴식이란 결코 있을 수 없는 법. 야성적인 동물들은 휴식은커녕, 슬슬 먹이를 찾으러 나설 시간이다. 여우, 스컹크, 토끼들이 두려운 기색도 없이 들판이나 숲을 배회하고 있다. 그들은 자연계의 야경꾼이며 생명이 약동하는 나날을 이어주는 다리인 것이다.

오두막에 돌아와 보니 방문자가 있었던 모양인지 명함이 남아 있다. 명함이라고 해야 화환이나 나뭇잎 관, 연필로 이름을 쓴 노란 호두나무 이파리나 나무 조각 같은 것들이다. 좀처럼 숲에 찾아오지 않는 사람들은 주변에 있는 무엇인가를 주워서 오는 길에 가지고 놀다가, 일부러인지 아니면 깜박 잊어서인지 그것을 오두막에 남기고 간다. 어떤 사람은 버드나무가지 껍질을 벗겨 그것을 둥근 고리로 엮어 테이블 위에 두고 가기도 한다. 나는 구부러진 나뭇가지나 풀잎, 발자국 등으로 집을 비운 사이 사람이 찾아왔다는 걸 언제라도 알 수 있었다. 떨어진 꽃잎이나 반 마일이나 떨어진 철로 가에 버려진 풀 다발, 여송연이나 파이프의 냄새 등 남아 있는 아주 작은 자취로도 방문자의 성별과 나이, 인품에 이르기까지 모든 것을 미루어 짐작할 수 있었다. 종종 60로드나 떨어진 길을 나그네가 지나쳐간다는 사실을 파이프의 향기로 깨닫기도 했다.

우리 주위에는 대체로 충분한 공간이 펼쳐져 있다. 지평선이 바로 코앞에 다가와 있는 경우는 결코 없다. 깊은 숲이든 호수든 바로 문 앞에 있는 것이 아니라, 주위에는 반드시 어느 정도의 공간이 있게 마련이다. 또 공간마다 소유자가 있어서 이 공간을 밟아 다지며 공간과 친해지고, 결국 그 공간을 자연의 일부에서 자신의 것으로 길들이는 것이다. 그렇다 해도 나는 어떤 이유로 이렇게 광대한 지역 일대와 인적이 드문 수 제곱마일의 숲을 사람들로부터 위탁받아 차지하고 있는 것일까? 가장 가까운 이웃이라 해도 1마일은 떨어져 있고, 집에서 반 마일 이내에 있는 언덕에 오르지 않으면 어디서도 집 한 채 눈에 들어오지 않는다. 숲으로 둘러싸인 지평선은 모두 나만의 것이다. 저 멀리 한쪽에는 호수와 접한 철길이, 다른 한쪽에는 숲길을 따라 쭉 늘어선 울타리가 보인다. 하지만 내가 사는 곳은 대체로 대초원 한가운데에 세워진 움막처럼 고립되어 있다. 이를테면 뉴잉글랜드임과 동시에 아시아이며 아프리카이기도 한 것이다. 나는 나만의 소우주에 태양과 달, 별을 갖고 있다.

밤이 되어 집 앞을 지나거나 문을 두드리는 나그네도 없어지면, 지상 최초 그리고 최후의 인류는 바로 내가 아닐까 생각하게 된다. 봄이 되면 아주 드물기는 하지만 마을에서 메기를 낚으러 오는 사람들이 있다. 그들은 자기의 본성과 닮은 듯한 월든 호수에서 메기가 더 많이 잡힐 것이라 생각하고 낚싯바늘 끝에 어둠이라는 먹이를 달고 있었다. 하지만 그런 그들도 대개는 '세계를 나와 어둠의 손에' 남긴 채 가벼운 바구니만을 흔들며 일찌감치 돌아갔기 때문에, 밤의 까만 심연이 가까이 있는 사람 때문에 더럽혀지는 일은 결코 없었다. 마녀들은 남김없이 교수형에 처해지고, 기독교와 촛불이 이 세상에 전래되었음에도 불구하고 많은 사람들은 지금도 여전히 어둠을 두려워하는 것 같다.

개인적인 경험에 비춰보면, 설사 인간 혐오증에 걸린 사람이나 심한 우울증에 빠진 사람이라 하더라도 더럽혀지지 않은 자연 속에서는 마음을 다독여주는 한없이 포근하고 다정한 친구를 발견할 수 있다. 자연의 한가운데서 자신의 오감을 잃지 않고 생활한 사람은 어두운 우울증에 사로잡히는 일이 결코 있을 수 없다. 건강하고 더럽혀지지 않은 귀에는 어떤 폭풍이 몰아쳐도 그 소리가 바람의 신의 음악처럼 들리는 것이다. 순수하고 용기 있는 사람은 무슨 일이 있어도 무턱대고 속된 슬픔에 떨어지지 않는다. 사계를 벗 삼아 살아가는 한, 나는 어떠한 경우에도 인생을 무거운 짐으로 느끼는 일은 없을 것이다. 오늘 나를 오두막에 가둔 촉촉한 비는 결코 쓸쓸하거나 우울한 느낌을 주지 않을 뿐더러 오히려 내 콩밭을 기름지게 하는 고마운 존재이다. 비는 밭의 풀 뽑기를 방해하지만 풀 뽑기 이상의 가치를 지니고 있다. 만일 비가 계속 내려서 흙 속의 씨가 썩고 낮은 지대의 감자가 못쓰게 된다 하더라도, 높은 지대의 풀에는 단비가 될 것이며, 풀에게 좋은 것이라면 나에게도 좋을 것이다.

때때로 내 생활을 다른 사람의 생활과 비교하면 나는 분에 넘칠 정도로 신의 총애를 받는 것이 아닌가 생각하게 된다. 마치 아무도 지니지 않은 허가나 보증을 하늘로부터 받은 듯한, 신의 특별한 가호를 받는 듯한 기분 말이다. 내가 스스로 잘난 체하는 것이 아니라, 신들이 나를 의기양양하게 만들고 있는 것이다. 나는 쓸쓸하다고 느낀 적도, 고독감에 괴로워한 적도 없었다. 단지 숲 속에서 생활한 지 2, 3주 정도 지난 무렵에 건강하고 안정된 생활을 누리기 위해서는 역시 가까운 곳에 사람이 살아야 하지 않을까 생각한 적이 있다. 혼자 생활하는 것이 왠지 모르게 불쾌한 느낌이었다. 하지만 그와 동시에 이런 기분이 비정상적인 것이고, 조금만 지나면 이런 기분에서 벗어나리라고 생각하게 되었다. 부슬부슬 떨어지는 빗방울을 바라보면서 빗방울 소리와 오두막 주위의 소리를 비롯해 자연의 모든 광경이 아주 친절하고 다정다감한 벗이라는 것을 깨닫게 되자, 이내 형용할 수 없는 무한한 그리움이 솟구쳐올라 대기처럼 나를 감싸 안았고 사람이 가까이 있으면 좀 낫지 않을까 싶던 생각은 완전히 사라져버렸다. 그 뒤로 두 번 다시 이 문제가 나를 고민에 빠뜨리는 일은 생기지 않았다. 작은 잣나무 잎 하나하나가 나와 교감을 나누며 자라나고 부풀어올라 우정의 손길을 뻗치는 것이 느껴졌다. 나는 황폐하고 쓸쓸해 보이는 풍경에도 깊고 생생한 인연을 느끼게 되었고, 나아가 자신과 가장 가까운 혈연관계에 있는 것, 그리고 무엇보다 인간적이라 생각되는 것은 결코 사람이 아니라는 사실을 알게 되었다. 따라서 이제 어떤 곳에 가더라도 위화감을 느끼는 일은 없으리라 생각했다.

"죽은 자에 대한 애도는 탄식하는 자의 생명을 불시에 빼앗는 것
살아 있는 자의 나라에서 지내는 그들의 나날은 짧은 것이다.
아름다운 토스카의 딸이여."

무엇보다 아름다운 시간은 봄이나 가을, 장마를 동반하는 폭풍이 찾아와 온종일 집 안에 틀어박혀 끊임없이 새어나오는 바람의 신음과 내리치는 빗소리에 마음을 달랠 때이다. 그런 때에는 저녁노을이 일찌감치 긴 밤을 불러들이기 때문에 온갖 사상이 천천히 뿌리를 내리고 꽃을 피우는 것이었다. 북동쪽에서 내리꽂히는 빗방울이 집집마다 심한 상처를 입히고, 여자들이 물이 들어오는 것을 막으려고 대걸레와 양동이를 들고 현관문 앞에서 있을 무렵, 나는 작은 내 오두막에 하나밖에 없는 입구 뒤편에 앉아 오두막의 완벽한 보살핌을 받고 있었던 것이다. 언젠가 천둥 번개를 동반한 비가 무섭게 후려치던 날 맞은편 호숫가의 큰 소나무 위에 벼락이 떨어져, 꼭대기부터 뿌리까지 깊이 1인치, 폭 4~5인치나 되는 규칙적인 나선형의 홈이 새겨졌다. 얼마 전에 다시 그 소나무 옆을 지나다가 위쪽을 올려다보니, 8년 전, 악의 없는 하늘에서 떨어진 그 무시무시하고 불가항력적인 벼락의 흔적이 전보다 한층 더 뚜렷하게 눈에 비쳐 공포에 떨 수밖에 없었다.

사람들은 곧잘 나에게 이런 말을 한다. "그런 곳에 살면 정말 외롭겠어요. 특히 눈이나 비가 오는 날이라든지, 밤에는 더 사람 사는 마을에 가까이 가고 싶어지겠지요." 이에 대해 나는 이렇게 대답하고 싶다. "우리가 살고 있는 이 지구도 우주 안에서 보면 그저 한 점에 지나지 않는답니다. 우리의 측량기계로는 정확하게 직경도 잴 수 없을 만큼 큰 별 위에서, 가장 먼 거리에 떨어져서 사는 두 사람은 과연 얼마나 떨어져 있을까요? 나 같은 게 외로울 턱이 있겠습니까? 지구라는 혹성은 은하 속에 있지 않습니까? 당신의 질문

은 그다지 중요한 것 같지 않군요. 어떤 인간을 동료들로부터 떨어뜨려 외톨이로 만들어버리는 공간이란 도대체 어떤 종류의 공간이라고 생각합니까? 아무리 재빨리 발을 옮겨도 두 마음을 서로 다가가게 할 수는 없다는 것을 나는 알았답니다. 우리가 꼭 가까이에 살고 싶다고 바라는 곳은 어떤 곳일까요? 아무리 생각해도 인파가 들끓는 곳은 아닌 듯합니다. 예를 들어 사람들로 붐비는 역이라든지 우체국, 술집, 교회당, 학교, 식료품점, 비콘 힐과 파이브 포인츠 가까이가 아니라, 우리들의 경험으로 보아 영원한 생명의 샘이 넘쳐흐르는 곳 가까이입니다. 말하자면 물가에 서 있는 버드나무가 물이 있는 방향으로 뿌리를 뻗는 것과 같은 것이죠. 사람의 성질은 각양각색이니 하나로 뭉뚱그려 말할 수는 없지만, 현명한 사람이 자신의 지하 저장실을 파는 곳은 바로 그러한 장소랍니다……."

어느 날 밤, 나는 월든 호수 부근의 길가에서 시장에 소 두 마리를 몰고 가는 한 마을 사람을 따라가 보았다. 직접 확인해 본 적은 없지만 그는 이른바 거액의 자본을 축적한 남자였다. 그때 이 남자는 인생의 많은 즐거움을 어떻게 버릴 생각이 들었냐고 나에게 물었다. 이 질문에 "나 역시 꽤 인생을 즐기고 있답니다"라고 대답했다. 이 대답은 절대 농담이 아니었고 그 증거로 나는 재빨리 집으로 돌아가 잠자리에 들었다. 그런데 그 남자는 그대로 보스턴 교외의 브라이튼인지, 브라이트 타운인지로 통하는 어둡고 질척한 길을 동이 틀 때까지 터벅터벅 더듬어 간 것이다.

죽은 자가 만일 눈을 뜨거나 되살아날 가능성이 조금이라도 있다면 때와 장소를 가리지 않을 것이다. 그러한 기적이 일어날 듯한 장소는 옛날부터 늘 같은 곳, 즉 우리의 오감이 더할 나위 없이 쾌적함을 느끼는 곳이다. 자칫 우리는 어딘가 멀리에 있는 순간의 환경이 자신에게 좋은 기회를 가져다 줄 것이라 믿기 쉽다. 하지만 그런 환경은 오히려 우리의 주의를 딴 데로 돌릴 뿐이다. 만물 바로 가까이에 사물을 탄생시키는 힘이 존재한다. 우리들 바로 옆에서 세상의 위대한 법칙이 끊임없이 작동하고 있는 것이다. 바로 옆에 있는 것은 우리가 원할 때 말 상대로 삼으려고 고용한 일꾼이 아니라, 우리들을 탄생하게 한 그 일꾼이다.

"천지를 움직이는 힘은 대단하도다(鬼神之力德其盛矣乎)!"(《중용》)

"우리가 그 힘은 보려 해도 보이지 않고, 들으려 해도 들리지 않으며, 사

물과 본질은 하나가 되어 있어 나누려 해도 나눌 수 없다(視之而不見 聽之而不聞 體之而不遺)."(《중용》)

"그 힘은 천하 사람들의 마음을 맑게 하고 예복을 갖추어 제사를 지내도록 한다. 마치 머리 위나 좌우에서 우리를 둘러싸듯 온 천하에 널리 퍼져 있다(使天下之人, 齊明盛服, 以承祭祀, 洋洋乎, 如在其上, 如在其左右)."(《중용》)

누구라도 내가 적잖게 흥미를 품고 있는 실험의 피험자라고 할 수 있다. 이러한 상황에서 잠시 친구와 열중하던 잡담을 멈추고 자기 자신의 사상에 열중해보자. 공자가 말하지 않는가. "덕은 외톨이가 아니다. 반드시 이웃이 있다(德不孤, 必有隣)"(《논어》)라고.

우리는 사색에 잠길 때, 건전한 의미에서 자신을 잊을 수가 있다. 두뇌를 의식적으로 움직일 때에만 행위와 행위의 결과에서 떨어져 설 수가 있는 것이다. 그러면 선과 악, 모든 것이 격류처럼 우리들 옆을 스쳐 지나간다. 우리는 자연 속에 완전히 들어가 있는 것은 아니다. 나는 강물에 떠다니는 나무가 될 수도 있고, 하늘에서 그것을 내려다보는 인드라(인도 베다 신화에 나오는 비와 천둥의 신)가 될 수도 있다. 나는 극장이 내놓는 흥행물에 감동하면서도 한편으로는 자신과 더 관계가 있을 현실의 사건에는 감동하지 않을지도 모른다. 나는 자신을 인간적인 존재로 알고 있는 것에 지나지 않는다. 이른바 사고와 감정의 무대로써 말이다. 또 나에게는 타인뿐만 아니라 자기 자신으로부터도 떨어져 설 수 있는 어떤 이중성이 존재한다는 것도 의식하고 있다. 내가 얼마나 강렬한 경험을 하든지 자신의 내부에는 경험을 공유하지 않고 단지 관찰만 할 뿐인 구경꾼이 존재하며, 그것이 비판의 시선으로 바라보고 있음을 느끼는 것이다. 그 부분은 타인은 아니지만, 그렇다고 나 자신도 아니다. 비극일지도 모르는 인생의 연극이 끝나면 구경꾼도 자리를 떠난다. 그의 입장에서는 인생이라는 연극도 일종의 만들어낸 이야기이고 상상력의 산물에 지나지 않는 것이다. 이 이중성 때문에 우리들은 종종 좋은 이웃이나 친구가 되지 못한다.

나는 대부분의 시간을 혼자서 지내는 것이 좋다고 생각한다. 상대가 아무리 훌륭한 사람이라고 해도, 사람과 사귀면 금방 따분해지고 피곤해져 버린다. 나는 혼자 있는 것이 좋다. 고독만큼 사귀기 쉬운 친구는 없을 것이다. 우리는 자신의 방에 틀어박혀 있을 때보다 밖에서 사람들과 섞여 있을 때 대부분 훨씬 고독하다. 무엇을 생각하거나 일을 할 때, 사람은 어디에 있든 항상 혼자인 것이다. 고독은 한 인간과 또 한 인간이 떨어진 거리로 측정할 수 있는 것이 아니다. 하버드 대학의 북적대는 기숙사 방구석에서 공부에 몰두하는 학생은 사막의 수도자와 마찬가지로 고독하다. 농부는 하루 종일 밭이나 숲에서 혼자 밭을 갈거나 나무를 자르지만 조금도 외로워하지 않는다. 일에 열중하기 때문이다. 그런데 밤에 집에 돌아오면, 혼자 방에 앉아 어떤 생각에 깊이 잠기지 못하고, '모두를 만날 수 있는' 곳으로 나가서 기분전환을 하고, 낮 시간의 고독을 메울 수 있는 일을 하지 않고는 견딜 수 없어 한다. 그래서 그는 어째서 학생이 밤뿐만 아니라 낮 시간의 대부분을 집안에 혼자 앉은 채로 따분하게 여기지도 않고, 풀이 죽지도 않고 지낼 수 있는지 불가사의하기 짝이 없다고 생각한다. 학생은 집 안에 있어도 사실은 농부와 마찬가지로 자신의 밭에서 일하고 자신의 숲에서 나무를 자르고 있다는 것, 그도 역시 농부와 마찬가지로 기분전환이나 교제를(더 응축시킨 형태이기는 하지만) 추구하고 있다는 사실을 농부는 도저히 이해할 수 없는 것이다.

인간들 사이의 교제는 대체로 너무나 싸구려 티가 난다. 우리는 서로에게 이익이 되는 새로운 가치를 몸에 익히려고 시간을 사용하지는 않으면서, 거의 끊임없이 얼굴을 마주 대하고 있다. 하루에 세 번, 식사를 한답시고 모여서 코를 쳐들기 힘들 만큼 곰팡이 슨 오래된 치즈, 즉 우리 자신을 상대방에게 들이민다. 여기에서 우리들은 이 잦은 만남을 어떻게든 참아내고 공연히 싸움을 일으키지 않고 끝낼 수 있도록 예의라고 불리는 일련의 규칙을 만들어야 했다. 우리는 우체국이나 친목회에서, 또 매일 밤 벽난로 가에서 얼굴을 마주한다.

우리들은 서로 어깨를 기대며 생활하고, 서로 훼방을 놓고, 서로 걸려 넘어진다. 생각해보면 이런 식으로 서로에 대한 존경심을 잃어가는 것인지도 모른다. 만남의 횟수를 줄여도 소중한 마음이 담긴 교류는 충분히 가능한데도 말이다. 공장에서 일하는 아가씨들은 또 어떤가. 그들은 꿈속에서조차 결코 혼자 지내지 못한다. 오히려 내가 사는 곳처럼 1제곱마일에 한 사람밖에 없는 것이 좋다. "인간의 가치는 피부에 있으니 만져보지 않고서는 모른다"고 할 수는 없을 테니.

숲 속에서 길을 잃은 어떤 남자가 피로와 배고픔에 지칠 대로 지쳐 나무 밑에서 죽어가고 있을 때, 몸이 쇠약한 탓인지 병적인 상상력이 작용해 주위에 기괴한 환영이 끊임없이 나타났다고 한다. 그런데 이 남자는 그것을 진짜라고 믿고 도리어 고독을 느끼지 않게 되었다는 얘기를 들은 적이 있다. 그러고 보면 우리는 심신이 모두 건강하니 그 사람의 환영과 비슷하지만, 훨씬 더 정상적이고 자연스런 친구들과 교류하면서 끊임없이 기운을 북돋으며 자신이 결코 외톨이가 아니라는 것을 깨닫게 되지 않겠는가.

내 오두막 안에는 많은 친구들이 있다. 사람 발길이 뜸한 오전 중에는 특히 많은 친구들이 찾아온다. 내가 놓인 상황을 이해하도록 하기 위해 두세 가지 비유를 들어 설명해보자. 나는 요란한 소리로 웃어대는 아비나 월든 호수 자체와 마찬가지로 조금도 외롭지 않다.

호오, 그런 고독한 호수에 무슨 친구가 있다는 것이지? 하지만 이 담청색 호수 속에는 창백하고 음울한 악마가 아니라 파란 옷의 천사가 살고 있다. 태양 역시 혼자이다. 안개 낀 날씨에는 둘로 보일 때도 있지만 하나는 가짜이다. 신도 혼자이다. 그런데 악마로 말할 것 같으면 무수한 패거리들에 둘러싸여 그야말로 대군을 이루고 있다. 나는 목장에 피는 멀레인(현삼과의 식물)이나 민들레, 콩잎, 수영, 등에나 뒤영벌과 마찬가지로 조금도 외롭지 않다. 마을의 중심을 흐르는 밀브룩 시냇물이나 바람개비, 북극성과 남풍, 4월의 소나기나 1월의 해빙, 새로 지은 집에 나타나는 최초의 거미가 외롭지 않은 것과 마찬가지로 나도 결코 외롭지 않은 것이다.

긴 겨울 밤, 함박눈이 펑펑 쏟아지고 숲 속에서 바람이 윙윙 신음 소리를 낼 때, 옛날 월든 호수를 파서 돌로 굳힌 다음 소나무 숲으로 이 둘레를 에워쌌다는 식민지 이주자이자 최초의 땅주인이었던 인물이 방문한 일이 있다. 그는 고대의 사건이나 새로운 영원에 대해서 이야기해준다. 사과나 사과주가 없어도 우리 둘은 서로 격의 없는 농담을 주고받거나 기분 좋게 의견을 나누며 꽤 즐거운 저녁시간을 지내는 것이다. 그는 아주 현명하고 유머가 넘치는 친구지만 고프나 훨리(1649년 청교도혁명시 찰스 1세에게 사형을 언도한 판사들. 왕정복고 이후 각지를 전전하며 피신 생활을 함)보다 더 사람 눈을 피해 살고 있다. 세상에서는 그가 죽었다고 생각하지만, 아무도 그가 어디에 매장됐는지 모른다. 또 한 사람, 역시 좀처럼 사람 눈에 띄지 않는 노부인이 부근에 살고 있다. 나는 때때로 그녀의 향긋한 약초 밭을 거닐면서 약초를 뜯거나 그녀가 얘기하는 우화에 귀를 기울이는 게 좋다. 그녀는 비할

데 없는 재능을 지니고 있고, 그녀의 기억은 신화시대 이전까지 거슬러 올라가기 때문에 여러 우화의 기원이나, 우화의 토대가 되는 사실까지 사람들에게 들려줄 수 있다. 그러한 사건들은 젊은 시절 그녀가 보아왔던 것이기 때문이다. 어떤 기후나 계절도 마다하지 않고 기꺼이 맞아들이는 이 유쾌하고 혈색 좋은 노부인은 그녀의 자손 누구보다 오래오래 살 것이다.

태양, 바람, 비, 여름, 겨울 같은 자연은 형용할 수 없는 순수함과 깊은 은혜를 가지고 있어 우리에게 영원한 건강과 환희를 부여해준다. 그들은 인류와 깊은 교감을 나누기 때문에 누가 한탄하고 슬퍼하면 자연계의 모든 것이 그에 감화되어 태양은 빛을 잃고 바람은 인간처럼 한숨을 내쉬며, 구름은 눈물의 비를 뿌리고, 숲은 한여름에도 잎을 벗어던지고 상복을 두르게 될 것이다. 내가 어떻게 대지와 서로 이해하지 않을 수 있겠는가? 내 몸의 일부는 이파리이자 식물의 부식토가 아닌가.

인간을 항상 기운차고 유쾌하며 만족스럽게 하는 묘약이란 무엇일까? 그것은 우리의 증조할아버지가 빚은 약이 아니라, 증조할머니인 자연이 부여하는 보편적이고 식물적인 야생의 약이다. 이 약 덕분에 그녀는 언제까지나 파릇파릇 싱싱하게, 파 노인(Thomas Parr : ^{영국인으로 152세에} ^{죽었다고 한다})처럼 장수한 사람들보다 더 오래 살았고, 그들의 썩어가는 지방분으로 자신의 건강을 키울 수 있는 것이다.

자, 이제 내가 애용하는 만병통치약에 대해서 말할까 한다. 저승에 있다는 아케론 강의 물에 사해의 물을 뒤섞어 만든 가짜 조제약병을 길고 납작한 검은 배와 빼닮은 짐마차 속에 싣고 다니며 파는 자도 있지만, 나는 그러한 약에는 눈길도 주지 않고 오로지 희석하지 않은 아침의 대기를 가슴 가득히 들이마시기로 했다. 아침의 대기! 만약 사람들이 오늘의 샘터에서 이것을 마시지 못했다면, 지상의 아침 시간에 대한 예약권을 잃어버린 사람들을 위해 꼭 아침의 대기를 병에 봉해 가게에서 팔아야만 한다. 단, 아침의 대기는 아무리 차가운 지하실에 넣어도 낮 시간이면 새벽의 여신 오로라의 뒤를 돌아 서쪽으로 사라져 버리기 때문에, 낮이 되기 훨씬 전에 마개를 열어야 한다는 사실을 잊지 않았으면 한다.

나이 든 의술의 신 아스클레피오스의 딸로, 한 손에는 뱀을 쥐고 다른 한 손에는 뱀독을 치료하는 약 잔을 쥔 모습으로 기념비에 새겨진 건강의 여신

히기에이아를 나는 결코 숭배하지 않는다. 내가 숭배하는 것은 주피터의 잔을 받들고 있는, 주노와 야생 상추의 딸인 청춘의 여신 헤베이다. 그녀는 신과 인간이 청춘의 활력을 되찾게 하는 힘을 지니고 있다. 그녀야말로 예전에 이 지상을 거닐던 딸들 중에서 가장 완전무결한 육체와 건강미와 씩씩함을 갖춘 오직 하나뿐인 존재라 할 수 있을 것이다. 그녀가 나타나면 대지에는 언제라도 봄이 찾아온다.

6
방문자들
VISITORS

나는 누구 못지않게 사람들과 교제하길 좋아한다. 혈기왕성한 사람이 찾아오면 한동안 거머리처럼 착 달라붙어 떨어지지 않으려고 만반의 준비를 하고 있다. 내가 본디 세상을 등진 사람도 아니고, 때에 따라서는 술집에 들어가 코끝이 벌건 여느 취객보다 오래 눌러앉아 있을 수도 있는 것이다.

내 오두막에는 의자가 세 개 있다. 하나는 고독을 위해서, 또 하나는 우정을 위해서, 세 번째는 교제를 위해 준비한 자리이다. 방문객들이 뜻밖에 많이 찾아올 때면 이 세 번째 의자까지만 내놓을 수 있어 절절매야 했지만, 모두들 선 채로 좁은 장소를 잘 이용해주었다. 이런 조그마한 공간이 실제 이토록 많은 남녀를 받아들일 수 있다니 나로서도 놀라지 않을 수 없었다. 한 지붕 아래에 영혼과 육체를 갖춘 인간이 한꺼번에 스물다섯에서 서른 명이나 들이닥친 적도 있었는데, 그래도 서로 그렇게 빽빽하게 끼어있었다는 느낌도 없이 헤어지곤 했다.

우리의 집들은 대부분 공적이든 사적이든 헤아릴 수 없을 만큼 많은 방과 큰 홀에, 와인과 평화로울 때 군수품들을 저장할 지하 저장고까지 갖추고 있어서 거주자가 주체하지 못할 정도로 외형이 거대하다. 집이 너무 넓고 위풍당당한 탓에 그 안에 살고 있는 사람은 집 안에 작은 소굴을 이루고 사는 생쥐로밖에 보이지 않는다. 심부름꾼이 트레몬트, 애스터, 미들섹스 하우스와 같은 호텔 앞에서 집합을 알리는 나팔을 울려대면, 숙박자 전원을 위한 복도에 오로지 우스꽝스런 생쥐 한 마리가 기어나와 눈 깜짝할 사이에 길가의 구멍 속으로 쏙 숨어버리고 마니 기가 찰 노릇이다.

작은 집에 살고 있으면서 때때로 불편하다고 느낀 점은 방문객과 내가 거대한 말로 사상을 얘기하기 시작하면 둘 사이에 충분한 거리를 유지하기 힘들었던 것이다. 사상이 항구에 도달하기 위해서는 우선 출범 준비를 하고, 한두 번 시험 삼아 항해해 볼 정도의 여유가 필요하다. 사상의 탄환이 실수 없이 듣는 자의 귀에 명중하기 위해서는 우선 좌우로 벗어나거나 스쳐 지나지 않고 최종적으로 안정된 탄도에 올라야만 한다. 그렇지 않으면 한 귀로 듣고 한 귀로 흘리는 결과를 낳을 수 있다.

마찬가지로 우리가 말하는 내용도 우선 생각을 꺼내 놓은 다음, 시간을 두고 논리를 다듬을 여유가 필요했다. 개인과 국가도 마찬가지로 서로 적당한 폭을 가진 자연스런 경계선, 굳이 말하자면 널찍한 중립지대를 마련해야만 한다. 나에게는 맞은편 강가에 있는 친구를 향해 호수 너머로 말을 건네는 것이 훌륭한 사치였다. 그런데 오두막 속에 있으면 상대가 너무 가까워 도리어 목소리가 잘 들리지 않는 것이다. 서로 잘 들릴 만큼 낮은 목소리로 얘기할 수도 없기 때문에 더욱 그렇다. 마치 고요한 수면 위에 휙 던진 두 개의 돌이 너무 가까우면 서로 파문을 어지럽히는 것과 같은 이치다. 단지 무턱대고 큰 소리로 지껄이기만 할 생각이라면 뺨과 뺨을 가까이 대고 서로의 숨소리를 느낄 정도로 가까이 서서 얘기해도 무관할 것이다. 하지만 좀더 조심스럽고 사려 깊은 얘기를 나눌 때에는 서로의 체온과 습기가 충분히 발산될 만큼의 거리가 필요하다.

만약 우리가 마음속에 있는 것들 중에서 말을 할 수 없거나 또는 말하는 것을 뛰어넘어 존재하는 내용을 진정 알리고 싶다면, 단지 침묵을 존중하는 것에 머물지 말고 평소 어떤 경우에도 상대의 목소리가 들리지 않을 만큼 육체적으로도 멀리 떨어져 있어야 한다. 이 기준에 비춰보면 말하는 언어라는 것은 내부의 목소리가 잘 들리지 않는 사람을 위한 하나의 방편에 지나지 않는다. 큰 소리로 아우성치는 것만으로는 제대로 표현할 수 없는 그런 미묘한 점들이 많다. 벗과 나누는 대화가 점차 고상하면서 웅대한 어조를 띠기 시작함에 따라 우리들은 조금씩 의자를 뒤로 밀어 상대로부터 멀어지고, 결국에는 두 사람의 의자가 대각선으로 마주보는 구석의 벽에 부딪치면 이윽고 "방이 너무 좁군요"라고 말하곤 했다.

언제라도 친구를 안으로 들일 수 있고 양탄자에 햇빛이 들이치는 일도 좀처럼 없는 응접실로 사용한 나의 '특별한' 방은 오두막 뒤쪽에 있는 소나무 숲이었다. 여름날, 특별한 방문객이 있으면 나는 그들을 그곳으로 안내했다.

그러면 바람이라는 눈치 빠른 하인이 나타나 바닥을 말끔히 쓸어내고, 침구의 먼지를 터는 등 실내를 깨끗이 정돈해주었다.

방문객이 한 사람일 경우에는 보잘것없는 식사라도 나누어 먹었는데, 그럴 땐 즉석 푸딩을 휘저어 섞거나 재 속에서 빵이 부풀어 구워지는 것을 지켜보면서 끊임없이 대화를 나누곤 했다. 그러나 스무 명이나 되는 사람들이 들이닥칠 때에는 설사 두 사람 분의 빵이 있다 해도 식사 따위는 화제가 되지 않았고, 마치 먹는 습관을 버린 것처럼 자연스럽게 금욕을 실행했다. 하지만 방문객들은 이런 접대를 결코 손님을 홀대한다고 받아들이지 않았으며, 오히려 그 자리에 가장 잘 어울리는 사려 깊은 접대로 여겼다. 끊임없이 보강해야 하는 체력의 소모가 이런 경우에는 신기하게도 완만해지는지, 방문객들과 함께할 때는 왕성한 활력이 전혀 사라지지 않았다. 이런 식으로 나는 스무 명이 아니라 천 명이라도 대접할 수 있었을 것이다. 또 만일 나의 오두막에서 뱃속이 텅 빈 채 돌아간 사람이 있었다면, 적어도 내가 진심으로 마음 아팠다는 사실만큼은 믿어주기 바란다.

집안 살림을 맡고 있는 사람들은 의심할지 모르나 낡은 습관을 버리고 전보다 좋은 습관을 새로 만드는 일은 별로 어려운 일이 아니다. 손님에게 내놓는 식사의 좋고 나쁨으로 평판을 높일 필요는 없다. 나의 경우, 누구의 집을 방문하려 하다가도 그만 멈칫하는 주된 이유가 지옥의 파수견인 케르베로스처럼 무시무시한 개가 버티고 있기 때문이 아니라 오히려 나에게 산해진미를 대접하고자 상대가 지나치게 신경을 쓰기 때문이다. 이런 지나친 대접은 오히려 다시는 이런 폐를 끼치지 않았으면 좋겠다라는 상대방의 은근한 표시로 여겨지는 만큼, 그런 꼴을 두 번 다시 당하고 싶지 않은 것이다. 어떤 방문객이 명함 대신 노란 호두나무 잎에 써놓고 간 다음과 같은 스펜서(Edmund Spenser : ^{1552?~1599.}_{영국의 시인})의 시구를 나는 내 오두막의 신조로 삼고 싶다.

"그곳에 이르러, 그들은 고즈넉한 오두막을 가득 채운다.
사는 이도 없고, 아무도 환대를 바라지 않는다.
휴식이야말로 그들의 진정한 연회, 모두들 자유롭게 움직인다.
가장 기품 있는 마음이란 진정한 만족을 아는 것이다."

나중에 플리머스 식민지의 총독이 된 윈즐로(Edward Winslow : 1595~1655. 영국의 식민개척자)는 인디언 추장 매사소이트를 방문하기 위해 친구 한 사람과 숲 속을 지나 먼 길을 걸어갔다. 그들이 목적지인 오두막에 도착했을 때 두 사람은 추장으로부터 성대한 환영을 받았지만, 몹시 지치고 배가 고픈 그들에게 식사 대접을 한다는 애기는 나오지 않았다. 그들의 말을 인용하면, 밤이 되어 "추장은 우리를 자신과 아내가 자고 있는 침대에 함께 눕게 했다. 그들은 한쪽 끝에서, 그리고 우리는 반대쪽 끝에서 잔 것이다. 침대라고 하지만 지상 1피트의 높이에 판자 하나만 달랑 놓여 있고 그 위에 얇은 멍석이 깔려 있었다. 더구나 잠자리가 모자라 추장의 상급 부하 두 명이 더 비집고 들어왔다. 이렇게 해서 우리는 잠자리에 드는 것 때문에 여행하는 것 이상으로 피곤하고 지치게 된 것이다."

다음날 오후 1시경, 매사소이트는 브림(잉어과의 민물고기)의 세 배 정도 되는 "자신이 직접 잡은 물고기 두 마리를 가지고 들어왔다. 그것을 끓이고 있자니, 한 40명쯤 되는 사람들이 우르르 몰려들어 함께 물고기를 먹게 되었다. 이틀 밤과 하루를 지내는 사이 우리가 먹은 것이라곤 그것뿐이었다. 우리가 자고새를 한 마리 사두지 않았더라면 그야말로 단식 여행이 될 뻔했다." 먹을 것이 없는 데다 "야만인들이 노래하는 야만스런 노래(그들은 노래를 부르면서 자신을 잠재우는 습관이 있었던 것이다)" 덕분에 밤에도 제대로 잠을 자지 못한 그들은 머리가 이상해질 것 같아 아직 걸어갈 체력이 남아 있을 때 집으로 돌아가려고 그곳을 떠났다. 두 사람에게 잠자리가 불편했던 것은 사실이지만, 그들이 불편하다고 느낀 인디언들의 행동은 분명 두 사람에게 경의를 표하기 위한 것이었다. 그리고 먹을 것에 관한 한 인디언들은 더 이상 어찌할 도리가 없었다. 자신들이 먹을 양식조차 없었고, 굳이 변명을 하자면 손님을 대접하려고 자기 머리를 바칠 만큼 어리석지는 않았기 때문이다. 따라서 그들은 허리띠를 한층 더 꽉 졸라매고 먹을 것에 관해서는 한 마디도 언급하지 않기로 했던 것이다. 윈즐로가 다음에 그들을 방문했을 때에는 식량이 풍부한 계절이었기 때문에 먹을 것이 부족해 고생하는 일은 없었다.

사람들은 어디를 가든 방문객이 부족할 걱정은 없다. 숲 속에 살면서 나는 생애의 어떤 시기보다 많은 사람들의 방문을 받았다. 많다고 해야 몇 명 안 되지만 말이다. 그 중 몇 사람은 다른 곳에서는 꿈도 꿀 수 없을 만큼 혜택

받은 환경 속에서 얼굴을 마주했다. 한편 별 볼일 없는 용건으로 나를 만나러 오는 손님은 줄었다. 이 점에 있어서는 마을에서 떨어져 살았기 때문에 친구가 체에 걸러졌다고 할 수 있으리라. 교제라는 강이 흘러드는 고독의 망망대해 한가운데에서 멀리 떨어져 살았던 덕분에, 내가 원하는 관점에서 말하자면 최상의 침전물만 내 주위에 퇴적하는 결과가 된 것이다. 더구나 아직 인간의 발길이 닿지 않은 다른 쪽 대륙에 대한 갖가지 증거품까지 내 곁에 떠내려오곤 했다.

오늘 아침에는 웬일로 마치 호메로스 같은, 아니 파플라고니아(아나톨리아 북쪽 중앙의 흑해 연안 지역의 고대 이름)인이라고 할 만한 사람이 오두막을 방문했다. 그는 이 장소에 너무나 어울리는 시적인 이름의 소유자이지만, 유감스럽게도 그 이름을 여기에서 밝힐 수가 없다. 그는 캐나다인 나무꾼으로 기둥 만드는 일을 하는데, 하루에 50개의 기둥에 구멍을 뚫을 수 있고, 어제 저녁에는 그의 개가 잡아온 우드척으로 배를 채웠다는 그런 남자다. 그는 호메로스에 관해서 들은 바가 있어 "책이 없다면 비가 오는 날에는 어떻게 해야 좋을지 모르겠다"고 말했지만, 우기가 몇 차례나 다시 돌아오는 사이에 한 권의 책도 다 끝마친 일이 없는 듯했다. 그가 먼 고향 땅에 살고 있던 시절, 그리스 어를 아는 목사가 성서의 한 구절을 그리스 어로 들려주곤 했다고 한다. 이번에는 내가 그에게 《일리아스》를 손에 쥐어주고, 아킬레우스(그리스 신화의 영웅, 《일리아스》의 중심인물)가 파트로클로스(아킬레우스의 친구)의 슬픔에 찬 얼굴을 보고 비난조로 말하는, "자네는 어찌해 어린 계집애처럼 눈물을 흘리고 있는가, 파트로클로스여"란 구절을 번역해줄 차례였다.

"아니면 자네만이 프티아(아킬레우스의 고향)로부터 무슨 소식이라도 받은 것인가?
악토르(프티아의 왕)의 아들 메노이티오스(파트로클로스의 아버지)는 아직 살아 있다 하고,
아이아코스(아이기나 섬의 왕)의 아들 펠레우스(아킬레우스의 아버지)도, 미르미돈(아킬레우스가 이끄는 테살리아의 종족 이름)인의 나라에서 살고 있다고 하지 않는가.
그 어느 쪽인가가 목숨을 잃었다고 한다면, 우리가 크게 슬퍼하는 것도 당연하지만."

"이거 멋진데"라고 그는 말한다. 그는 일요일 아침, 어느 병자를 위해 모

은 흰 떡갈나무의 껍질을 커다란 다발로 묶어 옆구리에 끼고 있다. "이런 걸 모으러 간다면 안식일이라 해도 별 지장이 없을 것 같아서 말이지"라고 그는 말한다. 그 책에 무엇이 쓰여 있는지는 알지 못하지만 그에게 있어서도 호메로스는 대작가이다. 그처럼 단순하고 자연스런 사람은 좀처럼 찾아보기 힘들다. 세상 속에 어두운 퇴폐의 그림자를 던지는 악덕이나 병마가 그에게는 전혀 존재하지 않는 것 같다. 나이는 스물여덟쯤 됐을까, 돈벌이를 위해 12년 전에 고향집을 떠난 그는 여기에서 일하다가 언젠가는 캐나다로 돌아가 농장을 살 꿈을 꾸고 있다. 아주 우람한 체격에 억세지만 움직임은 둔하고, 그러면서도 행동거지는 우아했다. 두툼한 목덜미는 햇볕에 그을려 구릿빛을 띠고, 검고 텁수룩한 머리칼에 졸린 듯한 파란 눈이 풍부한 표정으로 빛나곤 했다. 그리고 회색 천으로 만든 테 없는 납작한 모자를 쓰고, 칙칙한 양털 색깔 외투에 소가죽 부츠를 신고 있었다. 대단한 육식가인 그는 항상 손잡이 달린 통 모양의 양철 도시락에 점심을 담아서, 내 오두막 앞을 지나 2마일 정도 떨어진 일터로 향했다. 그는 여름 내내 쭉 벌채를 하고 있었던 것이다. 도시락 통 속에는 차갑게 식힌 고기가 들어 있었는데, 대부분 우드척 고기였다. 또 돌로 된 병에 커피를 넣어 허리띠에 매달고 다니며 이따금 나에게 마시지 않겠냐고 권하기도 했다.

그는 이른 아침 내 콩밭을 가로질러 찾아왔지만 미국인들(뉴잉글랜드 주민)처럼 한시라도 빨리 일에 착수하려고 조급해하는 모습은 어디에도 없었다. 다치는 것은 딱 질색이기 때문이다. 겨우 먹고 잘 만큼만 벌어도 지극히 태연했다. 길을 가다가 그의 개가 우드척을 잡자, 도시락을 풀숲에 획 던져 놓은 채 1마일 반이나 되돌아가 우드척 고기를 손질한 다음 호수 물에 담가 놓고는, 이 고기를 밤까지 안전하게 놔둘 수 없을까 30분이나 이리저리 궁리하다가 결국은 하숙집 지하실에 두러 가는 것이다. 그는 이런 문제에 대해 곰곰이 생각하는 것을 좋아했다. 아침에는 집 앞을 지나치면서 곧잘 이런 말을 했다.

"여, 비둘기가 꽤 많은데! 매일 일하러 나가지 않는다면 비둘기나 우드척, 토끼나 자고새를 잡아서 원하는 고기를 얼마든지 손에 넣을 텐데 말이야. 그렇고말고! 하루만 고생하면 일주일분은 족히 잡을 수 있을 거야."

그는 나무 자르기의 명수였는데, 자기 솜씨를 근사하게 장식하길 좋아했다. 예를 들어 나무를 수평으로, 동시에 지면과 거의 엇비슷하게 바투 자른다. 이것은 나중에 새로 돋아날 싹이 힘차게 자라날 수 있도록 배려하기 위해서이고, 또 썰매가 그루터기 위를 매끄럽게 미끄러져 나갈 수 있도록 하기 위해서이기도 하다. 그리고 쌓아올린 장작 다발을 받치는 데 쓰는 나무토막 하나라도 그대로 남겨두지 않고, 아주 가는 말뚝이나 대오리처럼 잘 다듬어서 언젠가 필요 없게 되었을 때에는 손으로 손쉽게 꺾을 수 있도록 해두었다.

이 인물에 대해 내가 흥미를 갖게 된 것은 그가 아주 조용하고 고독하면서도 참으로 행복해 보였기 때문이다. 그의 눈에는 쾌활함과 만족감이 샘물처럼 넘쳐흐르고 있었다. 그의 기쁨은 솔직하고 순수했다. 때때로 그가 숲 속에서 벌채하는 것을 보는데, 그럴 때마다 그는 지극히 만족스럽다는 듯한 환성을 올리며 캐나다 사투리가 섞인 프랑스어로 인사를 하는 것이었다. 물론 영어도 잘할 수 있었지만 말이다. 내가 곁에 가까이 다가가면 그는 일하던 손을 멈추고 환희를 억누르며 잘라 쓰러뜨린 소나무 줄기 곁에 벌렁 드러누워, 나무의 속껍질을 벗겨 둥글게 말아 씹으면서 웃거나 얘기했다. 그만큼 그는 동물적인 생기가 넘쳐흐르고 있어서 무슨 재미있는 일이라도 생각나면 참지 못하고 이내 배꼽을 잡으며 땅바닥을 데굴데굴 구르곤 했다. 그는 주위의 나무들을 죽 둘러보고는 이렇게 외쳤다.

"뭐니 뭐니 해도 여기에서 나무를 자르며 사는 게 최고야. 이보다 더 기분 좋은 건 없다고."

이따금 시간이 나면 그는 작은 권총을 손에 쥐고 하루 종일 숲 속을 돌아다니며 일정한 간격을 두고 자신을 위해 세차게 축포를 쏘아대며 재미있어 했다. 겨울에는 모닥불을 피우고 점심 먹을 때가 되면 불 위에 주전자를 놓고 커피를 데웠다. 그가 통나무에 걸터앉아 도시락을 먹고 있으면 가끔씩 북미쇠박새가 날아와서 그의 팔뚝에 앉아 손에 쥐고 있는 감자를 콕콕 쪼아 먹었다. 그는 이런 조그만 친구들이 주위에 있어서 기분이 좋다고 했다.

그의 내부에는 주로 동물적인 인간이 자라고 있었다. 육체적인 지구력과 만족감이라는 점에 있어서 그는 소나무나 바윗돌하고 사촌 사이였다. 언제인가 그에게 하루 종일 일하고 나서 밤이 되면 지치지 않느냐고 물어본 적이 있다. 그러자 그는 성실하면서도 진지한 표정으로, "어림도 없지. 나는 한 번도 피곤하다고 느낀 적이 없어"라고 대답했다. 그런데 한편으로 지적인 인간, 혹은 정신적인 인간은 그의 내부에서 어린아이처럼 잠들어 있었다. 그는 가톨릭 사제가 원주민을 가르치는 방식의 순진하고 효과 없는 방법으로 교육받은 적이 있을 뿐이다. 그러한 교육 방법은 결코 사물을 자각하는 수준에 이르게 하지 못하고, 학생에게 단지 신뢰와 존경만을 심어줄 뿐이다. 따라서 아이는 세월이 흘러도 성인이 되지 못한 채 언제까지고 어린아이로 남는 것이다. 자연은 그를 창조할 때, 70년의 인생을 어린아이인 채로 살아갈 수 있도록 건장한 몸과 만족감을 그의 몫으로 부여하고, 나아가 존경과 신뢰라는 기둥으로 사방을 받쳐주었다.

그는 너무나도 단순하고 소박하기에 타인에게 소개하려고 해도 우드척을 이웃에게 소개하는 것 이상으로 말하기가 어려웠다. 그는 우리들과 마찬가지로 스스로 그라는 인간을 확인하도록 하는 수밖에 없었다. 그는 자기 이외의 어떤 역할도 떠맡으려 하지 않았다. 여러 사람들이 그의 노동에 대해서 임금을 지불하고 의복과 먹을 양식을 보태주었지만, 그는 결코 다른 사람과 의견을 나누는 법이 없었다. 만약 높은 것을 바라지 않는 인간을 겸허하다고 할 수 있다면, 그는 상당히 단순하고 타고난 겸허함을 지녔기 때문에 겸허함이 그리 뛰어난 장점처럼 보이지 않았고, 자신도 그 존재를 깨닫지 못할 정도였다. 자신보다 현명한 인간은 그의 눈으로 보자면 거의 신과도 같은 존재였다. 그러한 사람이 지금 곧 찾아온다고 가르쳐주면, 그런 대단한 양반이라면 자기 같은 놈에게는 아무런 용무도 없을 것이고, 모든 책임은 그 사람 자신이 떠맡고 자신은 평소처럼 조용히 내버려둘 것이라고 생각하는 듯했다.

그는 자신이 칭찬받는 걸 들은 적이 없었다. 특히 저술가라든지 설교사를 존경하고, 그들이 하는 일을 기적처럼 여기고 있었다. 나도 제법 글을 쓴다고 말했더니, 그는 내가 글씨를 쓴다는 줄 알 정도였다. 그 자신이 꽤 달필이었는데, 나는 이따금 길바닥에 쌓인 눈 위에 그가 자기 고향의 교구 이름을 악센트 기호가 붙은 불어로 곱게 써놓은 것을 보고 그가 그곳을 지나갔다는 사실을 알았다. 한번은 그에게 자신이 생각하는 바를 글로 써보고 싶은 생각이 없는지 물어보았다. 그러자 읽지도 쓰지도 못하는 사람들을 위해 편지를 읽어주거나 써준 적은 있지만, 자신의 생각을 써보고 싶다는 생각은 한번도 하지 않았다, 아니, 그건 아무래도 무리다, 우선 무얼 써야 좋을지도 모르겠고, 그런 일을 하면 수명이 줄어들 것 같다, 게다가 글을 쓰려면 철자에도 신경을 써야 되지 않느냐고 대답하는 것이다.

어느 저명하고 똑똑한 사회개혁론자가 그에게 이 세상이 바뀌기를 바라지 않느냐고 물어보았다고 한다. 그런데 그런 문제가 항간의 큰 화젯거리였다는 사실도 전혀 모르던 그는 놀란 얼굴로 혼자 큭큭 웃음을 참으며 캐나다 사투리로 이렇게 대답했다고 한다.

"아니, 지금 이대로가 좋아요."

철학자라면 그와 만나서 여러 가지를 배울 수 있을 것이다. 그를 잘 모르는 사람에게 그는 꽤 무지한 사내로 보일 수도 있지만. 나는 그의 내부에서 지금껏 한 번도 본 적이 없는 인간을 발견하는 일이 있었다. 과연 이 자는 셰익스피어에도 뒤지지 않는 현인인가, 단지 어린아이처럼 무지한 인물인가, 섬세한 시인의 의식을 갖고 있는 것인가, 아니면 어리석은 자인가 나는 전혀 알 수가 없었다. 어떤 마을 사람의 말을 빌리면, 그가 꼭 맞는 작은 모자를 쓰고 휘파람을 불면서 유유자적 마을을 지나쳐가는 모습을 보면 신분을 숨기고 궁궐 밖을 나돌아다니는 왕자님이 생각난다고 한다.

그가 갖고 있는 책으로 말하자면, 연감(年鑑)과 산술 책이 한 권씩 있을 뿐이다. 그의 산술 솜씨는 상당한 것이었다. 연감은 그에게 일종의 백과사전과 같은 것으로, 그는 연감에 인간의 요약된 지식이 꽉 채워져 있다고 생각했고, 실제로 그렇기도 했다. 나는 당시의 여러 개혁에 대해 그의 의견을 자주 물어보았다. 그러면 그는 어떤 경우에도 그러한 질문에 대해 아주 단순하면서도 실질적인 견해를 말하는 것이다. 그때까지 개혁이니 뭐니 하는 건 들어보지도 못했을 터인데. "공장이란 것이 없어도 살 수 있다고 생각하는가?"라고 물으면, "나는 손으로 직접 짠 버몬트 산 회색 옷감으로 만든 옷을 쭉 입고 있지만, 아주 괜찮다"고 대답했다. "차나 커피는 없어도 좋은가? 물 외에 이 나라에는 마실 만한 것이 뭐가 있는가?"라고 물으면, "예전에 솔송나무 잎을 물에 담가서 마셔본 적이 있는데, 더울 때는 물보다 낫더군" 하고 대답했다. "돈이 없어도 잘 지낼 수 있을까?"라고 물어보면 그는 뜻밖에도 화폐제도의 기원에 관한 가장 철학적인 해석이나 라틴 어로 '금전, 재산'을 의미하는 페쿠니아라는 단어의 어원과도 일치하며, 또 그것에 딱 부합하는 방식으로 금전의 편리함에 대해 설명했다. 즉 그가 재산으로 소 한 마리를 갖고 있고 어떤 가게에서 바늘과 실을 사고 싶은 경우, 그 금액에 대해서 매번 소 일부분을 저당잡히는 것은 불편할 뿐만 아니라 불가능하다는 것이다.

그는 여러 다양한 제도를 어떤 철학자보다 훌륭하게 옹호할 수 있었다. 이는 자신과의 관계 속에서 제도를 파악함으로써 그것들이 세상에서 널리 행해지고 있는 진짜 이유를 제시할 수 있기 때문이고, 또 불필요한 사색으로 방황하는 일이 없었기 때문이다. 하루는 플라톤이 '인간이란 날개 없는 다리 둘 달린 짐승'이라고 정의한 것에 대해 어떤 사람이 날개를 쥐어뜯은 수탉을 보이면서 "보라, 플라톤의 인간이다"라고 말했다는 얘기를 했다. 그러자 그는 무릎이 굽은 방향이 완전히 다르기 때문에 둘은 결코 같지 않다고 대답했다. 그는 가끔 이렇게 외치곤 했다. "내가 얼마나 말하길 좋아하는지 알아! 정말, 온종일이라도 지껄일 수가 있다고!"

언제인가 몇 개월 만에 그를 만났을 때, 이 여름에 뭐 새로운 생각이라도 머릿속에 떠올랐는지 물어보니, "천만에! 나처럼 일하지 않고서는 먹고 살기 힘든 인간은 그나마 남은 생각을 잊어 먹지 많은 것만도 감지덕지지. 가령 말이지, 자네와 같이 풀 뽑기를 하고 있는 사람이 경쟁하자고 말을 꺼내면 자네 기분은 분명 그쪽으로 기울어 잡초만 생각하게 될 걸"이라고 말했다. 이러한 경우 그쪽에서 먼저 선수를 쳐서, "어떤가, 진보 좀 했는가?"라고 물어오는 일도 있었다. 어느 겨울 날, 나는 그를 향해 항상 자신에게 만족하고 있는지를 물어보았다. 외부의 성직자를 대신하는 내부의 성직자가 존재한다는 것, 더 차원 높은 인생의 목적이 있다는 사실을 그에게 알려주고 싶었기 때문이다. 그는 말했다. "만족하고 있느냐고? 사람에 따라서 무엇에 만족하는가는 제각각이지. 등 따숩고 배만 부르면 만족하는 놈도 있을 테고, 음!" 하지만 나는 아무리 노력해도 그가 사물에 대해 정신적인 견해를 갖게 할 수는 없었다. 그가 생각하는 것은 기껏해야 편리한가 어떤가라는, 동물이라도 알 만한 것에 한정되어 있었다. 하긴 이것은 사실상 대부분의 인간에게도 해당되는 얘기다. 내가 생활을 좀 개선해보면 어떻겠냐고 얘기를 꺼내도 그는 별로 후회하는 기색도 보이지 않고, "이미 너무 늦었어"라고 대답할 뿐이었다. 그러나 그는 정직함이라는 가장 중요한 덕의 가치는 철저하게 믿고 있었다.

대단한 수준은 아니지만 그는 어떤 확고한 독창성을 갖고 있었다. 또 때로는 사물에 대해 스스로 생각하고, 자신의 의견을 확실하게 말하는 모습을 볼 때도 있었다. 하지만 이런 경우는 아주 드문 일이라, 이 장면을 목격할 수 있다면 나는 언제든 천릿길도 마다하지 않고 달려갔을 것이다. 그것은 마치 온갖 사회제도가 다시 창조되는 장면을 목격하는 듯했다. 그는 몹시 주저하며 얘기했고 자신의 의견을 명확히 표현할 수는 없었지만, 언제든 사람 앞에서 자기 주장을 펼 수 있을 만큼의 주관은 가지고 있었다. 단, 그의 사상은 심히 원시적이고 동물적인 생활에 흠뻑 젖어 있었기 때문에 단순한 지식인의 사상보다 유망할지언정, 사람 앞에 내놓을 만큼 성숙한 경우는 드물었다. 그를 보고 있으면 사회의 맨 밑바닥에서 영원히 가난하고 배운 게 없이 사는 사람들 중에서도 천재적인 인간이 있다는 것을 깨닫게 된다. 그들은 늘 독자적인 견해를 갖고 있으면서도 결코 잘난 체하지 않고, 어리석고 혼탁해 보이기도 하지만 마치 월든 호수처럼 한없는 깊이를 가진 인물들이다.

숲을 지나는 나그네들이 종종 내 오두막 안을 엿보고 싶은 마음에 먼 길을 돌아와서는 물을 한 잔 달라고 부탁하곤 했다. 나는 호숫물을 그대로 마신다고 대답하고, 호수를 손가락으로 가리키며, "바가지를 빌려드릴까요?"라고 말했다. 마을과 떨어져 살아도 모두가 분주하게 돌아다니는 4월 초순이 되면 연례행사처럼 되어 있는 '방문의 관습'에서 나만 도망칠 수는 없었다. 방문객 중에는 좀 색다른 사람도 섞여 있었지만, 나는 나름대로 주어진 몫의 행운을 누리고 있었다. 예를 들면 구빈원 등에서 지내는 약간 지능이 모자란 사람들이 찾아온 적이 있다. 하지만 나는 그들이 모든 지혜를 다 짜내 흉금을 털어놓도록 했다. 이런 경우 나는 지혜라는 것을 화젯거리로 삼았던 것이다. 이러한 노력은 충분히 보람 있는 일이었다. 사실 나는 얘기를 나누면서 그들 중에 이른바 빈민 감독관이나 마을의 행정위원보다도 훨씬 현명한 사람이 있다는 것을 깨달았고, 이제 슬슬 그들의 자리를 이 사람들에게 양보할 때가 되지 않았나 생각했던 것이다. 지혜라는 점에선 모자란 사람이나 그렇지 않은 사람이나 별 차이가 없었던 것이다.

특히 어느 날, 있는지 없는지 잘 모를 정도로 존재를 깨닫지 못하던 가난하고 지능도 낮은 한 남자가 찾아와서 당신과 같은 생활을 해보고 싶다고 털어놓은 일이 있다. 전에 그가 다른 사람들과 함께 울타리 대신 밭에 있는 곡식 부대 위에서 앉았다 일어섰다 하며 가축들과 자신이 행방불명되지 않도록 망을 보는 모습을 나도 자주 목격했다. 그는 겸허함 같은 것은 초월한, 또는 겸허함까지는 이르지 않은 최대한의 단순함과 솔직함으로 자신은 "뇌에 결함이 있다"고 말했다. 실제 이런 식으로 말한 것이다. 하늘은 자신을 이런 인간으로 만들었지만, 다른 사람과 차별하지 않고 자신의 몸 역시 걱정해 주신다고 그는 생각하고 있었다. "어릴 적부터 언제나 그랬다"고 그는 말한다.

"머리가 좋지 않았어. 다른 애들하고 다르게 말이지. 머리가 나빴단 말이지. 그것도 다 하늘의 뜻이었던 거야."

그를 보고 있으면 그 얘기가 틀린 말이 아니라는 것을 알 수 있었다. 그는 나에게 있어서 하나의 형이상학적인 수수께끼였다. 내가 이처럼 앞길에 희망을 품게 하는 누군가와 얼굴을 마주한 적이 있었던가. 그가 입에 담은 말은 모두 그만큼 단순하면서도 성실하고, 그만큼 진실성이 깃들어 있었다. 고개를 숙일수록 점점 더 높아진다는 말은 바로 이를 두고 한 말이다. 처음에는 눈치채지 못했지만 이러한 겸허함은 그의 현명한 책략에서 나온 것이다. 가난하고 지능이 낮은 이 가련한 남자가 쌓아올린 진실함과 솔직함을 기반삼아 출발한다면, 우리의 만남도 현인들이 맺은 관계 이상으로 훌륭한 것이 될 수 있으리라.

마을의 빈민들 축에 끼지는 않지만은 그 안에 들어가야 마땅할 정도의 가난한 사람들이 찾아오는 일도 있었다. 어쨌든 이 세상의 가난한 사람들 중 하나인 그들은 바로 사람들의 환대가 아니라 관용에 매달리려는 손님들이었다. 그들은 어떻게든 타인으로부터 도움을 받으려고 하며, 원조를 구하면서 자신들은 결코 자신의 뒤를 돌볼 생각이 없다는 사실을 미리 상대에게 못박아두려 했다. 나를 찾아오는 사람이 세상에서 제일 왕성한 식욕의 소유자라 해도 상관없고, 어째서 그렇게 식욕이 왕성한지 묻지도 않았지만, 적어도 굶어 죽을 정도로 배를 굶겨서 오는 것만큼은 좀 삼갔으면 하는 바람이다. 자선의 대상이 될 정도라면 손님이라고 할 수가 없지 않겠는가. 이러한 사람들에 한해 나는 다시 내 일에 열중하곤 했는데, 그들은 내 대답에 점차 냉기가 돌아도 이제 자리를 떠야 할 시각이라는 것을 깨닫지 못했다.

사람들의 이동이 잦은 계절이 되면, 지적인 수준도 제각각인 온갖 사람들이 나를 찾아왔다. 그 가운데는 자신도 주체하기 힘들 만큼 감각이 잘 발달한 사람도 있었다. 바로 농장에서 일하는 습관이 몸에 깊이 밴 남부의 탈주 노예들이다. 그들은 우화에 심심찮게 등장하는 여우처럼 냄새를 맡고 뒤쫓아오는 사냥개 짖는 소리라도 들리는 듯, 때로 가만히 귀를 기울이다가 이윽고

'오, 크리스천이여, 너는 나를 쫓아 보낼 것인가?'

간절하게 애원하는 눈빛으로 나를 바라보았다. 내가 북극성 쪽으로 몸을 피하는 데 도움을 주었던 탈주 노예들, 그들이 그러했다. 또 달랑 오리 새끼를 한 마리 데리고 있는 암탉처럼, 오로지 하나의 사상에 찰싹 달라붙어 있는 사람이 찾아오는가 하면, 오만 가지 사상에 사로잡혀 머리털이 수세미처럼 헝클어진 인간이 찾아오는 때도 있었다. 후자의 경우는 매일 백 마리의 새끼를 돌보는 암탉하고 똑같았다. 벌레를 쫓아 돌아다니는 병아리들, 매일 아침 이슬 속에서 길을 잃고 헤매는 스무 마리 새끼를 찾느라 날갯죽지가 엉망이 된 꾀죄죄한 암탉 말이다. 양쪽 모두 다리 대신 사상으로 돌아다니는 일종의 지적인 지네라고나 할까. 힐끗 보는 것만으로도 온몸이 오싹해지는 느낌이었다. 화이트 산맥 부근에서 곧잘 그러는 것처럼 노트를 한 권 갖다놓고 방문객에게 이름을 쓰게 하면 어떠냐고 제안하는 이도 있었지만, 다행히 나는 기억력이 좋기 때문에 그럴 필요는 없었다.

방문자들을 대하다 보면 좋든 싫든 그들의 특징이 눈에 띄었다. 남자아이나 여자아이들, 거기에 젊은 여자들은 대부분 숲에 찾아온 것을 기뻐하는 듯했다. 그들은 호수를 엿보거나 꽃을 바라보면서 시간을 잘 활용했다. 그런데 장사를 하는 인간들과 농부들은 고독한 생활이나 일의 내용, 나의 거처와 기타 여러 가지 사이에 있는 먼 거리가 잠시도 머리를 떠나지 않는 것 같았다. 그들은 가끔 숲을 거닐기를 좋아한다고 말했지만, 그렇지 않다는 것은 확실했다. 돈을 벌고 하루하루 살아가는 데만 급급해 안절부절못하는 속박당한 사람들. 그리고 자신만이 신을 독점한 듯 신에 대해 마구 지껄이고 타인의 의견에는 조금도 귀를 기울이지 않는 목사들. 또 의사나 변호사, 내가 집을 비운 사이 찬장과 침대를 엿보는 수다쟁이 부인네들, 나아가 젊음을 잃은 채

전문직이라는 잘 알려진 길을 걷는 것이 무엇보다 안전하다고 믿는 젊은이들…… 도대체 ○○ 부인은 내 침대 시트가 그녀 것만큼 깨끗하지 않다는 걸 어떻게 알았을까? 이러한 무리들은 대체로 나처럼 생활해서는 별로 훌륭한 일을 할 수 없을 것이라고 입을 모았다. 과연, 거기에 문제가 있었던 것인가!

노인, 병자, 엄살꾸러기들은 나이나 남녀 구분 없이 병이나 돌발사고, 죽음으로 머리가 꽉 차 있다. 그들에게 있어서 인생은 위험으로 가득 차 있다. 위험이란 생각하지 않으면 어디에도 존재하지 않는 것이다. 따라서 주의 깊은 인간들은 위급할 때에 의사 B가 즉시 날아올 수 있는 제일 안전한 장소를 신중하게 고를 것이다. 그들에게 있어서 마을이란 글자 그대로 com+munity, 즉 상호방위동맹이므로, 허클베리를 꺾으러 가면서도 꼭 약상자를 들고 가리라는 것은 짐작하고도 남는다. 하지만 인간이 살아 있는 한 죽음의 위험은 늘 따라붙는 것이다. 물론 처음부터 죽은 듯이 살아간다면 그만큼 위험이 적어질 테지만, 인간은 앉아 있어도 달리는 것과 마찬가지로 위험을 무릅쓰고 있는 것이다. 마지막으로 사회개혁자를 자칭하는 사람들, 세상에 이처럼 나를 질리게 하는 게 없다. 그들은 내가 언제나 이런 노래만 부르고 있다고 생각한다.

이것은 내가 지은 집
이것은 내가 지은 집에 살고 있는 남자

그러나 그들은 3, 4행이 다음과 같다는 걸 알지 못한다.

이것은 내가 지은 집에
살고 있는 남자를 곤란하게 하는 자들

나는 닭을 기르고 있지 않았기 때문에 닭을 노리는 매는 무섭지 않았지만, 인간을 노리는 인간에는 흠칫흠칫 놀라곤 했다.

이들과는 달리 즐거운 방문객도 있었다. 딸기를 따러 오는 아이들, 일요일 아침이 되면 깔끔한 셔츠를 입고 산책하는 철도원 사람들, 낚시꾼과 사냥꾼들, 시인과 철학자들, 요컨대 글자 그대로 마을을 등지고 자유를 구하러 숲을 찾아온 정직한 순례자들이다. 나는 언제나 이렇게 인사하며 그들을 맞이했다.

"어서 오세요, 영국인 여러분! 어서 오세요, 영국인 여러분!

나는 이 민족과는 오래전부터 친밀한 교류를 유지해왔던 것이다.

7

콩밭

THE BEAN-FIELD

한편, 쭉 이어놓으면 길이가 7마일에 이르는 나의 콩밭은 이미 파종을 끝내고, 제초를 기다리는 상태였다. 맨 마지막에 뿌린 콩이 아직 땅속에 있는 사이, 처음에 뿌린 콩은 이미 꽤 크게 자라 있었기 때문이다. 이제 더는 풀 뽑기를 뒤로 미룰 수 없었다. 성실함과 자존심이 필요한, 헤라클레스에게나 어울릴 만한 풀 뽑기라는 이 고행이 도대체 어떤 의미가 있는지 나는 잘 알지 못했다. 하지만 나는 콩밭과 콩에 애정을 느끼게 되었고 실제로 내가 원했던 것보다 훨씬 많은 콩을 수확했다.

나는 콩 덕분에 대지와 친숙해지고 안타이오스 (그리스 신화에 나오는 거인. 땅에 몸이 붙어 있는 한 당할 자가 없었다 함) 뺨칠 만한 장사가 되었다. 그런데 왜 내가 콩을 재배해야 하는가? 오직 하늘만이 아는 일이다. 이것이 여름 내내 지속된 나의 기묘한 수수께끼였다. 전에는 양지꽃과 검은딸기, 물레나물 등 향긋한 야생의 열매나 눈을 즐겁게 하는 꽃만 재배한 땅에서 이번에는 콩을 생산하려는 것이다. 나는 콩에 대해서, 콩은 나에 대해서 무엇을 배우게 될 것인가? 콩에 애정을 듬뿍 쏟아 풀 뽑기를 하고, 아침과 밤마다 콩밭의 상태를 돌본다. 이것이 나의 일과이다. 콩의 넓은 잎이 무성하게 자라 보기에도 근사하다.

나를 도와주는 존재는 메마른 땅을 촉촉하게 적시는 이슬과 빗방울이며, 이 불모의 땅에 남아 있는 생명력이었다. 반면 나의 적이라면 해충과 냉해, 그리고 특히 우드척이라고 할 수 있다. 우드척은 4분의 1에이커나 되는 땅에 자라던 콩을 깨끗이 먹어치워 엉망으로 만든 적이 있다. 하지만 물레나물 같은 야생초를 잘라내거나, 옛날부터 그들의 땅이었던 화원을 파헤칠 권리는 나에게 있었을까? 얼마 안 있어 살아남은 콩들은 우드척도 깨물 수 없을 만큼 딱딱해지고, 더욱 성장해 새로운 적을 맞이하게 될 것이다.

지금도 생생하게 기억한다. 나는 보스턴에서 살다 네 살이 되던 해에 내가 태어난 이 고향 마을로 돌아왔는데, 이사 올 때 바로 이 숲과 밭 근처를 지나 호수에 들렀던 적이 있다. 이것이 나의 기억 속에 깊이 새겨진 최초의 풍경 중 하나이다. 바로 그 호수 위에서 오늘 저녁, 내가 연주하는 플루트 소리가 메아리를 불러일으키고 있다. 호숫가의 소나무들은 내가 태어나기 전부터 여기에 서 있었다. 그 나무가 쓰러지면 나는 그것들을 모아 저녁 식사를 위한 땔감으로 삼아 불을 지피곤 했다. 그러면 나무가 쓰러진 자리에는 새로운 나무들이 자라면서, 새로운 아이들의 눈을 즐겁게 하려고 또 다른 풍경이 생겨난다. 이 풀밭에는 여기에 처음 왔을 무렵처럼 물레나물이 다년생 뿌리 위로 싹을 틔우고 있다. 나는 결국 어릴 적 꿈이었던 동화 속 같은 풍경을 수놓는 데 한몫하게 된 것이다. 그리고 나의 존재와 영향이 이 콩잎이나 옥수수 잎, 감자의 줄기에 나타나고 있는 것이다.

나는 고지대에 있는 2에이커 반 정도 되는 밭에 파종을 끝낸 상태였다. 밭은 벌채한 지 15년 정도밖에 지나지 않았고, 내가 직접 2~3코드 분량의 그루터기를 파냈을 정도라 비료는 전혀 주지 않았다. 그런데 여름에 풀을 뽑으면서 파헤친 땅 속에서 화살촉을 발견했다. 이곳에 발을 들여놓은 백인이 땅을 개간하기 이전에, 지금은 이미 전멸되었지만 여기에 살았던 종족들이 옥수수나 콩을 키우면서, 농작물을 기르는 데 필요한 지력(地力)을 이미 어느 정도 사용했던 모양이다.

우드척이나 다람쥐가 도로를 가로질러 오기 전에, 또는 태양이 아직 떡갈나무 관목 위에 모습을 나타내지 않고 풀잎에 이슬이 맺혀 있는 동안에 나는 오만한 잡초의 전열을 한쪽 끄트머리부터 차례로 쓰러뜨려서는 그 위에 흙을 덮기 시작했다. 농부들은 이 방법이 좋지 않다고 경고했지만 말이다. 여러분이 농부라면 가능한 한 이슬이 맺혀 있는 동안 할 일을 다 해치워 버릴 것을 강력하게 권하고 싶다.

나는 아침 일찍부터 이슬에 젖은 무른 흙더미를 조각상이라도 빚는 것처럼 맨발로 이리저리 반죽하며 일했는데, 한낮이 되면 뜨거운 태양열에 발에 물집이 잡히곤 했다. 이렇게 나는 따가운 햇볕 아래 노르스름한 조약돌 천지인 고지대, 15로드나 되는 파릇파릇한 고랑 사이를 천천히 오가면서 콩밭의 풀을 뽑는 일에 힘을 쏟았다. 고랑 한쪽 끝에는 떡갈나무 관목 숲이 있어서

틈틈이 그늘에서 쉴 수 있었다. 고랑 반대쪽 끝에는 검은딸기밭이 있었는데, 두 번째 제초를 끝낼 무렵에는 녹색의 열매가 완전히 무르익어 있었다. 잡초를 뽑고 콩의 뿌리에 새 흙을 덮어주는 것, 내가 씨를 뿌린 풀잎을 다독이고, 황색의 흙이 쑥이나 후추, 나도겨이삭이 아닌 콩잎과 꽃으로 여름의 추억을 표현하도록 하며, 대지가 '풀'이 아닌 '콩'이 좋다고 말하게 하는 것이 나의 일과였다.

　말이나 소의 힘도 빌리지 않고 일꾼도 하나 없이, 또 개량된 농기구의 신세도 지지 않고 일했기 때문에 콩밭은 매는 데 시간이 오래 걸렸지만, 덕분에 콩들과 전보다 훨씬 사이가 좋아질 수 있었다. 손을 사용한 노동은 단조로운 고역에 가까운 일이지만, 결코 최악의 태만이라고 말할 수는 없다. 거기에는 항상 끊이지 않는 불멸의 교훈이 깃들어 있으며, 학자에게 있어서는 이러한 노동이 가장 뛰어난 성과를 가져다주는 것이다. '근처의' 링컨이나 웨일랜드를 지나 서쪽 어딘가로 향하는 여행자의 눈으로 보면 나는 이마에 땀을 흘리며 일하는 농부 그 자체였다. 그들은 편한 자세로 이륜마차에 걸터앉아 팔꿈치를 무릎에 괴고, 고삐를 꽃줄처럼 늘어뜨리고 있었다.

　나로 말하자면 고향에 뿌리를 박고 힘든 노동에 밤낮을 지새우는 촌뜨기 농사꾼이다. 그리고 나의 농지는 곧 그들의 시야에서 멀어지고 잊혔으리라. 다만 나의 농지는 이 부근에서 길 양쪽에 커다랗게 펼쳐진 오직 하나의 개간지였기 때문에 여행자들의 호기심을 부추겼던 모양이다.

　밭에 있으면 때때로 자기네들끼리 쑥덕거리는 잡담이나 비평이 손에 잡힐 듯 훤히 들려왔다. "이런 때 강낭콩을 심다니! 이런 때 강낭콩이라니!" 모두가 풀 뽑기를 시작할 무렵, 나는 아직 씨를 뿌리고 있었던 탓에 이런 말이 나온 것인데, 이 고지식한 농부에게는 상상도 할 수 없는 진기한 사건이었던 것이다. "옥수수가 제일이야, 이 사람아. 가축의 사료로 쓰는 거지." "저 사람, 정말로 왜 저런 곳에 살고 있나 몰라?"라고 검은색 모자를 쓴 부인이 잿빛 코트를 입은 남자에게 묻는다. 그러자 딱딱한 인상의 농부가 고삐를 당겨 달리던 말을 멈춰 세우고, "고랑 사이에 비료를 주지 않은 것 같은데 왜 그런 거요?"라고 나에게 묻더니, 퇴비나 음식 찌꺼기나 재, 회반죽, 뭐든 좋으니 좀 줘보라고 권한다. 하지만 밭이랑이 2에이커 반이나 되는데, 나에게는 수레를 대신하는 낫 한 자루와 그것을 끄는 두 손밖에 없었다. 다른 수레나 말 같은 건 사용하고 싶지 않았다. 더구나 퇴비는 멀리까지 나가야만 구입할 수 있었다.

합승한 여행객들은 마차를 타고 지나치면서 다른 농부의 밭과 내 밭을 비교하면서 큰 소리로 논쟁하고 있었다. 덕분에 나는 농업의 세계에서 나의 위치가 어떠한지를 잘 알 수 있게 되었다. 나의 농지는 콜맨(Henry Colman : 1785~1848. 미국의 농업학자) 씨의 보고서에 실려 있지 않은 형태의 것이었다.

그런데 인간의 손길이 닿지 않은, 나의 밭보다 더 미개한 흔적을 담고 있는 밭에서 자연이 만들어내는 작물의 가치는 도대체 누가 측정할 것인가? 영국산 건초의 수확량은 신중하게 계량되고, 수분과 규산염, 산화칼륨의 함유량까지 측정한다. 하지만 숲이나 목초지, 습지의 어떤 작은 계곡이나 연못에도 인간이 거둬들이지 않을 뿐, 사실은 각양각색의 작물들이 풍부하게 자라고 있다. 나의 밭은 이른바 미개지와 경작지를 잇는 고리와 같은 공간이었다. 문명국과 반문명국, 미개국 혹은 야만국이라는 구별을 기준으로 말한다면 나의 밭은 반경작지였다. 이것은 결코 나쁜 의미가 아니다. 내가 재배하는 작물은 희희낙락하면서 야생의 원시 상태로 돌아가려는 콩들이며, 나의 낫은 그들을 다시 불러들이는 '소몰이 노래'를 연주하고 있었던 것이다.

가까이에 있는 자작나무 가지에서는 갈색개똥지빠귀 사촌(붉은개똥지빠귀라 부르고 싶어하는 사람도 있지만)이 사람과 함께 있음을 기뻐하며 아침나절부터 재잘재잘 지저귀고 있다. 콩밭이 여기에 없었다면 저 새는 다른 농부의 밭을 찾아다녔을 것이다. 씨를 뿌리고 있으면, "뿌려라, 뿌려라—덮어라, 덮어라—뽑아라, 뽑아라, 뽑아라"라고 외쳐댄다. 다행히 내가 뿌린 씨앗은 옥수수가 아니었기 때문에 이런 조무래기를 두려워할 필요는 없었다. 한 줄 또는 스무 줄의 현으로 아마추어가 연주하는 파가니니풍의 음악과도 같은 새의 노래가 씨 뿌리기와 도대체 무슨 관계가 있는지 의아한 사람도 있겠지만, 이 새의 노랫소리가 알칼리를 걸러낸 재나 회반죽보다 씨앗에게는 몇 배 더 좋을 것 같았다. 새의 노랫소리는 내가 온 마음으로 신뢰하는 싸고도 질 좋은 비료였다.

낫을 움직여 고랑에 새 흙을 보태다가 나는 아주 오랜 옛날, 이 큰 하늘 아래에 살고 있었던 연대기에도 나오지 않는 민족의 유골을 발굴하거나, 그들이 전쟁이나 수렵에 사용했던 작은 도구를 찾아내기도 했다. 그것들은 자연석이나, 최근 여기를 경작한 적이 있는 농부가 가져온 도기나 유리 파편 속에 섞여 나왔다. 인디언의 모닥불이나 태양열에 탄 흔적이 남은 것도 있었다.

낫이 돌멩이에 부딪혀서 나는 소리는 온 숲과 하늘에 메아리치는 노동의 반주가 되고, 그 노동은 이내 헤아릴 수 없을 만큼 풍성한 수확을 가져다주었다. 이미 내가 매는 것은 콩밭이 아니며, 콩밭을 매는 것도 내가 아니었다. 이런 때 나는 좀처럼 무슨 생각을 떠올리지는 않지만, 문득 오라토리오를 들으러 도회로 나가던 지인들을 생각하면 자랑스럽기도하고 유감스럽기도 했다.

가끔씩 나는 하루 종일 밭일을 즐기기도 했는데, 볕이 따가운 오후가 되면 마치 눈 속의 티, 아니 하늘의 눈에 들어온 티 같은 쏙독새가 머리 위에서 원을 그리다가 하늘을 갈가리 찢는 듯한 무서운 날갯짓 소리를 내며 미끄러져 내려봤다. 그래도 푸른 하늘은 기운 흔적 하나 없이 말짱하다. 허공에 난무하는 이 장난꾸러기는 벌겋게 드러난 대지의 모래 위에, 혹은 언덕 꼭대기의 바위 위에 알을 낳아 떨어뜨리는데 알은 좀처럼 사람 눈에 띄지 않는다. 쏙독새의 우아하고 미끈한 모습은 연못물에서 갓 건져 올린 잔물결과도 같고, 바람에 실려 하늘을 떠도는 나뭇잎과도 같다. 자연계에는 이러한 끈끈한 혈연이 존재하는 것이다. 하늘을 나는 매는 하늘 아래 출렁이는 물결의 형제이며, 대기를 품은 완벽한 날개는 여리고 불완전한 바다의 날개인 물결이다. 또 때로는 두 마리의 암매가 하늘 높이 원을 그리면서 상승과 하강을 거듭하고, 서로 다가갔다 떨어졌다 하기도 한다. 마치 나 자신의 사상을 그대로 표현하는 듯한 느낌이다. 나는 들비둘기가 작게 날갯짓하며 전령과도 같이 재빠르게 이 숲 저 숲 날아다니는 것을 주의 깊게 지켜보았다. 혹은 손에 쥔 낫이 썩은 그루터기 밑에서 움직임이 둔한, 뭐라 말할 수 없이 이상하고 기분 나쁜 반점 무늬의 도룡뇽을 파헤친 적도 있다. 이것들은 모두 이집트나 나일 강의 오랜 추억을 담고 있지만 틀림없는 현대의 생물이다. 낫에 몸을 기대고 한숨 돌리면서 나는 밭고랑 여기저기에서 이러한 광경과 소리를 보고 듣고 했다. 이것이야말로 전원에서 맛보는 퍼내도 마르지 않는 즐거움인 것이다.

축제날 마을에서 축포를 쏘면 그 소리가 부근 숲 속까지 장난감 대나무처럼 울려 퍼지고 군악대의 소리가 때때로 마을에서 먼 이곳까지 들려왔다. 하지만 마을 반대편의 콩밭에 있는 나에게는 울려 퍼지는 포성도 말불버섯 터지는 소리로밖에 들리지 않았다.

또 멀리서 내가 알지 못하는 군사훈련이 행해질 때에는 하루 종일 왠지 모르게 지평선에 성홍열이라도 생긴 것처럼 근질거리고 병이 난 듯한 느낌이 들었다. 이윽고 바람의 방향이 바뀌면 들판 너머 웨일랜드를 따라 바쁜 걸음으로 찾아오는 바람이 "그건 민병대의 훈련이야"라고 가르쳐주는 것이다. 어렴풋한 술렁임을 듣고 있노라면 마치 꿀벌이 새로운 집을 만들려는 곳에 근처 사람들이 베르길리우스의 충고에 따라 제일 소리가 잘 울리는 가재도구를 꺼내와 쟁그랑 쟁그랑 거리면서 꿀벌들을 본래의 벌집으로 다시 불러들이려는 것 같았다. 소음이 그치고 술렁임이 사라져서 아무리 바람의 방향이 좋아도 어떤 소리 하나 들리지 않게 되면, 나는 그때서야 사람들이 마지막 수벌 한 마리까지 무사히 미들섹스 군의 벌집으로 몰아넣었으며, 그들은 이제 벌집에 발라진 벌꿀에만 온 정신을 기울일 것임을 알게 된다.

나는 매사추세츠 주의, 또 우리 조국의 자유가 이렇게 안전하게 지켜진다는 사실을 깨닫고 마음이 뿌듯했다. 그리하여 다시 풀 뽑기를 시작할 때는 자신에 넘쳐 미래에 대한 확고한 신뢰를 가슴에 품으며 유쾌하게 작업에 임하는 것이다.

악대의 연주 소리가 들릴 때는 마치 마을 전체가 하나의 거대한 풀무가 되어, 서 있는 집들이 커다란 소리를 내며 부풀었다 쪼그라들었다 하는 것 같았다. 가끔 정말로 고결한 용기를 불러일으키는 음률이나 영예를 칭송하는 트럼펫 노래가 이 숲까지 울려 퍼지는 일도 있다. 그러면 나는 멕시코인을 꼬챙이에 꽂아 구워먹을 듯한 기분이 되어(어째서 우리는 늘 이렇게 사소한 일에 구애받는가?) 나의 무용(武勇)을 실험할 우드척이나 스컹크는 없는지 주위를 둘러본다. 이러한 용감한 선율은 멀리 팔레스타인에서 들려오는 듯하고, 또 마을 위를 뒤덮은 느릅나무 가지가 어렴풋이 술렁이는 모습은 지평선 위를 걷는 십자군을 떠오르게 했다. 정말 위대한 날로 꼽을 만한 나날이었다. 하지만 나의 벌채지에서 올려다보는 하늘은 평소와 조금도 다르지 않은 영원히 위대한 표정을 떠올리고 있었고, 보통 날과 다른 점은 어디에도 눈에 띄지 않았다.

씨를 뿌리고 풀을 베고, 탈곡하고 선별하고, 타인에게 팔고(이것이 제일 어려웠다), 그리고 나서 먹는다는 (직접 맛보기도 했으니 이렇게 덧붙여도 지장이 없으리라) 콩과의 긴 만남은 나에게 있어 좀처럼 얻기 힘든 소중한 경험이었다. 나는 콩에 대해 속속들이 알려고 마음먹었다. 콩의 성장기에는 새벽 5시부터 점심 무렵까지 풀을 베고, 오후에는 대체로 다른 일을 하며 지냈다. 온갖 잡초들과 맺게 되는 친밀하고도 기묘한 교우관계를 생각해보라 (이 책에서 같은 내용을 조금씩 반복하는 이유는 밭일 자체가 어느 정도는 반복적이기 때문이다). 그들의 섬세한 조직을 무참히 찢어버리고, 괭이로 불쾌한 차별을 행사하며 어느 한 종은 줄줄이 가로 쓰러뜨리면서 다른 종은 세심히 보살피는 것이다. 봐라, 로만 웜우드, 요건 명아주, 저건 수영이다, 후추풀이다, 해치워라! 단칼에 베어라, 뿌리째 뽑아 바싹 말려라, 한 오라기라도 그늘에 남기지 마라, 그렇지 않으면 이틀도 되기 전에 다시 일어나 부추처럼 새파래진다. 이것은 두루미와의 싸움이 아니라, 태양과 비와 이슬의 지원을 받고 있는 트로이군, 즉 잡초와의 장기전이었다. 콩들은 내가 매일 괭이로 무장하고 달려가, 적의 대열을 넘어뜨리고 잡초의 사체로 참호가 가득 메워지는 것을 지켜보고 있었다. 몰려드는 전우들보다 1피트는 더 높이 솟은 투구의 깃털 장식을 날리며 용맹을 자랑하는 헥토르(그리스 신화에서 트로이 최강의 영웅)들이 나의 도검 앞에 쓰러지고 흙투성이가 되어 썩어 문드러지는 것이다.

나의 동시대인들은 보스턴이나 로마에서 미술품을 감상하거나, 인도에서 명상에 빠지거나, 런던이나 뉴욕에서 상업에 힘쓰는 이런 여름날 나는 이렇게 뉴잉글랜드의 농민들과 함께 밤낮으로 농사일에 매달렸다. 특별히 콩을 먹고 싶었던 것은 아니다. 남들이야 그것으로 죽을 쑤든 투표수를 세든 나는 본디부터 피타고라스파처럼(피타고라스 학파에서 콩은 금기 식품이었음) 콩을 싫어해서 그것을 쌀과 바꾸어 먹었기 때문이다. 다만 내가 콩을 재배한 이유는 혹시라도 비유나 표현으로만 써먹어도 상관없으니, 언젠가 어느 우화작가가 글을 쓸 때 참고할 수 있도록 누군가 밭에 나가 일을 해야 할 것 같았기 때문이다. 다시 말해 이 노동은 나에게 맛보기 힘든 귀한 기쁨을 가져다주었지만, 너무 오래 지속한다면 일종의 도락으로 타락했을지도 모른다.

콩밭에는 비료도 전혀 주지 않았고, 한 번에 잡초를 전부 뽑아버리지도 않았지만, 정성을 다해 풀을 뽑고 최선을 다하려는 마음가짐이 효과가 있었는지 좋은 결실을 맺을 수 있었다. 이블린이 말했듯이, "어떤 퇴비나 쇠두엄도 이렇게 끊임없이 쟁기로 흙을 갈고 파헤치고, 또다시 쟁기질하는 것과는 비교할 바가 못 된다." 그는 또 다른 곳에서 말하고 있다. "대지는 특히 신선한 경우에는 일종의 자력을 갖추고 있어서, 염분과 에너지 혹은 효력(뭐라 불러도 상관없다)을 끌어들여 생명을 부여받는다. 인간이 스스로를 부양하기 위해 고생고생하며 토지를 경작하는 것은 그러한 힘을 얻기 위해서이다. 쇠두엄 같은 지저분한 혼합비료를 뿌리는 것은 모두 이런 토질개선의 대체수단에 지나지 않는다." 게다가 나의 밭은 "안식일을 즐기고 있는 메마르고 지칠 대로 지친, 아마추어의 밭"이었기 때문에 케넬름 딕비 경(Sir Kenelm Digby : 1603~1665. 영국의 철학자)이 생각한 '생명의 영혼'을 대기 중에서 흡수하고 있었을지도 모른다. 나는 12부셸의 콩을 수확했다.

여기에서 더 자세히 언급하기로 하자. 이는 콜맨 씨의 보고가 오로지 부농들의 돈이 드는 실험만을 취급한다는 불만이 나왔기 때문이다. 지출은 다음과 같다.

낫··················· 54센트
경작, 써레질, 고랑 만들기····· 7달러 50센트(돈을 너무 들였다)
종자용 강낭콩·················· 3달러 12.5센트
종자용 감자·················· 1달러 33센트
종자용 완두콩················ 40센트
순무종···················· 6센트
까마귀를 쫓는 흰 줄 울타리·········· 2센트
말몰이꾼과 소년의 품삯(3시간)····· 1달러
곡물운반용 말과 수레················ 75센트
합계······················**14달러 72.5센트**

수입에 대해서는 "주인은 파는 버릇을 들여야지, 사는 버릇을 들여서는 안 된다"고 하므로,

강낭콩 9부셸 12쿼츠의 매출액····· 16달러 94센트

감자(대) 5부셸·························· 2달러 50센트
감자(소) 9부셸·························· 2달러 25센트
풀······································ 1달러
콩깍지································· 75센트
합계·································· 23달러 44센트

따라서 이미 어딘가에서 언급한 대로 이익은 차액인 8달러 71.5센트가 된다.

내가 콩을 재배하며 얻은 경험을 정리하면 이렇다. 6월 1일경, 작고 하얀 강낭콩 중에서 신선하고 둥글고, 순도가 높은 씨를 주의 깊게 선별해 18인치 간격을 두고 일렬로 뿌린다. 열과 열 사이는 3피트 정도 떨어뜨린다. 처음에는 해충에 주의하고 빈틈이 생기면 새로운 씨를 보충한다. 울타리가 없는 밭이라면 우드척을 주의해야 한다. 우드척들은 밭을 지나치다 갓 나온 야들야들한 잎들을 깡그리 먹어치우기 때문이다. 더구나 어린 덩굴이 자라나면 곧 눈독을 들이고 다람쥐처럼 똑바로 서서 새싹과 어린 껍질을 모두 물어뜯고 만다. 그건 그렇다고 치고, 서리를 피하거나 팔 수 있을 만큼 충분한 수확을 얻고 싶으면 콩을 가능한 한 빨리 거두어들이는 것이 좋다. 그렇게 하면 큰 손해를 입는 일은 없을 것이다.

그리고 다음과 같은 경험도 했다. 나는 자신을 설득한 것이다. 내년 여름에는 이렇게 팔다리 걷어붙이고 콩이나 옥수수를 재배하는 일은 그만두자. 대신 성실과 진리, 단순, 신앙, 무구와 같은 씨가 아직 남아 있다면 그것들을 뿌려, 올해만큼 고생하지 않고 비료도 적게 주면서 이 토양에서 나를 지탱해주는 새싹이 움트는지 시험해보자. 확실히 이 토양에는 그런 작물을 키울 힘이 다 소모되지 않고 남아 있을 테니 말이다. 그런데 어떠한가! 나는 그런 식으로 자신을 설득해 보았지만 내년 여름이 지나고, 나아가 다음 여름도, 또 그 다음 여름도 허무하게 지나가버렸다. 그리고 지금 여러분에게 고백하지 않을 수 없다. 내가 뿌린 씨는 분명 그러한 미덕의 씨였을지 모르나, 모두 벌레 먹고 생명력을 잃었기 때문에 결국 싹을 틔울 수는 없었다고. 일반적으로 사람들은 선조들만큼만 용감해지기도 하고 겁쟁이가 되기도 한다. 지금 세대는 매년 옥수수나 콩을 뿌리고 있지만, 그것은 몇 세기 전에 인디

언이 최초의 이주자에게 가르쳐 준 것을 운명처럼 흉내 내는 것에 지나지 않는다. 바로 얼마 전에도 나는 어떤 노인이 낫을 휘두르며 일흔 번째 구멍을 파는 것을 보았는데, 자신이 들어가기 위해서가 아니라는 사실을 알고 크게 놀란 적이 있다.

그렇다 해도 어째서 뉴잉글랜드 사람들은 곡물이나 감자, 목초, 과수원에만 열중하고 다른 작물을 재배하는 새로운 모험에는 나서지 않는 것일까? 또 어째서 종자용 콩에 관한 것만 걱정하고, 새로운 세대의 인간을 생산하는 일에는 신경도 쓰지 않는 것일까? 어떤 사람을 만났을 때, 내가 앞서 예로 든 갖가지 아름다운 성질 중에서 어느 것 하나라도 그 사람의 내부에 확실히 뿌리내려 자라나고 있다고 확신할 수 있으면 우리들은 잔뜩 배가 부른 것처럼 만족할 것이다. 그러나 누구나 자신이 다른 작물보다 소중하다고 말하지만, 대부분은 뿌려진 채 허공을 떠돌아다니고 있을 뿐이다. 가령 진리와 정의 같은 정묘하면서도 비할 바 없이 아름다운 성질이 극히 소량이든 신종이든, 지금이라도 길을 걸어 찾아온다고 하자. 이 나라의 대사는 즉시 이러한 씨를 조국에 보내라는 명령을 받아야 하고, 의회는 그것이 나라 안에 배포되도록 손을 써야 한다. 우리는 성실한 인간을 절대 딱딱하고 점잔빼는 태도로 대해서는 안 된다. 덕과 우정의 씨가 눈앞에 있다면, 쩨쩨하고 냄새나는 근성을 가지고 서로 깔보거나 모욕하거나 서로 배척해서는 안 되는 것이다.

우리는 이렇게 황망하게 사람을 만나서는 안 된다. 대부분의 경우 나는 누구와도 만났다는 생각이 들지 않는다. 모두 시간이 없는 것처럼 보이기 때문이다. 누구나 다 콩으로 머리가 꽉 차 있는 것이다. 이렇게 그들은 일 년 내내 악착같이 일하고, 짬짬이 지팡이 대신 낫이나 쟁기에 기대어 쉬고는 있지만, 버섯과 달리 지면에서 반쯤 떠올라 있고 똑바로 선다는 것 말고는 내세울 것 하나 없이, 제비가 땅 위로 내려와 걸어 다니는 모습과 조금도 다를 바 없이 살아간다. 이런 사람들과는 별로 만나고 싶은 생각이 없다.

"그분이 얘기를 하시면 그때마다, 양 날개가
날아오를 듯이 펼쳐지거나 접히거나 했다."

그래서 그들과 이야기를 하다보면 내가 천사하고 말을 하는 것이 아닐까 착각에 빠질 지경이다. 빵이 항상 우리를 배부르게 하는 것은 아니다. 하지만 인간이나 자연 중에 존재하는 관대함을 깨닫는 것, 단순하고도 고결한 기쁨을 서로 나누는 것은 언제든 우리를 위하는 일이 된다. 왠지 기분이 개운치 않은 때에도 이러한 일은 굳은 관절을 풀어주어 몸을 부드럽게 하고 가뿐하게 하는 효과까지 있는 것이다.

고대의 시나 신화는 옛날에 농경이 성스러운 기술이었다는 것을 가르쳐 준다. 그런데 요새는 커다란 농장과 대량의 수확물을 손에 넣는 것이 농경의 목적이 되었기 때문에, 우리는 불손하리만큼 서둘러서 부주의하게 농사를 짓는다. 농민이 자신의 천직에 대해 품는 성스러운 의식이나, 농경의 신성한 기원을 기억하기 위한 축제, 행렬, 의식도 우리에게는 없고, 다만 축산품평회가 있을 뿐이다. 이른바 감사제라는 행사도 예외는 아니어서, 농민을 끌어들이는 것은 상금과 맛있는 음식뿐이다. 그는 희생양을 곡물의 여신 케레스와 대지의 신 주피터가 아니라 지옥의 황금신 플루토에게 바친다. 탐욕과 이기심 때문에, 또 대지를 재산이나 패물을 손에 넣기 위한 수단으로 간주하는 우리의 비천한 습관 때문에, 풍경은 일그러지고 농업은 타락하고, 농민은 이루 말할 수 없이 비천한 삶을 보내고 있다. 농민은 도둑놈의 탐욕스런 눈으로 자연을 바라볼 뿐이다. 카토에 따르면 농업에서 얻는 이익은 종교의 가르침에 합당한 것이고, 바로(Marcus Terentius Varro : BC 116~BC 27. 고대 로마의 백과사전가)에 따르면 고대 로마인들은 "대지를 어머니, 또는 케레스라고 부르며, 땅을 경작하는 사람은 경건하고 세상에 보탬이 되는 삶을 영위하며, 그들만이 농업의 신인 사투르누스 왕의 후예"라고 생각하고 있었다.

우리는 하늘의 태양이 경작지나 평원, 수풀 할 것 없이 골고루 비춘다는 사실을 자칫 망각하기 쉽다. 그것들 모두가 일광을 반사함과 동시에 흡수하고, 경작지는 태양이 매일 운행하면서 바라보는 장려한 풍경의 일부분에 지나지 않는다. 태양에서 보면 지구 전체가 채소밭과 마찬가지로 한결같이 경작된 것이다. 그러므로 우리는 태양의 빛과 열기의 은혜를 그에 합당한 신뢰와 아량으로 받아들여야 한다. 내가 콩 종자를 소중히 여기면서 가을에 거두어들인 것이 어떻다는 것인가? 이렇게 오랫동안 내가 바라보며 살아온 이 넓은 밭은 나를 경작자라 생각하는 대신, 오히려 내 존재 따위는 무시하고 밭을 비로 촉촉이 적시고 녹음을 우거지게 하는 더욱 상냥한 자연의 힘에 의

지하고 있다. 이 콩들은 나로서는 거둬들일 수 없는 열매를 맺고 있다. 콩의 일부분은 우드척을 위한 것이 아니던가? 밀의 이삭만이 농민의 유일한 희망이어서는 안 되고, 그 핵, 즉 알갱이만이 밀의 이삭에서 태어나는 전부가 아니다. 그러고 보면 우리의 수확이 실패로 끝날 리는 없지 않겠는가? 잡초의 씨는 작은 새들의 곡물이 되는 것이니 잡초가 무성해지는 것 역시 기뻐할 만한 일이 아닐까? 밭의 작물이 농부의 곳간을 그득 채울지 어떨지는 그다지 중요한 일이 아니다. 다람쥐들이 "올해는 토실토실한 밤송이가 얼마나 맺히려나"라며 신경 쓰지 않는 것처럼 진정한 농부는 아무 부담도 갖지 않고 그날그날 노동에 충실하며, 마음속으로 밭에서 자란 생산물에 대한 모든 청구권을 버린 채 최초의 열매뿐만 아니라 최후의 열매까지도 신에 대한 희생양으로 바치고자 할 것이다.

8
마을
THE VILLAGE

오전에는 풀을 뽑고, 가끔씩 독서나 집필을 한 다음에 나는 다시 한 번 호수에서 목욕을 하고 나서 후미진 물길을 헤엄쳐 건넜다. 이렇게 해서 몸에 붙은 노동의 먼지를 깨끗이 씻어내고, 마지막으로 면학으로 생긴 주름을 펴고 나면 오후에는 완전히 자유의 몸이 되는 것이다.

나는 매일 또는 하루걸러 마을까지 슬슬 걸어 내려가 입에서 입으로, 또는 신문에서 신문으로 끊임없이 전해지는 소문에 귀를 기울였다. 이러한 소문도 독으로 독을 제거하는 동종요법처럼 소량씩 복용하면 흔들리는 나뭇잎이나 개구리의 울음소리와 마찬가지로 어떤 상쾌함을 가져다주었다. 나는 작은 새나 다람쥐를 보기 위해 숲 속을 돌아다니듯, 마을 사람들이나 아이들을 보기 위해 거리를 배회했다. 그러자 솔바람 대신 짐마차의 덜컹거리는 소리가 들려왔다. 내 오두막 한쪽 편으로, 강을 따라 이어진 목장에 사향뒤쥐의 제국이 있다. 또 반대 방향의 지평선에는 느릅나무와 플라타너스 밑에 다양한 사람들이 사는 마을이 있는데, 각자의 둥지 구멍 앞에 앉거나 옆의 둥지 구멍으로 달려가면서 잡담에 열중하는 그들이 내 눈에는 아주 신기해보였다.

나는 프레리 독과 흡사한 그들의 습성을 관찰하러 종종 그곳에 나갔다. 마을은 커다란 신문 열람실과도 같았다. 거리의 한쪽에서는 마을 생활을 지탱하기 위해서, 옛날 보스턴의 스테이트 가에 있는 레딩 상사가 그랬듯이, 호두와 건포도, 소금, 옥수수가루 등의 식료품들을 내다 팔았다. 사람에 따라서는 앞에서 언급한 필수품, 즉 뉴스에 대한 식욕이 아주 왕성한 데다 소화기관이 튼튼하기 때문에 언제까지라도 몸 하나 까딱 않고 큰 거리에 눌러앉아 갖가지 풍문이 계절풍처럼 소곤거리며 그들 사이를 스쳐 지나도록 내버려두고 있다. 아니면 에테르 냄새를 맡은 인간처럼 감각이 마비되어 뉴스가 주는 고통을 느끼지 못하고, 어떤 풍문도 그들의 의식에 작용을 미치지 않게 된 것일까? 그렇게라도 하지 않으면 차마 들을 수 없는 풍문이 무척 많은데 말이다.

마을을 어슬렁거리면 이런 높은 양반들이 쭉 줄지어 앉아 있는 모습이 꼭 눈에 들어온다. 그들은 언제나 사다리에 걸터앉아 양지에서 햇볕을 쪼이고, 몸을 비스듬히 기울여 오고가는 사람들에게 이따금씩 추잡한 시선을 던지기도 한다. 그렇지 않으면 주머니에 양손을 푹 찌른 채 헛간 벽에 기대고 있었는데, 마치 헛간을 떠받치고 있는 여상주(女像柱) 같았다. 그들은 대체로 문 밖에 있었기 때문에 바람이 전하는 소식은 무엇이든 귀로 접할 수 있었다. 그곳은 말하자면 제분소와도 같은 곳이다. 온갖 소문은 우선 여기에서 굵게 거른 다음, 옥내로 옮겨 더 정교한 제분기의 깔때기 장치에 들어가 고운 가루로 빻아지는 것이다.

내가 관찰한 바로는 마을의 핵심이 되는 장소는 식료 잡화점, 술집, 우체국, 은행 등이다. 또 필요한 기계의 일부가 마땅히 있어야 할 지점에는 종과 대포, 소방펌프가 갖추어져 있다. 집들은 인간을 정중하게 대접하느라 통로를 따라 서로 마주보듯 세워져 있어, 오가는 나그네는 너나 할 것 없이 모두 양쪽에서 태형을 받아야 하고, 남자나 여자 아이들 모두가 지나가는 나그네에게 일격을 가할 수 있었다. 물론 늘어선 집들의 맨 끝에 거처를 마련한 사람들은 거리를 제일 잘 볼 수 있고, 또 최초의 일격을 가할 수 있었기 때문에 가장 비싼 땅값을 지불해야 했다. 한편 마을 변두리 여기저기에 흩어져 사는 몇몇 사람들은 상당히 싼 토지세와 집세를 지불하고 있었는데, 이는 늘어선 집들에 기다란 틈이 생기면 나그네들이 담을 넘거나 소가 지나는 길로 벗어나 도망쳐버렸기 때문이다.

도처에 나붙은 간판이 나그네를 유혹했다. 선술집이나 음식점처럼 탐욕의 미끼를 던지는 곳이 있는가 하면, 옷가게나 보석상처럼 변덕스런 기호로 사람을 끄는 곳도 있고, 이발소와 구두점, 양장점처럼 머리털이나 발, 스커트로 호객행위를 하는 곳도 있었다. 이 거리를 지날 때는 탐욕의 미끼뿐만 아니라 이런저런 가게를 죄다 엿보고, 지금쯤 집에 있을 법한 친구 집을 한번 들러보고 싶다는 더욱 두렵고도 끊임없는 유혹과 싸워 이겨야만 했다. 내 경우에는 태형을 당하는 자에 대한 권고에 따라 한눈팔지 않고 대담하게 목적지로 돌진하든가, "하프 소리에 맞춰 큰 소리로 신에 대한 찬가를 노래하여 바다의 마녀 사이렌의 목소리를 깨끗이 지워버림으로써 위험에서 벗어난" 오르페우스처럼 고상한 것으로 생각을 돌리든가, 이 둘 중 하나로 대부분은 위험으로부터 무사히 벗어날 수 있었다. 나는 돌연 마을을 뛰쳐나가 행방을 감추기도 했다. 체면이고 뭐고 내팽개치고 울타리 틈새로 태연하게 빠져나가는 것이다. 또 나를 환대하는 집에는 넙죽 올라가는 버릇이 있어, 그 집에서 마지막 체에 걸러진 뉴스의 핵심과 침전물, 전쟁과 평화에 대한 예측, 세계는 유지될 수 있을까 등등을 접한 뒤, 뒷골목으로 사라져 다시 숲으로 도망쳤다.

특히 어둡고 날씨가 몹시 거친 날에는 늦게까지 마을에 머물러 있다가 호밀이나 옥수수가루 포대를 어깨에 메고 마을의 밝은 응접실과 강연회장을 뒤로 한 채, 밤의 어둠을 향해 그리고 숲 속의 쾌적한 항구를 향해 출항한다. 얼마나 즐거운 항해인가! 그런 날에 나는 외면의 자신에게 키를 맡기든지, 또는 순풍이 밀려오면 키를 묶어 고정시킨 다음 외부세계와 완전히 차단된 채 사상이라는 유쾌한 뱃사람과 함께 갑판 밑으로 기어들어가는 것이다. 바다를 떠다니면서 나는 선실의 불 곁에서 이따금 편안한 마음으로 깊은 생각에 잠겼다. 몇 번인가 폭풍을 만난 적은 있지만, 아무리 궂은날이라도 표류하거나 돌아가지 못해 쩔쩔매는 일은 없었다.

숲 속은 맑은 밤이라도 대부분의 사람들이 상상하는 것 이상으로 어둡다. 나는 종종 땅 위로 솟은 나무들 사이로 하늘을 올려다보며 항로를 확인하거나, 마치 길이 없는 곳에서는 내가 걸어 다니면서 다진, 있는 듯 없는 듯한 오솔길을 발로 더듬으며 나아가야 했다. 특히 아주 어두운 밤에는 숲 한가운데서 어깨 폭만큼도 떨어지지 않은 소나무 두 그루 사이를 빠져나갈 때처럼 양손으로 특정한 나무들을 만져보고, 미리 알고 있는 상호관계를 확인하면서 그것에 의지해 키를 잡아야 한다. 어둡고 푹푹 찌는 깊은 밤에 이렇게 눈으로는 보이지 않는 길을 발로 더듬으면서 꿈을 꾸듯 집에 도착한 다음, 문득 제정신을 차리면 손을 들어 현관의 빗장을 벗기려는 나를 발견한다. 그런데 그때까지의 내 발걸음을 단 하나도 기억할 수가 없는 것이다. 생각해보면 마치 양 손이 어렵지 않게 입을 더듬어 찾을 수 있듯이 주인이 육체를 버린다 해도, 육체는 집으로 가는 길을 더듬어 찾을 수 있지 않을까 싶다.

어두운 밤, 가끔 그때까지 내 오두막에 붙어앉아 있는 손님이 있으면 그를 집 뒤편의 짐마차 다니는 길까지 배웅해주고, 거기에서 그가 나아가야 할 방향을 가리키면서 눈보다 발에 의지하며 가라고 권하는 일도 적지 않았다. 하루는 아주 새카만 밤, 호수에서 낚시를 하던 두 젊은이를 그런 식으로 안내한 일이 있다. 그들은 숲에서 1마일 정도 떨어진 곳에 살았고, 그 길이 평소에 익숙한 터였지만, 하루 또는 이틀 뒤에 한 사람의 얘기를 들어보니, 둘은 거의 밤새도록 길을 헤매고 다녔다고 한다. 자신들이 사는 곳 바로 부근까지 갔으면서도 동이 틀 무렵까지 집에 도착하지 못하고, 몇 번이나 내린 심한 소나기와 젖은 나뭇잎들 때문에 온몸이 물에 빠진 생쥐처럼 흠뻑 젖었다는 것이다.

흔히 칼로 도려낸 듯한 어둠 속에서는 뻔한 마을 거리도 헤매는 사람들이 많다고 한다. 마을 변두리에 사는 사람이 마차를 타고 마을로 물건을 사러 왔다가 그날 밤 마을에서 발이 묶였다든지, 아는 사람을 찾아온 신사숙녀들이 오로지 발에 의지해 인도를 더듬어가다가 어느새 반 마일이나 옆길로 벗어났다는 얘기도 있다. 숲 속에서 길을 헤매는 경험은, 어떤 경우이든 귀중한 체험이라 할 수 있다. 또한 그것은 놀랍고 좀처럼 잊을 수 없는 경험이기도 하다. 설사 한낮이라 해도 눈보라가 치면 평소에 잘 알던 도로로 가면서도, 어느 쪽 길이 마을로 통하는지 영 알 수 없게 되는 것이다. 수천 번도 더 그 길을 지나쳤으면서도 이렇다 할 길의 특징도 하나 눈에 들어오지 않고, 마치 시베리아의 거리처럼 낯설게 느껴진다. 물론 밤에는 그 낯설음이 무한대로 증폭된다.

집 주위를 한 바퀴 걸어서 돌면서도 우리는 꼭 물길 안내원처럼, 무의식적이기는 하지만 늘 보아온 등대나 곶을 길잡이 삼아 키를 잡으며, 통상적인 항로에서 벗어나는 경우에도 역시 가까운 곳의 방향을 염두에 두는 것이다. 따라서 우리들은 완전한 미아가 되어 한 바퀴 빙 돌기 전에는 자연의 넓이와 그 불가사의함, 낯설음도 이해할 수 없는 것이다. 인간이 지상에서 미아가 되기 위해서는 눈 감고 한 바퀴 도는 것만으로도 충분하다. 인간은 모두 잠에서, 혹은 방심에서 눈을 뜰 때마다 다시금 나침반이 가리키는 방위를 읽어내야만 한다. 미아가 되어서야, 즉 이 세계를 잃고 나서야 비로소 우리는 자신을 발견하기 시작하고, 또 우리가 놓인 위치나 우리와 세계의 무한한 관계를 인식한다.

첫 여름이 막바지에 이른 어느 날 오후, 나는 구두 수선방에 맡겼던 구두를 찾기 위해 마을로 나가던 중, 체포되어 투옥되었다. 이미 다른 곳에서도 언급한 바와 같이, 의사당 입구에서 남자나 여자, 아이들을 가축처럼 매매하는 국가에 세금 납부하길 거부했기 때문이다. 즉 국가의 권위를 인정하지 않았다는 얘기다. 내가 숲으로 간 것은 이런 정치적인 목적 때문은 아니었다. 하지만 어디를 가든 사람들은 비열한 제도를 들이대며 쫓아와 절망적인 오드 펠로우^(18세기 영국에서 창립된 비밀조직) 비밀결사에 억지로 끌어넣으려고 한다. 만약 있는 힘을 다해 저항했다면 조금이라도 성과를 얻었을 테고, 사회를 상대로 한바탕 난동을 부릴 수도 있었을 것이다. 그러나 나는 차라리 사회가 이쪽을 상대로 난동을 피우는 편이 낫다고 생각했다. 사회야말로 구제할 길 없는 집단이기 때문이다. 그런데 나는 다음날 석방되었고, 수선이 끝난 구두를 받아들고 숲으로 돌아가 때마침 벌어진 페어 헤이븐 언덕의 허클베리 정찬에 늦지 않게 도착할 수 있었다.

나는 국가를 대표한다고 자처하는 자들을 제외하고는 어느 누구로부터도 괴롭힘을 당한 적이 없다. 원고가 들어 있는 책상을 제외하면 어디에도 자물쇠나 빗장을 채우지 않았고, 빗장이나 창문에 못 하나 박지 않았다. 주야를 불문하고 가령 수일간 집을 비울 때에도 문단속을 한 기억은 없다. 가을이 되어 메인 주의 숲에서 이 주일간 지냈을 때도 마찬가지이다. 그러면서도 내 오두막은 일개 대대가 지키는 왕궁보다 더 존중받고 있었다. 산보로 피곤해진 사람은 난롯가에서 몸을 쉬며 온기를 느낄 수 있었고, 문학을 좋아하는 사람은 테이블 위에 있는 몇 권의 책을 읽으며 즐길 수도 있었다. 호기심 많은 자들은 찬장을 열고 어떤 음식이 남아 있나, 저녁 식사는 무엇인지 살펴볼 수도 있었다.

온갖 부류의 사람들이 이 호수를 찾아왔지만 그들이 나에게 폐를 끼친 적도 없고, 호메로스의 작은 책 한 권 외에는 아무것도 잃어버린 것이 없다. 지나치게 금박을 입힌 그 책 역시 지금쯤 우리 병영의 누군가가 발견하고 잘써먹고 있을 것이다. 만약 모든 인간이 당시의 나와 마찬가지로 간소한 생활을 한다면 도둑이나 강도는 눈을 씻고 찾아봐도 없을 것이라 나는 확신한다.

도둑질이나 강도 사건은 필요 이상으로 물건을 가진 사람이 있는 한편, 필요한 물건조차 갖지 못한 사람이 있는 사회에서나 일어나는 것이다. 포프가 번역한 호메로스도 언젠가는 필요에 따라 널리 알려지게 될 것이다.

"Nec bella fuerunt,
Faginus astabat dum scyphus ante dapes."

"사람들은 전쟁으로 괴로워하지 않았을 것이다.
밤나무 그릇 하나만으로 족한 그 시절엔."

"정치를 행하는 데 사람을 죽일 필요가 있는가. 덕을 사랑하면 사람들도 덕을 베풀 것이다. 군자의 덕은 바람과 같고 소인의 덕은 풀잎과 같다. 바람이 풀 위를 스치면 풀은 고개를 숙이기 마련이다(子爲政, 焉用殺. 子欲善而民善矣. 君子之德風, 小人之德草. 草尙之風必偃)."《논어》)

9
호수
THE PONDS

때로 사람들과의 만남이나 잡담도 싫증이 나고 마을 친구들의 얼굴도 지겨워질 때면, 내가 살고 있는 곳에서 서편으로 더 멀찌감치 자리를 잡아, 마을에서도 찾는 이가 별로 없는 시원하고 상쾌한 숲과 새로운 목장으로 슬슬 발길을 옮긴다. 또는 해질 무렵 페어 헤이븐 언덕에서 허클베리나 블루베리로 푸짐하게 저녁을 먹고, 내친김에 며칠간 두고 먹을 분량을 따오기도 했다.

이 열매들을 사서 먹거나, 시장에 팔기 위해 재배하는 사람은 그 진정한 맛을 알 수가 없다. 그것을 아는 방법은 오직 하나다. 하지만 그렇게 하는 사람은 좀처럼 없는 것 같다. 허클베리의 맛이 어떤지 알고 싶으면 소몰이 소년이나 자고새에게 물어보는 편이 나을 것이다. 자신의 손으로 따본 적도 없으면서 그것을 맛보았다고 생각하는 것은 착각이다.

허클베리는 단 한 알도 보스턴에 가지 못한다. 예전, 그곳 보스턴의 언덕에서도 열매를 맺기는 했으나 지금은 찾을 수가 없다. 열매의 풍미를 느낄 수 있는 본질적인 부분은 시장으로 향하는 짐마차 속에서 표면에 붙어 있는 하얀 가루가 닳아 없어짐과 동시에 사라져버리고 허클베리는 단지 인간의 사료로 전락하고 만다. 영원한 정의가 세상을 지배하는 한, 더럽혀지지 않은 허클베리는 단 한 알도 산골을 벗어나 도회지로 실려갈 수 없다.

풀 뽑기가 끝난 후 아침부터 호숫가에서 낚시질을 하며 내가 오기를 고대하는 친구와 합류하기도 했다. 그는 오리처럼, 혹은 물에 두둥실 떠 있는 한 장의 나뭇잎처럼 입을 다문 채 꼼짝도 않고 온갖 철학을 머릿속으로 이리저리 굴린다. 그러다 내가 도착할 무렵에는 대체로 자신은 옛날의 '잡히지 않는 파'의 수도사라는 결론을 내렸다.

또 낚시의 명인이자 술에 정통한 어떤 노인은 내 오두막이 오로지 낚시꾼의 편의를 위해 세워진 것이라 믿고 좋아했다. 나도 그가 오두막 현관에 앉아 낚싯줄을 준비하는 모습을 보는 게 좋았다. 때로 우리는 각자 배의 양 끝에 자리를 잡고 함께 호수 위로 나갔다. 하지만 노인은 최근 귀가 어두워져 별로 많은 대화를 나누지는 않았다. 이따금 그는 찬미가를 읊조리기도 했는데 그것이 나의 철학과 절묘한 조화를 이루었다. 때문에 우리의 만남은 결코 조화가 깨지는 일이 없고, 지금 돌이켜 생각해보아도 말로 이루어진 만남보다 훨씬 기분 좋은 것이었다.

평상시엔 말동무도 없었지만 그런 때는 뱃전을 노로 두드려 메아리를 만들어 둘레의 숲을 파문처럼 퍼져가는 소리로 가득 차게 하곤 했다. 사육사가 구경꾼들 앞에서 짐승을 부추기듯이 숲을 부추겨, 마침내 울창한 계곡과 산기슭에서 신음과도 같은 메아리를 불러내는 것이다.

따뜻한 밤에는 배에 앉아 플루트를 불곤 했다. 그러자 음악에 매료됐는지 퍼치(^{농어과의} 민물고기)가 배 주위를 천천히 헤엄쳐 도는 것이다. 숲의 잔해가 흩어져 있는 호수 바닥 위를 소리 없이 건너는 달의 모습이 선명했다. 예전엔 어두운 여름밤이면 친구 하나와 모험심에 가득 찬 두근거리는 가슴으로 이 호수를 찾아와 물가에 모닥불을 피우고—물고기를 끌어들일 요량으로—, 낚싯줄 끝에 지렁이 뭉치를 매달아 파우트(^{메기의} 일종)를 낚기도 했다. 밤이 깊어질 무렵, 낚시는 잠시 접어두고 타다 남은 나무토막을 횃불처럼 하늘 높이 휙 던지자 호수에 떨어져 칙 하는 큰 소리와 함께 불이 꺼진다. 그러면 우리는 새카만 어둠 속을 손으로 더듬어야 했다. 그 어둠 속을 휘파람을 불며 빠져나가 인가가 있는 마을로 되돌아갔다. 그런데 이번에는 그 호숫가에 내 집을 세운 것이다.

때로는 마을 어딘가의 응접실에서 식구들이 모두 잠자리에 들 시간까지 오래도록 머물러 있다가 숲으로 돌아가는 일도 있었다. 그런 뒤 다음날 식탁에 올릴 생각으로 달빛을 의지하며 한밤중에 몇 시간이고 낚시를 하기도 했다. 그럴 때면 올빼미나 여우가 묘한 노랫소리를 들려주었고, 또 바로 옆에서 귀에 익숙하지 않은 새의 날카로운 외침이 일어나기도 했다.

다음과 같은 일도 아주 귀중하고 잊을 수 없는 경험이었다. 물가에서 2, 30로드 깊이 40피트 부근에 배를 띄우고, 달 그늘이 떠도는 수면을 꼬리로

치며 잔물결을 일으키는 수천에 이르는 퍼치나 연준모치^(잉엇과의 민물고기) 등 작은 물고기 떼에 둘러싸여, 수면 아래 40피트 지점에 사는 신비로운 밤의 물고기들과 긴 삼실로 교신을 한 것이다.

또 부드러운 밤바람에 떠내려가면서 호수 여기저기를 60피트의 낚싯줄을 당기며 떠다니고 있는데, 문득 어렴풋한 진동이 실을 타고 올라오는 것이었다. 그것은 실의 끝 부근에 무언가 막연하고 불확실한 생물체가 꿈틀거리고 있고, 좀처럼 결단을 내릴 수 없다는 것을 이야기하고 있었다. 이윽고 천천히 실을 감아올리면, 뿔이 난 파우트가 끼끼 하고 몸을 꿈틀거리면서 수면 위로 모습을 드러낸다.

어두운 밤에는 특히 그러했는데, 사고가 또 다른 천체의 광대하고 우주진화론적인 여러 문제를 향해 더듬어 나아가고 있을 때, 이러한 몽상을 방해하고 다시 나를 자연계와 맺어주는 이 희미한 당김은 아주 묘한 느낌이었다. 이번에는 낚싯줄을 물속에 떨어뜨리지 말고 허공에 던져올려도 좋을 듯했다. 공기보다 물속이 그다지 밀도가 높은 것은 아니니. 이렇게 해서 나는 한 개의 바늘로 두 마리의 고기를 낚은 것이다.

월든 호의 크기는 아담하다고 할 수 있다. 매우 아름답기는 하지만 웅대함과는 거리가 멀고, 오랫동안 자주 찾아온 사람이나 호숫가에 살아본 사람이 아니라면 별로 흥미를 품지도 않을 것이다. 그러나 이 호수의 깊이와 맑은 물은 비범하다 할 수 있으며 특별한 가치가 있다. 길이 반 마일, 둘레 1.75마일의 아주 맑은 심녹색의 이 샘물은 61.5에이커의 면적을 차지하고 있다. 말하자면 소나무와 떡갈나무 숲 한가운데서 솟아오르는 영원의 샘으로, 구름과 증발 외에는 물의 입구도 출구도 전혀 보이질 않는다. 주위의 언덕은 물가에서 가파르게 40내지 80피트의 높이로 솟아올라 있다. 그리고 남동쪽과 동쪽은 4분의 1마일에서 3분의 1마일의 범위 내에 각각 100피트에서 150피트 정도의 높이에 달하고 있다. 그 주변 일대는 삼림이다.

콩코드의 수역은 두 가지 색을 띠고 있다. 하나는 멀리서 보았을 때의 색, 또 하나는 가까이서 보았을 때의 본래 색이다. 전자는 빛의 양에 많이 좌우되고 하늘의 상태에 따라 달라진다. 밝은 여름날 조금 떨어진 곳에서, 특히 물결이 칠 때에 보면 파랗게 보이지만, 아주 멀리 떨어져서 보면 여러 수역이 같은 색을 띠고 있다. 흐린 날씨에는 검푸른 빛을 띤 회색으로 변하기도 한다. 하긴 바다는 눈에 띄는 대기의 변화가 없어도 어떤 날은 파랗고, 어떤 날은 초록빛으로 보인다고 한다. 주위가 하얀 눈으로 뒤덮인 콩코드 강을 본 적이 있는데, 물 빛도 얼음 빛도 풀잎처럼 초록이었다. 파란색이야말로 '액체든 고체든 순수한 물 특유의 색'이라고 말하는 사람도 있다. 그러나 배에서 바로 물속을 내려다보면 실로 여러 가지 색이 보인다.

월든 호는 같은 각도에서 보아도 어떤 때는 파랗고 어떤 때는 초록빛이다. 하늘과 땅의 중간에 있기 때문에 쌍방의 색을 띠는 것이리라. 언덕 꼭대기에서 보면 호수는 하늘의 색을 투영하고 있지만, 가까이 다가가면 밑바닥 모래가 보이는 물가는 노란빛을 띠고, 그것이 점차 밝은 초록빛으로 바뀌어 호수 중심부에 가까워짐에 따라 암녹색으로 변해간다. 빛의 밝기에 따라서는 언덕 위에서도 호숫가의 물이 선명한 녹색으로 보이는 일이 있다.

이것을 주변 초목들의 반영으로 생각하는 사람도 있지만, 철로의 모래 둔덕을 배경으로 한 부근도 그렇고, 봄에 나뭇잎이 무성하기 전에도 그러하니 오로지 물 전체의 파란색이 모래의 노란빛과 섞인 결과라 생각할 수밖에 없겠다. 어쨌든 호수의 홍채 부분은 그런 색을 띠고 있는 것이다. 또 그곳은 봄이 되면 호수 밑에서부터 반사되고 땅 속으로부터 전해지는 태양열의 온기로 얼음이 제일 먼저 녹아 꽁꽁 얼어붙은 호수의 한가운데를 둘러싸고 좁은 운하가 형성되는 부분이기도 하다.

콩코드의 다른 수역도 마찬가지지만, 맑은 날 바람이 불어 수면이 몹시 어지러울 때는 물결의 표면이 하늘의 색조를 직각으로 반사하거나, 나아가 많은 양의 빛이 물과 섞이기 때문에 조금 떨어진 곳에서 보면 호수가 하늘 그 자체보다도 짙은 파란색을 띠기도 한다. 이러한 때에 물 위로 나아가 반사광을 세세히 관찰해보면 뭐라 형용할 수 없이 밝은 푸른색을 발견하는 때가 있다. 그것은 마치 물결무늬, 혹은 다양한 색조로 변화하는 견직물이나 칼날과 같은 것으로 하늘보다 더 선명한 담청색이 물결의 반대쪽 본래의 색인 암녹색과 번갈아 나타나는데, 이를 비교하고 있노라면 그 암녹색이 결국에는 진흙 빛깔로밖에 보이지 않게 된다.

내가 기억하는 바로 그 푸른색은 해가 지기 전 서쪽의 먼 구름사이로 엿보이는, 조각난 겨울 하늘을 생각나게 하는 투명한 초록빛을 띠고 있다. 그런데 그 물을 컵에 넣어 빛에 비춰보면 같은 양의 공기와 다를 바 없이 무색 투명하다. 누구나 알고 있듯이 커다란 유리판은 제조업자가 말하는 '몸체'로 인해 초록빛을 띠지만, 작은 파편들을 보면 무색 투명한 것처럼 말이다. 여기에서 나는 월든 호의 물이 초록빛을 띤 색을 반사하기 위해서는 어느 정도의 몸체가 필요한가를 생각해봤는데, 이것은 여전히 풀 수 없는 숙제로 남아 있다.

이 부근의 강물은 가까이서 내려다보면 흑갈색이고, 대부분의 호수와 마찬가지로 헤엄치는 사람의 몸을 노르스름하게 물들인다. 그런데 월든 호의 물은 수정처럼 아주 맑기 때문에 헤엄치는 사람의 몸은 설화 석고 이상으로 부자연스러운 흰색을 띠고, 게다가 팔다리는 확대되고 왜곡되어 보이기 때문에 미켈란젤로의 습작 재료로 쓰면 좋을 듯한 기괴한 효과를 낳는다.

이곳의 물은 아주 맑고 투명해 25에서 30피트의 깊이라도 호수 밑을 확실하게 볼 수가 있다. 배를 젓고 있으면 수면에서 몇 피트나 떨어진 아래쪽에 퍼치나 연준모치 떼가 보인다. 길이는 한결같이 겨우 1인치 정도. 퍼치는 줄무늬가 있어서 쉽게 구별이 간다. 이런 곳에서 생활하는 걸 보니 꽤나 금욕적인 물고기인가 보다.

몇 년 전인가 어느 겨울날, 강꼬치고기를 잡으려고 얼음에 구멍 몇 개를 뚫고 있을 때, 물가로 올라가려고 도끼를 그쪽 얼음 위로 던졌더니 마치 악령에 이끌리기라도 하듯이 도끼가 4, 5로드 정도 미끄러져 구멍 하나에 빠지고 말았다. 그곳은 수심 55피트였다. 호기심에서 얼음 위에 배를 깔고 엎드려 구멍 속을 들여다보니, 머리를 약간 옆구리 쪽으로 바닥에 박고 자루를 곧추세운 도끼가 물결에 따라 천천히 흔들리는 것이 보였다. 내버려두면 도끼는 거기에 꼿꼿이 박힌 채로, 자루가 썩어 빠질 때까지 계속 흔들릴 것이다. 나는 마침 손에 있던 끌로 바로 위에 또 하나의 구멍을 만들고, 부근에서 발견한 제일 긴 자작나무 가지를 칼로 베어 쓰러뜨린 다음 밧줄로 올가미를 만들어 그 끝에 묶었다. 그것을 주의 깊게 물속에 내려 자루의 손잡이 부분에 올가미를 씌우고, 자작나무에 이어 맨 줄을 끌어당겨서 다시 도끼를 끌어올렸다.

한두 군데의 작은 모래사장을 제외하면 호숫가는 포장용 자갈처럼 미끄럽고 둥근 하얀 돌멩이의 띠를 이루고, 그 경사는 아주 가팔라서 뛰어들어가면 머리가 물에 푹 잠길 만큼 깊은 곳이 많다. 따라서 이곳의 물이 놀라우리만치 투명하지 않았다면, 건너편 얕은 물가에 헤엄쳐 이를 때까지 두 번 다시 호수 바닥을 볼 수는 없었을 것이다. 바닥이 없다고 생각하는 사람도 있다. 어디 한 구석 진흙으로 탁해진 데가 없고, 게다가 주의 깊게 보지 않으면 물풀 한 줄기 돋아나 있지 않다고 말할 것이다. 본래 호수의 일부는 아니지만 최근 물에 잠겨버린 작은 목초지를 제외하면 눈에 띄는 식물이라곤 눈을 부릅뜨고 살펴보아도 부들, 큰고랭이는커녕, 노랑이나 흰색의 백합 한 줄기 보이지 않고 기껏해야 몇 안 되는 심장초와 수초, 거기에 순채 한두 줄기가 돋아나 있는 정도다. 그것들 역시 미역을 감는 사람의 눈에는 뜨이지 않을 것이다. 이러한 식물은 그것을 자라나게 하는 물과 마찬가지로 깨끗하고 밝게 빛나고 있다.

물가의 자갈은 1, 2로드 정도 물에 잠긴 부근까지 이어져 있고, 거기서부터 전방의 호수 바닥은 아무것도 섞이지 않은 순수한 모래로 이루어져 있다. 단, 제일 깊은 곳은 예외로 침전물이 조금 쌓여 있는데, 이것은 아마 오랜 세월에 걸쳐 가을 낙엽이 흘러들어가 썩을 대로 썩은 것이리라. 또 한겨울에도 빛을 발하듯 파릇파릇한 수초가 닻에 걸려 올라오는 일이 있다.

부근에는 이와 많이 닮은 호수가 또 하나 있다. 서쪽으로 2마일 반쯤 떨어진 나인 에이커 코너에 있는 화이트 호가 그것이다. 월든을 중심으로 12마일 이내에 있는 호수라면 내가 대체로 알고 있는데, 이 두 호수만큼 맑디맑은 샘과 같은 성질을 공유하는 것은 달리 없으리라. 아마 수많은 민족이 계속해서 이 호수의 물을 마시고, 감탄하고, 깊이를 재고, 그리고 소멸해갔을 것이다. 지금도 그 물은 예전 그대로의 맑은 초록빛을 유지하고 있다. 솟아오르거나 말라 없어지는 샘물이 아닌 것이다! 아담과 이브가 에덴동산에서 추방된 그 봄날 아침에도 월든 호는 그 자리에서, 때마침 안개와 남풍을 동반하는 부드러운 봄비를 맞으며 해빙하고, 수많은 오리나 기러기 떼는 인류의 타락에 대해선 아무것도 모른 채, 변함없이 이 맑은 호수에 만족하며 수면 위에 무리지어 있었을 것이다.

그때 호수는 이미 수위의 상승과 하강을 시작하고 있었고, 그 물은 정화되어 오늘날과 같은 색으로 물들어 있었으며, 이것이야말로 지상의 유일무이한 월든 호로서 하늘로부터 천계의 '이슬의 증류기'라는 보증을 받고 있었던 것이다. 지금은 잊혀진 여러 민족의 문학에서 이 호수는 카스탈리아 샘(그리스 델포이에 있는 신성한 샘)과 같은 영감의 원천이 되고 있었던 게 아닐까? 또 황금 시대에는 어떤 요정들이 이곳을 지배하고 있었던 것일까? 월든 호는 콩코드의 왕관에 박힌 최초의 물이라는 보석이다.

이 샘을 처음 찾은 사람들은 분명 어떤 발자취를 남기고 있을 것이다. 사실 호수 주위를 걸어 다니면서 호숫가의 울창한 숲 속에 벌채된 지 얼마 안 되는 험한 언덕 기슭에 밟아 다져진 좁은 계단 같은 오솔길이 오르락내리락하며 물가로 접근하거나 멀어진 흔적을 발견하고 놀란 적이 있다. 아마도 그것은 이 부근에 처음 인류가 출현했을 그때 태곳적 사냥꾼들의 발이 만든 것을 지역 주민들이 지금까지 때때로 무심코 밟아 굳힌 것이리라.

이 오솔길은 싸락눈이 내린 직후에 호수 한가운데에서 보면 잡초나 나뭇가지에 방해받지 않고 뚜렷한 기복이 있는 한 줄기 하얀 선이 되어 나타나기 때문에 확실히 알 수가 있다. 또 여름에는 그것이 바로 옆에 있어도 좀처럼 구별할 수 없던 많은 지점에서도, 거기에서 4분의 1마일 정도 떨어지면 아주 분명히 보이는 것이다. 이는 눈이 그 오솔길을 뚜렷하고 하얀 돋을새김처럼 재현해 주기 때문이다. 언젠가 여기에 세워질 별장의 화려한 정원도 이 오솔길의 흔적을 아주 지워버리지는 못할 것이다.

호수의 수위는 변화한다. 단, 그것이 규칙적으로 일어나는지, 또 어떠한 기간 내에 일어나는지는 그 누구도 알지 못한다. 늘 아는 척하는 자들은 많지만. 보통 동절기엔 물이 붇고 하절기엔 물이 줄지만, 반드시 강수량에 비례한다고 할 수는 없다. 내가 호숫가에 살았던 당시보다 수위가 1, 2피트 낮아진 적이 있는가 하면, 반대로 5피트는 높아진 적도 있는 것으로 기억한다.

호수 안에 작은 모래톱 하나가 돌출되어 나와 있고 그 한쪽은 물이 꽤 깊다. 1824년경, 물가에서 6로드 좀 떨어진 이 모래톱 위에서 나는 차우더(잡탕 요리) 만드는 걸 도운 일이 있다. 그 후 지금까지 25년간 그러한 일은 불가능했다. 그런데 한편으로—얘기해도 친구들은 믿어주지 않았지만—그리고 나서 2, 3년 후에는 그들이 알고 있는 유일한 호숫가에서 15로드나 떨어진 숲의 후미진 구석에서 곧잘 배를 타고 낚시를 했던 것이다. 오래 전부터 목초지가 되어 있는 그 부근이다. 그런데 최근 2년간 호수의 수위는 확실히 올라가 있다. 현재, 즉 1852년 여름의 시점에서 내가 거기에 살았던 당시와 비교해 꼭 5피트 높아져 있다. 즉 그것은 30년 전과 같은 수위이고, 사실 그 목초지에서 다시 낚시를 할 수 있게 된 것이다. 따라서 수위의 상하 차는 기껏해야 6, 7피트에 불과하고 주위의 언덕에서 흘러들어오는 물의 양은 미미한 것이어서, 물이 부는 것은 깊은 호수 밑바닥 샘에 영향을 주는 다양한 요인에 있다고 생각할 수밖에 없다.

이번 여름, 호수의 수위는 다시 내려가기 시작했다. 이러한 변동이 주기적으로 일어나든 일어나지 않든, 끝나는 데 오랜 세월을 요한다는 점은 주목할 만하다. 지금까지 나는 상승을 한 번, 하강의 일부를 두 번 관찰한 것이 되는데, 12년이나 15년 후에는 내가 익히 보지 못한 낮은 수위까지 다시 내려가지 않을까 생각한다. 여기서부터 1마일 동쪽에 있는 플린트 호는 몇 개의 입구와 출구가 일으키는 수위의 변화를 빼고 생각한다면, 둘의 중간에 있는 훨씬 작은 호수와 함께, 최근 월든 호에 호응해 마침 같은 시기에 최고 수위에 달했다. 내가 관찰한 바에 따르면 화이트 호도 마찬가지이다.

긴 간격을 두고 되풀이되는 월든 호 수위의 상승과 하강은 적어도 다음과 같은 점에서 도움이 되고 있다. 일 년이나 그 이상에 걸쳐 이만한 고수위가 지속되면 호숫가를 돌아다니기는 불편하지만, 지난번 물이 분 이래 물가에 서 있던 관목이나 수목—리기다소나무, 자작나무, 오리나무, 미루나무 등—이 시들어버려, 물이 빠진 후에는 거치적거릴 것 하나 없는 물가만 남는 것이다. 매일 되풀이해서 물이 증감하는 다른 여러 호수나 하천과는 달리, 이 호숫가는 수위가 제일 낮아질 때 가장 깨끗하기 때문이다.

내 오두막 바로 아래쪽 물가에는 일렬로 늘어선 높이 15피트 정도의 소나무가 시들어 지렛대로 파헤친 것처럼 쓰러지고 말았다. 이렇게 해서 그들의 침략은 저지되었다. 쓰러진 나무의 크기를 보면 지난번 이 높이까지 수위가 상승한 이후 몇 년이 경과했는지 알 수가 있다. 호수는 수위의 변동에 따라 물가에 대한 자신의 권리를 주장하는 것이고, 이렇게 근사한 솜씨로 물가가 벌채되어 버리면 나무들 측에서도 소유권을 내세워 그곳을 점거하지는 못한다. 물가는 수염이 돋지 않은 호수의 입술이라고나 할까. 호수는 그 입술을 가끔씩 혀로 핥고 지나간다. 수위가 높아지면 오리나무, 버드나무, 단풍나무 등은 물속에 잠긴 몸통 여기저기에서 지상 3, 4피트 높이까지 수 피트에 이르는 섬유질의 붉은 뿌리를 드러내고 어떻게든 살아남으려고 한다. 나는 물가에 무성하게 나 있는, 평소엔 열매를 맺지 않는 블루베리가 이러한 상황에서는 많은 열매를 맺는다는 것을 알고 있다.

물가에 왜 이렇게 가지런히 자갈이 깔려 있는지 의아해하는 사람도 있다. 마을사람이라면 누구나 알고 있지만 나이 든 노인들이 젊은 시절에 들었다고 하는 오래된 전설에 따르면, 아주 먼 옛날 인디언들이 지금의 호수 깊이와 같은 높이로 솟아올라 있던 언덕 위에서 집회를 열고 있었다. 그들이 툭하면 신을 모독하는 말을 내뱉었기 때문에—이것이야말로 인디언들이 결코 범해서는 안 될 죄였다—한창 이야기하는 중에 언덕이 심하게 요동을 치더니 갑자기 푹 꺼지고 월든이라는 이름의 할머니만이 도망쳐 살아남았다고 한다. 그래서 이 할머니의 이름을 따 호수의 이름이 붙여졌다는 것이다.

사람들은 언덕이 흔들렸을 때 돌멩이가 비탈길로 굴러 떨어져 현재의 물가를 이룬 것이 아닐까 추측하고 있다. 어쨌든 예전에 이곳에 없었던 호수가 지금은 있다는 것, 그것만은 확실하다. 또 이 인디언의 우화는 내가 전에 언급한 태고의 이주자와 관련된 다음 이야기와도 모순되지 않는다. 그 남자의 기억으로는, 점치는 막대를 갖고 처음 여기에 찾아왔을 때, 풀밭에서 희미하게 증기가 솟아오르고 개암나무 가지가 분명히 아래를 가리켰기 때문에 여기에 우물을 파기로 했다는 것이다. 물가의 자갈에 대해서는 지금도 많은 사람이 언덕을 향해 밀려오는 물결의 작용 때문이라는 설명을 쉽게 인정하려들지 않는다. 그러나 나는 주위 언덕에 같은 종류의 돌들이 놀랄 만큼 많다는 것을 확인했다. 그래서 호수 바로 옆에 철로를 놓으면서 언덕을 절단해 만든 길 양쪽에 그 자갈들을 쌓아올려 벽을 만들 수밖에 없었던 것이다. 또 물가의 경사가 가파를수록 자갈이 많다. 이러한 연유로 유감스럽게도 내게 그것은 이미 전혀 신기할 게 없다.

나는 자갈을 쫙 깔아놓은 자의 정체를 알고 있다. 호수의 이름은 영국 어딘가의 지명—예를 들어 새프론 월든—에서 유래하거나, 예로부터 '벽으로 둘러싸인(Walled-in)' 호수라고 불렸던 것에서 전해 내려왔다고 생각해도 좋을 것이다.

호수는 나에게 있어 준비된 우물과도 같았다. 일 년 중 넉 달간은 늘 맑고 차가웠다. 이 시기 호숫물의 맛은 마을 어느 곳의 물과 비교해보아도—최고라 할 수는 없다 해도—결코 뒤지지 않는다. 겨울이 되면 외부 공기에 드러난 물은 외부 공기에 닿지 않는 샘이나 우물물보다도 차가워진다. 1846년 3월 6일 오후 5시에서 다음날 정오에 걸친 나의 방 온도는 지붕 위에서 내리쬐는 햇볕 탓도 있어서 일시적으로 화씨 65에서 70도까지 상승했는데, 실내에 놓아둔 호숫물 온도는 42도로, 마을에서 제일 차가운 우물물보다도 1도 낮았다. 같은 날 보일링 샘의 수온은 45도로 내가 조사한 어떤 물보다도 따뜻했다(여름에 얄팍한 표면의 물이 뒤섞이지 않는다면 그곳의 물이 내가 아는 한 가장 차갑긴 하지만). 여름의 월든은 그 깊이 덕분에 태양 아래 드러나 있는 대부분의 물처럼 뜨뜻해지는 법은 절대 없다. 몹시 무더운 날엔 항상 물통 하나 가득히 물을 길어와 지하실에 놓아두었는데 밤사이에 식어서 다음날도 하루 종일 차가웠다. 가끔 근처의 샘을 이용하는 일도 있었다. 그물은 일주일이 지나도 길어온 날과 마찬가지로 맛있고 펌프 냄새도 나지 않았다. 여름날 호숫가에서 캠프를 하는 사람은 텐트 그늘에 깊이 2, 3피트의 구멍을 파고 물통을 묻어두면 사치스런 얼음 따윈 필요치 않을 것이다.

월든에서는 강꼬치고기가 잡혔다. 7파운드나 나가는 묵직한 놈이 잡히는가 하면, 한번은 대단한 기세로 릴을 낚아채간 놈도 있었는데 낚시꾼은 그놈을 볼 수 없음을 알고 8파운드 아래로는 내려가지 않을 거라고 마음 놓고 우겼다. 퍼치, 메기 등은 각각 2파운드를 넘는 것도 있었고, 연준모치, 치빈(잉어과의 민물고기), 로치(Leuciscus Pulchellus : 잉어과의 민물고기), 브림 몇 마리, 장어 두 마리도 잡혔다. 그 중 장어 한 마리는 4파운드 이상이었는데, 이런 세세한 점에 일일이 신경 쓰는 것은 오로지 무게만이 물고기에게 명예의 표시라 할 수 있고, 여기에서는 이 두 마리 이외에 장어가 잡혔다는 이야기를 들은 적이 없기 때문이다. 나아가 옆구리가 은색이고 등은 녹색을 띤 어딘지 모르게 치빈을 닮은 5인치 남짓한 작은 물고기들을 잡았던 걸 어렴풋이 기억하고 있는데, 여기에 적는 이러한 사실이 나에겐 하나의 우화와도 같다.

하지만 이 호수에 물고기가 많이 사는 건 아니다. 그 수가 풍부하진 않지만 강꼬치고기가 가장 큰 자랑거리라고 할 수 있겠다. 예전에 나는 얼음 위에 엎드려서 적어도 세 종류의 강꼬치고기가 있는 걸 확인한 바가 있다. 한 마리는 강물에서 곧잘 잡히는 것과 꼭 닮았는데 가늘고 긴 형태에 쇠 빛을 띠고 있고, 또 한 마리는 이 호수에서 제일 눈에 많이 띄는 것으로 선명한 황금색을 띠고 있으며 두툼한 몸체가 초록빛을 받아 예쁘게 빛이 났다. 세 번째 것은 역시 황금색으로 모양도 두 번째 것과 비슷한데 옆구리 배 부분에 작고 짙은 갈색, 혹은 흑색의 반점이 있고, 이와 함께 희미한 혈흔을 떠올리게 하는 붉은 반점이 나 있는 게 송어와 아주 흡사했다. 'reticulatus(그물 무늬가 있는)'라는 학명은 어울리지 않고 오히려 'guttatus(반점이 있는)'라고 하는 편이 적절할 것이다. 모두 아주 탄력이 있고 눈에 보이는 크기 이상의 무게가 나간다.

연준모치나 파우트, 퍼치뿐만 아니라 이 호수에 사는 모든 물고기는 맑은 물 덕분에 강물이나 다른 대부분의 호수에 사는 물고기보다 훨씬 깨끗하고 형태가 좋으며 몸에 탄력이 있어 그것들과는 쉽게 구별이 간다. 아마 많은 어류학자가 이러한 물고기를 신종으로 분류한다 해도 이상할 게 없으리라. 또 보기에도 말쑥한 개구리와 거북, 게다가 약간의 진주담치도 있다. 사향뒤쥐나 밍크는 호수 주위에 발자취를 남기고 간다. 이따금 진흙거북이 멀리서 찾아오는 일도 있다. 아침에 배를 호수로 밀어내려고 하다가 밤사이 그 밑에 몸을 숨기고 있던 커다란 진흙거북의 단잠을 깨우기도 했다. 봄과 가을에는 오리나 기러기가 찾아왔고, 흰배 제비(Hirundo bicolor)가 수면 위를 스쳐 지나며, 얼룩점도요새(Totanus macularius)는 여름 내내 자갈이 빼곡한 호숫가에서 아장아장 걸음마를 하고 있다. 때로 나는 물을 향해 뻗은 스트로브잣나무 가지 위에 있는 물수리의 평안을 어지럽히기도 한다. 그렇지만 이 호수는 예전에 페어 헤이븐처럼 갈매기의 날개가 그 신성함을 더럽히리라곤 생각지 않는다. 기껏해야 한 해에 아비 한 마리가 찾아오는 걸 봐주는 정도일 뿐. 이상이 현재 이곳을 방문하는 주된 동물들의 명단이다.

바람이 없는 날 동쪽 모래밭에 가까운 수심 8피트에서 10피트 부근이나, 그 이외의 몇 곳에서 배를 타고 호수 안을 내려다보면, 모래 말고는 아무것도 없는 바닥에 달걀보다 작은 돌멩이로 이루어진 직경 6피트, 높이 1피트 남짓한 원형의 작은 산이 보인다. 처음에는 인디언들이 어떤 목적으로 얼음 위에 만들었던 것이 해빙되면서 밑에 가라앉은 것이 아닐까 생각했지만, 그러기엔 형태가 전혀 일그러져 있지 않고 만든 지 얼마 안 되어 보이는 것도 석연치가 않다. 강물에서 흔히 볼 수 있는 것과 비슷하지만, 이 호수엔 서커^(미국산 민물고기)나 칠성장어는 없기 때문에 어떤 물고기가 만든 것인지 도무지 짐작이 가질 않는다. 혹여 치빈의 보금자리는 아닐는지. 이러한 것이 호수 밑바닥의 즐겁고도 신비한 정취를 더해주고 있는 것이다.

물가의 형상은 꽤 불규칙하지만 덕분에 단조로움을 벗어나고 있다. 나의 뇌리엔 물의 출입이 격한 깊이 후미진 서쪽, 그보다 더 대담한 곡선을 그리는 북쪽, 겹겹이 이어진 듯한 곳이 돌출해 있고 아직 사람의 발자취를 모르는 후미가 있을 법한 아름다운 부채꼴 모양의 남쪽 물가가 연이어 떠오른다. 붕긋 솟은 언덕으로 둘러싸인 작은 호수의 한가운데서 바라볼 때처럼 숲이 근사하고 아름다워 보일 때가 또 있을까. 숲은 제자리를 찾은 것이다. 수목을 비추는 호수는 한 폭의 수채화를 이루고, 복잡하게 얽힌 호반은 숲의 가장 자연스럽고 쾌적한 경계선이 되고 있다. 수풀 속의 나무를 도끼로 잘라내고 바로 옆에 밭을 개간한 경우와는 달리, 거칠고 불완전한 구석이라곤 한 군데도 찾아볼 수 없는 호반. 나무는 물 위로 뻗기 위한 충분한 공간을 확보하고, 제각기 굵고 좋은 가지를 기세 좋게 뻗어나가고 있다. 자연은 거기에서 훌륭하게 마무리를 짓고 있는 것이다. 나의 시선은 물가의 작은 관목으로부터 가장 큰 수목에 이르기까지 바른 단계를 좇아 상승해간다. 인간의 손이 닿은 흔적은 거의 눈에 띄지 않는다. 물은 수천 년 전과 마찬가지로 호숫가를 빚어내고 있다.

호수는 가장 아름답고 표정이 풍부한 지형의 요소, 즉 대지의 눈이다. 그 안을 들여다보는 자는 자기 본성의 깊이를 헤아릴 수 있을 것이다. 물가에 서 있는 나무들은 눈 가장자리를 두른 속눈썹이며, 숲으로 덮인 주위의 언덕과 절벽은 눈 위에 그려진 잘생긴 눈썹이다.

엷게 피어오르는 아지랑이 뒤에 호수 저편이 아련해지는 온화한 9월의 오후, 호수 동쪽 끝에 있는 완만한 모래사장에 서면 '거울과 같은 수면'이라는 표현을 실감할 수 있다. 고개를 숙여 가랑이 사이로 엿보면 수면은 계곡에 걸쳐진 한 줄기 가느다란 거미줄처럼 보이고, 그것이 먼 소나무 숲을 배경으로 반짝이면서 대기층과 물을 반으로 가르고 있다. 그렇게 보고 있노라면 젖지 않고 호수 저편 언덕까지 걸어갈 수 있을 것만 같다. 수면을 스쳐 나는 제비도 그 위에서 날개를 쉬어 가지 않을까. 사실 제비는 무심코 선 아래로 숨어 들어간 후에야 비로소 자신의 착각을 깨닫는 것이다.

서쪽을 향해 수면을 내려다볼 때는 태양과 그 반사광으로부터 눈을 보호하기 위해 두 손을 올려야 한다. 양쪽 모두 눈부신 빛을 발하기 때문이다.

그 양편에 끼인 수면을 찬찬히 바라보고 있자니 글자 그대로 거울처럼 매끄러운 수면 전체에 비슷한 간격으로 흩어져 있는 소금쟁이가 햇살 속을 움직이며 형용할 수 없이 섬세한 빛의 파문을 창조해내고 있다. 때론 오리가 깃털을 다듬기도 하고 제비가 물 위를 아슬아슬 스치며 날아간다. 멀리서 물고기가 허공으로 뛰어올라 높은 호를 그리기도 한다. 물고기가 뛰쳐나오는 순간 섬광이 번쩍이는가 싶더니 수면 위로 떨어지자 다시 번쩍인다. 때로는 은빛의 반원이 선명하게 그려지는 일도 있다. 거기에 엉겅퀴의 털이 두둥실 떠 있기도 하고 물고기가 이를 향해 돌진하면서 다시금 잔물결이 인다. 식기는 했지만 아직 굳어지지 않은 용해된 유리와도 같은 수면, 그 속에 있는 미세한 먼지는 유리 속의 흠처럼 순수하고 아름답다. 또 눈에 보이지 않는 거미줄이 바깥 세계로부터 격리시킨 곳이거나, 혹 물의 요정들의 쉼터가 아닐까 싶은 그늘지고 한층 더 고요한 수면을 발견하기도 한다.

언덕 위에서라면 물고기가 어디서 뛰어오르든 대부분 눈에 들어오게 되어 있다. 강꼬치고기든 연준모치든, 이 반반한 수면 위에 떠 있는 벌레를 한 마리라도 잡으려면 호수 전체의 균형을 크게 어지럽힐 수밖에 없기 때문이다. 이런 단순한 사건들이 크고 작고 할 것 없이 모두 공공연히 일어나고 있으니 이 또한 놀라운 일. 물고기의 살생은 반드시 백일하에 드러나는 것이다. 멀리서 내려다볼 때도 원을 그리는 파동이 직경 6로드에 달하면 나는 그것을 확실히 구별할 수가 있다. 아니, 4분의 1마일이나 떨어진 매끈한 수면 위를 물맴이(물방개와 비슷하게 생긴 곤충)가 끊임없이 움직이며 돌아다니는 것까지도 발견할 수가 있다. 그들이 물 위에 야트막한 구덩이를 파면서 나아갈 때 두 개의 분기선을 경계로 하는 뚜렷한 잔물결이 일기 때문이다. 한편 소금쟁이는 눈에 띄는 잔물결은 일으키지 않고 쓱쓱 미끄러져 나아간다. 호수에 큰 물결이 일 때는 소금쟁이도 물맴이도 나타나지 않지만, 잔잔한 날에 그들은 자신들의 항구를 떠나 대담하고 위세 좋게 물가로부터 쭉쭉 미끄러져, 결국엔 호수 저 끝트머리에 무사히 도달하는 것이다.

햇볕의 온기가 참으로 고맙게 느껴지는 쾌청한 가을날, 약간 높은 언덕의 그루터기에 걸터앉아 호수를 내려다보면서 수면에 비치는 하늘이나, 나무들 사이로 잔잔히 이어지는 파문을 보노라면 마음이 편안해진다(파문마저 없다면 수면이라고 상상이나 할까). 화병의 물을 흔들면 떨리는 파문이 가장자리로 밀려났다 다시 고요해지듯이, 이 넓디넓은 수면에서는 어떤 소동이 일어나도 곧바로 진정되고 만다. 수면 위로 한 마리 물고기가 뛰어오르고 한 마리의 곤충이 떨어져도 그것이 마치 샘의 끊임없는 용출, 그 생명의 부드러운 맥동, 그 가슴의 큰 고동처럼 원을 그리는 아름다운 곡선이 되어 나타나는 것이다.

환희의 전율과 고통의 떨림은 구별할 수가 없다. 이 호수에서 일어나는 현상은 얼마나 평화에 가득 차 있는지, 덕분에 인간의 행위까지도 봄을 만난 것처럼 빛이 나고 있다. 그렇다, 온갖 나뭇잎이나 작은 가지들, 조약돌이나 거미줄이 지금 이 환한 대낮에 마치 봄의 아침이슬을 흠뻑 머금은 듯이 빛나고 있지 않은가. 노를 저어 그런가, 벌레의 움직임 때문인가, 눈부시게 반짝이고 있다. 노가 물 위로 떨어질 때엔 또 얼마나 아름다운 메아리가 퍼지는가!

9월과 10월에 이러한 날이 돌아오면 월든은 진기한 보석으로 둘레를 장식한 찬란한 숲의 거울이 된다. 호수처럼 크고 아름답고 순수한 것이 이 지상에 또 있을까. 하늘의 샘물, 그곳엔 울타리가 필요 없다. 수많은 민족이 왔다가 사라져갔지만 결코 호수를 더럽히는 법은 없다. 그것은 돌을 던져도 부서지지 않고 뒷면의 수은도 벗겨지지 않는, 자연의 손길이 끊임없이 금박을 손보아 주는 한 장의 거울이다. 세찬 바람도 모래먼지도 신선한 그 표면을 그늘지게 할 수는 없다. 거울에 들러붙으려는 온갖 불순물은 아지랑이—이것이야말로 윤을 내는 빛의 솔이라 할 수 있으니—에 닦여 호수 밑바닥으로 가라앉고 만다. 거울은 숨결을 토해내도 김이 서리지 않고, 오히려 스스로 토해내는 숨결이 높이 올라 구름이 되어 그 조용한 가슴 속에 비추이고 있다.

넓은 호수는 대기 속을 떠다니는 정령의 존재를 밝혀준다. 그것은 위로부터 끝도 없이 새로운 생명과 활력을 얻고 있다. 호수는 대지와 하늘의 중간 성격을 띤다. 지상에서는 풀과 나무만이 흔들리지만, 여기에서는 호수 전체가 바람에 따라 물결을 일으킨다. 빛의 줄기나 광채를 보면 바람이 어디를 건너가는지 알 수 있다. 수면을 내려다본다는 건 참으로 신비한 경험이다. 언젠가 우리는 대기의 표면을 내려다보면서 무어라 표현할 수 없는 정령들이 바람에 실려가는 광경을 목격할 수 있으리라.

소금쟁이와 물맴이는 차가운 서리가 내리는 10월 하순이 되면 마침내 모습을 감추고 만다. 그 무렵부터 11월에 걸쳐서 맑은 날 수면에 물결을 일으키는 건 하나도 남지 않는다. 수일간 이어지던 비바람이 멈추고 다시 잔잔해진 11월의 어느 오후, 하늘은 아직 구름으로 뒤덮여 있고 대기 중엔 아지랑이가 가득 차 있었는데 수면은 놀랄 만큼 매끄러워 구분할 수 없을 정도였다. 그곳에는 이미 10월의 불타는 듯한 색조는 사라지고 11월의 어두운 그늘이 비치고 있을 뿐이었다. 나는 그 물 위를 조용히 노 저어 가고 있었는데, 물살을 가르며 일어나는 어렴풋한 파동이 시선이 닿는 한 멀리까지 퍼져가고 수면의 영상에 이랑을 만들어놓고 있었다.

수면을 쭉 둘러보니 멀찌감치 떨어진 곳에서 무언가 드문드문 희미한 빛을 발하고 있었다. 서리를 피한 소금쟁이들이 주변에 모여 있는 걸까, 아니면 수면이 너무나 매끄러워 호수 밑바닥에서 솟아오르는 샘물의 존재가 탄로 나버린 것일까. 그런데 부근에 살며시 배를 저어 다가가보니, 놀랍게도 순식간에 길이 5인치쯤 되는 짙은 청동색을 띤 작은 퍼치 떼에 둘러싸이게 된 것이다. 그들은 초록빛 물속에서 떼 지어 헤엄을 치고 있었고, 쉴 새 없이 표면으로 떠올랐다 사라지며 물거품을 남기고 갔다. 끝없이 펼쳐진 구름을 비추는 이렇게 투명한 물 위에서 나는 풍선을 타고 두둥실 허공에 떠 있는 것이다. 물고기들은 공중비행, 아니 공중유영을 하고 있다. 지느러미를 돛처럼 펼친 물고기 떼는 내 주위를 조금 낮게 스쳐가는 밀집된 작은 새의 무리와 흡사했다. 호수에는 이러한 물고기 떼가 많아서 겨울이 그들의 널찍한 천창에 얼음의 덧문을 내리기 전 막간의 계절을 즐기듯, 이따금 수면을 쓰다듬고 가는 부드러운 산들바람처럼, 혹은 똑똑 떨어지는 빗방울처럼 파동을 일으키는 것이었다. 내가 무심코 그들에게 다가가 깜짝 놀라게 했더니 누군가 솔가지로 수면을 두드리듯 타다닥 꼬리로 물보라를 일으키며 눈 깜짝할 사이에 물속 깊숙이 도망치고 말았다.

드디어 바람이 일기 시작하고 안개가 짙어져 물결이 꿈틀거리기 시작하면 퍼치는 전보다 더 높이 뛰어오르게 된다. 그들은 물에서 반쯤 몸을 내밀고 아이 손바닥만 한 수백의 흑점이 되어 한꺼번에 수면 위로 모습을 드러냈다. 어느 해였던가, 12월 5일인데도 잔물결이 조금씩 눈에 띄었다. 나는 금방이라도 큰비가 내릴 줄 알고 서둘러 노를 저어 되돌아가려고 했다. 얼굴에 빗방울을 느낀 건 아니었지만 굵은 빗발이 쏟아질 것만 같아 내심 흠뻑 젖을 각오를 하고 있었다. 그런데 그 잔물결이 돌연 사라지고 만 것이다. 알고 보니 그것은 퍼치 떼가 일으킨 것으로 노 젓는 소리에 겁을 집어먹고 일제히 물밑으로 도망을 친 것이었다. 황급히 모습을 감추려는 물고기들의 모습이 어렴풋이 보였다. 결국 나는 그 날 오후 비 한 방울 맞지 않고 무사히 넘긴 것이다.

약 60년 전으로 거슬러 올라가, 호숫가 주위의 숲이 그늘을 만들었을 무렵, 자주 이곳을 찾아왔다는 노인의 이야기에 따르면, 당시에는 여기에 오리나 물새가 흔했고 주변에 독수리도 많이 서식하고 있었다고 한다. 그가 이곳을 찾은 것은 낚시를 하기 위해서였고 물가에서 발견한 낡은 통나무 카누를 사용했다고 한다. 그것은 스트로브잣나무를 도려내어 못을 박아 연결시킨 것으로, 양끝은 사각으로 깎여 있었다. 아주 조잡한 물건이기는 했지만 부력이 없어져 호수 밑으로 가라앉기까지 상당히 오랜 기간 견디어 냈던 모양이다. 노인은 그것이 누구의 것인지도 알지 못했다. 실은 이 호수의 것이었다. 그는 히코리 껍질을 이어서 닻에 필요한 밧줄을 만들었다. 독립혁명 전부터 이 호숫가에 살고 있었다는 한 늙은 도공은 호수 밑에는 철 궤짝이 가라앉아 있고, 그것을 직접 두 눈으로 본 적이 있다고 그에게 이야기했다고 한다. 그 궤짝은 가끔씩 물가로 두둥실 떠내려왔지만, 사람이 접근하면 깊은 곳으로 모습을 감춰버렸다고 한다. 나는 그 오래된 통나무 카누 이야기를 듣고 기쁨을 느꼈다. 그것은 같은 재료로 만들어지는 더 우아하고 아름다운 형태를 지닌 인디언의 카누 대신 사용되었던 것인데, 처음에는 호숫가에 서 있던 한 그루 나무였던 것이 무언가의 힘을 받아 물속으로 쓰러져, 월든에 가장 어울리는 배가 되어 한 세대를 떠 있었던 것이리라. 오래 전 내가 처음으로 이 호수의 깊은 곳을 엿보았을 때, 호수 밑에 큰 나무줄기들이 많이 굴러다니는 것을 어렴풋이 볼 수 있었다. 그것들은 훨씬 이전에 바람 때문에 쓰러진 것이거나, 아니면 목재 가격이 쌌던 시절에 제일 나중에 벌채되어 얼음 위에 그냥 내버려둔 것으로 짐작되는데 지금은 거의 눈에 띄지 않게 되었다.

내가 처음 월든 호에 배를 띄웠을 때, 그곳은 높고 울창한 소나무와 떡갈나무 숲으로 빙 둘러싸여 있었고, 후미진 곳엔 포도덩굴이 호반의 나무를 휘감고 올라 정자를 이루어 배를 타고 그 밑을 빠져나가기도 했다. 호반을 형성하고 있는 언덕은 가파르고 큰 거목들이 에워싸고 있어 서쪽 끝에서 내려다보이는 호수는 한 편의 연극을 공연하기 위한 숲 속의 원형극장처럼 보였다. 예전에 나는 여름날 오후가 되면 호수 가운데로 배를 저어가, 나머진 산들바람에 맡기고 배 바닥에 벌렁 드러누워 물 위를 떠다니면서 몇 시간이고 몽상에 잠겨 지내곤 했다.

그리고 얼마 후 배가 모래사장에 부딪치면 정신을 차리고 운명의 여신이 어느 물가로 나를 인도했는지 보려고 일어섰다. 그 무렵에는 무위(無爲)라는 말이 가장 매력적이고, 또 생산적인 일이었던 것이다. 나는 곧잘 오전 중에 마을을 몰래 벗어나 하루 중 가장 귀중한 시간을 그런 식으로 지내는 걸 좋아했다. 돈은 없었지만 넘쳐나는 햇빛과 풍요로운 여름의 나날이 있었기에 그것들을 아낌없이 즐겼던 것이다.

또 작업장이나 교실의 책상 앞에서 더 많은 시간을 소비하지 않았던 것을 조금도 후회하지 않는다. 단, 내가 그 호반을 떠난 후 벌채꾼들이 더욱 심하게 숲을 황폐하게 만들었기 때문에 숲 속 오솔길을 거닐며 나무들 사이로 호수의 경관을 즐기는 일은 이제 당분간 바랄 수 없게 되었다. 이제 나의 뮤즈가 침묵한다 해도 어쩔 수 없는 것이다. 작은 새들의 보금자리가 온통 쓰러져 나뒹굴고 있는데, 어찌 그들의 노래를 기대할 수 있으랴?

지금은 호수 밑의 나무줄기도, 그 오래된 통나무 카누와 울창한 주위의 숲도 사라지고, 이 호수의 소재조차 제대로 모르는 마을 사람들은 그곳에서 헤엄치거나 물을 마시기보단 갠지스 강에 필적할 만한 그 신성한 물을 파이프로 마을까지 끌어와 접시나 닦으려고 하고 있는 것이다! 수도꼭지를 비틀어 여는 것으로 월든을 제 것으로 삼으려는 것이다! 째지는 듯한 울음소리로 온 마을을 뒤흔드는 그 악마와 같은 철마는 앞다리로 보일링 샘의 물을 잔뜩 흐려놓았다.

월든 호반의 어린잎들을 죄다 먹어치워 엉망으로 만들어버린 것도 바로 그놈이다. 이놈이야말로 욕심에 눈이 먼 그리스 병사들이 만든, 천 명의 병사를 숨긴 트로이의 목마다. 북서쪽 호숫가 언덕의 철길에 잠복하고 있다가 이 우쭐하고 거만 떠는 훼방꾼의 옆구리에 복수의 창을 푹 찔러줄 이 나라의 영웅, 무어 홀의 무어(영국 요크서 지방의 전설 속 영웅)는 어디에 있는 것일까?

내가 알고 있는 월든의 특성 중에서도 가장 뛰어난 점, 그리고 가장 잘 보존된 것은 그 순수성일 것이다. 많은 사람이 이 호수에 비견되었지만 그 명예에 합당한 인물은 극히 드물다. 벌채꾼들이 호숫가를 계속해서 벌거숭이로 만들고, 아일랜드 인이 물가에 초라한 오두막을 세우고, 철도가 호수의 경계를 침범하고, 어떤 때는 얼음 채취업자가 수면을 퍼올리기도 했지만 호수 자체는 조금도 변치 않고 젊은 시절 내 눈에 비친 그대로의 물을 담고 있다. 모든 변화는 나의 내부에서 일어난 것이다.

그렇게 물결이 일었건만 호수에는 희미한 잔주름 하나 남기지 않았다. 호수는 영원한 젊음을 유지하고 있다. 멈추어 서면 그 무렵과 마찬가지로 물 위의 벌레를 쪼아 먹으려는 제비가 수면 속으로 살짝 숨어 들어가는 것을 볼 수 있을 것이다.

오늘 저녁에도 그것은 20년도 넘게 익숙해진 것이라고는 여겨지지 않을 만큼 나의 가슴을 때렸다. 자, 여기에 월든이—숲으로 둘러싸인, 오래 전 내가 발견한 모습 그대로의 호수가 있지 않은가. 작년 겨울 호반의 나무가 벌채된 부근에는 새로운 숲이 다시 기운차게 자라나기 시작한다. 그때와 같은 사상이 수면 위로 솟아오르고 있다. 월든 자신은 그 '창조자'에게—그리고 나에게도—항상 변치 않는 기쁨과 행복의 원천인 것이다. 그것은 분명 탐욕을 모르는 용사가 만들어낸 것이리라! 그는 이 호수를 그의 손으로 완성해낸 뒤, 그의 사상의 내부에서 깊이를 더하고 정화해 콩코드에 물려줄 것을 유언한 것이다.

호수의 표정을 보면 그것이 나와 같은 회상에 잠겨 있음을 알 수 있다. 그러면 이렇게 말을 걸고 싶어진다. 월든이여, 그곳에 있는 것은 너인가.

한 줄의 시를 장식하기 위해
꿈을 꾼 것은 아니다.
월든 호수에 살고 있으면
천국에, 그리고 신의 곁에 가장 가까이 다가가는 것이니.
나는 자갈이 구르는 호숫가,
혹은 물 위를 스쳐 지나는 산들바람.
나의 손바닥 안에는
월든의 물과 모래가,
내 사상의 높은 곳에는
그 심오한 안식처가 있다.

열차는 이 호수를 바라보기 위해 정차하지는 않는다. 그러나 기관사나 화부, 제동수 그리고 정기권을 갖고 날마다 호수 곁을 지나는 승객들은 그 경관을 접함으로써 한층 더 인간적으로 성장하는 것이 아닐까 하는 생각을 해본다. 기관사—또는 그의 본성—는 적어도 하루에 한 번, 더할 나위 없이 맑고 순수한 그 풍경을 접한다는 사실을 밤이 되어도 잊지 않을 것이다. 단 한 번을 보았어도 그것은 스테이트 거리와 기관차의 검댕을 씻어내리는 데 도움이 된다. 차라리 이 호수를 신의 이슬이라 이름붙이면 어떠할까.

월든 호에는 눈에 보이는 입구도 없고 출구도 없다고 앞에서 말했는데, 한편 더 높은 곳에 있는 플린트 호와는 그 주위에서 시작되는 일련의 작은 호수들 덕에 간접적으로 이어져 있고, 또 한편으로 낮은 곳에 있는 콩코드 강과는 일련의 호수를 따라 직접적으로 연결되어 있다. 옛날 지금과는 다른 지질 시대에 월든의 물은 그 호수를 통해 강으로 흘러나가고 있었을 터이니 지금도 지면에 구덩이를 조금만 파면(결코 그런 짓을 해서는 안 되지만), 다시 그쪽으로 흘러가게 될 것이다. 호수는 숲 속의 은자와도 같이 소박하고 엄준한 참을성을 오래오래 지켜감으로써 비로소 이러한 순수함을 얻었을 것이니, 불순한 플린트 호의 물이 거기에 뒤섞이고 또 그 물이 대양으로 흘러들어가 거친 파도 속에 그 감미로움이 사라지고 만다면 누군들 안타까이 여기지 않으랴?

링컨에 있는 플린트 호는 샌디 호라고도 불리는데, 월든의 동쪽 1마일 부근에 위치하고 있으며 이 부근에선 가장 큰 호수이자 내해이기도 하다. 면적은 약 197에이커로 월든보다 훨씬 크고 물고기도 풍부하지만 비교적 수심이 낮으며 물도 그다지 맑지 않다. 이따금 숲을 빠져나가 그쪽으로 산보하는 것이 나의 즐거움이었다. 제멋대로 휘몰아치는 바람을 두 뺨에 받으며 꿈틀거리는 물결을 보고 고기잡이의 삶을 떠올리는 것만으로도 나가볼 가치는 있었다. 가을날 바람이 강한 때에는 그쪽으로 밤송이를 주우러 나갔는데, 밤이 물속에 떨어져 발 언저리까지 떠밀려 내려왔다.

어느 날 얼굴에 시원한 물보라를 맞으며 사초가 많은 물가를 기다시피 걷자니, 형태도 알아볼 수 없이 썩어 문드러진 배의 잔해가 돌연 눈앞을 가로막았다. 테두리는 완전히 없어지고, 골풀 속에 평평한 배 밑바닥만이 가까스로 흔적을 남기고 있었다. 하지만 그 골격은 잎맥이 도드라져 나온 커다란 수련의 썩은 이파리처럼 확실하게 남아 있었다. 그것은 바닷가에 있어도 어색하지 않을 만큼 강렬한 인상을 주는 난파선이었으며 훌륭한 교훈을 내포하고 있었다. 지금은 단순한 부식토가 되어 물가와 구분조차 되지 않는 그곳에 골풀이나 부들이 사이를 꿰뚫고 돋아나 있었다.

나는 이 호수 북쪽 끝의 모래 밑바닥에 남겨진 물결 자국을 볼 때마다 감탄을 금할 수가 없다. 맨발로 물에 들어가면 수압으로 인해 굳은 자국의 단단함을 느낄 수 있었다. 또 마치 파도가 심어놓은 듯, 이 자국을 따라 일렬종대로 여러 줄을 지어 꿈틀거리는 골풀을 유심히 바라보곤 했다. 거기에는 파이프워트의 가느다란 풀줄기나 뿌리로 만들어진 듯한 직경 반 인치에서 4인치 정도의 동그랗고 기묘한 뭉치들도 꽤 많았다. 그것들은 얕은 물가의 모래 바닥 위를 물결의 움직임에 따라 앞뒤로 흔들리며 때로는 호숫가로 밀어 올려지기도 했다. 풀줄기로만 되어 있는 것도 있고, 내부에 모래를 약간 포함하고 있는 것도 있었다. 언뜻 보기엔 둥근 작은 돌과 마찬가지로 물결의 작용을 받아 만들어진 것처럼 보이지만, 사실은 제일 작은 것조차 역시 길이 반 인치 정도의 껄끄러운 재료로 되어 있고, 게다가 일 년에 한 번 정해진 계절에만 만들어지는 것이다. 덧붙여 말하자면, 물결이라는 것은 무언가를 새로 만든다기보다는, 이미 견고하게 만들어진 무언가를 부수는 움직임이 아닐까 싶다. 그 뭉치들은 바짝 마른 뒤에도 오랜 시간 걸쳐 원형을 유지한다.

플린트 호! 여기에 우리네 명명법의 빈약함이 드러난다. 이 하늘의 물과 접해 밭을 만들고 호반을 가차 없이 벌거숭이로 만들어놓은 막되고 어리석은 농부가 무슨 권리로 자신의 이름을 여기에 붙인 것인가? 철면피인 자신을 비출 만큼 반짝반짝 빛나는 1달러 은화나 1센트 동화의 표면을 바라보기 좋아하고, 호수에 정착한 들오리조차 침입자로 간주하며, 하피(여자의 얼굴과 새의 몸을 한 탐욕스러운 괴물)처럼 붙잡으면 놓치지 않는 오랜 습관에서 손가락 그 자체가 갈고리형의 뿔 같은 손톱으로 변해버린 인색한 남자—이러한 인간이 붙인 이름은 도무지 내 성질에 맞지 않는다.

내가 그곳을 찾는 것은 이 남자를 만나기 위해서가 아니다. 그의 소문을 듣기 위해서도 아니다. 그는 한 번도 호수를 본 적이 없거니와 거기에 몸을 담근 적도 없고, 그것을 사랑하거나 보호하고 칭찬한 적도 없으며, 그것을 만들어준 신에게 감사하는 일은 더더군다나 없다. 오히려 이 호수에는 여기에서 헤엄치는 물고기나 부근에 출몰하는 새들, 물가에 피는 들꽃, 혹은 그 생애의 실타래가 이 호수의 실타래와 한데 엉켜 분리되기 힘든 야성적인 사나이나 아이들의 이름을 붙여야 마땅할 것이다. 같은 생각의 이웃이나 주 의회가 당사자에게 부여한 권리증서 외엔 아무 권리도 나타낼 수 없었던 남자, 호수의 금전적인 가치밖에 생각지 않고 그의 출현만으로도 호반 전체에 저주가 될 남자, 주변의 토지를 고갈시키고 호숫물까지 고갈시키려 했던 남자, 그곳이 영국 건초나 크랜베리를 딸 수 있는 목초지가 아님을 안타까워하고 (사실 그의 눈으로 보자면 이 호수는 내세울 게 아무것도 없었던 것이다), 차라리 바닥까지 메마르게 해 호수 밑바닥의 진흙 값으로 호수를 송두리째 팔아치웠을지도 모를 남자—이러한 남자의 이름만은 붙이지 않았으면 했다.

호수는 그의 물레방아를 돌려주지 않았고, 그곳을 바라보는 것도 그에게는 특권이라 생각되지 않았다. 나는 그의 노동이나, 이런저런 것에 값이 매겨져 있는 그의 농장에도 경의를 표할 생각은 들지 않는다. 그는 다만 몇 푼이라도 돈이 된다면 풍경이든 하늘의 신이든, 닥치는 대로 시장에다 내다 팔 수 있는 위인이다. 그러나 실제로 그렇게 할 수가 없기 때문에 자신이 섬기는 신인 돈을 추구해 시장으로 출근한다. 이 남자의 농장에 공짜로 자라는 건 없다. 밭의 곡물은 알갱이가 여물지 않고 들판의 풀들은 꽃을 피우지 않으며, 나무에는 열매가 맺지 않고, 재배하는 거라곤 오로지 금전뿐이다. 그는 자신이 키운 과실의 아름다움은 눈곱만치도 사랑하지 않고, 돈으로 바꾸기 전까지 과실은 익은 것이 아니다. 그러나 나는 진정한 풍요를 맛볼 수 있는 가난함을 부여받고 싶다.

농부는 가난하면 가난할수록—빈농일수록—나에겐 존경할 만하고, 또 흥미 있는 존재이다. 모범 농장이라고! 거기에서는 집들이 퇴비에서 돋아난 버섯처럼 서 있고, 인간과 말, 소, 돼지의 방이 깨끗한 것이든 너저분한 것이든 모두 어깨를 맞대고 나란히 늘어서 있다. 인간이 사육되고 있는 것이다! 비료와 버터밀크 냄새가 코끝을 스치는 거대한 기름때 같은 곳! 인간의 심장과 뇌를 거름 삼아 고도의 농경이 이루어지는 곳! 마치 교회의 묘지에서 감자라도 재배하려는 것 같지 않은가! 이것이 모범 농장이란 것이다.

아니, 아니, 모든 풍경 중 가장 아름다운 이 지형적인 요소에 이름을 붙인다면 어느 누구보다 기품 있고 훌륭한 사람의 이름이어야 한다. 적어도 우리 고장의 호수에는 "지금도 그 해변은 (하나의) 위업을 칭송하며 울려 퍼진다"고 노래하는 그 '이카루스 해'에 뒤지지 않을 제대로 된 이름을 붙여야 하지 않겠나.

크기가 작은 구스 호는 플린트 호로 가는 길목에 있다. 또 콩코드 강의 연장이라 할 수 있으며 면적이 70에이커 정도 된다고 하는 페어 헤이븐 호수는 남서쪽 1마일 지점에 있고, 면적 약 40에이커의 화이트 호는 페어 헤이븐에서 1마일 반 더 앞쪽에 있다. 그야말로 호수 지방인 것이다. 콩코드 강을 포함한 이 수역은 내가 그 수리권을 갖고 있으며, 주야를 불문하고 해마다 내가 운반해가는 곡물을 빻아주는 곳이다.

나무꾼에다 철로, 거기에 나 자신까지 월든을 더럽게 된 후, 이 부근에서 가장 아름답다고는 할 수 없으나 최고로 매력적인 숲의 보석이라면 아마 화이트 호를 들 수 있을 것이다. 밝은 물과 모래 색 덕분에 그렇게 불리는데, 호수의 평범한 외관 때문에 빈약한 이름이 붙여지고 말았다. 그렇지만 이러한 특질에서 보나, 또 다른 점에서 보나 이 호수는 월든에게 쌍둥이 동생쯤 된다고나 할까. 두 호수는 너무나 쏙 빼닮아서 지하 어딘가에 연결통로가 있는 게 아닐까 싶을 정도다. 자갈이 쭉 깔린 호숫가도 그렇고, 물의 빛깔도 그렇고, 한여름 밑바닥으로부터 빛이 반사되는 그다지 깊지 않은 후미를 나무들 사이로 내려다보면, 물이 안개가 낀 듯한 청록색, 혹은 푸른빛이 감도는 재색을 띠고 있는 점도 월든과 꼭 닮았다. 꽤 오래 전 나는 사포 만드는 데 쓰이는 모래를 담아 짐수레로 운반하기 위해 곧잘 화이트 호로 나갔는데, 그때 이래 단골이 되었다.

마찬가지로 그곳을 자주 찾는 어떤 이는 호수를 가리켜 '비리드 호(초록 호수)'라고 부르면 어떨까 하는 제안을 하기도 했다. 또 다음과 같은 이유로 '옐로우 파인 호(黃松湖)'라고 부를 수도 있을 것이다. 한 15년 전, 특정한 종류를 가리키는 건 아니지만 이 부근에서 '옐로우 파인'이라 불리는 소나무 한 그루의 머리가 호숫가에서 멀찌감치 떨어진 물 깊은 곳에서 수면 위로 돌출되어 나와 있는 것이 목격되었다. 여기에서 이 호수는 산이 함몰되어 이루어진 것인데, 이 나무는 호수가 생기기 전 원래 그 자리에 있던 원시림의 일

부라고 생각하는 사람까지 나타났다. 내가 조사한 바에 따르면, 이미 1792
년 매사추세츠 역사협회 사료 집성에 수록된, 한 콩코드 시민의 손으로 만들
어진 〈콩코드 마을 지형〉에서 저자는 월든 호와 화이트 호에 관해서 언급한
후에 이렇게 덧붙이고 있다. "수위가 아주 낮아지면 화이트 호 가운데에 한
그루의 나무가 나타난다. 그 뿌리는 수면 아래 50피트에 달하는데 그곳에서
성장한 것처럼 보인다. 나무꼭대기는 부러져 있고, 그 부분의 직경은 14인
치이다."

1849년 봄, 이 호수와 제일 가까운 곳에 살고 있는 서드베리의 한 남자와
이야기를 나누었을 때, 그는 10년인가 15년 전에 이 나무를 잡아뺀 것은 자
신이라고 털어놓았다. 그가 기억하는 바로 그 나무는 물가에서 12나 15로드
쯤 떨어진 수면 위로 나와 있었고, 그 부근의 수심은 3, 40피트였다고 한다.
겨울이라서 오전에 얼음을 자르고 있었는데, 오후가 되자 근처 사람들의 도
움으로 그 늙은 나무를 잡아빼고 말겠다고 결심한 것이었다. 그는 통으로 얼
음을 잘라 물가 쪽에 도랑을 파고 암소를 이용해 나무를 밀어 쓰러뜨린 다음
줄을 감아올려 얼음 위로 끌어올렸다.

그런데 작업을 시작한 지 얼마 안 되어 그 나무가 사실은 거꾸로 서 있었
고 가지를 자른 단면도 밑을 향하고 있으며, 더구나 가느다란 끝이 단단하게
호수 모래 바닥에 푹 박혀 있는 것을 알고 깜짝 놀랐다고 한다. 두꺼운 쪽
끝이 직경 1피트 정도 되었기 때문에 좋은 재목을 얻을 수 있으리라 기대했
던 듯하나, 사실은 심히 썩어 있어 땔감으로 쓰는 수밖에 없었다.

그 무렵엔 아직 나무의 일부가 그의 장작 헛간에 놓여 있었다. 뿌리 쪽엔
도끼의 흔적과 딱따구리가 쪼아댄 흔적이 남아 있었다. 그의 생각으로는, 물
가에 시들어 있던 나무가 마침내 바람에 쓰러져 호수에 빠지게 되었는데, 꼭
대기는 물에 잠겼지만 뿌리 부근은 말라 있어서 가벼웠기 때문에 물속에 흘
러들어가 거꾸로 잠긴 것 같다고 한다. 80세가 되는 그의 부친의 기억에 따
르면 그 나무는 항상 같은 장소에 있었던 모양이다. 지금도 몇 그루인가 꽤
큼직한 통나무가 호수 바닥에 잠긴 것이 보이는데, 그것들이 수면의 파동에
따라 움직이는 모양은 거대한 물뱀을 떠올리게 한다.

이 호수는 지금까지 배로 인해 더럽혀진 적이 거의 없다. 어부를 끌어들일
만한 것이 거의 살고 있지 않기 때문이다. 진흙이 필요한 하얀 백합이나 평범

한 창포 대신 붓꽃이 호숫가의 맑은 물 속 자갈 바닥에 드문드문 돋아나 있어 6월이 되면 벌새가 찾아온다. 그 푸르스름한 잎과 꽃 빛깔은 특히 물에 비칠 때 푸른빛을 띤 재색의 물과 뒤섞여 독특한 조화를 창조해낸다.

화이트 호와 월든 호는 지상의 커다란 수정이며 빛의 호수이다. 두 호수가 영원히 하나로 응결되고 손에 쥘 수 있을 만큼 작아진다면, 곧 보석과 마찬가지로 노예의 손을 거쳐 황제의 머리를 장식하게 될 것이다. 그러나 양쪽 모두 액체인 데다 커다랗고, 또 영구히 우리와 우리 자손들 손에 맡겨지고 있기 때문에 그 둘을 소홀히 취급하면서 코히누르의 다이아몬드 (인도에서 발견된 세계 최대의 다이아몬드)를 구하러 다니는 것이다.

그들은 시장가치를 갖기엔 너무 순수하다. 불순한 것은 하나도 섞여있지 않다. 그들은 우리의 생활에 비해 얼마나 아름답고, 우리의 성격에 비해 얼마나 투명한가! 인간은 예전에 그들로부터 비열한 언동을 배운 적이 없다. 농가 부근에서 흔히 볼 수 있는 오리가 떠다니는 저수지에 비해 얼마나 아름다운가. 호수에는 청결한 야생 오리들이 찾아온다. 자연계에는 그 가치를 알 만한 인간이 없다. 깃털과 노래를 갖고 있는 작은 새들은 꽃들과 잘 조화를 이루지만, 과연 젊은이나 아가씨들은 자연계의 야성적이고 풍요로운 아름다움과 손을 잡고 살아가는 것일까? 자연은 그들이 사는 마을에서 멀리 떨어져 은밀한 빛을 발하고 있다. 자연을 놔두고 천국을 이야기하는 자는 지상을 모욕하는 것이다.

10
베이커 농장
BAKER FARM

이따금 나는 소나무 숲 쪽으로 슬슬 걸어 나가곤 했다. 숲은 어딘지 모르게 사원을 떠올리게 했지만, 흔들리는 가지가 빛 속에 물결치는 모습은 돛을 활짝 펼친 바다의 함대처럼 보이기도 했다. 그것은 아주 푸르고 깊은 그림자를 만들고 있었기에 드루이드 교도(고대 갈리아 및 브리튼 섬에 살던 켈트족의 종교)들조차 떡갈나무를 버리고 이곳에서 예배하고 싶어졌을 것이다.

나는 또 플린트 호 맞은편에 있는 히말라야 삼목 숲으로 나가는 일도 있었다. 그곳의 나무들은 블루베리에 덮여서 높이 솟아올라 발할라(Valhalla : 북유럽 신화에서 전사자나 위인 등의 영혼을 모시는 기념당) 앞에 있으면 더욱 빛이 날 듯하고, 곱향나무는 알알이 열매가 맺힌 화환으로 지면을 덮고 있다.

늪지 쪽으로 가면 소나무 겨우살이가 꽃줄처럼 가문비나무에 늘어져 있고, 늪 신의 원탁인 버섯이 땅 위를 뒤덮고 있으며, 그것보다 더 아름다운 버섯들이 나비나 조개나 식물성 고둥처럼 그루터기를 장식하고 있다. 거기에는 또 스웜프핑크와 층층나무가 우거져 있고 붉은오리나무 열매가 작은 도깨비 눈처럼 빛나며, 노박덩굴은 일단 들러붙기만 하면 그 즉시 어떤 딱딱한 나무라도 파먹어 들어가 부숴버린다. 또 야생 서양호랑가시나무 열매는 보는 이로 하여금 집 생각도 잊게 할 만큼 곱고, 그 외에 이름도 알 수 없는 금단의 야생 과실도 유혹적이지만 인간이 맛보기에는 너무나 아름다운 것 같다.

나는 어떤 학자를 방문하는 대신 먼 목초지라든지 숲이나 늪의 구석진 곳, 언덕 위 같은 곳에 있는, 이 부근에서는 좀처럼 볼 수 없는 특정한 수목을 수차례 찾아보곤 했다. 예를 들어 직경 2피트의 훌륭한 검은자작나무라든지, 그와 동종으로 넉넉한 황금색 조끼를 입고 검은자작나무처럼 좋은 냄새를 풍기는 노랑자작나무 같은 것들이다. 또 너도밤나무는 말쑥한 기둥에 부드러운 이끼로 물들여져 있어 여러모로 완벽하다고 할 수 있는데, 여기저기 산재해 있는 것을 제외하면 이 마을에 큰 너도밤나무가 군생하고 있는 곳은 자그마한 숲 하나만이 남아 있을 뿐이다. 옛날에 근처의 너도밤나무 열매를 쪼아 먹으러 온 비둘기들이 씨를 뿌렸을 거라고 상상하는 사람도 있다. 나무를 쪼개면 불꽃처럼 타오르는 은빛 나뭇결이 정말 볼 만하다.

그 외에 참피나무나 자작나무, 팽나무 등이 무성한데, 다 자란 팽나무는 오직 한 그루밖에 보이지 않는다. 그리고 숲 한가운데에는 높은 돛대와 같은 소나무와 폰데로사소나무, 좀처럼 보기 힘든 완벽한 솔송나무가 한 그루씩 마치 탑처럼 우뚝 솟아 있다. 그 밖에도 여러 가지 나무가 많다. 이러한 것이야말로 계절을 불문하고 내가 늘 참배한 신전이었다.

하루는 우연히 둥근 무지개 옆에 섰다. 무지개는 낮은 대기층을 가득 채우면서 주위의 초목을 물들이고 있었다. 나는 색깔 있는 수정알을 통해 바라보는 듯한 눈부심을 느꼈다. 그것은 무지갯빛의 호수이고, 그 속에서 나는 잠시 돌고래가 되었다. 무지개가 오래 지속되었다면 나의 일과 생활에 흥취를 더해주었을 것이다. 철둑길을 걸어가면서 나는 내 그림자 주위에 빛무리가 지는 것을 보고 이상히 여겨, 혹 내가 신에게 선택된 자가 아닐까 자만해보기도 했다.

나를 찾아왔던 한 남자의 말로는, 뒤에서 보는 아일랜드 인들의 그림자에는 그런 무리 같은 게 지지 않았던 모양으로, 이러한 영예를 안을 수 있는 것은 오로지 토착민뿐이라고 한다. 그러고 보니 벤베누토 첼리니(Benvenuto Cellini : ^{1500~1571. 이탈리아의
조각가·금속세공가})가 회고록에 이렇게 쓰고 있다. 성 안젤로 성에 유폐되었을 당시 무시무시한 꿈이나 환영 같은 것을 보고 난 후 이탈리아에서도 프랑스에서도 찬란한 빛이 아침저녁으로 그의 그림자 머리 위에 나타나게 되고, 풀이 이슬에 젖어 있을 때엔 특히 두드러졌다고 한다. 이것은 아마도 앞서 언급한 현상과 같은 것이라 생각되는데, 나의 경우에도 역시 아침나절에 특히 뚜렷하게 보였으며, 다른 시간대에도—달이 빛나는 밤에도—나타났던 것이다. 흔한 현상이기는 하지만 눈치채는 사람은 적기 때문에 첼리니처럼 상상력이 풍부한 자에겐 미신의 토대가 될 수도 있었을 것이다. 게다가 그는 이 사실을 거의 아무에게도 털어놓지 않았다고 쓰고 있다. 그러나 자신이 주목받고 있다고 의식하는 인간은 그것만으로도 선택된 인간이라 할 수 있지 않을까?

　어느 날 오후, 빈곤해진 식품 저장고를 보충하기 위해 숲을 지나 페어 헤이븐으로 낚시를 하러 갔다. 길은 플레전트 들판을 가로지르고 있었는데, 그곳은 후에 한 시인이 다음과 같이 노래한 그 조용하고 한적한 땅, 베이커 농장의 부속지였다.

　　"너의 문 앞은 즐거운 들판.
　　이끼 낀 과실수가
　　붉은 빛을 띤 작은 시내와 토지를 서로 나누어 갖는 곳.
　　쪼르르 달려가는 사향뒤쥐와
　　화살처럼 헤엄치며 돌아다니는 팔팔한 송어가
　　이곳을 지키고 있다."

　나는 월든으로 가기 전 그곳에서 살아볼 생각을 한 적이 있었다. 나는 사과를 슬쩍 하기도 하고, 작은 시내를 뛰어넘어 사향뒤쥐나 송어를 두려움에 떨게 하면서 걸어갔다. 집을 나왔을 때는 이미 오후도 중반을 지나고 있었는데, 이것은 한없이 꼬리를 물고 사건이 일어날 것 같은 길고 긴 어느 오후의 일이었다. 우리 인생 대부분의 날이 그러하다. 도중에 소나기를 만나 어쩔 수 없이 반 시간쯤 층층이 겹친 소나무 가지 밑으로 들어가 손수건을 머리에 놓고 비를 피했다. 얼마 후 허리까지 물에 잠기면서 수초 너머로 낚싯줄을 힘껏 던지자, 돌연 시커먼 그늘이 나를 감싸더니 천둥소리가 맹렬하게 울려 퍼지는 것이다. 나로서는 그저 황송하게 귀를 기울일 수밖에 없었다. 무기라곤 화살촉 하나 없는 이 가련한 낚시꾼을 쫓아내는 데 이렇게 무서운 번개 창을 내리꽂을 줄이야. 그러면서 신들은 필시 의기양양해 할 거라고 생각했다. 그래서 나는 정신없이 제일 가까운 오두막으로 피신했는데, 그 오두막은 어느 길에서도 반 마일쯤 떨어져 있었으며, 그만큼 호수에 가깝고 오랫동안 빈 집으로 남아 있었던 것이다.

"여기에 시인은 집을 지었다네,
아주 먼 옛날에.
보라, 황폐해질 대로 황폐해진
작은 오두막을."

뮤즈의 노래에는 이렇게 되어 있다. 그런데 막상 들어가 보니 지금은 존 필드라는 아일랜드 인과 그의 아내, 그리고 아이들이 살고 있었다. 제일 큰 아이는 얼굴이 큼지막했는데 아버지의 일을 돕다가 때마침 내리는 비를 피해 늪지에서 아버지와 함께 집으로 뛰어오던 참이었다. 막내는 주름진 얼굴에 마귀할멈같이 머리가 뾰족한 아기였다. 마치 어느 귀족 집 거실이라도 되는 양 도도한 자세로 아버지 무릎 위에 앉아 비에 젖어 기아가 닥쳐오고 있는 집안에서, 아기의 특권이라고나 할까, 낯선 손님을 수상쩍은 눈으로 빤히 쳐다보고 있었다. 사실은 존 필드의 배고픈 개구쟁이가 아니라 어느 귀족의 자손이며 세상의 희망과 주목을 한 몸에 받고 있지만 정작 본인은 아직 아무것도 눈치채지 못하는 듯한 모습이었다.

창밖에 소나기와 천둥이 고함을 지르는 사이, 우리는 지붕 밑 비가 새지 않는 곳에 함께 앉아 있었다. 오래 전, 이 가족을 미국으로 실어온 배가 건조되기도 전에 나는 곧잘 그곳에 앉아 있곤 했다. 존 필드는 성실하고 정직한 일꾼이었지만 아무리 보아도 기개가 없는 남자였다. 또 그의 아내는 큰 난로가 놓여 있는 한구석에서 저녁을 만들려고 하루하루 분투하고 있었다. 기름기 도는 둥근 얼굴에 앞가슴이 벌어진 이 여자는 언젠가는 살림이 좀 나아지겠지 하는 희망을 아직 버리지 않고 있었다. 한쪽 손엔 항상 대걸레를 쥐고 있었는데 그 효과는 어디에도 눈에 띄지 않았다. 병아리들도 비를 피해 이곳에 피신하고 있었다. 제 집인 양 건방지게 방 안을 돌아다니는 그 모습은 너무나도 사람과 흡사해 통째로 구워먹지도 못할 것 같았다. 병아리들은 멈춰 서서 나의 눈을 들여다보기도 하고 의미심장하게 나의 구두를 콕콕 쪼기도 했다.

그 사이에도 주인은 나에게 자신의 신상 이야기를 들려주었다. 자신이 부근의 어떤 농부를 위해서 진흙탕 속에서 필사적으로 일을 하고 있다는 것, 1에이커당 10달러로 쟁기나 늪지용 괭이를 사용해 초지를 경작하고 그 토지를 1년간 비료를 주면서 사용하기로 했다는 것, 그 얼굴이 큼지막한 아들은 아버지가 얼마나 수지 맞지 않는 일을 하는지도 모른 채 자신 곁에서 즐겁게 일을 돕고 있다는 것 등이다.

나는 내 경험이 그에게 도움이 될지도 모른다고 생각해 다음과 같은 이야기를 해주었다. 나는 당신 가까이에 살고 있고, 이런 곳에 낚시를 하러 와 있어 할 일 없이 빈둥빈둥 노는 놈으로 보일지도 모르나 이래 뵈도 당신처럼 어엿이 자신의 힘으로 생계를 꾸리고 있다. 나는 튼튼하고 밝고 깨끗한 집에 살고 있다. 그것은 이 오두막처럼 허름한 집의 1년 집세와 거의 같은 비용으로 지은 것이다. 당신도 마음만 먹으면 한두 달 안에 자신의 궁전을 만들 수 있을 것이다.

나는 차나 커피, 우유도 마시지 않고 버터와 고기도 먹지 않으니 그러한 것을 사기 위해 일할 필요는 없다. 또 별로 일하지 않으니까 그다지 먹을 필요도 없고, 따라서 식비는 많이 들지 않는다. 그런데 당신은 처음부터 차나 커피, 버터, 우유, 쇠고기 등을 먹고 마셨기 때문에 그것들을 사기 위해 필사적으로 일할 수밖에 없고, 필사적으로 일하면 체력의 소모를 보충하기 위해 필사적으로 먹어야만 한다. 결국 사태는 조금도 호전되지 않을 뿐만 아니라 도리어 나빠지기만 하는 게 아닌가. 만족하는 법이 없는 데다 목숨마저 닳게 하는 것이다. 그럼에도 당신은 매일 차나 커피, 고기가 손에 들어온다는 것만으로 미국에 와서 득을 보았다고 믿는 것 같다. 그런데 진정한 미국이란 그런 것 없이도 살아갈 수 있는 생활양식을 자유롭게 탐구할 수 있는 나라이고, 그러한 것을 소비함으로써 직간접적으로 생기는 노예제도나 전쟁, 그 밖의 여분의 출자 등에 찬동할 것을 국민에게 강요하지 않는 나라인 것이다…….

나는 일부러 그를 철학자나, 혹은 그렇게 되고 싶어하는 인간으로 간주하고 이야기를 한 것이었다. 지구상의 여러 초지가 개간되지 않은 채로 남겨지고, 또 그것이 스스로를 구제하려는 인류의 노력의 결과라면 나에겐 기쁘기 그지없는 일이다. 사람은 자기 자신을 경작하려면 어떻게 해야 좋은가를 발견하기 위해 일부러 역사를 공부할 필요는 없다. 그런데 한심하게도 아일랜드 인의 정신을 경작하는 것은 도덕적인 늪지용 괭이를 휘두르며 맞서야만 하는 어려운 사업인 것이다!

나는 그에게 말해주었다. 당신은 늪지 개간에 무턱대고 힘을 쓰기 때문에 두꺼운 장화나 질긴 의복이 필요해지는 것이다. 그러나 그것은 곧 진흙 범벅이 되고 닳아 떨어지고 만다. 나는 얄팍한 옷에 가벼운 구두를 신고 있다. 당신은 내가 고급 신사복이라도 걸치고 있는 줄 알지만 사실 당신 의복비의 반도 들이지 않았다. 나로 말하자면 마음만 먹으면 한두 시간 정도로 별 어려움 없이, 그리고 즐기면서 이틀분의 물고기를 낚을 수가 있다. 일주일분의 생활비를 버는 것도 가능하다. 당신과 가족들이 검소한 생활을 할 생각만 있다면 여름에는 놀러가는 기분으로 허클베리를 따러갈 수도 있을 것이다.

내가 이렇게 말하자 존은 깊은 한숨을 내쉬고 안주인은 허리에 손을 얹은 채 눈을 크게 떴다. 두 사람 모두 과연 그런 생활을 시작할 만한 자금이 있을까, 혹은 그것을 이루어낼 계산 능력이 있을까 하고 궁리하는 모습이었다. 그들 입장에서 보면 그것은 추측항법으로 항해하는 것과 마찬가지로, 어떻게 하면 목적지인 항구에 닿을 수 있는지 전혀 짐작도 가지 않을 터였다. 따라서 지금도 그들은 나름대로 용감하게 인생에 맞서서 필사적으로 투쟁을 하는 것일 텐데, 인생이라는 거대한 대열에 보기 좋게 쐐기를 콱 박아 무찔러낼 기량은 없고, 마치 엉겅퀴라도 다루는 듯이 인생을 적당히 취급하려고 생각하는 것이리라. 그들의 싸움에는 도무지 승산이 없다. 슬프게도 존 필드는 계산 능력도 없이 살기 때문에 실패하고 있는 것이다.

"낚시는 하나요?" 하고 나는 물어보았다.

"예, 하고 있어요. 일을 쉴 때 가끔 낚시를 하러 나가곤 하죠. 퍼치가 꽤 잡히더군요."

"미끼는 무엇을?"

"지렁이로 연준모치를 낚고, 그놈으로 또 퍼치를 낚지요."

"지금 갔다 오면 어때요, 여보?"

부인이 기대에 찬 눈을 반짝이며 말했다. 그러나 존은 머뭇거리고 있었다.

드디어 소나기가 멈추고 동쪽 숲 위에 걸린 무지개가 저녁엔 맑게 갤 것을 약속하고 있었기 때문에 나는 자리를 뜨기로 했다. 밖으로 나갔을 때, 이 집 관찰의 마무리로써 우물 밑을 엿보고 싶어져 물을 한 잔 달라고 했다. 그런데 놀랍게도 우물물은 거의 메말라 유사(流砂)처럼 모래가 드러나 있고, 더구나 밧줄마저 끊어져 물통은 떨어진 채로 있었다.

이럭저럭 하는 동안 그들은 적당한 그릇을 찾아왔다. 물을 끓이기라도 하는지 둘은 무언가를 서로 상의한 후 가까스로 목말라 하는 나의 손에 물을 건네주었다. 물은 아직 다 식지도 않았고 깨끗하지도 않았다. 이런 죽 같은 물로 생명을 지탱하고 있다니. 나는 눈을 감고 그릇을 잘 흔들어 바닥의 침전물을 한쪽으로 밀어버린 뒤, 성의가 담긴 대접에 감사하면서 완전히 잔을 비웠다. 이처럼 예의가 중요한 상황에서는 까다롭게 굴지 않는 게 내 방식이다.

비가 갠 뒤, 아일랜드 인의 집을 뒤로 하고 다시 한 번 호수 쪽으로 발길을 돌렸을 때, 인가에서 멀리 떨어진 초지와 진흙탕, 늪지의 구멍이나 쓸쓸한 황무지를 지나 황급히 강꼬치고기를 낚으러 가는 내 모습이 대학까지 나왔다는 인간이 하기에는 너무나 시시한 일이 아닌가 하는 생각이 순간 머리를 스쳤다. 하지만 어깨너머로 무지개를 돌아보고, 깨끗이 씻긴 대기를 통해 어디선가 실려 오는 어렴풋한 종소리를 들으면서 붉은 노을빛으로 물든 서쪽을 향해 언덕을 뛰어내려 갔을 때, 나의 수호신이 이렇게 말하는 듯이 느껴졌다.

날마다 멀리, 넓은 곳으로 낚시와 사냥을 나가라—더 멀리 더 넓은 곳으로—또 주저 말고 여기저기의 작은 시냇가, 난롯가에서 휴식을 취하라. 네 젊은 날에 너의 창조주를 기억하라. 동이 트기 전에 마음의 번민을 버리고 일어나 모험을 찾아나서라. 정오에는 어딘가 가까운 호숫가에 있어라. 밤이 오면 어디에 있든 내 집처럼 편히 쉬어라. 여기에 있는 들처럼 넓은 들은 없고, 여기서 하는 놀이만큼 가치 있는 놀이는 없는 것이다. 너의 본성을 좇아 야성적이 되어라, 절대 영국 건초가 되지 않는 사초나 지푸라기처럼. 천둥은 울리도록 놔두어라. 설사 그것이 농부의 작물에 피해를 준다 해도 뭐 그리 대수인가? 천둥이 너에게 전하려는 것은 그런 것이 아니다. 농부들이 짐수레나 지붕 밑으로 도망쳐버린다면 너는 그 구름 밑으로 몸을 숨겨라. 생계를 유지하기 위한 장사라 생각지 말고 도리어 그것을 놀이로 삼아라. 대지를 즐겨라, 그러나 소유는 하지 마라. 사람들은 진취적인 기상과 신념이 부족하기 때문에 물건을 매매하고 일생을 농노처럼 살아가면서 조금도 진보하지 않는 것이다.

오오, 베이커 농장이여!

"가장 풍요로운 자연의 요소가
더럽혀지지 않은 작은 햇빛과도 같은 풍경."

"너의 울타리를 둘러친 초원에서
술을 퍼마시며 떠들어대는 자는 없다."

"너는 누구와도 논쟁하지 않는다
너는 질문에 고민하는 일도 없다
처음 보았을 때도 역시 온화하고
소박한 검붉은 빛깔의 옷을 걸치고 있었지."

"사람을 사랑하는 자들이여, 오너라
사람을 미워하는 자들이여, 오너라
성스러운 비둘기의 새끼들도
정치범 가이 포크스(Guy Fawkes : 1570~1606. 영국 '화약 음모사건'의 실행담당자. 발각되어 처형당함)와 같은 자도
자, 악랄한 음모를 교수형에 처하는 것이다
탄탄한 나무 서까래에서!"

저녁이 되면 사람들은 가재도구의 달그락대는 소리가 들려오는 자기 집근처의 밭이나 거리로부터 얌전하게 귀가한다. 그들의 생명은 스스로 뱉어내는 숨을 반복해 호흡하기 때문에 쇠약해져 간다. 그들의 그림자는 아침저녁으로 그날의 발걸음보다도 길게 늘어난다. 우리는 매일 멀리서 모험이나 위험, 발견에 찬 여행을 끝내고 새로운 경험과 성격을 몸에 익혀 귀가해야 하는 것이다.

내가 호수에 도착하기 전에, 존 필드는 무슨 충동을 느꼈는지 돌연 마음이 바뀌어서 해가 지기 전인데 '늪지 파기'를 일찌감치 끝내고 찾아왔다. 그렇지만 유감스럽게도 이 남자는 내가 계속해서 물고기를 낚아올리는 사이, 겨우 두 마리만 놀라게 했을 뿐, '아무래도 운이 따르지 않는군' 하며 투덜거리고 있었다. 그래서 배 안의 자리를 바꾸어보았더니, 글쎄 재수란 놈도 자리를 바꿔버리고 말았다. 가엾은 존 필드! ―그가 이 책을 읽는 일은 없을

테지만 읽는다면 필시 얻는 점이 있을 것이다—미국이라는 원시적이면서도 새로운 나라에 살면서, 그는 어딘가 오래된 나라에서 전해져 내려오는 방식으로 연준모치로 퍼치를 낚으려고 하는 것이다(때에 따라선 그것도 좋은 미끼가 된다는 건 나도 인정하지만). 그는 자신의 지평선을 소유하고 있다지만 빈곤함엔 변함이 없고, 나면서부터 빈곤하도록 되어 있는 것이다. 조상 대대로 아일랜드식의 빈곤, 혹은 빈곤한 생활을 이어받아 아담의 할머니 때부터 늪지 같은 인생을 질질 끌며 살아가고 있는 탓에 그도 그의 자손도 이 세상의 역경에서 헤어날 수는 없을 것이다. 늪지를 달리는 물갈퀴 달린 그들의 발이 헤르메스의 날개 돋친 샌들이라도 신지 않는 한.

11
더 높은 법칙
HIGHER LAWS

날은 완전히 어두워졌다. 나는 잡은 물고기를 실에 꿴 후 땅에 낚싯대를 끌면서 숲 속을 빠져나와 오두막으로 향했다. 그때 우드척 한 마리가 몰래 거리를 가로질러가는 것이 눈에 띄었다. 순간 나는 야만스러운 기묘한 전율을 느끼고, 그 녀석을 잡아 산 채로 마구 뜯고 싶다는 강한 충동을 느꼈다. 특별히 배가 고팠던 건 아니었고, 단지 그와 같은 야성적인 것에 굶주리고 있었을 뿐이다.

내가 호숫가에 살던 때에 한 번인가 두 번, 왠지 모르게 자포자기 비슷한 기분이 들면서 굶어 죽기 직전에 놓인 사냥개처럼 짐승의 고기라도 걸려들지 않을까 숲 속을 헤맨 적이 있었다. 그때였다면 어떤 들짐승 고기라도 태연하게 먹을 수 있었으리라. 지극히 야성적인 광경도 나에겐 형용할 수 없이 깊은 친숙감을 느끼게 하는 것이었다.

그때나 지금이나 대부분의 사람과 마찬가지로 나 자신의 내부에 더 높은 이른바 정신적인 생활을 향한 본능과 원시적이고 하등한 야만적인 생활을 향한 본능을 함께 갖고 있는데, 나는 양쪽 모두에게 경의를 표하고 싶다. 선량함 못지않게 야성적인 것을 사랑한다. 낚시에는 야성미와 모험이 있기 때문에 지금도 나는 그것을 바람직하게 생각하고 있다. 때로는 하등한 생활방식에 젖어 하루 종일 동물처럼 지내고 싶다는 생각을 한다.

내가 자연과 친교를 맺게 된 것은 아마 어렸을 적, 낚시나 사냥을 했기 때문이리라. 낚시와 사냥은 보통 그 나이 또래에서는 좀처럼 친숙하기 힘든 풍경을 만나게 해주며 자연 속에 머무르게 한다. 어부나 사냥꾼, 나무꾼 등 들판이나 숲에서 일생을 보내는 사람들은 어떤 의미에서 보자면 그들 자신이 자연의 일부이기 때문에, 기대감을 품고 자연을 접하는 철학자나 시인보다 더 짬짬이 그것을 관찰하는 데 어울리는 마음을 품고 있는 것이다. 자연 쪽에서도 그러한 사람들에게는 두려움 없이 자신을 드러낸다.

대초원을 여행하는 자는 스스로 사냥꾼이 되고, 미주리 강이나 콜롬비아 강 상류에서는 덫 사냥꾼, 세인트 메리 폭포에서는 낚시꾼이 된다. 단순히 떠돌기만 하는 자는 사물을 수박 겉핥기식으로 배울 뿐 진정한 권위자는 될 수 없다. 자연 속에서 살아가는 사람들이 이미 체험적, 혹은 본능적으로 알고 있는 것을 과학이 보고할 때 우리는 최대의 흥미를 느낀다. 그것만이 진정한 인문과학, 다시 말해 인간 경험을 기술한 것이기 때문이다.

미국에는 영국만큼 공휴일이 없고, 어른이나 아이들도 그다지 놀이를 즐기지 않는다고 해서 오락과는 연이 없는 자들이라고 단정을 짓는 것은 잘못된 생각이다. 이곳에서는 낚시나 사냥과 같이 혼자서 즐길 수 있는 더 원시적인 오락이 아직 자리를 양보하지 않고 있을 뿐이다. 나와 같은 세대의 뉴잉글랜드의 남자아이들은 대체로 열 살이나 열네 살 사이에 엽총을 어깨에 멘다. 게다가 사냥터나 낚시터란 것도 영국 귀족의 금렵지처럼 범위가 한정되어 있는 것이 아니라 때로는 원시인의 수렵지 못지않게 끝도 없이 펼쳐져 있었다. 그러니 마을 공터에서 노는 아이들 모습이 그다지 눈에 띄지 않았던 것도 전혀 이상할 일이 없는 것이다. 그렇지만 이미 변화의 징조는 나타나고 있다. 휴머니티가 널리 퍼져 있기 때문이 아니라 모두에게 퍼질 만한 사냥감이 없기 때문이다. 동물 애호협회 회원을 포함한 여러 인간들 중에서 사냥꾼이야말로 동물의 최고 벗이라 할 수 있을 것이다.

또 호숫가에서 생활하던 시절, 나는 가끔 식사에 물고기를 추가해 변화를 주고 싶다는 생각을 하기도 했다. 실제로 나는 아주 먼 옛날의 낚시꾼과 같이, 필요에 따라 낚시를 해왔다. 그것에 대해 다소의 배려 정신을 주장해본들 위선이 될 것이고 감정보다는 철학의 문제가 되고 만다. 내가 지금 여기서 낚시만을 화제로 삼는 이유는 날짐승 사냥에 대해서는 옛날부터 견해가 달랐고 숲으로 들어가기 전에 총을 팔아버렸기 때문이다. 나는 자신이 다른 사람보다 동물 애호정신이 부족하다고는 생각지 않지만, 낚시에 관해서는 그다지 감정이 동요되지 않았다는 게 솔직한 마음이다. 물고기나 곤충은 불쌍하다는 생각이 들지 않았다. 이것은 습관이다.

날짐승 사냥에 관해 말하자면, 총을 가지고 있던 마지막 몇 년 동안 조류학 연구를 구실로 신종이나 혹은 진기한 새만을 찾아 돌아다녔다. 그렇지만 사실 지금은 그것보다 월등히 뛰어난 조류학 연구방법이 있음을 알게 되었다. 그것은 새들의 습성을 관찰하는 것으로 치밀함을 필요로 하는 방법이고, 그 점만으로도 나는 기꺼이 총을 내려놓기로 했다.

하지만 인도적인 견지에서 반대론이 있다 해도 사냥만큼 가치 있는 야외활동이 달리 있을까 싶다. 그래서 한 친구가 걱정스러운 듯이 아들에게 사냥을 시켜야 하는지 물어왔을 때, 나는 자신이 받은 교육 중에서 그것이 특히 많은 도움이 되었던 것을 떠올리고 이렇게 대답했다.

"꼭 사냥을 시키게나. 처음에는 단순한 놀이로 시작해서, 가능하다면 나중엔 위대한 사냥꾼이라는 소릴 들을 수 있도록. 이 부근의, 아니 녹음이 우거진 어느 황야에 있든 그들에게 어울릴 큰 사냥감은 발견되지 않는다고 할 정도로—즉 인간을 낚는 어부이자 사냥꾼으로 말이야. 그 점에 있어선 나도 초서(Geoffrey Chaucer : 1342?~1400. 영국의 시인)의 《캔터베리 이야기》에 나오는' 수녀원장의 의견에 찬성이라고.

"사냥을 하는 자들은 성자가 될 수 없다는
규정 따윈 털 뽑힌 암탉만큼도 신경 쓰지 않는다."

인류의 역사와 마찬가지로 개인의 역사에서도, 알곤킨족이 말하는 사냥꾼이야말로 최고의 인간이라는 말이 들어맞는 시기가 있는 거라네. 한 번도 총을 본 적이 없는 남자아이라니, 가련하기 짝이 없지. 교육이 한심할 정도로 소홀해진 아이에게 동물 애호정신 같은 게 자라날 턱이 있는가."

이상이 사냥에 열중하고 있는 젊은이들 문제에 대한 나의 답이었다. 그들이 얼마 후 그 시기를 졸업한다는 믿음 위에 이렇게 대답한 것이다. 일단 사려가 부족한 소년 시대가 지나면 분별력 있는 인간은 자신과 같은 생존권을 지닌 동물들을 닥치는 대로 죽이는 짓은 하지 않을 것이다. 작은 토끼도 궁지에 몰리면 사람의 아이와 똑같은 울음소리를 낸다. 지상의 어머니들에게 경고해두자. 나의 동정심은 여느 박애주의자처럼 인간에게만 향해 있지 않다.

이렇게 해서 소년은 숲과 가장 근원적인 자신을 처음으로 대면한다. 처음에는 단지 사냥꾼이나 낚시꾼으로서 숲을 찾지만, 만약 그가 내부에 더 좋은 인생의 씨앗을 품고 있다면 이윽고 시인이나 박물학자로서의 자기 본연의 목적을 발견하고 엽총과 낚싯대를 버리게 될 것이다. 이 점에 관해서 사람들은 지금도, 아니 그 어느 시대에도 완전한 어른은 되지 못한다. 어떤 나라에서는 목사가 사냥하는 것조차 낯설지 않은 광경이 되고 있다. 그러한 자들은 좋은 양치기 개는 될 수 있어도 결코 '선한 목자'는 될 수 없을 것이다. 벌목이나 얼음 잘라내기, 혹은 그것과 비슷한 일은 그렇다 치고 내가 아는 한, 한 사람을 제외하면, 이 마을의 어른이든 아이든 어쨌든 사람들을 온전히 반나절 동안 월든 호에 묶어두게 할 수 있는 일은 아무리 보아도 물고기 낚기 정도밖에 없다는 것을 생각하면 그저 안타까울 따름이다. 사람들은 조용히 호수를 바라볼 수 있는 은혜를 부여받았으면서도 바구니 한가득 물고기가 잡히지 않으면 재수가 없다, 일부러 찾아온 보람이 없다, 하며 불평만을 늘어놓는다. 낚싯밥이 호수 밑에 가라앉고 그들의 목적이 투명하게 순화되기까지, 사람들은 수천 번도 더 호수에 발을 옮겨야 할 것이다. 그러나 어쨌든 이러한 정화작용이 끊임없이 일어나고 있는 것은 분명하다.

주지사나 그 고문관들은 어릴 적 낚시를 해본 일이 있기 때문에 이 호수를 어렴풋이 기억하고 있다. 그런데 지금은 나이를 먹고 너무 위대해져서 낚시를 하러 갈 수 없게 되었고 이제 영원히 이 호수를 기억할 수 없게 된 것이다. 그럼에도 불구하고 언젠가는 자신도 천국에 갈 수 있다고 생각하고 있다. 의회가 이 호수를 주목하는 이유는 주로 거기에서 사용되는 낚싯바늘의 수를 규제하고 싶기 때문이다. 그런데 그들은 의회를 낚싯밥으로 해 호수 그 자체를 낚기 위한 낚싯바늘 속의 낚싯바늘에 대해서는 무엇 하나 알고 있지 않다. 이처럼 미숙한 인간은 설사 문명사회에 살고 있다 해도 이제 겨우 인류 발달사의 수렵 시대를 통과하고 있을 뿐이다.

요즘 들어 낚시를 할 때마다 나 자신에 대한 존경심이 조금씩 줄어드는 걸 자주 느꼈다. 나는 낚시를 많이 해봤다. 나의 경우 낚시는 주특기라 할 수 있으며 많은 이들과 마찬가지로 일종의 본능을 갖고 있어서 때때로 그 본능이 되살아난다. 그런데 낚시를 한 뒤에는 반드시 "아아, 하지 말 것을" 하고 후회한다. 이 기분은 틀림없다고 생각한다. 그것은 어렴풋한 징후에 지나지 않지만, 새벽의 서광도 어렴풋하지 않은가. 나의 내부에는 확실히 하등동물에 속하는 본능이 잠자고 있다. 그런데 특별히 인간미나 지혜가 늘어난 것도 아니면서 해마다 점차 낚시를 하지 않게 된 것이다. 지금 나는 완전히 낚시를 그만둔 상태이다. 하지만 원시림에라도 살게 된다면 다시 본격적으로 낚시나 사냥을 하고 싶어지겠지.

덧붙여 말하자면 물고기라든지 여러 짐승의 고기에는 본질적으로 어딘가 불결한 점이 있다. 도대체 집안일이라는 게 어디서부터 시작되는 것인지, 우리가 돈을 들여 매일 보기 좋게 몸단장을 하거나 집안을 청소해 악취나 더러운 것을 없애야만 하는 이유가 무엇인지 나도 이제 알게 되었다. 나는 맛있는 음식을 대접받는 신사임과 동시에 푸줏간 주인, 접시닦이, 요리사이기도 했었던 만큼 좀처럼 보기 드문 완벽한 경험을 바탕으로 이야기 할 수 있는 것이다.

나의 경우 동물의 고기를 피한 실제적인 이유는 그것이 불결했기 때문이다. 또 물고기를 잡아 씻은 후 요리해 먹어도 정말 이쪽의 피와 살이 된다는 생각이 들지 않았다. 그러한 행동은 무의미하기도 하지만 불필요하고 얻는 것보다도 잃는 쪽이 컸다. 대신에 소량의 빵과 감자를 먹고 있으면 수고도 덜고 불결하지도 않거니와 영양분 면에서도 뒤지지 않는다.

나는 많은 동시대인들과 마찬가지로 오랫동안 동물의 고기나 차, 커피 등을 거의 섭취하지 않았다. 어떤 해가 있다는 것을 알고 있었기 때문이 아니라 나의 생각과 어울리지 않는 면이 있었기 때문이다. 육식에 대한 인간의 혐오감은 경험에서 나온 것이 아니라 일종의 본능인 것이다. 나는 간소한 의식 생활을 하는 것이 여러모로 훨씬 좋다는 생각을 했다. 비록 실제 거기까지 이르진 못했다 해도 자신의 상상력을 즐겁게 하는 수준까지는 그러한 생활을 실천했다고 생각한다.

자기의 시적 능력을 최고로 유지하고 싶다는 사람은 분명 모두 육식이나 과식을 피해왔을 것이다. 커비와 스펜스(19세기의 곤충학자들)의 저서에 나와 있는 곤충학자들의 말은 사실 매우 흥미롭다. "성충이 된 곤충 중엔 섭식기관이 있으면서 그것을 사용하지 않는 것이 있다"는 것이다. 또 두 사람이 단언하는 바에 따르면, "이 상태의 곤충 대부분은 일반적으로 유충 상태에 있을 때보다 훨씬 적은 양을 섭취한다. 대식가인 모충이 나비가 되고, 탐욕스런 구더기가 파리가 되면" 겨우 한두 방울의 꿀이나 달콤한 액체로 만족한다고 한다. 나비의 날개 밑 복부는 여전히 유충 시절의 흔적을 간직하고 있다. 이것이야말로 식충동물을 유혹함으로써 나비에게 비운을 초래하는 맛있는 부분인 것이다. 대식가란 이른바 유충 상태에 있는 인간을 말한다. 국민 전체가 그러한 상태에 있는 나라도 있는데, 그들이 상상력도 없는 국민이라는 것은 그들의 비대한 배를 보면 정확히 알 수 있다.

상상력을 해치지 않는 그런 소박하고 청결한 식사를 준비하는 것은 쉽지 않다. 그러나 육체에 영양분을 준다면 상상력에 대해서도 그렇게 해야 할 것이다. 둘은 함께 같은 식탁에 올려야 한다. 그것이 불가능하지는 않을 것이다. 과일을 적당히 먹고 있으면 우리는 자신의 식욕을 부끄러워 할 필요도 없고 가장 가치 있는 일을 방해받지도 않는다. 그런데 요리에 조금이라도 여분의 향신료를 넣으면 몸에 독이 되는 것이다. 사치스러운 요리를 먹으며 살아가는 것엔 아무 가치가 없다. 육식이든 채식이든 매일 타인이 만들어주는 것과 똑같은 요리를 자신의 손으로 만드는 게 드러났다면 대부분의 사람들은 부끄럽게 생각할 것이다. 그렇지만 식생활이 바뀌지 않는 한 우리는 문명인이라 할 수가 없고, 신사숙녀는 될지언정 진정한 남자나 여자는 될 수 없는 것이다. 따라서 우리가 어떻게 변해야 할 것인가는 자명해진다.

상상력이 고기나 지방과 조화를 이루지 않는 이유를 묻는 것은 소용없을 것이다. 나는 조화를 이루지 못한다고 확신하고 있다. 인간이 육식동물이라는 것은 하나의 치욕이 아닐까? 사실 인간은 대부분의 경우 다른 동물을 잡아먹는 것으로 살아갈 수가 있고, 또 현재 그렇게 하며 살고 있다. 그러나 이것이 비참한 삶의 방식이라는 것은 덫을 놓아 토끼를 잡거나 새끼 양을 도살하는 자라면 누구나 깨달을 것이다. 따라서 장래 인간에게 더 죄가 없는 건강한 음식만을 먹도록 가르치는 자가 나타난다면, 그는 바로 인류의 은인으로 모셔지게 될 것이다. 나 자신의 식습관은 그렇다 치고, 인류는 진보함에 따라 육식 섭취를 그만둘 운명에 있다는 것을 믿어 의심치 않는다. 바로 야만족들이 문명인과 접촉 후 서로를 잡아먹는 습관을 그만둔 것처럼.

내적인 정신이 발하는 어렴풋한 그리고 끊임없는 경고(이것이 바로 진실을 고하는 목소리다)에 귀를 기울인다 해도 사람은 이 정신이 자신을 얼마나 극단적인 방향으로―심지어 광기에까지―인도하게 되는지 짐작도 할 수 없다. 그래도 인간은 결의와 신념을 굳힘에 따라 그쪽 방향으로 나아가게 된다. 한 건강한 인간이 아주 어렴풋하기는 하지만 꼭 이의를 제기해야 한다고 느낀다면, 그것은 바로 인류의 논리와 습관과 싸워 이기는 게 될 것이다. 자신의 길을 벗어나는 곳까지 내적인 정신의 목소리를 따라간 자는 일찍이 한 사람도 없다. 그런 짓을 하면 몸이 쇠약해져 버릴지 모르지만 설사 그렇다 해도 한탄스러운 결과로 끝났다고는 할 수 없다. 그것은 더 높은 원칙을 따라 살아간 결과이니.

여러분이 만약 낮과 밤을 기쁘게 맞을 수 있고, 그 생활이 꽃이나 풀처럼 그윽한 향기를 발하며 더 유연해진다면, 그리고 밤하늘의 별처럼 빛나며 한층 더 불멸의 것에 가까워졌다고 느낀다면 그것이야말로 다름 아닌 여러분의 성공이다. 온 자연은 너나 할 것 없이 여러분을 축복하고, 또 여러분은 점점 더 스스로를 축복하는 이유를 얻게 되리라.

최대의 이익과 가치는 오히려 가장 인식하기 힘들다. 우리는 그러한 것이 존재하는지조차 의심하기가 쉽다. 혹은 바로 잊어버리고 만다. 그러나 사실은 그것이야말로 최고의 현실이다. 아마 가장 경탄할 만한, 가장 현실적인 사실은 결코 이 사람에게서 저 사람으로 전해지는 일이 없을 것이다. 나의 일상생활이 가져다주는 진정한 수확은 아침이나 저녁의 빛깔과 마찬가지로 만질 수도, 언어로 표현할 수도 없다. 그것은 손에 쥔 작은 별 조각, 획 낚아챈 무지개 한 조각이다.

그렇다고 해서 나 자신이 유별나게 까다로운 생활을 하고 있었던 것은 아니다. 나는 필요하다면 쥐고기를 보고도 입맛을 다실 수 있다. 나는 아편 중독자의 천국보다는 자연 속의 하늘이 더 마음에 들며, 이와 똑같은 이유로 오랫동안 물을 마셔왔다는 것을 기뻐하고 있다. 나는 항상 맑은 정신으로 있고 싶다. 취하는 방식에는 무수한 단계가 있다. 나의 생각으로는 물이야말로 현자에게 어울리는 유일한 음료수다. 와인이라는 것은 그다지 고상한 음료수라고 할 수 없다. 하물며 한 잔의 뜨거운 커피로 아침의 희망을, 한 잔의 홍차로 밤의 희망을 산산조각 부숴버리는 것을 생각해보라! 아아, 그러한 것에 유혹당할 때 나는 얼마나 타락해 있는 것일까!

음악조차 사람을 취하게 하는 경우가 있다. 이처럼 하잘것없는 것이 그리스와 로마를 멸망시켰고, 이윽고 영국, 미국도 멸망시킬 것이다. 도대체 취기를 느끼게 하는 그 어떤 것보다도 자신이 호흡하고 있는 공기에 취하는 것이 제일 좋다고 생각하지 않는 인간이 있을까? 심한 육체노동을 오래 지속한 뒤에는 먹고 마시는 것도 격해지기 때문에 나는 그러한 노동은 반드시 그만둬야 한다고 생각하게 되었다.

사실 나는 최근 이러한 점에 별로 까다롭게 굴지 않게 되었다. 식탁에 종교를 끌어들이는 일도 적어졌고 식전 기도를 올리지도 않는다. 이는 내가 전보다 현명해졌기 때문이 아니라, 고백하자면 한심한 일이긴 하지만, 나이를 먹어감에 따라 조잡해지고 무신경해졌기 때문이다. 아마 이러한 문제는 시와 마찬가지로(대부분의 사람들은 이렇게 믿고 있다) 젊은 시절에만 우리의 관심을 불러일으킬 것이다. 나의 실천은 어딘지 모르는 곳에 있지만, 그래도 나의 의견은 여기에 있다는 것이다. 베다에는 "세상에 널리 퍼져 있는 지고한 존재에 대해서 진정한 신앙을 품는 자는 무엇을 먹어도 상관없다." 즉 무엇을 먹고 누가 요리했는가 하는 문제에 시시콜콜 천착할 필요가 없다고 하는데, 나는 결코 자신이 그런 특권을 가진 인간이라는 생각하지 않는다. 또 설사 그러한 특권을 가진 사람이라도 어떤 인도인 주석자가 말하는 것처럼 특권은 '고난의 때'에 한정된다고 하는 것에 주목해야 한다.

식욕과는 상관없이 먹은 음식에서 이루 말할 수 없는 만족감을 얻지 못하는 자가 있을까? 나는 미각이라는 저속한 감각 덕분에 어떤 정신적인 지각을 얻은 것, 미각을 통해서 영감을 얻은 것, 한 언덕의 중턱에서 먹은 딸기가 나의 내적인 정신을 함양해 주었다는 것 등을 생각하면 하늘로 솟을 만큼 기뻐지곤 했다. "마음이 없으면, 보아도 보이지 않고, 들어도 들리지 않고, 먹어도 그 맛을 모른다(心不在焉, 視而不見, 聽而不聞, 食而不知其味)"(《대학》)라고 증자는 말하고 있다. 자기 음식의 진정한 풍미를 아는 자는 결코 대식가가 되지 않는 것이다. 풍미를 모르는 자라면 대식가가 될 수밖에 없다.

시의원이 거북요리를 덥석 물 때와 다르지 않게, 청교도도 저속한 식욕을 이기지 못하고 흑빵의 껍데기에 달려들게 될 것이다. 입에 들어가는 음식이 사람을 더럽히는 것이 아니라 먹을 때의 식욕이 사람을 더럽히는 것이다. 음식의 질이나 양이 아니라 관능적인 풍미에 포로가 되는 것이 문제이다. 음식이 우리의 동물적인 생명을 지탱하거나 정신적인 생명에 힘을 불어넣는 것이 되지 못하고, 우리를 파먹는 구더기의 양식이 되는 것이 문제이다.

사냥꾼들이 사향뒤쥐나 진흙거북 같은 야생동물의 고기에 입맛을 다시는 가하면, 고상한 귀부인은 송아지 발로 만든 젤리나 외국에서 수입해온 정어리에 눈이 뒤집어지는 꼴이니, 땅속의 너구리와 다를 게 뭐가 있나. 그는 물레방앗간이 있는 호수로, 그녀는 보존용 항아리로 발이 향하는 것이다. 이상하기 짝이 없는 것은 그러한 사람들이, 그리고 또 여러분과 내가 이 불결하고 야만적인 짓을 태연하게 저지르고 있다는 것이다.

우리의 일생은 놀라우리만큼 도덕적이다. 선과 악의 사이에는 순간의 휴전도 없다. 선행이야말로 결코 손해를 보는 일 없는 유일한 투자이다. 온 세상을 쓰다듬는 바람의 하프와 같은 음률에 귀를 기울이면서 감동하는 것은 이러한 사실이 중요해지고 있기 때문이다. 하프의 음률은 보험에 들 것을 권유하며 돌아다니는 우주보험회사의 직원이며, 우리는 보험료로 몇 푼 안 되는 선행을 지불하면 그만이다. 젊은이들은 얼마 안 가 무관심해지겠지만 우주의 법칙은 절대 무관심해지는 법 없이 늘 감수성이 풍부한 자의 편에 서 있다. 산들바람이 부는 데 귀를 기울이고 훈계의 말을 듣는 것이 좋다. 그 말은 반드시 들려올 것이다. 들리지 않는 자는 불행하다. 한 줄의 현에 스치거나 손을 멈추는 것만으로도 매력적인 교훈이 우리의 가슴을 찌른다. 귀가 째질 듯한 소음도 한 발짝 뒤로 물러서면 우리네 저열함을 자랑스러운 듯이, 또 부드럽게 풍자하는 음악처럼 들린다.

인간의 내면에는, 고차원의 본성이 잠이 들면 서서히 눈을 뜨는 한 마리 동물이 자리잡고 있다. 그것은 파충류적이기도 하거니와 육욕적이기도 해서 아마 완전히 쫓아낼 수는 없을 것이다. 말하자면 건강한 우리의 몸에 기생하는 구더기, 즉 기생충과 같다. 그놈으로부터 몸을 뺄 수 있을지는 모르나 절대 그 본성까지 바꿀 수는 없을 것이다. 곤란하게도 그놈은 자기 고유의 건강을 구가하고 있기 때문에 인간이 아무리 건강해진다 해도 순수해지는 것은 불가능할지 모른다. 언젠가 하얗고 튼튼한 이빨과 어금니가 붙은 멧돼지의 아래턱을 주운 일이 있는데, 그것은 정신적인 것과는 다른 동물적인 건강과 활력이 존재하는 것을 말해주고 있었다. 이 동물은 절제나 순결과는 다른 방법으로 훌륭하게 살고 있었던 것이다. "인간이 짐승과 다른 점은 매우 적다. 평범한 사람은 금방 그것을 잃어버리지만, 군자는 그것을 소중하게 간직한다(人之所以異於禽獸者幾希, 庶民去之君子存之)"(《맹자》)라고 맹자는 말한다.

우리가 순수한 인간이 되었을 때 과연 어떠한 생활이 기다리고 있을까? 순수함이란 어떤 것인가를 가르쳐 줄 현인이 있다면 나는 지금 당장에라도 찾아 나서련다. "정신적으로 신에게 다가가기 위해서는 온갖 욕망과 육체의 외적인 감각을 통제하고 선행을 쌓아야 한다"고 베다는 가르친다. 정신은 지금 육체의 여러 부분과 기능에 침투해 그것을 지배하고, 형태에 있어서 가장 저속한 육체적인 욕망을 순결과 신앙으로 바꾸는 힘이 있다.

생식력도 우리가 칠칠치 못하면 공연히 인간을 소모시키고 불결하게 하지만, 절제를 지키면 활력과 영감을 부여해준다. 순결이란 인간의 꽃이다. 천재성, 용기, 성스러움이라 불리는 것은 바로 이로써 맺어지는 다양한 과실이다. 순결함의 수로가 열리면 인간은 즉시 신을 향해 흘러간다. 우리가 순수하다면 그것은 영감의 바탕이 되고, 불순하다면 그것이 우리를 때려눕힌다.

자신의 내부에서 날마다 동물성이 사멸하고 그 자리에 서서히 신성함이 자리를 잡고 있음을 확신할 수 있는 인간은 행복하다. 자신이 천하고 야비한 본성과 결탁하고 있다는 걸 부끄럽게 여기지 않는 인간은 없을 것이다. 우리는 파우누스(고대 로마의 목신, 염소의 다리, 뿔이 달린 모습으로 상상됨)나 사티로스(그리스 신화에 나오는 반은 사람이고 반은 짐승인 괴물들)와 같은 신, 아니 반인반수, 즉 동물과 합체한 신이나 욕망의 노예에 지나지 않고, 우리의 생활 자체가 어느 정도 치욕으로 뒤덮여 있는 게 아닐까 하는 생각을 해본다.

> "얼마나 다행인가, 자신의 동물성에 적당한 거처를 부여하고,
> 정신의 숲을 개척한 자는!
> ……
> 자신의 말과 양, 늑대 등 여러 짐승을 길들이고,
> 그 외 모든 것에 대해서 스스로 노새가 되지 않는 자는!
> 그렇지 못한 인간은 단순한 돼지치기가 아니라,
> 돼지를 광기와 파멸로 몰아넣은
> 그 악마와 다를 바 없다."

여러 육체적인 욕망은 갖가지 형태를 띠지만 결국은 단 하나이다. 온갖 순수함도 하나이다. 먹든 마시든 동거하든 잠을 자든 육체적인 욕망에 사로잡

혀 있는 한, 인간은 똑같은 일을 하고 있는 것이다. 그것들은 단지 하나의 욕망에 지나지 않는다. 따라서 어떤 자가 얼마나 욕망에 사로잡혀 있는가를 알고 싶다면 그 중 하나의 행위를 보는 것만으로 충분하다. 불순한 인간은 앉든 서든 순수하지 못하다. 파충류는 땅굴 한쪽 입구를 막으면 다른 구멍으로 나타난다. 순수하고 싶으면 절제를 해야 한다. 순수함이란 무엇일까? 신이 순수한지 아닌지 어떻게 하면 알 수 있을까? 자신은 알 수 없다. 우리는 이 미덕에 대해 들은 적은 있지만 그 실태를 파악하고 있지는 않다. 잠깐 엿들은 소문을 생각 없이 옮기고 있을 뿐이다.

노력에서는 예지와 순수함이 생겨나고, 태만에서는 무지와 육체적인 욕망이 생겨난다. 여러분에게 있어서 육체적인 욕망이란 늘어진 정신에서 오는 습관이다. 불결한 인간은 예외 없이 게으름뱅이다. 난로 곁에 찰싹 달라붙어 있거나 양지를 찾아다니면서 피곤하지도 않은데 늘 꾸벅꾸벅거린다. 불결함과 여러 죄를 피하고 싶으면 마구간 청소든 뭐든 좋으니 온 마음을 다해 일하는 것이다. 타고난 본성을 극복하는 것은 어렵지만 중요하다. 이교도만큼 순수하지도 않고 그들만큼 자기를 부정하지도 않고 종교적이지도 않다면, 도대체 기독교도라는 게 무슨 도움이 된다는 것인가? 이교라 간주되고 있는 종교체계 중에는 그 계율을 읽었을 때 도리어 이쪽이 부끄러워져 그 의식만이라도 좋으니 흉내내봤으면 하는 마음이 솟구치는 것이 많다.

이러한 문제는 이야기하기가 좀 머뭇거려진다. 그것은 단지 주제 탓이 아니라—나는 자신이 사용하는 언어가 아무리 천하다 해도 신경 쓰지 않는다—나 자신의 불순함을 폭로하지 않고는 그것에 대해서 이야기할 수 없기 때문이다. 우리는 육체적인 욕망의 어떤 형태에 대해서는 부끄러움 없이 자유롭게 서로 이야기를 하지만 다른 형태에 대해서는 입을 다물고 만다. 우리는 몹시 타락해 있기 때문에 인간이 본래 지니고 있는 필요불가결한 여러 기능에 대해서 솔직하게 이야기할 수 없게 되어버렸다.

고대의 몇몇 나라에서는 여러 가지 기능에 대해 경의를 표하며 이야기를 하고, 또 법으로 규제하기도 했다. 현대인의 관점에서 본다면 말이 안 되는 소리겠지만 인도의 입법자들에게는 하찮은 것이라고는 하나도 존재하지 않았던 것이다. 그들은 음식, 동침, 분뇨의 배설 방식에 이르기까지 비속한 것을 드높이며 가르쳤고, 이러한 것들을 천하다 여기며 위선적으로 피해가지 않았다.

인간은 자신이 숭배하는 신에게 바칠 육체라는 신전을 순수하게 자신만의 방식으로 세워나간다. 다른 대리석을 망치로 두드린다고 해도 거기에서 도 망칠 수 없다. 우리는 모두 조각가이자 화가이며 그 재료는 우리 자신의 피 와 살과 뼈이다. 조금이라도 고귀한 마음이 있다면 당장 얼굴 모습에 고상함 이 드러나며, 야비하고 육욕적인 면이 있으면 그 얼굴은 짐승처럼 변한다.

존 파머는 9월의 어느 날 저녁, 하루의 힘든 노동을 마치고 현관문 앞에 앉아 있었는데, 아직 일에 대해 신경이 좀 쓰이는 모양이었다. 목욕을 끝낸 뒤 그곳에 눌러앉아 자기 안의 지적인 인간을 되살아나게 하려고 한 것이다. 꽤 쌀쌀한 저녁이었기 때문에 마을에는 서리가 내릴 것을 걱정하는 사람도 있었다.

그가 사색의 길을 더듬기 시작한 지 얼마 뒤, 어디선가 플루트의 선율이 들려왔다. 그 음색은 그의 기분과 절묘한 조화를 이루었다. 그는 여전히 일 에 관한 걸 생각하고 있었다. 그러나 머리를 굴려 생각하면서, 자신의 의지 에 반해 일을 계획하거나 궁리하고 있다는 걸 깨닫는 한편, 이제 그런 것은 아무래도 좋다는 생각이 되풀이해서 그의 머릿속에 떠올랐다. 일 같은 것은 끊임없이 피부에서 벗겨져 떨어지는 몸의 때에 지나지 않았다.

그런데 플루트의 음률은 그가 일하고 있는 장소와는 전혀 다른 세계에서 찾아와 귀를 통해 마음으로 스며들어 그의 내부에 잠들어 있는 어떤 능력에 맞는 그런 일을 해보면 어떻겠느냐고 유혹하는 것이었다. 그 음률은 그가 살 고 있는 거리나 마을을 홀연히 사라지게 했다. 한 목소리가 그에게 말했다. "마음만 먹으면 훌륭한 삶이 기다리고 있는데 너는 어째서 이런 곳에서 악착 같이 비참한 생활을 보내고 있느냐. 저 별들은 다른 대지 위에서도 똑같이 빛나고 있다." 하지만 이 상황을 벗어나 정말로 저편 세계로 옮겨가기 위해 서는 어떻게 하면 좋은가? 그가 생각해낸 것은 새로이 빈곤을 견뎌내는 것 과 정신을 육체 속에 내려 보내 그것을 구원하는 것, 전보다 더한 존경심으 로 자기 자신을 대한다는 것, 그것뿐이었다.

12
동물 이웃들
BRUTE NEIGHBORS

가끔 친구와 함께 낚시를 하러 갔다. 그는 마을 반대편에서 마을을 지나
내 오두막으로 찾아왔다. 물고기를 잡아올리는 일은 물고기를 먹는 것 못지
않게 그와의 교제를 돈독히 하는 기회가 되었다.

은자 : 세상은 요즘 어떻게 돌아가고 있을까? 소귀나무 위에서 매미 우는
소리조차 들리지 않게 된 지 이미 세 시간이나 된다. 비둘기는 모두 나무 위
에서 잠을 자고 있다. 날갯짓 소리도 들리지 않는다. 지금 숲의 맞은편에서
울려 퍼지는 것은 농부에게 정오를 알리는 나팔 소리일까? 농장의 일꾼들이
소금에 절인 고기와 사과주와 옥수수빵이 있는 곳으로 돌아갈 때가 됐나보
다. 모두 어째서 저토록 끙끙대고 있는 것인가? 먹지 않으면 일하지 않아도
될 것을. 저 사람들에게 얼마만큼의 수확이 있었는지는 모르지만……. 뜰
안의 개가 짖어서 마음 놓고 사색도 할 수 없는 그런 곳에 도대체 누가 살고
싶어하는 걸까? 게다가 살아가는 그 꼴이라니! 찬란히 빛나는 태양을 옆에
두고도 변변치 않은 문의 손잡이를 윤내느라 힘을 쓰고, 나무통을 박박 문질
러 닦기도 하고. 집 같은 건 차라리 없는 게 낫지. 나무 구멍에라도 들어가
살면 된다. 그러면 아침과 만찬회의 손님이라곤 콕콕 쪼아대는 딱따구리뿐
이겠지. 인간은 걸핏하면 무리를 짓고 싶어한다. 때문에 햇빛이 비치면 그곳
은 푹푹 찌는 것이다. 그 무리는 태어나자마자 생활 속에 푹 잠겨 있으니 도
저히 손을 쓸 수가 없다. 이쪽에는 샘에서 길어온 물이 있고 선반에는 흑빵
이 하나 있다. ─잠깐만! 나뭇잎 스치는 소리가 들린다! 굶주린 마을의 사
냥개가 추적 본능을 억누르지 못한 것일까? 아니면 길을 잃어 이 숲으로 들
어왔다고 하는 그 돼지일까? 언젠가 비가 갠 뒤에 발자국을 본 적이 있다.

자꾸자꾸 가까이 다가오는구나. 옻나무와 들장미가 흔들리고 있다. —아니 시인군, 자네였는가? 오늘은 어떻게 지내고 있는가?

　시인 : 저 구름을 보라고. 어떻게 걸려있는지 말이야! 오늘 내가 본 것 중에서는 저것이 최고지. 옛 그림에도 그려져 있지 않고, 다른 나라에서도 좀처럼 볼 수가 없지, 스페인의 바다에라도 나가지 않으면 말이야. 저것이야말로 진정한 지중해의 하늘이야. 그런데 나 역시 생계를 꾸려나가야만 한다네. 오늘은 아직 아무것도 먹질 않아서 말이야, 이제부터 낚시를 하러 갈 생각이라네. 시인의 생업이라고나 할까. 몸에 익힌 기술이라곤 이것밖에 없으니. 자, 어서 나가자고.

　은자 : 싫다고 할 수 없지. 내 흑빵도 슬슬 바닥을 드러내기 시작했고. 기꺼이 당장에라도 함께 나서고 싶지만, 사실은 지금 명상을 하고 있던 참이야. 이제 곧 결말이 날 것 같으니 잠깐 혼자 있게 해주지 않겠나. 하지만 너무 늦으면 안 되니 그동안 자네는 미끼를 좀 찾아보고 있게나. 요 부근의 흙에는 비료를 준 적이 없어 지렁이는 별로 없다네. 거의 멸종 상태야. 식욕이 별로 없을 때는 지렁이 잡는 것도 물고기 잡는 것 못지않게 기분 전환이 된다고. 오늘 그쪽 일은 몽땅 자네에게 맡기도록 하지. 저편에 물레나물이 흔들리는 게 보이지. 저 부근의 무성한 땅콩 줄기 속에 쟁기를 넣으면 된다고. 풀밭을 세 번 정도 파헤치면 한 마리는 꼭 나올 거 같은데. 풀 뽑기를 할 때처럼 뿌리 쪽을 잘 살펴보게. 더 멀리 가고 싶으면 그래도 좋아. 내경험으로는 대체로 거리의 제곱에 비례해서 좋은 미끼가 늘어나니까.

　은자(혼잣말로) : 어디 보자, 아까 어디까지 갔었지? 그래그래, 세상은 이런 양상을 띠고 있다, 이런 것을 생각하고 있었지. 자, 천국으로 갈까, 낚시를 하러 갈까? 여기에서 명상을 딱 끝내버리면, 이런 훌륭한 기회는 다시 오지 않을지 몰라. 이렇게 사물의 본질에 빠져들어 가긴 처음이었으니. 그 사상은 두 번 다시 돌아오지 않을지 모른다. 할 수만 있다면 휘파람을 불어서 다시 불러들이고 싶구나. 하긴 사상 쪽에서 손을 뻗치고 있을 때 이쪽이 "생각해 보자"라는 말을 꺼내는 게 현명한 방법이라고 할 수 있을까? 나의 사상은 전혀 흔적을 남기지 않았으므로, 그것이 더듬어간 오솔길을 다시 발견하는 일은 불가능할 것이다. 도대체 무엇을 생각하고 있었던 거지? 마치 심한 안개라도 낀 듯이 뿌옇고 몽롱하다. 어쨌든 공자의 그 세 문장을 떠올려보자. 그렇게 하면 방금 전의 상태를 다시 돌아오게 할 수 있을지도. 자신이 풀이 죽어 있었는지, 황홀 상태에 들어가려고 했던 것인지도 확실치 않으니까(메모―이러한 기회는 한 번밖에 찾아오지 않는다는 것).

시인 : 어찌 됐는가, 은자군. 내가 너무 빨랐나? 하지만 흠잡을 데 없는 놈을 열세 마리나 잡아왔다고. 이것 말고도 좀 불완전한 것과 짧은 것이 몇 마리 있지. 그것도 잡어한테는 쓸모가 있고, 낚싯바늘 전체를 완전히 뒤덮어 버리지 않아 좋다고. 마을에서 잡히는 지렁이는 너무 커. 연준모치라면 한입 덥석 무는 정도로는 바늘까지 닿지도 않으니까.

은자 : 좋아. 그러면 자, 슬슬 나가보자. 콩코드 강으로 갈까? 물만 불지 않았다면 꽤 잡히지.

어째서 우리의 눈에 들어오는 것만이 하나의 세계를 만들어내는가? 눈에 보이지 않는 세계와의 사이에 있는 틈을 메워주는 것은 생쥐만이 아닐 텐데 어째서 인간은 그러한 종류의 동물만을 자신의 이웃이라고 생각하는 것일까? 필페이^(우화작가들의 총칭)들은 실로 여러 가지 동물을 등장시켜 이야기를 잘 만들어내는데, 그건 동물들이 모두 나름대로 인간의 사고를 담당하도록 묘사되기 때문일 것이다.

내 오두막에 출몰하는 생쥐는 외국에서 들어왔다고 하는 평범한 쥐가 아니라 마을에서는 잘 눈에 띄지 않는 토종 들쥐였다. 그 한 마리를 어느 유명한 박물학자에게 보냈더니 그는 대단한 흥미를 보였었다. 오두막을 짓던 당시, 그 중 한 마리가 마루 밑에 둥지를 만들어 놓고는, 두 번째 바닥 깔기를 끝내고 대팻밥을 완전히 쓸어내 버리기 전까지 점심때가 되면 반드시 모습을 나타내 내 발언저리에서 빵 부스러기를 주워 먹었다. 아마 그때까지 인간은 한 번도 본 적이 없었을 것이다.

얼마쯤 지나자 우리는 아주 친숙해져서 그 녀석은 내 구두 위를 넘나드는가 하면, 옷 위로 기어오르기도 했다. 동작은 다람쥐와 흡사해 방의 벽을 가볍게, 눈 깜짝할 사이에 뛰어올랐다. 하루는 벤치에 한쪽 팔꿈치를 대고 기대어 있자니, 옷 위로 기어올라 소매를 타고 내려와서 도시락을 싼 종이 주위를 빙글빙글 돌기 시작했다. 나는 꾸러미를 감추거나 몸을 획 돌리면서 숨바꼭질을 하며 놀았다. 마지막에는 치즈 한 조각을 손가락으로 집어들고 가만히 있었더니 가까이 다가와서 손바닥에 앉은 채로 치즈를 갉아먹고, 다음에는 파리처럼 얼굴과 앞발을 닦은 후 모습을 감췄다.

얼마 후 북미큰딱새가 내 장작 헛간에 둥지를 틀고, 울새가 은신처를 찾아 오두막 바로 옆에 서 있는 소나무로 날아왔다. 6월이 되자 아주 내성적인 자고새가 뒤편 숲에서 새끼들을 이끌고 내 오두막의 창가를 지나 문 앞까지 찾아왔는데, 새끼를 부르는 꼬꼬 하는 소리가 어찌나 암탉을 쏙 빼닮았던지, 동작 하나하나도 그야말로 숲의 암탉이라 부르기에 어울렸다.

사람이 다가가면 새끼들은 어미 새의 신호 하나로 마치 돌풍에 휩쓸린 것처럼 뿔뿔이 흩어지고 만다. 새끼들은 떨어진 낙엽이나 마른 가지의 색과 아주 흡사하기 때문에 대부분의 사람들은 새끼들 한가운데에 발을 들여놓아도 날아오르는 어미 새의 날갯짓 소리나 염려스러운 듯한 울음소리, 또 인간의 주의를 끌기 위해 일부러 날개를 질질 끌며 걷는 것을 보면서도 가까이에 새끼가 있다는 것은 전혀 눈치채지 못한다. 어미 새는 때로 사람의 눈앞에서 미친 듯이 뒹굴거나 빙글빙글 돌기 때문에 잠시 동안은 그것이 어떤 동물인지 짐작도 안 될 때가 있다. 새끼들은 한 장의 나뭇잎 밑에 목을 푹 박은 채 납작해져서 가만히 웅크리고 있고, 멀리서 보내는 어미 새의 신호만을 기다리고 있다. 사람이 가까이 다가가도 또 다시 달아나거나 해서 있는 곳을 가르쳐주고 마는 그런 바보짓은 하지 않는다. 그래서 새끼를 무심코 밟아버리는 경우도 있고, 또 아무리 뚫어져라 응시해도 전혀 알아볼 수 없을 때가 있다.

나는 숨어 있는 새끼를 손바닥에 올려놓고 본 적이 있는데, 그들은 변함없이 어미 새와 스스로의 본능에 따라 두려워하지도 않고 떨지도 않고 단지 가만히 거기에 웅크리고 있을 뿐이었다. 이 본능은 그야말로 완벽하다고 할만한 것이어서, 새끼들을 살짝 나뭇잎 위에 올려놓으니 한 마리가 공교롭게도 옆으로 쓰러졌는데 십 분쯤 뒤에 다시 가보아도 여전히 똑같은 자세로 다른 새끼들과 함께 그곳에 있었다.

그들은 다른 새의 새끼들처럼 미덥지 못한 구석이 없고 병아리와 비교해보아도 발육이 더 잘돼 있었으며 조숙했다. 반짝하고 크게 뜬 눈의 표정은 대단히 어른스러우면서도 천진난만하고 온화해 좀처럼 뇌리에서 사라지지 않는다. 온갖 지성이 거기에 투영되고 있는 듯하다. 유년의 순수함뿐만 아니라 경험을 통해서 함양된 일종의 예지마저 느끼게 한다. 이러한 눈은 새끼와 함께 태어나는 것이 아니라 그것이 비추어내는 하늘과 함께 존재하는 것이다. 숲은 이러한 보석을 다시 창조해내기 힘들 것이다. 나그네도 이렇게 맑은 샘을 그렇게 자주 엿볼 수는 없으리라.

무지한, 혹은 무신경한 사냥꾼들은 종종 이러한 시기에 어미 새를 쏘아죽이고 만다. 그 결과 이 천진난만한 새끼들은 부근을 어슬렁거리는 짐승이나 새의 먹이가 되고 그들과 비슷한 썩은 잎들 속에 점점 파묻혀가는 것이다. 어미 새의 품에서 부화된 뒤에 새끼들은 경보를 듣고 곧바로 사방으로 흩어져 그대로 행방불명이 되어버리는 일이 있다고 하는데, 그것은 자기들을 불러모으는 어미 새의 신호가 이제 두 번 다시 들려오지 않기 때문이다. 이러한 새들이 나의 암탉이고 병아리였다.

숲 속의 많은 동물이 사람 눈을 피하면서 야생의 자유를 누리며 살고 있고 (사냥꾼만은 냄새를 맡는 듯하지만), 마을 아주 가까이에서도 그들이 이렇게 생명을 유지하고 있다는 것은 참으로 경탄할만하다. 여기에서는 수달도 얼마나 은밀하게 살아가는지! 그들은 성장하면 신장 4피트의 작은 사내아이만 한 체구가 되는데 사람 눈에는 전혀 띄지 않는 것 같다. 꽤 오래 전에 내 오두막 뒤편 숲에서 너구리를 본 적이 있는데, 요즘도 밤이 되면 그들의 희미한 콧소리가 들리는 듯하다.

씨뿌리기가 끝나면 점심때는 대체로 샘터의 나무 그늘에서 한두 시간 휴식을 취한 뒤 점심을 먹거나 잠시 책을 읽으면서 보냈다. 그 샘물은 밭에서 반 마일 떨어진 브리스터 언덕 기슭에서 스며 나와 늪과 작은 시내의 원천이 되고 있었다. 그곳으로 가려면 어린 소나무가 빽빽이 들어찬 낮은 초지를 죽 내려가 늪지 부근에 있는 더 큰 숲으로 들어가야 한다. 그러면 아주 은밀하고 조용한 응달에 가지가 멋있게 뻗은 스트로브잣나무가 한 그루 서 있고, 그 밑에 앉기 좋은 깨끗하고 폭신한 잔디가 깔려 있다. 나는 샘 밑을 파서 맑은 물이 찰랑이는 우물을 만들어두었기 때문에 물을 흐리지 않고 통 하나 가득 물을 길어올릴 수 있었다. 호수의 수온이 제일 높아지는 한여름엔 거의 매일 그곳으로 물을 길러 나가곤 했던 것이다.

샘에는 또 멧도요가 새끼 떼를 거느리고 진흙탕 속에서 벌레를 찾기 위해 찾아왔다. 어미 새가 그들의 머리 위 겨우 1피트 상공을 날며 둔덕에서 내려오면 새끼들은 한 덩어리가 되어 그 아래를 달리는 것이다. 그러다 내 모습을 발견한 어미 새는 새끼들로부터 떨어져서 내 주위를 빙글빙글 돌며 점차 접근하다가 드디어 4, 5피트 높이까지 와서 내 주의를 끌기 위해 날개와 다리가 다친 시늉을 해 보이고, 그 틈을 타서 새끼들을 도망치게 하려고 했다. 새끼들은 이미 어미 새의 지시에 따라 가냘픈 울음소리를 내면서 일렬종대로 늪지를 가로질러 행진해갔다. 어미 새의 모습은 보이지 않는데 새끼들이 매매 울어대는 소리만 들려오는 일도 있었다.

또 멧비둘기도 찾아와 샘 위에서 날개를 쉬거나, 머리 위의 낭창낭창한 스트로브잣나무 가지 사이로 이리저리 옮겨다니기도 했다. 그 중에서도 내게서 제일 가까운 나뭇가지를 타고 내려오는 북방청서는 사람을 잘 따르고 호기심이 강했다. 숲 속의 매력적인 장소에 오래 앉아 있노라면 이곳의 모든 동물이 쉴 새 없이 번갈아 모습을 나타내는 것이다.

그다지 한가롭고 평화로운 풍경이라 할 수 없는 사건을 만나는 일도 있었다. 어느 날 쌓아올린 장작더미, 아니 파헤쳐 낸 그루터기 더미가 있는 곳으로 나가봤더니 큰 개미 두 마리가 보였다. 한 마리는 붉은개미, 다른 한 마리는 체구가 더 큰 검은개미로 반 인치 가까이 돼 보였는데 서로 격하게 싸우고 있었다. 그들은 일단 맞붙으면 절대 떨어지지 않고 나무토막 위에서 쉴 새 없이 치고받고 하며 이리저리 뒹굴었다. 나아가 앞쪽을 보니 놀랍게도 주위의 나무토막이 온통 이러한 전사들로 뒤덮여 있는 것을 보고 결투가 아니라 전쟁이라는 것을 깨달았다. 두 개미 종족 간의 전쟁인 것이다. 붉은 것은 반드시 흑과 싸우고 있고 종종 붉은 것 두 마리가 검은 것 한 마리와 싸우고 있었다. 이 미르미돈족 군사들은 내 장작 헛간의 언덕과 계곡을 하나하나 뒤덮어가고, 지면에는 이미 적과 흑 쌍방의 전사자들과 신음하는 부상병들이 어지럽게 흩어져 있었다.

이것은 내가 목격한 유일한 전투이며 치열한 전투 중에 발을 들여 놓은 유일한 전장이었다. 그야말로 대격전이었다. 한편은 붉은 공화주의자, 다른 한편은 검은 제국주의자다. 도처에서 사투를 벌이고 있는데도 소리 하나 들리지 않는다. 인간세계의 전투라도 이렇게 치열할 수는 없으리라.

나는 나무토막 속, 햇볕이 드는 작은 계곡에서 서로 맞붙은 채 떨어지지 않는 개미 두 마리를 자세히 볼 수 있었는데 대낮부터 해질 때까지, 아니면 목숨이 끊어질 때까지 싸울 각오인 것 같았다. 작은 체구의 붉은 전사는 바이스처럼 상대의 앞가슴에 매달린 채 전장을 이리저리 뒹구는 동안에 적의 더듬이 뿌리 부근을 덥석 물고 한 순간도 떨어지려고 하지 않았다. 다른 한쪽 더듬이는 이미 물어뜯어 놓은 상태였다. 한편 더 힘이 센 흑개미는 그 붉은개미를 좌우로 때려눕히고 있었는데, 내가 바싹 다가가 살펴보니 이미 적의 다리를 몇 개인가 잡아 뜯어놓은 상태였다. 두 마리 모두 불도그처럼 집요하게 싸우고 있었다. 어느 쪽도 퇴각할 낌새는 눈곱만큼도 보이지 않았다. 그들의 모토가 '승리, 아니면 죽음'이라는 것은 자명했다.

그러던 중에 붉은개미 한 마리가 일찌감치 적을 해치웠는지, 아니면 이제부터 전투에 가세하려고 하는 것인지 골짜기를 몹시 흥분한 모습으로 내려왔다. 손발이 멀쩡한 걸 보면 아마 후자인 듯하다. 그의 어머니는 "방패를 갖고 돌아오든지, 아니면 방패에 얹혀서 돌아오거라" 하고 그에게 명한 것이었다. 이 개미는 영웅 아킬레우스로 지금까지는 좀 떨어진 장소에서 분노를 억누르고 있었지만 지금은 친구 파트로클로스의 원수를 치기 위해, 혹은 그를 구출하기 위해 출진하는 것인지도 모른다.

그는 멀리서부터 이 힘의 차이가 역력한 싸움—흑은 적의 배에 가까운 크기였다—을 보고 전속력으로 뛰어들어가 전사들로부터 반 인치 정도 되는 곳에 멈춰 서서 태세를 갖췄다. 그리고 기회를 보아 검은 전사에게 달려들어 오른쪽 앞다리에 공격을 가하는 한편 상대에게도 자신의 다리를 내주었다. 이렇게 해서 세 마리는 목숨을 걸고 하나로 뭉쳐진 것인데, 그것은 마치 자물쇠나 시멘트보다 더 강력한 접착제로 딱 붙여놓은 것 같았다.

그 무렵 쌍방의 군악대가 높은 나무토막 위에 진을 치고, 서로 치고받고 싸우는 전사들을 질타하고 격려하며 반사 상태의 용사에게 힘을 북돋아 주려고 국가를 연주하고 있었다고 해도 나는 전혀 놀라지 않았을 것이다. 나 자신도 그들이 인간처럼 생각되어 다소 흥분하고 있었던 것이다. 생각하면 할수록 양자의 차이는 적어졌다. 미국의 역사는 그렇다 치고, 적어도 콩코드의 역사에서는 군대의 수로 보나 전장에서 발휘하는 애국심과 용기로 보나 이 싸움과 비교할 수 있는 전투는 단 한 건도 기록되어 있지 않다.

병사와 전사자 수에서는 아우스터리츠^(1805년 12월 2일 나폴레옹 1세가 오스트리아와 러시아의 동맹군을 격파한 싸움)나 드레스덴 전투^(1813년 나폴레옹 1세가 독일 작센 공국 드레스덴 외곽에서 벌인 전투)에 필적할 만했다. 콩코드 전투^(미국 독립전쟁의 시발점이 된 전투)! 고장의 민병 측에선 두 명이 전사하고, 루터 블랜처드가 부상했다! 그렇지만 여기서는 어느 개미도 예외 없이 영웅 버트릭으로서 "쏴라, 가차없이 쏴라!" 하고 절규하고 있었던 것이다. 이리하여 수천 마리의 개미가 데이비스나 호즈머와 같은 운명이 되어 전사했다. 용병은 단 한 마리도 없었다. 그들이 싸운 것은 우리의 선조들과 마찬가지로 확고한 의지에 따른 것이지 3펜스의 차(茶)세를 면하기 위해가 아니었다고 나는 확신하고 있다. 따라서 개미들에게 이 싸움의 결과는 적어도 벙커힐 전투에 뒤지지 않는 중요성이 있는 기념할만한 것이 될 것이다.

나는 앞서 특히 자세히 묘사한 개미 세 마리가 싸우던 나무토막을 주워서 집으로 돌아가 창틀에 놓고 커다란 컵을 씌워 진행상황을 끝까지 지켜보기로 했다. 처음에 말한 붉은개미를 돋보기로 살펴보니 그는 적의 나머지 더음이를 물어뜯은 뒤, 이번에는 그 앞다리를 필사적으로 물고 늘어졌는데, 자신의 가슴도 완전히 물어뜯겨 검은 전사의 턱이 그의 내장을 좌다 끌어내고 있었다. 아마 검은개미의 가슴막이 너무 두꺼워 도저히 물어뜯을 수 없었던 모양이다. 더욱이 이 부상병의 검은 석류석 같은 눈은 전쟁이 조장하는 흉포함으로 이글거리고 있었다.

그들은 여전히 반 시간쯤 컵 속에서 싸우고 있었는데, 뒤에 다시 엿보니 검은 전사는 적의 목을 몸통에서 끊어놓고 말았다. 그런데 아직 살아 있는 그 목은 안장 머리에 꽁꽁 동여맨 끔찍한 전리품처럼 그의 양 옆구리를 꽉 물고 늘어진 채 대롱대롱 매달려 있었다. 검은개미는 더듬이도 없고 손발도 한 개만 남은 데다 무수한 상처를 입은 채 적의 목을 떨쳐버리려고 미약하게 발버둥치고 있었는데, 가까스로 이를 떨쳐낸 것은 반 시간쯤 더 지난 뒤였다. 컵을 들어 올려주니 그는 그 부자유스러운 몸을 질질 끌면서 창 밑 틈을 넘어 밖으로 나갔다.

그가 최후까지 이 전투에서 살아남아 여생을 파리의 오텔 드 장발리드(상이군
인회관) 같은 곳에서 보냈는지 어쨌는지 나는 모른다. 그러나 어찌 됐든 그 뒤에 심한 노동은 할 수 없었을 것이다. 어느 쪽이 승리를 거뒀는지, 전쟁의 원인이 무엇이었는지 나로선 알 도리가 없다. 그러나 내 오두막 앞에서 벌어진 인간세계의 전투와도 같은 싸움과 그 잔혹하고 처참한 살육의 현장을 목격하고는 감상적인 기분이 되어 그날 내내 그런 기분을 떨쳐버리지 못하고 보냈다.

커비와 스펜스에 따르면, 개미의 전투는 옛날부터 유명해 날짜까지 기록에 남아 있다고 하는데, 현대의 저술가 중에서 그것을 목격한 사람은 곤충학자 위베르(Pierre Huber : 1777~1840. 스위스의 자연학자)뿐이라고 한다.

"아이네아스 실비우스는 배나무 줄기에서 큰 개미와 작은 개미가 집요하게 싸우는 상황을 상세히 언급한 후에, '이 전투는 교황 유게니우스 4세 시대의 유명한 법률가 니콜라스 피스토리엔시스 면전에서 행해진 것으로, 그는 그 모든 전황을 아주 충실하게 기록했다'고 덧붙이고 있다. 이것과 비슷한 전투로 큰 개미와 작은 개미의 싸움을 올라우스 마그누스도 기록하고 있다. 여기선 작은 개미가 승리를 거두고 아군인 전사자를 매장했는데, 거대한 적의 사해는 새가 쪼아 먹도록 내버려두었다고 한다. 이 사건은 폭군 크리스티안 2세가 스웨덴에서 추방되기 전에 일어난 일이다."

내가 목격한 전투는 웹스터(Diniel Webster : 1782~1852. 미국의 정치가)의 도망노예법안이 의회를 통과하기 5년 전, 포크 대통령 시대의 사건이었다.

지하 식료품 저장고에서 진흙거북 뒤꽁무니나 쫓아다닐 재주밖에 없는 마을의 개들이 주인 몰래 우르르 숲 속으로 몰려와 기름진 통통한 사지를 자랑하면서 괜스레 오래된 여우 굴이나 우드척 소굴 냄새를 맡으며 돌아다니고 있었다. 아마 숲 속을 민첩하게 뛰어다니는 변변치 않은 떠돌이 개라도 따라다니는 모양인데, 그래도 여기에 살고 있는 새나 짐승을 본능적인 공포로 몰아넣기에 충분했을 것이다. 마을의 개들은 그 떠돌이 개로부터 아주 멀리 후방에 남겨지자, 정황을 엿보려고 나무에 오른 작은 다람쥐를 향해 "나는 개과의 황소다" 하는 것처럼 짖어대고, 짖는 게 끝나자 이번에는 무리에서 떨어진 생쥐라도 뒤쫓을 생각인지 그 몸의 무게로 키 작은 나뭇가지를 휘어지게 만들며 달려갔다.

하루는 호숫가의 자갈길을 걷고 있는 고양이를 보고 깜짝 놀란 적이 있다. —놀란 것은 피차일반이었지만. 고양이가 집을 떠나 이렇게 멀리까지 오는 일은 드물기 때문이다. 하루 종일 깔개 위에서 엎드려 자는 아주 잘 길들여진 고양이인데, 숲에 들어오면 보여주는 제멋대로이고 그 빈틈없는 은밀한 행동으로 인해 그들이 다른 동물 이상으로 숲의 토박이라는 것을 알 수 있다. 어느 날 나는 숲 속에 나무 열매를 따러 갔다가 새끼를 데리고 나온 어

미 고양이를 만난 적이 있다. 그놈은 완전히 야성으로 돌아가 있었고 새끼고
양이들까지 어미를 본받아 일제히 등을 굽히고 나를 향해 야옹 하고 울어댔
다.

내가 숲으로 들어가기 이삼 년 전의 일인데, 호수에서 아주 가까운 링컨
지구의 농부, 길리언 베이커 씨의 집에 '날개 돋친 고양이'라 불리는 고양이
가 있었다. 1842년 6월, 내가 이 고양이를 보려고 방문했을 때 그녀(수놈인
지 암놈인지 잘 몰라 여기서는 일반적인 대명사를 사용하기로 한다)는 여느
때처럼 숲으로 사냥을 하러 나간 뒤였다. 그녀의 여주인 이야기에 따르면 이
고양이는 약 1년 전인 4월에 근처에서 발견해 집에서 키우게 된 것으로, 몸
의 털은 짙은 갈색이 도는 잿빛을 띠고 목에는 하얀 반점이 있으며 다리는
하얗고, 또 꼬리는 여우처럼 덥수룩하고 커다랗다고 한다. 겨울이 되면 털이
두꺼워지면서 몸의 양편에서 평평하게 자라기 시작하며 길이는 10내지 12인
치, 폭 2인치 반의 띠 모양이 된다. 턱 밑의 털은 손을 넣는 부인용 토시처
럼 되고, 등 쪽은 풀어져 있지만 복부 쪽은 펠트천처럼 뒤엉켜 있다. 이 부
속물도 봄이 되면 완전히 빠져 떨어져나간다고 한다.

사람들이 '날개'의 일부를 나에게 주었는데 지금도 나는 그것을 갖고 있
다. 날개에는 막 같은 것은 보이지 않는다. 하늘다람쥐 등 야생동물의 피가
섞여 있을 것이라 생각하는 사람도 있는데 아주 가능성 없는 이야기는 아닌
것 같다. 박물학자들에 따르면 담비와 집고양이의 교배로 여러 가지 잡종이
태어나고 있는 것 같다고 한다. 고양이를 기른다면 이런 고양이를 기르고 싶
다고 생각했다. 시인의 고양이니까 시인의 말인 페가수스처럼 날개를 갖고
있어도 이상할 게 없지 않을까?

가을이 되자 여느 때처럼 아비가 날아와 호수에서 깃털을 벗어버리고 물
을 뒤집어쓰며 내가 아침을 맞기도 전에 그 야성적인 웃음소리를 온 숲에 울
려 퍼지게 했다. 아비가 왔다는 소문이 전해지자 밀댐의 수렵꾼들은 일제히
긴장의 빛을 띠고 술렁이기 시작했다. 그들은 말 한 필이 끄는 이륜마차나
도보로 소총과 총탄, 쌍안경 등을 손에 쥐고 둘씩 셋씩 무리를 지어 찾아온
다. 그들은 낙엽 스치듯이 서걱서걱 소리를 내면서 적어도 열 사람이 아비
한 마리를 쫓아 돌아다닌다. 또 이쪽 물가와 반대편 물가로 나뉘어 진을 친
다. 이 가련한 새는 동에 번쩍 서에 번쩍 출몰하는 재주가 없어, 이쪽 물에

잠기면 저쪽 물가에서 꼭 모습을 드러내고 만다.

그런데 10월에 들어서면 은혜로운 바람이 나뭇잎을 살랑이게 하고 수면에 잔물결을 일으켜 아비의 목소리는 전혀 들리지 않고 모습도 보이지 않게 된다. 적들이 제아무리 쌍안경으로 수면을 훑고 숲에 총성을 울려도 소용없다. 물결은 가차없이 높아지고 호반으로 격하게 밀려들어와 모든 물새의 편을 들어준다. 이렇게 되면 우리 사냥꾼들도 하다 만 일을 찾아 마을 일터로 퇴각할 수밖에 없게 되는 것이다. 그래도 그들이 성공적으로 아비를 쏘아 숨통을 끊어놓는 예는 많다.

아침 일찍 물을 길러 가면 이 새가 겨우 몇 로드 떨어진 호수 후미에서 당당하게 미끄러져 내려오는 것을 종종 만난다. 배를 타고 뒤쫓아가 어떻게 나오는지 시험해보려고 하면 물속에 잠수한 채 모습을 감춰버리고 말아서 때로는 그날 저녁 때까지 못 찾아내는 일도 있다. 그러나 수면에 나와 있는 동안은 내가 훨씬 유리했다. 비가 내리면 어디론가 사라졌다.

10월의 아주 맑은 오후—특히 이러한 날에 아비들은 아스클레피아스 (박주가릿과의 여러해살이풀)의 솜털처럼 수면 위에 둥실 떠 있다—북쪽 호반을 따라 배를 젓고 있자니 물 위를 찾아보았을 때는 전혀 눈에 들어오지 않던 아비 한 마리가 돌연 몇 로드 전방에서 호수 중심부를 향해 헤엄쳐가면서 그 야성적인 웃음소리를 퍼뜨려 자신의 거처를 폭로하고 말았다. 노를 저어 뒤쫓아가니 곧 물속으로 잠겨버렸는데, 또다시 나타났을 때는 아까보다 가까이 접근해 있었다. 그 새는 다시 물에 들어갔다. 그런데 이번에는 나아가려는 방향을 착각하는 바람에 재차 떠올랐을 때는 50로드나 떨어지게 되었다. 내가 거리를 벌어지게 한 것이다. 그 새는 다시금 큰 소리로 한참을 웃었는데 그럴 만한 이유가 있었던 것이다. 그 움직임은 실로 교묘하고 민첩해 60로드 안으로는 도저히 다가갈 수가 없었다.

아비는 물 위로 떠오를 때마다 고개를 두리번거리며 냉정하게 수면과 육지를 살펴보고 분명 제일 넓은 수역 쪽으로, 더욱이 배에서 최대한 거리를 유지할 수 있는 방향으로 진로를 취하고 있었다. 결단을 내리고 실행할 때의 그 몸놀림은 경탄을 자아냈다. 나는 눈 깜짝할 사이에 호수의 제일 넓은 수역으로 이끌려 들어가고 말았는데 거기에서는 이 새를 몰아갈 수가 없었다. 아비가 이리저리 머리를 굴리면 나도 그것을 파악해내려고 기를 썼다. 그것은 매끄러운 수면 위에서 벌어진 인간 대 아비의 유쾌한 게임이었다. 돌연 상대의 말이 장기판 아래로 사라진다. 문제는 그것이 재차 나타날 듯한 장소 가장 가까이에 이쪽 말을 두는 것이다.

때때로 아비는 배 아래로 잽싸게 빠져나갔는지 예상을 뒤엎고 내 반대쪽에서 떠오르기도 했다. 그 새는 숨이 상당히 길고 피로를 모르기 때문에 아주 멀리까지 헤엄을 친 뒤에도 곧장 다시 물속으로 잠기곤 했다. 그러니 도대체 이 깊은 호수 아래 어느 부근을 물고기처럼 헤엄치고 있는지 도무지 짐작도 가지 않았다. 그 새는 호수 제일 깊은 곳에 이를 만한 잠수능력을 갖고 있었던 것이다. 뉴욕 주의 몇몇 호수에서는 물속 80피트 지점에서 송어를 낚기 위해 장치해 놓은 낚싯바늘에 아비가 걸려든 일이 있다고 한다. 그런데 월든은 더 깊다. 물고기들은 그들 사이를 슥슥 헤엄쳐가는 이 별세계의 불청객을 보고 얼마나 놀랄 것인가!

그런데 그 새는 수중에서도 수면 위와 마찬가지로 진로를 정확하게 취할 수 있는 것 같았다. 게다가 훨씬 빨리 헤엄치고 있었다. 나는 한두 번 그 새가 수면에 접근해 잔물결을 일으키고 주위의 상태를 살피기 위해 약간 머리를 내미는가 싶다가 곧바로 다시 물에 잠기는 것을 보았다. 그래서 그가 어디로 떠오르는가를 요리조리 추측하기보다 차라리 노를 젓던 손을 쉬고 기다리는 편이 낫다고 생각했다. 수면을 응시하고 있다가 돌연 뒤에서 오싹하는 웃음소리가 들려 소스라치게 놀란 적이 한두 번이 아니다.

어째서 그는 이토록 교묘하게 사람을 놀라게 하면서 떠오르는 순간에 그런 요란한 웃음소리로 자신이 있는 곳을 폭로해버리는 것인가? 그 하얀 가슴만으로도 너무 눈에 띌 정도인데? 정말로 멍청한 녀석이라고 생각했다. 그 새가 떠오를 때는 대체로 물보라 소리가 들리기 때문에 그것으로 발견할 수도 있었다. 그러고 나서 한 시간이 지나도 그 새의 활력은 조금도 쇠할 줄 모르고 황급히 물속으로 풍덩하더니 처음보다 더 멀리까지 헤엄치는 것이었다. 물 위로 떠올라도 털끝 하나 흐트러짐 없이 물갈퀴 달린 다리를 쉴 새 없이 움직이며 유유히 헤엄쳐 사라지는 데는 두 손 들 수밖에 없었다.

평소 그의 울음소리는 악마와도 같은 조소가 담겨 있었지만 그래도 조금은 물새다운 점도 있었다. 그런데 나를 감쪽같이 빼돌리고 수면 저편에 나났을 때는 날짐승답지 않게 늑대같이 길게 뒤를 끄는 섬뜩한 소리를 올렸다.

마치 야수가 땅 위에 콧등을 비벼대며 천천히 울부짖듯이. 이것이 아비 특유의 울음소리이며(아마 이 부근에서 접할 수 있는 가장 야성적인 소리일 것이다) 그 소리는 숲 속 멀리멀리 퍼져나갔다. 그는 자신의 능력에 자신감을 더하며 이쪽의 노고를 비웃는 것이리라.

이 무렵 하늘은 뿌옇게 구름으로 덮여 있었지만 수면은 매끄러웠기 때문에 울음소리가 들리지 않아도 그가 수면에 나타나면 즉시 눈에 들어왔다. 하얀 가슴과 고요한 대기, 반반한 수면, 모두가 그 새에게는 불리했다. 마침내 50로드 정도 떨어진 곳에 모습을 드러내자 그는 아비의 신에게 구원을 요청하듯이 한 줄기 긴 소리를 올렸다. 그러자 얼마 후 동풍이 일고 물결이 거칠어지더니 부근에는 이슬비가 촘촘히 내리기 시작했다. 나는 아비의 기도가 하늘에 닿아 신이 나에게 화를 내는 게 아닐까 하는 두려움에 술렁이는 물 위에서 그가 멀찌감치 사라져가는 것을 가만히 지켜볼 뿐이었다.

가을날, 오랜 시간 나는 오리들이 좌로 우로 교묘하게 진로를 바꾸며 수렵꾼들로부터 멀리 떨어진 호수 중심부를 차지하고 있는 모습을 바라보고 있었다. 루이지애나 주의 후미진 늪 같은 데서는 이러한 기교를 부릴 필요가 없을 것이다. 날아오를 수밖에 없을 때에는 다른 호수나 강을 잘 바라볼 수 있는 고도까지 상승해 하늘의 검은 먼지처럼 호수 위를 빙글빙글 선회하기도 했다. 벌써 그쪽으로 날아갔는가 하고 생각하고 있으면, 그들은 4분의 1마일 떨어진 상공에서 비스듬히 강하해 다시 돌아와 먼 수면 위에 안전하게 착수하는 것이었다. 오리들이 월든 호 가운데를 헤엄쳐서 얻는 것이 안전함 외에 무엇인지 나는 알 수 없다. 단지 그들은 나와 같은 이유로, 월든의 물을 사랑하는 것이 아닐까.

13
난방
HOUSE-WARMING

10월에 들어서 강가를 따라 뻗어 있는 목초지로 포도를 따러 나갔다가 입에 쏙 넣어버리기에는 너무나 아름답고 향기로운 그 송이를 짊어지고 돌아왔다. 따지는 않았지만 거기에서 작은 밀랍보석, 아니 습지 들풀의 펜던트라고도 할 수 있는 진줏빛이나 붉은빛의 크랜베리를 바라보며 즐겼다.

그런데 농부는 추한 갈퀴를 사용해 그것들을 쥐어뜯어 평탄한 목초지를 마구 파헤쳐 어지럽힌 뒤에, 이 과실을 되는 대로 부셸이나 달러의 단위로 저울에 달아 목초지의 약탈품으로 보스턴이나 뉴욕에 팔아넘긴다. 그러면 크랜베리 알갱이는 으깨어져 잼이 되고 도회의 자연 애호가라는 자들의 미각을 즐겁게 하는 것이다. 마찬가지로 도살꾼들은 대초원의 풀속에서 들소의 혀를 그러모으느라 초목이 꺾이든 시들어버리든 전혀 개의치 않는다.

나는 매발톱나무의 빛나는 듯한 아름다운 열매를 보고서도 눈을 즐겁게 하는 것만으로 만족했다. 다만 땅주인이나 나그네들이 못 보고 지나치는 야생 사과는 뭉근한 불로 조려 먹기 위해 조금 모아두었다. 밤송이가 익으면 겨울을 위해 반 부셸 정도 비축해두었다.

그러한 계절에 끝도 없이 펼쳐지는 링컨 지구의 밤나무 숲—그 나무들도 지금은 철로의 침목이 되어 끝없는 잠에 빠져 있다—을 헤치고 들어가, 자루를 어깨에 메고 밤송이 까는 막대기를 손에 쥐고(나는 서리가 내리는 시기까지 기다리지 않았으므로) 나뭇잎이 서로 스치는 소리, 북방청서나 어치가 큰 소리로 비난하는 소리를 들으면서 정처 없이 헤매자니 한층 더 가슴이 두근거림을 느꼈다. 나는 이러한 동물들이 먹다 남긴 밤송이를 슬쩍 실례하기도 했다. 그들이 고른 밤송이에는 십중팔구 멀쩡한 알밤이 들어 있었기 때문이다. 밤나무를 타고 올라 가지를 흔들기도 했다.

밤나무는 내 오두막 뒤에도 몇 그루 있었고, 그 중에서도 오두막을 뒤덮을 만큼 무성한 한 그루의 거목은 개화기가 되면 주위를 향기로 감싸는 꽃다발로 변신했다. 하지만 그 열매의 대부분은 다람쥐와 어치의 몫이었다. 특히 어치는 이른 아침에 떼를 지어 몰려와서 아직 떨어지지 않은 밤송이를 콕콕 쪼아 그 속의 열매를 다 먹어치운다. 그 나무는 그들에게 양보를 하고 나는 훨씬 먼 곳에 있는 밤나무 숲으로 나가곤 했다. 알밤은 나름대로 빵의 훌륭한 대용식이 되었다. 이 외에도 대용식은 얼마든지 더 발견할 수 있었을 것이다.

어느 날 지렁이를 잡으려고 땅을 파면서 덩굴에 달린 아피오스를 발견했다. 이것은 이른바 전설적인 과실로서 원주민들의 감자라고도 할 수 있는데, 나는 어릴 적에 파서 먹은 적이 있다고 사람들에게 말은 해왔지만 혹여 꿈속의 일이 아니었던가 아리송해지기 시작했다. 지금까지 다른 식물의 줄기로 지탱되고 있는 붉고 주름진 벨벳과 같은 그 꽃을 자주 보았지만 그것이 바로 아피오스라는 사실은 몰랐던 것이다. 그것도 지금은 땅을 개간하느라 거의 절멸해가고 있다. 꼭 서리 맞은 감자같이 단맛이 나고 굽기보다는 삶아서 먹는 게 더 맛이 좋았다. 이 덩이줄기는 자연이 앞으로 자신의 후손들을 여기에서 소박하게 키워가려고 한다는 어렴풋한 약속처럼 생각되었다. 예전에 인디언의 토템이었다고 하는 이 얌전한 덩이줄기도 살찐 황소와 물결치는 곡물의 시대인 현대에 와서는 기억 속에서 완전히 사라지거나, 보일 듯 말듯 꽃을 피우는 그 덩굴만이 근근이 명맥을 이어가고 있을 뿐이다.

그러나 야생의 자연이 다시 이 일대를 지배하는 날이 오면 가냘프고 사치스러운 영국산 곡물 같은 것은 무수한 적 앞에서 모습을 감추고, 굳이 인간의 손을 빌리지 않아도 까마귀가 옥수수의 마지막 한 알갱이까지 남서부 인디언의 신이 지배하는 광대한 옥수수밭으로 가져가 버릴 것이다. 본래 이 새가 그곳에서 옥수수를 물어왔다고 하므로. 한편으로 지금은 거의 멸종 위기에 처해 있는 아피오스가 되살아나, 서리나 황무지를 개의치 않고 무성해져서 그것이 토착 식물이라는 것을 증명하고, 수렵 부족의 양식으로서 중요성과 위엄을 되찾게 될 것이다. 이는 분명 인디언들이 섬기는 곡물의 신, 혹은 지혜의 신이 만들어내고 부여해주신 것일 테니, 마침내 이 땅을 시와 노래가 다스리게 될 때에 아피오스의 잎과 열매가 달린 덩굴은 우리의 예술작품 속에서 되살아날 것이다.

건너편 호숫가의 곶 끝에는 하얀 사시나무 세 그루가 가지를 뻗고 있었다. 나는 바로 그 아래에 있는 작은 단풍나무 두세 그루가 이미 9월에 들어서기 전부터 빨갛게 물든 걸 눈치채고 있었다. 그 색채는 얼마나 많은 이야기를 들려주었던가! 그리고 일주일, 이 주일 시간이 지남에 따라 나무들은 서서히 각자의 뚜렷한 개성을 드러내면서 모두 거울처럼 잔잔한 수면에 비치는 자신의 모습에 넋을 잃고 만다. 매일 아침, 이 화랑의 주인은 벽에 걸린 낡은 그림을 떼어내고 더 선명하고 조화로운 빛깔의 새로운 그림을 내거는 것이었다.

10월이 되자 말벌 수천 마리가 겨울잠 잘 곳을 찾으려는지 내 오두막으로 날아들어와 창 안쪽이나 벽 위에 머물며, 때로는 방문객들이 안으로 들어오는 걸 방해하기도 했다. 매일 아침 그들이 추위로 무감각해져 있을 때 몇 마리를 문 밖으로 쓸어내고는 했지만 일부러 내쫓을 생각은 없었다. 오히려 벌들이 내 집을 마음에 드는 은신처라 생각해주는 것에 기쁨을 느꼈던 것이다. 그들은 침대에까지 들어오기도 했으나 심하게 방해가 되지는 않았다. 그러는 사이 겨울과 그 혹독한 추위를 피해 그들은 점차 내가 모르는 사이에 어딘가로 모습을 감추어버렸다.

드디어 11월, 겨울잠에 들어가기 직전이 되면 나는 말벌은 아니지만 월든의 북동쪽으로 자주 발길을 향한다. 그곳은 소나무 숲과 자갈이 깔린 물가에서 반사하는 태양열 덕분에 호수의 화롯가와도 같았다. 햇볕으로 따스한 온기를 취할 수 있는 동안에는 이렇게 하는 편이 인위적인 불의 힘을 빌리는 것보다 훨씬 기분도 좋고 건강에도 좋다. 이리하여 떠나가버린 사냥꾼처럼 여름이 남기고 간, 아직 온기가 남아 있는 작은 불씨로 나는 몸을 따뜻하게 했다.

굴뚝을 세우는 단계에 들어서 나는 석공기술을 배웠다. 벽돌은 중고품이었기 때문에 우선 흙손을 써서 깨끗이 해야 했다. 그리고 그 덕분에 벽돌이나 흙손의 성질에 대해 전보다 더 잘 알 수 있게 되었다. 벽돌에 착 달라붙어 있는 모르타르는 50년이나 지났는데도 견고함을 더해간다고 한다. 그러나 그것은 진위를 확인하지도 않고 사람들이 멋대로 지어내는 속설에 지나지 않는다. 이러한 속설이야말로 해마다 견고해지고 한번 들러붙으면 떨어지기 힘든 것이어서, 아는 척하는 인간에게서 그러한 오염을 떨어내려면 흙손으로 수십 번은 두드려야 한다.

메소포타미아의 많은 마을은 바빌론의 폐허 속에서 손에 넣은 꽤 양질의 낡은 벽돌로 세워졌는데, 거기에 붙어 있는 시멘트는 더 밝고 더 딱딱할 것이다. 그건 그렇고 나는 그토록 숱하게 두드리는데도 전혀 닳을 생각을 안 하는 흙손의 강철 특유의 성질에 깊은 감명을 받았다. 내가 사용한 벽돌은 바빌로니아의 왕 '네부카드네자르'라는 이름은 새겨져 있지 않았지만 예전에 굴뚝에 쓰인 것이라, 일의 수고와 시간낭비를 덜기 위해서 되도록 많은 화로 바닥용 벽돌을 마련했다. 벽돌과 벽돌 사이에는 호숫가에서 주워온 자갈을 채웠다. 모르타르도 그곳의 흰 모래를 사용해서 만들었다.

이 집에서 가장 중요한 부분인 난로에 제일 많은 시간을 들였다. 사실 나는 신중에 신중을 기했기 때문에, 아침에 바닥에서 일을 시작했는데도 결국 밤에는 마루 위의 나지막한 벽돌 층으로 베개를 대신해야 했다. 물론 그 때문에 뒷목이 뻣뻣해진 것은 아니다. 나의 뒷목은 벌써 오래 전부터 뻣뻣했다. 그 무렵 시인 한 사람이 보름 정도 내 거처에 머무느라 방이 비좁아져 부득이 벽돌을 베개로 삼을 수밖에 없었던 것이다. 그는 칼을 하나 갖고 있었는데, 오두막에 있는 두 개의 칼과 함께 그걸 지면에 푹 찔러놓고 윤을 내곤 했다. 그와는 취사 일도 서로 분담했다. 내가 만드는 난로가 네모반듯한 형태로 조금씩 높아지는 것을 보노라니 기분이 좋았다. 천천히 만들어가는 만큼 더 오래 가리라. 어느 정도 독립된 구조물인 굴뚝은 지면을 딛고 오두막을 세우며 하늘을 향해 쭉 뻗어 있다. 집이 불타 무너져 내려도 그대로 서 있으니 그 중요성과 독립성은 누가 봐도 알 수 있다. 이것은 여름이 막바지에 이르렀을 무렵의 일로, 지금은 11월이다.

된바람이 일찌감치 호수를 싸늘하게 식히고 있었다. 그러나 호수 밑바닥까지 식히려면 아직 몇 주일은 더 불어대야만 한다. 호수는 그만큼 깊다. 밤중에 난로에 불을 지피기 시작한 것은 집의 회반죽칠을 하기 전이었는데, 벽판 사이에 무수한 틈새가 열려 있는 덕분에 굴뚝에서 나는 연기를 내몰기에는 최고였다. 나는 시원하고 통풍이 잘되는 방에서 대충 깎아놓은 옹이진 갈색 판자나, 껍질이 붙은 채로 머리 위에 높이 걸쳐져있는 서까래에 둘러싸여 쾌적한 며칠밤을 보냈다.

회반죽칠을 하고 난 오두막은 분명 살기에는 좋아졌지만 그전만큼 눈을 즐겁게 해주지는 못했다. 사람이 거처하는 방이라면 모름지기 천장이 높아서 머리 위에 어슴푸레한 공간이 창조되고 밤에는 서까래 부근에 불 그림자가 춤을 추어야 하지 않을까? 그러한 사물의 그림자가 프레스코 벽화나 고가의 가구류보다 인간의 상상력을 더 기분 좋게 자극한다. 비바람을 피할 뿐만 아니라 따뜻한 온기를 취하기 위해서 자신의 집을 사용하게 되었을 때 나는 비로소 "여기에 살고 있소"라고 말할 수 있을 것이다. 화로 바닥과 장작 사이를 좀 떼어놓기 위해서 미리 두 개의 낡은 장작 받침대를 확보해 두었다. 나는 손수 만든 굴뚝 뒤편에 검댕이 쌓여가는 것을 보면서 이루 말할 수 없는 기쁨을 느꼈고, 평소보다 더 큰 권리와 만족감에 취한 채 불을 돋우었다.

오두막은 자그마해서 소리의 반향을 즐길 수는 없었지만 방이 하나밖에 없는 데다 이웃과도 멀리 떨어져 있었기 때문에 실제보다 크게 느껴졌다. 집 한 채가 갖추고 있는 다양한 매력이 방 하나에 모두 집약되어 있었다. 그것은 침실인 동시에 부엌이었으며, 거실이자 응접실이기도 했다. 나는 부모로서, 혹은 자식으로서, 또 집주인이나 하인으로서 집안 생활에서 얻을 수 있는 온갖 즐거움을 만끽하고 있었던 것이다. 카토는 다음과 같이 말했다. "한 집안의 가장은 집안에 식료품을 저장할 지하실을 마련하고, 거기에 통 하나 그득 채운 기름과 술을 많이 비축해두어야 한다. 그렇게 하면 고난의 시기가 닥쳐와도 의연히 극복해나갈 수 있을 것이다. 이것은 가장의 이익임과 동시에 덕이요 명예이기도 하다." 나는 지하실에 감자가 들어 있는 작은 통 하나와 바구미가 붙은 완두콩 2쿼트를 비축해두었고, 선반에는 소량의 쌀과 당밀 한 병, 그리고 호밀과 옥수수가루를 1펙(약 8쿼트)씩 두고 있었다.

나는 가끔 황금시대에 세워졌을, 더 크고 사람도 더 많이 거주할 수 있는 가옥을 꿈꿔본다. 그것은 오래 가는 재료로 만들어졌으며 요란한 장식도 없고, 방이라고 해야 대충 깎은 단단하고 널찍한 원시적인 거실이 하나 있을 뿐, 천장도 회반죽을 칠한 벽도 보이지 않고 적나라하게 드러난 서까래와 도리들보가 머리 위의 낮은 천공을 떠받들고 있다. —비와 눈을 피하는 데에는 이것으로 충분하니. 여러분이 고대 왕조의 농경신 사투르누스의 침상에 경의를 표하면서 문지방을 건너 안으로 들어오면, 지붕 골조를 떠받치는 마룻대공과 쌍대공이 들보 위에서 여러분의 인사를 기다리고 있다.

동굴과도 같은 옥내에서는 긴 막대기 끝에 불을 붙여 높이 쳐들어 올리지 않으면 지붕이 보이지 않는다. 이러한 집이라면 벽난로 안이나 움푹 들어간 창턱, 혹은 긴 나무의자 위나 마루 귀퉁이에서도 얼마든지 잠을 잘 수가 있고, 원한다면 서까래 위에서 거미와 동거하는 일도 가능할 것이다. 현관문을 열어 발을 들여놓으면 그곳은 이미 실내이므로 격식 차린 딱딱한 예의는 더 이상 필요치 않다. 먼 여정에 지친 나그네는 잠시 발길을 멈추고 이곳에서 숨을 돌리며 식사도 하고 담소도 나누고, 또 잠자리에 들 수도 있다. 그것은 폭풍이 휘몰아치는 밤에 언제든 안심하고 몸을 맡길 수 있는 둘도 없는 피난처이다. 살림살이에 필요한 것은 모두 갖추고 있지만 쓸모없는 것은 무엇 하나 눈에 띄지 않는 곳. 집안의 보물은 한눈에 바라다 볼 수 있고 필요한 것은 모두 벽에 걸려 있다. 부엌과 식료품 저장고, 응접실, 침실, 창고, 다락방 등을 모두 겸하고 있는 것이다. 나무통이나 사다리와 같은 생활필수품, 찬장과 같은 편리한 물건들이 바로 눈앞에 있고, 냄비에서는 부글부글 물이 끓는 소리가 들려오며, 저녁식사를 요리하는 불과 빵을 굽는 화덕에 경의를 표할 수가 있다. 필요한 가구와 가재도구가 있는 그대로의 아름다운 장식품이 되는 것이다.

세탁물도 불씨도 안주인도 모두 쫓겨날 일이 없다. 때로 식사를 준비하다가 지하실에 내려갈 때 손님을 향해 뚜껑문에서 좀 비켜달라고 할지도 모르지만, 덕분에 발로 두드려보지 않아도 마루 밑의 땅이 견고한지, 아니면 속이 비었는지 알 수가 있다.

집안은 새둥지처럼 숨김이 없고 무엇이든 빤히 보이기 때문에 현관으로 들어와 뒷문으로 나가는 사이, 살고 있는 누구누구와 반드시 얼굴을 마주치게 된다. 그곳의 손님이 된다는 것은 집안을 자유로이 거닐 수 있다는 뜻이다. 실내의 대부분 장소로부터 배척되어 특정한 작은 방에 떠밀려 들어간 뒤, "편히 쉬세요" 하는 말을 듣는—다시 말해 홀로 유폐되는—것과는 근본적으로 다르다.

요즘에는 집주인이 손님을 난롯가로 인도해주지 않는다. 그 대신 석공을 시켜 통로 어딘가에 방문객용 난로를 따로 만들어둔다. 손님 접대란 바로 손님과 되도록 멀어지는 기술인 것이다. 요리로 말할 것 같으면 손님을 독살할 작정인가 의심스러울 정도로 오로지 숨기는 데 급급하다. 나는 지금까지 여러 사람의 소유지 안에 발을 들여 놓았었고 때로는 법에 따라 퇴거 명령을 받을 만한 사건도 있었으나, 그렇게 많은 인가에 들어가 보았다는 느낌은 들지 않는다. 나의 오두막 같은 곳에서 소박한 생활을 하는 왕이나 왕비가 실재한다면 나는 낡은 옷차림 그대로 지나다가 잠깐 들러볼 생각도 들 것이다. 그러나 만약 으리으리한 현대식 궁전에 갇혀버리기라도 한다면 그곳에서 도망칠 궁리만을 하게 될 것이다.

지금은 응접실이라는 말 그 자체가 완전히 활력을 잃고 단지 입에 발린 말로 타락해버린 것 같다. 우리의 생활은 이를 상징하는 자연으로부터 아주 먼 곳에서 영위되고, 은유나 비유적인 표현도 급사가 끌고 다니는 식기대에 얹혀 멀리서부터 운반되어 오는 요리처럼 너무나 간접적인 것이 되고 말았다. 그만큼 손님이 부엌이나 응접실에서 멀어지게 되었다는 뜻이다. 식사조차 그저 단순한 식사의 비유에 지나지 않게 되었다. 이래서야 자연과 진리 가까이에 살면서 거기에서 비유적인 표현을 빌릴 수 있는 자는 이제 미개인밖에 없지 않겠나. 멀리 미국의 북서부, 혹은 아일랜드 해의 맨 섬에 살고 있는 학자 등은 이곳의 부엌에서 어떠한 어법이 적절할지 짐작이나 할 수 있겠는가?

나의 오두막에서 즉석 푸딩을 함께 먹어볼 생각을 하는 대담한 사람은 방문객 중에 겨우 한둘을 헤아릴 뿐이었다. 대부분은 그 위기의 순간이 다가오면 집의 기둥뿌리라도 흔들린 것처럼 허겁지겁 변명을 내뱉고 퇴각해버리는 것이었다. 그러나 수많은 즉석 푸딩을 해 먹었음에도 내 오두막은 탄탄하게 서 있었다.

나는 추워져서 얼음이 깔릴 때까지 회반죽칠을 하지 않았다. 건너편 물가에서 회반죽을 만드는 데 안성맞춤인 아주 하얗고 깨끗한 모래를 배로 운반해 왔는데, 이런 걸 운반하기 위해서라면 더 멀리까지 나가도 좋다고 생각했다. 그동안에 벽면에는 사방 모두 지면 가까운 곳까지 판자 대는 것이 끝나가고 있었다. 외를 얽을 때 쯤에는 망치로 두드릴 때마다 못이 푹푹 박히는 느낌이 그렇게 좋을 수가 없었다.

다음은 반죽판에서 벽면으로 재빨리 회반죽을 날라야한다. 그때 문득 마을에서 잘난 척하기 좋아하던 한 남자가 떠올랐다. 그는 옷을 쫙 빼입고 거리를 어슬렁거리며 일꾼들에게 이것저것 말참견을 해댔는데, 어느 날 입으로만 이럴 게 아니라 직접 손으로 시범을 보여주겠다는 생각에 소매를 걷어 붙이고 미장이로부터 반죽판을 낚아챘다. 어찌어찌 회반죽을 흙손 위에 얹더니 잠시 머리 위의 외를 바라보며 빙긋이 웃는다. 그리고 대담하게 그쪽으로 유유히 팔을 뻗는 순간, 그만 회반죽이 주르륵 떨어져 셔츠의 가슴 언저리를 엉망으로 만들었다. 얼굴이 벌게져 어쩔 줄 몰라 하던 모습이 지금도 눈에 선하다.

　나는 추위를 효과적으로 방지하고 마무리 뒤에도 보기 좋은 회반죽의 뛰어난 경제성과 편리함에 새삼 감탄하면서, 미장이가 저지르기 쉬운 실패에는 어떤 것이 있는지도 배웠다. 벽돌은 아주 건조한 상태여서 회반죽을 고르게 칠하는 동안 거기에 포함된 수분을 완전히 흡수해버리기 때문에 새로운 난로에 세례를 베풀기 위해서는 나무통으로 수차례 물을 날라야 한다는 것을 깨닫고 놀랐다. 지난해 겨울, 가까운 강에서 잡히는 조개껍데기를 구워서 시험 삼아 소량의 석회를 만들어본 일이 있다. 따라서 필요한 재료를 입수할 수 있는 장소는 알고 있었다. 마음만 먹으면 1, 2마일 이내에서 양질의 석회석을 손에 넣고 내가 직접 구울 수도 있었을 것이다.

　그동안에도 응달진 호숫가의 제일 얕은 후미에는 살짝 얼음이 깔려 있었다. 수면 전체가 빙판이 되기 수일 전, 아니 수 주일 전의 일이었다. 첫 얼음은 특별히 흥미를 돋우어주는 것으로, 완벽하고 단단하며 어두운 색조를 띠면서도 투명하기 때문에 얕은 곳에서는 호수 바닥을 관찰할 수 있는 절호의 기회를 제공해준다. 두께가 겨우 1인치의 얼음 위에 수면에 떠 있는 소금쟁이처럼 오래도록 엎드려서 겨우 2, 3인치 정도 떨어진 밑바닥을 유리창 너머 그림이라도 보듯이 한껏 관찰할 수가 있다. 그러한 때의 물은 언제나 온화하다. 생물들이 이리저리 돌아다니고 그 흔적을 따라 다시 되돌아오고 하면서 모래땅에는 많은 고랑이 파였다. 또 살아 있는 것들의 잔해로는 하얗고 작은 석영 알갱이로 이루어진 날도래 유충의 허물이 흩어져 있다. 그 허물의 일부가 고랑 속에 있는 것을 보면 고랑을 파놓은 게 그들이 아닐까 하는 생각도 든다. 그들의 소행치고는 꽤 깊고 넓긴 했지만.

그러나 무엇보다도 얼음 그 자체야말로 가장 흥미로운 관찰대상이다. 이를 연구하기 위해서는 되도록 빠른 기회를 잡아야 한다. 결빙한 직후의 아침에 자세히 살펴보니 처음에는 얼음 속에 갇혀 있는 것처럼 보였던 대부분의 물거품이 사실은 얼음 아래쪽에 붙어 있다는 것, 그리고 물 밑에서 여전히 끊임없이 거품이 솟아오르고 있다는 것을 알 수 있었다. 이 시기에는 얼음이 비교적 딱딱하고 어두운 색을 띠기 때문에 그것을 통해서 물을 볼 수 있다. 아주 미세한 것에서부터 직경 1/8인치에 이르는 다양한 기포들은 아름답기도 하거니와 상당히 맑아 얼음을 통해 자신의 얼굴이 비칠 정도이다. 1제곱인치당 3, 40개 정도의 기포가 있는 것 같다.

또 이미 얼음 내부에는 길이 약 반 인치 정도 되는, 꼭대기가 위로 향한 가늘고 긴 원뿔 모양에 기포들이 맺혀 있다. 결빙한 지 얼마 안 된 무렵에는 작고 둥근 기포들이 위아래로 겹쳐져 묵주 알처럼 쭉 이어진 것이 많다. 단 얼음 내부의 기포는 얼음 아래의 것과 비교하면 수도 적고 눈에 잘 띄지 않는다. 나는 가끔 얼음의 견고함을 시험해보기 위해서 돌멩이를 던져보았다. 그러자 얼음을 꿰뚫고 들어간 돌은 그것과 함께 공기를 실어와 상당히 크고 눈에 띄는 새하얀 기포를 알알이 얼음 밑에 붙여놓았다.

어느 날 48시간 뒤에 같은 장소에 가보니 얼음 가장자리에 생긴 줄을 보고 얼음이 1인치 더 두꺼워진 것을 알 수 있었는데, 그 커다란 기포는 고스란히 남아 있었다. 그런데 그 이틀간은 비교적 따뜻한 날씨였기 때문에 얼음은 호수의 암녹색과 밑바닥까지 훤히 보이는 투명함을 잃고 부옇게 흐려져 있었다. 두께는 두 배나 되었지만 이전만큼 단단한 상태는 아니었다. 이 따스함으로 내부의 기포가 크게 팽창해 서로 들러붙는 바람에 규칙적인 배열을 흩뜨리고 있었기 때문이다. 그것은 이미 상하 일렬로 늘어선 묵주 알이 아니라 자루에서 쏟아져나온 은화처럼 서로 겹치거나 작은 균열을 비집고 들어온 얇은 조각 같은 것이 많았다. 어느새 얼음은 아름다움을 상실하고 호수 바닥을 조사할 시기가 지난 것이다.

나는 새로운 얼음 속에서 그 커다란 기포가 어떤 위치를 차지하고 있는지 궁금해져서 중간 정도 크기의 기포를 포함하는 얼음을 깨서 뒤집어보았다. 새로운 얼음은 기포 주위와 아래쪽에 형성되어 있었기 때문에 기포는 두 개의 얼음 사이에 끼어 있는 모양이었다. 즉 그것은 하층의 얼음 속에 쏙 들어가 있었던 것인데 상층의 얼음에도 밀착되어 있고, 형태는 납작하다기보다 약간 볼록 렌즈와도 같아 끝은 둥글고, 두께는 1/4인치, 직경은 4인치였다.

놀랍게도 이 기포 바로 아래의 얼음은 접시를 뒤집어엎은 형태로 녹아 있고, 얼음의 두께는 중심부가 5/8인치, 얼음과 기포 사이에는 두께 1/8인치에도 미치지 않는 얼음의 칸막이벽이 남아 있었다. 이 칸막이벽 속에 있는 작은 물방울은 도처에서 아래쪽으로 분출하고 있었다. 아무래도 직경 1피트나 되는 가장 큰 기포 아래는 전혀 얼음이 얼지 않은 듯했다. 나의 추측으로는 당초, 얼음 하부에 들러붙어 있던 무수한 작은 기포가 지금 역시 얼음에 갇혀버린 결과, 조금씩 아래의 얼음에 대해 집광 렌즈의 작용을 해 그것을 녹이고 잡아먹어 버린 게 아닐까 하는 생각이 든다. 말하자면 기포들은 얼음에 금을 가게 하고 환성을 올리게 하는 작은 공기총과 같은 것이다.

회반죽칠을 끝냄과 동시에 드디어 본격적인 겨울이 찾아오고, 바람은 기다렸다는 듯이 오두막 주위에서 신음을 내기 시작했다. 거의 매일 밤—일대에 눈이 내려 쌓인 후에도—기러기 떼가 소란스러운 날갯짓 소리와 함께 끼룩끼룩 울어대며 어둠속을 찾아와 일부는 월든 호에 머물고, 또 일부는 수풀 위를 낮게 비행해 페어 헤이븐 쪽으로, 그리고 더 멀리 멕시코를 향해 날아갔다. 밤 10시나 11시경 마을에서 돌아오면 집 뒤편의 작은 연못가 숲에서, 먹이를 찾으러 온 기러기나 오리 떼의 낙엽 밟는 소리, 허겁지겁 날아오를 때에 그들의 인솔자가 내는 소란스러운 울음소리 등이 심심찮게 들려왔다. 1845년에 월든 호는 12월 22일 밤 처음으로 전면이 결빙했다. 플린트 호와 그 외의 더 얕은 호수들, 그리고 콩코드 강은 그것보다 열흘, 혹은 그보다 더 일찍 얼어 있었다. 1846년에는 12월 16일, 1849년에는 12월 31일경, 1850년에는 12월 27일경, 1852년에는 1월 5일, 1853년에는 12월 31일에 전면 결빙했다.

눈은 이미 11월 25일부터 지상을 뒤덮으며 주위의 풍경을 단숨에 겨울로 바꾸어 놓았다. 그러나 나는 점점 더 자신의 껍데기 속에 콕 틀어박혀서 집 안에서나 가슴속에서나 새빨간 불만을 지피려 했다. 문 밖에서의 일이라면 숲의 메마른 나무를 모아 손에 들기도 하고 어깨에 짊어지기도 하면서 실어 나르든지, 아니면 때때로 시든 소나무를 한 그루씩 양 옆구리에 끼고 오두막까지 끌어오는 것이었다. 예전에는 멀쩡하게 서 있던 숲의 오래된 울타리는 나의 멋진 노획물이 되었다. 나는 그것을 불의 신 불카누스의 희생양으로 바치기로 했다. 이미 경계의 신 테르미누스를 섬기기에는 너무 나이를 먹었으니. 눈길을 헤치며 저녁 지을 때 쓸 장작을 모으러—아니, '훔치러'라고 해도 좋다—갔다 온 자의 저녁 식사는 또 얼마나 각별한가! 빵도 고기도 기가 막힌 맛이다.

보통 숲에는 마을에서 땔감으로 쓰기에 충분한 여러 종류의 삭정이와 마른 나뭇가지가 굴러다녔지만 요즘에는 조금도 쓰이지 않는데, 그것들이 도리어 어린 나무의 성장을 방해한다고 생각하는 사람도 있다. 이 외에도 호수의 유목이 있었다. 나는 여름철에 아일랜드 인 노동자들이 철도 부설을 하는 도중에 이어 짠, 수피가 붙은 소나무 뗏목을 발견하고 반쯤 육지 위로 끌어올려 두었다. 2년간 물에 잠겨 있다가 6개월간 육지 위에서 지낸 그 뗏목은 더 이상 말릴 수 없을 정도로 물이 스며들어 있었지만 조금도 썩지는 않았다. 겨울의 어느 날, 나는 그것들을 하나하나 따로 뗀 후에 반 마일 가까이나 호수를 가로질러 미끄러져오게 하는 작업을 즐겼다.

길이 15피트 정도의 통나무의 한끝을 어깨에 메고, 다른 한끝을 얼음 위에 내려서, 뒤에서부터 밀어 미끄러져가게 했다. 때로는 가는 자작나무가지로 몇 개를 같이 다발로 묶고 끝에 갈고리가 달린 더 기다란 자작나무나 오리나무에 걸고 질질 끌어서 온 적도 있다. 그것들은 완전히 물을 흡수해 납덩이처럼 무거웠는데도 장시간 타올랐고 화력도 상당히 셌다. 아니 오히려 물에 잠겨 있었기 때문에 더 잘 타오르는 것이라는 생각이 들었다. 물에 처박혀 있던 송진이 램프 속에서 타오를 때처럼 오래 지탱할 수 있는 듯했다.

길핀(William Gilpin : 1724~1804, 영국의 박물학자)은 잉글랜드의 숲 경계 지방에 사는 사람들에 관한 글 속에서 다음과 같이 언급하고 있다. "침입자들의 불법침해, 삼림 경계에 가옥이나 울타리를 세우는 것"은, "옛 삼림법에서는 중대한 불법 행위로, 공공지역 침해라는 이름하에, 즉 날짐승에게 겁을 주고 삼림을 해할 우려가 있다는 등의 이유로 엄벌에 처해졌다." 그러나 나는 짐승사냥이나 초목의 보전에 관해서는 수렵꾼이나 나무꾼들 이상으로 깊은 관심이 있었고, 그 점에 있어서는 삼림감독관에 뒤지지 않는다고 자부한다. 만약 숲의 일부가 불타기라도 한다면(실은 내 실수로 숲을 태운 적이 있기는 하지만), 나는 숲의 주인 못지않게 슬픔에 젖었을 테고 평생 잊을 수 없는 아픈 기억으로 간직했을 것이다. 아니, 그것이 주인의 손에 베어져 쓰러졌을 때도 가슴이 에이는 건 이루 말할 수가 없었다. 부디 나무를 베는 자들은 나무를 쓰러뜨릴 때 고대 로마인들이 성스러운 숲을 솎아내고 햇빛이 잘 들게 했을 때 느꼈던 경외감을 조금이나마 느꼈으면 한다. 즉 그 숲을 신에게 바치는 것이라 생각하는 것이다. 로마인들은 속죄의 희생양을 바치면서 다음과 같이 기도했다. "이 숲의 신이시여, 어떠한 신이든 부디 우리와 우리 가족과 아이들에게 은혜를 베푸소서……."

놀랍게도 오늘날, 이 새로운 나라에서도 목재는 여전히 대단한 가치가 있다. 황금보다 더 영속적이고 보편적인 가치라 해도 좋을 것이다. 지금까지 온갖 다양한 것들이 발명되었음에도 불구하고 산더미처럼 쌓인 목재 곁을 무심코 지나쳐버리는 자는 없으리라. 우리의 조상인 색슨족이나 노르만족에게 그러했듯이 우리에게도 목재는 귀중한 물건이다. 그들이 목재로 활을 만들었다고 한다면 우리는 그것으로 총대를 만든다. 약30여 년 전 미쇼(Francois André Michaux : ¹⁷⁷⁷~¹⁸⁵⁵. ¹⁸세기/프랑스의 박물학자)는 뉴욕과 필라델피아에서 장작의 가격이 "파리의 최상급 장작과 거의 같든지 때로는 그것을 웃돈다. 이 거대한 도시는 매년 30만 코드 이상의 장작을 필요로 하고 멀리 300마일까지 개간된 평지로 둘러싸여 있는 데도 그렇다"고 말했다.

우리 마을에서도 장작의 가격은 매년 착실하게 상승 일로를 걷고 있고, 작년과 비교해 금년에는 얼마나 더 올라가는가 하는 것만이 문제이다. 이렇다 할 용무도 없으면서 일부러 숲을 들락거리는 일꾼이나 장사꾼들은 십중팔구 장작 경매에 얼굴을 내미는 사람들이다. 그들은 나무꾼들이 남기고 간 나무토막을 모으는 권리에 대해서조차 높은 대금을 지불하고 있다. 인간이 연료나 공예품의 재료를 숲에서 구하게 된 지 꽤 오랜 세월이 지났다. 뉴잉글랜드인과 뉴네덜란드인, 파리 시민, 켈트족, 농부, 로빈후드, 구디 블레이크와 해리 길(워즈워스의/시 제목), 이 세상의 거의 모든 왕후나 소작인, 학자, 야만인 모두 한결같이 지금도 난방을 하고 음식을 조리하기 위해서는 숲에서 얻은 장작이 필요하다. 나 역시 그것 없이는 살아갈 수가 없다.

누구나 자신의 장작더미를 보고 있으면 어떤 애정과 같은 감정이 솟구치지 않을까 싶다. 나는 창문 앞에 장작 쌓아두는 것을 좋아했고, 장작의 높이가 높아질수록 일하는 즐거움도 커졌다. 나는 누구 것인지도 모르는 낡은 도끼 한 자루를 갖고 있었는데, 겨울날 마음이 내키면 햇볕이 잘 드는 양지에서 콩밭에서 파낸 그루터기를 향해 그것을 휘두르곤 했다. 밭을 경작할 때 잠시 부렸던 한 소몰이꾼이 예언한 대로 이 그루터기는 쪼개고 있을 때와 불을 지필 때, 두 번에 걸쳐 내 몸을 따듯하게 해준 것이다. 그리고 보니 이 정도로 화력이 강한 연료는 없다 하겠다. 도끼로 말하자면, 마을의 대장간에서 날을 다시 만들어 박는 게 좋지 않겠느냐는 말을 들었지만 나는 집에서 고치기로 하고, 숲에서 가져온 히코리 가지로 자루를 만들어 어떻게 고쳐보았다. 찍는 맛은 둔했지만 적어도 자루는 튼튼했다.

송진이 많은 소나무 토막은 그야말로 보물이었다. 이 땔감이 지금 대지의 태내에 얼마나 파묻혀 있을까를 생각하면 가슴이 설렌다. 몇 년 전의 일인데 나는 종종 옛날에는 솔숲을 이루고 있었던 한 벌거숭이 언덕으로 광맥 조사를 나가 송진이 듬뿍 포함된 뿌리를 여러 개 파낸 적이 있다. 그러한 뿌리는 거의 썩지 않는다. 3, 40년은 지난 그루터기라도 심은 아직 멀쩡했다. 단지 중심에서 4, 5인치 떨어진, 흙과 동일한 평면에 두꺼운 비늘과 같은 나무껍질이 고리를 이룬 모습을 보면 하얀 목질 부분은 완전히 부식토로 변해버린 듯하다. 도끼와 삽으로 이 광맥을 탐색해 쇠기름 같이 노란 나무고갱이의 보고를 마치 금광을 파 내려가듯이 땅속 깊숙이 파 들어간다.

그러나 대부분의 경우 나는 눈이 내리기 전에 헛간에 비축해 둔 낙엽을 태워 불을 지폈다. 나무꾼들이 숲에서 노숙을 할 때는 가늘게 쪼갠 히코리 생목을 땔감으로 쓴다. 나도 그것을 조금 손에 넣었다. 마을 사람들이 지평선 너머에서 불을 지피고 있을 무렵, 나 역시 굴뚝에서 연기를 펄럭이며 이쪽이 눈을 뜨고 있다는 걸 월든 계곡의 동물들에게 알리는 것이다.

가벼운 날개를 지닌 연기, 이카로스와도 같은 새여,
위로 오를수록 너의 날개는 녹아내린다.
노래하지 않는 종달새, 새벽의 사자여,
보금자리인 마을 하늘 위에서 너는 호를 그린다.
혹은 사라지려 하는 꿈인가,
치맛자락에 주름 짓는, 한밤의 어두운 환영인가.

밤에는 별을 가리고, 낮에는
빛에 어둠을 떨어내며,
태양을 그늘지게 하는 자.
자 날아올라라, 나의 향기로운 연기여, 이 화로에서,
그리고 용서를 구해라, 신들에게, 빨갛게 타오르는 불꽃을.

자른 지 얼마 안 되는 딱딱한 생목은 아주 조금 태우는 것만으로도 다른
어떤 장작보다 나의 목적을 만족시켜 주었다. 겨울날 오후, 산책을 나갈 때
에는 불이 활활 타오르도록 놔두었는데, 서너 시간 뒤에 돌아와 보면 아직도
새빨갛게 화끈거리고 있었다. 나의 오두막은 주인이 출타 중에도 텅 비지 않
았던 것이다. 마치 쾌활한 가정부를 하나 두고 있는 듯했다. 여기에 살고 있
는 것은 나와 '불'이었다. 이 가정부는 다른 것은 둘째치고 신뢰를 배반하는
일은 없었다.

그런데 어느 날 장작을 쪼개면서 문득, 집에 혹시 불이나 붙지 않았는지
창문 너머로 엿보고 싶은 생각이 들었다. 내가 기억하는 바로는 평소와 달리
불에 신경이 쓰였던 것은 이때뿐이다. 잠깐 엿보니 아니나 다를까 불꽃이 침
대에 옮아붙어 타들어가고 있었다. 냉큼 안으로 들어가 불을 껐지만 이미 손
바닥만 하게 탄 자국이 남아 있었다. 오두막은 볕이 잘 들고 지붕도 낮은데
다, 바람이 잘 불지 않는 곳에 있어서 한겨울에도 낮에는 불을 피우지 않아
도 되었다.

두더지가 지하실에 터를 잡고 감자를 벌써 삼분의 일 정도를 갉아먹었다.
그놈은 회반죽을 칠했을 때 남은 털과 갈색 종이 쓰레기 따위로 폭신한 침상
까지 만들어 놓았다. 지극히 야성적인 동물이라도 인간과 마찬가지로 편안
하고 따뜻한 잠자리를 구하는 것이고, 그러한 것을 확보하려고 기를 쓰기 때
문에 겨울을 무사히 넘길 수 있는 것이다. 친구들 중에는 "자네 일부러 얼어
죽으려고 숲에 가나" 하는 사람도 있었다. 동물들은 비바람을 피할 수 있는
장소에 침상을 만들고 그것을 자신의 체온으로 따뜻하게 하는 것이 전부이
다. 반면 인간은 불을 발견함으로써, 넓은 방에 공기를 가두어 따뜻하게 해
자신의 체온을 빼앗기지 않고 잠자리를 확보하며, 갑갑한 의복을 벗고 그 안
을 자유롭게 돌아다니면서 한겨울에도 여름의 환경을 유지하며, 창을 통해

빛을 방까지 들여오고 램프에 불을 붙여 낮 시간을 연장한다. 이렇게 해 인간은 본능을 초월해 한 발 두 발 전진하고, 예술창조를 위해 얼마 안 되는 시간을 여분으로 남기려 한다.

장시간 추운 겨울바람에 노출되면 온몸이 얼어붙어 무감각해지지만, 일단 따스한 집으로 돌아가면 곧바로 기능이 회복되어 목숨을 연장할 수 있었다. 사람이 제아무리 호사스러운 저택에 산다 한들 이 점에 있어 다를 게 뭐가 있으랴. 인류가 최후에 어떤 상태로 멸망하게 될지를 궁금히 여길 필요도 없다. 북쪽에서 조금만 더 추운 바람이 불어오면 언제든 인간의 실낱같은 목숨은 끊어져버릴 테니. 우리는 '혹한의 금요일'이나 '폭설의 날'부터 오늘날까지 시간이 얼마나 경과했는지 헤아리고 있지만, 그것보다 조금 더 추운 금요일, 조금 더 심한 폭설이 엄습하는 것만으로 인류의 생존에는 종지부가 찍히는 것이다.

이듬해 겨울에는 연료절약을 위해 작은 조리용 스토브를 사용했다. 숲은 내 것이 아니었기 때문이다. 그런데 그것은 벽난로만큼 불이 오래 가질 못했다. 식사준비는 이제 시적인 행위에서 벗어나 단순한 화학변화의 과정으로 전락하고 말았다. 요즘과 같은 스토브의 시대에는 옛날 인디언들이 하던 식으로 감자를 재 속에 묻어 구워먹던 일도 곧 잊히고 말 것이다. 스토브는 장소를 많이 차지할 뿐만 아니라 방 안에 냄새를 피우고 불꽃마저 숨겨버려 어쩐지 친숙한 벗을 잃은 듯한 느낌이 들었다.

불길 속에는 늘 하나의 얼굴이 보인다. 일꾼들은 밤이 되면 가만히 불길을 응시하면서 대낮에 들러붙은 찌꺼기나 속세의 때를 깨끗이 벗어내고 자신의 사상을 정화한다. 그런데 이제 나는 의자에 앉아 조용히 불길을 응시할 수 없게 된 것이다. 그러자 이 자리에 어울리는 한 시인의 말이 새로운 힘을 얻어 기억 속에 되살아났다.

환한 불꽃이여, 거부하지 말아다오,
너의 그리운, 인생을 비추어내는 따뜻한 배려를.
나의 희망 외에, 이렇게 흰히 불타오른 것이 또 있었을까?
나의 운명 외에, 이렇게 깊숙이 밤의 어둠속으로 잠긴 것이 또 있었을까?

어찌해 너는 우리의 거실과 화롯가에서 추방되고 말았는가,
누구에게서나 환영을 받고 사랑받아왔던 너인데?
우리네 따분한 인생의 흔해 빠진 빛 속에서,
너의 존재는 너무나도 환상적이었던가?
너의 밝은 빛과 마음이 잘 맞는 우리의 영혼이
신비한 이야기를, 너무나 흥금 없는 대화를 나눈 탓이란 말인가?
어쨌든 우리는 별 탈 없이 잘 지내고 있다.
희미한 그림자조차 흔들리지 않는 화롯가에 앉아,
마음을 기쁘게 하거나, 슬프게 하는 것도 없이.
불은 손발을 따스하게 해줄 뿐―더 이상의 그리움은 없다.
실용적인 자그마한 스토브 옆에
우리는 털썩 앉아, 잠에 빠질 것이다.
과거의 어둠에서 걸어 나와, 흔들리는 오래된 장작불 곁에서
우리와 얘기를 나누었던 유령들을 두려워하는 일도 없이.

14
원주민과 겨울의 방문자
FORMER INHABITANTS ; & WINTER VISITORS

나는 몇 차례의 세찬 눈보라를 견디고 살아남았다. 밖에서는 눈보라가 휘몰아치고 올빼미 소리조차 들리지 않았지만, 화롯가에서 겨울밤을 즐겼다. 몇 주 동안 내가 산책 중에 만난 사람이라곤 이따금 장작을 베어 썰매에 싣고 마을로 향하는 사람들뿐이었다. 그런데 나는 자연의 도움을 받아 눈이 제일 많이 쌓인 숲 속에 오솔길을 내게 되었다. 그곳을 지날 때 바람에 발 언저리로 흩어지던 떡갈나무 잎들이 쌓여 햇빛을 흡수하고 눈을 녹여주었기 때문에 걷기 쉬운 마른 발판이 생겼고, 밤에는 그 거무스름한 선이 길잡이 구실을 해주었다.

이웃이라면 옛날 이 숲에 살았던 이들을 상상해보는 수밖에 없었다. 사람들의 말로는 내 오두막 근처를 지나는 길가에서 마을 사람들의 잡담이나 웃음소리가 심심찮게 들려왔다고 하며, 길가의 숲에는 여기저기 그들의 작은 뜰과 가옥이 흩어져 있었다고 한다. 그때의 길은 지금보다 더 깊은 숲 속에 갇혀 있었다. 나도 기억하지만 솔가지에 마차 가장자리가 스칠 만큼 비좁고 어두워 이 길을 지나 링컨까지 혼자 걸어가는 여자나 아이들은 겁을 집어먹고 꽤 먼 거리를 쏜살같이 달려 빠져나가곤 했다.

이 조붓한 길은 주로 이웃 마을로 나가거나 나무꾼이 가축을 끌고 다니던 통로에 지나지 않았지만, 지금보다 더 변화가 풍부했기 때문에 지나는 행인의 눈을 즐겁게 하며 언제까지나 뇌리에 깊이 새겨졌다. 마을부터 숲까지 딱딱한 흙으로 된 널찍한 밭이 이어진 일대도 당시에는 단풍나무가 서 있는 늪지였고, 통나무 토대 위를 이 길이 지나고 있었던 것이다. 그 통나무 잔해는 필시 스트래튼(지금의 구빈원) 농장에서 브리스터 언덕으로 통하는 현재의 먼지 자욱한 간선도로 밑에 아직 묻혀 있을 것이다.

내 콩밭의 동쪽 길 건너편에 콩코드 마을의 신사 던컨 잉그램 씨의 노예, 카토 잉그램이 살고 있었다. 그는 이 노예에게 집을 지어주고 월든 숲에 사는 것을 허락했다. 카토라 했지만, 고대 로마의 정치가 카토가 아니고 콩코드의 카토다. 이 남자는 기니 출신 흑인이라는 말도 있다. 나이를 먹으면 쓸모가 있을 거라고 남겨둔 밤나무 사이에 그의 손바닥만 한 밭이 있었던 걸 기억하는 사람도 아직 몇 있다. 그러나 결국 그 나무들은 그보다 젊고 피부가 흰 어떤 투기꾼의 손에 넘어가고 말았다. 하지만 그자도 현재는 그와 마찬가지로 비좁은 굴 속에 살고 있다. 카토의 반쯤 묻힌 지하실은 아직 남아 있다. 소나무에 둘러싸여 행인의 눈에는 띄지 않고 아는 사람도 거의 없지만, 지금은 그곳에 옻나무가 빼곡하고 미역취 중에서도 제일 빨리 꽃을 피우는 풀이 무성하게 돋아나 있다.

마을과 더 가까운 콩밭의 모퉁이를 돌아가면 질파라는 흑인 여자의 작은 오두막이 나오는데, 그녀는 마을 사람들을 위해 리넨을 짜면서 월든 숲 전체에 고음의 노랫소리를 울려 퍼지게 하고 있었다. 그녀는 거침없는 아주 풍부한 성량을 지니고 있었던 것이다. 그런데 1812년 영국과의 전쟁 중 그녀가 집을 비운 사이 가석방 중인 영국군 포로들이 그녀의 오두막에 불을 지르는 바람에 기르던 고양이서부터 개, 암탉에 이르기까지 깡그리 불타버렸다.

그녀는 몹시 궁핍하고 힘든 생활을 하고 있었다. 숲을 자주 찾던 어떤 사람이 하루는 그 집앞을 지나치다가 그녀가 부글부글 끓는 냄비를 향해 "전부 뼈다귀군, 뼈다귀야" 하고 중얼거리는 소리를 들었다고 한다. 아직도 부근의 키 작은 떡갈나무 숲 속에는 드문드문 벽돌이 눈에 띈다.

길을 더 나아가 오른편 브리스터 언덕에선 커밍스 씨의 노예였던 재주꾼 브리스터 프리맨이 한때 살았다. 거기에는 브리스터가 심고 키운 사과나무들이 아직 남아 있다. 지금은 커다란 노목이 되었지만 과실의 맛은 변함없이 야성적이고 싱싱하다. 바로 얼마 전 일인데, 나는 오래된 링컨의 묘지 한 귀퉁이에 자리 잡은 조그만 그의 무덤을 보고 그 묘비명을 읽었다. 그의 무덤은 콩코드에서 퇴각하던 중에 쓰러진 무명의 영국군 척탄병들의 묘지 근처에 있었는데, 거기엔 '시피오 브리스터'라는 칭호가 새겨져 있고―'스키피오 아프리카누스(Scipio Africanus : 고대 로마의 장군·정치가)'라 불려도 손색이 없었겠지만―나아가 '유색인'이라 되어 있었다. 마치 그가 무색인(無色人)이었던 것처럼. 또 거창하게 사망 연월일까지 기록되어 있는데 이것은 그가 예전에 세상에 생존했던 것을 간접적으로 알려주는 표시에 지나지 않았다. 브리스터는 붙임성이 좋고 점을 치면서 항상 좋은 말만 해 주는 팬다라는 아내와 함께 살았다. 큰 체구에 통통하게 살이 오르고 밤의 아이들보다 더 검은 여자로, 전에도 그렇고 앞으로도 콩코드에 이토록 검은 별은 떠오르지 않을 것이다.

언덕을 더 내려가면 왼편 숲 속의 오래된 길가에 스트래튼 일가 저택의 흔적이 남아 있다. 그 과수원은 예전에 브리스터 언덕 기슭을 온통 뒤덮었지만 지금은 소나무 탓에 얼마 안 되는 그루터기만을 남기고 완전히 시들어버렸다. 하지만 그루터기의 오래된 뿌리는 지금도 야생의 어미 그루터기가 되어 이 마을의 많은 나무를 기세 좋게 번창시키고 있다.

마을로 더욱 다가가면 숲 끝의 길 맞은편에 브리드네 집의 흔적이 남아 있다. 그곳은 옛 신화에 이름이 나와 있는 것은 아니지만 우리 뉴잉글랜드의 생활 속에서 눈부신 역할을 다하고, 어떤 신화적인 인물 못지않게 언젠가는 전기를 쓸 만한 가치가 있는 어떤 악마가 온갖 행패를 부린 곳으로 유명한 장소이다. 그것은 친구나 고용인과 같은 흉내를 내고 사람을 방문해 가족의 물건을 빼앗은 뒤 모두 죽이고 마는—즉, 뉴잉글랜드의 럼주이다.

그러나 여기에서 벌어진 비극의 역사를 이야기하기에는 아직 너무 때가 이르다. 조금 더 시간이 지나 잔열이 식고 비극이 맑은 색조를 띨 때까지 기다리기로 하자. 좀 애매하고 믿기 힘든 전설에 따르면 예전에 이곳에 선술집이 한 채 있었다고 한다. 나그네의 술잔에 물을 타거나 말의 갈증을 풀어주었던 우물은 지금도 그대로 남아 있다. 당시 여기에서는 오가는 사람들이 인사를 나누고, 세상 돌아가는 이야기를 주거니 받거니 하면서 다시 여로를 재촉한 것이다.

오랫동안 텅 빈 채로 버려져 있던 브리드의 오두막은 한 12년쯤 전에 없어졌다. 내 오두막과 비슷한 크기의 그것은 어느 선거일 밤에 악동들이 불을 질러 타버린 것으로 기억한다. 마을 변두리에 살면서 대버넌트(Willam Davenant : 1606~1668. 영국의 시인 겸 극작가)의 《곤디버트》를 읽는 데 푹 빠져 있으면서 기면 증상으로 고생하던 그해 겨울의 일이다. 친척 아저씨 중에 수염을 깎으면서 잠에 빠져버리거나, 일요일에 지하실에서 감자 싹이라도 뽑지 않으면 눈을 뜬 채로 안식일을 지킬 수 없다는 사람이 있는 걸 보면 이 병을 우리 집안 특유의

유전병으로 간주해야 할지, 아니면 내가 챌머스(Alexander Chalmers :
1759~1834. 영국의 전기작가)의 《영국시화집》을 건너뛰지 않고 독파하려고 기를 쓴 결과라고 해
야 할지 모르겠지만, ―결국에는 모르는 채 끝나버렸다―어쨌든 이 대작은
내 안의 네르비족(기원전 1세기경 갈리아 북쪽에 살던 벨가이족)적인 만용을 완전히 꺾어놓고 말았다.

내가 시화집 위에 머리를 떨구는 찰나, 화재를 알리는 종소리가 울리고 인
솔자 하나 없이 우르르 몰려가는 남자와 소년들 뒤를 쫓아 소방차 몇 대가
요란한 소리를 내며 현장으로 향했다. 나도 작은 시내를 뛰어넘어 선두 집단
에 가세했다. 우리는 더 남쪽의 숲 맞은편에 있는 헛간이나 상점, 혹은 집이
불타고 있는 줄 알았다. 전에도 화재 현장에 자주 뛰어갔었기 때문이다. "베
이커의 헛간이다!" 하고 누군가가 외쳤다. "무슨 소리야, 커드맨의 집이야"
하고 또 다른 사람이 주장했다.

그러자 그때 지붕이 불에 타 떨어졌는지 숲 위로 다시금 불꽃이 확 솟아올
랐다. 우리는 일제히 "콩코드가 간다!" 하고 외쳤다. 승객을 가득 실은 마
차가 몇 대인가 맹렬한 속도로 질주해갔는데, 아마 그 속에는 아무리 먼 길
이라도 마다 않고 달려가야 할 보험회사 직원도 섞여 있었을 것이다. 뒤편에
서는 소방차의 종소리가 천천히 착실하게 울려 퍼졌고, 제일 마지막으로 후
일 불을 지르고 나서 경종을 울렸다는 소문이 나돌았던 무리가 다가왔다.

이렇게 해서 우리는 진실로 이성을 추구하는 자답게 감각기관의 증언을
뿌리치며 앞으로 나아갔는데, 드디어 길모퉁이를 돌아서는 찰나 타닥타닥하
고 불타오르는 소리가 들리고 돌담 저편에서 불기운이 확실하게 느껴졌다.
유감스럽게도 우리는 이미 현장에 도착하고 만 것이다. 눈앞에서 보는 화재
는 도리어 우리의 열을 식게 했다.

처음에 우리는 개구리 연못의 물을 다 퍼서라도 불을 끄고야 말겠다고 생
각했지만 결국은 그냥 불타게 내버려두었다. 이미 손을 쓰기에는 너무 늦었
고 불을 끌 가치도 없는 집이었기 때문이다. 그래서 우리는 소방차 주위에
서 밀치락달치락하며 메가폰으로 제각기 감상을 토로하기도 하고, 바스컴
가게의 화재를 비롯해 예전에 세계를 떠들썩하게 했던 큰 불에 관한 이야기
를 서로 숙덕이기도 했다.

그러고 나서 만약 우리가 지체 없이 물통을 낚아채 뛰어왔다면, 또는 가까
운 개구리 연못에 물이 하나 가득 차 있었다면 설사 지상 최후의 날에 일어

244 월든

난다고 하는 대화재라도 제2의 노아의 홍수로 바꾸어 놓았을 것이라며 안타까움을 금치 못했다. 결국 우리는 나쁜 짓은 하나도 하지 않고 물러났다―잠과 《곤디버트》의 세계로. 그런데 그 《곤디버트》에서 서문에 기지(機智)를 영혼의 화약에 견주고 있는 구절―"그러나 인류의 대부분은 기지를 모른다. 인디언이 화약을 모르는 것처럼"―만은 삭제했으면 좋겠다.

다음날 밤, 우연히 같은 시각에 밭을 가로질러 화재 현장 쪽으로 걸어가보니 그 장소에서 낮은 신음소리가 들려왔다. 어둠속으로 가까이 다가가니 그 가족 중에 내가 알던 유일한 생존자가 그곳에 있었다. 자기 가족의 미덕과 악덕을 모두 이어받은 듯한 남자였는데 어쨌든 이 화재에 이해관계가 있는 것은 그자뿐이었다. 남자는 엉금엉금 기며 지하실 벽 너머로 아직 아래쪽에서 검은 연기를 뿜고 있는 잔열을 보면서 여느 때처럼 투덜투덜 혼잣말을 하고 있었다. 멀리 떨어진 강가의 목초지에서 거의 온종일 일을 했던 그는 시간이 나면 옛날 집안 어른들이 살았던, 그리고 어린 시절 자신이 살았던 이 집으로 달려오곤 했었다.

그는 엎드린 채로 지하실 속을 구석구석 자세히 뜯어보고 있었다. 벽돌과 잿더미 외엔 무엇 하나 남아 있지 않건만 마치 돌멩이 틈에 보물이라도 숨겨둔 듯한 모습이었다. 집은 사라져 버렸으나 하다못해 잔해만이라도 보아두려고 하는 것이리라. 그는 내가 안쓰러운 마음으로 그곳에 서 있는 것이라 생각하고 기분이 누그러들었는지 어둡긴 했지만 우물이 묻혀 있는 장소를 가르쳐주었다.

고맙게도 우물은 불에 타는 법이 없다. 그는 한참 돌담 주위를 더듬은 끝에 옛날 부친이 우물에 달았다는 방아두레박을 찾아내고 묵직한 한 끝에 무거운 돌을 매달기 위한 갈고린지 꺾쇠―이제 그가 의지하고 매달릴 수 있는 물건은 그것밖에 없었다―인지를 손으로 쓰다듬으면서 이것은 단순한 '추'가 아니라고 나에게 말해주었다. 나도 그것을 만져보았다. 지금도 나는 산책을 나갈 때면 늘 이 두레박에 눈길이 머문다. 거기엔 일가의 역사가 배어 있는 것이다.

그리고 또 지금은 밭으로 변해 있지만, 왼쪽 돌담 옆의 우물과 라일락이 흐드러지게 피어 있는 곳 근처에는 오래 전 너팅과 르 그로스가 살았다. 그러나 링컨 마을 쪽으로 이야기를 돌리기로 하자.

숲 속 더 깊숙이 호수와 아주 가까이 접해 있는 부근에는 도기를 굽는 와이먼이 무단 거주하면서 마을 사람들에게 도기를 팔았고, 가업을 이어받을 자손을 남겼다. 그들도 현세의 부라는 혜택은 받지 못한 터라 거기에 살고 있는 동안 동정에 의지해 토지를 사용하도록 허락받고 있었다. 군의 보안관이 종종 세금 징수를 위해 발을 들여놓았지만 소용없었다. 압류할 것이라곤 아무것도 없어서 형식적으로 '담보물건 없음'이라는 푯말을 박아놓고 왔다는 보고서를 읽은 적이 있다.

한여름의 어느 날, 풀 뽑기를 하고 있으려니 도기류를 짐마차에 싣고 시장으로 향하던 한 남자가 내 밭에 이르러 말을 멈추고 와이먼의 아들 소식을 물었다. 전에 그한테서 녹로를 샀는데 그 후 어떻게 지내는가 하는 것이었다. 나는 성경에서 토기장이의 진흙과 녹로에 관한 내용을 읽은 기억이 있지만, 우리가 사용하는 도기가 먼 옛날부터 대대손손 전해져 내려온 것도 아니고, 표주박처럼 나무에서 나는 것도 아니라는 사실은 잠시 잊고 있었다. 그래서 가까운 곳에서 점토를 반죽하는 기술이 전해지고 있다는 사실을 알았을 때는 어쩐지 반가움이 느껴졌다.

내가 발을 들여놓기 전에 이 숲에 살고 있던 마지막 거주자는 와이먼의 집을 빌리고 있었던 아일랜드 인 휴 코일(Quoil)—통칭 코일 대령—이었다 (잘못했다간 Coil로 쓸 수도 있겠다). 소문에 따르면 그는 워털루의 전사였다고 한다. 그가 살아 있었다면 다시 한 번 그가 싸우는 모습을 보고 싶은 심정이다. 이곳에서 그는 도랑 파는 인부였다. 나폴레옹은 세인트헬레나 섬으로 유배되고, 코일은 월든 숲으로 유배된 것이다.

그에 관해 내가 아는 것은 모두 비극적인 것뿐이다. 고생을 많이 한 사람인 만큼 그는 예의가 바르고, 귀에 거슬릴 정도로 격식 차린 말투를 쓰기도 했다. 학질을 동반하는 섬망증세가 있었기 때문에 한여름에도 외투를 입었고 얼굴은 아주 붉었다. 그는 내가 숲으로 들어온 지 얼마 안 되어, 브리스터 언덕 기슭을 걸어가다 노상에서 쓰러져버렸기 때문에 이웃으로서의 기억은 없다.

코일의 친구들은 그의 집을 '불길한 성'이라 부르며 멀리했지만 나는 그것이 헐리기 전에 찾아가 본 적이 있다. 판자를 댄 높은 침대 위에는 그가 벗어던진 낡은 옷이 구겨진 채로 놓여 있었는데, 마치 그 자신이 누워있는 것 같았다. 성경에 "금그릇이 샘 옆에서 깨어지고"라는 구절이 있듯이 그의 파이프도 깨어져 난로 옆을 굴러다니고 있었다. 그러나 '깨진 금그릇'이라 해도 그의 죽음을 상징할 수는 없었을 것이다. 생전에 그는 브리스터의 샘 이야기는 들어서 알고 있지만 본 적은 없다고 나에게 털어놓았기 때문이다. 마룻바닥에는 손때 묻은 꾀죄죄한 카드가 흩어져 있었다. 다이아몬드, 하트, 스페이드 킹 등이었다.

관리인도 잡을 수 없었던 밤처럼 새카맣고 울음소리 하나 내지 않는 조용한 닭 한 마리가 머지않아 여우의 먹이가 될 줄도 모르고 보금자리가 있는 옆방으로 들어갔다. 뒤편으로 돌아가보니 채소밭 같은 게 있었으나 마침 수확의 계절이었는데도 심한 학질로 인한 발작 탓인지 심어놓기만 하고 한 번도 풀 뽑기를 하지 않았다. 로만 웜우드와 미국가막사리가 한쪽에 무성했다. 미국가막사리 열매는 옷에 들러붙기도 했다. 열매를 맺은 건 그것이 전부였다. 마지막 워틸루 전투에서 획득한 전리품으로 새로운 우드척 모피가 뒤뜰에 펼쳐져 있었다. 하지만 코일에게는 이미 따뜻한 모자도 장갑도 필요 없게 되었다.

지금은 돌이 묻혀 있는 지하실 지면의 움푹 팬 구덩이만이 예전에 집이 세워져 있었다는 것을 이야기해주고 있다. 볕이 잘 드는 풀밭엔 딸기와 라즈베리, 나무딸기, 개암나무 수풀, 옻나무 등이 있고, 난로 자리 구석에는 소나무와 옹이진 떡갈나무가 서 있으며, 향기 좋은 검은자작나무가 문 앞의 섬돌이 있던 부근에서 바람에 흔들리고 있다.

옛날에는 샘물이 솟아나오는 곳에서 우물 구덩이를 발견할 수도 있었는데 지금은 바짝 말라 눈물도 나오지 않는 풀만이 돋아나 있다. 때로는 이 땅에 살았던 마지막 종족이 떠나면서 풀밭 아래 깊숙이 평석으로 막아놓고 간 우물이 나중에 발견되는 예도 있다. 우물을 막아버리다니, 이 무슨 슬픈 행위인가! 그것은 눈물의 우물이 열리는 것과 마찬가지이다. 예전에는 사람들이 북적대며 황망하게 생활을 하고, "운명과 자유의사와 절대적인 예지"를 둘러싸고 거창한 형식이나 전문용어 따위를 들먹이며 제멋대로 시끄럽게 논쟁을 하던 장소가, 지금은 여우가 버리고 떠난 굴이나 동물의 오래된 은신처와 같은 지하의 움푹 팬 구덩이만을 남기고 흔적도 없이 사라져버리고 말았다. 그런데 그들이 도달한 결론에서 내가 배울 수 있는 것이라고는, 요컨대 "카토와 브리스터는 '무두질 업자의' 털 뽑는 일에 고용되었다"라는 것뿐이다. 이상은 아주 유명한 여러 철학파의 역사에도 뒤지지 않는 쓸 만한 교훈이다.

문짝과 문지방, 상인방마저 없어진 지 한 세대가 지난 뒤에도 라일락 나무는 기운차게 성장하고, 봄마다 향기 그윽한 꽃을 피우며 황홀하게 바라보는 나그네들의 손에 쥐어진다. 그 나무는 예전에 아이들이 앞뜰 한 귀퉁이에 심어 소중히 키우고 있었는데, 지금은 인가가 드문 목장의 돌담 옆에서 신흥세력인 숲에 자리를 비워주려 하고 있다. 일가의 최후의 유산이자 유일한 생존자이건만.

가무잡잡한 얼굴을 한 그 집 아이들이 응달진 곳에 심고 매일 물을 주던, 싹이 두 개밖에 붙어 있지 않은 작은 나뭇가지가 이윽고 단단히 뿌리를 내려 자신들은 물론이요 뒤에서 그림자를 던지던 집보다, 그리고 어른들이 일군 채소밭이나 과수원보다도 장수를 하고, 또 자신들이 성장하고 죽은 뒤 반세기나 지나서 그 최초의 봄과 마찬가지로 아름다운 꽃을 피우고 감미로운 향기를 발하며 '나'라는 고독한 행인을 향해 머뭇머뭇 자신의 유래를 들려주게 될 줄은 꿈에도 생각지 못했을 것이다. 나는 변함없이 상냥하고 기품 있는 라일락의 그 화사한 색조에 마음을 빼앗긴다.

그런데 귀한 성장의 싹을 품고 있었던 이 작은 마을이 스스로의 위치를 굳건히 지키고 있는 콩코드 마을과는 달리 어째서 몰락의 길을 걷게 된 것인가? 혹 수리권이라는 자연환경의 혜택을 받지 못했기 때문인가? 아니, 여기에는 깊은 월든 호와 차가운 브리스터 샘이 있어 누구라도 얼마든지 맑은 물을 마실 권리가 있다. 그런데 남자들은 유리잔의 술에 물을 타는 것 말고는 그 이용법을 몰랐다. 그들은 하나같이 술이라면 사족을 못 쓰는 패거리들이었다.

이곳에 바구니, 마구간 청소용 빗자루, 매트 제조, 옥수수 가공, 리넨 방적, 도기 제조라는 산업을 성대하게 일으키고, 들판을 장미처럼 개화시켜 많은 자손에게 선조의 땅을 물려받게 할 수는 없었던 것일까? 메마른 땅일수록 오히려 저지대의 타락한 삶으로부터 몸을 지키는 데는 안성맞춤이었을 텐데. 유감스럽게도 이러한 선주민들의 추억은 토지의 아름다운 풍광을 조금도 높여주지 않는 것이다. 하지만 아마도 자연은 나를 최초의 이주자로 삼고 작년 봄에 지어진 내 오두막을 마을에서 제일 오래된 집으로 삼아 다시금 새로운 삶을 시작하게 될 것이다.

내가 지금 살고 있는 장소에 누군가가 집을 세웠던 흔적은 없다. 고대도시의 옛 터전에 남은 벽돌로 집을 짓고 정원은 옛날 묘지였던 곳엔 살고 싶지 않다. 그러한 토지는 빛이 바래고 저주받고 있으며, 그런 토지가 필요해지기 전에 지구 자체가 멸망해 있을 것이다. 지금 말한 것과 같은 추억을 가슴에 품으며 나는 숲의 새로운 주인으로서 편안한 잠에 빠진다.

이 계절에 찾아오는 이는 거의 없었다. 특히 눈이 수북이 쌓이게 되면 일주일이건 보름이건 오두막 부근을 얼씬거리는 그림자 하나 눈에 띄지 않았다. 그런데 나는 마치 들쥐처럼 수풀 속에 꽁꽁 숨어 기분 좋은 나날을 보내고 있었다. 바람이 실어온 눈 속에 묻힌 채 먹이도 먹지 않고 오랫동안 살아남았다는 소나 닭들처럼, 아니면 1717년 폭설 때 주인이 집을 비운 사이 오두막이 눈에 폭 파묻혔으나, 굴뚝이 내뿜는 연기가 쌓인 눈을 뚫고 작은 구멍을 열어준 덕에 가까스로 인디언에게 발견되어 구출되었다는 서튼 마을의 초기 개척민 일가처럼. 단, 나의 경우는 신경 써주는 인디언이 없었다는 것. 사실 그럴 필요도 없다. 집주인은 멀쩡히 집에 있었으니. 대폭설이라! 얼마나 활기찬 울림인가! 그러한 때 농부들은 말을 끌고 숲이나 늪지로 나갈 수도 없었으므로 부득이 집 앞의 햇빛을 가리는 나무를 자르거나, 눈 표면이 딱딱하게 얼어 있으면 늪지에 서 있는 나무를 지상 10피트 정도 높이―봄이나 돼야 알 수 있었겠지만―에서 잘라오곤 했다.

눈이 수북이 쌓였을 때 내가 애용하던 간선도로에서 오두막까지의 약 반 마일의 오솔길은 구불구불하고 간격이 크게 벌어진 한줄기 점선으로 나타낼 수가 있을 것이다. 온화한 날씨가 일주일이나 계속되면, 나는 나갈 때도 돌아올 때도 같은 걸음 수와 같은 보폭을 이용해 천천히 컴퍼스로 잰 것처럼 정확하게, 내가 만든 깊은 발자국을 밟아갔는데―겨울은 자칫 이런 식으로 인간이 틀에 박힌 행동을 하도록 만든다―나의 발자국에는 자주 하늘 자체의 푸름이 찰랑찰랑 가득 차 있었다.

어떤 날씨도 나의 산책을, 아니 나의 외출을 결정적으로 저지할 수는 없었다. 나는 너도밤나무나 노랑자작나무, 그리고 예부터 친숙한 소나무와의 만남을 위해 그 겨울 깊이 쌓인 눈을 무릅쓰고 몇 마일을 돌아다녔다. 이러한 때 눈과 얼음은 그들의 사지를 으스러뜨리고, 소나무는 가지가 뾰족해져 전나무처럼 보였다. 평지에 2피트 가까이 눈이 쌓이면 발을 내디딜 때마다 머리 위에 내려 있는 새로운 눈보라를 털어내면서 제일 높은 언덕 꼭대기까지 눈을 헤치며 올라가기도 했다. 때로는 수렵꾼들도 일찌감치 월동장소로 들어가 죽치고 있다고 하는데 나는 네 다리로 기다시피 허우적대며 그곳을 오르기도 했다.

어느 날 오후, 스트로브잣나무의 메마른 가지 위에 대낮부터 아메리카올빼미가 줄기 쪽으로 몸을 붙이듯이 머물러 있는 것을 발견하고 그것을 관찰해보았다. 그는 내가 몸을 움직이거나 쌓인 눈을 밟는 소리를 들을 수는 있겠지만 이쪽의 모습을 눈으로 확인할 수는 없었다. 큰 소리를 내면 목을 길게 늘이고 목둘레의 털을 곤두세우며 눈을 크게 떴다. 그렇지만 눈꺼풀은 곧 닫히고 다시 목을 떨어뜨린 채 꾸벅꾸벅 졸기 시작했다.

이 아메리카올빼미가 고양이나, 날개 달린 고양이의 형제처럼 반쯤 눈을 뜨고 앉아있는 것을 반 시간이나 살펴보고 있자니 이쪽까지 졸음이 오기 시작했다. 그의 양 눈꺼풀 사이에는 가늘게 벌어진 실낱 같은 선이 그어져 있을 뿐이었고, 그것을 통해서 나와 그 사이에 가느다란 고리를 유지하고 있었다. 이렇게 해서 그는 반쯤 닫힌 눈으로 꿈나라에서 밖을 바라보며 그의 몽상을 방해하는 몽롱한 물체나 먼지 같은 나의 정체를 어떻게든 확인하려고 했던 것이다.

이윽고 내가 더 큰 소리를 내며 접근하자 그는 안정을 잃고 꿈을 방해받는 건 더 이상 참을 수가 없다는 듯이 가지 위에서 느릿느릿 방향을 바꾸었다. 그러더니 불쑥 하늘로 올라 넓은 날개를 펼치고 소나무 사이를 퍼덕이며 날아갔는데 그때 날갯짓 소리는 전혀 들리지 않았다. 이렇게 해 그는 커다란 소나무 가지 사이를 시각과는 다른, 주위에 대한 미묘한 감각에 인도되어 그 예민한 날개 끝으로 황혼의 길을 더듬으며 마침내 평온한 마음으로 동트는 새벽을 맞이할 수 있는 새로운 쉼터를 발견한 것이었다.

철로를 놓기 위해 목초지를 꿰뚫고 만들어진 긴 둑길을 걸을 때는 수차례 몸을 에는 듯한 격한 바람이 전신을 휘갈겼다. 이 정도로 바람이 자유롭게 놀 수 있는 장소는 달리 없기 때문이다. 나는 기독교 신자는 아니었으나 꽁꽁 얼어붙은 바람이 한쪽 뺨을 때리면 나머지 뺨도 내밀었다. 브리스터 언덕의 마찻길을 지나쳤지만 바람은 잦아들 줄 몰랐다. 널찍한 밭의 눈이 모두 휠든 거리의 돌담 사이로 불어닥쳐 방금 지나간 나그네의 발자국마저 온데 간데없이 사라지는 날씨에도 나는 우호적인 인디언처럼 변함없이 마을을 방문하고 있었던 것이다.

발길을 돌려 돌아갈 무렵에는 새로운 바람에 불려온 눈송이가 하얀 둔덕을 만들었고 나는 그곳을 버둥대며 빠져나가야했다. 쉴 새 없이 몰아닥치는 북서풍에 길가의 큰 모퉁이에 싸락눈이 쌓이면서 토끼의 발자국이나 작은 글자를 찍어놓은 듯한 생쥐 발자국마저 깨끗이 지워놓았다. 그러나 설사 한겨울이라도 따뜻한 샘물이 솟아나오는 늪지가 있게 마련. 거기에는 앉은부채풀 같은 푸른풀들이 언제나 변치 않는 초록 잎을 엿보이게 하고, 때로는 추위를 잘 견디는 날짐승이 봄이 도래하기를 조용히 기다리고 있었다.

이따금 밤의 산책에서 돌아오면 눈이 내리고 있는데도 나무꾼이 만들어 놓은 깊은 발자국이 오두막 입구부터 점점이 이어진 것을 발견하게 된다. 난로 위에는 그가 꺾어버린 지저깨비가 붕긋이 솟아 있고 집 안에 그의 파이프 냄새가 자욱했다.

어느 일요일 오후, 집에 있으려니 누군가 사각사각 눈을 밟으며 걸어오는 소리가 들려왔다. 한 현명한 농부가 멀리서 나를 방문하기 위해 숲을 빠져나온 것이다. 이제부터 둘이서 흉금을 터놓고 담소를 나누며 즐거운 시간을 보내고자 하는 것이었다. 그는 농부로서는 보기 드문 자작농 중 한 사람이었는데, 교수 가운이 아닌 헐렁한 작업복을 입었지만 헛간 앞뜰에서 퇴비더미를 쌓아올리는 것처럼 쉽사리 교회나 국가로부터 교훈을 이끌어냈다. 우리는 몸이 오그라드는 듯한 추위 속에서도 맑게 깨인 머리를 서로 기대고, 큰 모닥불을 둘러싸고 앉아 거칠고 단순했던 시절의 일들을 이야기했다. 또 다과가 없어지면, 껍데기가 두꺼운 호두 속이 텅 비었다는 걸 잘 알고 있는 약삭빠른 다람쥐들이 옛날에 버리고 간 많은 호두로 서로의 이가 얼마나 단단한가를 시험해보곤 했다.

수북이 쌓인 눈과 매섭게 휘몰아치는 폭풍을 무릅쓰고 제일 먼 곳에서 나를 찾은 것은 한 사람의 시인이었다. 농부나 사냥꾼, 병사, 신문기자, 철학자 할 것 없이 모두 기력이 쇠하는 때가 있을 것이나 시인은 그 어떤 경우에도 주눅 들지 않는다. 그를 행동으로 몰아가는 것은 순수한 사랑이니까. 그가 언제 오는지, 언제 떠나가는지는 아무도 모른다. 의사가 잠을 자는 시각에도 일이 있으면 언제든 밖으로 뛰쳐나간다.

우리는 이 작은 공간을 유쾌한 환성으로 뒤흔들고, 또 진지한 대화의 작은 속삭임으로 가득 채우며 월든 계곡에 그간 격조했음을 사과했다. 이에 비하면 브로드웨이 거리는 너무나 한산해 녹이 슬고 있다고 해야 하지 않을까. 적당한 사이를 두고 규칙적으로 웃음의 축포가 쏘아 올려졌다. 그것은 이제 막 입에서 튀어나온 농담 때문이기도 하고 이제부터 시작되려는 농담 때문이기도 했다. 우리는 한 접시의 오트밀을 후루룩 비우면서 쾌활함이라는 장점에 철학이 요구하는 두뇌의 명석함을 결부시킨 빛나는 새로운 인생론을 쉴 새 없이 펼쳐 보였다.

호반에서의 마지막 겨울, 나를 찾아온 또 한 사람의 반가운 방문을 잊을 수가 없다. 그는 어느 날 마을을 벗어나 눈과 비, 어둠을 뚫고 걸으며 드디어 나무들 사이로 오두막의 불빛을 발견하고 긴 겨울의 몇 날 밤을 함께 지냈다. 최후의 철학자 중 한 사람인 그는—코네티컷 주가 세상에 보낸—처음에는 주의 특산품을 팔며 돌아다녔으나 후에는 자신의 말을 빌리자면 두뇌를 팔러 돌아다니게 되었다. 그는 언제까지나 이 장사를 계속하면서 신을 자극하고 사람이 자신의 몸을 부끄러워하게 하며, 거래의 결실로써 밤송이 안의 알밤이 익듯이 두뇌를 열매 맺게 하고 있다.

이 사람이야말로 현재 살아 있는 인간 중에서 가장 신념이 강하다. 그의 말과 태도는 항상 다른 사람들이 생각하는 것보다 더 좋은 세상이 오리라 단정하고, 따라서 시대가 어떻게 변하든 그만은 결코 실망하는 일이 없을 것이다. 현대라는 시대에 모든 것을 걸지 않기 때문이다. 지금은 비록 경시되고 있지만 마침내 그의 시대가 오면 거의 아무도 생각이 미치지 못했던 법칙들이 효과를 발휘하고, 일가의 가장이나 지배자들이 조언을 구하기 위해 그의 집으로 찾아올 것이다.

　맑은 마음이 보이지 않는다면 장님과 다를 바가 없나니!

그야말로 인간의 진정한 벗, 인류 진보를 위한 오직 한 사람의 친구이다. 한결같은 인내와 신념으로 인체에 새겨진 신의 상—인간은 다 떨어져 가는,

당장에라도 쓰러질 듯한 조각에 지나지 않는다—을 세상에 알리려는 불멸의 인간이다. 그는 깊은 배려가 담긴 지성으로 아이들이나 거지, 광인, 학자 할 것 없이 모두를 포용하고, 여러 사람의 사상을 받아들이며 거기에 폭과 품위를 덧붙인다.

나는 그가 세상의 길목 곳곳에 여러 나라의 철학자들이 묵을 수 있는 큰 여인숙을 차리고 '인간이면 누구나 숙박 환영, 단 그의 동물적인 부분은 사절. 또는 바른 길을 추구하고 마음의 여유와 평정을 지닌 자는 숙박 가능' 이라는 간판을 내걸어주길 고대하고 있다. 그는 내가 아는 한 가장 올바른 정신을 지닌, 누구보다도 변덕스러운 구석이 적은 인물이다. 어제도 그랬듯이 내일도 변함이 없을 것이다. 그 옛날 우리는 곧잘 함께 산보를 나가 서로 이야기를 나누며 속세를 벗어나곤 했다. 그는 세상의 어떤 제도에도 가담하지 않은 타고난 자유인이었기 때문이다. 우리의 발길이 어디로 향하든 풍경에 아름다움을 더해주는 그로 인해 하늘과 땅은 하나로 이어지는 듯했다. 이 푸른 옷의 사람에게 어울리는 지붕은 그의 해맑은 마음을 비추어주는 무궁한 하늘이다. 과연 그에게 죽음이 찾아올까. 자연은 이 사람을 결코 떼어놓을 수 없으리라.

우리는 잘 건조시킨 사상의 지붕판을 몇 장인가 손에 쥐고 앉아 그것을 깎으며 날의 예리함을 시험하고 스트로브잣나무에 떠오르는 노르스름한 빛의 선명한 나뭇결에 감탄했다. 두 사람은 조심스레 여울을 건너고 부드럽게 배를 저었다. 그러면 사상의 물고기는 겁에 질려 도망치지 않고 서쪽 하늘에 떠다니는 구름, 혹은 나타났다 사라지는 진주조개 구름처럼 유유히 봤다가 유유히 사라지는 것이었다. 거기에서 우리는 신화를 개정하고 우화의 이곳저곳을 부풀리며, 이 지상에는 마땅한 초석이 없는 탓에 공중에 누각을 세우기도 했다.

위대한 관찰자! 위대한 예언자! 이 사람과의 대화야말로 바로 '뉴잉글랜드의 천일야화'였다. 아아, 이렇게 해서 은자와 철학자, 그리고 나이 든 이주자 세 사람은 떠오르는 대로 자유롭게 이야기를 나누며 작은 나의 오두막을 팽창시키고 뒤흔들었다. 평소의 기압에 덧붙여 점 1인치마다 몇 파운드의 무게가 실렸는지는 굳이 말하지 않겠지만, 어쨌든 가옥의 이음새가 느슨해져버렸기에 비가 새는 것을 방지하기 위해 후에 따분함이라는 뱃밥을 쑤셔넣어 틈새를 막아야만 했을 정도다. 물론 미리 뱃밥을 넉넉히 모아두긴 했지만.

또 한 사람, 잊을 수 없는 '충실한 한때'를 함께 지냈던 이가 있다. 마을에 있는 그의 집에서 우리는 이러한 시간을 보냈으며, 그도 때때로 우리 집에 들러주었다.

숲에서 그 외의 사람과의 왕래는 전혀 없었다.

여러 지방에서 볼 수 있듯이 나도 가끔은 결코 방문하는 일이 없는 방문객을 고대해보곤 한다. 《비슈누 푸라나》(BC 200년경에 쓰인 힌두 경전)에 "집주인은 저녁에 안뜰에 서서 암소의 젖을 짜는 시간만큼, 혹은 가능하다면 더 오랜 시간 방문객이 도달하길 기다려야 한다"고 되어 있다. 나는 암소 한 떼의 젖을 다 짜낼 만큼 이 환대의 의무를 이행하며 오래 기다렸지만, 결국 마을에서 손님이 찾아오는 모습은 볼 수 없었다.

15
겨울의 동물들
WINTER ANIMALS

호수가 얼어 단단해지면 여러 지점으로 통하는 새로운 지름길이 생길 뿐만 아니라 얼음 위에서 눈에 익숙한 주위 풍경을 바라보는 색다른 즐거움을 주기도 한다. 눈에 덮인 플린트 호를 횡단할 때는 전부터 자주 이곳에서 배를 젓거나 스케이트를 즐겼는데도 생각보다 넓은 데다가 처음 보는 호수처럼 보여서, 마치 배핀 만(캐나다 북부 그린랜드 사이에 있는 만)처럼 느껴졌다. 나를 빙 둘러싸듯 펼쳐진 설원 끝에 솟아 있는 링컨 마을의 구릉도 예전에 발은 들여놓은 기억이 없는 것 같았다.

거리조차 확실치 않은 아주 먼 저편의 빙상에서 어부들이 늑대와 같은 개를 데리고 어슬렁어슬렁 돌아다니는 모습은 바다표범잡이나 에스키모와 흡사했고, 안개가 끼면 그들은 전설 속의 생물처럼 어렴풋이 떠올라 거인인지 난쟁이인지도 구분할 수 없게 된다.

밤에 링컨 마을로 강연을 하러 나갈 때는 오두막과 강연회장 사이의 길이나 가옥 옆을 지나지 않고 이 길을 더듬어갔다. 도중에 만나게 되는 구스 호에는 사향뒤쥐의 제국이 있다. 그들은 얼음 위에 오두막과 같은 보금자리를 높이 쌓아 놓는데 내가 호수 위를 가로지를 때는 한 마리도 나와 있지 않았다.

월든 호는 다른 호수와 마찬가지로 대개는 눈이 없고, 있어도 어정쩡한 바람에 날려 쌓인 것일 뿐 깊지가 않아 오두막의 안뜰이라 해도 좋을 것이다. 다른 평지에서는 2피트 가까이 눈이 쌓여 마을 사람들이 길 위에서 오도 가도 못하고 있을 때에 나는 호수 위를 마음 내키는 대로 돌아다닐 수 있었다. 마을에서 아주 멀고 썰매 종소리의 울림도 들릴까말까 하는 이 안뜰을 나는 구두나 스케이트를 신고 미끄러지며 돌았다. 말코손바닥사슴들이 잘 밟아

다져놓은 광대한 운동장 같은 안뜰 주변을 눈에 휘어지고 주렁주렁 고드름이 달린 떡갈나무, 장엄한 소나무들이 에워싸고 있었다.

겨울밤뿐만 아니라 대낮에도 자주 들리는 소리 중에는 어디서인가 멀리서 전해져오는, 쓸쓸하기는 하지만 듣기 좋은 큰부엉이의 울음소리가 있었다. 얼어붙은 대지를 플렉트럼(현악기에서 줄을 튀기는 데 쓰는 채)으로 튀기면 이런 소리가 나지 않을까 싶은 그것은 월든 숲의 언어였다. 나는 큰부엉이가 우는 걸 본 적은 없지만 이윽고 그 목소리에 아주 친숙해지게 되었다. 겨울밤에는 문을 열면 늘 그 소리가 들려왔다. '안녕하세요'와 같은 악센트로 호 호 호, 호라 호, 하는 울음소리가 낭랑하게 울려 퍼지고, 때로는 호 호 소리만 내는 일도 있었다.

초겨울, 아직 호수에 얼음이 깔리기 전의 일이다. 밤 9시경, 날카로운 기러기 울음소리에 놀라 문을 열고 나와 보니 그들이 오두막 위를 낮게 날아가면서 숲 속에 광풍이 몰아치듯 요란한 날갯짓 소리를 내고 있었다. 오두막의 불빛을 보고 이곳에 안주하길 포기했는지 호수 너머 페어 헤이븐 쪽으로 사라졌는데, 그 사이에도 그들의 지휘관은 규칙적으로 박자를 맞추며 쉬지 않고 울어댔다. 그러자 돌연 가까이에서 부엉이가 숲의 어떤 동물에게서도 들어보지 못한 거칠고 큰 소리로 띄엄띄엄 사이를 두며 기러기 울음소리에 응답했다.

마치 본토박이의 성량이 더 낫다는 걸 과시해 보이면서 상대가 허드슨 만에서 온 침입자인 것을 폭로하고, 그놈에게 창피를 준 후에 콩코드의 지평선으로부터 부후! 하고 내쫓아버리겠다고 다짐이라도 하는 듯했다. 감히 내게 바쳐진 신성한 요새를 어지럽히다니 무슨 짓이냐? 이러한 시각에는 내가 꾸벅꾸벅 졸고 있으니 나의 허점을 찌를 수 있다고 생각하느냐? 나에게도 네 놈 못지않은 훌륭한 폐와 음성이 있다. 부후 부후! 그것은 내가 지금까지 들어본 소리 중에서도 특히 가장 오싹한 불협화음이었다. 하지만 귀가 예민한 사람은 그 음률 속에 부근의 초원에서는 들어보지 못한 화음이 숨어 있다는 걸 감지했을 것이다.

이곳 콩코드에서 나와 침상을 함께하는 친구인 월든 호의 얼음이 내는 작은 술렁임도 놓칠 수 없다. 뱃속이 불편한 건지 악몽에 괴로워하는 건지 잠을 못 이루며 몸을 뒤척이는 듯하다. 또 서리 때문에 지면이 갈라지는 소리를 듣고, 누군가가 가축을 몰아 문짝으로 돌진했나 싶어 번쩍 눈을 뜬 일도 있다. 다음날 아침 일어나보니 지면에 길이 1/4마일, 폭 1/3인치의 금이 가 있었다.

달밤에는 여우들이 자고새 같은 먹이를 찾아 얼어붙은 눈 위를 헤매면서 숲 속의 들개처럼 거칠게 울부짖는 소리가 들려왔다. 그것은 불안에 떠는 듯 하기도 하고 무언가를 표현하고 싶어하는 것 같기도 했다. 혹은 빛을 구하려 애쓰는 것일까, 이제는 개가 되어 거리를 자유롭게 뛰어다니고 싶은 것일 까? 오랜 세월을 되짚어 보면 인간뿐만 아니라 짐승들도 어떤 문명의 진보 를 이룰 수 있는 것이 아닐까? 그들은 지금 자신의 몸을 지키는 데 급급하 지만 질적인 전환을 이루는 날이 오기를 고대하는 미개한 혈거인(穴居人)처 럼 생각되었다. 가끔 여우 한 마리가 등불에 이끌려 창가로 다가와 특유의 저주의 소리를 퍼부은 뒤 사라졌다.

새벽녘에는 북방청서가 나를 일으켜주었다. 그들은 이를 위해 숲에서 파 견 나오기라도 한 것처럼 분주하게 지붕 위를 뛰어다니고 벽을 오르락내리 락했다. 겨울날 나는 충분히 알을 맺지 못한 옥수수 이삭을 반 부셸 정도 문 앞의 딱딱해진 눈 위에 던져놓고 그것에 이끌려서 찾아오는 여러 동물들의 움직임을 흥미롭게 관찰했다. 해질 무렵과 밤에는 늘 토끼가 찾아와서 그것 을 배불리 먹고 갔다.

북방청서는 온종일 들락거리면서 그 기민한 동작으로 나를 즐겁게 해 주 었다. 처음에는 떡갈나무 관목 수풀 속에서 조심스레 다가오더니 갑자기 바 람결에 날아오르는 이파리처럼 빠르고 힘차게 꽁꽁 언 눈 위를 달음박질치 고, 다음에는 판돈이라도 노리듯 뒷다리로 재빨리 몇 발자국 나아가는가 싶 다가, 또 어느새 고만큼 다른 방향으로 나아갔는데, 한 번에 반 로드 이상 전진하는 경우는 결코 없었다.

그리고 전 우주의 시선이 모조리 자신에게 쏟아지는 것처럼 익살스런 표 정으로 의미도 없이 재주넘기를 하다가 갑자기 발을 멈추고—깊은 숲 속 아 주 한적한 곳에서도 북방청서의 동작은 무희와 마찬가지로 관객을 의식하는 것이다—그 거리 전체를 천천히 걸을(다람쥐가 걷는 건 이때까지 본 일이 없지만)때보다 더 긴 시간을 들여 준비했다. 그러곤 돌연, 눈에 보이지 않을 빠르기로 어린 리기다소나무 꼭대기까지 뛰어 올라가, 시계태엽을 감는 듯 한 소리를 내며 있지도 않은 관객을 향해 야단을 치고, 중얼중얼 혼잣말을 하는가 싶으면 또 온 세상을 향해 일장연설을 하기도 했다. 북방청서가 그렇게 해야만 하는 까닭을 나는 도무지 알 수가 없었고, 아마도 북방청서 자신역시 모르지 않았을까 싶다.

북방청서는 옥수수 있는 데까지 다가와 속에서 적당한 옥수수 알을 하나골라잡더니 다시 부정확한 삼각형을 그리며 창 밑의 장작더미 꼭대기까지뛰어 올라가서는 거기서 내 얼굴을 빤히 쳐다보았다. 그놈은 그곳에 몇 시간이나 진을 치면서 때때로 새 옥수수 알을 가지러 오기도 하고, 처음에는 갉아먹고 거의 알몸이 된 옥수수 속을 툭툭 던져버리더니 점차 거만해져서 음식을 갖고 놀기도 하고 낱알 속만 파먹기도 했다.

그런데 한쪽 앞다리로 장작 위에서 지그시 누르고 있던 옥수수 알을 그만놓쳐 땅 위에 떨어뜨리고 말았다. 그러자 북방청서는 그것이 살아있기라도한 것처럼 몹시 당황하면서 묘한 표정으로 아래를 내려다보았다. 주우러 갈지 새로운 것을 가지러 갈지, 아니면 떠나버릴지 좀처럼 결심이 서지 않는모양이다. 그것도 아니면 바람이 실어다 주는 소리에 귀를 기울이고 있는 걸까. 이렇게 해서 그 건방진 꼬마 녀석은 오전 내내 수많은 옥수수 알갱이를쓸데없이 흩뜨려 놓았다.

마지막에는 상당히 길고 두툼한, 자기 몸보다 더 커다란 놈을 하나 잡자교묘하게 균형을 잡으면서 버팔로를 물고 가는 호랑이처럼 숲으로 향했다.변함없이 발걸음은 갈지자에다 도중에 몇 번이고 멈추어 선다. 짐이 너무 무거운 모양이다. 비칠비칠 달리면서 계속 옥수수 알을 떨어뜨렸는데, 그 떨어뜨리는 방향이 수직도 아니요 수평도 아닌 항상 비스듬한 것이었다. 어쨌든무슨 일이 있어도 실어나를 작정이었다. 참으로 경박하고 변덕스러운 놈이다. 이렇게 해서 그는 자신이 살고 있는 숲으로 갖고 돌아가 아마 4, 5로드떨어진 소나무 꼭대기로 실어날랐을 것이다. 그 뒤에도 숲 속 여기저기에는흩어진 옥수수 속이 종종 눈에 띄었다.

마침내 어치가 왔다. 귀에 거슬리는 그 외침은 약 2미터 앞에서 주의 깊게다가올 때부터 이미 들리고 있었다. 그들은 살금살금 사람 눈을 피하듯이 이나무 저 나무로 옮겨다니며 서서히 접근해 북방청서가 떨어뜨리고 간 옥수수 알갱이를 주워 올린다. 그리고 소나무 가지에 앉아 서둘러 그 알갱이를삼키려 하지만 너무 커서 목구멍으로 넘어가지 않고 숨이 막힌다. 고생고생한 끝에 가까스로 뱉어내자, 이번에는 부리로 한참을 쪼아대며 알갱이를 부수려고 한다. 그들은 분명 도둑놈이니 나로서는 존경할 수가 없다. 그들에 비하면 북방청서는 처음에는 머뭇거렸지만 이윽고 자신의 소유물을 가지러 왔노라는 태도로 재빨리 작업에 착수하는 것이었다.

어느덧 박새도 떼를 지어 찾아왔다. 북방청서가 떨어뜨리고 간 음식 찌꺼기를 주워 바로 옆의 작은 가지로 날아오른 뒤 발톱으로 꽉 눌러서 나무껍질 속의 벌레라도 쪼아 먹듯이 작은 부리로 계속 쪼아대며 결국 그 가느다란 목 구멍을 통과시킬 만큼 잘게 부수는 것이었다. 이러한 박새의 작은 무리는 매일 장작더미에서 한 끼분의 먹이를 주우러, 혹은 문 앞에 놓아둔 음식 찌꺼기를 주우러 찾아왔다.

그들은 수풀 속에서 고드름이 서로 스치는 듯한 희미하고 가벼운 혀 짧은 소리로 울거나 그렇지 않으면 위세 좋게 데이 데이 데이, 하고 노래를 한다. 아주 드물긴 하지만 봄기운이 도는 날에는 숲 속에서 삐— 비— 하고 여름을 연상시키는 날카로운 소리를 퍼뜨리기도 한다. 이 새는 아주 붙임성이 좋아서 나중에는 안에 들여놓으려 했던 한 아름의 장작더미에 한 마리가 앉아서는 겁도 없이 나무를 쪼아대었다. 언제였던가, 마을 채소밭에서 풀 뽑기를 하고 있자니 포르르 참새 한 마리가 어깨 위에 날아와 잠시 머물렀다. 나는 훈장을 받은 것보다 더 어깨가 으쓱해졌다. 북방청서도 이제는 낯이 익어 지름길이다 싶으면 구두 위를 슬쩍 밟고 넘어가기도 했다.

지면이 그다지 눈에 덮여 있지 않고 겨울도 거의 끝나갈 무렵, 그리고 언덕의 남쪽 기슭과 장작더미 부근에서 눈이 녹아내릴 무렵, 아침저녁으로 자고새가 숲에서 나와 먹이를 쪼아댔다. 숲 속을 걷고 있으면 시도 때도 없이 파드득 하고 자고새가 날아올라 가지의 마른 잎이나 쌓였던 눈을 털어낸다. 그러면 눈은 은가루처럼 반짝이며 하늘하늘 떨어져 내린다. 이 용감한 새는 겨울을 두려워하지 않는다. 그들은 바람에 날려 쌓인 눈 속에 종종 묻혀버리기도 하는데 때로는 날아오르기를 그만두고 곧장 부드러운 눈 속에 푹 파묻혀 하루 이틀 가만히 숨어 있는 일도 있다고 한다.

나도 확 트인 대지를 걸으면서 곧잘 그들을 화들짝 놀라게 했다. 해질 무렵이 되면 그들은 숲에서 나와 야생 사과의 싹을 쪼아댄다. 매일 저녁 특정한 사과나무를 찾아 반드시 날아오기 때문에 약삭빠른 사냥꾼은 그 밑에 잠복해 있기도 한다. 이런 이유로 숲과 이웃하고 있는 과수원의 피해는 이만저만이 아니다. 그러나 어찌 됐든 나는 자고새가 배를 채우고 가는 게 기분 좋다. 이 새는 나무의 싹과 맑은 이슬로 생명을 이어가는 자연의 사랑스러운 자녀였다.

어두운 겨울 아침이나, 해가 짧은 겨울 오후에는 추적 본능을 거역하기 힘든 사냥개 한 떼가 숲 속을 뛰어다니면서 사냥감을 쫓을 때처럼 울부짖는 소리가 들려오는 일도 있었다. 사이를 두고 뿔피리가 울려 퍼질 때는 뒤에 사람이 있다는 증거이다. 다시 숲이 메아리친다. 그러나 호수의 넓은 빙판 위에는 여우 한 마리 뛰쳐나오지 않고, 수사슴으로 변신한 악타이온을 쫓는 사냥개 무리가 모습을 드러내는 것도 아니다. 아마 저녁이 되면 사냥꾼들이 오로지 여우 한 마리를 전리품으로 썰매에 싣고 그 폭신한 꼬리털을 질질 끌면서 잠자리를 찾아 퇴각하는 모습을 목격하게 되리라.

그들의 이야기에 따르면 여우는 차가운 대지의 품 안에 가만히 있거나, 일직선으로 도망친다면 어떤 사냥개도 뒤쫓을 수 없다고 한다. 그런데 여우는 뒤쫓는 자를 멀리 뒤에 떼어놓고 멈추어 서서 숨을 돌리며 귀를 쫑긋 세우고 있기 때문에 다시 잡히고 마는 것이다. 또 한 바퀴 돌아 옛 보금자리로 다시 돌아오기 때문에 잠복해 있는 사냥꾼을 만나게 된다고 한다.

그러나 때에 따라서는 돌담 위를 몇 미터나 달리다가 한쪽 편으로 획 뛰어올라 모습을 감추기도 하고, 물이 있으면 자신의 냄새가 남지 않는다는 것도 아는 것 같다. 한 사냥꾼의 말로는 사냥개들에게 쫓기던 여우가 얼음 위에 얕은 물웅덩이가 퍼져 있는 월든 호로 뛰쳐가 반쯤 달리다가 다시 물가로 되돌아가는 걸 본 일이 있다고 한다. 곧이어 사냥개들이 도착했지만 거기에서 냄새의 흔적을 잃어버렸다고 한다.

때로는 여우를 모는 사냥개 무리가 자기들끼리 떼를 지어 문 앞을 가로질러 가며 오두막 주위를 빙글빙글 돌기도 했다. 광기에 사로잡힌 것처럼 쫓는 것밖에는 안중에 없다는 듯 나에게는 눈길도 주지 않고 거친 소리로 짖어대며 사냥감을 찾아내려 하고 있었다. 이렇게 해서 빙빙 도는 사이 마침내 그들은 막 지나쳐 간 여우의 냄새에 부딪친다. 충실한 사냥개는 이 임무를 위해서라면 일체 다른 것은 뒤돌아보지 않는 것이다.

어느 날 한 남자가 렉싱턴 마을에서 내 오두막으로 찾아와, 큰 사냥감을 몰러 나가서 일주일 동안 혼자 돌아다니고 있는 그의 사냥개를 보지 못했느냐고 물었다. 그러나 내가 무슨 대답을 하든 그의 귀에는 들어오지 않았을 것이다. 이쪽이 질문에 대답하려 할 때마다 말허리를 자르며, "당신은 대체 여기서 무엇을 하고 있는 거요?" 하고 물어왔기 때문이다. 이 남자는 개를 잃어버렸지만 대신 인간을 발견한 것이다.

말씨가 좀 퉁명스러운 나이 지긋한 사냥꾼이 있다. 수온이 제일 높아지는 시기가 되면 그는 꼭 월든 호로 미역을 감으러 왔는데 하루는 내 오두막에 들러 이런 이야기를 들려주었다. 몇 년 전 어느 날 오후, 그는 총을 갖고 월든 숲으로 사냥감을 찾으러 왔다. 웨일랜드 가도를 걷고 있자니 사냥개들이 짖는 소리가 점점 크게 들리면서 잠시 후에 여우 한 마리가 돌담을 뛰어넘어 길 안으로 들어왔다. 그리고 눈 깜짝할 사이에 반대편 돌담을 넘어 밖으로 뛰쳐나가 사냥꾼이 재빨리 쏜 총도 여우에게 찰과상 하나 입힐 수가 없었다. 조금 늦게 혼자서 사냥을 하고 있는 늙은 사냥개 한 마리와 강아지 세 마리가 열심히 뒤를 쫓았지만 곧 다시 숲 속으로 모습을 감추었다.

오후 늦게 월든 남쪽의 울창한 숲에서 쉬고 있으려니, 아직도 여우를 쫓아다니는 사냥개 짖는 소리가 페어 헤이븐 쪽에서 들려왔다. 그들이 접근함에 따라 숲 속을 울리는 포효 또한 점점 더 가까워졌다. 그 소리는 웰 메도우에서, 혹은 베이커 농장에서 들리는 듯했다. 오랫동안 그는 그곳에 선 채로 사냥개들이 연주하는 듣기 좋은 음악에 넋을 잃고 빠져 있었다. 그러자 돌연 그 여우가 모습을 드러냈다. 가볍고 재빠른 발걸음으로 장엄한 숲의 통로를 종횡으로 달려 빠져 나온 것이다. 그 발소리는 동정심 많은 이파리가 바스락대는 소리에 묻혀버렸다. 여우는 몸을 낮추고 소리도 없이 날쌔게 달려 추적하는 개들을 멀리 떼어놓고 있었다.

그러고 나서 숲 한가운데 바위 위로 뛰어올라 사냥꾼에게 등을 돌린 채 몸을 일으키고 앉아 가만히 귀를 기울였다. 순간 연민의 정이 그의 팔을 저지했다. 그러나 그러한 기분도 잠시, 재빨리 총을 수평으로 쥐고 '탕!' 쏘니 여우는 바위에서 땅으로 굴러 떨어졌다. 사냥꾼은 거기에 꼿꼿이 서서 개 짖는 소리에 귀를 기울였다. 그들은 점점 더 접근해 이제 가까운 숲의 통로는 모조리 악마에 홀린 듯한 그들의 울부짖음으로 가득 차게 되었다.

드디어 늙은 사냥개가 콧등을 땅에 붙이고 킁킁대다 미친 듯이 허공을 향해 짖어대면서 뛰쳐나오더니 곧장 바위 있는 곳으로 달려갔다. 그런데 죽은 여우를 발견하자마자 질주를 멈추고 너무 놀란 나머지 소리를 잃은 듯 입을 다문 채 주위를 빙빙 돌았다. 이윽고 계속해서 강아지들이 도착했는데 어미개와 마찬가지로 모두 불가사의한 수수께끼를 앞에 두고 제정신이 번쩍 들었는지 입을 다물고 말았다. 여기에서 사냥꾼이 앞으로 나아가 개들 사이에 서서 수수께끼를 풀어주었다. 그들은 사냥꾼이 여우의 가죽을 벗기는 동안 얌전하게 기다리다가 잠시 여우의 꼬리털 뒤를 따라왔지만 이윽고 길을 벗어나 다시 숲 속으로 사라졌다.

그날 밤, 웨스턴 마을의 어느 땅주인이 콩코드의 그 사냥꾼 오두막으로 자신이 키우던 사냥개 소식을 물으러 왔다. 벌써 일주일이나 웨스턴 숲에서 자기들끼리 여우 사냥을 하고 있다고 한다. 콩코드의 사냥꾼은 알고 있는 것을 이야기해 주고 그 모피를 건네주려고 했다. 하지만 땅주인은 그것을 거절하고 떠났다. 그날 밤 그는 사냥개를 발견할 수 없었지만 사냥꾼이 다음날 들은 바로는, 개들은 강을 건너 어떤 농가에서 배를 두둑이 채운 후 다음날 일찍 떠났다고 한다.

이 이야기를 나에게 해준 사냥꾼은 페어 헤이븐의 구릉지에서 곰 사냥을 하고 그 모피를 콩코드 마을에서 럼주와 교환하던 샘 너팅이라는 남자를 기억하고 있었는데, 너팅은 거기에서 말코손바닥사슴을 본 적도 있다고 한다. 너팅은 '버고인'—당사자는 '버긴'이라고 발음한다—이라는 이름의 유명한 여우 사냥개를 키우고 있었고 사냥꾼은 그 개를 종종 빌렸다고 한다.

이 마을의 옛 상인으로, 대위 겸 관청의 서기 또 의원이기도 했던 한 남자의 거래 메모장 속에는 다음과 같은 기록이 있다. 1742년(혹은 1743년) 1월 18일, '존 멜빈. 회색의 여우 한 마리, 2실링 3펜스.' 회색의 여우는 이미 부근에서는 찾아볼 수 없다. 또 장부의 1743년 2월 7일자 기입란에는 헤제키야 스트래튼에게 '고양이 모피 반 장을 담보로 1실링 4펜스 반'을 빌려주었다고 쓰여 있다. 이것은 두말할 것 없이 살쾡이를 말하는 것이다. 스트래튼은 프랑스와의 전쟁 때 중사였던 남자인데 그보다 더 고귀하지 않은 사냥감을 잡았다면 그야말로 신용에 문제가 있는 일이었으리라. 사슴의 모피도 대출 쪽에 기재되어 매일 매매되고 있었다.

이 부근에서 죽은 마지막 사슴의 뿔을 아직 보존하고 있는 사람이 있는가

하면, 자신의 친척 아저씨가 사냥하던 모습을 나에게 자세히 이야기해주는 사람도 있었다. 옛날에는 이 부근에도 사냥꾼이 많이 살고 있었고 모두 유쾌한 친구들이었다. 말라깽이 사냥꾼도 기억에 선명하다. 그는 항상 길가의 풀잎을 한 줄기 뜯어 풀피리 못지않은 야성적이고 아름다운 멜로디를 연주했었다.

달빛이 어슴푸레한 한밤중에 숲 속을 배회하는 사냥개와 딱 마주친 일도 있다. 그러자 그들은 내가 무서운지 슬금슬금 곁길로 벗어나 내가 지나갈 때까지 수풀 속에 얌전하게 서 있었다.

다람쥐와 들쥐는 내가 저장해두었던 밤을 서로 빼앗으려 했다. 오두막 주위에는 직경 1인치에서 4인치 정도 되는 소나무들이 빽빽이 우거져 있었는데 지난겨울 들쥐가 갉아먹은 흔적이 있었다. 그해에는 노르웨이의 겨울처럼 장기간에 걸쳐 눈이 많이 쌓였기 때문에 달리 먹이를 찾지 못한 그들은 자주 소나무 껍질을 먹어야만 했던 것이다.

이러한 나무들은 여름까지만 해도 살아 있어서 싱싱해 보였고, 대부분 나무껍질이 다 벗겨졌는데도 1피트 이상이나 성장해 있었다. 그러나 겨울이 오면 예외 없이 모두 시들어버렸다. 단 한 마리의 쥐새끼가 소나무 한 그루를 통째로 먹이 삼아, 위아래가 아닌 띠 모양으로 빙그르르 껍질을 갉아먹어버리다니 참으로 탄복할 만한 일이다. 하지만 밀집한 소나무를 적당히 솎아내기 위해서는 그것도 어쩔 수 없는 일이었을 것이다.

산토끼는 도처에 있었다. 그 중 한 마리가 겨우내 집안 마룻바닥 밑에 널빤지 한 장을 사이에 두고 터전을 마련하고 있었는데, 매일 아침 내가 몸을 움직이기 시작하면 그 산토끼는 당황해 서둘러 자리를 뜨려고 콩, 콩, 콩 마루판에 머리를 부딪치며 나를 놀라게 했다.

그들은 어두워지면 문 앞으로 나와 내가 버린 감자 껍질을 갉아먹곤 했는데, 색깔이 지면의 흙과 아주 비슷해 가만히 있으면 거의 구별할 수가 없었다. 때로는 어슴푸레한 빛 속에서 창 밑에 꼼짝도 않고 앉아 있는 산토끼 한 마리가 눈앞에 나타났다 사라졌다. 저녁때 문을 열면 그들은 끼잇 하고 소리지르며 펄쩍 뛰어 도망갔다. 가까이서 보는 그들에게는 가련함이 느껴진다.

어느 날 밤, 문가에서 두 발자국쯤 떨어진 곳에 토끼 한 마리가 앉아 있었는데, 처음에는 두려움에 몸을 떨며 움직이려고도 하지 않았다. 앙상하게 마른 몸에 털이 무성한 귀와 뾰족한 코, 빈약한 꼬리와 가느다란 다리의 가련한 새끼 토끼였다. 그것을 보고 있으려니 자연은 이미 고귀한 혈통을 이어가지 못하고 가까스로 발가락 끝으로 서 있는 게 아닐까 하는 생각이 들었다. 그 커다란 눈은 젊지만 건강하지 못했고 부종이라도 걸린 것 같았다.

나는 한 발자국 앞으로 나아갔다. 그러자 산토끼는 몸과 사지를 길게 뻗치더니 유연한 몸놀림으로 딱딱한 눈 위를 펄쩍펄쩍 뛰며 순식간에 수풀 속으로 사라졌다. 야생의 자유로운 짐승이 스스로의 활력과 자연의 존엄을 증명한 것이다. 그는 결코 이유 없이 깡말라 있었던 게 아니다. 그것이야말로 그의 본성이었던 것이다(라틴 어로 토끼는 Lepus인데 '가벼운 다리'라는 뜻의 levipes서 유래한다고 생각하는 사람도 있다).

토끼나 자고새가 없는 땅이라…… 얼마나 무미건조할까? 그들이야말로 가장 순수한 토박이들이다. 비단 오늘날뿐만 아니라 고대에도 잘 알려져 있던 유서 깊은 혈통인 것이다. 자연 그 자체의 색과 본질을 지니며, 나뭇잎이나 대지—나뭇잎과 대지 서로의 관계처럼—와 아주 친밀한 관계에 있다. 다를 게 있다면 날개가 있느냐 다리가 있느냐 하는 것뿐.

토끼나 자고새가 후닥닥 도망쳐 사라지는 것을 보면 야생동물이라기보다는 나뭇잎의 술렁임과 같이 아주 흔한 자연현상을 보고 있다는 느낌이 든다. 자고새와 토끼는 앞으로 어떤 혁명이나 소용돌이가 일어나든 진정한 토박이답게 꿋꿋이 번식해 나갈 것이다. 설사 숲이 벌채된다 해도 움트는 새싹이나 수풀이 그들에게 은신처를 제공하고, 그들의 수는 더욱 늘어날 것이다.

산토끼 한 마리 부양할 수 없는 토지라니, 얼마나 척박한 땅인가. 우리의 숲에는 그 모두가 넘쳐나고 있다. 군데군데에 소 치는 아이가 만든 작은 울타리나 말의 털로 만들어진 덫이 놓여 있어도, 변함없이 늪 주위로는 자고새와 토끼가 지나갈 것이다.

16
겨울 호수
THE POND IN WINTER

조용한 겨울 아침, 어둠이 밝아오자 나는 밤새 "무엇을—어떻게—언제—어디에서?"라는 질문을 받고 어떻게든 대답하려 했지만 잘되어지지 않았다는 아쉬움을 안고 눈을 떴다. 온갖 생물의 터전인 새벽의 자연은 상큼하고 만족스러운 얼굴로 오두막의 커다란 창으로 엿보고, 그녀의 입술은 아무 질문도 하지 않았다. 내가 눈을 떴을 때에는 이미 물음에 대한 답변이 되어 있었다. 그것이 자연과 햇빛이었다.

어린 소나무가 점점이 서 있는 대지에 높이 쌓인 눈, 그리고 오두막이 세워진 언덕 기슭조차 "전진하라!" 하고 말하는 듯했다. 자연은 어떤 질문도 들이대지 않고, 어떤 질문에도 대답하는 법이 없다. 먼 옛날에 그렇게 결심한 것이다.

"아아, 왕이시여! 우리의 눈은 이 우주의 변화무쌍한 경이로운 광경을 감동의 눈빛으로 바라보며 영혼에게 전합니다. 밤에는 어김없이 이 영광스러운 피조물의 일부가 장막으로 덮이지만, 낮이 되면 지상에서 천공의 저편까지 펼쳐지는 이 위대한 작품이 우리 앞에 나타나는 것입니다."

이렇게 해서 나는 아침 일을 시작한다. 우선 도끼와 물통을 손에 쥐고 물을 찾으러 간다—이것이 꿈이 아니라면, 눈이 내린 추운 밤이 밝으면 물을 찾는 막대가 필요할 정도였다. 매년 겨울이 되면, 가벼운 산들바람에도 잔물결을 일으키고 다양한 빛과 그림자를 비추던 호수의 투명한, 전율하는 듯한 수면은 1피트에서 1피트 반 깊이까지 딱딱한 얼음에 갇혀 아무리 무거운 마차를 얹어도 꿈쩍하질 않는다. 때로 눈이 얼음과 같은 깊이로 쌓이게 되면 호수는 주위의 평원과 전혀 구별할 수 없게 된다. 주변 언덕에 살고 있는 우드척과 마찬가지로 호수는 눈을 감고 석 달, 혹은 그 이상 동면에 들어가는 것이다.

나는 언덕으로 둘러싸인 목장에 있는 듯한 기분으로 눈에 쌓인 평원에 서서, 우선 깊이 1피트의 눈을 치워 통로를 만든 후, 두께 1피트의 얼음을 깨고 발밑의 창문을 연다. 무릎을 꿇고 물을 마시면서 아래를 엿보니 우윳빛 유리창 너머로 부드러운 빛이 들이치는 물고기들의 조용한 객실이 눈에 들어왔다. 반짝이는 모래가 확 깔린 마루도 지난여름과 조금도 변함이 없다. 거기에는 살고 있는 물고기의 침착하고 한결같은 기질에 걸맞게, 노을진 호박색 하늘처럼 영원히 물결이 일지 않는 쾌청한 분위기가 지배하고 있다. 하늘은 우리의 머리 위뿐만 아니라 발밑에도 있다.

모든 것이 서리로 꽁꽁 얼어붙은 이른 아침부터 낚싯줄과 빈약한 도시락을 손에 쥔 남자들이 찾아와서 설원에 구멍을 열고 가는 실을 늘어뜨려 강꼬치고기나 퍼치를 낚는다. 그들은 본능적으로 자신이 몸담은 마을의 주민과는 다른 유행을 좇고 다른 권위를 믿는 야성적인 인물들로서, 자칫 끊어지기 쉬운 마을들 사이의 고리가 그들의 왕래로 어느 정도 명맥을 유지하고 있다.

그들은 두툼한 양모 코트를 입고 물가의 마른 떡갈나뭇잎 위에 앉아 도시락을 먹는다. 시민들이 인공의 세계로 통하고 있다면 그들은 자연의 세계로 통하고 있다. 그들은 결코 책을 살펴보거나 하지 않기 때문에 경험이 풍부한 것에 비해 알고 있는 것이나 타인에게 말해줄 것은 많지 않다. 그들의 여러 일상습관은 아직 세상에 알려지지 않은 것 같다. 성장한 퍼치를 미끼로 강꼬치고기를 낚는 남자가 있다. 그들의 낚시 통을 한번 엿보라. 여름날 호수 속을 엿보는 듯한 신기한 기분이 들 것이다. 마치 이 남자는 여름을 집안에 가둬두었거나 여름이 은둔하고 있는 장소를 아는 것 같지 않은가.

"한 겨울인데 도대체 이런 물고기를 어떻게 낚았소?" "아아, 그건 말이죠 땅이 얼어붙으면 썩은 통나무 속에서 애벌레를 잡아 낚지요." 이 남자의 생활 자체가 박물학자 이상으로 깊숙이 자연에 몸담고 있는 것이다. 차라리 그 자신이 박물학자의 연구대상이 되면 어떨까. 학자는 칼로 이끼나 나무껍질을 살짝 들어 올려 곤충을 찾는다. 그러나 이 남자는 도끼를 쥐고 통나무를 반으로 확 가르기 때문에 이끼나 나무껍질이 사방으로 튀어 흩어진다. 그는 나무껍질을 벗겨 생계를 유지하고 있다. 이러한 사람이야말로 물고기를 잡을 권리가 있다. 그래서 나는 그의 내부에서 자연이 활동하는 모습을 보는 게 좋다. 퍼치는 애벌레를 꿀꺽 삼키고 강꼬치고기는 퍼치를 삼키고, 어부는 강꼬치고기를 삼킨다. 이렇게 해서 존재의 서열 사이에 있는 모든 틈새가 메워지는 법이다.

아지랑이가 피어오르는 날 호수 주위를 산보하면서 한 소박한 어부가 써먹던 원시적인 낚시법이 재미있다고 생각한 적이 있다. 그는 물가에서 4, 5로드마다 일정한 거리를 유지하도록 하면서 얼음에 작은 구멍을 뚫고, 그 위에 오리나무 가지를 걸쳐놓고 있는 것 같았다. 그리고 낚싯줄이 안으로 끌려 들어가지 않도록 실 끝을 막대기에 묶어 연결해둔다. 늘어뜨린 실을 얼음에서 1피트 이상 높이의 오리나무 가지 위에 걸고, 거기에 떡갈나무의 마른 잎을 연결해둔다. 이렇게 해서 낙엽이 아래쪽으로 당겨지면 물고기가 걸렸다는 걸 알 수 있다는 것이다. 호수를 반 바퀴쯤 돌고 있으려면 오리나무 가지가 일정한 거리를 두고 아지랑이 속에서 어렴풋이 떠올랐다.

아아, 월든의 강꼬치고기여! 나는 얼음 위에 던져지는 그들의 모습이나, 낚시꾼들이 (바구니에 물을 좀 넣어두려고) 얼음에 구멍을 뚫을 때 작은 구멍 속의 그들을 보면 항상 그 유례없는 아름다움에 놀라 전설 속의 물고기라도 보는 듯한 착각에 빠진다. 그들은 시가지뿐만 아니라 숲과도 서로 받아들여지지 않는 존재이며, 우리 콩코드의 생활로부터는 마치 아라비아처럼 멀찌감치 떨어져 있다. 그것은 눈부신 초월적인 아름다움을 지니고 있어, 마을에서 되지 못하게 인기를 끌고 있는 추한 대구나 해덕과는 그야말로 하늘과 땅 차이다. 그 빛깔은 소나무 같은 초록도 아니고 돌과 같은 회색도 아니며, 그렇다고 하늘과 같이 파랗지도 않다. 굳이 말하자면 나의 눈에는 꽃이나 보석과도 같은 진기한 빛깔로 비쳐진다. 어찌 보면 진주와도 흡사하다 할 그것은 월든의 살아 있는 결정체라고도 할 수 있다. 강꼬치고기는 말할 것도 없이 월든 그 자체로, 이 동물의 세계에서 작은 월든 하나하나라고 할 수 있으리라.

이러한 물고기가 이 호수에 포로로 잡혀 있다는 것—월든 가도를 덜커덩거리며 가는 짐마차나 사륜마차, 방울을 울리는 썰매의 아주 먼 밑에 있는 이 깊고 광대한 샘에서, 이렇게 황금색과 에메랄드색이 서로 뒤섞인 커다란 물고기가 헤엄치고 있다는 것은 정말 놀라운 일이 아닐 수 없다. 나는 어느 시장에서도 이러한 물고기를 본 적이 없다. 팔려나온다면 만인의 주목을 받을 것이다. 두세 번 경련을 일으키듯이 몸을 뒤틀어 쉽사리 물속에서 생애를 끝내고 마는 그것은 임종에 이르기 전 공기가 희박한 천국으로 승천해가는 인간과도 닮았다.

나는 오랫동안 행방을 알 수 없던 월든 호의 바닥을 다시 한 번 발굴해내기 위해 1846년 초, 얼음이 녹기 전에 나침반과 쇠사슬, 측심줄을 사용해 주의 깊게 그것을 측정했다. 이 호수 바닥—이라기보다 바닥 없는 호수 밑—에 관해서는 이런저런 소문이 무성했지만, 물론 아무 근거도 없는 것이다. 재보지도 않고 호수 바닥이 없다는 사실을 오랜 세월 철석같이 믿고 있는 사람들에게는 일찌감치 두 손 들었다. 산책을 하다보면 이 부근에는 '바닥없는 호수'가 두 곳이나 있다. 많은 사람이 월든 호는 지구 반대쪽까지 이어져 있다고 믿어왔다. 장시간 얼음 위에 엎드려 물이라는 사람 눈을 속이는 매개체를 통해서 몽롱한 눈으로 물속을 내려다보았거나, 또 가슴이 차가워져 감기에 걸릴 것을 두려워한 나머지 서둘러 결론에 이르려 하는 자는 '짐마차에 건초더미를 한 가득 싣고 나갈 수 있을 듯한'(짐마차를 모는 자가 있다면) 구멍을 몇 개나 보았는데, 그것은 틀림없이 저승의 '삼도천(三途川)'의 원천이고 지옥으로 통하는 입구라고 말하는 것이다.

또 어떤 사람들은 마을에서 56파운드짜리 추와, 짐마차 한 대분의 눈금이 그려진 밧줄을 마차에 싣고 나갔지만 역시 호수 밑을 발견할 수는 없었다. 그들은 '56파운드'가 중간에 걸려버렸는데도 경이로운 세계를 측정할 능력도 없는 자신들을 시험해보려고 무턱대고 밧줄을 풀어냈기 때문이다.

그렇지만 나는 여러분을 향해 월든 호에는 분명히 호수 바닥이 있고, 아주 깊기는 하지만 결코 믿을 수 없을 만큼 깊은 것은 아니라고 단언할 수가 있다. 나는 대구를 낚는 데 쓰이는 실과 무게 1파운드 반 정도의 돌멩이를 이용해서 아주 간단히 그 깊이를 측정했다. 물이 돌 밑으로 들어가 부력이 가해지기 직전에 실을 세게 잡아당김으로써, 돌이 호수 바닥에서 떨어지는 순간을 정확하게 알 수 있었다. 최대 수심은 정확히 102피트였다. 그 뒤 물이 불어날 5피트를 덧붙이면 107피트가 된다. 작은 면적에 비해 놀랄 만한 깊이다. 거기에서 1인치라도 멋대로 상상해 값을 빼서는 곤란하다.

호수가 모두 얕다면 도대체 어떻게 될까? 그것은 인간의 정신에도 영향을 미치는 것이 아닐까? 나는 이 호수가 하나의 상징으로서 깊고 맑게 만들어진 것이 고맙다. 사람이 무한한 존재를 믿는 한, 바닥이 없다고 믿는 호수도 계속 존재할 것이다.

어떤 공장주는 내가 발견한 수심 이야기를 듣고 그럴 리가 없다고 생각했다. 댐에 관한 그의 지식에 따르면 모래는 이렇게 급한 각도에서는 쌓이지 않기 때문이다. 그런데 가장 깊은 호수라도 대부분의 상상과는 달리 면적과 균형을 이루며, 깊지 않아 물을 전부 퍼내버렸어도 특별히 눈에 띄게 깊은 계곡이 되는 것은 아니다. 호수는 언덕과 언덕 사이에 있는 컵과 같은 것이 아니다. 이 호수도 면적에 비해 깊기는 하지만, 중심부의 종단면을 보면 깊은 접시 이상은 아니다. 대부분의 호수는 물이 없어진 뒤에도 평소 눈에 익숙한 초지보다 깊은 땅이 되지는 않을 것이다.

풍경을 묘사하는 데 있어 타의 추종을 불허하고, 또 극히 정확하게 이야기하는 것으로 유명한 윌리엄 길핀은 스코틀랜드의 파인 호에 대해, '염수로 이루어진 만으로, 깊이 6, 70길, 폭 4마일, 길이 50마일 정도'라고 하고, 곳에 섰을 때의 감상을 다음과 같이 말하고 있다.

"대홍수에 따른 파괴나, 이러한 지형을 만들어 낸 어떤 자연의 대변동이 일어난 직후, 해수가 노도처럼 흘러들어오기 전에 이 후미를 볼 수 있었다면, 얼마나 오싹한 심연이 거기서 입을 벌리고 있었을까!"

"융기하는 산들이 높이 솟아오름에 따라,
텅 빈 계곡 밑은 넓고 깊게 가라앉고,
찰랑찰랑 물을 가득 채우는 바다 밑이 되네."

그런데 파인 호의 최단경선을 이용해서 그 비율을 월든 호에 적용시켜 보면, 종단면으로 볼 때 얕은 접시로밖에 보이지 않는 이 호수의 깊이는 지금의 1/4밖에 되지 않을 것이다. 물이 없어지면 두려움이 증폭된다는 파인 호의 심연에 관한 이야기는 이제 이 정도로 해두자. 통상적인 생각대로라면 현재 옥수수밭이 펼쳐진 많은 계곡은 그야말로 물이 빠진 뒤 '온몸의 털이 곤두서는 심연' 속에 존재하는 게 되겠지만, 위와 같은 사실을 모르는 사람들에게 진실을 납득시키기 위해서는 지질학자와 같은 통찰력과 혜안이 필요하다.

예리한 관찰력을 지닌 자는 평지의 낮은 언덕에서 태고의 호숫가를 발견할 수 있을 것이다. 그 뒤 평원이 융기했어도 언덕의 역사는 감출 수 없었던 것이다. 선로공이라면 알겠지만 움푹 팬 장소를 발견하기 위해서는 소나기가 내린 뒤에 웅덩이를 찾는 편이 제일 빠르다. 요컨대 상상력이란 조금이라도 방심을 하면 자연 그 자체보다 깊이 가라앉거나 높이 날아오르는 것이다. 따라서 바다의 깊이도 그 넓이에 비한다면 정말 변변치 않음을 알 수 있다.

나는 얼음 구멍에서 수심을 잰 덕분에 얼지 않는 항구를 측량하는 것 이상으로 정확하게 호수 바닥의 형상을 확인할 수 있었고, 그것이 전체적으로 규칙적이라는 것을 알고 놀랐다. 가장 깊은 곳은 몇 에이커에 걸쳐 태양이나 바람, 쟁기에 드러난 밭보다도 평탄했다. 예를 들면 임의로 한 선(150야드)을 선택했는데, 그 깊이는 30로드에 걸쳐 1피트 이상은 변화하지 않았던 것이다. 또 일반적으로 중심 부근에서는 어느 방향으로 나아가든 100피트 사이에서 생기는 차는 3, 4인치 정도일 것이라고 예측할 수가 있었다.

이렇게 잔잔한 모래 바닥의 호수에도 깊고 위험한 구덩이가 있다고 말하는 사람들이 종종 있는데, 이러한 환경에서는 물의 작용에 따라 울퉁불퉁한 지면이 고르게 된다. 호수 바닥은 완전한 규칙성을 지니고, 호반이나 주위 언덕의 능선과도 완전히 일치하기 때문에 멀리 곶이 있다는 것을 맞은편 물가에서 수심을 측정해보고 알 수 있었고, 곶이 뻗어 있는 방향도 맞은편 물가를 관찰하는 것으로 확인할 수가 있었다. 곶은 긴 모래들이 되고 평야는 얕은 여울이 되고, 골짜기나 연못은 깊은 호수 바닥이나 수로가 된다.

나는 10로드를 1인치로 축소해 호수의 지도를 만들고, 백 번도 넘게 수심 측정 결과를 기입한 뒤 우연히 다음과 같은 흥미로운 사실을 깨닫게 되었다. 최대 수심을 나타내는 숫자가 분명 지도 중심부에 있다는 걸 염두에 두고 나는 세로로 자를 대보고, 이어서 가로로도 대 보았다. 그랬더니 놀랍게도 가장 긴 세로 선과 가장 긴 가로 선이 제일 깊은 부분에서 교차하는 것이었다. 호수 바닥의 중심부는 거의 평탄하고 호수의 윤곽은 극히 불규칙하며, 가장 긴 세로 선과 가로 선은 후미의 구석까지 재어 얻은 것이다. 나는 혼자 중얼거렸다. '이건 호수나 웅덩이뿐만 아니라 바다의 가장 깊은 곳을 탐색하는데도 도움이 되지 않을까, 또 골짜기와 반대되는 개념인 산의 높이를 알 수 있는 법칙도 되지 않을까' 하고. 우리는 산의 제일 좁은 곳이 제일 높은 곳이 아니라는 사실을 알고 있다.

　다섯 후미 중 세 곳—수심을 잰 것은 그것이 전부였다—에는 입구부분을 똑바로 가로지르듯이 수면 밑에 모래톱이 하나 있고, 후미의 안쪽은 그곳보다 깊다는 것을 알았다. 따라서 후미는 육지의 내부에 물이 뻗쳐 저수지나 독립된 호수가 되려는 경향이 있고, 두 개의 곶이 뻗은 방향을 알면 모래톱이 뻗은 방향도 알 수 있다. 해안의 여러 항구에도 그 입구에 모래톱이 있다. 후미의 입구가 길이에 비해 넓을수록 모래톱을 덮는 물은 후미의 내부에 비해 깊었다. 따라서 후미의 길이와 넓이 및 주변 물가의 성격을 알면 여러 경우에 통용될 수 있는 하나의 공식을 세울 만한 충분한 요소를 거의 갖추었다 할 수 있을 것이다.

　이 경험을 바탕으로 수면의 윤곽과 물가의 성질을 관찰함으로써 호수의 가장 깊은 점을 얼마나 정확히 측정할 수 있는가를 시험해 보려고 화이트 호의 평면도를 작성했다. 이 호수는 면적이 약 41에이커로 월든 호와 마찬가지로 섬은 없고, 유입구도 유출구도 보이지 않는다. 또 가장 긴 횡선은 가장 짧은 횡선 바로 가까이에 있고 그 부근에서 두 개의 마주보는 곶이 서로 근접해 있으며, 두 개의 후미는 멀리 떨어져 있었기 때문에 나는 최단 횡선에서 조금 떨어져 있기는 하지만 역시 가장 긴 종선 위에 있는 한 점을 제일 깊은 부분이라고 표시하기로 했다. 실제 가장 깊은 곳은 내가 '혹시'라고 생각하던 방향으로 약 100피트 더 접근한 곳에 있었고, 수심은 예상을 겨우 1피트 웃도는 60피트였다. 물론 강이 흘러들어 오거나 호수에 섬이 있다면 문제는 훨씬 복잡해질 것이다.

　만약 우리가 여러 자연의 법칙을 알고 있으면 오직 하나의 사실이나, 혹은 실제로 일어난 하나의 현상을 기술하는 것만으로 그 시점에 생길 수 있는 모든 특정한 결과를 추측할 수가 있을 것이다. 그런데 현 단계에서 우리는 극히 적은 법칙밖에 모르기 때문에, 이러한 추측의 결과는 자연계의 혼란이나 불규칙성에 의해서가 아니라, 우리가 계산상 불가결한 요소에 대해 무지하기 때문에 결함이 생기게 된다. 법칙과 조화에 관한 인간의 여러 관념은 대부분의 경우, 발견할 수 있는 실례만으로 한정되어 있다.

그러나 언뜻 모순되는 것 같으면서도 사실은 일치하는, 아직 발견되지 않는 더 많은 법칙에서 생기는 조화는 더욱 경탄할 만한 것이다. 특수한 법칙이란 우리의 관점에 지나지 않는다. 예를 들어 산의 형태는 오직 하나인데 나그네에게 있어서는 그 윤곽이 발길 가는 곳마다 변화하고, 무한한 측면을 보이는 것과 비슷하다. 산을 깎아 부수거나 거기에 구멍을 뚫어봤자 산의 전모를 파악할 수는 없는 법이다.

내가 월든 호에서 관찰한 것은 인간의 윤리에도 해당된다고 할 수 있을 것이다. 그것은 평균의 법칙이다. 두 개의 직경에 관한 그 법칙은 우리를 태양계의 태양이나, 인체의 심장으로 이끌어 줄 뿐만 아니라, 어떤 인간의 특정한 일상행동과 생활의 굴곡 전부에 대해 내부의 만이나 후미에 이르는 세로선과 가로 선을 긋는 것을 의미한다. 두 선이 교차하는 곳에 그의 성격의 최고점, 혹은 가장 깊은 점이 발견될 것이다.

아마 그가 지닌 물가의 곡선과 인접 지역, 즉 환경만 알면 그의 깊이와 숨겨진 호수 밑을 추측하기란 가능할 것이다. 만약 그가 아킬레우스의 고향을 생각나게 하는 깎아지른 듯한 해안에서 산맥에 둘러싸여 생활하고, 봉우리가 그 가슴속에도 그림자를 떨어뜨리거나 비추고 있다면 이 인물은 그에 상응하는 깊이를 지니고 있다 해도 좋을 것이다. 한편, 낮고 매끄러운 물가는 사람이 그쪽 방면에 깊이가 없다는 증거가 된다. 인체로 말하자면 높이 튀어나온 이마는 그에 어울리는 깊은 사상을 내부에 지니고 있음을 암시한다. 또 각각의 후미—특정한 성벽—입구에는 모래톱이 가로지르고 있다. 잠시 동안 그 후미가 휴식을 취할 수 있는 항구가 되어 우리를 머물게 한다.

이러한 경향은 보통 절대 변덕스러운 것이 아니라 그 형태와 크기, 방향 등이 고대에서부터 융기된 곳에 따라 결정된다. 입구의 모래톱이 폭풍이나 조수 간만에 따라 점차 커지거나, 물이 퇴각해 그것이 수면에 달하면 처음에는 사상을 정박시키는 물가의 단순한 성질에 지나지 않았던 후미가 바다에서 뚝 떨어진 독자적인 호수가 되고, 그 속에서 사상은 자신만의 고유한 여러 조건을 획득해, 염수에서 담수로 바뀌고 민물 바다나 사해, 혹은 늪이 될 것이다.

각자가 이 세상에서 생명을 받을 때, 이러한 모래톱이 수면 어딘가에 융기한 것이라고 생각해보면 어떨까? 우리는 항해술도 제대로 몰라 품고 있는 사상의 대부분은 항구가 없는 해안의 앞 바다를 멀리, 혹은 가까이 헤매게 된다. 이윽고 시가(詩歌)의 만 내부에나 정통하거나, 공식 통관 항을 향해 키를 잡고 학문의 건선거(乾船渠)에 들어가 거기에서 속세를 향해 수리되는 것이 고작이며, 자연의 조류가 사상의 개성을 도와주는 일은 없다.

월든 호의 유입구와 유출구는 온도계와 낚싯줄을 이용해 발견하는 것이 가능할지 모르지만—물이 호수로 흘러들어오는 장소는 여름엔 가장 차갑고 겨울엔 가장 따뜻할 테니까—나는 현재 비나 눈, 증기를 제외하고는 하나도 발견하지 못했다.

1846년부터 1847년에 걸쳐 얼음을 잘라내는 인부들이 여기에서 일할 때의 일이다. 어느 날, 호반으로 실려온 얼음덩이의 두께가 부족해 다른 얼음덩이와 잘 맞지 않는다는 이유로 얼음을 쌓아올리던 사람들에게 거절된 적이 있었다. 이렇게 해서 얼음 잘라내는 인부들은 어떤 좁은 범위 내의 얼음이 다른 얼음보다 2, 3인치 얇다는 것을 발견하고 거기에 유입구가 있다고 생각했다.

그들은 또 다른 장소에서, 이곳이야말로 '새는 구멍'이라고 생각되는 곳들을 나에게 보여주었다. 호수는 그곳을 지나 언덕 밑으로 새어나가, 부근의 목초지로 흘러들어가고 있다는 것이다. 나는 얼음덩이 위로 떠밀려나가 그 구멍을 엿보았다. 과연 수면 밑 10피트 지점에 작은 구멍이 하나 열려 있었다. 그러나 나는 그들이 더 큰 구멍을 발견할 때까지 호수에 땜질은 소용없다고 확언한다. 누군가의 말로는 그런 '새는 구멍'이 발견된 경우, 목초지와 연결되어 있는지를 조사하기 위해서는 색깔 있는 가루나 톱밥을 구멍 입구 쪽으로 가져가서, 목초지의 샘 바로 위에 여과기를 장치해두고 흐름에 실려온 알갱이가 거기에 걸리는지 보면 된다고 한다.

내가 측량하고 있었을 때, 두께 16인치의 얼음이 작은 바람에 파도처럼 출렁였다. 얼음 위에서 수준기(水準器)를 사용할 수 없다는 것은 잘 알려져 있다. 육지 위에 수준기를 놓고 얼음 위로 눈금 막대를 향하게 하고 관찰했더니, 얼음은 물가에 딱 들러붙어 있는 듯 보였지만 물가에서 1로드 떨어진 얼음의 최대파동은 3/4인치였다. 호수의 중심부를 재면 더욱 커졌을 것이다. 아니, 만약 우리의 측량기구가 더할 나위 없이 민감하다면 지각의 파동까지 발견할 수 있지 않을까? 수준기의 다리 두 개를 물가에 세우고 세 번째 다리를 얼음 위에 고정시킨 뒤, 그 다리 너머로 조준을 맞추니 극히 미미한 얼음의 상하운동이 맞은편 호숫가에 있는 한 그루 나무줄기에는 수 피트의 상하 차를 낳는 것이었다.

측심을 위해 구멍을 파기 시작했을 때, 얼음 위에는 3, 4인치 정도의 물이 고여 있었는데, 그 물이 곧장 이 구멍 속으로 흘러들어오면서 깊은 시내가 되어 이틀간 계속해서 흘렀다. 이 시내는 도처에서 얼음을 녹이기도 하고 빙상의 표면을 마르게 하면서 주역은 아니라 해도 중요한 역할을 했다. 흘러들어온 물이 얼음을 들어 올려 들뜨게 하는 것이다. 이것은 배수를 위해서 배 밑에 구멍을 여는 것과 비슷했다.

이러한 구멍이 언 뒤에 한바탕 비가 쏟아지고 다시 새로운 한기가 한 면에 매끄러운 얼음을 만들어내면, 그 내부에 거미줄 모양의 거무스름하고 아름다운 반점이 나타났다. 여러 방향에서 하나의 중심을 향해 물이 흘렀을 때 생기는 수로가 거미줄 모양을 만들어내는 것이다. 또 얼음 위에 얕은 웅덩이가 몇 군데 생기면 자신의 그림자가 이중으로 비쳐, 한편은 얼음 위에, 다른 한편은 나무나 언덕 위에, 한쪽이 다른 한쪽의 머리 위에 선다.

아직 추위가 매서운 1월, 눈이나 얼음이 두껍고 단단할 즈음 용의주도한 땅주인은 여름에 음료수를 차게 하는 데 쓸 얼음을 확보하기 위해 마을에서 찾아온다. 이 1월에 두꺼운 코트와 장갑으로 무장을 하고 일찌감치 7월의 더위와 갈증을 준비하다니, 얼마나 눈부신—아니, 애처롭다 해야 할까—선견지명인가! 그 밖에도 준비해야 할 것이 많을 텐데. 이 사람은 내세의 여름용 음료수를 차게 식혀주는 보물을 현세에서 쌓아올릴 생각은 없는 듯하다.

그는 굳어진 호수를 잘라 물고기들의 지붕을 벗겨내고, 물고기에게 있어서 공기와도 같은 얼음을 짐마차에 쌓아올려서 쇠사슬과 말뚝으로 장작 묶듯이 꽁꽁 동여맨 뒤, 이 일과 잘 어울리는 싸늘한 겨울의 대기 속을 달려 사라진다. 그것을 움에 넣고 여름까지 잠재워두는 것이다. 얼음이 먼저편 거리로 운반되어가는 장면은 푸른 하늘의 결정을 보는 듯했다. 얼음을 잘라내는 인부들은 농담이나 우스갯소리도 잘하는 호쾌한 사람들로, 내가 그들 있는 곳에 가면 곧잘 나를 불러 얼음 아래에 세우고 함께 톱질을 하게 해주었다.

1846년과 1847년 사이의 어느 겨울 아침, 이 호수에 하페르보레오이(Hyper-boreoi : 그리스 신화에서 북쪽 끝에 사는 사람들)의 피를 이어받은 남자 100명이 우르르 몰려왔다. 그들은 보기에도 조잡한 농기구나 썰매, 쟁기, 씨 뿌리는 수레, 잔디 손질용 칼, 삽, 톱, 갈퀴 등을 짐마차에 잔뜩 싣고, 각자가 〈뉴잉글랜드 파머〉지에도 〈컬티베이터〉지에도 실려 있지 않은 끝이 둘로 갈라진 창 자루로 무장하고 있었다. 그들이 겨울 호밀을 뿌리러 왔는지, 최근 아이슬란드에서 갓 수입된 신종잡곡을 뿌리러 왔는지 나로선 알 수 없었다. 비료가 없는 것을 보니 내가 한 것처럼 표면만 얕게 경작할 생각인 듯싶었다. 이 부근의 토양은 깊고 휴경기간도 충분히 취했다고 생각하는 것일 게다. 그들의 이야기로는, 이미 50만 달러에 이르는 재산을 배로 늘리고 싶어하는 한 부농에게 고용된 것이라 한다. 그 남자는 지폐 한 장 위에, 또 한 장을 덮으려고 이 엄동설한에 월든 호의 단 하나의 웃옷—아니, 살갗 그 자체—을 벗겨내려는 것이다.

그들은 즉각 일에 착수했다. 쟁기로 흙을 갈고 쇄토기로 부수고, 토양을 고르게 하고 이랑을 만들고 하는 것이 마치 여기를 모범 농장으로 만들 생각인가 싶을 정도로 솜씨가 좋았다. 그런데 그 이랑 사이에 무엇을 뿌리고 있는지 주의 깊게 지켜보니, 옆에 있던 한 무리의 남자들이 돌연 이 손대지 않은 표토 자체를 색다른 동작으로 모래, 아니 물 있는 곳까지—그것은 아주 수분이 많은 토양이었기에—파내려가는 데 착수해, 결국에는 그 부근의 대지를 완전히 파낸 뒤 썰매에 싣고 사라진 것이다. 나는 그들이 늪지에서 토탄이라도 파내고 있는 것이라 상상했다. 이렇게 해서 그들은 북극 지방에 있을 법한 거점과 이곳 사이를 극지의 흰머리멧새 떼처럼 왕복하고, 기관차 위에서 날카롭고 기묘한 소리를 내면서 매일 이곳에 왔다가 사라져가는 것이었다.

하지만 그들도 때로는 월든 부인으로부터 복수를 당하는 일이 있었다. 한 인부가 마차 끄는 말 뒤를 걷다가 발이 미끄러져 대지의 갈라진 틈으로 '타르타로스(지옥의 밑바닥)'까지 떨어질 뻔한 것이다. 그러자 조금 전까지 기세등등했던 그 남자도 혼이 쏙 빠져 생명의 등불마저 꺼져버리려 하는데, 운 좋게도 내 오두막으로 피신하여 난로의 은혜를 입게 되었다. 또 얼어붙은 대지 때문에 쟁기날의 강철 부분이 비틀려 떨어지거나, 쟁기가 이랑 사이에 파고 들어가 그것을 파내야만 했던 적도 있다.

사실 그대로를 말하자면, 100명의 아일랜드 인이 미국인 감독들과 함께 매일 케임브리지에서 얼음을 자르러 오는 것이었다. 그들은 새삼 설명이 필요 없는 잘 알려진 방법으로 얼음을 사각으로 잘라내어, 그것을 호반까지 썰매로 실어나른 뒤, 재빠르게 얼음 놓는 장소까지 끌고 가서 말의 힘으로 움직이는 쇠갈고리와 활차 장치를 이용해 밀가루통을 쌓아올릴 때처럼 조심스럽게 쌓아올려 갔다. 가로 세로로 잘 맞추어 나열하는 그 모습은 구름보다도 높은 방첨탑의 기초공사라도 하는 것처럼 보였다.

일이 순조로우면 하루 천 톤, 면적으로 치면 1에이커 정도의 얼음을 잘라낼 수 있다고 한다. 얼음 위에는 썰매가 같은 길을 수도 없이 왕복하느라 땅에서와 마찬가지로 깊은 썰매자국과 '요람형의 구덩이'가 패어 있고, 말들은 모두 양동이처럼 속을 도려낸 얼음덩이 속에서 귀리를 먹고 있었다. 이렇게 해서 그들은 측면 높이 35피트, 가로세로 길이 6, 7로드의 네모난 얼음덩이를 노천에 높이높이 쌓아올리고, 공기가 들어가지 않도록 바깥쪽 얼음과 얼음 사이에 건초를 부셔 넣고 있었다. 아무리 차가운 바람이라도 얼음 사이사이로 빠져나가면 커다란 구멍이 생기고 드문드문 가느다란 받침이나 지주만을 남기게 되어 결국엔 전체가 뒤집어지고 말기 때문이다.

처음에 그것은 거대하고 파란 요새나 발할라 궁전처럼 보였다. 그러나 목초지의 조잡한 건초가 얼음의 틈새를 메우고 거기에 서리와 고드름이 덮이자, 얼음덩이는 장엄하고 고색창연한 대리석의 폐허나, 달력에 그려진 노인의 겨울 오두막, 아니 임시 거처—여름을 우리와 함께 지낼 생각으로 보이는—로 보였다.

그들의 계산으로는 이들 중 목적지에 도달하는 것은 1/4도 안 되고, 그 중 2, 3퍼센트는 열차 안에서 녹아버린다고 한다. 그러나 얼음덩이의 대부분이 처음 목적과는 다른 운명을 맞이했다. 얼음이 대량의 공기를 포함하고 있어 기대만큼 오래 가지 못했거나, 다른 무언가의 이유로 마침내 시장 구경 한 번 못하고 끝나버린 것이다. 1846년과 1847년 사이의 겨울에 쌓아올린, 총 중량 만 톤은 될 것으로 보이는 이 얼음더미는 마침내 건초와 판자로 덮이게 되었다. 7월이 오자 덮은 것을 벗겨내고 일부분은 운반되어 갔지만, 나머지는 햇빛에 드러난 채로 그해 여름과 겨울을 잘 견디어내고, 1848년 9월에 이르러서야 겨우 녹아 사라졌다. 이렇게 해서 호수는 얼음의 대부분을 되찾은 것이다.

월든의 얼음은 그 물과 마찬가지로 가까이에서 보면 녹색을 띠고 있지만 멀리서 보면 아름다운 청색을 띠고 있기 때문에, 강물의 하얀 얼음이나, 1/4 마일쯤 떨어져 있는 한 호구의 초록빛을 띠는 얼음과는 쉽게 구별이 간다. 가끔 이렇게 커다란 얼음덩이가 얼음장수의 썰매에서 미끄러져 거리로 떨어지면서, 거대한 에메랄드처럼 수일 동안 그대로 방치되어 오가는 행인의 눈길을 끌기도 한다. 나는 평소에 녹색을 띠는 월든 호의 일부가 결빙하면 같은 지점에서 파랗게 보인다는 것을 깨달았다. 따라서 겨울에 호수 주변에 있는 움푹 팬 땅은 호수와 다소 닮은 곳이 있는 초록빛 물을 담고 있어도, 다음날은 얼어서 파란색으로 변해버린다. 물과 얼음의 파란빛은 거기에 포함되어 있는 빛과 공기 때문일 테고, 가장 투명한 것이 가장 파란 것이다.

얼음은 흥미로운 관찰대상이다. 프레시 호의 빙고(氷庫)에 5년 전부터 놓여 있는 얼음은 전혀 변하지 않았다고 한다. 양동이에 넣은 물은 바로 부패하는데 그것이 얼면 언제까지나 맛이 변치 않으니 무슨 이유일까? 이것이야말로 사람들이 흔히 말하는 애정과 지성의 차이라는 걸까.

이렇게 해서 나는 오두막 창가에서 100명의 남자들이 16일간에 걸쳐 달력의 첫 장에 그려진 삽화처럼, 짐마차나 말, 갖가지 농기구 같은 것을 사용해 농번기의 농부처럼 일하는 모습을 바라보고 있었다. 나는 밖을 볼 때마다 종달새와 농부의 우화라든지, 씨 뿌리는 사람의 비유를 떠올렸다.

그러한 그들도 지금은 모두 떠나가 버렸다. 이제 한 달쯤 지나면 나는 이 창가에서 맑고 푸른 월든의 물이 구름과 나무를 비추고, 거기에서 조용히 수증기가 오르는 모습을 보게 될 것이다. 그리고 인간이 수면 위에 서 있었던 흔적은 무엇 하나 남지 않을 것이다. 내 귀에는 오로지 아비 한 마리가 물에 잠수할 때나 깃털을 다듬을 때 터뜨리는 묘한 웃음소리가 들릴 테고, 배를 타고 나뭇잎처럼 떠다니며, 바로 얼마 전까지 100명의 사내들이 일하던 물결 위에서 자신의 그림자를 가만히 엿보는 낚시꾼이 눈에 비칠 것이다.

결국 찰스턴이나 뉴올리언스, 인도의 마드라스나 봄베이(뭄바이), 캘커타 등의 더위에 허덕이는 주민들이 나의 우물물을 마실지도 모르는 것이다. 아침에 나는 스스로의 지성을 《바가바드기타》(고대 인도의 힌두교 경전의 하나)의 웅대한 우주발생론 철학에 목욕시킨다. 이 책이 쓰인 뒤 신들의 시대는 지나가버렸다. 이 책에 비하면 현 세계나 현대문학은 참으로 작고 별 볼일 없는 것이다. 여기에 언급된 철학은 혹여 전생에 속하는 것이 아닐까 싶을 만큼 그 장엄함이 우리의 개념과는 좀 동떨어져 있다. 나는 책을 내려놓고 나의 우물까지 물을 길러 간다.

그러나 보라! 나는 거기에서 브라만(브라마와 비슈누, 인드라를 믿는 승려)을 섬기는 종복과 마주친다. 승려는 지금도 갠지스 강가의 사원에 앉아 베다를 읽고 있거나, 빵 껍질과 물병을 손에 쥐고 나무의 뿌리 밑에서 살고 있는 것이다. 나는 주인을 위해 물을 길러온 그 종복과 얼굴을 마주하고, 두 사람의 양동이는 같은 우물 속에서 서로 스친다. 깨끗한 월든의 물이 갠지스 강의 성스러운 물과 섞이는 것이다. 호수의 물은 순풍을 받아 아틀란티스(대서양에 있었다고 하는 전설상의 대륙)나 헤스페리데스(그리스 신화에서 세상 서쪽 끝에 있는 축복받은 정원을 돌보는 요정들) 같은 전설의 섬들이 있던 곳을 통과하고, 한노의 항해의 흔적을 더듬으며, 테르나테 섬과 티도레 섬(둘 다 인도네시아 동부 말루크 제도의 섬), 나아가 페르시아 만의 부근을 떠돌고, 인도양의 열풍에 녹아 알렉산더 대왕도 단지 이름밖에 알지 못하는 여러 항구에 닿을 것이다.

17
봄
SPRING

인부들이 얼음을 잘라갈수록 호수의 해빙은 빨라진다. 추위가 혹독하더라도 바람에 흐트러진 물이 주위의 얼음을 서서히 녹이기 때문이다. 그런데 그해의 월든 호는 달랐다. 낡은 윗옷 대신 어느새 두터운 새 옷을 갈아입은 것이다. 이 호수는 아주 깊고, 얼음을 녹이거나 침식시키는 시냇물이 한 줄기도 흘러들어오지 않아 부근의 다른 호수보다 빨리 녹은 적이 없다. 나는 월든 호가 겨울철에 해빙하는 것을 본 일이 없다. 호수에게 혹독한 시련의 해였던 1852, 1853년에도 예외는 아니었다.

보통은 결빙이 시작된 호수 북쪽과 얕은 곳부터 서서히 녹기 시작해, 4월 1일경 플린트 호나 페어 헤이븐보다 일주일에서 열흘 늦게 해빙한다. 그것은 기온의 일시적인 변화에 거의 좌우되지 않기 때문에 부근의 어느 물보다도 계절의 절대적인 진행을 알 수 있는 좋은 지표가 된다. 3월에 매서운 추위가 2, 3일 지속되면 다른 호수는 해빙이 크게 늦어지지만, 월든의 온도는 거의 멈추지 않고 계속 상승한다.

1847년 3월 6일, 온도계를 월든 호 중심부에 넣어보니 화씨 32도, 즉 빙점에 달해 있었다. 물가에 가까운 부근은 33도였다. 같은 날 플린트 호의 중심부는 32.5도이고, 물가에서 12로드 떨어진 얕은 곳에서는 두께 1피트의 얼음 밑이 36도였다. 플린트 호는 깊은 곳과 얕은 곳 사이의 온도차가 3.5도이고, 호수의 대부분은 비교적 얕기 때문에 월든 호보다 훨씬 빨리 녹는 것이다. 이때 수심이 가장 얕은 부분의 얼음은 중심부보다도 몇 인치나 얇았다. 한겨울에는 중심부가 제일 따뜻하고 얼음이 가장 얇았는데 말이다. 여름에 호숫물 속을 돌아다닌 경험이 있는 사람이라면, 깊이 3, 4인치밖에 안 되는 물가 쪽이 그곳에서 좀 떨어진 곳의 물보다 훨씬 따뜻하다는 것, 그리고 깊은 곳에서는 수면 쪽이 호수 바닥 부근보다 따뜻하다는 것을 깨달았을 것이다.

봄이 되면 태양의 감화를 받아 대지가 따뜻해질 뿐만 아니라, 태양열이 30센티미터 이상의 얼음을 통과해서 옅은 물밑까지 반사한다. 그 때문에 수온이 높아져서 얼음은 직접 위에서부터 녹는 동시에 안쪽에서도 녹기 때문에 울퉁불퉁해진다. 그 내부에 포함된 기포가 위아래로 퍼져나간 결과, 얼음은 마치 벌집 같은 모양이 되고 마침내 봄비가 한 번 내리고 나면 눈 깜짝할 사이에 사라져 버린다.

얼음에도 나무와 마찬가지로 결이 있고, 사각형의 얼음덩이가 무너져 듬성듬성―벌집 상태로―해지기 시작하면 얼음덩이의 위치가 어떠하든 공기 주머니는 예전의 수면에 대해 직각이 된다. 바위나 통나무가 수면 가까이 쑥 올라와 있으면 그곳의 반사열로 얼음이 얇아져서 완전히 녹아버리기도 한다. 들은 바로는 케임브리지에서 밑이 얕은 목제 연못을 이용해 물을 얼게 하는 실험을 했을 때, 차가운 공기를 아래쪽으로도 순환시켜 위아래에서 연못을 차갑게 했음에도 불구하고, 밑에서부터 올라오는 태양의 반사열이 이 유리한 조건을 상쇄해버렸다고 한다.

한겨울에 따뜻한 비가 내리고 월든 호의 설빙을 깨끗이 녹여 중심부에 딱딱하고 거무스름한, 혹은 딱딱하고 투명한 얼음이 남게 되면, 호반 가까이 1로드나 그 이상의 폭으로 중심부보다 두껍기는 하지만 이미 무너지기 시작한 하얀 얼음의 띠가 형성되는데, 그것도 이러한 반사열이 만들어 내는 것이다. 또 앞에서 언급한 대로 얼음 내부에 있는 기포 자체도 얼음 아래를 녹이는 집광렌즈 작용을 한다.

호수에서는 매일 일 년간의 현상이 소규모로 일어나고 있다. 예를 들면 얕은 물은 매일 아침 깊은 물보다 급속도로 따뜻해진다. 물론 그렇게 크게 따뜻해지는 것은 아니고, 저녁이 되면 다음날 아침까지 더욱 급속도로 식기는 하지만. 하루는 일 년의 축소판이다. 밤은 겨울, 아침과 저녁은 봄과 가을, 그리고 점심은 여름이다. 얼음이 삐걱거리거나 울려 퍼지는 소리는 기온의 변화를 나타낸다.

추운 밤이 지나고 상쾌한 아침을 맞은 1850년 2월 24일, 나는 그날 하루를 지낼 작정으로 플린트 호로 나갔다. 도끼머리로 얼음을 두드려보니 팽팽

한 북 가죽을 두드리는 듯한 '둥' 소리가 사방으로 퍼져나가 놀랐다. 해가 밝은 지 1시간 정도 지났을 무렵, 호수는 언덕 위에서 비스듬히 비쳐오는 햇빛의 영향을 감지하고 우르릉 우르릉 울리기 시작했다. 호수는 이제 막 눈을 뜬 사람처럼 기지개를 켜고 하품을 하면서 점차 시끄러워지더니, 그런 상태가 서너 시간이나 계속되었다.

정오가 되자 잠시 낮잠을 자는 듯했지만 태양의 감화가 약해지는 저녁이 되어 다시 한 번 우르릉거렸다. 날씨가 좋으면 얼었던 호수는 규칙적으로 저녁 시간을 알리는 포를 쏘아 올린다. 그런데 그날은 한낮이 되자 얼음에 무수한 균열이 생기고 대기도 탄력을 잃어 호수는 공명음을 내지 않게 되었다. 아마 얼음을 두드려도 물고기나 사향뒤쥐가 놀랄 일은 없을 것이다.

어부들의 이야기로는 이 '호수의 천둥'이 울려 퍼지면 물고기들은 잔뜩 겁에 질려 미끼를 물지 않게 된다고 한다. 호수는 매일 밤 천둥소리를 울리는 게 아니라서 그 시각을 정확하게 알아맞힐 수는 없다. 그러나 내가 날씨의 변화를 감지할 수 없는 때에도 천둥이 울려 퍼지는 일이 있으니, 이렇게 크고 차갑고 두꺼운 가죽으로 덮인 것이 이토록 민감하다는 걸 누가 상상이나 할 수 있으랴? 봄이 돌아오면 싹이 부풀어 오르듯이 시기가 되면 호수는 기꺼이 그 법칙에 따라 소리를 울리는 것이다. 대지는 구석구석 살아있고 작은 유두 모양의 돌기로 덮여 있다. 큰 호수도 온도계 속의 수은 알갱이와 마찬가지로 대기의 변화에 극히 민감했다.

내가 숲 속 생활에 이끌린 이유 중 하나는, 봄이 찾아오는 것을 여유롭게 볼 수 있을 것 같아서였다. 호수의 얼음이 벌집 상태가 되기 시작하면 나는 걸으면서 발뒤꿈치를 폭폭 박아보기도 한다. 안개와 비와 따뜻해진 햇빛이 서서히 눈을 녹여간다. 해는 눈에 띄게 길어졌다. 이제부터는 큰불을 피울 필요도 없기 때문에 더 이상 장작더미를 늘리지 않아도 겨울을 날 수 있을 것 같다. 나는 봄의 첫 징후를 발견하려고 주의를 기울였다. 다시 찾아온 철새의 작은 휘파람이나, 슬슬 겨울 양식도 바닥을 볼 다람쥐의 울음소리는 들리지 않는지, 겨울잠을 끝낸 우드척이 용기를 내어 보금자리에서 나오는 모습이 눈에 띄지는 않는지.

3월 13일에는 이미 푸른 울새와 노래참새, 개똥지빠귀 등의 울음소리가 들렸는데, 호수의 얼음 두께는 아직 1피트 가까이나 되었다. 기후가 따뜻해져도 얼음은 물속처럼 순식간에 녹아버리거나 부서져 흘러가버리지 않는다. 오히려 물가의 얼음은 반 로드 정도의 폭으로 녹아버렸어도, 호수 중심부는 벌집 상태 그대로 물에 잠겨, 여전히 두께 6인치의 얼음으로 덮여 있었다.

그러나 따뜻한 비가 내린 뒤 안개라도 끼면, 다음날 저녁까지는 얼음이 전부 녹아 구름처럼 안개처럼 흩어져 행방불명될 것이다. 어느 해인가 나는 얼음이 사라지기 겨우 5일 전, 호수 한가운데를 걸어서 건넌 적이 있다. 1845년에 월든 호는 4월 1일이나 돼서야 완전히 해빙했다. 1846년에는 3월 25일, 1847년에는 4월 8일, 1851년에는 3월 28일, 1852년에는 4월 18일, 1853년에는 3월 23일, 1854년에는 4월 7일경이었다.

강이나 호수의 해빙, 기후의 맑아짐 등과 연관된 여러 현상은 온도차가 심한 기후 환경에서 생활하는 우리에게 각별한 흥미를 불러일으킨다. 날이 풀리면 강 근처에 사는 사람들은 밤중에 얼음이 갈라질 때 족쇄가 끊어지는 듯한 포성과도 같은 굉음을 듣고 가슴이 철렁 내려앉는데, 그러고 나서 며칠 지나지 않아 얼음이 점차 사라져가는 것을 목격한다. 이렇게 해서 악어는 대지를 뒤흔들며 진흙 속에서 모습을 드러내는 것이다.

자연을 주의 깊게 관찰해온 한 노인이 있다. 그는 소년 시절 자연이라는 배가 건조되었을 때 용골 박는 걸 도와주었던 건 아닌가 싶을 정도로 자연계의 온갖 현상에 정통해 있었다. 그가 성숙한 경지에 이르기 위해 설사 므두셀라^(구약성서에 나오는 가장 장수한 인물)만큼 오래 산다 해도, 그 이상 자연에 대한 조예가 깊을 수는 없으리라. 그 노인이 자연의 미묘한 현상에는 경탄을 금할 수 없다며 다음과 같은 이야기를 해주었을 때, 나는 둘 사이에 이미 아무 비밀도 없을 것이라 생각하고 있었기 때문에 좀 뜻밖이었다.

어느 봄날, 노인은 총을 메고 배를 타면서 오리 사냥을 즐기려 했다. 목초지에는 아직 얼음이 남아 있었지만 강은 완전히 녹은 상태였고, 덕분에 그는 살고 있던 서드베리에서 얼음의 방해를 받지 않고 페어 헤이븐 호까지 내려갔다. 그런데 기대와는 달리 호수의 대부분은 아직 딱딱한 빙판으로 덮여 있었던 것이다. 따뜻한 날인데 커다란 얼음 덩어리가 녹지 않고 남아 있는 것을 보고 그는 깜짝 놀랐다.

오리가 보이지 않아서 배를 호수에 떠 있는 섬의 북쪽, 즉 뒤편에 감추어 놓은 뒤, 자신은 남쪽 수풀 속에 몸을 숨기고 사냥감을 기다렸다. 얼음은 물가에서 3, 4로드 지점까지 녹아 있었고, 거기에는 오리가 좋아하는 진흙 바닥의 매끄럽고 따뜻한 수면이 퍼져 있었기 때문에 노인은 머지않아 사냥감이 나타날 것이라 확신했다.

그곳에 잠복한 지 한 시간쯤 지났을 때다. 아주 먼 저편에서 뭔지 모를 낮은 소리가 들려왔다. 그것은 지금까지 들어보지 못한 기묘하고 인상적인 소리로, 천재지변이라도 일어날 듯한 느낌과 함께 점차 높아지고 세력을 더해가면서 밀어닥쳤다. 이 음울한 술렁임이 하강하는 들새들의 날갯짓 소리일 것이라 생각한 노인은 두근대는 가슴으로 총을 꽉 움켜쥐고 황급히 일어섰다.

그런데 놀랍게도 그가 엎드려 있는 사이에 호수의 얼음 전체가 움직이기 시작하면서 물가를 향해 밀어닥치고 있었던 것이다. 그가 들은 것은 얼음 가장자리가 물가에 스치는 소리였다. 처음에는 조심스레 갉아먹거나 부수고 있었지만, 드디어 섬에 올라타 상당히 위쪽까지 파편을 산란시킨 뒤 가까스로 움직임을 멈추었다.

햇살이 직각으로 내리쬐자, 따뜻한 바람이 일어 안개와 비를 내몰고 쌓인 눈을 녹였다. 안개를 쫓아 흩어지게 하는 태양은 향연(香煉)에 흐려지는 검붉고 하얀 체크무늬 같은 풍경에 미소를 짓고, 그 속에서 나그네는 겨울의 피가 흘러 나가는 실핏줄 같은 개울물 소리에 힘을 얻으면서 작은 섬을 따라 길을 더듬어간다.

마을로 나갈 때 지나다니던 철로가의 언덕 사면에 모래나 점토가 흘러내릴 때 보이는 다양한 형태는 더할 나위 없이 즐거운 관찰 대상이었다. 철도가 발명된 뒤로 새로운 둑의 수는 많이 늘어났겠지만 이러한 대규모 현상은 그리 흔히 볼 수 있는 게 아니다.

여기서 재료라 함은 세세함과 다양하고 선명한 색조를 지닌 모래를 말하는 것이고, 보통 거기에는 얼마 안 되지만 점토가 섞여 있다. 겨울에도 햇빛을 받아 눈이 녹을 때도 그렇지만, 봄이 되어 서리가 땅속에서 녹기 시작하면 모래가 용암처럼 비탈에 흐르기 시작해 때로는 눈을 뒤집고 넘쳐흐르는 일도 있다. 무수한 작은 모래의 흐름이 서로 겹치고 얽힌 결과, 반은 흐름의 법칙에 따르고 반은 식물 성장의 법칙에 따르는 일종의 혼성물의 양상을 띤다. 그것은 흘러내리면서 싱싱한 나뭇잎이나 덩굴의 형태를 취하는가 하면,

작은 가지와 잎으로 된 걸쭉한 퇴적물이 두께 1피트나 그 이상 되기도 한다. 또 위에서 내려다보면 지의식물의 거칠거칠한 잎이 비늘 모양으로 겹쳐진 엽상체 같기도 하다. 나아가 산호나 표범 발, 새 발, 혹은 뇌나 폐, 장, 심지어는 배설물까지 생각나게 했다. 그것은 실로 기괴하기 짝이 없는 식물이고, 그 형태와 색은 동판에 복사되어 아칸서스, 치커리, 담쟁이덩굴, 포도나무, 그 외의 어떤 식물의 잎보다도 오래되고 전형적인 일종의 당초문양이 되어 있는 것을 볼 수 있다. 아니면 그것은 미래의 지질학자에게 하나의 수수께끼로 남을 운명인지도 모른다.

산을 깎아 만든 이 길은 전체적으로 종유석을 드러낸 동굴 같은 인상을 주었다. 모래의 다양한 색조는 불가사의할 정도로 선명하고 느낌이 좋았고, 다양한 철의 색깔―갈색, 회색, 노르스름한 색, 불그스름한 색―을 포함하고 있었다. 흘러 떨어지는 모래더미가 비탈 아래의 웅덩이에 이르면 평평하게 퍼져서 물가를 만들고, 분기된 흐름은 반원통 모양의 형태를 잃고 수분이 더해짐에 따라 점차 고르게 퍼지면서 합류한다. 결국에는 다양하고 아름다운 빛이 감도는 판판한 모래땅이 되지만, 그래도 최초의 식물 형태였던 흔적은 찾아볼 수 있다. 그러다 마침내 하구의 물 위에 생기는 모래톱으로 변화하고, 식물의 형태는 물 밑의 잔물결 속으로 사라져버린다.

높이 20내지 40피트에 달하는 이 비탈 전체가 때로는 길이 1/4마일에 걸쳐 한쪽 면, 혹은 양쪽 면 모두 이러한 큰 당초문양―모래의 파열―으로 덮이는 일이 있다. 이 당초문양이 눈길을 끄는 까닭은 그것이 이런 식으로 갑자기 출현하기 때문이다. 한쪽에 움직임이 둔한 비탈을―햇빛은 우선 한쪽만을 비추므로―그리고 다른 한쪽에 겨우 한 시간 만에 창조된 현란한 잎 당초문양을 접할 때, 나는 특별한 의미에서 이 세계와 나를 창조해낸 예술가의 공방에 있는 듯한―그가 지금도 이 비탈에서 흙을 매만지는 사이, 힘이 남아돌아 새로운 작품을 여기저기 생산해 내고 있는 현장과 우연히 마주친 듯한―감동을 맛본다. 마치 지구의 내장에 한 걸음 가까이 다가간 느낌이다. 범람을 일으킨 모래는 어딘가 동물의 내장을 닮은 잎사귀 덩어리를 이루고 있으므로. 따라서 모래 그 자체에서 잎의 출현을 예감하는 것이다.

대지가 내부에 그러한 이념을 품고 노동을 하면서, 외부적으로 잎을 통해 이를 표현한다는 것은 지극히 자연스러운 현상이리라. 원자(原子)는 이미

이 법칙을 알고 있고, 그 법칙에 따라 창조력이 풍부해진다. 바로 여기에서 잎들의 원형을 볼 수 있다. 지구를 보나 동물의 몸을 보나 그 내부는 한 장의 축축하고 두꺼운 잎(lobe)이라 할 수 있는데, 이 잎이란 단어는 특히 간장이나 폐, 엽상(葉狀) 지방 등에 적용된다($\lambda\epsilon\iota\beta w$, labor, lapsus는 각각 '흘러 내려가는, 미끄러져 떨어지는, 빠져드는'을 의미하고, $\lambda o\lambda\beta o\varsigma$, globus는 각각 '잎, 지구'를 나타내는데, 그 외에도 '겹치는(lap), 늘어지는(flap)' 등을 의미하는 많은 단어가 여기에서 생겨난 것이다).

그러면 외부는 어떠한가. 그것은 한 장의 얇고 마른 잎(leaf)으로서, 'leaf나 leaves의 f와 b가 v로 압축되어 말린 것과 마찬가지이다. lobe(잎)의 어근은 lb이고, b(이것은 단엽, 대문자의 B라면 복엽)의 부드러운 덩어리를 뒤에 있는 유음 l이 전방으로 밀어내고 있는 모습이다. globe(지구)의 경우에는 glb가 어근이고, 후두음 g는 lb의 의미에 후두의 힘을 덧붙이는 작용을 하고 있다.

새의 깃털이나 날개는 말라서 한층 더 얇아진 잎이다. 마찬가지로 땅 속의 땅딸막한 유충에서부터 공중에서 팔랑거리는 나비까지의 과정을 더듬어 갈 수가 있다. 지구 자체가 부단히 자기를 초월하고 변형하는 것에 따라 그 궤도를 따라 날아가는 것이다. 얼음의 경우에도 얼기 시작할 때는 수생식물의 잎이 거울 같은 수면의 주형 속에 흘러들어간 것처럼 섬세한 수정체의 잎이 된다. 나무 자체는 다름 아닌 한 장의 잎이고 하천은 더욱 커다란 잎이며, 그 과육은 강 사이에 펼쳐지는 대지, 마을이나 도시는 잎자루 끝에 붙어있는 곤충의 알이다.

햇빛이 기울어지면 모래는 흘러내리지 않는데, 다음날 아침이면 작은 시내는 다시 움직이기 시작하고 가지치기를 되풀이하면서 무수히 늘어간다. 아마도 혈관이 만들어질 때의 모습이 이렇지 않을까 싶다. 자세히 관찰해 보면, 녹아내리면서 끝에 물방울을 맺는 부드러운 모래의 흐름이 엄지손가락의 둔덕처럼 밀리고, 천천히 맹목적으로 더듬으며 내려가는 것을 알 수 있다. 이윽고 해가 높이 떠오르고 열과 수분이 더해지면 가장 유동적인 부분이 가장 활발하지 못한 부분도 따를 수밖에 없는 법칙을 지키려고 가장 활발하지 못한 부분에서 분리되어, 흐름의 내부 그 자체에 구불구불한 수로 내지는 동맥을 형성한다. 그 속에서 한 줄기 작은 은하수가 번개처럼 빛을 내며 싱싱한 잎이나 가지의 단계에서 다음 단계로 이행하고, 때로는 모래 속으로 잠기는 것을 볼 수 있다. 이렇게 모래가 흘러내리면서 재빠르게 그리고 완벽하게 조직을 정비하고, 모래 덩어리가 제공할 수 있는 최고의 재료를 이용해 수로의 날카로운 테두리를 형성해가는 모습은 가히 경탄할 만하다. 이러한 것이 강의 원천이 되는 것이다. 물이 침전시키는 규산의 물질 속에는 아마 뼈 같은 조직이 포함되어 있을 테고, 자잘한 흙과 유기물질 속에는 근육섬유와 세포조직이 포함되어 있을 것이다.

인간이란 바로 녹아내리는 점토 덩어리가 아닐까? 인간의 엄지손가락 끝은 응고된 하나의 물방울에 지나지 않는다. 손가락과 발가락은 인체의 덩어리가 녹아내려 끝 부분까지 달한 것이다. 지금보다 쾌적한 하늘 아래에서 인체는 과연 어디까지 펼쳐지고 흘러가서 그 결과 어떻게 되었는지를 누가 알 것인가? 손이란 찢어진 일에 잎맥이 펼쳐진 종려나무 잎사귀가 아닐까? 상상의 날개를 더 펼쳐보면 귀는 두부의 측면에 나 있는 지의식물이고, 거기에 귓불, 즉 물방울이 매달려 있는 것이라 생각할 수 있을 것이다. 입술―labium은 labor(노동)에서 나온 것일까? ―은 동굴과 같이 움푹한 입의 위아래에 겹쳐지거나, 늘어져 매달려 있다.

코는 분명 응고된 물방울, 즉 종유석이다. 턱은 더욱 커다란 물방울로 말하자면 얼굴이 흘러내려 합류한 것이다. 볼은 이마에서 얼굴의 계곡으로 산사태가 일어났을 때 광대뼈에 부딪쳐서 넓어진 흔적이다. 이파리의 둥그스름한 열편도 그 하나하나가 지금은 옆길로 새고 있는 크고 작은 도톰한 물방울이다. 열편은 잎의 손가락인 것이다. 그 잎은 열편의 수만큼 여러 방향으로 흘러가려 하고, 더 높은 기온이나 쾌적한 기후의 영향을 받는다면 한층 멀리 흘러갈 것이다.

이리하여 오직 하나의 비탈진 언덕이 자연의 다양한 현상의 원리를 설명하고 있는 것이다. 지구의 창조주는 이파리 한 장의 특허를 획득한 것에 지나지 않는다. 미래에 샹폴리옹(Jean Francois Champollion : 1790~1832. 18세기 프랑스의 이집트어 학자)과 같은 인물이 나타나서 이 상형문자를 해독하고, 우리가 새로운 잎을 뒤집듯이 새로운 인생의 첫걸음을 내딛도록 해줄 것인가? 이 현상은 풍부한 결실을 맺은 포도밭을 목격하는 것 이상으로 마음을 설레게 한다.

그 성격에는 다소 배설물을 연상시키는 점이 있고, 간장이나 폐, 장 등의 끝도 없는 둔덕을 보면 지구가 뒤집어진 것이 아닐까 의구심이 들 정도이다. 그러나 적어도 그 덕분에 자연이 오장육부를 갖고 있다는 것, 그리고 그 점에 있어서 틀림없는 인류의 어머니임을 알 수 있는 것이다. 이것이 대지에서 넘쳐흐르는 녹은 얼음이고, 봄인 것이다. 아름다운 시에 앞서 신화가 있듯이 그것은 새싹이 돋고 꽃이 피어나는 봄에 앞서 나타난다. 겨울의 독기와 소화 불량을 이만큼 개운하게 해독시켜 주는 것이 또 있을까.

이로써 지구가 아직 배냇저고리에 싸여 있고, 아기의 손가락이 사방으로 뻗치고 있다는 것을 확신하게 된다. 아직 아무것도 나지 않은 반반한 이마에 하얀 솜털이 돋는다. 무기물은 하나도 없는 것이다. 이러한 잎의 형태를 지닌 퇴적물은 비탈을 따라 용광로의 찌꺼기처럼 퍼져가고, 자연이 아직 내부에서 전면 가동 중인 것을 가르쳐 준다.

지구는 책 속의 종잇장처럼 몇 겹이나 퇴적된, 주로 지질학자나 고고학자의 손으로 연구되어야 할 죽은 역사의 단편이 아니라, 꽃이나 과실에 앞서는 나뭇잎과 마찬가지로 살아 있는 시(詩)이다—굳어진 화석이 아니라, 살아있는 대지이다.

그 중심에 있는 위대한 생명에 비하면 여러 동식물의 생명은 단순한 기생물에 지나지 않는다. 대지의 진통은 우리의 허물을 무덤에서 일으켜 세울 것이다. 누군가가 금속을 녹여 세상에서 가장 아름다운 주형에 흘려 넣었다 해도, 나는 이 용해된 대지가 흘러나와 만들어내는 각양각색의 형상을 앞에 대할 때처럼 가슴이 뛰지는 않을 것이다. 또 대지만이 아니라 그 위에 만들어진 여러 제도 역시 도공의 손 안에 있는 점토와 마찬가지로 가소성을 지니는 것이다.

머지않아 이 언덕뿐만 아니라 다른 언덕과 평원, 움푹 팬 구덩이에서 겨울 잠을 자던 동물들이 기지개를 켜고 나오듯이, 얼음이 녹아 지면에서 흘러나오고 음악을 연주하면서 바다로 향하거나 구름이 되어 다른 토지로 이주할 것이다. 부드럽게 설득하는 해빙이 망치를 손에 쥔 천둥의 신 토르보다 강하다. 한쪽은 녹이지만 다른 한쪽은 조각조각 부서지게 할 뿐이니.

땅 위의 눈이 드문드문 사라지기 시작하고 따뜻한 햇볕이 이삼 일 계속되어 표면이 어느 정도 말랐을 무렵, 때마침 얼굴을 내민 어린 봄이 움트는 풋풋한 징후와 겨울을 이겨낸 메마른 초목의 당당한 아름다움을 비교해 보는 것은 즐겁다. 가령 산떡쑥과 미역취, 명아주를 비롯한 단아한 들풀은 여름이 오지 않으면 아름다움이 성숙하지 않는 듯 보이지만, 사실 이 시기야말로 오히려 여름보다 눈에 띄기 쉽고 풍부한 정취를 지닌다. 나아가 황새풀과 부들, 멀레인, 물레나물, 조팝나무, 톱니꼬리조팝나무, 그 외 줄기가 든든한 다채로운 식물들이 제일 일찍 찾아오는 새들을 대접하는 무궁무진한 곡창— 아니면 적어도 미망인인 자연이 몸에 두르는 수수한 상복—이 되고 있다.

특히 솔방울고랭이의 활 모양으로 휜, 곡물 다발 같은 끝 부분에 마음이 끌린다. 그것은 겨울의 기억에 여름을 다시 불러일으키는 예술가가 모방하고 싶어하는 형태이다. 이 풀은 또한 식물계에서, 인간정신 내부에 존재하는 다양한 형태에 대해 천문학과 같은 관계를 맺으며 그리스나 이집트의 양식보다 더 오래된 시대의 양식이다. 겨울의 많은 현상은 이루 말할 수 없는 사랑스러움과 깨지기 쉬운 우아한 아름다움을 바닥에 숨기고 있다. 우리는 곧잘 겨울의 왕을 난폭하고 버릇없는 폭군이라 말들 하지만, 사실은 사랑을 할 때와 같은 부드러움으로 여름 공주의 머리칼을 장식하고 있는 것이다.

봄이 가까워 올 무렵, 앉아서 책을 읽거나 글을 쓰고 있자니 마루 밑에 북방청서가 두 마리나 숨어들어와 지금까지 들어본 적이 없는 기묘한 소리로 숨을 죽이며 웃어댔다. 그러더니 조잘대기도 하고, 급회전하는 소리나 목구멍을 울리는 듯한 소리를 계속 질러대는 것이다. 마루를 쿵쿵 밟아 경고를 하자 그들은 더 큰 소리로 시끄럽게 소란을 피운다. 못된 장난질에 빠져 예의도 두려움도 망각하고, 말릴 수 있으면 어디 해봐라 하고 놀리는 것 같다. 어이, 그만 해라 다람쥐야, 다람쥐야 그만! 그러나 그들은 내 목소리에 귀를 기울일 생각이 없는 건지, 아니면 처음부터 나를 깔보았던 건지 더 이상 손을 쓸 수 없을 정도로 쉬지 않고 욕을 퍼붓는 것이었다.

봄의 첫 손님 참새! 전보다 더 푸르고 희망에 찬 한 해가 시작되려 한다! 푸른 울새, 노래참새, 개똥지빠귀들의 작은 은방울 소리 같은 지저귐이 드문드문 눈의 잔재가 남아 있는 습한 들판 너머로 들려오고 있다. 겨울의 마지막 눈발이 날리면서 스치는 소리처럼! 이런 때, 역사나 연대기, 전통이나 문자로 기록된 계시가 도대체 무슨 소용이란 말인가? 흐르는 시냇물은 봄을 위한 축하와 기쁨의 노래를 읊조린다. 목장을 낮게 비행하는 개구리매는 갓잠에서 깨어났을 진흙투성이의 먹이를 찾아 일찍부터 돌아다니고 있다. 눈이 녹아 무너져 내리는 소리가 계곡 여기저기에서 들리고, 호수의 얼음은 자꾸자꾸 사라져간다. 언덕 기슭에서는 풀잎이 봄날처럼 불타오른다—"이렇게 해서 풀들은 첫 봄비에게 이끌려 이제 막 싹터 오르려 하고 있다(et primitus oritur herba imbribus primoribus evocata)." 마치 대지가 돌아온 태양을 맞으려고 내부의 열을 내보내는 것 같다. 노란빛이 아닌 초록빛 불꽃으로. 영원한 청춘의 상징인 풀잎은 초록의 긴 리본처럼 땅 위에서 여름을 향해 고개를 든다. 설사 추위로 인해 가는 길을 저지당한다 해도 다시 일어나 전진하면서 땅 속에 넘쳐흐르는 새로운 생명력으로 지난해 베어진 건초의 끝을 들어올린다.

풀잎은 작은 시냇물 소리가 땅 속에서 배어나오듯이 착실하게 성장을 계속한다. 풀잎과 시냇물은 거의 동일하다 해도 좋을 것이다. 물이 말라버리는 6월은 풀의 성장기라 풀잎이 졸졸 흐르는 수로가 되어 해마다 가축은 이 영원한 초록의 흐름에서 물을 마시고, 풀을 베는 자는 거기에서 가장 빨리 겨울의 사료를 퍼올리기 때문이다. 마찬가지로 우리 인간의 생명도 뿌리가 시드는 것일 뿐, 영원을 향해 여전히 초록의 잎을 뻗어가는 것이다.

월든은 순식간에 녹아간다. 호수 북쪽과 서쪽 가까이에는 폭 2로드의 운하가 생기고, 동쪽 끝에서는 그 폭이 더욱 넓어지고 있다. 광대한 얼음 들판이 동체에서 떨어져 나가고 만 것이다. 노래참새가 물가의 수풀 속에서 노래하는 것이 들린다. 올릿, 올릿, 올릿, 칩, 칩, 체 차르 체, 위스, 위스, 위스. 이 새도 얼음 깨는 것을 도와주고 있다.

얼음 테두리의 완만하게 뻗은 곡선은 얼마나 아름다운가! 호반의 가장자리를 어느 정도 따르고는 있지만 이 곡선이 더 규칙적이다. 얼음은 최근의 일시적인 혹독한 한기 탓으로 여느 때보다 더 굳어져 있고, 궁전의 대리석처럼 한쪽 면에 물결무늬가 새겨져 있다. 그러나 바람은 허무하게 그 불투명한 표면을 스치며 동쪽으로 미끄러져가고, 얼음 저편에서 가까스로 살아 있는 수면에 도달한다. 태양에 반짝이는 물의 리본, 기쁨과 젊음에 찬 호수의 맨 얼굴을 바라보는 것은 얼마나 훌륭한 일인가. 그것은 물고기나 모래사장의 기쁨을 대변하는 듯하다. 잉어의 비늘처럼 은빛을 발하는 모습은 한 마리의 살아 있는 물고기와 다를 바가 없다. 겨울과 봄의 대조는 너무나도 선명하다. 월든은 다시 소생한 것이다. 어쨌든 이미 언급한 바와 같이 이해의 봄,

호수의 얼음은 예년보다 더 착실하게 녹아갔다.

폭풍과 추위의 계절에서 화창하고 온화한 날씨로의, 어둡고 정체된 시간에서 밝고 경쾌한 시간으로의 변화는 만물이 기억해야 할 중대한 위기이다. 그것은 최후의 순간에 홀연히 찾아온다. 저녁노을이 다가오고 지붕 위에선 아직 겨울의 구름이 무겁게 짓누르며, 처마 끝에서는 진눈깨비가 떨어지는데 돌연, 나의 오두막은 빛으로 가득 찼다. 나는 문득 창밖을 내다보았다. 그러자 어떠한가. 어제까지는 차가운 회색빛의 얼음 말고는 아무것도 없었던 장소에, 일찌감치 여름 오후의 고요함을 띤 희망에 넘치는 호수가 있었다. 아직 머리 위로는 보이지 않는 여름의 저녁 하늘을 가슴에 비추면서 펼쳐진 모습은 마치 호수가 먼 지평선 어딘가와 마음이 통하기라도 하는 것 같았다.

멀리서 울새의 소리가 들렸다. 나는 그것을 수천 년 만에 들은 것 같다. 그 음률—예부터 아름답고 힘 있는 그 노랫소리—을, 앞으로 수천 년은 잊지 못하리라. 아아, 뉴잉글랜드의 여름 하루가 끝날 무렵의 울새여! 그가 머물고 있는 작은 가지를 발견할 수는 없을까! 그와 그 작은 가지를! 이 새는 적어도 투르두스 미그라토리우스(turdus migratorium : 당시 울새의 학명)라 불리는 단순한 새가 아닌 것이다. 그만큼 오랫동안 고개를 숙이고 있던 오두막 주위의 소나무와 떡갈나무 관목은 단비에 씻겨 숨이 되살아난 것인지 본래의 다양한 성격을 되찾고, 밝기도 초록의 색조도 한층 선명해지고 우뚝 서서 생기에 넘치고 있었다. 나는 이미 비가 개었다는 것을 깨달았다.

숲의 작은 나뭇가지를 보아도, 아니 오두막의 장작더미를 보는 것만으로도 그 해의 겨울이 사라졌는지 알 수 있다. 주위가 어두워질 무렵, 나는 숲 위를 낮게 날아가는 기러기의 울음소리에 놀랐다. 호수 남쪽으로부터 늦은 시각에 도착한 지친 나그네들이 흥금 없이 서로의 불평을 털어놓거나 위로하는 것 같았다. 입구에 서자 그들의 날갯짓 소리가 들려왔다. 그들은 오두막을 향해 날아오다가 집안의 불빛을 깨닫고 급히 진로를 바꾸어 조용히 호수로 내려섰다. 나는 집으로 들어가 문을 잠그고 봄의 첫 밤을 보냈다.

다음날 아침, 50로드 정도 떨어진 호수 한가운데서 기러기들이 헤엄치고 있는 것을 뿌연 안개 너머로 지켜보았다. 그들은 체격이 큰 데다 아주 시끄러워서 월든은 완전히 그들의 놀이터가 된 것 같았다. 내가 물가에 서자 그들은 지휘관의 신호와 함께 일제히 세찬 날갯짓을 하며 날아오르더니 29마리가 대열을 정비한 뒤, 한바탕 머리 위에서 선회했다. 그러고 나서 캐나다 쪽으로 방향을 잡고 리더가 내는 규칙적인 울음소리를 따르며 진흙이 많은 물웅덩이에서 아침 식사를 할 수 있으리라는 부푼 마음을 안고 사라져갔다. 때를 같이해 오리 떼도 한 무더기 날아오르더니 시끌벅적한 사촌들의 뒤를 쫓아서 북쪽을 향해 날아간다.

그 뒤 일주일 동안, 짙은 안개 낀 아침마다 홀로 남겨진 기러기 한 마리가 동료들을 찾아 호를 그리면서, 속을 떠보는 듯한 떠들썩한 울음소리로 숲이 감당하기 힘든 커다란 생명의 울림을 줄기차게 퍼뜨렸다. 4월이 되자 비둘기가 다시 작은 무리를 지어 쏜살처럼 날아가는 모습이 보였다. 흰털발제비도 나의 벌채지 위에서 지저귀기 시작했다. 나에게까지 찾아올 만큼 마을에 흰털발제비가 많은 것은 아니었을 텐데, 그들은 필시 백인이 찾아오기 전부터 나무 구멍에 살았던 특별한 종족이 아닐까 생각한다. 어떠한 기후의 토지에서도 거북과 개구리는 봄의 선구자이자 전령사이기도 하다. 노래하는 새들은 깃털을 반짝이며 날아간다. 초목은 싹을 내고 꽃을 피운다. 바람이 불어와 지구 양극의 작은 진폭을 수정하고 자연의 균형을 유지하려고 한다.

어느 계절도 나름대로 최고의 계절이라 생각하지만, 봄의 도래는 혼돈에서 우주를 창조하는 것이고, 황금시대가 찾아왔음을 뜻하는 것이 아닐까 싶다.

"Eurus ad Auroram, Nabathaecque regna recessit,
Persidaque, et radiis juga subdita matutinis."

"동풍은 물러간다. 여명의 신 곁으로, 나아가 나바데아인의 왕국,
페르시아의 방향으로, 아침해를 받는 산으로."

"사람은 태어났다. 그것은 아름다운 세상의 창시자인
만물의 창조주가 신들의 씨앗으로 만든 것인가,
혹은 먼 천계로부터 갈라져 나온 대지 속에,
같은 하늘의 종자가 깃든 것인가."

한 차례의 단비가 풀잎의 빛깔을 한층 돋보이게 한다. 마찬가지로 보다 좋은 사상이 도래하면 우리의 앞길은 밝아질 것이다. 만약 우리가 늘 하늘에서 내려오는 촉촉한 이슬의 감화를 그대로 표현하는 풀처럼 현재를 살아가며, 나의 몸에 떨어져 내리는 모든 일을 잘 활용할 수 있다면, 또 과거에 놓친 호기를 보상하기 위해 시간을 소비하고 그것을 의무의 수행이라 부르지 않는다면 우리는 행복해질 것이다.

이미 봄이 왔다고 하는데, 우리는 겨울을 헤매고 있다. 상쾌한 봄날 아침에는 모든 인간의 죄가 용서된다. 이러한 날은 악적과의 휴전이다. 봄의 태양이 타오르는 동안에는 극악무도한 인간도 귀향이 허락될 것이다. 우리 자신이 다시 한 번 순수해진다면 이웃의 순수함도 알게 되리라.

어제까지 당신은 자신의 이웃을 좀도둑이나 술주정뱅이, 호색한이라 생각하며 그에 대해 동정과 경멸을 품고 세상에 절망하고 있었을지 모른다. 그러나 이 봄날 아침, 밝고 따뜻한 햇볕이 세계를 다시 한 번 창조해 내려 할 때, 여유 있는 모습으로 일에 힘쓰고 있는 그자를 만나보라. 타락하고 지친 그의 혈관이 지금은 조용한 기쁨에 부풀어 새로운 날을 축복하면서 천진난만한 마음으로 봄기운을 느끼고 있는 것을 본다면 그자의 결함은 잊히고 말 것이다.

그의 주변에는 오로지 선의만이 감돌뿐, 설령 갓 태어난 본능처럼 맹목적이고 믿음직스럽지 못한 것이라고 해도 신성한 향기마저 느껴지는 듯하고 잠시 동안은 산속의 메아리도 천박한 농담에 응하지 않게 된다. 그의 옹이진 외피에서는 천진무구한 아름다운 가지가 뻗어나와 산과 들의 초목처럼 부드럽고 싱싱한 모습으로 새로운 한 해에 도전하려 하고 있다.

이 남자도 하느님의 기쁨을 함께 하고 있는 것이다. 무엇 때문에 간수는 감옥 문을 활짝 열어놓지 않는가—무엇 때문에 재판관은 사건을 기각하지 않는가—무엇 때문에 설교자는 집회를 해산하지 않는가! 그들은 신이 부여해주는 암묵의 가르침에 따르지 않고, 신이 만인에게 아낌없이 부여하는 용서를 받아들이려고 하지 않기 때문이다.

"사람의 양심은 밤낮으로 자란다. 동틀 무렵 맑은 기운이 일어나면 그 선악이 인간의 본성에 가까워지지만 낮의 행동이 그것을 흐려버린다. 그것이 흐려지면 밤에 길러진 기운이 남지 않게 되고 이 기운이 사라지면, 본성이 금수와 가까워진다. 사람들은 그자가 금수같음을 보고 그에게는 인성이 없었다 생각한다. 하지만 그것이 어찌 사람의 본성이겠는가? (其日夜之所息, 平旦之氣, 其好惡與人相近也者幾希, 則其旦晝之所爲有梏之亡之矣. 梏之反覆, 則其夜氣不足以存, 夜氣不足以存, 則其違禽獸不遠矣. 人見其禽獸也, 而以爲未嘗有才焉者. 是豈人之情也哉)"(《맹자》)

"태초에 황금의 시대가 있었다. 징벌자 없고 벌칙도 없고,
스스로 바치는 충성과 올바른 마음만이 있다.
형벌도 없고 공포도 없고, 벽에 걸린 황동판에 새겨진
위협의 말은 더욱 없고, 판관의 말을 두려워하는
탄원자들도 없다. 복수를 모르는 태평한 세월.
산 위의 소나무도 베어져
너른 바다를 가는 배가 되어 먼 나라를 바라보는 일은 없다.
사람이 아는 것은 오직 하나, 자신이 태어난 물가뿐.
……(중략)……
영원한 봄이 있었다, 온화한 서풍은
따뜻한 미풍으로 씨 없이 태어난 꽃들을 위로한다."

4월 29일, 나인 에이커 코너 다리 근처의 냇가. 사향뒤쥐가 숨어 있는 부근의 버드나무 뿌리 위에서 바람에 흔들리는 풀을 밟고 낚싯줄을 늘어뜨리고 있었다. 그때 아이들이 놀이 삼아 손가락으로 막대기를 울릴 때 나는 기묘한 소리가 들려와 하늘을 올려다보니, 쏙독새처럼 날씬하고 품위 있는 매 한마리가 햇빛에 반짝이는 수놓인 리본처럼, 혹은 진줏빛 조개껍데기처럼 빛나는 날개 뒤를 보이면서 1, 2로드마다 잔물결을 일으키며 상승과 하강을 거듭하고 있었다.

그것을 보고 나는 매사냥과 그에 관련된 여러 가지 멋과 정취를 떠올렸다. 그것은 '쇠황조롱이'라 불리는 매 같았는데, 이름은 아무래도 좋았다. 새가 이토록 경쾌하게 날고 있는 모습은 처음이었다. 나비처럼 가볍게 날갯짓하는 것도 아니요, 큰 매처럼 높이 날아오르는 것도 아니지만, 자신에 가득 차

서 하늘의 들판을 달음박질하고 있었다. 그는 쿡쿡 하고 기묘한 웃음소리를 내면서 오르고 또 오르다가 자유자재로 아름다운 하강을 반복하고, 빙글빙글 회전하는가 싶더니 한 번도 대지에 발을 붙인 일이 없다는 듯이 우아하게 급하강하고는 돌연 방향을 바꾸는 것이었다.

'이 우주에 친구 따위 없어. 그래서 혼자 놀고 있지. 아침과 푸른 하늘이 나와 함께 놀아주는 것만으로 족해'라고 말하는 듯했다. 새는 조금도 고독해 보이지 않고 오히려 눈 아래의 대지를 고독한 존재로 보이게 했다. 그런데 그를 부화한 어미 새를 비롯해 형제들은 하늘 어디에 있는 것일까? 큰 하늘을 거처로 하는 이 새를 대지와 이어주는 것은 깎아지른 절벽의 벌어진 틈새에서 부화된 알밖에 없는 듯한 느낌이 들었다. 아니면 그가 태어난 둥지는 구름 한 귀퉁이에 있고, 그 둥지는 저녁노을로 짜이고 무지개로 테두리를 둘렀으며 대지에서 퍼올린 부드러운 한 여름의 아지랑이가 덧대어져 있는 것일까? 지금 그의 보금자리는 깎아지른 절벽과 닮은 구름이다.

나는 황금색이나 은색; 찬란하게 빛나는 구리색을 띤 진기한 물고기들을 낚았는데, 마치 실에 꿰인 보석과도 같았다. 아아! 나는 봄날 아침마다 가까운 목초지를 헤치고 들어가 작은 구릉을 넘고 버드나무 뿌리를 펄쩍 뛰어넘으며 전진해갔다. 때마침 세차게 물이 흘러내리는 계곡과 수풀은 무덤 속에 잠들어 있는 주검도 눈을 뜨게 할 찬란한 빛을 한껏 받고 있었다. 불사(不死)에 대해 이 이상의 유력한 증거는 없다. 이러한 빛 속에서는 모든 것이 생명을 얻을 수밖에 없을 것이다. 오오, 죽음이여, 너의 가시는 어디에 있는가? 오오, 무덤이여, 그러면 너의 승리는 어디에 있는가?

마을을 둘러싸고 있는 아직 사랑의 손길이 닿지 않은 숲이나 목초지가 없어진다면 우리 마을의 생활은 썩은 물이 되어버릴 것이다. 우리는 야성이라는 강장제를 필요로 한다. 때로는 알락해오라기나 흰눈썹뜸부기가 숨어 있는 늪지를 건너 도요새의 낭랑한 울음소리를 듣기도 하고, 고독하고 야성적인 들새의 둥지가 있고 밍크가 기어다니는 부근에서 바람에 흔들리는 사초의 냄새를 맡아야만 한다.

우리는 여러 가지를 탐험하고 배우지만, 동시에 여러 가지가 신비한 모습 그대로, 파헤쳐지지 않은 그대로 남아 있기를 바란다. 육지와 바다가 한없이 야성적이기를, 그것이 헤아리기 힘든 것이기에 측량도 하지 않고 측심도 하지 않은 채 있어 주기를 바라는 것이다. 자연은 아무리 만끽해도 결코 질리는 법이 없다. 우리는 무궁무진한 활력과 광대한 지형, 난파선이 떠밀려 내려오는 해안, 살아있는 나무와 썩어 있는 나무로 이루어진 원시림, 번개와 천둥, 범람을 일으키는 세찬 폭우를 보고 원기를 회복해야 한다. 인간 자신의 한계를 초월하는 모습이나 우리가 결코 발을 들여놓지 않는 곳에서 마음껏 풀을 뜯고 있는 동물을 목격해야 한다.

혐오감을 일으키는 썩은 고기를 독수리가 덥석 물고 그 먹이에서 건강과 활력을 얻는 것을 보면 힘이 용솟음친다. 오두막으로 통하는 길가의 웅덩이에는 말의 시체가 굴러다니고 있어서 아주 어두운 밤에는 길을 돌아가야 할 때도 있지만, 시체를 보고 자연의 왕성한 식욕과 범하기 힘든 건강을 확신할 수 있었던 것이 이를 보상해주기도 했다. 자연이 이토록 활력에 가득 차 있어서 무수한 생명이 희생되거나 서로 탐욕스럽게 먹어대도 여전히 여유 만만한 모습을 보면 기분이 좋아진다.

약한 생명이 아무렇지도 않게 과육처럼 짓눌려 죽어가고, 올챙이가 왜가리에게 잡혀 먹히고, 거북이나 두꺼비가 노상에서 치여 죽은 것을 보아도 마찬가지이다. 고기의 비, 피의 비가 내리기도 했다! 사고란 일어나기 쉬운 것이므로 가볍게 취급하도록 노력해야 한다. 현명한 사람이라면 이것이 우주의 순수함임을 알 것이다. 독은 결국 독이 아니고, 어떠한 상처도 치명상은 아니다. 동정을 옹호해야 할 논거는 없다. 동정한다면 일을 척척 실행해가야지, 그러한 호소를 틀에 박힌 양식으로 해서는 안 된다.

5월 초순이 되자 떡갈나무나 히코리, 단풍나무들이 호숫가의 소나무 숲에서 싹을 틔우고, 특히 구름 낀 날에는 그곳에 햇빛과 같은 광채를 더해주고 있었다. 마치 태양이 안개를 뚫고 언덕 기슭을 어렴풋이 비추는 듯했다. 5월 3일인가 4일에는 호수 위에서 아비를 보았다. 또 이 달의 첫째 주에는 쏙독새와 갈색지빠귀, 개똥지빠귀, 딱새, 되새들이 노래하는 소리가 들려왔다. 숲지빠귀의 소리는 이미 오래 전부터 들려오고 있었다.

북미큰딱새도 일찌감치 돌아와 현관문이나 창문을 통해 안을 엿보았다. 이 집이 살기 좋은 동굴인지 어떤지 살피는 모양이다. 그놈은 집안을 검토하면서 허공에 꽉 매달리듯이 발톱을 굽히고 날개를 가볍게 파닥이면서 공중에 떠올라 있었다. 얼마 후 소나무의 유황과 같은 꽃가루가 수면과 물가의 자갈, 썩은 나무 위를 노랗게 뒤덮었다. 그러모으면 한 통은 족히 될 것 같은 이것이 바로 '유황의 소나기'이다. 칼리다사(고대 인도의 시인·극작가)의 희곡 《샤쿤탈라》 속에도, "작은 시내는 연꽃의 황금색을 띤 화분으로 노랗게 물든다"고 되어 있다. 이렇게 사람의 발길이 닿을수록 풀이 길게 자라듯이 계절은 여름을 향해 쑥쑥 뻗어갔다.

　이로써 숲 속에서의 1년 동안의 삶은 끝을 맞았다. 2년째도 이와 크게 다르지 않았다. 나는 1847년 9월 6일, 마침내 월든을 떠났다.

18
맺음말
CONCLUSION

의사가 환자에게 공기와 환경을 바꾸도록 권하는 것은 현명한 치료법이다. 다행히도 현재 몸담고 있는 세계가 전부는 아닌 것이다. 마로니에는 뉴잉글랜드 지방에서는 자라지 않고, 흉내지빠귀의 소리도 이 부근에서는 좀처럼 들리지 않는다. 기러기들은 인간 못지않게 세상을 두루 돌아다니며 생활하고 있다. 캐나다에서 아침을 먹은 뒤, 낮에는 오하이오 강에서 점심을 들고, 밤에는 남부의 강 후미에서 날개를 가다듬는다. 들소란 녀석들도 계절과 적당히 보조를 맞춰 이동한다. 콜로라도 강 유역의 초원에서 풀을 뜯는 것도 잠시, 옐로스톤 강가에는 더욱 푸르고 달콤한 풀이 그들을 기다리고 있는 것이다. 그런데 인간은 농장의 울타리가 쓰러지고 대신 돌담이라도 세워지면 이미 생활에 한계가 그어져 운명이 결정이 나기나 한 것처럼 단정 짓고 마는 것이다. 어쩌다 당신이 마을의 서기관으로 선출된다면 이번 여름, 티에라델푸에고에 갈 수는 없을 것이다. 하지만 그럼에도 불구하고 시뻘건 불길이 치솟는 지옥으로 가게 될지도 모른다. 우주는 우리가 보는 것보다 훨씬 넓다.

어쨌든 우리는 호기심에 들뜬 배 안의 어린애처럼 뱃머리의 난간 저편을 뻔질나게 내다보아야지 멍청한 어부처럼 바닥 이음매에 메워 넣을 뱃밥을 만들면서 항해해서는 안 된다. 지구의 반대쪽이라 해도 우리 통신원의 기지에 지나지 않는다. 우리는 단지 대권항법을 통해 바다를 항해하고, 의사는 피부병에 대한 처방을 해줄 뿐이다. 기린을 잡으러 서둘러 남아프리카로 향하는 사람도 있지만 그가 진정 손에 넣고 싶은 사냥감은 결코 그런 것이 아니리라. 설사 그에게 그런 여유가 있다 해도 도대체 언제까지 기린 사냥 따위에 흥분할 것인가? 도요새나 멧도요를 잡는 것도 맛보기 힘든 기분 전환이 될지도 모르지만, 나는 자신을 겨냥하는 게 훨씬 고상한 유희라고 확신한다.

"너의 눈을 안으로 돌려보라. 그러면 거기에는,
지금껏 발견되지 않은 천의 영역을 발견할 수 있을 것이다.
그 세계를 거쳐서 가까운 우주지리학의
최고권위자가 되어라."

아프리카란, 서부란 무엇을 상징하는 것일까? 우리 내부의 해도는 백지로
남아 있지 않은가? "막상 발견하고 나니 해안처럼 까맣더라"는 사람도 있겠
지만. 우리가 발견하고 싶은 것은 정말로 나일 강, 니제르 강, 미시시피 강
등의 원류나, 아프리카 대륙을 도는 서북항로 같은 것일까? 인류에 관계되
는 중대사란 이러한 문제일까? 탐험가 프랭클린(John Franklin : $^{1786\sim}_{1847.}$
$^{영국의\ 군인\cdot탐험가.\ 북극}_{정복에\ 나섰다가\ 행방불명됨}$)의 아내는 남편을 찾아내려고 애썼는데 행방불명이 된 것은
그 혼자만일까? 그린넬은 지금 자신이 어디에 있는지 아는 것일까? 오히려
우리는 제2의 멍고 파크(Mungo Park : $^{1771\sim1806.}_{스코틀랜드\ 탐험가}$)나 루이스(Meriwether
Lewis : $^{1774\sim1809.\ 미국}_{개척시대의\ 탐험가}$)와 클라크(Willam Clark : $^{1770\sim1838.\ 미국}_{개척시대의\ 탐험가}$), 프로비셔 (Sir Marthin
Frobisher : $^{1535\sim1594.}_{영국의\ 탐험가}$)가 되어 자신의 내부를 흐르는 강과 광활한 바다를 발견
해야 하지 않을까? 필요하다면 살아남기 위해 통조림이라도 하나 가득 배에
싣고 자신의 고위도 지역을 탐험해보는 것은 어떨까? 발견한 것에는 그 표
시로 빈 깡통을 하늘 높이 쌓아올리면 될 것이다. 통조림 고기는 단지 고기
를 보존하기 위해서 발명된 것일까? 그렇지 않을 것이다.

내부의 신대륙이나 신세계를 발견하는 콜럼버스가 되어 상업이 아닌 사상
의 새로운 수로를 개척해보자. 인간은 모두 한 영토의 주인이며, 그것에 비
하면 러시아 황제의 제국도 빙원(氷原)의 보잘것없는 얼음덩어리에 지나지
않는다. 그런데 자신을 존경할 줄 모르고 작은 것을 위해 위대한 것을 희생
하는 그런 인간일지라도 애국자는 될 수 있다. 그들은 자신의 무덤을 덮을
흙더미는 사랑하지만, 흙덩이에서 만들어진 그들의 육체에 지금도 생기를
불어넣고 있는 정신에는 아무런 공감도 나타내지 않는다. 애국심은 그들의
머리에 들끓는 구더기다.

떠들썩하게 거금을 쏟아부은 그 남극탐험대에는 결국 어떤 의미가 있었던
가? 정신의 세계에는 여러 대륙과 바다가 있고 누구나 그곳에 지협이나 후
미를 지니고 있는데 아직 당사자는 탐험한 일이 전혀 없다는 사실, 정부가

주문해 만든 배에 올라탄 500명의 대원들이 오로지 한 사람을 보조하며 추위와 폭풍과 식인종에게 먹힐 위험을 무릅쓰고 수천 마일을 항해하는 것이 혼자서 개인의 바다, 즉 자기라는 기존의 대서양이나 태평양을 탐험하는 것보다 더 쉽다는 사실이 간접적으로 인정되었다는 것뿐이 아닌가.

"Erret, et extremos alter scrutetur Iberos.
Plus habet hic vitæ. Plus habet ille viae."

"그들을 방랑하게 하라, 이 세상 끝의 오스트레일리아인을 관찰하게 하라. 나에게는 수많은 신이 있다. 그들에게는 수많은 길이 있다."

잔지바르(아프리카 동쪽 탄자니아에 있는 섬)의 고양이 수를 세기 위해 세계를 일주하는 것은 바보 같은 짓이다. 그러나 더 나은 일을 할 수 있게 되기까지 그렇게 하는 것도 나쁘진 않을 것이다. 마침내 지구의 내부로 통하는 '심스의 구멍(존 심스가 주장한, 지구 내부에는 직경 수천 마일의 빈 공간이 있고 출입구가 있다는 설)'을 발견할 수 있을지도 모르니. 영국, 프랑스, 스페인, 포르투갈, 황금해안, 노예해안 등은 모두 이 개인의 바다에 맞닿은 것인데, 거기에서 육지가 보이지 않는 먼 바다까지 나아간 배는 아직 한 척도 없는 것이다. 그것이야말로 인도로 직행하는 항로가 틀림없는데도.

여러 나라의 말에 능통하고, 여러 나라의 풍습에 익숙해지면서 다른 여행자들보다 멀리 나아가고 싶다면, 또 다양한 기후에 적응하면서 스핑크스의 수수께끼를 풀고 그 머리를 돌에 부딪치게 하려 한다면 글자 그대로 고대 철학자의 가르침에 따라 "너 자신을 탐험해야" 한다. 이를 위해서는 보는 힘과 용기가 필요하다. 자기 탐험의 패배자와 탈주자만이 전쟁터에 가는 것이다. 그들은 도망쳐 군대로 들어가는 겁쟁이들이다.

지금이야말로 서쪽 끝을 향해 여행을 떠나보지 않겠는가. 그 길은 미시시피 강이나 태평양에 부딪쳐도 멈추지 않고, 그렇다고 노후한 중국이나 혹은 일본으로 통하는 것도 아니며, 이 지구와 접선을 이루어 뻗어가면서 여름에도 겨울에도, 낮에도 밤에도, 해가 저물고 달이 떨어진 뒤에도, 그리고 마침내 지구가 가라앉은 뒤에도 계속해서 앞으로 나아가는 것이다.

미라보(Mirabeau : 1749~1791. 프랑스의 정치가·웅변가)는 "사회의 신성불가침한 법을 공공연히 거스르기 위해서 어느 정도의 결의가 필요한가를 확인하기 위해” 노상강도 짓을 해본 적이 있다고 한다. 그는 “대열을 짜서 싸우는 병사에게는 노상강도의 반만큼의 용기도 필요치 않다”, “명예도 종교도, 깊은 숙고 끝의 굳은 결의를 방해하지는 못했다”고 공언했다.

이것은 흔히 말하듯이 남자다운 행동일지는 모르겠으나, 사실은 자포자기까지는 아니더라도 정말 어리석은 태도였다. 제대로 된 인간이라면 더 신성한 법을 지킨 탓에 ‘사회의 신성불가침한 법’이라는 것을 ‘공공연히 거스르는’ 결과가 될 때가 종종 있는 법이다. 따라서 그와 같이 정도를 벗어나지 않고도 얼마든지 자신의 결의를 시험해 볼 수가 있었을 것이다. 인간은 그 같은 태도로 사회를 접해서는 안 되고, 스스로 올바르다고 믿는 법칙에 따라 결정한 태도를 끝까지 밀고 나가야한다. 그것은 결코 올바른 정부—운 좋게 이러한 정부를 만날 수 있다면—를 거스르는 일은 되지 않는 것이다.

나는 숲에 들어갔을 때와 마찬가지로, 그에 상응하는 이유가 있어 숲을 떠났다. 나에게는 아직 살아봐야 할 인생이 좀더 남아 있었고, 숲 속 생활에 더 이상의 시간을 할애할 수는 없다고 느꼈기 때문이다. 놀라지 말기를. 우리는 모르는 사이에 얼마나 쉽게 한 가닥 정해진 길만을 걷게 되고, 또 그 길을 다져서 굳혀놓는지. 숲에서 생활한 지 일주일도 되기 전에 나의 발은 오두막 입구에서 호반으로 통하는 오솔길을 만들고 있었다. 그 길을 처음 밟은 이래 벌써 5, 6년이 지났건만 지금도 그 흔적은 또렷이 남아 있다. 혹 다른 사람들도 무심코 그 길을 따라 걷게 된 것이 아닐까. 여전히 사라지지 않고 있는 것이 아닐까 신경이 쓰인다.

지구의 표면은 부드러워 인간의 발자국을 남기기 쉬운데, 이는 정신이 더듬는 길도 마찬가지이다. 세상의 간선도로는 닳고 닳아 먼지로 뒤덮이고, 전통과 습속에는 깊은 바퀴자국이 새겨졌을 것이다! 나는 일등 선실에 틀어박혀 항해를 하기보다 평범한 어부로서 이 세상의 돛대 앞에 꼿꼿이 선 채 갑판 위에 머물고 싶다고 생각했다. 거기에 있으면 산골짜기를 비추는 달빛이 아주 잘 보였기 때문이다. 다시 선실로 내려갈 생각은 들지 않는다.

나는 실험을 통해 적어도 다음과 같은 사실을 깨달았다. 인간이 자신의 꿈의 행로에 자신을 갖고 걸어가면서 머릿속으로 상상하던 그대로의 인생을 살아가려고 노력한다면, 평소 예상치 못했던 성공을 이룰 수가 있다는 것. 그는 어떤 것을 버리고 다시 되돌아보지 않게 될 것이다. 그리고 눈에 보이지 않는 경계선을 뛰어넘게 될 것이다. 새롭고 보편적인 더 자유로운 법칙이 자신의 주위와 내부에 확실하게 세워질 것이다. 혹은 낡은 법칙이 확대되고 더 자유로운 의미로 자신에게 유리하게 해석되어, 이른바 더 고차원적인 존재로부터의 인가를 얻어 살아갈 수 있을 것이다. 생활을 단순화함에 따라 우주의 법칙이 예전만큼 복잡하다는 생각이 들지 않게 되고, 고독은 고독이 아니며, 빈곤은 빈곤이 아니고, 약점은 약점이 되지 않을 것이다. 설령 공중누각을 쌓아올렸다고 해도 모든 게 허사로 돌아가는 것은 아니다. 본래 누각은 공중에 쌓는 것이다. 이번에는 그 아래에 기초를 다질 차례이다.

영국이나 미국이 요구하는, 알아듣게끔 이야기하라는 말은 바보 같은 소리다. 인간이든 독버섯이든 그런 식으로 성장하지는 않는다. 그들에게는 이것이 중대사로써, 그들을 제외하고 당신을 이해하는 자는 좀처럼 없을 것이라 생각하는 모양이다. 혹은 자연은 오로지 한 종류의 해석밖에는 인정하지 않아서, 짐승과 함께 새를, 기어다니는 생물과 함께 날아다니는 생물을 기를 수 없고, 황소 브라이트라도 알아들을 수준의 조용히(hush)와 누구(who)를 가장 훌륭한 영어라고 생각하는 것이다. 마치 어리석기에 안전하다고 말하는 듯하지 않은가.

나는 도리어 자신의 표현이 아직 충분히 도를 넘어서지 않는 것이 아닐까, 자신이 확신하게 된 진리에 걸맞을 만큼 일상생활의 좁은 한계를 뛰어넘어 아주 먼 곳까지 나아가지 못한 것이 아닌가 하는 점이 몹시 마음에 걸린다. 도를 넘는다! 그것은 인간이 얼마나 두텁게 둘러싸여 있는가에 따라 정해진다. 다른 위도의 토지로 새로운 풀을 구하러 이동하는 들소는 젖 짜는 시간에 나무통을 차 쓰러뜨리고 외양간 울타리를 뛰어넘어 송아지 뒤를 쫓는 암소보다도 도를 넘은 게 아니다.

나는 얽매이지 않은 상태에서 말하고 싶은 것이다. 눈을 뜨려는 인간이 눈을 뜨려는 다른 인간들을 향해서 이야기하듯이. 나는 거짓 없는 표현의 기초를 쌓아올리기 위해서라면 아무리 과장해도 괜찮다고 확신하기 때문이다. 흐르는 음악의 선율을 접한 뒤, 어느 누가 도를 넘어서 말하길 두려워하겠는가? 미래라든지 가능성이라는 견지에서 볼 때, 우리는 앞길에 여유를 두고 한계를 긋지 않고 살아가면서 그 방면의 윤곽은 항상 희미하게 남겨두어야 한다. 우리의 그림자가 태양을 향해 눈에 보이지 않는 땀을 발산하듯이. 우리의 말에 포함되어 있는 휘발성의 진리는 말의 미숙함이라는 잔류물을 끊임없이 폭로해야만 한다. 말의 진리는 이내 승천하고, 그 문자의 기념비만이 남는다. 우리의 신앙과 경건함을 표현하는 언어는 명확하지 않지만 그래도 뛰어난 자질을 지닌 사람들에게는 유향과도 같이 깊고 그윽한 향기를 발산하는 것이다.

어째서 우리는 항상 제일 둔중한 지각의 단계로 수준을 떨어뜨리고, 그것을 상식이라고 부르며 추어올리는 것인가? 상식 중 최고의 것이란 잠들어 있는 인간의 의식이며 그것은 코골이로 표현된다. 우리는 한 배 반의 재능을 지닌 인물을 그 반의 재능밖에 갖고 있지 않은 자와 동등하게 취급하는 경향이 있는데, 이는 우리가 그들의 재능을 1/3밖에 이해할 수 없기 때문이다. 어쩌다 일찍 일어나기라도 하면 해 돋는 새벽 하늘빛까지 트집을 잡고 싶어하는 자가 있는 것이다.

듣자 하니 "카비르의 시는 환각, 정신, 지성 및 베다의 통속적인 교리라는 네 가지 다른 의미가 있다"고 한다. 그런데 이 나라에서는 글에 해석의 여지가 둘 이상 있으면 사람들에게 불만을 들어도 당연하다고 생각하는 것이다. 영국은 감자병 대책에 힘을 쏟고 있다는데, 그보다 더 치명적인 뇌가 썩는 병을 치유하는 데 힘을 쏟을 인간은 단 한 명도 없는 것일까?

나는 아직 내가 모호함에 이르렀다고는 생각하지 않는다. 그러나 이 점에 있어서 이 책의 내용에 월든 호의 빙판에서 발견되는 것 이상의 치명적인 결함이 보이지 않는다면, 그것을 나의 자랑으로 삼고 싶다. 남부의 방문객들은 순수함의 증거라 할 수 있는 이곳 얼음의 푸른 빛깔을 혼탁함 때문이라 오해했는지 까닭 없이 싫어하고, 희기는 하지만 잡초 냄새를 풍기는 케임브리지의 얼음을 오히려 더 좋아하고 있었다. 사람들이 사랑하는 순수함이란 대지를 감싸는 안개와 같은 것이며, 그 너머로 빛나는 담청색 하늘과 같지는 않은 것이다.

우리 미국인은, 또 일반적으로 현대인은 고대인에 비하면, 아니 엘리자베스 시대의 사람들과 비교해도 지성이라는 점에 있어서는 난쟁이와 다를 바 없다고 귀에 못이 박혀라 역설하는 사람이 있다. 그래서 어쨌다는 것인가? 살아 있는 개는 죽은 사자보다 낫다고 한다. 난쟁이족으로 태어났으니 목을 매어 죽기라도 하란 말인가? 아니, 오히려 있는 힘을 다해 커다란 난쟁이가 되도록 노력해야 하지 않겠는가? 각자가 자신의 일에 몰두하고, 각자의 타고난 천성을 발휘할 수 있도록 전력을 다함이야말로 중요한 것이다.

어째서 우리는 이토록 악착같이 성공에 집착하고, 무모하게 사업을 추진해야 하는 것일까? 한 남자의 발걸음이 다른 동료들의 보조와 맞지 않는다면 이는 그가 다른 북소리를 듣고 있는 탓이리라. 그 박자가 어떠하든, 또 얼마나 멀리서 들려오든 한 사람 한 사람이 자신의 귀에 들려오는 북소리에 맞추어 발걸음을 내딛는 것이 아니겠는가. 사과나무나 떡갈나무처럼 빨리 성숙하는 것은 인간에게 중요치 않다. 우리의 봄을 여름으로 바꾸기라도 하라는 것인가? 자기 본래의 목표를 달성할 만한 조건도 채 갖추어지기 전에 현실을 바꾸어본들 무슨 소용이 있으랴? 공허한 현실에 부딪쳐서 난파하는 것은 사양하고 싶다. 아니면 노고를 마다 않고 머리 위에 높이 솟은 파란 유리 천장이라도 건설해야 할 것인가? 설사 그것이 완성되었다 하더라도 우리는 그것을 무시하고 저편 멀리 영기에 차 있는 진정한 하늘을 올려다 볼 것이 뻔하다.

옛날 쿠루 마을에 완벽을 목표로 정진하는 예술가가 한 사람 있었다. 어느 날 그는 지팡이 한 자루를 만들고자 했다. 불완전한 작품은 시간에 좌우되지만 완전한 작품은 시간과는 관계없다고 생각한 그는, 자신의 일생에서 달리 아무것도 이룰 수 없다 해도, 지팡이만큼은 누가 봐도 흠잡을 데 없는 것으로 만들자고 속으로 결심했다. 그는 이 목적에 어울리지 않는 재료는 절대 쓰지 않으리라는 생각으로 즉시 나무를 찾으러 숲으로 들어갔다. 나뭇가지를 하나하나 살펴보고 버리고 하는 사이 친구들은 하나둘씩 그의 곁을 떠나갔다. 일을 하는 동안 그들은 나이가 들어 죽어간 것이다.

하지만 그는 조금도 늙지 않았다. 그의 목적과 굳은 결의, 깊은 신앙심이 본인도 깨닫지 못하는 사이에 영원히 변치 않는 청춘을 그에게 부여했던 것이다. 그는 시간과 타협하지 않았고 시간은 그를 피해갔다. 그와의 싸움에서 패한 시간은 멀리서 한숨만 내쉴 뿐이었다. 마침내 어느 모로 보나 나무랄 데 없는 지팡이 감을 찾아냈을 무렵, 쿠루 마을은 이미 삭막한 폐허로 변해 있었다. 그는 무덤 위에 걸터앉아 나무껍질을 벗기기 시작했다.

지팡이 형태를 제대로 다듬기도 전에 칸다하르 왕조는 종말을 고했다. 그는 지팡이 끝으로 왕족 최후의 인물을 모래에 새기고 다시 일에 착수했다. 지팡이의 형태가 드러나고 마지막 윤내기가 끝날 즈음, 칼파(힌두교에서 말하는 가장 긴 시간의 단위로 4억 년 정도)는 이미 시간의 지표가 아니었다. 지팡이에 물미와 보석으로 장식한 머리를 붙이기 전에 브라마는 수차례 눈을 떴다가 다시 잠이 들었다.

그런데 나는 왜 이런 이야기를 장황하게 늘어놓는 것일까? 그가 작품에 마무리를 위한 손질을 가하자 지팡이는 돌연 순식간에 커지고, 어안이 벙벙한 이 예술가의 눈앞에서 브라마의 여러 창조물 중에서도 한층 더 아름다운 작품이 되었다. 그는 지팡이를 만듦으로써 하나의 새로운 우주를, 완전한 미의 조화를 이루는 하나의 세계를 창조하고 있었던 것이다. 낡은 도시와 왕조는 쓰러져갔지만 그것보다 더 아름답게 빛나는 도시와 왕조가 그 자리를 대신한 것이었다. 이리하여 그는 발 언저리에 높이 쌓인, 깎아낸 지 얼마 되지 않은 지저깨비를 보고 자신과 자신의 작품과 그때까지의 시간 경과가 단순한 환상에 지나지 않았다는 것, 브라마의 뇌에서 튀어 흩어진 한 조각 불똥이 인간 뇌의 부싯깃 위에 떨어져 발화하는 데 필요한 시간밖에 경과하지 않았다는 것을 깨달았다. 순수한 재료와 순수한 기술, 그 결과가 눈부시리라는 건 당연하지 않겠는가?

사물의 표면을 아무리 꾸민다고 한들 진리만큼 힘이 될까. 진리만이 변치 않는다. 대부분의 경우 우리는 있어야 할 장소를 착각해 터무니없는 곳에 몸을 둔다. 허약한 기질을 지닌 우리는 어떤 상황을 제멋대로 단정 짓고 그것에 얽매이기 때문에 동시에 두 장소에 머무는 꼴이 되어 벗어나기가 이중으로 힘들어진다. 제정신일 때 사람은 사실만을, 있는 그대로의 상황만을 직시하는 것이다. 의무감에서가 아니라 말하지 않고서는 견딜 수 없는 것을 말해야 한다. 그것이 무엇이든 진리는 허위보다 낫다. 교수대에 세워진 땜장이 톰 하이드는 마지막으로 하고 싶은 말이 없느냐는 질문에, "재단사들에게 전해주게. 첫 바늘을 꽂기 전에 실에 매듭짓는 걸 잊지 말라"고 대답했다 한다. 친구들의 기도는 잊힌 것이다.

삶이 아무리 초라하더라도 거기에서 얼굴을 돌리지 말고 있는 그대로 살아가야 한다. 자신의 생활을 피하거나 욕설을 퍼부어서는 안 된다. 그것도 자기 자신만큼은 나쁘지 않으니까. 삶은 여러분이 제일 풍족할 때에 가장 빈곤해 보인다. 트집 잡길 좋아하는 인간은 천국에서도 흠을 찾아낸다. 가난해도 삶을 사랑하길. 구빈원에 머물러도 즐겁고 가슴 뛰는 시간은 있을 것이다. 저녁노을은 부자의 저택뿐만 아니라 양로원의 유리창도 붉게 물들인다. 봄이 오면 뉘 집 문 앞이건 쌓인 눈이 녹아내리긴 마찬가지이다. 평온한 마음으로는 그러한 곳에서도 궁전에 사는 것과 다름없는 만족감을 누릴 것이요, 자신을 분기시키는 사상을 품으면서 살아갈 수 있을 것이다.

나는 오히려 가난한 마을 주민들이 더 독립적으로 살아가지 않나 하는 생각이 든다. 어떻게 보면 그들은 아무 거리낌 없이 자비를 받을 수 있는 훌륭한 사람들일지도 모른다. 대부분의 사람은 '생활보조금을 받다니 체면 구겨지는 일이야'라고 생각한다. 그러면 부정한 수단으로 입에 풀칠하는 것은 체면과 상관없다는 말인가. 체면으로 따지자면 그쪽이 수십 배는 더 불명예스러울 것이다. 현인을 본받아 정원의 풀꽃처럼 빈곤함을 길러보지 않겠는가. 의복이든 친구든, 새로운 것을 손에 넣으려 너무 악착같이 굴지 말고, 낡은 것을 뒤집어 사용하면서 항상 낡은 것으로 되돌아가자. 세상은 조금도 달라지지 않는다. 달라지는 것은 우리이다.

옷을 팔아 자신의 사상을 지키자. 신은 친구가 사라지지 않도록 여러분을 지켜주실 것이다. 설사 내가 거미처럼 온종일 다락방 구석에 틀어박혀있다 해도 자신의 사상을 잃지 않는 한 세계는 조금도 좁아지지 않는다. 한 철학자는 말했다. "삼군에서 지휘자를 빼앗을 수는 있다. 그러나 필부일지라도 그 뜻을 빼앗을 수는 없다(三軍可奪師也, 匹夫不可奪志也)."(《논어》)

너무 정색을 하고 새로운 경지를 개척하려 하거나, 여러 가지 감화력에 쉽게 농락돼서는 안 된다. 그리하면 쓸데없는 힘을 낭비할 뿐이다. 겸손은 어두움과 마찬가지로 천계의 빛을 드러나게 해준다. 우리 주위에 빈곤과 초라함의 그늘이 따라붙어 다닐 때, "보라! 만물은 우리의 눈앞에 펼쳐진다."

흔히 지적하듯이, 설사 크로이소스(리디아 왕국 최후의 왕)의 부를 부여받는다 해도 우리의 목표는 동일해야 하고, 수단 역시 본질적으로는 같아야만 한다. 또 빈곤으로 인해 여러분의 활동범위가 좁아지고 책이나 신문을 살 수 없게 되었다 해도, 여러분은 더할 나위 없이 의미 깊고 생기 넘치는 경험의 내부에 갇히는 것일 뿐이다. 싫든 좋든 사탕과 전분을 제일 많이 취할 수 있는 재료를 취급하게 되는 것이다. 다른 어느 부위보다 맛이 좋은 것은 뼈에 가까운 생활이다. 여러분은 가난한 만큼 경박한 인간이 되지 않을 수 있다. 물질적으로 낮은 생활을 하는 사람이 정신적으로 높은 생활을 하는 것으로 인해 잃는 것은 아무것도 없다. 여분의 부를 지니고 있으면 여분의 것이 손에 들어올 뿐이다. 영혼의 필수품을 구입하는 데 돈은 필요 없다.

나는 잡음을 막아주는 납으로 된 벽에 둘러싸여 살고 있다. 그런데 이 벽의 성분에는 방울을 만들 때 사용하는 소량의 합금이 포함되어 있었던 모양이다. 점심 휴식 시간에 딸랑딸랑하는 요란한 소리가 밖에서 들려오는 일이 있다. 나의 동시대인들이 내는 잡음이다. 이웃들은 곧잘 유명한 신사숙녀와 우연히 마주친 이야기며, 만찬회에서 어떤 명사와 동석을 했는지 하는 이야기들을 들려준다. 그런데 나는 그러한 화제에 대해서 〈데일리 타임스〉지의 기사와 다를 바 없이 전혀 흥미를 느끼지 못하는 것이다. 그들의 대화나 관심사란 대부분 복장이나 유행에 관한 것들이다. 그러나 거위에게 무엇을 입히든 거위는 거위이다. 그들은 나에게 캘리포니아나 텍사스의 일, 영국이나 인도제도, 조지아 주나 매사추세츠 주의 무슨 무슨 판사의 이야기 따위를 해주지만, 이도저도 모두 일시적이고 허무한 현상일 뿐이다. 나는 마침내 참을 수가 없어 마멜루크족(이집트의 터키족 노예. 후에 반란을 일으켜 왕권을 탈취함)처럼 그들의 뜰에서 쏜살같이 도망치고 싶어진다.

나의 생활방식으로 돌아가면 안심이 된다. 나는 행렬에 가세해 사람들 눈에 띄는 장소를 여봐란 듯이 행진할 생각은 없다. 할 수만 있다면 우주의 창조자와 함께 걷고 싶다. 이런 안정감 없고, 신경질적이며, 시끄럽고, 그저 그런 19세기에 사느니 차라리 시대가 스쳐가는 동안 앉아서, 혹은 서서 깊은 생각에 잠기고 싶다. 사람들은 도대체 무엇을 축하하는 것일까? 모두 어떤 준비위원회에 들어가, 매시간 누군가가 연설하는 것을 기다린다. 하늘의 신은 그날의 사회자에 불과하고 웹스터가 신의 대변자라는 것이다.

나는 스스로를 평가하고 결말을 내리며 자신을 가장 강하게, 가장 바르게 이끌어주는 것을 향해 나아가고 싶다. 저울대에 매달려서 몸의 중량을 가볍게 할 생각은 없다. 어떤 상황을 제멋대로 상상하기보다는 그것을 있는 그대로 받아들이도록 할 생각이다. 내가 갈 수 있는 단 한 줄기의, 어떤 권력도 저지할 수 없는 길을 더듬어가고 싶다. 확고한 토대가 다져지기도 전에 높이 아치를 세우기 시작하는 방식은 도저히 받아들일 수 없다. 얄팍한 빙판 위에서 노는 것은 이제 그만두지 않겠는가. 견고한 바닥은 어디에든 있다. 최근에 읽은 이야기를 하나 해보자.

길을 가던 나그네가 한 소년을 향해, "거기 늪 바닥이 단단한가?" 하고 물었다. 소년은 "네, 그렇습니다" 하고 대답했다. 그런데 얼마 안 가 나그네의 말이 뱃대끈 부근까지 푹 가라앉아버린 것이다. "아니, 늪 바닥이 단단하다고 말하지 않았느냐"고 추궁하니 소년은, "네, 그랬지요. 하지만 아저씨는 아직 반도 가라앉지 않았잖아요" 하고 대답하더란다.

인간사회의 늪이나 물에 떠밀려 내려가는 모래도 이와 마찬가지이다. 그러나 노련한 자만이 그것을 알 뿐이다. 생각하거나 이야기하는 것, 행하는 것 등은 드물게, 우연히 어느 정도의 일치를 본 경우에만 도움이 되는 것이다. 나는 단순히 윗가지에 그저 회칠을 한 자리에다 못을 박아넣는 어리석은 인간은 되고 싶지 않다. 그런 실수를 저지른다면 밤에 잠도 편히 이룰 수 없을 것이다. 나는 망치를 손에 쥐고 벽 속의 간주를 더듬어 찾고 싶다. 접합제 따위에 의지해서는 안 된다. 못을 단단히 박아넣고 뚫고 나온 못 끝을 조심스레 구부려 놓으면, 밤중에 눈을 떠도 자신의 일을 떠올리고 흡족한 웃음을 지을 수 있으리라. 뮤즈의 가호를 빌어도 부끄럽지 않을 일을 한 것이니. 그렇게 되면—그러한 경우에 한해서—신도 손길을 뻗어주실 것이다. 박아넣은 못 하나하나가 우주라는 기계의 리벳이 되어야 하고, 우리는 그 작업을 계속해가는 것이다.

사랑과 돈, 명성이 아닌 진리를 나에게 다오. 나는 산해진미와 넘쳐흐르는 와인, 입에 발린 말을 줄줄 늘어놓는 패거리들이 어깨를 나란히 한, 그러나 성실함이나 진리는 어디에도 눈에 띄지 않는 식탁에 앉은 적이 있다. 나는 주린 배를 움켜쥔 채 손님 대접이 부실한 식탁을 박차고 나왔다. 손님을 대하는 태도는 얼음장처럼 차가웠다. 이러한 자들이 내뿜는 열기를 식히기 위해서는 얼음 따윈 필요 없다고 생각했다. 그들은 와인의 연도와 상품의 명성을 나에게 들려주었다. 그렇지만 나는 그 순간 그들이 손에 쥔 적도 없고 살 수도 없는 더 훌륭한 상품, 더 오래되고 새로우며 순수 그 자체인 와인에 대해서 생각하고 있었던 것이다. 상류계급의 생활, 거대한 저택, 접대라는 것은 나에게 아무 의미도 없다. 언제였던가, 왕을 찾아뵈러 갔는데 큰 응접실에 버려진 채 제대로 손님 대접을 받지 못하고 돌아왔다. 그의 태도는 손님을 응대하는 예의를 잃고 있었다. 반면 숲 속 오두막 근처의 나무 구멍에 살고 있는 남자, 그의 태도는 어떠한가. 그의 행동이야말로 진정한 왕이라고 할 수 있었다. 나는 번지수를 잘못 찾은 것이다.

우리는 도대체 언제까지 집 앞에 웅크리고 앉아, 시험해보면 착각이라는 것이 곧 들통날 그런 곰팡이 슨 미덕을 내세울 생각인가? 그것은 마치 인내심으로 아침을 맞이하되, 일꾼을 고용해 자기 감자밭의 풀 뽑기를 시키고, 오후에 예정대로 선량함을 발휘해 기독교도에게 어울리는 온유함과 자비로움을 실천에 옮기는 것과 같지 않은가! 세상은 중국과 같은 오만함과 무겁게 자리 잡은 자기만족에 완전히 사로잡혀 있는 것 같다. 현세대는 자신이 명문가의 피를 이어받았다는 것을 너무 떠들어대는 경향이 있고, 오랜 전통이라는 것을 생각해서인지 보스턴, 런던, 파리, 로마에서 예술, 과학, 문학의 진보를 자랑스럽게 논하고 있다. 철학협회 기록이 출간되고, '위인에 대한 찬사'가 공공연히 입에 오르내리고 있다! 마치 선량한 아담이 자신의 훌륭함에 넋을 잃고 빠져 있는 꼴이 아닌가. "그렇고말고. 우리는 위업을 달성하고 성스러운 노래를 불러온 것이다. 이것이야말로 불멸하리라."―단, 우리가 그것을 기억할 수 있는 한.

아시리아의 학술협회와 위인들은 지금 어떻게 되어 있는 것일까? 우리는 얼마나 미숙한 철학자요, 실험자들인가! 나의 독자 중에서 완전한 삶을 살아온 이는 아직 한 명도 없는 것이다.

인류 생활사에서 지금은 봄에 불과하다. 콩코드에서는 7년 넘게 옴에 걸려 있는 사람은 눈에 띄어도, 17년을 사는 매미는 볼 수 없다. 우리는 이 지구의 얇은 거죽의 일부분만을 알고 있는 것이다. 대부분의 사람은 지면을 6피트 정도 파내려간 적도, 그런 높이까지 뛰어오른 적도 없다. 우리는 자신이 어디에 있는지 알지 못한다. 더구나 하루의 반 가까이는 깊은 잠에 빠져 지낸다. 그래도 자신을 똑똑하다 여기며 땅 위에 질서를 확립하겠다고 한다. 심원한 사상을 지니고 있으며 야망에 가득 차있다고 하는 것이다! 숲 속에 풀어진 솔잎 밑을 파고들며 내 눈을 피해 몸을 숨기려는 벌레 위에 서서, 어째서 이 벌레는 이토록 비굴한 생각에 사로잡혀 있는가, 그의 은인이자 그 종족에게 낭보를 가져다 줄 수도 있을 나를 피하고 머리를 숨기려 함은 무엇 때문인가 하고 자문을 할 때, 나는 이른바 인간이라는 곤충인 나의 위에 서 있는 더 위대한 은인과 현인을 생각하지 않을 수 없는 것이다.

세계 속으로 무언가 새로운 것이 끊임없이 흘러들어오는데, 우리는 아직도 믿기 힘들 정도의 따분함을 참고 있다. 하긴 문명이 앞서 있다는 나라조차 사람들이 여전히 어떤 설교를 듣고 있는지 굳이 말할 필요도 없을 것이다. 기쁨이나 슬픔이라는 말도 있지만, 그건 콧소리로 흥얼대는 찬미가의 후렴에나 사용되고 있을 뿐, 사실 우리는 비속하고 흔해빠진 것만을 믿고 있는 것이다. 누구라도 바꿀 수 있는 것은 오로지 의복밖에 없다고 생각한다. 대영제국은 존경할 만한 대국이다, 미합중국은 일등국이다, 이런 말들을 하고 있다. 그런데 각각의 배후에는 밀물과 썰물이 있고, 대영제국을 그 정신의 항구에 띄우면 지저깨비처럼 두둥실 떠다니는 게 고작이라는 것을 믿으려 하지 않는다. 17년을 산다는 매미도 다음에는 어떤 종류로 언제 지상에 나타날지 아무도 알지 못하는 것이다. 내가 살고 있는 세계의 정부란 영국 정부처럼 만찬 후에 와인을 마시면서 잡담을 나누는 사이 날조된 것이 아니다.

우리 내부의 생명은 강물과 같은 것이다. 금년에는 유례없이 물이 불어나 건조한 고지대까지 물에 잠길지도 모른다. 그렇게 되면 이 부근의 사향뒤쥐 떼가 모두 익사해버리는 그야말로 중요한 한 해가 될 것이다. 우리가 살고 있는 이 토지도 늘 건조지였던 것은 아니다. 깊숙한 내륙 어딘가에는 과학이 홍수를 기록하기 훨씬 전에 강의 흐름이 휩쓸고 간 물가가 있다는 것을 나는 알고 있다.

이 이야기는 뉴잉글랜드 전역에 널리 퍼져 있어 누구라도 들어 알리라 생각한다. 처음에는 코네티컷 주, 후에는 매사추세츠 주 어느 농가 부엌에 60년 동안 놓여 있던 사과나무 재질의 낡은 식탁 자재판에서 멀쩡하고 고운 벌레 한 마리가 나왔다. 그 벌레의 알은 바깥쪽의 나이테를 세어보면 알 수 있는데, 그보다 더 오래 전 나무가 살아 있을 무렵에 슬어놓은 것이었다. 나무를 갉아먹는 소리가 몇 주 전부터 들려왔다고 하는데, 아마도 커피나 물을 끓일 때의 따뜻한 열기로 부화했으리라. 이 이야기를 듣고 부활과 불사에 대한 믿음이 깊어지지 않는 자가 있을까? 살아 있는 나무의 하얀 목질에 슨 알이, 시들고 메마른 사회생활 속에서 차곡차곡 쌓이는 연륜에 파묻힌 채 오랜 세월 흐르는 동안, 그 나무는 알에게 있어 점차 잘 마른 묘비와 같은 존재로 변질되어 간다. 그런데 최근 수년 사이 밖으로 나오려 하는 벌레의 나무 갉는 소리가 즐거운 식탁을 둘러싼 가족들을 놀라게 한다. 자, 인간 세계의 극히 하잘것없는 가구 속에서 어떤 날개 돋친 아름다운 생명이 뛰쳐나와, 그 완벽한 여름의 나날을 즐기게 될 것인가!

물론 영국인이나 미국인 모두가 이러한 것을 실감할 수는 없으리라. 그렇지만 이것이야말로 시간의 경과만으로는 밝혀지지 않는 내일의 특징인 것이다. 우리의 눈을 속이는 빛은 우리에게 어둠과도 같다. 우리가 눈을 떠야만 비로소 새벽이 찾아 올 것이다. 새로운 새벽이 찾아오려 하고 있다. 태양은 새벽의 샛별에 지나지 않는다.

데이비드 소로의 생애 작품 사상

I 소로의 생애

콩코드에서 하버드로

미국 문화의 원류와 독립의 역사에 중요한 역할을 한 매사추세츠 주 콩코드 버지니아 거리에 있는 집에서, 1817년 7월 12일 존 소로와 신시아 던바의 둘째 아들로 소로가 태어났다. 그는 이후 일가가 이사하여 현재까지도 그 원형이 남아 있는 콩코드 메인 거리 255번에 있던, 연필제조업을 경영한 생가에서 주로 집필을 했다. 그 집은 《월든》 초판의 표지 그림을 그린 누이동생 소피아가 1899년 《작은아씨들》의 지은이 올컷에게 매각한 뒤로 '소로 올컷 하우스'라고도 불린다.

마을에는 에머슨(R.W. Emerson)의 집, 호손(N. Hawthorne)의 단편소설 제목이기도 하며 신혼생활을 보낸 구 목사관, 철학의 집을 창설한 올컷의 오처드 하우스, 1775년 독립전쟁의 봉화를 올린 노스 브리지 등 많은 초월주의 철학자들의 활동과 역사가 숨쉬고 있으며, 그들은 호숫가에 사는 소로를 곧잘 방문하였다. 그곳은 유럽 문화로부터의 독립의 뜻을 불태우며 미국 국문학을 수립한 아메리칸 르네상스의 중심지이기도 하다. 그로 인해 소로의 생애에도 미국 독립기념일에 대한 특별한 뜻이 담겨 있다.

소로는 여전히 명문고교로 남아 있는 콩코드 아카데미에서 형과 함께 공부한 뒤, 1833년에 하버드 대학교에 진학했다. 하버드에서는 그리스어와 라틴어, 현대어에서 두각을 나타냈고, 박물학·식물학·수학 등 동서고금의 수많은 책에서의 폭넓은 예증(例證)으로 유명한 소로 문학의 기초를 다졌다. 재학 중에 에머슨의 《자연론》(1836)을 읽고, 졸업반이었던 1837년에는 에머슨의 〈미국의 학자〉가 하버드에서 강연되면서 그의 영향을 많이 받았다.

그해 여름에 현재 소로연구소가 있는 링컨의 프린트 호숫가에서 6주 동안 친구인 빌러의 오두막에서 살았던 경험이 뒷날 월든 호숫가의 실험으로 이어졌다고 여겨진다. 그런데 그 무렵은 숲에서의 캠프 지침서나 자연인을 칭

송하는 개혁서, 예를 들어 〈다이얼〉지에 발표된 레인(C. Lane)의 〈숲 속의 생활〉(1844) 등이 유행하던 시절이었다. 소로는 유행과는 상관없이 호수와 숲에 대한 책을 쓰고 싶어 출판사에 초판의 부제 '숲 속의 생활'을 삭제해 줄 것을 요청, 재판 이후 제목을 《월든》으로 할 수 있었다. 한편 그가 하버드를 졸업한 해 10월부터 일생 동안 쓴 《일기》는 뒤에 14권으로 묶여 출판되었다.

H.D. 소로(1817~1862)

귀향 뒤부터 호숫가에서의 독립까지

하버드에서 귀향한 뒤에는 먼저 아버지를 도우며, 타고난 과학적 재능으로 연필 제조 과정을 개량하여 여전히 남아 있는 고급 '소로 연필'을 만들었다. 소로는 실학에 매우 능했는데, 특히 1848년부터 1860년까지 토지개발의 선구라 할 수 있는 측량기사로서 콩코드의 주요한 토지나 주변의 습지 측량을 약 150회나 했던 점은 주목할 만하다. 자연과 토지보호 사상은 역설적이지만 측량기사의 업무 현장에서 더욱 커지게 되었다. 이후 소로의 활동거점이 된 콩코드 라이시엄(문화회관)에서 1838년 4월 〈사회〉로 첫 강연을 했고, 10월에는 그곳의 서기가 되었다. 소로는 《월든》의 기초가 된 강연 중 하나인 〈나 자신의 이야기〉 등 일생 동안 '74회나 강연'하고, 퇴고를 거듭하여 작품화했다. 그 시절 학교의 역할도 겸했던 라이시엄의 강연활동으로 말투와 독자를 강하게 의식하였으며, 이는 소로 문학의 중요한 밑거름이 되었다.

1838년부터 1841년까지 형 존과 함께 사설학원에서 강의를 하였으나, 형의 병으로 문을 닫았으며, 1842년 1월 형을 파상풍으로 세상을 떠나보내야 했다. 가장 따르던 형의 죽음은 소로에게 육체적·정신적으로 큰 시련이었다. 이때부터 1839년 형과 함께 콩코드 강과 메리맥 강을 보트를 타고 거슬러 올랐던 강 여행을 작품으로 만들어 형에게 바치기 위해, 어떤 것에도 방해받지 않고 원고 완성에 몰두할 수 있는 장소가 필요하게 되었다.

1841년부터 1843년까지 렉싱턴 거리에 있던 에머슨의 집에 들어가 살았으며, 1843년 5월부터 12월까지 뉴욕 스테이튼 섬에 있는 에머슨의 형 윌리엄

월든 호수
소로는 이 호수를 배경으로 작은 집을 짓고 집필에 전념한다.

집에서 가정교사를 하기도 했다. 소로는 이 짧은 기간의 대도시 경험을, '상상 이상으로 보잘것없고 저주받은 곳'이라 표현했다. 같은 해 초월주의의 기관지 〈다이얼〉의 편집자가 되었으며, 시와 최초의 자연사 작품 〈매사추세츠의 자연사〉를 펴냈다. 뒤이어 소로는 1845년 이른 봄인 얼음이 녹는 3월, 단단한 집을 짓기 시작하여 5월 초에 완성하고, 그해 7월(독립기념일)부터 1847년 9월까지 월든 호숫가에서의 생활을 시작하였다. 집의 북쪽 숲을 개간하여 콩을 재배하고 가을에는 난로의 굴뚝을 만들었다. 소로는 부모나 에머슨에게서 독립하여 강 여행의 원고를 완성할 계기를 맞았으며, 이 2년 2개월의 생활이 《월든》으로 결실을 맺었다. 하딩이나 메이너드 등의 연구에 의하면 그 땅은 황야가 아니라 에머슨이 와이먼에게서 1844년에 매입한 토지이며, 소나무를 벨 연장은 올컷에게서 빌리고, 집 짓는 데도 그들이 도왔다고 한다. 이를 보면, 소로의 독립을 향한 역사적 사업은 동시에 콩코드의 철학 공동체의 영위라는 측면도 지닌다.

1847년부터 1848년, 영국으로 강연 여행을 떠나게 된 에머슨의 부탁으로 1841~1843년에 이어 다시 그의 집에 들어가 살게 되면서 소로는 숲 속 생활을 끝낸다. 그는 에머슨의 서재의 풍부한 장서, 특히 동양사상의 영역(英

월든 호의 겨울 모습

《월든》 초판 표지

譯) 총서도 접했을 것이다. 그러나 한편 이 무렵부터 에머슨과의 관계는 식기 시작하여, 두 사람의 자연관이나 노예제도에 대한 대처방법의 차이 등으로 인해 이후 회복되지 않았다. 1804년 그는 콩코드를 방문한 매력적인 여인 엘렌 시월과 사랑에 빠져 청혼했으나 그녀 부모의 반대로 무산되었으며, 1842년 형 존이 죽은 데다가 1849년에는 누나 헬렌까지 결핵으로 죽었다. 가족을 잃고 자신도 만성적인 병에 걸리자, 교회에 가지 않았던 소로는 자연 속에서 무한한 치유력과 구원을 추구하며 숲으로의 산책에 더욱 몰두하게 되었다.

《월든》을 출판하고

1849년 5월 호숫가에서 완성한 《콩코드 강과 메리맥 강에서의 일주일》(이후 《강에서》로 약기)이 드디어 출판되었다. 1850년에는 코드 곶과 캐나다, 플리머스 등을 여행하였으며, 이를 1852년부터 1853년에 걸쳐 강연하였다. 그러는 사이에 7번의 퇴고를 거쳐 1854년 8월 9일 《월든》을 펴내었다. 그 직전의 독립기념일에는 노예 지론자 W.L. 개리슨의 의뢰로, 플래밍엄에서 열린 집회에서 〈매사추세츠의 노예제도〉를 강연했다. 1855년 6월 《코드 곶》(1865)의 일부를 〈퍼트넘 매거진〉에 싣기 시작했다. 1856년 뉴저지 주 이글스우드 커뮤니티(침향재 군락)를 조사하고 숲의 변천에 대한 새로운 기록을 남겼는데, 소로는 생태학 분야에서도 천이(遷移 : 생물의 군집이 시간의 변경에 따라 변천하여 가는 현상) 생태학의 아버지라 평가받는다. 1856년 11월에는 올컷과 함께 뉴욕 브루클린의

월든 호숫가에 세워진 소로의 집

오렌지 거리에서 《풀잎》 초판을 낸 휘트먼과 만났는데, 그 장면은 현대의 인기작가 오스터(P. Auster)의 뉴욕 3부작의 제2작 《유령들》의 소재가 되기도 했다.

소로는 초월주의에서 벗어나 실천적 노예폐지론자가 되었다. 콩코드의 다른 이들과 마찬가지로 이른바 '지하철도'를 통해 도망가는 노예들을 도우면서 노예제에 반대하는 운동에 가담했다. 《일기》에도 변장한 도망노예를 캐나다로 도피시키기 위해 콩코드 역에서 기차에 태운 기록이 있다(1851년 10월). 1857년 3월, 소로의 전기 작가 샌번이 노예폐지론자인 존 브라운과 함께 소로의 집을 방문했는데, 그때 그는 이 나이 든 열광자에게 깊은 인상을 받고 그를 자신의 이상으로 삼게 된다.

1859년 아버지가 결핵으로 죽고, 같은 해 10월 하퍼스 페리 병기창 습격 사건이 일어났다. 이 사건의 주동자 존 브라운의 교수형날까지 소로는 그에 관한 집필에 몰두했다. 그 동안의 이야기 일부는 소로를 이해했던 〈뉴욕 트리뷴지〉의 기자 레드퍼스의 500쪽이 넘는 《하퍼스 페리의 반항》(1860)에 상세히 나타나 있다.

〈시민의 불복종〉에서의 정부에 대한 납세—납세 거부에 대한—비폭력 저항운동 제창과 존 브라운의 무력행사 찬미 사이에는 모순이 있으며, 그것은 소로의 전기에서 보이는 수수께끼 중 하나이다. 그때 소로의 움직임은 아버지와 노예폐지론자 존 브라운의 죽음에서 비롯된 심리적 배경도 작용했을 것이다. 흥미로운 점은, 1860년의 독립기념일에 애디론댁 산중에서 열린 존 브라운 추도집회에서 패러독스를 구사한 소로의 명문 〈존 브라운 최후의 날들〉이 낭독되었는데, 이 무렵부터 《일기》가 완전히 변모했다. 현실 세계에 대한 언급은 완전히 사라지고, 숲의 관찰기록으로 뒤덮이게 된다.

소로를 청교도 작가로 보는 밀러(P. Miller)는 이를 사상적 좌절로 포착했다. 그러나 소로를 생태학의 원조로 보는 최근의 연구는, 1860년 1월에 읽은 다윈의 《종의 기원》(1859)의 영향이 컸다고 본다. 《월든》의 최대 특징인 생태학 사상과 사회적 현상의 동일축으로서의 편성은, 오히려 만년을 향해 새로운 패러다임을 구축했다고 할 수 있다.

1860년 9월 미들섹스 농업협회에서 강연하고, 12월에는 페어 헤이븐으로 가서 잘린 그루터기의 나이를 세는 필드 노트를 작성했는데, 이 관찰 중에 걸린 감기가 기관지염으로 발전하여 소로는 병상에 드러눕게 된다. 그럼에도 마지막이 된 강연 〈가을의 색조〉를 12월 코네티컷 주 워터베리에서 하는 등 무리를 거듭했다. 1861년 5월부터 7월까지 요양을 위해 친구 맨과 미네소타로 향하지만 효과는 없었다. 그러나 그 사이에도 일기는 계속 썼으며, 1861년 11월 2일이 《일기》의 최종일이 되었다. 1861년 3월 링컨이 대통령에 취임하고, 남부 주들의 연방 이탈로 같은 해 4월, 남북전쟁에 돌입했을 무렵의 일이다. 1862년 5월 6일 가족과 친구들에게 둘러싸여, 노예제도에 마침표를 찍는 전쟁의 종결을 보지도 못한 채 소로는 45년의 짧은 생애를 마감했다.

세상을 떠나기 전까지 퇴고한 많은 원고를 누이동생 소피아에게 맡겼고, 그녀는 그것들을 소로의 유일한 제자 블레이크(H.G.O. Blake) 그리고 많은 여행을 함께 했던 채닝(W.E. Channing, Jr.)과 함께 편집하여 펴냈다. 장례식은 일찍이 소로가 예배에 참석하지 않겠다는 문서를 보낸 콩코드 제1교회에서 그의 학생이었던 3천 명의 제자들까지 참석한 가운데 치러졌다. 그때 에머슨이 낭독한 조사는 먼 뒷날까지 영향력 있는 '헨리 데이비드 소로론'이 되었다.

Ⅱ 소로의 작품

소로의 작품들은 1906년 호튼 미프린 사에서 나온 월든판 20권과 현재 프린스턴 대학교에서 간행 중인 《소로 저작집》이 대표적이다. 짧은 생애임에도 저작은 《인디언 노트북스》나 편집 안 된 자필 원고까지 포함하면 방대한 양에 이르며, 《월든》 등 장편 4편과 사회개혁론집, 길고 짧은 자연사 에세이, 시와 14권의 일기와 그 외의 에세이로 크게 나눌 수 있다. 이 가운데 산책과 자연에 관한 에세이는 최근의 연구에서 크게 자연사 작품으로 나뉘므로 시와 일기는 아쉽지만 줄이고, 다른 세 분야에 대해 이제까지 언급하지 않았던 주요한 것을 중심으로 그 내용을 살펴보자.

강과 숲과 바다의 여행기 3부작

《콩코드 강과 메리맥 강에서의 일주일》

첫 번째 장편으로, 1839년 8월 31일부터 9월 13일까지 두 강을 거슬러 올라가 뉴햄프셔 주 화이트 산맥의 최고봉인 워싱턴 산을 등정한 뒤 다시 강을 타고 내려오는 2주 동안의 원환적인 행로를, 가을이 시작되는 일곱 요일에 맞춰 유기적으로 구성하였다. 존과 둘이서 만든 바닥이 평평한 배는 녹색과 파랑으로 칠해져 하늘과 물을 상징하며, 형의 추억을 뛰어넘으려는 이 여행은 '새로 태어나는 아침'을 향한 영적인 여행인 것이다. 수면과 강기슭의 유동적인 풍경을 픽처레스크(Picturesque)나 루미니즘(luminism) 기법을 구사하여 그 무렵 유행한 시각장치, 파노라마처럼 전개시킴과 동시에, 각 요일에 우정론·종교론·문학론이나 뉴잉글랜드의 역사와 문명비판을 담아 풍경의 저편에 숨어 있는 보이지 않는 풍경, 즉 토지와 정신의 역사를 담으려 했다.

이처럼 다양한 전개를 살리는 구성의 긴밀함에는 빠져 있지만, 허드슨 리버파

《강에서》의 탄생
가장 따랐던 형 존의 죽음에 충격을 받은 소로는 형과 함께 보트를 타고 강을 거슬러 올랐던 추억을 작품으로 만들어 형에게 바치고자 했다.

(미국의 광활한 대륙에서 영감을 얻어 자연에 대한 경이로움을 낭만적 화풍에 담은 19세기 미국 풍경화가 집단)의 미학양식과 많은 것을 공유하고 있으며, 네이티브 아메리칸(인디언)의 영웅 등의 이야기는 강기슭에 자리한 자연의 영원성과 대비되어 소로적 사색의 파노라마로 펼쳐진다. 그러나 만전을 기한 첫 장편이었지만 평이 나빠 1천 부 중 706부가 팔리지 않고 남았다. 인수한 생가의 다락방을 더욱 좁게 만든 그것을 '스스로 쓴 장서(藏書)'라 불렀다. 소로는 책이 그가 싫어하는 시장원리에 지배되는 상품임을 처음으로 실감했다. 이 경험은 《강에서》 직후에 출판 예정이었던 《월든》을 그 후 몇 년에 걸쳐 확충시키는 결과를 낳았으며, 소로를 초월주의적 시인에서 《월든》의 '시장 안의 예언자'로 성장시켰다.

《메인 숲》

월든에 머물던 1846년 여름, 소로는 사촌동생 대처와 메인의 높은 봉우리 크타든(ktaadn)에 올라 화강암이 튀어나온 황야를 보았고, 산을 내려오면서 거대하고 황량하게 불탄 땅과 만났다. 그리고 캐나다로 이어지는 대원생림

케이프 코드의 바닷가 절개지와 등대
등대가 보이는 이곳은 소로의 작품 무대가 되어 여행자들의 향수를 불러일으키기도 했다.

지대를 처음 접하고 충격을 받았다. 이를 바탕으로 집필한 〈크타든과 메인 숲〉이 1848년 7월 〈유니온 매거진〉에 연재되어 유명해진다.

두 번째 여행은 1853년 9월 페놉스콧 강 서쪽 지류를 따라 체선쿡 호수를 향하는 것이었는데, 도중에 멸종위기에 처한 엘크 사냥과 스트로브잣나무의 남벌을 목격한다. 그리고 지역 주민들과 야영하며 그들의 말과 황야에서 살아가는 다양한 기술을 배우고, 야생보호의 필요성을 확신한다.

1857년 7월에는 세 번째 여행을 호어(E. Hoar)와 감행한다. 소로 작품 중 가장 생기있게 그려지는 인디언 안내자 조 폴리스와 함께 알레가쉬 호수까지 갔다가 페놉스콧 강 동쪽 지류에서 뱅거로 돌아오는데, 소로로서는 드물게 중간에 몇 번씩 깊은 덤불 속에서 길을 잃는다. 지도도 없는 황야인 것이다.

세 번에 걸친 메인으로의 여행은 강연을 거쳐 기행문 세 편으로 태어나고, 월든 호수의 목가적인 자연과는 완전히 이질적인 황야를 발견하는 비경의 여행으로서 그의 사후 〈크타든〉〈체선쿡 호수〉〈알레가쉬 강 동쪽 지류〉의 3부로 구성된 《메인 숲》으로 출판되었다. '숭고한 미학' 표명과 '극한 상황에

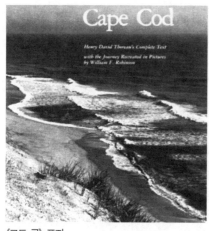

《코드 곶》 표지

서의 황야 기행'으로 주목받았으며, 등산 이야기의 원형이라고도 할 수 있는 유명한 문장 '나는 육체를 두려워한다. 나를 붙들고 있는 이 거인은 대체 누구인가. 우리는 누구인가. 우리는 어디에 있는가'는, 황야에서의 방향 감각을 잃었을 때의 위기감을 표현하는 데 자주 인용된다. 정착을 이야기하는 《월든》은 이 등산에서의 장소 감각 상실이란 위기를 뛰어넘는 형태로, '살았던 곳과 그 목적'으로 시작한다.

《코드 곶》

호수를 떠난 소로는 '살아야 할 많은 인생이 있다'고 했다. 그에게 그 하나는 대서양을 향한 해변을 4차례나 여행하며, 미국의 다양한 지형을 되풀이해서 걸으면서 지도를 제작하고 토지의 본질을 파악하는 것이었다. 1849년 가을 처음으로 채닝과 코드 곶으로 떠났을 때, 폭풍우를 만나 세인트 존 호가 좌초되었다는 소식을 듣고는 육로를 통해 코하셋으로 가서 난파선의 잔해를 조사했다. 코드 곶으로의 여행은 바닷물에 밀려온 시신을 목격하는 것으로 시작된다. 두 번째는 1850년 6월, 세 번째는 1855년 7월 다시 채닝과 함께, 마지막은 단신으로 1857년 6월 플리머스를 거쳐 찾아갔다.

이들 기행과 작품의 관계는 복잡하게 뒤얽혀 있는데, 제1장 〈난파선〉으로 시작하여 제10장 〈프로빈스타운〉에 이르는 팔처럼 뻗은 곶 자체인 작품구조는 《월든》의 호수를 정점으로 하는 입체적인 우주 구조와 대조적이며, 명백한 세계관과 자연관의 변모를 내비친다. 1850년에는 이탈리아에서 귀국하던 중 롱 섬 앞바다에서 여객선 좌초로 죽은 풀러의 유품 수색을 위해 파이어 섬으로 향하는데, 이때의 체험도 밀려 온 시신에 대한 묘사에 포함되어 있다. 철저하게 수평인 모래밭을 걷는 《코드 곶》의 화자(話者)는 '미국 전토에 등을 돌리고' 참된 미국을 발견하기 위해 미국사와 종교 신화의 땅을 순례하며, 11세기까지 거슬러 올라가는 또 하나의 대륙 발견사도 읽게 된다. 깎여가는 사주(砂州)의 끝부터 어민이나 등대지기의 생활사까지를 희극적으로 묘사했으며, 해변의 자연사와 그 뒤의 '케이프 코드 문학'의 원형을 이루었다.

이 작품도 사후에 출판되었으나 생전에 이미 마무리를 끝냈다고 여겨지며, 메이든(E.V. Maidon, Jr.)을 통해 1971년에 발표한 학위 논문 이후 재평가가 이루어지고 있다. 〈끝없는 황야〉에서 호수와 먼 바다는 변화와 환상, 생명의 무한한 연속을 관장하는 생태적 원리가 지배하며, 인간은 더 이상 숭고하지 않다. 밀튼과 성경의 인용과 역설을 구사하여 크레인(S. Crane) 등 자연주의 작가에 가까운 감각도 엿보인다.

《캐나다의 양키, 반노예제도와 개혁론집》

이 작품은 1850년 채닝과 함께 퀘벡과 몬트리올을 여행했을 때의 기행문으로, 양키로서의 가톨리시즘 비판이 명확히 쓰여 있으나, 작가 자신이나 비평가의 평가는 낮다. 소로는 하버드 재학 당시부터 사회개혁에 높은 관심을 보였으며, 〈봉사〉(1840) 등의 초기 에세이도 쓴 바 있다. 그는 개혁의 기본과 인류의 향상은 개인의 개혁에서 시작된다고 생각했다.

월든 호숫가 생활 2년째인 1846년 7월, 멕시코 전쟁과 노예제도에 반대하며 6년간의 인두세 납세를 거부하여, 하룻밤 콩코드 교도소에 투옥되었다. 이 사건에 대한 소신 표명이 '우리는 나쁜 제도를 돕지 않는다' '지배하지 않는 정부가 최선의 정부다'라고 선언한 〈시민의 불복종〉이며, 1849년 5월에 발표되었다. 하룻밤이었지만 처음으로 콩코드를 '담장 안에서' 바라보며, 법을 지키는 것과 양심에 따르는 것의 상극에 대해 상극에 대해 시국에 입각하여 살피고, 부정이 이루어지고 있을 때는 지상의 법보다도 '더 높은 법칙'에 따르는 개인의 의무가 우선한다고 설명했다. 'civil'은 'military'의 반의어로, 'civil disobedience'는 비무장 시민의 정부에 대한 저항을 의미하며, 베트남 전쟁 때의 병역거부라는 반전운동으로도 이용되었다.

1850년 9월 18일에는 도망노예법이 통과되었다. 이는 1793년에 제정된 동법의 강화·확대법으로, 도망노예를 남부로 송환할 것을 의무화하고, '도망방조'를 하는 백인을 벌하는, 현상을 추인할 뿐 아니라 추진하는 것이었다. 이러한 정부에 대한 소로의 비판과 회의가 깊어지며 반노예제 개혁론이 되었

자연에 과한 수필
소로 문학은 자연사로 시작하여 일생을 생태학 사상으로 일관했다고 해도 과언이 아니다.

다. 〈시민의 불복종〉과 앞에서 말한 〈매사추세츠의 노예제도〉, 〈존 브라운을 위한 탄원〉이 소로의 반노예제 문서 3부작이다. 이들 문서는 〈존 브라운 최후의 날들〉, 〈원칙 없는 생활〉과 함께, 공민권운동을 펼친 킹 목사의 비폭력 저항운동이나 인도의 독립운동을 지도한 간디에게도 영감을 주었다. 뿐만 아니라 나라와 개인의 관계를 재조명하고 물질문명에 등을 돌린 히피 문화나 오늘날의 급진적인 환경보호운동의 사상적 원천이 되었다.

자연사 작품

소로의 문학은 〈매사추세츠의 자연사〉로 시작하여 《월든》을 분수령으로 하며, 세 가지의 산책 이야기 〈걸어서 와추셋 산 오르기〉(1843), 〈겨울 산책〉(1843), 〈산책〉(1862)을 거쳐 만년의 자필 원고들에 이르는 생태학 사상을 일생에 걸쳐 구축했다는 점에서 독특한 일관성이 보인다.

자필 원고들은 딘(B.P. Dean)을 통해 〈삼림수의 천이〉와 함께 식물의 씨앗 확산 과정을 정리한 《씨앗에 대한 믿음 : '씨앗 확산'과 그 밖의 후기 자연사 저술》(1993)과 《야생 열매》(2000)로 복원 편집되었다. '씨앗 확산'은 〈야생 사과〉(1862), 〈허클베리〉(1970) 등 이미 출판되어 있던 인기 있는 단편에 이은 과일 달력을 겨냥한 것으로, 소로 연구에 새로운 지평을 열었다.

한편 미개척지를 찬미한 〈산책〉에서는 야생을 '절대 자유'의 다른 이름이

《씨앗에 대한 믿음》
과 《야생 열매》 원
서 표지

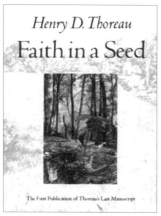

라 정의하고, 아름다운 뜰보다는 야생의 중추를 내포하는 '음울한 늪(Dismal Swamp)'에서 살고 싶다고 선언한다. 아울러 미국 사회의 태도가 영성(靈性)과 평등성을 잃고 절망적 상황에 이르렀다고 비판했다. 이 작품에는 습지를 성지로 여기며, 국립공원의 표어가 된 '세계는 야생 속에 유지된다'는 야생지 보호의 원형적 사상도 나타나 있다.

《월든》

이코노미에서 에콜로지로

소로의 문학은 미개척지(황야·야생·원생자연)에 관한 다양한 책과 측면을 깊이 사색하고, 자연이 문명 속에서 완수해야 할 역할을 미개척지 사상으로 세웠다. 미개척지는 청교도가 '황야에의 사명'이라 부르며 미국의 '명백한 운명'으로 여기는 서부 확장정책 속에서 강제적으로 소멸 일로를 걷게 된 선주민(先住民) 문화에 숨쉬는 자연관, 원생자연의 지세(地勢), 일상을 초월한 종교적 체험의 장(場) 등을 복합적으로 뜻하는 개념이다. 소로는 그것을 미국의 중요한 본질로 여기고, 급속한 경제적 풍요를 가속화시킨 19세기 중반의 미국과 반대로, 미개지에서 절대적 자유와 도시의 소외를 회복하는 자연의 정수(精髓)를 발견했다. 《월든》은 그 사상에 이르기 위한 주체성, 즉 월더니스 셀프 형성과 확립의 발자취를 그리는 책이라 할 수 있다.

시장경제화를 촉진시킨 철도건설과 토지개발로 미국 각지에는 이미 삼림 남벌이 한창이었다. 문명의 기원인 숲이 눈앞에서 사라질 위기를 느끼고 이웃에게 '있어야 할 경제'를 설명할 때, 소로는 생활의 세부에 대해 인류의 역사를 따라가며 생물의 생태를 상세히 관찰하고 그 본질을 구명한 뒤에, 의식주의 원리는 '따스함을 얻는 것'이라는 의외의 결론을 내린다. 이웃이 과도하게 생활을 복잡화하여 '잉여가치를 추구'하며 '지나치게 데우고' 있는데 반하여, 소로는 간소하고 낭비 없이 필수품만으로 살며 자연 경제의 원리에 따르는 단순한 생활을 주장했다. 이 자연의 경제가 바로 순환과 생명의 네트워크에 바탕을 둔 생태학이었다.

많은 책에서 논해 왔던 것처럼, 생태학(ecology)은 다윈주의자 헤켈(E.H. Haeckel)이 그리스어 오이코스(oikos=집)에서 1866년에 만든 말인 오이콜로지(oikologie)의 영어형이다. 〈옥스퍼드 영어사전〉도 당초 이 말을 처음 만든 사람을 소로로 착각했을 정도로 그는 생태학의 예견자였다. 미국 문학에서 가장 유명한 집이 된 소로의 집은 자연작가가 주목한 새 둥지의 합리성을 흉내 내어 필요한 재료는 모두 숲에서 마련하여 스스로 지은 것으로, 당시 가옥 건축비의 약 100분의 1인 28달러로 완성되었다고 한다.

월든의 그것은 면밀한 기초공사를 거친 집(house)으로, 오두막(cabin, cottage, hut, shanty)이 아니었다. 초라한 콜린스의 '오두막(shanty)'과 달리 줄곧 '집'이라 불렸다. 소로는 '낡은 벽돌 1000개'를 가져와 단단함을 추구했고, 난로와 굴뚝 공사에 필요한 석공과 미장공의 기술도 익혔다. 《월든》은 양키적 생활 전반의 기술을 권하며 구세계를 경계함과 동시에, 사물의 지배가 시대의 추세가 된 '철도식 생활'에 대해 태양과 달 이외의 시계(時計)를 버리고 자연의 리듬에 맞춰 살아갈 것을 희구하는, 어떤 의미에서는 패러독스이기도 하다.

야생과 문명의 경계를 살다

월든이라는 장소는 미개척 영역에의 입구에 위치하는 야생과 문명의 경계지로, 양자가 어떻게 합의하는가를 살피기 위한 강한 자기마당〔磁場〕이기도 하다. 호숫가에서의 실험은, 대부분의 사람들이 믿어 의심치 않았던 미국의 구세계로부터의 독립에 대해 그 내실을 들여다보고, 참된 독립을 위하여 야생과 문명의 중간 영역에서 그 의미를 탐구하는 것이다. 소로는 스스로를 '광대무변(廣大無邊)한 자연의 인격'과 주(州)의 중간에 위치하는 '경계생활자'라 부른다. 그것은 《월든》의 유기적인 장(章)의 구성에 가장 여실히 드러난다.

긴 첫장 '숲의 생활 경제학'은 끝장 '맺음말'과 대응하며, 이하 연결된 각 장은 야생 속에서의 독거(獨居)와 사회로 짝을 이룬다. 제2장 '살았던 곳과 그 목적'이라는 독거의 장은, 황야를 추구하며 '새를 새장에 가두는 대신에' 새가 사는 숲 속으로 옮겨 유연하게 살며 인생의 본질을 마주하는 자급자족적 생활을 그렸다. 그러나 이어지는 '독서'는 문명의 유산과 마주하는데, 사실 《월든》은 《로빈슨 크루소》, 《낚시대전》, 《셀본 박물지》, 《천로역정》 등 영문학의 많은 걸작을 미국화한 신세계형 복잡계 문학인 것이다.

제7장 '콩밭'의 성스러운 테크닉으로서의 농업과 긴 오후 명상 뒤에 '마을'이 놓여 있으며, 제9장 '호수' 뒤에는 1.6킬로미터 이상 떨어진 이웃 '베이커 농장'이 있다. 그리고 전체의 중심에는 '더 높은 법칙'이 '동물 이웃들'과 대치되어, 영성과 야성을 하나의 기둥으로 잴 수 있도록 철저하게 검증되어 있다. 장 제목에도 모순어법을 이용했다. 예를 들어 '동물 이웃들'에서는 야생과 이웃 사상과를, 즉 야생에서 사는 생태 커뮤니티와 기독교 윤리를 결합시켰다. 뿐만 아니라, 각 장의 내용에도 야생과 문명은 뒤섞여 공존하며, 어떻게 숲이 인공의 소리를 자연화하고, 자연의 소리가 상상 속에서 어떻게 인간화되는가를 묘사했다.

가장 자주 인용되는 제4장 '소리'는 호숫가에서의 하루의 시간의 흐름을 매·들비둘기·기차·교회의 종·소 울음소리 등으로 구성했다. 자연과 인공의 소리가 같은 숲이라는 공간을 신화적으로 채우며, 이윽고 밤을 밝히는 올빼미의 음울한 울음소리는 세계의 광기의 신비를 가늠하게 하는, 존슨이나 단테의 문학세계와 결합되는 소리 풍경이다. 《월든》이 단순히 문명의 이기인 철도를 비난한 것이라는 판단은 지나치게 좁은 생각이며, 이는 결코 단순한 자연찬미의 책이 아니다. 오히려 《월든》은 문명인이 살아가도록 운명지어진 새로운 목가(牧歌), 즉 자연과 문명의 중간지대에서 양쪽의 미덕을 쌓고 결점을 중화할 수 있는 시공(時空)의 모색인 것이다. 동시대 허드슨 리버파 화가들의 사명과 마찬가지로, 소로도 황야와 도시로 화면(畫面)을 이분하여 양자의 갈등을 일치시켰다. 다만 소로는 청각이나 촉각 등 오감을 총동원하여, 시각에서 해방된 새로운 풍경 파악 방법을 추구했다는 것이 다를 뿐이다.

문학 장르를 넘어

존슨(L.C. Johnson)은, 《월든》의 특성을 '문학적 게릴라로서의 탈장르성'에 있다고 절묘하게 표현했다. 앞에서 말한 영문학뿐만 아니라 그 시절 미국에서 유행한 감상소설의 아이러니로, 억압적이고 가정적인 공간에서 자유로운 집을 제안했다고 한다. 또한 그 어투에는 도망노예 이야기 구성을 연상시키는 '아침에는 풀을 뽑고, 오후는 무죄 방면이 되었다'는 구절도 있으며, 프랭클린의 자서전 같은 규칙적인 일과가 '부(富)로의 길' 못지않은 '영혼으로의 길'이라고 말한다.

또한 존슨은 《월든》의 '나'를 힌두의 현자, 그리스의 전사(戰士), 소박한 양치기, 경건한 농부, 개척자, 식민자, 구속된 노예와 승리의 해방자 그 모두였다고 평가했다. 소로가 장르를 쌓는 기법은, 1817회 반복되는 '나'가 목사·과학자·주인공·노예·성인 등 자유자재로 변화하는 허구성으로 가득한 페르소나(persona : 지혜와 자유의사를 갖는 독립된 인격적 실체)라는 점에도 나타난다. 월더니스(Wilderness : 원생 자연) 사상과 다채롭고 드문 문학성의 결합에 《월든》의 특성이 숨어 있다.

그러나 《월든》은 자연에서 신을 찾으려는 청교도의 신학에 자연사 전통을 접목시킨 새로운 문학 장르를 만들었다고도 볼 수 있다. 물리적인 계절의 운행은 언제나 재생을 향하는 영적인 움직임이며, 교회 등 기존의 권위에 등을 돌리고 자연 속에 몸을 던지는 감미로운 경험은 호수와 자기의 일체화로 발전한다. '월든은 죽어서 다시 태어나며, 〔중략〕 갑자기 빛의 홍수가 내 집을 채웠다'와, 에드워즈(J. Edwards)의 '신앙고백록적' 문체로 재생의 순간을 쓴다.

그러나 동시에 뱀의 허물벗기, 나무즙과 꽃가루, 빛, 동그라미, 타원, 무지개, 사과나무 책상에서 부화하는 곤충 등 재생의 비유를 작품 전체에 배치하고, 뱀이나 사과 등 성경에서의 타락의 전통적인 상징을, 자연사의 공평함으로 계절의 재생극의 일원으로 되살렸다. 이렇게 《월든》은 자연 전체를 인간중심의 가치관에서 해방시켜 호수와 그 자연 자체를 테마화하고 눈앞의 풍경으로 만드는 새로운 장르, 자연친화적 글쓰기의 탄생으로 이어진 것이다.

《월든》 읽기

'숲의 생활 경제학'

소로는 처음에 자기 저술의 성격과 목적을 서술하다가 '숲의 생활 경제학'에 관해서 써 나가기 시작한다. 사실 여기서부터 막히기 시작한다. '숲 속에서 은둔하겠다는 사람이 경제나 집의 건설비용에 집착하다니!'라고 생각하기 십상인 까닭이다. 하지만 여기서 소로가 말하고 싶은 바는 통상의 경제

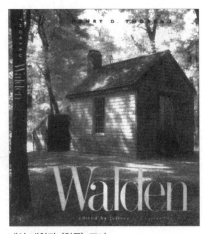

예일 대학판 《월든》 표지

시스템에 깊게 빠져들어 버리면, 인간은 어떻게든 '아무래도 좋은 일에 휘말려서 중요한 것을 잃어버리게 된다'는 것, 그리고 '통상의 경제 시스템으로부터 빠져 나오기가 그다지 어렵지 않다'는 것이다. 특히 미국인은 그것에서 빠져 나온다고 해도 별도의 경제적 근거가 보장되지 않으면 현실성을 느끼지 못할 것이다. 결국 소로는 이 책에서 미국 사람(소로 본인의 표현을 빌리면 양키)이 '경제적 근거에 얽매이는' 기질을 고려했다고도 할 수 있으리라. 한국인 저자가 한국인 독자를 고려해 글을 쓰듯이 말이다.

또한 소로는 본인이 실천하는 사람이기에, 이 책을 읽는 사람들 중에도 이와 같은 '기분파'가 나타나 주길 기대했는지도 모른다. 《월든》은 단순한 관념론적 사상서가 아닌, '실천 매뉴얼'이기도 한 것이다.

'살았던 곳과 그 목적'

제2장에서 드디어 소로는 작은 집 생활의 의미를 서술하기 시작하는데, 특이한 점은 숲 속에 살기 시작한 날짜가 7월 4일 미국 독립기념일이었다는 것이다. 소로가 이 월든 호숫가에 살기 시작한 지 약 1년쯤 지났을 때, 보안관에게 체포되어 하룻밤 투옥된 부분을 읽었을 것이다. 그 이유는 그가 노예제도를 지지하고 멕시코 전쟁을 추진하는 미국 정부에 항의하며 납세를 거부했기 때문이었다. 소로는 자신의 생활을 문명과의 대비를 통해 철저히 재점검함과 동시에, 그 시작을 미국의 독립기념일로 한 것이 아닐까. 이런 의

미로 봤을 때 소로는 은둔이라는 말과는 완전히 다른 지평선에 서 있는 인물
이었다. 그가 매우 능동적인 사회활동가로서 쓴 〈시민 불복종〉이라는 에세
이를 읽으면 이 부분은 더욱 분명해진다.

그래도 결국 소로는 이 장에서 "인생이라고 부를 수 없는 인생을 살고 싶
지 않았다. 산다는 것은 그만큼 소중한 일이고, 무슨 일이 있어도 포기할 수
없는 것이다"라며, 우리가 기대하는 인생의 근본에 대한 메시지를 전한다.
"왜 우리들은 이렇게 허둥지둥 인생을 허비하며 살아가야 하는 것일까"라고
하면서, 일반적인 문명생활이나 사회생활에 지나치게 농락당하면 인생의 본
질이 보이지 않게 된다고도 경고한다. 여기까지 읽어 나가면 이 《월든》은 조
금 이해하기 쉬워진다.

'독서'와 '소리'

앞에서도 말했지만 소로의 독서 영역은 폭넓을 뿐만 아니라 그 이해도 역
시 깊었기 때문에, 그가 한 장을 독서에 할애한 것도 자연스러운 일이었다.

"착실히 책을 읽는 것, 곧 좋은 책을 바른 정신으로 읽는 것은 고귀한 수
련이며, 요즘의 풍습이 존중하는 어떤 수련보다도 독자에게 엄격한 노력을
강요한다."

다음 '소리'의 장에서 소로는 자연이 보내는 메시지의 중요성을 강조한다.
'인간의 예지'가 갖는 중요성을 인정하면서도, 더 중요한 것은 '자연의 예지'
라고 주장하는 점이야말로 소로가 환경문학의 어버이라 불리는 이유이다.

최근 생물학에서는 생물의 종 가운데 인간이 아는 것은 십분의 일도 되지 않는다는 사실이 밝혀졌다. 이제 와서야 그의 주장이 옳다고 받아들여지기 시작했지만, 거품 경제에 춤출 무렵의 한국인들 중에 그의 주장을 솔직하게 귀담아 들은 사람이 몇이나 있을까? 오히려 지금으로부터 200여 년 전 옛날, 화석 자원 문명이 경이적인 발전의 조짐을 겨우 보이기 시작했을 그 무렵에 '자연의 예지'의 심오함을 분명히 말하는 소로에 대하여 감탄할 따름이다!

'이 선견지명은 어디서 왔을까?' 같은 감상이나 의문을 가지게 되면, 이 《월든》의 유머를 이해할 수 없다 해도 충분히 흥미로운 책이 된다. 소로는 이 장에서 철도의 소리나 콩코드에서 들려오는 교회의 종소리 등을 자연 속에서 들었을 때의 감상을 서술하고 있는데, 이것은 그가 문명이나 사회로부터 적절한 거리를 유지하고 있음을 시사한다. 그는 숲 속에 의자를 내놓고 숲의 변화나 호수의 변화를 여유 있게 바라보며 작은 새들의 노래를 마음껏 들었다. 그리고 자신의 삶을 '계속 장면이 바뀌는, 끝이 없는 드라마와 같은 것'이라고 말한다.

'고독'과 '방문자들'

'고독'의 장에서는 고고한 정신을 얻는 것의 중요성을 서술하고 있다.

"나는 대부분의 시간을 혼자서 지내는 것이 좋다고 생각한다. 상대가 아무리 훌륭한 사람이라고 해도, 사람과 사귀면 금방 따분해지고 피곤해져 버린다. 나는 혼자 있는 것이 좋다. 고독만큼 사귀기 쉬운 친구는 없을 것이다."

동서양의 고전을 착실히 읽고, 문명과 사회로부터 일정한 거리를 두면 나오는 결론이지만, 이런 소로의 정신적 위치를 독자가 충분히 이해할 수 있다면 이 책은 더욱 읽기 쉬워진다.

다음 장의 '방문자들'에서 소로는 '고독'과는 정반대의 주장을 펼친다.

"나는 누구 못지않게 사람들과 교제하길 좋아한다. 혈기왕성한 사람이 찾아오면 한동안 거머리처럼 착 달라붙어 떨어지지 않으려고 만반의 준비를 하고 있다."

그러나 이 표현에 너무 현혹되어서는 안 된다. 소로는 이 장의 맨 마지막에 '나는 언제나 이렇게 인사하며 그들을 맞이하곤 했다. "어서 오세요, 영국인 여러분! 어서 오세요, 영국인 여러분!" 나는 이 민족과는 오래전부터 친밀한 교류를 유지해왔던 것이다"라는 수수께끼 같은 말을 남겨두었다. 어딘가 미묘한 뉘앙스를 풍기는 문장이 아닌가? 이 문장이 의미하는 바를 다시 '의역'해 보자.

나는 보스턴 근교의 플리머스에 필그림 파더스(Pilgrim Fathers : 식민지시대 플리머스에 최초로 정착했던 사람들)가 최초로 상륙했을 때, 그들을 마중 나왔던 아메리카 원주민 추장 사모셋처럼 짓궂은 기분으로, 별세계로부터 온 손님을 맞이한다. "환영하오, 영국에서 오신 분들이여! 환영하오, 영국에서 오신 분들이여!"라 내가 도시인들보다는 오히려 아메리카 원주민들에 보다 가까운 까닭이다.

'콩밭'과 '마을'

여기서는 다시 돈에 구애되며, 소로는 콩을 심는 데 필요한 지출과 콩을 판 수입을 균형 있게 나열한다. 그리고 이익이 8달러 71.5센트였다고 보고한다. 소로는 확실히 고독한 정신을 숭배하고, 고전이나 역사적 사건에 기반을 둔 '말놀이'를 하며, 때로는 매우 관념적이었다. 하지만 한편으론 구체적으로 자연을 접하며 실제적으로 집을 지었고, 매일 노동을 하며 생활했다.

"나는 동시대인들은 보스턴이나 로마에서 미술품을 감상하거나, 인도에서 명상에 빠지거나, 런던이나 뉴욕에서 상업에 힘쓰는 이런 여름날 나는 이렇게 뉴잉글랜드의 농민들과 함께 밤낮으로 농사일에 매달렸다"며 소로는 노동자로서의 피해의식을 드러내는 데다가 "특별히 콩을 먹고 싶었던 것은 아니다. 남들이야 그것으로 죽을 쑤든 주표수를 세든 나는 본디부터 피타고라스처럼 콩을 싫어해서 그것을 쌀과 바꾸어 먹었기 때문이다"라고 한다.

피타고라스는 실제로 콩을 싫어했는데, 그 이유가 '생식기와 비슷한 모양이기 때문에'라는 설이 있다. 어쨌든 소로는 '자급자족'하고자 싫어하는 콩을 키워서 좋아하는 쌀과 바꿨다. 아마 토양이나 환경을 고려해서 자신이 먹을 것을 직접 경작하기보다는 그 장소에 어울리는 작물을 선택했으리라. 소로가 실제로 '콩밭'을 경작해 콩을 키운다는 노동을 했던 점, 또 그 보고를 꼼꼼히 이 책에 넣은 점으로 인해 《월든》은 보다 현실적이고 설득력 있는 메시지가 되었다.

'마을' 첫머리에서는 "오전 중에는 풀을 뽑고, 또는 가끔씩 독서나 집필을 한 다음에 대체로 나는 다시 한 번 호수에서 목욕을 하고 후미진 물길을 헤엄쳐 건너곤 했다"라고 되어 있지만, 그 뒤로는 "나는 매일 또는 하루걸러 마을까지 슬슬 걸어 내려가 〔후략〕"라고 쓰여 있다. 그는 인간사회로부터 한 걸음 물러나서도 인간사회를 관찰 또는 관측하는 것을 게을리하지 않았다. 그리고 인간사회의 어지러움에 대해 "만일 모든 인간이 당시의 나와 마찬가지

아메리카 원주민 추장 모습
소로는 자연사를 소중히 여긴 것처럼 자연에 보다 가까운 아메리카 원주민들과 깊은 관계를 유지했다.

로 간소한 생활을 한다면 도둑이나 강도는 눈을 씻고 찾아봐도 없을 것이라 나는 확신한다"라고 단언한다.

'호수'와 '베이커 농장'

소로가 월든 호숫가에 작은 집을 짓고 살려고 생각한 것은, 그가 아직 보스턴에 살고 있던 4세 무렵, 콩코드에 와서 난생 처음 월든 호수를 보고 그 풍경에 강하게 매혹되었던 것이 원인이라고도 한다. 그 유소년기의 체험 이래 소로는 몇 번이나 월든을 방문했고 차츰 마음이 끌려, 결국 그 호숫가로 이주하게 되었지만, 그 정도로 애착을 가진 월든 호수에 대해서는 후반부가 되어서야 겨우 이야기를 시작한다.

"그것은 돌을 던져도 부서지지 않고 뒷면의 수은도 벗겨지지 않는, 자연의 손길이 끊임없이 금박을 손보아 주는 한 장의 거울이다. 〔중략〕 거울은

숨결을 토해내도 김이 서리지 않고, 오히려 스스로 토해내는 숨결이 높이 올라 구름이 되어 그 조용한 가슴 속에 비추이고 있다."

소로는 이 《월든》을 일곱 번이나 고쳐 썼다고 하는데, 그 퇴고 중에 전체적인 구성을 고려해서 자신이 크게 애착을 가진 호수의 묘사를 중간에 배치했으리라.

다음에 오는 '베이커 농장'에는 존 필드라는 가난한 아일랜드인 농부의 생활을 구체적으로 그리고 있다. 다음에 그가 강조하고 싶었던 '더 높은 법칙'을 서술하기 전에 대칭적인 구성으로 하고 싶었던 것이리라.

'더 높은 법칙'과 '동물 이웃들'

소로는 그 시절 사회풍조가 그러했듯이 성욕에 대해서 노골적으로 표현한 적은 없었다. 하지만 "인간의 내면에는, 고차원의 본성이 잠이 들면 서서히 눈을 뜨는 한 마리 동물이 자리잡고 있다 〔중략〕 그놈으로부터 몸을 뺄 수 있을지는 모르나 절대 그 본성까지 바꿀 수는 없을 것이다"라고 생각하고 있었다. 마치 원숭이와 인간의 유전자는 98퍼센트 이상 일치하고, 포유류와도 78퍼센트 이상 일치한다는 현대의 생물학에 입각한 듯한 표현을 하며, "'인간이 짐승과 다른 점은 매우 적다. 평범한 사람은 금방 그것을 잃어버리지만, 군자는 그것을 소중하게 간직한다"라고 맹자는 말한다'라면서 동양 현인의 말을 빌려 해설한다.

"우리는 모두 조각가이자 화가이며 그 재료는 우리 자신의 피와 살과 뼈이다. 조금이라도 고귀한 마음이 있다면 당장 얼굴 모습에 고상함이 드러나며, 야비하고 육욕적인 면이 있으면 그 얼굴은 짐승처럼 변한다"라고 말하는데, 결국 이것도 정신의 향상이 중요하다는 뜻이다.

다음 장은 '동물인 이웃들'로 소로는 '은자'와 '시인'의 대화를 재현한 뒤, 자신이 사는 숲 속 집 주변의 동물에 대해서 매우 구체적인 관찰 결과를 서술하고 있다. 토종 들쥐나 자고새의 귀여운 모습을 접하고, 그 뒤 붉은개미와 검은개미의 전쟁을 실황 중계하듯 엮어내는 데다 때에 따라서는 그리스 고전 《일리아스》를 인용한다거나 나폴레옹의 싸움이나 미국 독립전쟁을 예로 들며 야담을 떠오르는 대로 표현했다. 또 가을이 되자 물새 '아비'에게 장난을 치려 했으나, 마치 웃음소리처럼 들리는 아비의 울음소리 때문에 도리어 바보 취급을 당했던 장면을 조금 유머러스하게 담았다.

'난방'과 '원주민과 겨울의 방문자'

《월든》은 소로가 살기 시작한 초여름부터 시작해서 한여름, 초가을이 지나고 드디어 늦가을에서 겨울로 향한다. 거기서 '난방'이라는 장이 시작된다. 여기까지 읽어 나간 독자들은 소로의 문체에도 익숙해져서 더욱 읽기 쉬웠을 것이다.

소로는 여름이 끝날 무렵부터 겨울의 추위에 대비해 난방시설을 만들기 시작하여, 도중에는 친구이자 시인인 채닝에게도 도움을 받아가며 공들여 벽돌을 쌓아올렸고 12월이 되어서야 겨우 완성했다. 콩코드는 겨울이 되면 추워져서 기온은 영하로 내려가고, 눈도 매우 많이 내린다. 따라서 난방시설은 필수적인 조건이었다. 그는 그 무렵 유행하기 시작한 불이 보이지 않는 소형 스토브보다도 난로가 좋다고 계속 주장하며, 장작이 타오르는 것은 아무리 보아도 질리지 않는다고 했다.

"보통 숲에는 마을에서 땔감으로 쓰기에 충분한 여러 종류의 삭정이와 마른 나뭇가지가 굴러다녔지만 요즘에는 쓰이지 않는데, 그것들이 도리어 어린 나무의 성장을 방해한다고 생각하는 사람도 있다"라고 하면서, 땔감으로 사용하기 위해 솎아베기를 한 목재를 사용하는 것은 생태적으로 봐서도 오히려 좋은 일이라고 말하며, 현대에 와서야 겨우 다시 보기 시작한 '바이오매스(biomass : 식물이나 미생물 등을 에너지원으로 이용하는 것) 이용'에는 또 놀랄만한 선견지명을 내보이고 있다.

다음 '원주민과 겨울의 방문자'의 장에서는 월든 호수의 둘레에 예전부터 살고 있는 사람들의 생애에 대해서 서술한 뒤, 겨울의 추위와 눈에 대해서, 그리고 그의 작은 집을 찾아온 적지 않은 친구들에 대해서도 서술하며 그 방문자들과의 이야기를 연출하는 역할로 난로가 수고해 주었다고 암시한다.

방문자들 중에서 소로가 가장 칭찬한 이는 《작은 아씨들》의 지은이인 L.M. 올컷의 아버지 A.B. 올컷이었다. 친구 채닝이나 스승이자 친구인 에머슨도 왔다고 하는데, 그즈음 문화인이 많았던 콩코드에서 숲에 사는 소로를 방문한 현인들이 그와 나눈 대화를 상상하는 것만으로도 즐거워지지 않는가. 하지만 어느 주일에는 한 사람도 오지 않을 때도 있었다고 썼는데, 난로가 있

아비새
겨울 철새 아비는 아름다운 자태로 유명하다. 소로의 작은
집 주위와 월든 호숫가의 동물들은 모두 친근한 친구이다.

다고 해도 극심한 추위 속에서 저 '작은 집'에 홀로 계속 살아간다는 것은 보통의 각오로는 불가능하리라.

'겨울의 동물들'과 '겨울 호수'

인간에게도 혹독한 계절 겨울을 꿋꿋하게 사는 동물들이 다음 장 '겨울의 동물들'에서 묘사된다.

"어느 날 밤, 문가에서 두 발자국쯤 떨어진 곳에 토끼 한 마리가 앉아 있었는데, 처음에는 두려움에 몸을 떨며 움직이려고도 하지 않았다. 앙상하게 마른 몸에 털이 무성한 귀와 뾰족한 코, 빈약한 꼬리와 가느다란 다리의 가련한 새끼 토끼였다. 그것을 보고 있으려니 자연은 이미 고귀한 혈통을 이어가지 못하고 가까스로 발가락 끝으로 서 있는 게 아닐까 하는 생각이 들었다."

그러나 소로는 곧바로 이런 연민에 휩싸인 자신을 '야생의 자유로운 짐승이 스스로의 활력과 자연의 존엄을 증명함으로써' 흔들어 깨웠다고 고백한다.

'겨울 호수'에서 소로는 그가 우수한 측량기사라는 사실을 증명하고 있다. 그는 호수의 평면도만이 아니라 그 깊이까지 측정했다. 측량의 결과를 이 책의 끝부분에 실은 것은 자신의 특기를 일부러 비장의 무기로 감추어 두었다가 꺼낸 것이리라. 그리고 월든 호수의 가장 깊은 곳은 105피트(약 31m)라고 보고한다. 이에 대한 측정법까지 분명히 밝혀 두었고 결과도 거의 정확한데, 호수가 그다지 크지도 않은 데 비해 놀랄 정도로 깊다. 그리고 '나는 이 호수가 하나의 상징으로서 깊고 맑게 만들어진 것이 고맙다'라고 한다. 그런데 월든 호수는 겨울이 되면 그 위를 사람이 충분히 걸어다닐 수 있을 정도로 두꺼운 얼음이 언다. 소로는 그 얼음이 얼기 시작하는 것을 주의 깊게 관찰하였고, 얼음 속에 들어있는 기포가 생기는 모양에 대해서도 서술하면서, 심지어는 얼음이 얼기 시작한 것이 최근 수년간 몇 월 며칠이었는지까지도

난로
콩코드의 추위를 견디려
면 역시 장작불이 타오르
는 벽난로가 좋다. 그것
은 작은 집 방문자들과의
대화 분위기에도 더없이
좋은 역할을 해 주었다.

보고하고 있다.

하지만 이 장에서 가장 놀라운 부분은, 얼음을 실어 낸다며 동원된 사내들 100명이 호수 위에 갑자기 나타났던 장면이다. 1만 톤의 얼음이 눈앞에서 잘려 쌓이는 광경이란 얼마나 대단했겠는가. 비록 소로는 그 뒤에서, 월든 부인이 복수를 했다느니, 월든 호는 결국 얼음 대부분을 되찾았느니 하며 고소해 하지만 말이다.

'봄'과 '맺음말'

드디어 '봄'의 장이다.

"봄이 되면 태양의 감화를 받아 대지가 따뜻해질 뿐만 아니라, 태양열이 30센티미터 이상의 얼음을 통과해서 옅은 물밑까지 반사한다. 그 때문에 수온이 높아져서 얼음은 직접 위에서부터 녹는 동시에 안쪽에서도 녹기 때문에 울퉁불퉁해진다. 그 내부에 포함된 기포가 위아래로 퍼져나간 결과, 얼음은 마치 벌집 같은 모양이 되고 마침내 봄비가 한 번 내리고 나면 눈 깜짝할 사이에 사라져 버린다."

그리고 다시 '내가 숲 속 생활에 이끌린 이유 중 하나는, 봄이 찾아오는 것을 여유 있게 볼 기회가 있을 것 같아서였다'는 말대로, 소로는 봄소식을 섬세하고 아름답게 표현하고 있다. 이 장은 봄소식에 따른 차분한 변화에 맞추어, 독자들도 지은이인 소로가 되었다 생각하고 여유를 가지고 공들여 읽기 바란다.

그가 여름부터 숲에 살기 시작했으니만큼 시간상의 배열로 보아도 봄이 끝에 오는 것은 이상하지 않다. 하지만 그보다도 이 책에는 '젊은이들에게 새로운 인류의 재출발을 촉구하고 싶다'라는 의도가 있으니만큼, 새싹이 돋아나는 '봄'으로 매듭짓고 싶은 마음이 더 컸으리라.

그리고 다짐하듯 '맺음말'에서는 훌륭한 마무리를 보여 주고 있다. 책을 읽기 시작할 때 책의 첫머리와 끝부분을 먼저 읽는 유형을 의식해서일까, '맺음말'은 세상의 수많은 평론가들의 말대로 매우 뛰어나다. 특히 맨 끝부분이 좋다.

우리의 눈을 속이는 빛은 우리에게 어둠과도 같다. 우리가 눈을 떠야만 비로소 새벽이 찾아 올 것이다. 새로운 새벽이 찾아오려 하고 있다. 태양은 새벽의 샛별에 지나지 않는다.

소로는 문과계이기도 했지만 이과계이기도 했다. 또 매우 관념적이고 사색에 가득 찬 사람이기도 했지만, 한편으로는 자연관찰이나 생활에서는 무엇보다도 실천을 중시하는 사람이었다.

《월든》은 확실히 '살아가는 힘'을 증폭시켜 주는 책이다.

Ⅲ《월든》의 환경사상

멸종위기종(減種危機種) 소로

멸종위기종(endangered species)이라는 용어는 1973년 미국에서 시행된 '멸종위기종법(endangered Species Act : 위험한 서식지에 살아 멸종될 우려가 있는 동식물에 대해 보호 대책을 강구한 법)'에 의해서 사람들 입에 오르내리게 되었다. 따라서 소로는 이 용어를 사용한 적이 없다. 그런데도 여기서 부제목에 일부러 쓴 것은, "진실 표현의 토대를 마련하기 위해서는 아무리 강조해도 지나침이 없다"는 소로 특유의 서술 방식인 '과장법'을 써서 '야생생물의 멸종'이 어떤 의미를 갖는지를 진지하게 다시 살펴보고 싶기 때문이다. 동시에 소로의 선구적인 생태학 및 환경에 대한 자세를 평가함으로써, 그가 현대의 '멸종위기종'으로 내몰리지 않게끔 독자들과 함께 생각하고 싶기 때문이다.

실은 자연주의자나 생태학자, 환경주의자로서의 소로에 대한 평가는, 《숲을 읽다》나 《야생의 과실》이 그의 사후 130년이나 지나서 출판됐다는 사실로도 알 수 있듯이 매우 완만하게 이루어졌다. 그러나 현재 소로의 자연 및 환경에 대한 언설은 주목을 받고 있다. 오늘날 환경문제의 많은 원인이 인간 중심적 현대문명 속에 있다고 한다면, 《월든》은 그런 문명을 재조명하는 지식의 보고로 가득 차 있다. 지금이야말로 우리는 그의 목소리에 제대로 귀를 기울여야 한다.

소로의 자연관

일반적으로 《월든》은, 월든 호반에 사는 화자(소로)가 자연의 1년간의 순환을 통해 정신적으로 다시 태어나는 변신 이야기로 해석된다. 그는 '신의 물방울'이라 형용되는 월든 호수의 물을 바라보며 '자기 자신의 마음의 깊이를 재고' 있다. '봄'의 장에서는 수많은 변화·변신 이미지가 인간의 재생과 겹친다. 이런 의미에서 《월든》은 매우 초월주의적인 작품이라고 할 수 있다.

초월주의는 인간을 주된 대상으로 삼기 때문에, 일반적으로 생태학이나 환경과 대립한다고 생각될지 모른다. 그러나 초월주의의 궁극적인 목적이 인간성의 완성이라면, 자연을 해치지 않고 자연과 조화롭게 살아가는 삶의 방식도 인간 완성의 길에 속한다고 할 수 있다. 적어도 소로는 평생 초월주의를 버리지 않았다. 자연의 전체적인 이해를 위해서는 시(詩)와 과학 양쪽이 모두 필요하다는 것을 통감하고 있었기 때문이다. 우리에게 다행스런 점은, 소로가 자연을 과학적으로 탐구함과 동시에 자연과 인간과의 관계를 늘 의식해, 전체적인 시야에서 자연을 생각하고 있었다는 것이다. 생태학사상이나 환경사상이라는 것에도 결국 과학과 시(환경윤리) 양쪽 모두가 필요하다. 만년의 소로가 딜레마에 빠지면서도 시와 과학 양쪽 세계를 탐구했던 것이, 그의 생태학적 자연관을 풍부하게 해 주었다고 여겨진다.

《월든》, 특히 '경제'의 장을 통해 표명된 고도의 물질문명 비판은, 생물의 다양성 및 평등을 호소하여 현대문명이 나아갈 길을 근본적으로 재조명하려고 하는 '전면적 생태 보호 운동(deep ecology)'의 개념과도 통하는 구석이 있다. 그 밖에 숲의 채벌이나 철도의 침입에 대해 "숲이 망가지고 있는데 어찌 새소리를 기대할 수 있겠는가" 또는 "이 오만한 방해물(즉 철도)에게 반격을 가해, 그 옆구리에 복수의 창을 찔러 줄 우리나라의 영웅은 대체 어디에 있는가"라고 말하는 등, 과격한 자연보호를 주장하는 부분도 있다. 다만 소로는 전체적으로 목가적인 구조를 고려해 그런 주장은 되도록 삼가고, 오히려 인간중심주의에 대항해서 자연에 대한 애정과 존경의 감정을 나타내는 생명중심주의 이념을 강조하고 있다. 그 전형적인 부분이 '콩밭'이라는 장에 나온다.

콩밭을 망가뜨리는 우드척(Woodchuck)에 대해 "잡초를 뽑고, 오래전부터 그들의 소유지였던 꽃밭을 뒤엎고 할 권리가 과연 내게 있겠는가" 하고 말했고, 또는 본디 콩밭의 적이기도 한 잡초에 대해서조차 "잡초 씨앗은 작은 새들의 식량이기도 하다. 그러니 잡초가 우거지는 것도 좋지 않은가"라고 말해 자연에 대한 겸허함과 애정을 표명한다.

여기서는 환경의식이 자주 등장하는 《월든》 가운데서도 논해진 적이 없는 제15장 '겨울 동물들'을 선택하여, 그 장에 언급된 '야생생물의 거래'에 초점을 맞춰 '멸종위기종'의 시점에서 소로의 '환경사(環境史)에 대한 관심' 및

'환경의식의 성숙 과정'을 검증해 볼 생각이다.

환경사를 보는 시선

풍경의 변화

소로의 고향 콩코드는 독립전쟁의 발단이 된 곳으로 유명하다. 민병 (Minuteman)들이 자유를 위해서 영국군에 대항해 일어났던 이 땅은, 《월든》에서는 '콩코드의 전쟁터', '콩코드 전투'라는 말로 호의적으로 언급되고 있다. 그러나 그의 과거에 대한 관심은 콩코드의 '인간의 역사'가 아니라, 그 시대 많은 역사가들의 감각에서 결여되어 있었던 콩코드의 '자연의 역사', 특히 야생생물 종의 감소 및 멸종의 역사, 즉 '환경사'(머천트에 의하면 이 것은 인류사 중에서도 가장 오래된 분야임과 동시에 가장 새로운 연구 분야이다. 환경사의 주된 주제는 개변된 자연과 그 성격이다)를 향하였다. 그 일환으로 그는 1844년에 레뮤얼 섀턱의 《콩코드 마을의 역사》(1835)를 읽고 주민들의 토지 사용의 변화를 배웠다. 소로가 강, 호수, 숲 등 생태계가 풍요로운 곳에서 태어났다는 점은, 훗날의 생태학 연구에 있어 커다란 행운이었다.

풍경 변화에 대한 소로의 관심은, 그가 월든 호반에 살기 시작한 1845년에 갑자기 생겨난 것은 아니었다. 1845년은 뉴잉글랜드의 삼림파괴가 절정에 달했던 시기이다. 그는 그 무렵 출판된 조지 B. 에머슨의, 〈선구적 자연보호 보고서〉라 불리는 〈매사추세츠의 삼림에 자생하는 삼림·관목에 관한 보고서〉(1846)를 읽고 자연파괴 상황을 깨달았을 터이다. 하지만 그는 월든에 머무르는 동안 그 문제를 깊이 탐구하진 않았다.

풍경 변화에 대한 관심이 생겨난 것은, 1839년에 그가 형과 함께 콩코드 강과 메리맥 강을 여행한 이야기를 책으로 정리했던 1848년의 일이었다고 추정된다. 그해에 그는 《콩코드 강과 메리맥 강에서의 일주일》(1849)의 취재여행으로 다시 한번 뉴햄프셔를 방문했다. 그리고 겨우 9년 사이에 표변해 버린 대지에 큰 충격을 받았다. 그 커다란 충격이 《콩코드 강과 메리맥 강에서의 일주일》 여기저기에 묘사되어 있다. 이 작품은 초월주의의 전형이라 불리는데, 환경사의 시점에서 이 작품을 분석하면 소로에 대한 새로운 평가로 이어질 것이다.

풍경 변화, 즉 인간에 의한 자연의 개변은, 인간의 활동이 활발해지기 시작한 19세기 중반에 눈에 띄게 드러났다. 소로는 풍경 변화를 야생생물의 감소 및 종의 멸종이라는 시점에서 파악하려 했다. 이를테면 '호수'의 장에서는 한 늙은이의 이야기가 소개되고 있다. 그에 따르면 울창한 숲으로 뒤덮여 있던 60년 전에는 "오리나 그 밖의 물새들이 많이 있었고, 주위에는 독수리도 많이 살고 있었다." 한편 소로는 과거에 '인디언 감자'라 불렸고 "경작에 의해 거의 멸종 위기에 이르렀던 땅콩"을 발견해, 이 식물이 언젠가 되살아나기를 기대하고 있다. 최근 단일작물재배의 폐해가 점점 분명해지고 있는 상황에서, 소로가 과거 속으로 사라졌던 전통적 음식물을 재평가했다는 점은 주목할 만하다.

자연의 개변

자연의 개변이 진행되고 있는 가운데, 그 상황을 가장 인상적으로 묘사한 수필이 《일기》에 쓰였다. 1851년 12월 30일, 콩코드를 1세기 이상 지켜봐 왔던 큰 나무가 잘려 쓰러지는 자리에 있었던 소로는 '큰 나무의 비탄'으로서 일기에 글을 썼다.

소나무가 차지하고 있던 공간은, 지금부터 2세기나 텅 비어 버리게 된 것일까. 소나무는 재목이 되고 나무꾼은 그 공간을 더럽혀 버렸다. 봄이 되어 물수리가 머스케터킷강의 강둑을 다시 방문했을 때, 익숙한 쉼터인 나무를 찾아 빙빙 돌아도 이제는 찾지 못할 것이다. 암컷 매도 새끼를 기를 높은 소나무가 사라진 데에 크게 슬퍼할 것이다. 무려 2세기에 걸쳐 하늘을 향하여 성장해 왔던 식물이, 오늘 오후 이 세상에서 사라졌다. 가지 끝의 어린잎은 다가올 여름을 알리는 사자처럼 1월의 눈 녹는 시기까지 성장해 가고 있었는데. 왜 마을의 종은 애도하는 종소리를 내지 않는가. 그러나 애도의 종소리는 나지 않고, 조문객의 행렬도 보이지 않는다. 다람쥐는 다른 나무로 건너가고 매는 저 먼 하늘까지 선회해서 새로운 높은 둥지에 안착했다. 그러나 나무꾼은 이제 그 나무 밑동에까지 도끼를 박아 넣으려 준비하고 있다.

환경 저작의 주옥같은 한 편이라고 일컬어도 과언이 아닌 이 글은, 풍경의 변화가 점점 우리 가까이로 접근하고 있음을 여실히 보여 주고 있다. 문명의 진보는 확실히 풍경을 변질시키고 있었다. 예를 들어 이듬해에 그는 "엘크 (또는 비버도?)는 언젠가 멸종할 텐데, 미래의 시인이나 조각가들은 커다란 나뭇가지 같은 뿔이 달린 이 신기한 생물을 어떤 모습으로 상상하고 묘사하게 될까"(《일기》 1852년 2월 2일)라며 크게 우려하고 있다. 하지만 그는 이런 급격한 변화에 당황하면서도, '잃어버린 풍경'을 회복하기 위해 과거에 눈을 돌리기 시작했다. 소로는 그가 경의를 담아 '시적 농부'라고 불렀던 마이넛에게서 콩코드의 환경 변화를 배웠다. "80년 전에 어머니가 집 가까이에서 사슴을 보셨다"(1853년 1월 21일), "1세기 전에는 곰과 엘크가 있었다"(같은 해 3월 10일)고 마이넛은 말했다.

소로는 이 시기에 이미 풍경 악화의 원인을 이해하고 있었다. 그 원인은 다름 아닌 자연에 대한 인간의 자세가 적의와 증오로 가득 차, 자연을 극복하는 것이 곧 문명이라고 그들이 생각했던 데에 있었다. 그는 다음과 같이 말했다. "토지에 정주해서 개간하는 종족인 인간은, 숲의 나무를 점점 베어 버린다. 그것도 철저하게 열심히 베었음에 틀림없다. 실제로 나무 그루터기조차 뽑혀 버리고 있으니. 그것은 완벽하고 철저한 과정—미개척지와의 싸움—으로, 자연을 파괴하고 토양을 제어하고 그곳에 오트밀을 재배하는 식이다. 문명인은 소나무를 자신의 적으로 간주한다. 소나무를 쓰러뜨려 공간을 만들고 땅을 뒤엎은 후 밀이나 호밀을 기른다. 소나무는 마치 인간에게 들러붙은 곰팡이와도 같다"(《일기》 1852년 2월 2일). 이런 자연관에 도전하기 위해서는, 자연이 무엇에 의해 어떻게 개변됐는지(즉 환경사)를 알 필요가 있었다. 그는 만년의 10년 동안 《콩코드의 자연사》(환경사라고 불러도 상관없다) 집필에 전념했다.

'겨울의 동물들' 장(章) 재고(再考)

환경사를 독서한다

콩코드의 자연 변모의 역사, 즉 환경사에 대한 관심은 1854년 1월 27일

날짜의 일기 속에서 한층 더 크게 비상한다. 이 날 소로는 한 집 다락방에 있던 물품이 경매에 걸린 점, 그리고 그 안에 1세기 이상이나 전에 쓰인 상인의 '거래 메모장'을 발견하고, 재빨리 입수해서 탐독한 것을 기록하고 있다.

얼핏 보아 쓸데없어 보이는 이 체험이 그에게 있어서 매우 큰 의미를 가지게 되었다. 다시 말해 이 날의 일기의 기술은 《월든》의 두 곳에서 활용되었기 때문이다. 그 중 한 가지는 '숲생활의 경제학'의 장에서 채택되었다. 다락방에 높게 쌓아올려진 물건이 경매에 걸린다. 그러나 그것들은 다른 집 다락방으로 이동할 뿐으로 결국은 먼지만 쌓인 채 사용되지 않는다고 전해진다. 즉 이 일건은 소로에게는 물건에 대한 인간의 과도한 의존과 집착의 상징으로서 비추어졌다.

물건에 대한 집착에서 벗어나기 위해 소로는 머클래스족 인디언과 멕시코 사람들이 행하는 불에 의한 성스러운 의식이 필요하다고 소개한다. 물건에만 지나치게 의존하는 사람들을 통렬히 비판함과 동시에 간소한 생활에 의해 자기 자신을 되찾을 수 있다고 권한다. 간소한 생활은 목가(pastoral)와 초월주의와 마찬가지로 《월든》에 있어서의 소로의 환경프로젝트의 중요요소 중 하나이다.

또 한 가지의 '거래 메모장'에 관해서는 제15장 '겨울의 동물들'에서 언급되고 있다. 한 상인이 쓰고 있던 '거래 메모장'을 통해서 1세기 이상이나 전의 콩코드 서민의 생활의식을 엿보는 것이 가능해졌다. 소로에 의하면 '거래 메모장만큼 당시의 확실한 역사를 이야기하는 것은 없다' (《일기》1854년 1월 27일)이다. 여기서 중요한 것은 이 '거래 메모장'에 기록된 야생생물의 거래에 소로의 예리한 환경적 통찰력이 향해진 점이었다.

"1742년 (또는 43)1월 18일, '존 메르빈. 빌려주는 쪽. 회색 여우 1마리, 2실링 3펜스' 회색 여우는 이제 이 부근에는 없다. 또한 그의 원장(元帳)의 1743년 2월 7일의 기입란에는 헤지카이아 스트라톤에게 '고양이의 털가죽 절반을 1실링 4펜스 반으로' 신용 대출했다 한다. 이는 삵쾡이를 가리킨다. (중략) 사슴의 털가죽도 빌려주는 쪽에 기재되어 매일 매매되고 있었다. 이 부근에서 살해당한 마지막 사슴의 뿔을 여전히 보존하고 있는 사람이 있다."

이 '거래 메모장'에 의하면 적어도 1세기 전에는 콩코드에도 회색 여우와 살쾡이, 사슴이 존재하고 있었다. 1854년 1월 27일의 이 일기의 기술이 6개월 후인 8월 9일에 출판되는 《월든》에 급히 삽입된 이유는 분명 소로 나름의 '잃어버린 과거', 특히 야생생물의 절멸에 대한 복잡한 기억이 있었기 때문이다. 통틀어 《월든》의 집필 과정을 통해서 소로의 환경의식을 탐화하고 성숙해져 간 것이 이 예에서도 파악하는 것이 가능하다. 최종적으로 자연보호의 제창으로 이어져갔다.

'겨울의 동물들' 의의

'겨울의 동물들'이라는 장은 《월든》의 해석 안에서도 가장 경시(輕視)된 장일 것이다. 이 장이 다루는 계절은 겨울, 월든 호수는 완전히 얼어붙어 풍경도 단조롭게 보였다. 소로의 상상력도 외적풍경과 마찬가지로 자주 막히고, 오로지 봄을 갈망하고 있는 상황이 묘사되고 있다는 것이 지금까지의 해석이었다. 그러나 정신의 동면상태 안에서도 그는 어떻게든 상상력의 배출구를 구했다. 그 계기가 된 것이 예상지 못했던 다락방에서 발견된 '거래 메모장'의 존재였다. 그것은 초월주의적인 접근이 아닌 '환경적 상상력'의 비상이라 불러도 과언이 아니다.

제15장 '겨울의 동물들'은 앞장 '선주민과 겨울의 방문자들'과는 대조적으로 '전에 살던 야생생물'이라 고도 간주된다. 제14장에서 묘사된 선주민들은 월든 호수의 의의를 끝내 모른 채 이 세상을 떠났다. '그들의 기억은 얼마나 풍경의 아름다움을 높이지 못했던가' 라고 소로는 탄식하며 말한다. 한편으로 제15장에서 묘사된 전에 살던 야생생물들은 그에게 있어 얼마나 풍경의 아름다움을 높였을지. 그러나 그들의 존재, 일찍이 미국의 풍경을 채색하던 야생생물 대부분이 '거래 메모장'에 있듯이 과거 1세기 동안에 모습을 볼 수 없게 되었다. 그것은 소로에게 있어 분명 '활력과 자연의 위엄'의 상실, 즉 '생활의 질'을 망가뜨린다고 여겨졌다. 《월든》에서의 절멸에 대한 위기의식이 전환점이 되어 후에 그는 인간과 야생생물과의 관계와 문명과 미개지(wilderness)의 관계의 구명(究明), 그리고 자연보호에 대한 쪽으로 흘러갔다. 절멸에 대한 관심이 한편으로 '종(種)의 확산'에 대한 관심으로 퍼져간다는 점에서 소로의 위대함을 재인식할 수 있다.

초록색의 화염

'겨울의 동물들'에서 소로는 야생생물의 거래 외에도 환경 변화에 대해 깊은 관심을 나타내고 있다. 예를 들어 이 장에서는 여우를 쫓는 노인 헌터가 소개되고 있다.

"그러자 갑자기 당사자인 여우가 모습을 나타냈다. 경쾌하고 재빠른 발걸음으로 장엄한 숲의 통로를 가로질러 빠져나온 것이다(중략) 그리고 숲 한가운데의 바위 위로 뛰어올라가 사냥꾼에게 등을 향한 채 몸을 일으켜 앉아 조용히 귀를 세웠다. 한 순간 연민의 정이 그의 팔을 억눌렀다. 허나 그 기분도 금방 사라지고 재빨리 총을 수평으로 취하고 빵 소리가 울림과 동시에 여우는 바위에서 지면으로 굴러 떨어져 죽었다. 사냥꾼은 그 자리에 우두커니 선채 사냥개의 목소리에 귀를 기울였다. (중략) 사냥개는 죽은 여우를 발견하자마자 달리던 것을 멈추고 너무 놀란 나머지 목소리를 잃은 것처럼 입을 꾹 닫고 그 주위를 빙글빙글 돌았다. 머지않아 새끼개들이 도착했다. 그들도 어미와 마찬가지로 모두 신기한 의문을 앞에 두고 정신을 되찾고 입을 다물고 말았다."

개들은 죽은 여우의 모습에 본능적인 동포의식을 느꼈음이 틀림없다. 《월든》이 출판되고부터 약 11년 후, 늑대를 죽이고 죽어가는 늑대의 눈 속에 '흉악한 녹색의 화염'을 본 알도 레오폴드 (Aldo Leopold)는 이 사건에 계시를 받고 이제까지의 인간중심주의적인사상에서 생명중심주의사상으로 크게 바뀌어갔다. 레오폴드와 비교해서 노인 사냥꾼은 한 순간 연민의 감정에 휩싸이지만 여우를 쏘고 스스로의 일이라 결론내리며 가죽을 벗겼다. 사냥꾼 자신은 레오폴드처럼 환경의식에 눈을 뜨지는 않았다. 그러나 그는 소로에게 깊은 의의가 담긴 계시를 주게 되었다. 다시 말해 사냥꾼은 소로에게 페어 헤이번 테라스에서 곰 사냥을 하고 그 가죽을 람주와 교환하거나 말코손바닥사슴(Alces alces)을 보았다는 샘 너팅이라는 인물이 존재했던 것을 알렸다.

이 사냥꾼의 이야기에 촉발된 형태로 이미 말한 1854년 1월 27일의 '거래메모장'의 화제로 이어진다. 그리고 이들 두 가지의 에피소드가 《월든》에 문제 삼아졌다. 이들은 소로에 있어서 레오폴드의 '녹색 화염', 즉 환경적 계시가 되어 야생생물의 절멸을 포함한 환경에 대한 깊은 관심의 단서가 되어간 것이다.

절멸을 우려하다

환경사에 대한 관심

《월든》 출판 이후 잃어버린 과거에 대한 소로의 관심(환경사에 대한 관심)은 점점 깊어졌다. 1855년 1월의 일기에 의하면 영국의 여행가 윌리엄 우드(William Wood)가 1633년에 방문했을 때의 뉴잉글랜드 체험기 《뉴잉글랜드의 야망》(1639)에 매료되어 2세기에 걸친 백인의 식민지화의 결과, 대규모의 자연 개혁이 일어난 것을 알았다. 우드의 보고는 겸손하게 보아도 충격적이었다. 식민지 개척이 막 시작된 참인 17세기 초, 모든 곳에 실로 풍부한 자연이 넘쳐흐르고 있었다. 딸기는 눈에 띄게 크고 삼림에 관해서는 '현존하는 주된 예부터 원생의 숲이 어떠한 모습을 하고 있었는지 상상할 수 있다'(《일기》 1855년 1월 14일)라 이야기한다. 야생생물에 이르러서는 곰, 말코손바닥사슴, 비버(beaver), 늑대, 아시아 호저(Atherurus macrourus), 나아가서는 학, 백조, 그리고 '지금 세대보다도 훨씬 자연 가까이에 위치하고 많은 사실에 가까웠다'(1855년 1월 9일). 그 후에도 잃어버린 과거의 탐구는 이어져 지인으로부터는 12년 전에 행해진 '늑대 포획의 모습'(1855년 11월 27일)을 배우고 있다.

과거에 대한 관심으로부터 원생의 자연을 아주 조금 남기는 대상물에도 눈이 향해진다. 1856년 1월, 콩코드에서 최대의 높이 30미터를 넘는 느릅나무가 벌채되었다. 4년 전의 '큰 나무의 한탄'과 마찬가지로 이번에도 수목의 측정을 행하고는 있으나 소로의 환경의식은 눈에 띄게 예민해져 있다. 다시 말해 '우리들과 과거를 잇는 유대가 끊어졌다. 콩코드의 얼마나 많은 것이 그것과 함께 잘려 나갔는지. (중략) 우리 마을은 유서 깊은 몇 가지를 잃었다. (중략) 〔느릅나무〕자신들의 이익을 위해 주의회에 대표를 보내는 주장을 해도 좋다'(1856년 1월 22일)이라 말했을 뿐 아니라 이틀 뒤에는 그 주장을 재차 반복하며 수목에도 시민권을 부여하도록 주장했다. 이것은 현재의 '자연의 권리' 주장과 겹친다 할 수 있다.

이러한 와중에 소로의 야생생물의 감소에 대한 가장 심각한 상실감이 《일기》에 얽혀있다. 이 기술은 '겨울의 동물들'과 우드의 저서를 의식하여 쓰인 것은 명백한 사실로, 그의 환경의식의 성장과정, 특히 환경사에 대한 깊은 관심을 알기 위해 필요불가결한 것이라 할 수 있다.

"고상한 동물전—쿠거(Cougar), 퓨마(Puma, Puma concolor), 스라소니(Felis lynx), 오소리(Gulo gulo), 늑대, 곰, 말코손바닥사슴, 비버, 칠면조 등이 지금으로서는 절멸해 온 것을 생각하니 나는 자신이 길들여진, 이른바 소중한 것을 뺏겨 가치가 없어진 나라에 사는 듯했다. 그와 같은 대형 야생동물의 행동은 여전히 중요할 것이다. 내가 알고 있는 것은 상처받은 불완전한 자연일 것이다. 숲과 풀밭은 표정을 결여해서는 안 된다. (중략) 내가 일 년이라 부르는 일련의 자연현상은 한탄 할 만큼 불완전하고 많은 파트가 빠진 콘서트를 듣고 있는 듯하다. (중략) 내가 가지고 있거나 읽었던 것은 선조가 첫 페이지와 가장 훌륭한 글이 쓰인 대부분의 곳을 절단한 불완전한 책에 불과하다. (중략) 나는 모든 하늘과 땅을 알기를 소망한다. 모든 큰 수목과 동물, 물고기, 새는 없어졌다. 필시 강도 좁아졌을 것이다."

2년 전 '지구는 생물의 다양성으로 인해 보다 풍부하다'(1854년 5월 17일)라 실감을 담아 말했음에도 현 상황의 풍경은 소로의 마음에 공허함을 심어주었다. 풍경이 빈곤하면 마음도 가난해진다. 그가 《월든》에서 탐구한 하늘과 땅의 균형 잡힌 삶의 방식, 바꿔 말하면 내적 풍경과 외적 풍경의 조화는 외적풍경의 악화와 함께 무너진 듯했다.

환경 의식의 성숙

《일기》(1856년 3월 23일)의 인용에서는 야생생물의 감소경향이라는 사실을 지적하고 거기에 분노를 담아 말한 것뿐이지만 여기서 표명된 심각한 상실감이야말로 새로운 환경의식의 탄생을 예감시키는 것이었다. 다만 왜 이같은 상황에 처하게 되었는지, 어떻게 하면 야생생물을 보호할 수 있는지의 문제들에 관해서는 냉정하게 분석할 시간이 필요했다.

일 년 후의 《일기》에는 '수많은 물고기가 마침 여행 비둘기(Passenger Pigeon)와 다른 수조(水鳥)가 하늘에서 내쫓긴 것과 마찬가지로 문명인의 개선물(改善物)에 의해 강으로부터 쫓겨나고 있다. 자연의 안에서는 인간에 의해 일어난 변동물, 가장 대형의 민물고기조차 가장 야생적이고 고상한 새와 가장 아름다운 꽃들이 우리들이 진보함에 따라 후퇴해갔다'(1858년 3월5일)는 부분이 있다.

이 발언들로부터 판단하기에 자연환경의 파괴는 '인간활동'과 '인간에 의한 충격'이 큰 요인이라는 인식에 소로가 이르른 것이다. 현대와 같은 환경의 시대에는 자명한 인식이지만 문명의 진보를 당연시하는 당시의 사람들의 사고에는 완전히 결여되었었던 개념이었다. 소로는 야생생물 절멸의 주된 원인으로서 인간 활동에 의한 생식지의 감소를 생각하고 있었는데, 특히 그 중에서도 최악의 사냥꾼에 의한 '가죽 교역'에 대해서 격한 분노를 나타내고 있다. '이익을 독점하고 대지의 상당 부분을 지배하는 가죽 교역은 이 얼마나 한탄스러운 일인가'(1859년 4월 8일)이라 말하고 있다.

재차 《일기》(1857년 4월 11일)에 돌아가면 소로는 인간 활동에 의해 자연이 개변되고 있는 사실을 지적했다. 한편으로 '이 상실에 대해서 무언가 채워서 보충하지 않으면 안된다는 점은 확실하지만 지금으로서 그것이 무엇인지 모르겠다'는 점을 인정하고 대응에 고심하고 있는 모습을 엿볼 수 있다. 필시 문명의 진보(인간 활동의 총량)이라는 형언할 수 없는 괴물을 앞에 두고의 발언이었다고 생각한다. 실제로 《월든》의 '숲 생활의 경제학'의 장에서 문명을 철저하게 분석하고 대항책으로서 간소한 생활을 호소했으나 많은 사람들로부터 완전히 시대착오자로서 무시 받고 있었다. 문제의 크기에 몹시 놀람과 동시에 그가 이른 결론은 결국 《월든》에서 호소한 것, 즉 문명의 진보에 있던 도덕 회복과 정신적성장이 인간생활의 안에서 필요불가결하다는 것이다.

이처럼 방향성은 환경에 대한 생태학적 발언과 '환경 윤리'라 불리는 윤리관의 발언으로 이어져 갔다. 그것을 가장 잘 나타낸 글이 《일기》에 쓰였다.

'나와는 꽤나 다른 것'(월든 호수에서 발견된 신종 잔 물고기 민물고기)이 존재하고 있다—그 존재의 기적, 나와 동시대에 사는 이웃임에 틀림없다. 나는 단지 그 곁에서 사고를 맞추어 한 순간 이 민물고기가 되어 생각해 본다(1858년 11월 30일).'

'나와 동시대에 사는 이웃' '브림(민물고기)이 되어 생각한다(think like a bream)'라는 사고, 인간이 아닌 것을 인간과 같은 수준으로 파악하려 하는 사고방식 그 자체는 이미 말했듯이 현대의 환경논리학의 아비라 칭해진 레오폴드가 《야생의 노래가 들린다》(1949)안의 '산이 되어 생각한다("Thinking like a Mountain")'에서 표명한 생태학의 개념과 겹친다. 레오폴드와 마찬가지로 소로는 인간은 자연의 지배자인 것을 그만두고 공동체의 일원으로서의 책임을 다할 것을 호소하고, 종래의 인간중심주의적인 가치관에 대신하는 새로운 인간과 자연과의 관계를 끊임없이 탐구했다.

환경사의 시점에서 잃어버린 과거에 대한 시선은 반미(反美)감정을 품은 사람들로부터 백인 개척자, 그들의 사상과 행동에까지 향해졌으나 정리할 시간적 여유는 없었다. 그러나 소로의 저작의 여러 곳에 보이는 생태학과 환경에 대한 시점은 많은 교훈으로 가득하고 21세기의 독자에게도 계속해서 호소한다. 《월든》 출판 150주년(2004)을 계기로 장래에 걸쳐 소로를 '절멸위구종'으로 만들지 않기 위해 지구규모로 궁리할 필요가 있다.

《월든》은 콩코드 근교의 월든 호반에서의 생활을 그리면서 자연과 인간에 대해 깊이 고찰한 책이다. 미국 환경보호의 원전이라고도 하며, 환경문제에 관심을 둔 온 세계 사람들에게 읽혀 왔다. 소로는 호수 근처 오두막에서 마을로 나가거나 메인 숲으로 들어가거나 했다. 은둔 생활이 아니라 상당히 사람냄새 나는 일상이었다. 그러나 《월든》에는 그를 둘러싼 자연의 아름다움이 서술되어 있다. 행간에서 배어 나오는 신선한 숨결은 어디서 오는 것일까. 메인 숲을 비롯한 미국의 원생(원생자연)에서 받은 자연 엑기스 같은 것이 느껴진다. 또한 그것은 인간 존재의 왜소함을 느끼게 하고, 동양에서는 예부터 인식되어 온 '자연의 일부인 인간'이라는 사상과도 가깝다.

자연은 컸다

소로가 본 풍경

소로의 작품을 읽을 때마다 느끼지만, 그가 살던 시대의 미국 풍경은 어떠했을까. 요즘 우리가 보는 풍경과는 전혀 다를 것이다. 미국대륙의 대부분은 미개척지였고, 오리건으로 가는 길도 몇 개 없었다. 월든 호수는 그러한 미개의 대륙에 빛나는 작은 보석 같은 존재였다.

루이지애나 구입이 1803년, 플로리다 취득이 1819년, 텍사스 병합이 1845년, 오리건 취득이 1846년, 캘리포니아, 네바다 등을 멕시코 전쟁으로 획득한 것이 1848년, 그리고 가스덴 매수가 1853년이다. 대륙은 크고 미지의 자연, 원생은 아직 충분히 있었다. 유럽에서 이주해 온 사람들은 생존을 위한 개척에 필사적이었다.

《메인 숲》을 읽어 보면, 당시 메인 숲은 끝없이 삼림이 이어져 있어 가도 가도 끝이 없는 것처럼 여겨진다. 메인 숲으로 들어가는 것은 본격적인 탐험이지 평범한 여행이 아니었다. 언제 맹수에게 습격당할까, 길을 잃고 깊은 숲으로 빠져들진 않을까 하는 엄청난 긴장감의 연속이었을 것이다. 만약 도중에 죽어도 어쩔 수 없다고 생각하면서 여행한 것이 아니었을까.

19세기 중반부터 20세기에 걸쳐 세계 각지에서 큰 탐험이 이루어졌다. 세계에는 미지의 토지가 잔뜩 있었고, 자연은 아직까지 광활한 존재였다.

그런 시대에 쓰인 말 하나 하나는 시대와는 또 다른 의미를 갖지 않을까. 소로가 뱉어내는 말의 의미에 단순히 현대의 번역을 끼워 넣어도 되는 걸까.

가장 큰 의문은, 소로가 쓴 것을 정말로 오늘의 우리가 이해할 수 있는가 하는 점이다. 메인 숲에서 캠프를 치고 달밤에 늑대가 물을 마시러 오진 않을까 하고 기대하는 소로의 마음을 지금 우리는 상상할 수 있을까. 자연에서 너무 멀리 떨어져 사는 우리가 메인 숲의 차가운 밤공기를 느낄 수 있을까. 메인 숲에서 돌아와 월든 호수의 하늘을 보며 소로가 느낀 것을 우리도 똑같이 느낄 수 있을까. 가장 걱정인 것은, 알고 있다고 생각은 하지만 사실은 아무것도 모르고 있다는 점이다.

자연과의 밀착도

소로의 기행을 읽고 알 수 있는 것은, 그는 현대의 우리보다 훨씬 체력이 강했다는 것이다. 《월든》에도 '나는 지금 걸어서 출발하여 밤이 되기 전에 목적지에 도착할 것이다. 이전에 이 속도로 1주일 동안 내리 여행한 적이 있다'라고 무심하게 쓰여 있다. 젊은 나이에 결핵으로 죽었다고 하므로 연약해 보이는 사람을 상상하기 쉬운데, 어린 시절부터 단련한 소로의 건강한 육체는 우리네와는 질적으로 다르다.

마찬가지로 존 뮤어도 건강하다. 그는 1868년부터 캘리포니아의 세라 네바다 산들을 걷기 시작했는데, 그 기록 《처음 맞는 세라의 여름》에는 뮤어의 범상치 않은 체력을 느끼게 하는 부분이 넘쳐난다. 자연에 대응하는 힘이 현대인과는 비교가 안 될 정도다. 4000미터 급의 산을 맹렬한 속도로 오른다.

모포 한 장으로 극한의 밤을 아무렇지 않게 보내고, 눈 덮인 산에서도 대수롭지 않게 잔다. 곰을 맞닥뜨려도 매섭게 되쏘아본다.

당시는 산을 오르는 것도 지금과는 전제가 달랐다. 체력과 기력이 매우 뛰어나지 않으면 불가능한 일이었다. 엄청난 고생이 기다리고 있음을 각오하면서 소로는 1846년, 월든의 오두막을 잠시 떠나 두 발로 걸어서 메인 숲을 탐험했다. 《월든》을 완성하기에 앞서 본능적으로 본디의 자연, 인간이 없는 자연에 몸을 던져보고 싶었기 때문일까. 콩코드와 월든 호수를 오가는 것만으로는 얻을 수 없는 무언가를 발견하기 위해 메인 숲으로 들어간 것이 아닌가 생각한다.

일반적으로 미국의 자연문학 작가들은 오늘날에 이르기까지 매우 튼튼한 다리를 갖고 있다. 원생이라 불리는 곳으로 기꺼이 들어간다. 자연과 밀착하여 온 몸으로 느끼기를 바라는 사람이 많다.

피터 매티슨은 네팔과 티베트 국경을 방황했다. 히말라야 고개를 넘어 환상의 눈표범을 찾아 친구인 동물학자와 몇 개월이나 걸었다. 황량한 톨보 고원을 강풍에 시달리며 계속 걸었다. 암으로 죽은 아내를 생각하며, 어린 자식을 미국에 남겨 두고 온 여행이었다. 《눈표범》에는 그 여행의 상황, 심정과 함께 인간의 삶에 대한 태도, 자연과의 관계가 냉정하게 서술되어 있다.

에드워드 애비는 사막 국립공원에서 혼자 사색에 잠겼다. 비교적 가까운 자연 속에서 인간의 생태를 관찰했다. 인간이 자주 드나드는 곳이기는 하나, 사람이 없을 때에는 광활한 사막 한가운데서 자연의 저력을 느꼈다. 베리 로페즈는 북극권을 여행하며 《북극의 꿈》을 쓰고, 릭 배스는 몬태나의 산에 틀어박혀 에세이를 썼다. 위대한 자연 속에 몸을 담그고 그 정수를 느끼고 있는 듯하다.

미국의 자연문학 작가들은 전통적으로, 그리고 오늘날에도 원생을 추구하며 자연 깊숙이 들어간다.

세계의 많은 나라에서는 원생 같은 큰 자연에 들어가 글을 쓰지 않는다. 원생과의 관계를 느낄 수 있는 민족은 현대에는 매우 적다. 실제로 요즘 원생이라 불리는 곳 중에 고도로 문명이 발달한 나라로는 러시아와 미국, 캐나다 정도밖에 없다. 근대문명의 세례를 받으면서 원생을 실감해 온 것은 러시아와 미국, 캐나다 사람뿐일지도 모른다. 그렇게 보면 원생으로 상징되는 대

자연과 인간의 관계를 탐색해 온 것이 미국(또는 러시아, 캐나다) 자연문학의 큰 특징일 것이다.

자연문학의 좌표축

자연과의 교제

원생을 좋아하는 작가가 있는 한편, 미국에는 레이첼 카슨의 《센스 오브 원더》로 대표되는 감성적인 자연문학이 있다. 이 경우 자연은 크지도 작지도 않다. 관찰하는 눈이 날카롭기만 하면 된다. 아니 순수하게 자연과 접하기만 하면 된다.

애니 딜라드는 시내의 자그마한 자연에서 무언가를 발견한다. 날카로운 감성으로 자연이 보내는 아주 작은 신호까지 놓치지 않는다. 그리고 누구나 자연의 행위에서 자신 또는 인간의 본질을 발견할 수 있음을 가르쳐 준다.

에머슨은 책상 앞에서 자연을 고찰한다. 자연 속을 걷기보다 책 속을 걸으며 자연과 인간의 관계를 평론한다. 물론 자연을 걷지 않는다고 해서 붓끝이 무뎌지는 것은 아니지만, 소로만큼 행동파가 아닌 것은 분명하다.

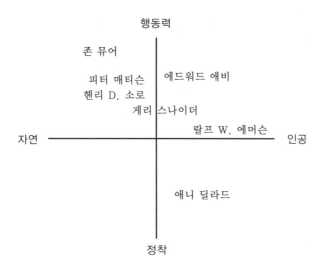

그리하여 위와 같은 좌표축을 만들어 보았다. 가로축은 왼쪽 끝에 자연을 두고 오른쪽으로 이동할수록 인공적이 된다. 세로축은 맨 위가 행동력, 아래로 갈수록 그다지 움직이지 않는 상황이다. 그러면 왼쪽 위에 존 뮤어가 있고, 오른쪽 아래에는 애니 딜라드가 있다. 가로축 선에서 약간 오른쪽으로는 에머슨이 있다. 오른쪽 위에는 에드워드 애비가 있다. 소로는 왼쪽 위의 한가운데, 피터 매티슨과 같은 곳에 있다. 세계를 걸어 다닌 끝에 한 곳에 정착하여 깊이 사색한 시인 게리 스나이더는 축의 중심부분에 속하지 않을까 생각한다.

이것은 재미삼아 해 본 것일 뿐 확실한 근거는 없다. 그러나 이러한 시선으로 미국의 자연문학 작가, 또는 작품의 위치관계를 생각해 보는 것도 나름 의미가 있다.

커다란 야생에 들어가 자연과 인간의 관계를 바라보는 사람이 있는가 하면, 길가의 자그마한 자연을 응시하고 거기서 자연의 섭리와 인간의 본질을 발견하는 사람도 있다. 커다란 자연과 자그마한 자연, 어느 경우든 자연과 인간의 접점을 찾고 있다는 점에는 변함이 없다.

그러나 미국의 자연문학에는 있어도 다른 나라에서는 좀처럼 발견할 수 없는 것은 커다란 자연에 둘러싸여 살아가는 인간의 모습이다.

소로는 《월든》에 이렇게 썼다.

"우리의 마을 생활은 그것을 둘러싼 아직 탐험되지 않은 숲과 목초지가 사라지면 침체되고 말 것이다. 우리는 야생이라는 강장제를 필요로 한다. 때로는 해오라기와 흰눈썹뜸부기가 숨어 있는 늪지대를 건너 도요새의 맑고 투명한 울음소리를 듣거나, 야생적이고 고독한 들새들이나 둥지를 틀고 밍크가 땅바닥을 기듯이 돌아다니고 있는 부근에서 바람에 살랑거리는 사초 냄새를 맡아야 한다. 우리는 온갖 것을 열심히 탐험하고 배우고 있지만, 동시에 모든 것이 신비로움에 감싸인 채, 탐험되지 않은 채로 있어주길 바란다."

동양의 사고와 미국의 자연문학

미국인에게 '인간은 자연의 일부다'라는 의견을 명확하게 제시한 사람은 알도 레오폴드라고 한다. 삼림국 직원으로서 애리조나의 카이바브 고원에 근무했는데, 그는 거기서 사슴을 늘리기 위해 늑대를 몰아냈다. 그러나 쏘아 죽인 늑대의 눈이 죽는 순간 녹색으로 빛나는 것을 보고 '이건 아니다'라고 느꼈다. 인간과 늑대가 다 같은 생물임을 강하게 느낀 레오폴드는 그 후 위스콘신 대학으로 옮겨 《샌드 카운티 연감》을 썼다. 그 속에서 '대지 윤리'라는 말을 사용하여 자연 속에서 살고 있는 인간의 모습을 과학적으로 설명했다. 그때까지 미국에서는 '인간' 대 '자연'이라는 대립적인 시각이 주류였으므로, '커다란 자연에 의해 살아가는 인간'이라는 생각은 그다지 익숙하지 않았다. 개척기부터 암흑의 원시림을 잘라 내어 문명의 빛을 비추는 것이 선(善)이라고 믿어 온 사람들이다. 에머슨은 '인간은 자연계의 주인공'이라고 정의했으며, 미국인에게 있어 자연이란 대치해야 할 것이며 이용해야 할 것이었다.

현재에는 지구환경문제가 표면화되어, 인간은 유한한 이 혹성에 살고 있음을 분명히 인식하고 있고, 지구환경을 유지하는 것이 무엇보다 중요한 일이라고 모두가 확신하고 있다. 그러나 그 밑바탕에는 인간은 지구의 일원이며, 자연의 일부라는 사고가 있다. 레오폴드는 미국인에게 알기 쉬운 형태로 그것을 설명했다.

이와 달리 동양 세계에서는, 예부터 인간은 자연의 일부였다. 중국의 산수화에도 인간은 점경으로 그려져 있다. 한쪽 구석에서 있는지 없는지도 모를 정도다. 자연을 감지하는 모습이 유럽세계와는 매우 다르다.

자연과 인간에 대한 새로운 철학

지구환경 시대에

소로는 말년에 아메리카 인디언에게 강한 흥미를 가졌지만, 그 이유는 역시 그들의 자연관에 공조했기 때문은 아니라고 생각하지만, 거기서 소로와 동양사상과의 접점을 발견할 수 없을까? 소로는 말한다.

"상쾌한 저녁이다. 온몸이 하나의 감각기관이 되어 모든 모공에서 기쁨을 흡수한다. 나는 자연의 일부가 되어 마음먹은 대로 그 안을 돌아다닌다. 흐린 날씨에 바람이 강하고, 쌀쌀한 만큼 특별히 마음을 끄는 것이 있을 리 없지만, 셔츠 하나 걸친 채 자갈투성이 호수 근처를 걷고 있으면 자연을 구성하는 모든 원소를 평소와 달리 깊게 생각하게 된다."

지구의 환경문제가 21세기의 커다란 과제인 것은 누구나 인정하는 바이지만, 관점을 바꾸면 20세기형인 한쪽으로만 치우친 사고방식의 파탄이다. 지구가 가진 용량과 인간 활동범위가 넓어짐에 따른 싸움이고, 시대의 흐름은 소로를 포함한 미국 자연문학이 무의식적으로 주장해 온 '커다란 자연에 둘러싸인 인간'이라는 생각에 치우친다. 우리들은 지금 다시 소로가 말년에 지적하기 시작한 자연관을 보다 엄밀하게 검증해 볼 필요가 있다고 본다.

지구환경문제는 1980년대 후반부터 나타나고, 1992년 리우데자네이루 회담을 거쳐 세계적인 과제로 인식하게 되었다. 온난화나 오존층의 파괴, 사막화, 열대우림의 감소 등 지구환경문제의 근본문제는 지구의 여러 자원을 어떻게 분배하고, 지속적으로 사용해 가는가이다. 공기나 물은 이미 공짜가 아니고, 무제한적으로 사용할 수 없게 되었다. 지금까지 지구 공공재(사회공통자본)이라 불려 왔던 것은 누가 언제 얼마만큼 사용해도 자유이고, 무한으로 존재하는 것이었지만, 지금은 그 지구공공재가 유한하다는 것이 밝혀졌고, 사용 규칙을 결정해야만 하게 되었다.

규칙을 정하는 방법도 또한 어렵다. 역사나 인권 문제가 얽혀 있어서 여느 방법으로는 안 된다. 온난화에서 이산화탄소 삭감문제를 생각해도 총론찬성, 각론반대가 된다. 누가 언제 얼마만큼 삭감할지, 상당히 어려운 문제다. 1997년 교토 회의(제3회 기후 변동 범위 조약 체결국 회의)에서 2008년부터 2012년 사이에 EU가 1990년에 배출한 양보다 8% 삭감하고, 미국이 7% 삭감할 것을 결정했지만, 개발도상국의 삭감계획은 없다. 그 전제로 리우 회담에서 '공통되지만 차이가 있는 책임'이라는 말을 사용하면서 선진공업국의 책임을 보다 무겁게 한 경위가 있었다. 개발도상국은 선진공업국의 과거 배출량을 문제로 하고, 지금이라도 지구를 파괴하고 있는 범인은 선진공업국이라고 호소하고 있다. 게다가 이산화탄소의 배출제한 기준을 개인에게 두어야만 한다고 주장한다.

예를 들면 미국이 1996년에 배출한 이산화탄소는 14억 4677만 톤으로 인도의 2억 7221만 톤의 약 5.3배이지만, 1인당 배출량으로 보면 미국인은 5. 51 톤, 인도는 0.25 톤으로 미국인은 1인당 인도인의 22배의 이산화탄소를 배출하고 있는 셈이다.

배출량을 규제하는 데 있어서 개인을 기준으로 하면 인도는 미국의 22분의 1밖에 배출하지 않게 되고, 방대한 양의 배출권리가 생기게 된다. 미국이 교토의정서(교토회의에서 삭감계획 등을 정한 것)에 참가하지 않는 것도 이 과제를 분명히 할 수 없기 때문이다.

현재 배출량을 기준으로 할지, 미래의 평등성(개인)을 기준으로 할지에 따라 규제방법은 크게 바뀐다. 인류가 앞으로 평등한 세계를 구축하려고 한다면 이산화탄소 배출량에 대해 세계 한 사람 한 사람이 평등한 권리를 가지는 것에서부터 생각하여 현재의 불평들을 시정해가는 방향으로 규제를 정해야만 한다. 한편, 현재 국가를 기준으로 하여 규제한다면 기득권익이 많은 쪽이 더 가지게 되고, 지금까지 그대로의 약육강식의 세계를 앞으로도 형성해 가게 된다. 이것은 앞으로의 인류의 모습과도 관계가 있다. 이산화탄소의 삭감문제는 인류의 삶을 생각하는 것이기도 하다.

이러한 상황이 되면 지구상에서 어떻게 지속가능한 사회를 구축해 갈지, 그것이 중요한 과제가 된다. 즉 자연과 인간 사이의 타협문제이다. 지구에 있어서 인류의 모습을 어떻게 할지가 문제이기도 한다.

지구환경문제의 근본 과제는 역시 자연과 인간과의 관계에 대해 새로운 철학을 구축하는 것이다.

"하지만 만약 봄기운이 자신을 되살아나게 하려고 하는 것을 느낀다면 사람은 반드시 더 높고 더 영적인 생활을 향해 일어설 것이다. 나는 전에도 서리 내린 아침, 아직 몸이 곱아서 움직일 수 없는 뱀이 태양열에 녹기를 기다리면서 내가 지나가던 길에 있는 것을 자주 보았다. 4월 1일에는 비가 내리고, 얼음이 녹았다. 그날 아침은 무척이나 안개가 심해 방향을 잃은 한 마리 기러기가 호수를 찾으면서 어찌할 바를 모르듯이 아니면 안개의 정령처럼 요란함 없는 소리가 들려왔다."

《월든》의 경제 장에 있는 이 글은 생물과 인간과의 아름다운 일체감으로 가득 차 있다. 동양적인 감각과 깊게 이어진 듯한 느낌이 든다.

《월든》은 지금도 우리들에게 강한 자극을 계속 주고 있다. 소로로 발단이 된 미국의 자연문학과 동양의 사상과의 새로운 충돌, 뒤얽힘, 창조가 일어나길 간절히 바란다.

소로 연보

1817년 7월 12일, 매사추세츠 주 콩코드에서 태어남.

1823년 아버지 존, 콩코드에서 연필제조업을 시작함.

1828년 콩코드 아카데미에 입학.

1833년 하버드 대학교 입학.

1837년 대학 졸업 후 10월, 일기를 쓰기 시작함.

1838년 4월, 라이시엄에서 〈사회〉 강연.

　　　　5월, 메인에 여행.

　　　　9월, 콩코드 아카데미를 형과 함께 세우고 강의 시작함.

1839년 8월, 형 존과 함께 콩코드 강과 메리맥 강 여행.

1840년 채닝을 알게 됨.

1841년 4월, 콩코드 아카데미를 폐교함.

　　　　에머슨 집에서 동거.

1842년 1월, 형 존이 파상풍으로 사망.

　　　　호손을 알게 됨.

1843년 5월, 뉴욕 스테이튼 섬의 에머슨의 형 윌리엄 집에서 가정교사를 함.

　　　　〈매사추세츠의 자연사〉 펴냄.

1845년 7월 4일, 월든 호숫가에서 독거생활을 시작함(1847년까지).

1846년 7월, 인두세를 내지 않아 하룻밤 콩코드 교도소에 투옥.

　　　　8월, 사촌동생 대처와 함께 메인 주 크타든 산에 등산여행.

1847년 3, 4월, 〈칼라일과 그 작품〉

　　　　9월 6일, 월든을 떠남.

1849년 5월, 〈시민 불복종〉, 《콩코드 강과 메리맥 강에서의 일주일》 펴냄.

　　　　10월, 코드 곶에 처음으로 여행.

1850년 6월, 다시 코드 곶과 캐나다, 플리머스 여행.

1854년   7월, 〈매사추세츠의 노예제도〉 강연.

8월, 《월든》 펴냄.

1855년   7월, 코드 곳에 세 번째로 여행.

1856년   11월, 휘트먼을 만남.

1857년   3월, 존 브라운을 만남.

6월, 코드 곳에 마지막으로 여행.

7~8월, 메인으로 여행.

1859년   2월, 아버지 존 세상을 떠남.

1860년   1월, 〈존 브라운을 위한 탄원〉

7월, 〈존 브라운 최후의 날들〉

10월, 〈삼림수의 변천과정〉

1861년   5월~7월, 미네소타에 전지요양 여행.

1862년   5월 6일, 결핵으로 세상을 떠남.

6월, 〈산책〉, 10월, 〈가을의 색조〉

1863년   〈원칙 없는 생활〉

1864년   《메인 숲》

1865년   《코드 곳》

1866년   《캐나다의 양키, 반노예제도와 개혁론집》

1993년   《씨앗에 대한 믿음》

2000년   《야생 열매》

Silent Spring
침묵의 봄
레이첼 카슨

알베르트 슈바이처 박사에게 바친다.

"미래를 보는 눈을 잃고, 현실을 앞지른 모든 것을 잃어버린 인간. 그 종착역은 자연의 파괴다."

슈바이처의 말

머리글

1958년 1월에 허킨스(Olga Owens Huckins)가 편지를 보내왔다. 그녀가 소중하게 생각하고 있는 작은 자연의 세계로부터 뭇 생명들이 모습을 감추었다는 슬픈 사연이었다. 내가 오랫동안 조사하다가 그대로 내버려 두었던 나의 일을 다시 시작하려고 마음 먹은 것은 이 편지를 읽고 나서 였다. 어떤 일이 있더라도 이 책을 쓰리라 생각했다.

내가 일을 시작하고 나서 나를 도와주고, 격려해준 사람들이 너무 많기 때문에, 여기에 그들의 이름을 모두 기록할 수는 없지만, 몇 해 동안 관찰하고 연구한 자료를 기분좋게 내게 준 사람들은 미국과 외국 정부기관, 시험소, 대학, 연구소 등에서 일하고 있는 사람들이었다. 귀중한 시간과 여러 생각을 내게 아낌없이 준 사람들에게 마음으로부터 감사를 드린다.

원고를 읽고, 저마다 그 전문적인 입장으로부터 비판해 준 여러분에게도 감사를 드린다. 이 책에 쓰인 모든 책임은 나에게 있지만, 나에게 협력을 아끼지 않았던 전문가의 협조가 없었던들 이 책을 발간할 수가 없었을 것이다. 메이요(Mayo) 클리닉의 L.G. 바르톨로메오(L.G. Bartholomew) 의학박사, 텍사스 대학교의 존 J. 비이젤(John J. Biesele)씨, 웨스턴 온타리오 대학교의 A.W.A. 브라운(A.W.A. Brown)씨, 코네티컷 웨스트포트(Westport)의 비스킨드 박사(M.S. Biskind, M.D.), 네덜란드 식물보호국의 C.J. 브리에르 박사(C.J. Briejèr), 롭 앤 베시 웰드(Rob and Bessie Welder) 야생 생물협회의 클래런스 코탐(Clarence Copttam)씨, 클리블랜드 병원의 조지 크릴 주니어 박사(George Crile, Jr., M.D.), 코네티컷 노포크(Norfalk)의 프랭크 에글러(Frank Egler)씨, 메이요 클리닉의 맬컴 M. 하그레이브스 박사(Malcolm M. Hargraves, M.D.), 국립 암연구소의 W.C. 휴에퍼 박사(W.C. Hueper, M.D.), 캐나다 어류 연구위원회의 C.J. 커스윌(C.J. Kerswill)씨, 야생 생물협회의 올라우스 뮈리(Olaus Murie)씨, 캐나다 농림부의 A.D. 피켓(A.D. Pickett)씨,

일리노이 자연관리국의 토마스 G. 스콧(Thomas G. Scott)씨, 태프트 위생공학 센터의 클래런스 타즈웰(Clarence Tarzwell)씨, 미시간 주립대학교의 조지 G. 월러스(George J. Wallace)씨 등이다.

누구나 참고 자료를 많이 모아 책을 저술하면 우수한 도서관 사서들의 도움을 많이 받는다. 나도 그 예외는 아니다. 특히 내무부 도서관의 이다 K. 존스톤(Ida K. Johnston)씨, 국립 위생연구소 도서관의 텔마 로빈슨(Thelma Robinson)씨에게 많은 수고를 끼쳤다.

또 편집인 폴 부룩스(Paul Brooks)씨는 몇 해 동안이나 나를 격려해 주었고, 나의 지지부진한 원고 집필을 쾌히 용서해 주었다. 또 편집자로서의 능숙한 판단력에도 감사를 드린다.

문헌 수집에서는, 도로시 알가이어(Dorothy Algire), 진 데이비스(Jeanne Davis), 베트 해니 더프(Bette Haney Duff)의 도움을 받았다. 나의 가정부 이다 스프로(Ida Sprow)씨의 정성어린 도움이 없었으면, 이 책을 완성할 수가 없었을 것이다. 나의 개인 생활에서 어려운 일이 몇 번 있었기 때문이다.

끝으로, 이 책이 나올 때까지 너무나 많은 사람들에게 신세를 졌다는 것을 적어두고자 한다. 개인적으로 알지 못하는 사람들이 대부분인데, 이들 때문에 이 책을 쓰는데 큰 용기를 얻었다. 이들은 이 세계를 독으로 쓸데없이 오염시키는 것을 선두에 나서서 반대한 사람들이었다. 이 세계에는 인간들만 사는 것이 아니다. 식물과 동물들도 함께 살고 있다. 그들의 목소리는 크지 않아도 싸움은 도처에서 벌어져 이윽고 언젠가는 승리가 그들 위에 빛날 것이다. 그리고 우리 인간이 이 지상의 세계와 화해할 때, 광기에서 깨어난 건전한 정신이 빛날 것이다.

레이첼 카슨

호숫가의 사초는 시들고, 새들은 노래하지 않는다.

키츠(*Keats*)

나는, 인류에게 큰 희망을 걸지 않는다. 인간은 너무 약삭빨라 도리어 화를 초래한다. 자연을 상대할 때, 자연을 제 힘으로 정복하여 마음대로 하려고 한다. 우리 모두가 살고 있는 이 행성에 좀 더 애정을 가지고, 의심이나 폭군의 마음을 버릴 때, 인류에게도 살아남을 희망이 있을 텐데.

화이트(E.B. White)

1
내일을 위한 우화

미국의 어느 깊은 산골에 한 마을이 있었다. 생명을 가진 모든 것들은 자연과 조화롭게 살고 있었다. 마을 주변에는 비옥한 논밭이 바둑판처럼 펼쳐져 있고, 논밭이 끝나는 저쪽엔 언덕이 솟아 경사면에는 과일나무가 무성했다. 봄이 오면 푸른 들판에 흰 꽃들이 안개처럼 깔리고, 가을이 되면 참나무, 울 풍, 자작나무들의 타오르는 붉은 잎들이 푸른 소나무 잎 사이에서 반짝였고, 저 멀리 언덕 숲속으로부터 여우의 처량한 울음소리가 들려오며, 가을 아침, 안개 속으로 소리없이 들판을 뛰어넘는 사슴의 가냘픈 모습들이 보였다.

길을 걸으면 월계수, 가막살나무와 오리나무, 고사리와 들꽃들이 계절따라 사람들의 눈을 즐겁게 해주고 있었다. 겨울 경치도 여전히 아름다웠다. 눈 위에 솟아나온 마른 잡초의 씨를 쪼아 먹으려고 몰려온 수많은 새들, 갖가지 색다른 수많은 새들로 이 마을은 유명하였다. 봄 가을로 철새들이 홍수처럼 모여들다가 떠날 무렵이 되면 먼길에서부터 많은 사람들이 이것을 보려고 몰려오곤 하였다. 낚시하러 오는 사람들도 있었다. 산에서 흘러내리는 냇물은 차고 맑았으며 군데군데 못을 이루어, 여기에다 송어떼가 알을 낳는다. 오랜 옛날, 사람이 처음으로 이곳에 들어와 집을 짓고 우물을 파고 가축의 외양간을 세운 그 때부터 자연은 이런 모습을 보여주었던 것이다.

그런데 어느 날 무슨 저주를 받았는지 어두운 그림자가 이 마을을 덮으면서, 모든 것이 달라지기 시작하였다. 병아리들이 원인모를 병에 걸렸고, 소나 염소들도 병에 걸려 죽어갔다. 어디에 가도 죽음의 그림자가 드리워진 듯했다. 농부들도 가족들의 병 이야기 뿐이었다. 이 마을의 의사들도 생전 처음 보는 이런 병들이 계속 발생하자 몹시 당황할 뿐이었다. 그러는 동안에 갑자기 죽는 사람도 생겼다. 원인도 알 수 없었다. 어른 뿐만 아니라 아이들까지도 지금까지 잘 뛰고 놀던 애들이 갑자기 상태가 나빠지고, 2, 3시간 뒤에는 허무하게 죽어갔다.

자연은 소름이 끼칠 정도로 침묵했다. 그렇게 즐겁게 재잘거리던 새들은 다 어디로 가버린 것인가? 모두가 이상하게 생각하였으며, 불길한 예감에 사로잡혔다. 뒷뜰의 모이통은 텅 비어 있었다. 단 몇 마리의 새마저도 다 죽어가는 듯 몹시 떨면서 날지도 못했다. 봄은 왔는데 침묵만이 계속되었다. 여느 때 같으면 울새, 명금(鳴禽), 비둘기, 어치, 굴뚝새, 또 다른 많은 새들의 울음소리로 아침이 밝아왔는데, 이제는 웬일인지 새소리 하나 없다. 단지 고요한 침묵만이 저 들판과 숲과 늪 위에 깔려 있을 뿐이다.

농가에서는 닭이 알을 낳았지만, 병아리가 알을 깨고 나오지 않았으며, 돼지도 새끼를 낳았지만, 모두가 작았으며 그것도 2, 3일만에 죽었다. 사과나무에 꽃이 넘치듯이 피었지만 날아오는 벌은 한 마리도 없고 조용하다. 꽃가루를 옮길 수가 없어서 사과는 열리지 않을 것이다.

그렇게 아름다웠던 길가의 풀들도 이제는 누렇게 시들어서 마치 불타고 남은 자리 같다. 여기를 찾아오는 생물의 모습은 없고 단지 침묵만이 온갖 것을 지배하고 있을 뿐이었다. 시냇물까지도 생명을 잃은 것 같다. 낚시하러 오는 사람도 없다. 고기가 모두 죽은 것이다.

처마 밑과 지붕판자 사이에 작은 흰 가루가 얼굴을 내밀고 있었다. 몇 주일 전이었던가, 이 흰 가루가 흰 눈처럼 지붕, 뜰, 들판과 냇물 위에 쏟아졌다.

병든 세계, 새 생명의 탄생을 울부짖는 소리도 이제는 들을 수 없다. 어떤 마술이나, 어떤 적군에게 습격당한 것도 아니다. 이 모두가 인간이 스스로 초래한 화였다.

정말로 이런 마을은 없다. 그러나 이와 비슷한 일이 많건 적건 미국이나 또 다른 나라에서 일어나고 있다. 단지 내가 지금 기술한 불행을 모두 갖춘 마을은 현실적으로는 없다는 것 뿐이다. 바꿔 말해 이와 같은 불행을 조금도 모르는 마을이나 도시는 현실적으로 하나도 없다. 무서운 유령이 우리들 머리 위를 지나갔는데, 이것을 알아본 사람은 거의 없다. 그러나 이같은 공상적인 우화의 불행이 머지않아 현실적으로 우리를 습격하리라는 것을 알아볼 날이 올 것이다.

미국에는 봄이 왔는데, 수많은 마을에 침묵만이 계속되는 까닭은 무엇일까? 그 까닭을 설명하려는 것이 이 책이다.

2
인내해야 할 의무

　지구 생명의 역사는 살아있는 생명들과 그 환경과의 상호협력의 역사이다. 크게 보아 식물이나 동물의 형태와 습성은 환경에 의해 조성되었다. 지구가 탄생한 뒤, 흘러간 자취를 훑어보아도 생물이 환경을 변화시키는 반대 작용은 거의 없었다. 그러나 20세기라는 아주 짧은 사이에 인간이라는 한 족속이 무서운 힘을 손아귀에 쥐고 자연을 변화시키려고 하고 있다.

　단지 자연의 역사를 교란할 뿐만이 아니다. 이제까지 없었던 새로운 힘— 질이 다른 폭력으로 자연이 파괴되어 간다. 최근 25년 동안의 움직임을 보면, 그렇게 말하지 않을 수가 없다. 예를 들면 자연의 오염, 공기, 대지, 하천, 해양—모두가 무서운, 죽음 그 자체에 이어지는 독으로 오염되어 있다. 이 오염은 두 번 다시 다시 회복될 수 없다. 이 독은 생명을 유지시켜 주는 외계 세계의 오염뿐만 아니라 생물의 세포조직 속에 숨어들어 이제는 다시 회생될 수 없게 만든다. 오염이라면 방사능을 생각하지만 화학약품도 이에 못지 않다. 세상 만물 그 자체—생명의 핵 그 자체를 변화시킨다. 핵실험으로 공기중으로 퍼져나간 스트론튬 90은 이윽고 비나 먼지에 섞여 땅으로 내려와 흙으로 들어가고, 풀이나 곡물에 달라붙게 되고, 다음엔 사람 뼈 속에 들어가서 사람이 죽을 때까지 따라다닌다. 화학약품도 마찬가지로, 밭, 숲, 정원에 뿌려진 화학 약품은 방사능처럼 생물의 체내에 들어오고, 중독과 죽음의 연쇄로 퍼져나간다. 또한 이런 이상한 일도 일어난다. 흙 속 깊이 스며든 화학약품은 지하수에 의해 멀리 운반되고, 드디어는 지표에 나타나서 공기와 햇빛의 작용으로 새로운 모습으로 변신된 다음, 식물을 파괴시키고, 가축을 병들게 하며, 깨끗한 물이라고 생각하고 마신 사람의 몸을 모르는 사이에 좀먹는다. 슈바이처 박사는 말한다. '인간 자신이 만들어 낸 악마가 어느 틈엔가 손을 쓸 수 없는 것으로 변했다.'

지금 이 지상에 살고 있는 생명이 만들어지기 까지 몇 억년이라는 오랜 세월이 흘러갔다. 발전, 진화, 분화 등의 오랜 단계를 거쳐, 생명은 이제 겨우 환경에 적응되고, 균형이 잡히게 되었다. 환경이 있었음으로 해서 모든 생명이 유지되었으나, 때로는 환경은 무서운 적이기도 하였다. 예컨대, 어떤 암석은 무서운 방사능을 방출하기도 하며, 모든 생명의 에너지원인 태양광선에도 단파 방사선이 있어서 생명을 파괴시키고 있다. 단지 몇 년이 아니라 몇 천년이라는 오랜 시간 동안 생명은 겨우 환경에 적응하고 드디어 생명과 환경의 균형이 이루어지게 되었다. 시간이야말로 없어서는 안 될 구성요소인데도 우리가 살고 있는 현대에는 이 시간 자체가 사라졌다.

　현기증이 나도록 빠른 속도로 변해가는, 이제가지 본 일도 없는 장면—그것은 사려깊게 천천히 걸어가는 자연의 변화와는 관계 없이, 인간 자신만을 생각하고, 제 나름대로 앞을 다투는 인간이 만드는 변화이다. 방사선이라 해도 암석에서 나오는 방사선이 아니며, 또 이 지상에 생명이 눈뜨기 전에 존재하고 있었던 태양의 자외선도 우주선의 포격에서 오는 것이 아니고, 인간이 원자 조작을 통해 만들어 낸 방사능이다. 생명이 적응해야 했던 자연계의 화합물은 칼슘, 실리카, 구리나 그 밖에 바위에서 씻겨 바다로 들어간 무기물에 지나지 않았는데, 지금은 인간이 실험실에서 수많은 화합물을 만들고 있다. 자연과는 어떤 관계도 없는 인공적인 합성물에 생명은 적응해야만 한다.

　시간이 걸리면, 또 적응할 수 있을는지도 모른다. 그러나 시간의 흐름은 사람이 마음대로 좌우할 수는 없다. 자연의 흐름 자체인 것이다. 한 인간의 생애 동안에 해결될 일이 아니다. 몇 세대의 시간이 필요하다. 어떤 기적이 일어나서 이런 적응이 잘 된다고 하더라도, 새로운 화학물질이 인간들의 실험실로부터 계속 합성되어 나온다면, 모든 것은 허사이다. 미국에서만도 해마다 500개나 새로운 신약이 제조되어 나온다. 참으로 많은 숫자이며, 이것들을 조합해 볼 때 나타나는 결과가 어떠할지 아무도 예측하기 어렵다. 인간이나 동물의 몸은 해마다 500이나 되는 새로운 화학약품에 어떻게든 적응해 나가야 한다. 그리고 우리 몸이나, 동물의 몸에 어떤 작용을 할지 조금도 모른다.

　그 대부분은 '자연과 인간과의 싸움'에 사용된다. 벌레나 잡초, 또 쥐같은 것, 말하자면 현대인이 말하는 '성가신 것'을 없애기 위해서 1945년 전후부터 염기성의 화학약품이 200개 정도 제조되어 수천 개의 서로 다른 이름으로 팔리고 있다.

이런 살포제, 분말제, 에아졸 등을 농원에서나 정원, 숲에서나 가정에서 마구 사용해 왔다. 그러나 '해충'은 물론 '익충'도 모두 죽었다. 새가 지저귀는 소리는 사라졌고, 물고기가 뛰는 모습도 볼 수 없으며, 나뭇잎에는 죽음의 막이 씌었고, 땅속으로도 독이 스며 들어간다. 처음에 이 약을 쓸 때는 겨우 2, 3종류의 잡초나, 2, 3종류의 해충을 죽이려는 생각에서 한 것이었다. 지표에 이런 독을 집중 살포하면 생명력있는 모든 환경이 모두 파괴된다는 것이 명백한 사실을 무시하다니 제정신이 아니다. '살충제'라고 하지만 도리어 '살생제'라고 불러야 할 것이다.

화학약품의 살포 역사를 보면 악순환의 연쇄 그 자체라 할 수 있다. DDT가 시장에서 매매된 뒤부터 독성이 더 강한 것을 더 요구하게 되어 우리는 마치 에스컬레이터를 타고 자꾸만 위로 올라간다. 한 번 어떤 살충제를 쓰면 곤충은 이 약에 견딜 수 있는 면역 품종을 낳는다(마치 다윈의 자연도태설대로). 그러다보니 더 강한 살충제를 만들고, 그 다음엔 이보다 더 독한 살충제가 나오게 된다. 또한 이런 일도 있다. 나중에 다시 설명하겠지만, 살충제를 뿌리면 벌레들은 생존능력이 더욱 강해져서 이전보다 오히려 그 수가 많아진다. 따라서 화학전쟁이 승리한 적은 한 번도 없었고, 모든 생명은 이때마다 격렬한 포화 속에 휩싸일 뿐이다.

핵전쟁이 일어나면 인류는 파멸될 가능성이 많다. 그러나 이미 우리 주변은 믿을 수 없을 정도로 무서운 물질로 오염되어 있다. 화학약품의 살포도 핵무기에 못지않은 오늘날의 중대한 문제로 대두되었다. 식물, 동물의 조직 중에 해로운 물질이 축적되고, 드디어는 생식세포까지도 파괴되어 유전인자를 파괴시키고 변화시킨다. 미래의 세계 모습이 오직 이 부분에 달려 있다고 하는데도 말이다.

인간의 생식세포를 인공적으로 변화시킬 수 있는 시대가 올 것이라고, 미래 세계의 건설자라고 자칭하는 사람들은 꿈꾸고 있다. 이런 일은 지금 이미 일어나고 있다. 그것도 우리의 부주의 때문에. 왜냐하면 화학약품도 방사선처럼 돌연변이를 일으킬 수 있기 때문이다. 벌레를 죽이기 위해서 어떤 살충제를 사용하는가 하는 이 작은 일 하나가 자기 스스로의 미래 운명을 결정한다니―생각해 보면 정말 믿기 어려운 일이 아닐 수 없다.

도대체 무엇 때문에 이런 모험을 하고 있는 것일까? 이 시대 사람들은 모두 미친 사람이 아니었냐고 미래의 역사가가 현대를 돌이켜보고 자못 의아스럽게 생각할지도 모른다. 불과 2, 3종류의 벌레를 없애기 위해서 그 환경을 더럽히고, 남이 아닌 자기 자신의 파멸을 초래하는 것이 지성있는 사람의 행동일까? 그러나 지금까지 우리가 해온 일은 바로 이런 일들이었다. 우리가 조금만 생각해 보면 당연히 이런 일을 그만 두었어야 했는데, 태연하게 이런 일을 해온 것이다. 농작물의 생산고를 유지하기 위해서 대량의 살충제를 뿌려야 한다고 너무나도 많이 들어왔다. 그러나 실은 농작물의 생산과잉으로 골치를 앓고 있다. 농지 삭감에 대한 보상 등으로 생산을 줄이려고 하지만, 농작물의 생산량이 너무 많아서 1962년도에는 잉여 식량 저장비 총액 10억달러 이상을 우리 미국 사람들은 세금으로 납입하고 있다. 미국 농림부에서는 곡물 생산고를 줄이려고 하고 있는데, 같은 농림부의 다른 부서에서는 다음과 같이 생각하고 있다(1958년). '토지은행의 규정에 따라 경작면적을 줄이는 것은 최소면적으로 최대 수확고를 올리기 위해 화학약품 사용에 대한 관심을 자극할 것으로 보인다.'

해충문제가 없다든지 해충을 제거할 필요가 없다는 이야기는 아니다. 내가 말하고자 하는 것은 이 통제가 현실로부터 유리되어서는 안 된다는 것이다. 그리고 곤충과 함께 우리 인간까지 멸망당하고 마는 그런 방법으로써는 안 된다는 것이다.

하나의 문제를 해결하기 위해 시도했다가 결국 재앙만 불러들인 것이 우리 현대 생활의 특징적이라 할 수 있다. 인류가 아직도 지구의 역사에 등장하기 오래 전부터 곤충은 이미 지구에 살고 있었다. 여러 가지 종류가 있었고 풍부한 적응력도 갖추고 있었다. 이윽고 인간이 나타나게 되자 곤충은 인간과 충돌하기 시작한다(50만 이상의 곤충 종류가 있으므로, 인간과 충돌한 곤충의 수는 퍼센트로 하면 극히 적다). 곤충이 인간의 안전을 위협한 것은 크게 두 가지이다. 식량 보급면에서 곤충이 인간의 적이 되었다는 점과 곤충이 병을 전파하는 점이었다.

인간이 밀집하여 살고 있었을 때, 그것도 천재, 전쟁, 극도의 가난과 파멸이 찾아 왔을 때, 특히 위생 시설이 좋지 못할 때는 질병을 전파하는 곤충이 문제가 되며, 곤충 제거 대책을 세워야만 한다. 그러나 화학약품을 대량 사용하여도 그 성과는 극히 제한되어 있으며 잘못하면 도리어 사태를 더욱 악화시킬 뿐인데, 이것은 나중에 설명하겠다.

원시적인 농업에서는 해충같은 것이 거의 문제가 되지 않았다. 그러나 넓은 농지에 한 종류의 작물만을 심게 되는 농업형태로 되면서 이 해충문제가 심각하게 되었다. 우선 이 농작 방식은 어떤 종류의 곤충을 크게 발생시키는 바탕이 되었다. 단일 농작물 재배는 자연 그 자체의 힘을 충분히 이용하고 있지 않다. 다만 기술자들이 생각하는 농업이었다. 자연은 대지에 갖가지 변화를 만들어 주었는데, 인간은 이것을 단순화하는 데에만 열을 올렸다. 그 결과 자연이 그때까지 갖가지 종류 사이에서 만들어낸 균형과 견제가 파괴되고 말았다. 자연 그 자체의 견제 때문에 각각의 종류에는 적당한 삶의 터전이 마련되었다. 그러나 새로운 농업형태가 채택되어, 예컨대 밀만 생산하게 되자 전에는 갖가지 작물 때문에 널리 퍼져나갈 수 없던 밀의 해충이 이제는 급증하는 것이다.

이와 비슷한 것이 또 있다. 약 3, 40년 전 미국의 많은 마을에서 길가에 느릅나무를 심었다. 그러나 모두 병에 걸려 아름다운 경치를 기대한 꿈도 삽시간에 사라졌다. 병은 투구 풍뎅이가 가져온 것이다. 느릅나무만을 심지 않았다면 투구 풍뎅이도 이렇게 많이 번식할 수는 없었을 것이다.

오늘날 곤충 제거 문제에는 지질학이나 인간 역사도 고려해야만 할 때도 있다. 몇 천이나 되는 갖가지 종류의 생물이, 원래 살고 있던 지역을 떠나 새로운 지역으로 침입해 가는 일이 많다. 그것도 세계적인 규모로 이루어진다. 이런 것은 영국의 생태학자 찰스 엘턴(Charles Elton)이 그의 최근 저서 《침식(侵蝕)의 생태학(The Ecology of Invasions)》에서 자세히 발표하여, 잘 설명하고 있다. 1억 수천 만년 전의 백악기에, 각 대륙을 연결하였던 육지로 된 다리가 끊기어 바다가 되고, 생물은 엘턴이 말하는 '거대한 자연의 격리 창고'에 갇히게 되었고, 각 대륙에서는 새로운 종이 발전되어 갔다. 1,500만 년 전에 육지가 연결되었을 때, 이 새로운 종이 새로운 영역으로 옮아갔다.

그리고 지금도 이같은 움직임이 있다. 지금은 인간이 적극적으로 이를 돕고 있다.

예컨대, 식물을 수입하는 것은 생물 전파의 큰 원인이 된다. 식물이 이동하면 거의 항상 동물이 함께 옮아간다. 격리란 말은 최근에 생긴 것이고 그것도 완전하게는 이루어지지 않는다. 미국 식물수입국이 지금까지 세계 각지로부터 이식한 식물만 해도 약 20만종이나 된다. 식물에 해가 되는 약 180종류의 해충이 미국에 있는데, 그 과반수가 해외로부터 들어왔다. 그것도 대부분은 식물에 묻어서 바다를 건너 들어왔다.

새로운 영역에 들어오면 지금까지 본 고장에서 번식을 방해하던 천적이 없어진 까닭에 침입자는 마음대로 번식하기 시작한다. 우리가 골치를 앓는 곤충이 거의 모두 수입품인 것도 이런 이유 때문이다.

이와 같은 침입은 자연적이던 또는 인위적이던 간에 끊임없이 계속될 것이다. 격리시키거나 화학약품을 대량 살포하여도 막대한 비용만 소비될 뿐이고 그렇게 큰 효과는 없다. 단지 일시적인 것에 지나지 않는다. 엘턴 박사에 의하면 우리는 '사느냐 죽느냐는 사태에 몰려 있는데 어떤 식물이나 동물을 제거하는 기술적인 방법을 발견하면 그것으로 된 것은 아니다.' 우리에게 필요한 것은 동물개체군과 동물과 환경 관계에 대한 기초적인 지식으로 이와 같은 일을 이해할 때만, '대발생이나 새로운 침식의 폭발적인 힘을 억제하여 균형을 이룰 수가 있을 것이다.'

이제까지 상당히 많이 알고 있는데도 우리는 그 지식을 사용하려고 하지 않는다. 대학에서는 생태학자를 양성하고, 정부 기관에도 생태학자가 있지만 우리는 그들의 말을 들으려고 하지 않는다. 화학약품으로 된 죽음의 비가 내린다. 그밖에 다른 방법은 없다. 이 방법이 제일 좋다는 듯 모두가 모른척한다. 그러나 이 밖에 다른 방법도 있다. 우리는 무엇이든 발명할 수 있으므로 기회만 주어진다면 더 좋은 방법을 발견할 수도 있는데…….

모두가 최면술에 걸렸는가. 좋지 않은 것도, 유해한 것도, 할 수 없다고 받아들이고 만다. 좋은 것을 요구하려는 의지도, 눈도 잃어버렸는가. 생태학자인 폴 셰퍼드(Paul Shepard)의 말을 빌리면 '겨우 머리만 물 위에 내놓고 이제 몇 인치만 더 참지 못하면 거의 환경의 파멸이라는 바닷속에 빠져버릴 수밖에 없는 생활을 참고 견디는 것이다. 왜 우리를 조금씩 좀먹고 있는 독이 뿌려져도 우리는 참고 견뎌야 하는가? 또 김빠진 맥주처럼 된 우리 가정, 적도 아니고 친구도 아닌 우리의 친구들, 그리고 미칠 것 같은 엔진의 소리들을 왜 우리는 참고 견뎌야 하는가? 지금이라도 파멸할 것 같으면서도 멸망하지 않는 세계에서 살고 싶어 하는 사람이 있겠는가?'

그러나 바로 이와 같은 세계가 지금 우리에게 닥쳐오고 있다. 화학약품으로 소독된, 벌레가 없는 세상을 만들어야 한다고 이 방면의 전문가나 소위 해충 제거자라고 불리는 사람들이 십자군이라도 당장 일으킬 것 같은 기세를 보인다. 그들이 얼마나 참혹한 폭력 행위로 치닫는가는 여기저기서 증명되고 있다. 코네티컷의 곤충학자인 닐리 터너(Neely Turner)는 '해충 제거에 열심인 곤충학자는 검사, 판사, 배심원, 사세원, 세무원, 그리고 보안관 역할을 자기 혼자 도맡아서 자기들의 의견을 힘으로 밀어붙이고 있다'고 말했다. 더할 나위없는 악이 국가나 주 관련 기관에서 아무런 제제도 받지 않고 자유롭게 성행되고 있다.

화학합성 살충제 사용을 금지한다는 뜻에서 이런 이야기를 하는 것은 결코 아니다. 독이 있고, 생물학적으로 나쁜 영향을 끼치는 화학약품을 누구든지 아무렇게나 사용해서는 안 된다고 말하고 싶을 따름이다. 이 약품에 어떤 부작용이 있는지도 모르고 또 그 약품에 대한 아무런 지식도 없이 이런 독을 예사로 만지며 또 만져야 할 수많은 사람들이 있다. 권리의 법전에 시민들은 위험한 독으로부터—개인이 뿌렸든 또는 공적인 기관에서 뿌렸든—안전하게 보호되어야 한다고 쓰여 있지 않았다면, 그것은 확실히 현명하였던 우리의 조상들이 오늘날 이같이 되리라고는 꿈에도 생각하지 않았던 까닭이다.

흙, 물, 야생동물, 그리고 더 나아가 인간 자체에 이같은 화학약품이 어떤 영향을 끼치는가를 조사도 하지 않고 그대로 마구 사용하게 하는 것에 나는 불만을 가진다는 것이다. 앞으로 탄생될 우리의 자손들이 무어라고 하겠는가? 생명을 유지시켜 주는 자연 세계의 안전을 우리가 충분히 지켜가지 못한 것을 관대하게 보아주지는 않을 것이다.

얼마나 무서운 일이 될 것인가. 이같은 위험에 대해 깨달은 사람은 그렇게 많지 않다. 그리고 오늘날은 전문 분화된 시대이다. 모두가 자기 전문 분야의 테두리에서, 자기 것에만 몰두하고, 전체는 어떻게 되어가는지 생각을 하지 않는 사람도 있다. 또 오늘날은 산업 시대이다. 어떤 일이 있더라도 돈을 버는 것이 신성한 불문율이 되어 있다. 살충제의 피해를 눈으로 보고 주민들이 항의를 하여도 가짜 진정제로 끝나는 것이 고작이다. 이와 같은 허위에 설탕발림을 하는 짓을 이제는 그만 두어야 할 것이다. 곤충 방제 전문가들이 일으키는 재앙을 그대로 강요당하는 것은 바로 우리 자신이다. 우리 자신의 일이라는 의식에 눈을 뜨고 모두가 그 주도권을 쥐어야만 한다. 지금 이대로 좋은가, 이대로 앞으로 더 나갈 것인가. 그러나 정확한 판단을 내리기 위해서는 사실을 충분히 알아야 한다. '의무에 대해 견뎌야 한다면 우리는 알 권리가 있다'고 J. 로스탄드(J. Rostand)는 말하고 있다.

3
죽음의 영약(靈藥)

인간의 역사가 시작되고 나서, 인간은 누구나 모두 어머니 뱃속에서 잉태된 때부터 죽음에 이르기까지 무서운 화학물질 속박 밑에 놓여 있다. 화학약품이 사용된지 불과 20년밖에 되지 않지만, 합성 살충제는 생물계, 무생물계를 가리지 않고 어디든지 살포되어 오염되지 않은 곳은 거의 없다. 큰 강물이나 심지어는 땅 밑을 흐르는 지하수까지도 오염되고 있다. 12년 전에 사용하였던 화학약품은 흙속에 스며들어간 채, 지금도 그 잔재를 볼 수 있다. 또한 이런 약품은 물고기, 새, 파충류, 가축, 야생동물의 체내까지도 들어가 있다. 그러므로 어떤 동물실험을 하려고 해도 이런 화학약품의 오염을 받지 않은 동물을 찾아낼 수가 없을 정도이다. 도시에서 멀리 떨어진 산간벽지의 호수 속의 고기에도, 땅속을 헤매는 지렁이에도, 또 새알에도—심지어는 인간 자신의 몸에도 이런 화학약품의 흔적을 발견할 수 있다. 어린애나 어른이나 거의 모든 인간의 몸에 이런 화학물질이 축적되어 있다. 모유에서는 물론 태아의 조직에서도 발견될 정도이다.

이와 같은 것은 단지 살충력을 가지고 있는 합성화학약품을 만드는 제조공업이 급속히 발달했기 때문이다. 이것은 제2차 세계대전의 산물이다. 화학전쟁의 연구를 발전시키고 있는 동안에, 살충력을 가지고 있는 여러 화학약품이 발견되었다. 그러나 우연히 발견된 것은 아니었다. 원래 인간을 죽이려고 갖가지 곤충들이 많이 실험대에 사용되었을 때 발견된 것이었다.

이렇게 해서 만들어진 것이 합성 살충제로, 전쟁은 끝났지만 계속 새 약품이 제조되었다. 전쟁 전의 간단한 살충제와는 그 질이 많이 달라졌다. 분자를 잘 조작하고 원자를 다른 것으로 바꾸고 또 원자의 배열 순서도 바꾸는 인위적인 과정을 거쳐 만들어진다. 이와는 반대로 자연적인 살충제는 자연의 무기물이나 식물로부터 만들어진다. 예컨대 비소, 구리, 납, 망간, 아연의 화합물, 그밖의 무기물, 또는 국화꽃을 말려서 얻는 피레트린, 담배에서 추출되는 니코틴, 또 동인도에서 산출되는 콩과 식물에서 채취하는 로테논 같은 것들이었다.

새로 만든 합성 살충제가 이런 무기성 자연물과 다른 것은 생물학적으로 커다란 영향을 끼친다는 점이다. 단지 독이 있다는 점뿐만 아니라, 몸 속에 들어가 무서운, 때로는 죽음에 이르게 한다. 예컨대 독으로부터 우리 몸을 방어해 주는 효소를 파괴한다. 육체의 에너지 자원이 되는 산화작용을 저해한다. 그밖에 여러 기관의 정상적인 기능을 파괴시키고, 세포를 서서히 변질시키고, 다시는 원래 상태로 되돌릴 수 없고 결국은 악성 종양을 일으키게 된다.

그러나 아직도 매해 새로운 화학약품이 제조되고 있다. 그것도 그 전보다 더 위험한 약품이 제조되어 이 지구상 어디서든지 사용되고 있다. 미국에서 만도 1947년의 합성 살충제의 생산량은 1억 2,425만 9000파운드1파운드=0. 45킬로그램)이었는데, 1960년에는 6억 3,766만 6000파운드나 되어 무려 5배나 증가하였다. 그 매상고도 도매값으로 하여 2억 5,000만 달러를 훨씬 넘었다. 그러나 이것도 이제 겨우 시작에 지나지 않으며, 공업계는 이보다 더 큰 대규모의 생산을 계획하고 있다.

살충제의 리스트 같은 것이 필요하다. 왜냐하면 이제 우리의 생활에 바로 이 화학약품이 들어와 있기 때문이다. 우리는 모두 화학약품을 먹고 마시고 하여 뼈의 골수에까지 들어가 있다. 그러므로 어떤 살충제에는 어떤 성질과 힘이 있는가를 알아 두는 것이 좋다.

제2차 세계대전을 경계점으로 하여, 무기계의 살충제로부터, 기적의 유기적인 탄소분자 세계로 전환이 일어났는데, 옛날의 살충제 전부가 자취를 감춘 것은 아니었다. 예컨대 비소는 지금도 갖가지 제초제, 살충제의 주요 성분이다. 비소는 극히 독성이 강한 무기물인데, 여러 가지 금속 광석에 들어 있거나, 또 화산, 바다, 약수 중에도 극히 소량 발견되고 있다. 인간과 비소와의 관계는 복잡하며 그 역사도 오래이다. 비소 화합물은 대개 맛도 없고 냄새도 없으며, 보르지아 시대보다 훨씬 전부터 독살용으로 사용되어 왔다. 또 비소는 처음으로 발견된 주요 발암물질로 지금부터 약 200년 전에 영국의 의사가 굴뚝의 그을음으로부터 발견하고 암의 원인이 되는 것을 확인하였다. 어떤 지역의 주민 전체가 오랫동안 만성 비소 중독에 걸려 있었던 기록도 남아 있다. 환경이 비로소 오염되었기 때문에 말, 소, 염소, 돼지, 사슴, 물고기, 벌 등이 병에 걸리고 죽은 일도 있었다. 이런 일이 있는데도 비소는 아무렇게나 사용되고 있다. 미국 남부 지방에서는 목화밭에 비소를 살포해서 양봉사업이 거의 전멸하였다. 오랫동안 비소 살충제를 사용한 농부들은 만성 비소 중독에 걸리고, 가축들도 이 비소 살충제, 제초제에 중독되었다. 월귤나무 밭에 뿌린 비소는 바람에 날려 옆 농원으로 날아가고, 시냇물을 오염시키고, 벌이나 소가 중독되고, 인간에게도 병을 가져왔다. '최근에 미국에서 일반 위생에 대해서는 아무런 고려도 하지 않고 그대로 아무렇게나 마구 비소가 포함된 약품을 뿌리고 있는데, 이런 일이 더 계속되어서는 안 된다. 비소 살충제를 뿌리고 있는 사람들을 본 사람은 누구든지 그 무서운 독약을 아무런 주의도 없이 마구 사용하고 있는 그 무신경적인 태도에 놀람을 금할 길이 없을 것이다.' 이것은 환경암의 권위자인 국립 암연구소의 휴에퍼 박사(Dr. W.C. Hueper)의 말이다.

그러나 오늘날의 살충제는 훨씬 더 위험하다. 살충제는 크게 두 가지로 나눌 수 있다. 그 하나는 일반적으로 '염화탄화수소'이라고 하는 DDT가 그 대표이고, 또 하나는 유기인산계의 살충제로서 말라티온, 파라티온 등이다. 공통적인 것은 앞에서도 말한 것처럼 모두가 탄소원자를 골격으로 구성되어 있다는 점이다. 이 탄소원자는 생물계에서는 없어서 안 될 가장 중요한 요소이므로 이 원자를 기본으로 하여 제조되는 것은 '유기'라고 부른다. 우선, 살충제의 구조를 조사하여, 생명의 근원인 탄소와 관계가 있는데, 왜 죽음을 초래하게 되는지를 생각해 보자.

주요 원자인 탄소는 어느 원자와도 사슬모양이나 고리모양 또는 여러 가지 다른 모양으로 결합할 수 있고, 또 다른 물질의 원자와도 연결할 수 있는데 거의 무한이라고 부를 수 있는 힘을 가지고 있다. 이와 같은 자유 자재로운 탄소의 작용 때문에 생물은 박테리아로부터 큰 고래에 이르기까지 믿을 수 없을 정도로 마음대로 형태를 바꿀 수 있다. 지방, 탄수화물, 효소, 비타민 등과 같은 분자는 물론 복잡한 단백질 분자의 바탕도 탄소이다. 또 탄소는 수많은 무생물의 중심이기도 하므로 꼭 생명의 상징이라고 말할 수만은 없다.

유기화합물에는 탄소와 수소가 간단히 연결된 것도 있다. 그 중에서 가장 간단한 것이 메탄으로 물에 있는 유기물이 박테리아로 분해될 때 자연적으로 발생된다. 공기와 적당한 비율로 혼합되면 메탄은 석탄 탄광에서 무서운 폭발을 일으킨다. 이 화학식은 대단히 간단하여 1개의 탄소(C)에 4개의 수소(H)가 결합되어 있다.

다시 이 4개의 수소 중 한 개나 전부를 다른 원소로 바꿀 수도 있다. 예컨대 수소 한 개를 염소(Cl)로 바꾸어주면 염화메틸이 만들어진다.

또 수소 3개를 염소로 바꾸면 마취제로 쓰이는 클로로포름이 만들어진다.

수소를 전부 염소로 바꾸면 드라이클리닝에 쓰이는 사염화탄소가 만들어진다.

이와 같이 염소로 바뀐 메탄분자의 변화식으로 염화탄화수소가 어떤 것인지 잘 보여준다. 그러나 이것만으로는 탄화수소의 화학세계의 복잡함이나 유기화학자가 여러 가지 물질을 수없이 많이 만들고 있는 마술의 정체를 알 수 없다. 예컨대, 탄소를 한개 가지고 있는 메탄 대신 탄소를 많이 가지고 있는 탄화수소분자를 사용하여 고리모양 또는 사슬모양이나 가지모양으로 배열되는 탄소에 수소나 염소같은 간단한 원자 대신 더 복잡한 원자단을 결합시키면, 그 차이점은 간단하게 보이지만 물질 전체의 성질은 전혀 다른 모양으로 바뀐다. 예컨대 탄소원자에 무엇이 결합하느냐 하는 것만이 아니라 어떤 위치에 결합하느냐가 중요한 일이다. 이같은 교묘한 조작으로 굉장히 유독한 화학약품을 만들어 낼 수 있었던 것이다.

DDT(dichloro-diphenyl-trichloroethane)는 1874년에 독일 화학자가 처음으로 합성하였지만 이것이 살충 효과를 가지고 있다는 것을 알게 된 것은 1939년 경이었다. 그 즉시 곤충 전파 질병의 박멸과 농작물의 해충 제거에 커다란 위력이 있다고 인정받아, 그것을 발견한 스위스의 폴 뮐러(Paul Müller)는 노벨상을 받았다.

지금은 DDT가 사용되지 않는 곳이 없고, 누구든지 무해한 상용약처럼 생각하고 있다. DDT가 인간에게 무해하다고 하는 전설은 처음에 이 약을 사용한 것이 전쟁 중 이를 없애려고 군인, 피난민, 포로 등에 DDT를 뿌려본 데서부터 시작되었다. 많은 사람들이 DDT를 직접 몸에 뿌려보아도 아무런 해가 없었으므로 DDT는 무해하다고 한 것이다. 사실 '분말상태'의 DDT는 보통의 염화탄화수소와는 달리, 피부 속으로 스며들지 않는다. 그러나 기름에 녹인 DDT는 대단히 위험하다. 그런데 DDT는 기름에 녹여서 보통 사용한다. DDT를 마시면 소화기관에 서서히 침투하고, 또 폐에 흡수되기도 한다. 한번 체내에 들어가면, 지방분이 많은 기관, 즉 부신, 고환, 갑상선에 주로 축적된다(DDT는 지방에 잘 녹기 때문이다). 또 간장, 신장, 또 장을 보호하고 있는 장간막(腸間膜)의 지방에도 상당량 축적된다.

DDT가 몸에 축적되어지는 과정을 보면, 처음엔 극히 소량이 축전된다(대개는 음식물에 묻어 들어온다). 그리고 조금씩 축적되어 많은 양이 될 때까지 축적이 계속된다. 우선 체내의 지방부에 DDT가 축적되면 그 저장소는 마치 증폭기처럼 된다. 섭취한 음식물에서는 1 내지 10분의 1ppm(백만분의 1의 분량)이지만, 체내에서는 10 내지 15ppm으로 증폭된다. 백배 이상으로 늘어난다. ppm이라고 하여도 독자 여러분은 잘 모르겠지만, 화학자나 약학 자들은 이런 단위를 사용한다. 백만분의 1이라고 하면 아주 적은 양이다. 또 실제로도 그렇지만, 그 효력은 대단하여 아주 작은 양으로도 체내에 큰 변화 를 가져오게 한다. 동물실험에 의하면, 3ppm만으로도 심장 근육 중의 중요 한 효소가 상하게 되고, 불과 5ppm으로 간장 세포의 괴저(壞疽), 파괴가 일 어난다. DDT와 비슷한 화학약품인 디엘드린이나 클로르데인으로서는 2. 5ppm만으로도 똑같은 증상이 일어난다.

별로 놀랄 것까지도 없이 인체 내의 보통 화학 작용에서는 작은 이유로부 터 굉장한 결과가 나타난다. 예컨대 만분의 2g이라는 극히 작은 양의 요오 드가 있느냐 없느냐에 따라, 사람이 건강하냐 병에 걸리느냐가 된다. 이와 같이 소량의 살충제는 점점 축적되고 그 배설은 극히 완만하므로, 간장 같은 기관이 파괴되든지, 만성 중독이 되는 위험성은 대단히 크다.

DDT는 인체 내에 얼마만큼 축적되는지에 대해서는 전문가의 의견이 모두 다르다. 식량 약품 관리국의 주임인 아놀드 레만 박사(Dr. Arnold Lehman) 에 의하면 이 이하면 DDT는 흡수되지 않는다는 선도 없고, 이 이상이면 흡 수되어 축적된다는 선도 없다고 한다. 그러나 또 미국 공중위생국의 웨일랜 드 헤이즈 박사(Dr. Wayland Hayes)는 각 개인에는 포화점이라는 것이 있어 서 이것을 넘어가면 DDT는 배설되어 버린다고 한다. 우리에게는 어느쪽 의 견이 옳은지 그렇게 중요하지는 않다. 여하간 DDT의 인체내의 축적에 대해 서는 여러 가지로 연구된 것으로 보통 인간에게 가능성으로서 유독한 만큼 의 양이 축적되어 있다는 것은 분명한 것이다. 특히 DDT를 만져보지 못한 사람이라도(음식물에 묻어 들어오는 것은 할 수 없으므로 문제시하지 않는 다) 평균 5.3~7.4ppm정도, 농부는 평균 17.1ppm, 살충제 제조공장의 종업 원은 무려 648ppm의 높은 비율이다! 이와 같이 DDT의 축적은 상당히 넓 은 범위이며, 또 간과할 수 없는 일은 최저 숫자에서도 간장이나 그 밖의 기 관에 해를 끼칠 수 있는 최저선을 넘고 있다는 사실이다.

DDT나 이와 비슷한 화학물질의 가장 무서운 문제는 음식이나 먹이의 고 리에 의해서 한 유기체로부터 다른 유기체로 옮아가는 것이다. 예컨대, 목초로 쓰이는 알팔파라는 식물에 DDT를 뿌린다. 이 알팔파를 말려서 가루로 하여 닭모이로 준다. 그러면, 달걀에 DDT가 나타난다. 7~8ppm 정도의 DDT를 포함한 마른 풀을 소가 먹으면, 그 소젖에 약 3ppm의 DDT가 검출된다. 또 이 젖으로 버터를 만들면 그 양이 65ppm으로 농축된다. 이와 같이 한 물질로부터 다른 물질로 옮아가면, 처음의 극히 작은 양도 차츰 농축된다. 식량약품관리국도 우유에 살충제가 남아있지 못하게 금지하고 있지만, 지금은 살충제의 오염을 받지 않는 건초를 찾으려고 해도 거의 불가능하다.

독은 또한 어머니로부터 자손들에게로 전달된다. 살충제의 잔류물이 어머니의 젖에서도 발견되었다고 식량약품관리국에서 시험해 보았다. 그것은 모유로 기르는 유아에게도 적은 양이지만, 규칙적으로 유독한 화학약품을 섭취하여 체내에 축적된다. 그러나 화학약품에 접촉되는 것은 이것이 처음이 아니다. 벌써 어머니 태내에 있을 때부터 화학약품의 세례를 받고 있다고 하여도 과히 잘못된 것은 아니다. 동물을 사용하여 실험했을 때, 염화탄화수소의 살충제는 태반이라는 장벽을 자유롭게 뚫고 간다(보통 태반은 모체 내의 유독한 물질로부터 자궁 내에 독이 들어오지 못하도록 해주고 있는 것이다). 물론 태아가 받는 양은 극히 적은 양이지만 태아는 어른보다 독에 예민하다는 것을 생각하면 도저히 무시할 수 없는 일이다. 이렇게 보면 인간은 생명이 시작되는 그 순간부터 화학약품이라는 것을 안고 태어나서, 이 달갑지 않은 짐을 평생 걸머지고 다녀야 하는 셈이다.

극히 적은 양의 축적부터 시작하여 차츰차츰 많아져서, 드디어는 간장이 해를 받게 되는데, 이런 일은 보통의 식사로서도 능히 일어날 수 있는 일이다. 1950년에 미국 식량약품관리국의 전문가들은 다음과 같이 성명을 내고 있다. 'DDT에 감추어져 있는 무서운 독성은 지금까지 너무 과소평가되어 왔다'고. 의학 역사를 찾아보아도, 이와 같은 전례는 없다. 마지막엔 어떻게 될 것인지 아직 아무도 아는 사람이 없다.

염화탄화수소에는 이밖에 클로르데인이 있다. 이것은 DDT의 좋지 못한 성질을 모두 가지고 있는 데다가 그 자체 고유의 독특한 성질까지 가지고 있다. 예컨대, 그 잔류물은 언제까지나 흙 중에 남는다. 또 음식물에나 어디에

나 한번 그 표면에 묻으면 좀처럼 떨어지지 않는다. 클로르데인은 휘발성이
므로 부주의하게 들이 마시면 쉽게 중독을 일으키며, 또 인체 어느 부분으로
부터라도 몸에 침입해 들어온다. 피부로부터 쉽게 통과되며, 증발하면 호흡
기관으로부터 침입해 들어오며, 그 잔류물이 묻어 있는 음식물을 섭취하면
물론 소화기에 침투해 들어간다. 다른 염화탄화수소와 마찬가지로 점점 농
축되어가는데, 동물 실험 결과를 보면 먹이에 묻은 2.5ppm 정도의 극히 소
량의 클로르데인이 지방 속에서는 75ppm 정도까지 높아지는 것을 볼 수 있
다.

경험이 풍부한 약학자인 레만 박사(Dr. Lehman)에 의하면 '클로르데인이
야말로 살충제 중에서도 가장 강력하고 유독한 것 중의 하나로, 이것을 만진
사람은 누구든지 중독될 가능성이 많다'고 한다. 교외에 살고 있는 사람들이
뜰잔디에 아무 생각도 없이 클로르데인을 마구 뿌리면서, 이 레만 박사의 경
고에 귀를 기울이지 않았다. 아무도 병에 걸리지 않는다고 안심할 수는 없
다. 왜냐하면 독소는 오랫동안 체내에 잠복했다가 몇 달이나 몇 해 지나간
다음 표면에 나타나기 때문이다. 그것도 왜 몸에 이상이 생기는지 확실한 원
인을 알 수 없는 증상이다. 그러나 사망에 이르기까지는 급속히 진행되는 경
우도 있다. 25%의 용액을 피부에 잘못해서 묻히면, 40분 이내에 곧 중독
증상이 나타나고, 의사가 채 오기도 전에 죽는다. 위험한 증상이 나타났을
때, 치료를 하려고 해도 아무 소용이 없다.

클로르데인과 구조가 비슷한 헵타클로르라는 살충제도 시장에서 판매되고
있다. 이것은 지방에 잘 녹아 축적된다. 만일 음식물 중에 10분의 1ppm 정
도의 극히 소량의 헵타클로르가 포함되어 있어도 체내에 축적되는 양을 측
정할 수 있을 정도가 된다. 헵타클로르는 화학적으로 성질이 다른 헵타클로
르 에폭시드라는 물질로 변화할 수 있는 묘한 성질을 가졌다. 흙이나 동식물
의 조직 중에 들어간 다음 변화를 일으킨다. 새를 가지고 실험해 본 결과,
이와 같이 변화된 에폭시드는 원래의 헵타클로르보다 약 4배가량 독성이 더
심하다. 헵타클로르는 앞서 말한 클로르데인보다 4배가량 독성이 더 심한
것이다.

지금부터 오래전 1930년대 중엽에 염화탄화수소 중에서도 특수한 것, 염
화나프탈렌을 취급하고 있던 사람들 중에 간장염이나, 더 무서운 치명적인

간장병에 걸린 사람들이 있었다. 그것은 전기공장에서 생긴 것인데, 직공들이 이 병으로 죽어갔고, 또 시골에서는 소가 원인 모를 병으로 죽어갔다. 이런 사실은 모두 이 염화탄화수소가 원인이 아닌가 여겨지고 있다. 이렇게 생각해 보면 이 그룹에 속하는 3가지 살충제가 탄화수소계 중에서 가장 유독하다는 것도 놀라운 일은 아니다. 이 살충제는 디엘드린(dieldrin), 알드린(aldrin) 및 엔드린(endrin) 세 가지이다.

디엘드린은 독일 화학자 디일스(Diels)의 이름을 붙인 것이다. DDT와 비교하면 먹었을 때 약 5배나 독성이 강하다. 녹아서 피부로부터 침입하면 DDT보다 40배나 독성이 강하다. 그 특징은 중독 증상이 곧 나타나고, 신경 계통이 침해되어 경련이 일어난다. 한번 중독되면 만성이 되어 좀처럼 완쾌되지 않는다. 다른 염화탄화수소처럼 이 만성 증상의 하나는 심한 간장 장해이다. 지속성이 강하고, 또 살충력도 강한 까닭에 지금까지 가장 많이 사용되고 있다. 그러나 사용한 다음, 야생 동물은 굉장한 피해를 입는다. 메추리와 꿩을 가지고 실험해 본 결과 이것은 DDT보다 약 40~50배나 독성이 강한 것으로 나타났다.

그런데 이 디엘드린이 어떻게 체내에 축적되고, 퍼져가며, 어떻게 배설되어 나가는지 아무도 모른다. 그러나 화학자는 새로운 살충제를 계속하여 발명하고 있다. 그런데 이런 살충제가 생물에 어떤 영향을 끼치는가에 대한 생물학적인 연구는 잘 되어 있지 않다. 아무튼 인체에 오랫동안 이런 독이 축적된 것은 확실한데, 한번 체내에 들어온 독은 마치 화산의 땅밑에 고여 있는 불덩어리와 같아서 어떤 무리한 일로 지방의 비축이 감소되면 삽시간에 불이 붙는다. 우리는 모두가 쓰라린 경험이라는 것을 알고 있다. WHO(세계 보건 기구)가 말라리아 박멸 운동을 벌인 일이 있었다. 말라리아 모기가 DDT에 저항이 생겼으므로, 디엘드린으로 바꾸었는데, 이 화학약품을 살포한 사람들 중에 곧 중독증상이 나타나게 되었다. 몇 그룹에 따라 달랐지만 놀랍게도 살포자 반수에서부터 전원이 모두 경련을 일으키고 사망자도 몇 명 생긴 것이다. 살포를 중지한 후부터 4개월이 지나도 계속 이런 증상이 일어난 사람도 있었다.

알드린은 참으로 으스스한 물질이다. 화학적으로 하나의 독립된 완전한 물질인데, 디엘드린으로 변신을 한다. 예컨대 알드린을 살포한 밭에서 당근을 뽑아서 조사해 보면 그 당근 속에는 디엘드린의 잔재가 보인다. 생물의 조직이나 흙 속에서 모습을 바꾼다. 마치 옛날의 연금술의 변화와도 같이 화학자도 가끔 속는 일이 있다. 검사를 해 보아도 알드린의 흔적이 나타나지 않으므로 알드린은 없어졌다고 생각하기도 한다. 그러나 다른 시험을 해 보면 디엘드린으로 남아 있다는 것을 알 수 있다.

디엘드린과 마찬가지로 알드린도 극약이다. 간장이나 신장의 기능을 퇴화시킨다. 아스피린 한알 정도의 분량으로 메추리 400마리를 죽일 수 있다. 사람이 중독되었다는 여러 가지 기록이 남아 있으며, 공장에서 중독된 것이 가장 많다.

알드린은 이 그룹의 살충제에 어울리게, 우리의 미래에 어두운 그림자, 즉 불임이라는 그림자를 드리운다. 치사량보다 적은 양의 알드린을 꿩에게 주어 보면 꿩은 얼마 후 알을 낳고, 알에서 새끼가 부화되는데 이 새끼는 곧 죽고 만다. 새뿐만 아니라 쥐도 마찬가지이다. 알드린에 노출된 쥐새끼 역시 허약해서 오래 살지 못했다. 강아지는 태어난지 3일 이내에 죽었다. 앞으로 태어나는 새끼들은 모두 그 어미의 중독으로 고통을 받게 마련이다. 동물 뿐이겠는가? 사람들도 이렇게 되지 않는다고 누가 장담할 수가 있겠는가? 지금도 이런 살충제를 비행기에서 공중으로부터 교외나 밭에 마구 뿌리고 있지 않는가.

마지막으로 염화탄화수소 중 가장 독성이 강한 것은 엔드린이다. 화학구조는 디엘드린과 비슷하지만 분자 구조가 약간 차이가 있기 때문에 디엘드린보다 5배나 더 독성이 강하다. 엔드린과 비교해 보면 이런 계통의 살충제의 원본인 DDT는 거의 해가 없는 물질이라고 할 수 있을 정도이다. 포유동물에 대해서는 DDT보다 15배 가량의 독이 있고, 물고기에서는 30배, 어떤 종류의 새에서는 300배의 독이 있다.

지난 10년 동안 실제로 사용해 본 결과 수많은 물고기가 죽었고, 엔드린을 살포한 과수원에 들어갔던 소도 지독한 중독을 일으켰고, 우물물도 오염되었다. 엔드린을 마구 사용하면 인간의 생명도 위태롭다고 주의를 환기시킨 것이 겨우 미국 내 한 주의 보건국이 있을 정도이다.

엔드린 중독의 비극이 많이 있지만 과연 부주의 때문이라고 할 수 있을까? 미국인 부부가 베네주엘라에 이사를 왔다. 한 살짜리 아기가 있었는데,

새로 이사온 집에는 바퀴벌레가 많았다. 그래서 그들은 엔드린 살충제를 뿌렸다. 오전 9시경에 뿌렸는데 그들은 이 살충제의 독성을 알고 있었으므로 뿌리기 전에 아기와 강아지를 집 밖으로 내 보냈다. 살포가 끝난 다음, 마루 바닥을 잘 닦은 정오때 쯤 아기와 강아지를 집으로 오게 하였다. 그때부터 1 시간 뒤, 아니 조금 더 뒤인지는 모르나 강아지가 토하기 시작하면서 경련을 일으키더니 결국 죽었다. 그날 밤 10시경, 이번엔 아기가 토하기 시작하면서 경련을 일으켰고 의식을 잃었다. 그때까지 건강하였던 이 아기는 듣지도 못하고 보지도 못하고 근육의 경련과 더불어 외계와는 차단된 날을 보내게 되었다. 뉴욕병원에서 수개월 동안이나 치료를 받았으나 실패였다. 아기를 담당했던 의사는 이렇게 말했다. "아주 조금이라도 나아질 수 있는지 자못 의심스럽습니다."

  살충제의 또 다른 그룹은 유기인산 에스테르계인데 가장 강한 독물의 하나이다. 이들 화학약품을 사용하였을 때 위험한 것은 살포하는 사람뿐만 아니라, 부주의하여 간접적으로 접촉하여도 급성 중독을 일으킨다. 이 약의 막을 뒤집어쓴 야채를 만지든지, 다 쓰고 남은 용기를 만져도 같은 증상이 일어난다. 플로리다주에서 두 아이가 다 쓰고 버린 봉지를 발견하고 이것으로 그네를 고치려고 하였다. 얼마 후 이 두 아이가 죽었고 같이 놀던 세 아이까지 병원에 입원하였다. 그 봉지에는 파라티온이라는 살충제가 들어 있었는데, 전부 사용하고 내버린 빈 봉지였다. 파라티온은 유기인산 에스테르계인데, 시험 결과를 보면 파라티온 중독으로 사람도 죽을 수 있다는 것이 판명되었다. 또 위스콘신 주에서는 사촌간이었던 두 아이가 같은 날 밤에 죽는 사건이 일어났다. 한 아이는 정원에서 놀고 있었다. 옆집 밭에서는 아버지가 감자에다 파라티온 소독을 하고 있었다. 그 가루가 바람에 날려온 것이다. 또 한 아이는 아버지를 따라 장난삼아 창고에 들어가서, 살포기의 노즐을 만졌던 것이었다.
  이같은 살충제의 기원을 보면 어딘가 아이러니컬하다. 유기인산 에스테르 중 어떤 것은 벌써 오래 전부터 알려져 있었는데, 그것이 살충력을 가졌다는 것을 알게 된 것은 1930년대 말기였다. 독일의 화학자 게르하르트 슈라더 (Gerhard Schrader)가 발견했는데, 그 당시 독일 정부는 이것을 비밀로 하고, 사람과 사람의 전쟁에 무기로 이용하려고 연구케 한 것이다. 그 결과 죽음의 독가스인 신경성 독약을 만들어냈다. 살충제도 이때 제조된 것인데 화학구조는 죽음의 독가스와 비슷하다.

유기인산계의 살충제가 생물에 끼치는 영향도 또한 독특하다. 제일 먼저 효소가 파괴된다. —효소란 신체내의 기능이 원활하게 이루어질 수 있게 하는 구실을 한다. 다음에 신경계통이 장해를 받는다. 이것은 곤충이나 온혈동물도 마찬가지이다. 건강체에서 하나의 신경으로부터 다른 신경으로 충격을 전달시키는 것은 아세틸콜린이라는 화학적인 전달자가 작용하는 것이다. 이것은 그 중요한 임무를 다 하면 그대로 없어진다. 극히 순간적으로만 나타나므로 의학적으로 연구하려면 특수한 장치 없이 되지 않는다. 아무튼 전달의 구실을 맡고 있는 화학물질이 있기 때문에 몸은 건강하게 마련이다. 신경의 충격이 전달된 다음, 곧 아세틸콜린이 없어지지 않으면 충격은 신경에서 신경으로 계속적으로 뛰어가게 된다. 이렇게 되면 몸 전체의 운동의 균형이 깨어지고, 떨면서 근육 경련과 전신 경련으로 드디어 죽게 되는 것이다.

아세틸콜린이 곧 소멸되어 없어지는 까닭은 콜린에스테라아제라는 보호 효소 때문인데, 아세틸콜린이 자기의 임무를 모두 끝내면 이 보호 효소가 아세틸콜린을 바로 파괴시키는 연쇄반응이 몸 속에서 일어나기 때문이다. 이 보호 효소가 있기 때문에 항상 몸의 균형이 유지되며, 아세틸콜린의 무서운 위협을 받지 않는 것이다. 그러나 유기인산계의 살충제와 접촉하면 이 보호 효소가 파괴되고, 효소의 양이 감소되면, 반대로 아세틸콜린의 양이 많아진다. 유기인산화학물은 독버섯 속에 있는 유독성 알칼로이드인 무스카린과 비슷한 것이다.

이런 유기인산화합물에 계속적으로 접촉하면 콜린에스테라아제가 감소되므로 급성 중독 상태에 가까워지고, 그 이상 더 접촉하면 삽시간에 중독되고 마는 것이다. 그러므로 살충제를 상습적으로 만지는 사람들은 정기적으로 혈액검사를 받아야 한다.

파라티온은 유기인산제 살충제 중 가장 많이 사용되는 것이다. 가장 강력하고 무서운 독약의 하나이다. 꿀벌이 이 약에 접촉하면 '신경이 날카로워지고 싸움'을 하게 되고, 미친 것처럼 날뛰다 30분 이내에 죽게 된다. 파라티온의 급성 중독의 최소량을 시험해 보려고 직접적인 방법으로 이 약의 극히 작은 양을 먹은 화학자가 있다. 그것은 ○·○○424온스(1온스＝28.35그램)라는 아주 작은 양이었지만 곧 마비되었고 준비해 두었던 해독제를 마시기도 전에 죽고 말았다. 핀란드에서는 자살할 때 가장 많이 피라티온을 쓰고 있다. 지난 2～3년 사이의 파라티온 중독 사고의 통계가 캘리포니아주에서 공표되었는데, 일년간 평균 200을 넘고 있다. 이밖에 세계 각지에서도 파라티온에 의한 사망률은 놀랄 정도이다. 1958년에 인도에서는 100건, 시리아에서는 67건, 일본에서는 매해 평균 336건이나 되었다.

그런데도 7,000,000파운드나 되는 많은 양의 파라티온이 미국의 농장이나 과수원에 살포된다. —수동식 분무기, 발동기 분무기, 가루 살포기, 비행기 살포 등의 방법으로. 캘리포니아 농장에서 사용되는 양만 해도, '온 인류 한 사람 한 사람에게 나누어 주어도 각 사람의 치사량보다 5～10배'에 해당된다고 어떤 의학계의 권위자가 말하고 있다.

그러나 우리들이 모두 건강하게 살고 있는 것은 파라티온 같은 이 계통의 화학약품은 비교적 빨리 분해하기 때문이다. 농작물에 남아 있는 잔류물도 염화탄화수소보다는 비교적 빨리 소멸된다. 그러나 소멸되기 전에 맹독 작용으로 사람을 죽게 하는 것이다. 캘리포니아의 리버사이드에서 30명의 남자가 오렌지를 벗기고 있었는데, 그 중 11명이 심하게 구토를 하고, 눈이 반쯤 어두워지고, 반의식 상태에 빠져 한 사람만 제외하고 모두 입원하였다. 파라티온의 독특한 중독 증상이다. 이 오렌지 밭에 2주반 전에 파라티온을 뿌렸으므로 파라티온은 말하자면, 16～19일간의 잔류기간이 있다는 셈이 된다. 그러나 이 예만 보고 결론짓기에는 너무 성급하다. 한달전에 뿌린 파라티온에 중독된 예도 있고, 6개월 전에 규정량을 분무기로 뿌린 오렌지 껍질에서 파라티온이 검출된 예도 있다.

농원, 과수원, 포도원에서 유기인산계의 살충제를 사용하고 있는 사람들은 모두 무서운 독에 직면하고 있다. 그 때문에 미국에서는 주에 따라 연구소를 만들고 각종 살충제 중독의 진단과 치료에 대한 충고를 하고 있는 곳도 있다. 의사 자신도 중독 환자를 진찰할 때는 고무장갑을 끼지 않으면 위험하다. 환자의 옷에도 파라티온이 흡수되어 있으므로 환자의 옷을 세탁하는 아주머니도 주의해야 한다.

파라티온도 유기인산의 또 하나의 다른 종류인데 DDT와 마찬가지로 잘 알려져서 일반 가정에서 널리 쓰이고 있다. 정원 수목의 소독, 모기 제거에 쓰인다. 플로리다주에서는 지중해 광대 파리가 발생하였을 때 백만 에이커(1에어커＝4047평방미터)나 되는 면적에 이 약을 뿌렸다. 이 계통의 다른 살충제에 비해서 독성이 약하므로 함부로 사용하고 있다. 무엇보다 살충제 회사가 그렇게 선전하고 있다.

안전하다고는 해도 어느 정도 안전한지를 모른다. 이 약에 대해서도 몇 해 동안 사용하는 중 위험한 것을 알았다. 말라티온이 '안전'한 것은 포유동물의 간장이 놀랄 만한 보호력을 가지고 있어서 말라티온의 독성을 견디어 낼 수 있는 까닭이다. 이 해독 작용은 간장 중에 있는 일종의 효소가 해주는 것이다. 그러므로 이 효소가 파괴되든지 손상을 받았을 때, 말라티온이 인체에 들어오면 역시 맹렬한 중독작용이 일어난다.

불행하게도 이런 일이 최근에 자주 일어난다. 몇 해 전 식량약품 관리국의 한 연구위원회가 발견한 것인데, 말라티온과 유기인산계의 다른 약품을 합해서 병용하면 무서운 중독이 일어난다. 각각의 약품을 합친 총 50배나 더 큰 위력을 나타낸다. 다시 말하면 병용하면 각 성분 약품의 치사량의 백분의 1정도로서 죽음을 초래한다.

그래서 갖가지 조합으로 시험을 해 보았는데 유기인산계 살충제를 조합하여 시험해 보았다. 유기인산계 살충제를 조합하면 대단히 위험하며, 조합 때문에 독성이 강해지고 '위력을 발휘'하는 것이다. 두 개의 약품 중 하나가 다른 하나의 독을 없앨 수 있는 효소를 파괴하기 때문이라고 생각된다. 이 두 개의 약품을 동시에 사용하지 않아도 마찬가지이다. 이번 주에 하나의 살충제를 살포한 후 내주에 다른 살충제를 사용하여도 마찬가지이다. 야채나 과일에 살충제가 묻어 있어도 위험하다. 샐러드를 만드는 접시에서 샐러드를 만들 때, 두 가지 유기인산계의 살충제가 혼합되는 수가 많다. 허용량 이내의 잔류물이라도 상호작용으로 독성을 발휘할지도 모른다.

여러 가지 화학약품이 서로 작용할 때 이런 무서운 독작용이 어떻게 생기게 되는지에 대해서는 아직까지 잘 알려져 있지는 않지만, 지금은 실험실에서 우려할 만한 사실이 계속 발견되고 있다. 예컨대 유기인산의 독성은 살충제가 아닌 다른 약품을 섞어도 크게 늘어난다. 가령 말라티온에 가소성 용매를 섞었으면 보통의 살충제를 섞었을 때 보다 독성이 강해진다. 이것도 가소성의 용매가 간장 효소를 파괴하기 때문에 원래의 유독한 살충제의 이빨을 뽑는 구실을 하는 효소의 활동을 억제하는 까닭이다.

인간의 몸은 오늘날 여러 가지 화학약품에 공격을 받고 있다. 그 중에 의약품도 있다. 의약품과 살충제와의 관계에 대해서는 이제 겨우 연구를 시작하였다. 그러나 확실히 알아낸 것도 있다. 예컨대 유기인산계 살충제(파라티온과 말라티온)는 어떤 종류의 근육 치완제의 독성을 증가시킨다. 또 그밖의 유기인산계의 약품(말라티온도 포함)은 수면제인 바루비튜르산계에 의한 수면작용을 대단히 지연시켜 주기도 한다.

그리스 신화에서, 남편인 이아손을 빼앗긴 마녀 메디아가 신부에게 독이 묻은 웨딩드레스를 선물하였다. 신부는 이 옷을 입자마자 곧 고통을 받으면서 죽는다. 이 같은 간접 치사라고 할 수 있는 살인은 이제는 '침투살충제(조직살충제, 전신살충제)'로 똑같은 결과를 얻게 되었다. 풀이나 동물에 침투살충제를 섞으면, 이 풀이나 동물은 곧 메디아의 독 이상으로 변한다. 즉 여기에 벌레가 와서 독이 들어있는 나무 진액이나 피를 먹게 된다.

전신으로 침투해 가는 침투 살충제의 세계는 무시무시한 세계이다. 그림 동화에 나오는 세계라도 이처럼 환성적은 아니었다. 아마 찰스 아담스의 만화의 세계와 비슷하다고 할까! 동화에 나오는 훌륭한 숲이 삽시간에 독있는 숲으로 변한다. 나무 잎이나 열매를 먹으면 벌레는 모두 죽는다. 개 피에 독이 섞여 있고 이것을 먹는 벼룩도 죽는다. 나무에서 흘러나온 맛있는 냄새에 취해 온 벌레도 죽는다. 꿀벌이 열심히 운반해 주는 것도 독있는 꿀로서 잠시 후 독있는 벌꿀이 생기게 된다.

살충제라는 것은 원래 자연으로부터 힌트를 얻은 것인데, 응용 곤충학자가 이것을 실현한 것에 지나지 않는다. 셀렌산나트륨을 포함한 흙에서 자라는 밀에는 진딧물이나 진드기 등이 살지를 못한다. 셀레늄은 여러군데의 암석이나 흙에 포함된 자연물인데, 여기에서 힌트를 얻어 처음으로 침투성 살충제가 생긴 것이다.

침투성 살충제는 식물이나 동물의 조직 전체에 침투하여 독성을 끼친다. 이같은 효력을 가진 것은 염화탄화수소와 유기인산계의 화학약품인데 모두가 인공 합성품이다. 자연물에도 이같은 것이 있다. 그러나 실제로는 유기인산계통의 것이 사용되고 있다. 잔류 걱정이 그렇게 많지 않기 때문이다.

침투성 살충제의 복잡한 활약은 이런 것도 있다. 작물의 씨앗을 침투성 살충제에 담가두든지 탄소와 함께 막을 만들어 두면 얼마 후 거기에서 싹트는 새 식물은 진딧물이나 그 밖의 식물즙을 빨아먹는 해충에 대해서 유독하다. 완두콩, 사탕무 등과 같은 야채류는 이렇게 해충의 공격을 막을 수 있다. 캘리포니아주에서도 침투성 살충제의 막을 목화씨에다 게웠던 일이 있었다. 그 때, 산 호아킨 밸리에서 1959년에 25명의 농부가 갑자기 병에 걸렸다. 침투성 살충제로 소독한 종자 부대를 취급하였기 때문이었다.

초목에 침투성 살충제를 뿌린 다음 벌이 와서 꿀을 채취하면 어떻게 되겠는가? 영국에서 시험해 본 일이 있다. 슈라단이라는 약품을 살포한 것은 아직도 꽃이 피기 전이었는데 꽃의 꿀에는 독이 섞여 있었다. 또 예상한대로 꿀벌이 그 꽃에서 모아온 꿀에도 슈라단의 잔류물이 검출되었다.

동물용 침투성 살충제는 주로 소에 기생하는 유충 제거에 사용되는데, 가축에 큰 피해를 주는 이 기생충을 제거하기 위해서 기생충을 갖고 있는 가축의 피나 조직에 살충력이 있는 독을 섞어 준다. 이때 가축 자체는 중독이 되지 않도록 대단히 주의해야 한다. 적합량을 결정하는 것은 대단히 어렵고 정부의 수의사가 지적해 주는데 아무리 작은 양이라도 계속 살충제를 사용하면 가축의 여러 기관을 보호하고 있는 효소인 콜린에스트라아제가 점점 없어지게 된다. 이때 소량의 살충제가 체내에 들어오면 곧 가축이 급성 중독을 일으키게 된다.

우리들 인간 일상생활에 직접 관계되는 면에도 이 새로운 방법이 응용될 수 있다. 예컨대 개에 이 약을 복용시켜 개 피에 독을 섞어두면 벼룩을 죽일 수 있다고 한다. 그러나 이때도 소가 중독되듯이 개도 중독될 것이다. 인간용 침투성 살충제를 제조하여 모기를 막는 데 사용하겠다고 제의하는 사람은 아직은 없으나 아마 얼마 지나면 이런 사람이 나오게 될는지도 모른다.

해충 제거를 위해 사용되는 화학약품 중에 참으로 유해한 약품에 대해서 지금까지 설명을 했는데 잡초제 제거에 대해서는 어떠한가 살펴 보기로 하자.

필요없는 식물을 빨리 제거하기 위해 많은 화학약품이 등장되었는데 제초제라는 이름으로 사용된다. 어떻게 이것을 사용하며, 특히 어떻게 남용되는가를 제6장에서 설명하기로 하고 여기서는 제초제가 유해한가 또는 제초제를 사용하여도 환경이 독으로 오염되지 않는가를 문제로 삼기로 하자.

제초제는 식물에만 해를 주고 동물에게는 아무 관계가 없다는 전설이 있지만 유감스럽게도 이것은 사실이 아니다. 제초제 중에는 여러 종류의 화학약품이 있는데, 식물과 마찬가지로 동물의 조직에도 영향을 끼친다. 이 영향은 여러 가지이다. 어떤 것은 몸 전체에 해독을 끼치며, 어떤 것은 신진대사를 촉진시켜 체온을 치명적으로 올리며, 또 단독으로나 다른 약품과 결합하여 악성 종양을 발생시키며 때로는 유전자의 돌연변이를 일으켜 유전 관계에 심각한 영향을 준다. 살충제처럼 제초제에도 아주 위험한 화학약품이 있으므로 '안전'하다고 안심하고 사용하면 치명적인 결과를 초래한다.

계속적으로 공장에서 새로운 화학약품이 제조되지만 지금도 많이 사용하는 것은 역시 비소화합물이다. 이것은 살충제(지금까지 설명하였음)로도 쓰이지만 비산나트륨으로 제초제에 사용된다. 지금까지의 살포 역사를 조사해 보면 안심할 수 없다. 길가에 뿌려놓은 제초제 때문에 소가 죽고 또 수많은 야생동물이 희생되었다. 물속의 잡초를 없애려고 호수나 저수지에 제초제를 뿌려서 수돗물은 먹을 수 없게 되고 호수에서 수영도 하지 못하게 되었다. 고구마 줄기를 말라 죽게 하기 위해 밭에 살포해 두면 많은 사람과 동물이 희생된다.

이것은 1951년에 영국에서 시행된 방법이다. 옛날에는 황산으로 고구마 줄기를 말라 죽게 하였는데 황산이 부족해지자 이 방법을 사용하였다. 위험한 약품을 사용하므로 영국 농림부에서는 비소를 뿌린 밭에 들어가지 않도록 주의시키고 있다. 그러나 이같은 경고를 소가 이해할 수는 없다(더구나 야생 동물이나 새들이 알 수 없다). 따라서 매년 소는 죽어갔다. 그러는 동안에 농가의 주부가 중독되어 사망하였다. 비소가 들어 있는 물을 마셨기 때문이었다. 이렇게 되자 영국의 큰 화학약품회사가 곧 비소 살포제의 제조를 중지시키고(1959년), 이미 판매된 것도 모두 회수하였다. 그리고 곧 농림부에서 인간과 가축에 대단히 위험한 비소제의 사용을 금지시켰다. 1961년 오스트리아 정부에서도 같은 금지령을 발표하였다. 그러나 미국에서는 여전히 이 독약의 사용을 그대로 내버려 두고 있다.

'디니트로'화합물 중에서도 제초제로 사용되는 것이 있다. 미국에서 사용되는 극약 중에서도 특히 위험률이 가장 높은 것 중에 속한다. 디니트로페놀은 신진대사를 촉진시킨다. 따라서 옛날에는 체중 감량제로 사용되었지만 체중을 감량시키는 분량과 중독이나 죽음에 이르는 치사량과의 차가 극히 적어서 죽는 환자도 많았고, 또 일생동안 만성중독에 고민하는 사람도 있었다.

이것과 관계가 있는 펜타클로로페놀(별명 펜타)은 살충과 제초제로 철도 선로나 빈 터에 살포한다. 펜타는 박테리아부터 인간에 이르기까지 실로 모든 생물에 유해하며, 그 독성도 매우 강하다. 디니트로화합물처럼 인체의 에너지원을 치명적으로 방해하여 이때문에 생명 그 자체를 불태워 죽게 한다. 이 같은 무서운 실례는 캘리포니아주 보건국이 보고하고 있다. 탱크트럭 운전기사가 디젤유와 펜타를 혼합하여 목화잎의 낙엽제를 만들고 있었다. 드럼통으로부터 농축액을 따라내고 있을 때 잘못해서 마개를 드럼통에 빠뜨렸다. 맨손으로 이 마개를 집어 내고 곧 수돗물로 손을 씻었는데 갑자기 기분이 언짢아졌고 그 다음날 사망했다.

비산나트륨이나 페놀과 같은 제초제의 부작용은 곧 나타나지만 또 오랫동안 잠재해 있다가 갑자기 해를 끼치는 제초제도 있다. 예컨대 지금 사용하고 있는 연출 월귤 제초제인 아미노트리아졸, 또 아미트롤은 그렇게 유독하지 않다. 그러나 오랫동안 이 약품에 접촉되면 갑성선의 악성 종양의 발생 원인이 되기 쉽고 야생 동물이나 인간에게까지 대단히 심한 해를 끼친다.

제조체에는 또 '돌연변이 야기성'도 몇 가지 있는데 유전자의 작용을 변경시킨다. 방사선이 유전에 대해 얼마나 위험한 작용을 끼치고 있는가에 대해서는 전전긍긍하면서 왜 화학약품을 여기저기 살포하는 데는 무관심한지 알 수 없는 일이다. 방사선에 못지 않게 우리들의 환경에 뿌려지는 이 화학약품에 무관심한 까닭을 알 수 없다.

4
땅위 물과 땅밑 바다

　자연자원 중 오늘날에는 물이 가장 귀중하다. 지표의 반 이상이 바다로 덮여 풍부한 물자원이 있으면서도, 물 부족에 고민하고 있는 것은 이상한 역설이다. 그것은 바다물에는 소금이 있기 때문에 농업, 공업, 음료에 사용할 수 없는 것이다. 세계 인구의 대부분은 물기근에 고민하든지 또는 곧 물기근의 위험에 놓이게 될 것이다. 자기를 낳아준 어머니를 망각하고 자기들이 살아가는데 무엇이 가장 필요한 것인가를 망각한 이 시대에서 물도 그 밖의 생명의 근원처럼 우리들의 무관심의 희생이 되었다.

　살충제에 의한 물의 오염이라는 문제는 종합적으로 고찰해야만 한다. 즉 인간 환경 전체의 오염과 함께 생각해야 한다. 물이 오염되는 것은 여러 곳으로부터 오물이 흘러오기 때문이다. 원자로, 연구소, 병원에서는 방사능 물질의 폐기물이 핵실험이 있을 때는 방사성 하강물이, 크고 작은 많은 도시로부터는 하수도 물이, 공장에서 나오는 화학약품의 폐기물이 흘러 들어온다. 뿐만 아니라 새로운 하강물—밭이나 뜰, 숲과 들판에 살포되는 화학약품이 하강한다. 이것들은 방사능의 해에 못지 않다. 여러 가지 화학약품은 서로 작용하여 모습을 바꾸고 독성을 증가시킨다. 그러나 이와 같은 것은 거의 알려져 있지 않다.

　자연에는 없는 물질을 화학자가 제조하기 시작한 이래 물의 정제는 복잡하게 되었고, 물 사용자들은 해마다 무서운 위험에 놓이게 되었다. 앞서 이야기한 바와 같이 합성 화학약품의 대량생산은 1940년대에 시작되었다. 그리고 지금은 화학약품 오염의 무서운 홍수가 우리들 수로에 흘러내린다. 이 수로에 하수나 다른 여러 가지 폐기물이 있어서 화학물질과 복잡하게 결합하면 이제는 보통의 물정화 장치로는 도저히 정화시킬 수 없게 된다. 아주 강하게 결합하고 있으므로 간단히는 도저히 분해시킬 수 없다. 어떤 물질인지 알아내기도 힘들 정도이다. 냇물에는 상상할 수 없을 정도로 여러 가지 오염물이 있어서 이것들과 결합하여 침전된다. 이것은 위생기술 관계의 전문가가 말하는 '끈적거리고 기름기 있고 나쁜 냄새가 나는 물질' 그 자체이다. 매사추세츠 공과대학 교수 엘리아센 박사(Dr. Rolf Eliassen)는 의회의 한 위원회에서 이같은 화합물의 복합 효과를 미리 알 수는 없다고 말하였다. 또 혼합하여 생기는 유기물을 확인할 수도 없다. '도대체 그것이 무엇인지 처음부터 모르고 있으며, 그것이 인간에게 어떤 영향을 끼치는가도 알 수 없다'고 박사는 이야기하고 있다.

곤충이나 쥐 등을 없애고 잡초를 제거하기 위해 화학약품을 함부로 쓰면 쓸수록 이와 같은 유기오염은 많아지게 된다. 그리고 물 속의 풀, 곤충의 유충, 원하지 않는 물고기를 없애기 위해 물 그 자체에다 마구 약품을 사용한다. 어떤 주의 2백만, 3백만 에이커나 되는 넓은 삼림에 살충제를 뿌린다(그것도 불과 한 종류의 해충을 없애기 위해서). 살충제는 곧 냇물에 들어가거나 또 나뭇잎을 따라 지면에 떨어지고 서서히 지면에 스며들고 바다로 향해 먼 여행길을 떠난다. 또 곤충이나 쥐를 없애기 위해서 농지에 살포한 몇 백만 파운드의 화학약품도 비가 오면 지면으로부터 씻겨 내려 바다로 향한다. 이렇게 하여 물이 운반해온 잔류물이 모여서 대규모의 오염을 일으키게 된다.

여기저기에서 우리들은 냇물에 이 같은 화학약품이 섞이고 더욱이 수도물에 섞이는 것을 볼 수 있다. 예컨대 펜실베니아주의 과수 재배 지방의 음료수를 실험실에서 검사해 보면 4시간이 지나기 전에 시험용 물고기가 모두 죽었다. 살충제 때문이었다.

살충제를 뿌린 목화밭의 배수고랑에서 흘러내리는 물은 유독하여 물 정화장치로 처리하여도 물고기가 죽는다. 앨라배마주의 테네시 강의 15개 지류에 밭으로부터 빗물이 흘러 들어온다. 밭에는 염화탄화수소인 톡사펜이라는 살충제를 사용하고 있었다. 이 때문에 15개 지류에 있는 물고기가 모두 죽었다. 이 지류 중 둘은 사람이 마시는 수도물의 수원이기도 하였다. 게다가 살충제를 사용한지 1주일이 지나도 물은 깨끗해지지 않았고 하류지방에서 금붕어를 넣은 광우리를 물 속에 담가두면 날마다 금붕어가 죽어 갔다.

이같은 오염 자체는 실제로 눈에 보이지 않는다. 몇 백이나 몇 천 마리의 물고기가 죽어야 비로소 알게 된다. 그러나 조금도 모를 때가 많다. 정수관계에 종사하고 있는 화학자는 유기 오염물질의 수질시험을 날마다 하는 것이 아니며, 또 오염물을 발견하여도 제거할 방법이 없다. 검출되든지 또는 몰라서 그대로 있든지, 하여간 살충제는 없어지지 않는다. 넓은 지역에 살충제를 살포한다는 것을 생각해 보면 미국의 중요한 수로는 모두 오염되어 있다고 해도 과언이 아니다.

만일 누구든지 그렇지 않다고 생각하면 미국의 어류 및 야생 생물국이 1960년에 제출한 보고서를 보는 것이 좋을 것이다. 얇은 보고서인데 온혈동물처럼 생선의 조직에도 살충제가 축적될 수 있는가의 여부에 관한 연구 보고서이다. 우선 전나무 벌레 제거를 위해 대량의 DDT를 살포한 미국 서부 삼림지대의 물고기를 상대로 실험하였다. 당연히 예상한대로 모든 물고기가 모두 DDT를 함유하고 있었다. 그런데 이상한 일은 30마일이나 떨어진 그 냇물의 상류에 있는 물고기에서도 DDT가 검출되었다. 상류에서는 DDT를 살포하지 않았고 또 상류와 하류 사이에는 큰 폭포가 있어서 물이 역류할 수도 없었다. 눈에 보이지 않는 지하수 같은 것이 있어서 DDT를 운반해 온 것인지 아니면 바람 때문에 냇물 표면에 DDT가 떨어진 것인지? 이와 같은 실례는 또 있다. 어떤 부화장의 물고기 조직에서 DDT가 검출된 일이 있다. 이 일대 역시 물은 깊은 우물에서 퍼 올려 DDT를 살포한 적이 없다. 그러므로 원인은 지하수에 있다고 할 수밖에 없다.

물이 오염된다고 해도 지하수가 전부 오염되는 것만큼 두려운 일은 없을 것이다. 어느 곳에서나 한군데 물에 살충제가 들어가면 그 부근의 물은 전부 오염될 우려가 있다. '자연'은 외계와 차단된 밀실에서 일을 하지 않는다. 지상에 물을 공급하는 모습을 보면 바로 알 수 있다. 지표에 떨어진 비는 지면이나 바위 구멍이나 갈라진 곳을 통하여 땅속 깊이 스며 들어가서 드디어 암흑의 지하 바다로 흐른다. 언덕 밑에 이르러서는 다시 솟아오르고 골짜기 밑으로 더 깊게 가라앉아 바다로……. 지하수는 끊임없이 움직이고 있다. 일년에 불과 15미터밖에 움직이지 못할 때도 있으며 이보다 빨리 하루에 160미터 가량 움직일 때도 있다. 눈에 보이지 않는 수로를 따라 흐르는 물은 샘물이 되어 지표에 나타나며, 또는 우물물이 되는데 대부분은 작은 냇물이 되어 강에 흘러 들어간다. 비 또는 지표를 흘러 곧장 강에 흘러 들어가는 것을 제외하면 지상의 강이라는 강은 지하수를 모아서 흐르고 있다. 따라서 지하수가 오염되면 그 주변의 모든 물은 당연히 오염된다. 참 무서운 일이 아닐 수 없다.

콜로라도의 공장으로부터 몇 마일이나 떨어져 있는 농장에 유독한 화학약품이 운반되어진 것도 이같은 암흑의 지하 바다의 흐름 때문일 것이다. 농장에서는 우물물에 독이 섞이고 인간도 동물도 병에 걸렸고 농작물이 피해를 받았다. 이상한 일이지만 이같은 일은 앞으로도 일어날 수 있다. 덴버 부근의 육군 화학 부대의 록키산 공장에서 군수품을 제조하기 시작한 것이 1943년이었는데 8년 후 1951년에는 살충제를 만드는 민간 제유회사에 이 공장을 이관하였다. 그러나 그전부터 몇 마일이나 떨어진 농장에서 가축들이 원인모를 병에 걸렸고 농작물도 큰 타격을 받았다. 잎은 누렇게 되었고, 열매도 맺지 못하고, 농작물은 거의 전멸하였다. 뿐만 아니라 병에 걸린 사람도 있다는 보고가 있는데 이것도 서로 관련성이 있는 것 같다.

이 농장의 관개용수는 얕은 우물물에서 퍼 올렸다. 1959년 우물물을 검사한 결과, 여러 가지 화학약품이 섞여 있는 것을 알았다. 이때의 조사에는 미국연방 및 몇 개의 주 관계의 관청이 합동 참가하였다. 옛날 군수공장 때 염화물, 염산염, 인산염, 풀루오르화물, 비소 등을 오수처리 못에 흘려넣었다. 이 때문에 공장과 농장을 연결하는 지하수가 오염되었다면 공장의 폐기물이 3마일 떨어진 가장 가까운 농장에 도달할 때까지 7년 내지 8년 걸린 셈이 된다. 그러나 오염에는 끝이 없다. 어디까지나 침투해 가고 있다. 과학자들도 이 오염을 방지할 방법을 알지 못했다.

이것만으로도 무서운데, 이보다 더 중요한 것은 우물물과 공장의 오수 처리 못에 제초제인 2·4D가 검출되었다. 농작물이 마른 것도 바로 이 2·4D를 포함한 물을 관계수로 사용했기 때문이라고 생각된다. 그러나 이상한 것은 공장에서 제초제를 제조한 일도 없고 그 생산 과정에서 2·4D가 생산되지도 않았다.

처음엔 잘 몰랐지만 잘 조사해 보면 뚜껑없는 오수 처리 못에서 자연적으로 2·4D가 생긴 것이다. 공장에서 배출되는 갖가지 화합물이 공기, 물, 햇빛 등에 접촉되어 새로운 화합물이 생성된다. 따로 화학자의 손을 빌릴 필요는 없다. 오수 처리 못 그 자체가 실험실이 되어 이 새로운 물질에 접하는 식물을 전멸시킬 수 있는 무서운 약품을 만들어 내고 있는 것이다.

이것은 콜로라도주 농장에서 일어난 일로 우리들과는 관계가 없다고 누가 말할 수 있겠는가? 공공용수가 화학약품으로 오염되면 이와 같은 일이 어느 곳에서나 일어날 수 있다. 호수에서나 냇물에서나 촉매가 되는 공기와 햇빛만 있으면 '무해'하다고 레테르가 붙어 있는 화학약품으로부터 얼마나 무서운 물질이 생겨나올는지 아무도 모른다.

갖가지 약품을 혼합하여 실험실에서는 생각할 수도 없는 물질을 형성하는 것은 물의 오염 중 가장 무서운 일이다. 냇물, 호수, 연못 또는 저녁 식사 식탁 위의 한 컵의 물에서나 양심있는 화학자라면 실험실에서 도저히 혼합할 수 없는 화합물이 마음대로 혼합된다. 이렇게 혼합되어 무서운 극약이 만들어지는 것에 미국 공중 위생국은 자못 놀라고 있다. 비교적 해가 없는 화학약품이 합쳐졌을 때 이런 반응이 일어난다. 또 화학약품과 방사성의 폐기물이 혼합되었을 때에도 일어난다. 이런 방사성 폐기물이 냇물에 흘러 들어오는 양은 점점 더 많아지고 있다. 방사능의 이온화에 의해 원소의 전위가 일어나기 쉽고 화합물의 성질이 변하고 우리들이 예상할 수도 없을 뿐만 아니라 어떻게 조절할 수도 없게 변해가는 것이다.

오염되는 것은 지하수뿐만이 아니다. 지표를 흐르는 물─냇물, 강, 관개용수 등도 오염된다. 예컨대 야생동물 보호 구역인 캘리포니아주의 튜리 호수와 하 클라마스 호수가 그 좋은 예이다. 이 보호 구역은 캘리포니아주 경계를 넘어서 오리건주의 상 클라마스 호수까지 이르고 있다. 어떤 운명에서인지 모두 같은 물줄기로서 어느 보호 구역의 주변도 모두 넓은 농장인데 마치 큰 바다에 있는 작은 섬 같이 되어 있다. 그 농지는 모두 물새들의 천국이었던 늪지대나 못물을 말려서 개척한 것이다.

지금 이들 농지에는 상 클라마스 호수의 물로 관개하고 있다. 한번 사용한 관개수는 모아서 펌프로 튜리 호수로 보내고 여기서 하 클라마스 호수로 물을 흘려보내고 있다. 따라서 이 두 개의 호수 주변에 걸쳐 있는 야생생물 보호 구역의 물은 농지에서 사용되는 물과 같다. 이것은 최근에 있었던 사건을 이해하는 데 대단히 중요하다.

1960년 여름이었다. 보호구역 감시인은 튜리 호수와 하 클라마스 호수 부근에서 몇 백 마리의 새가 죽었고 또 죽어가고 있는 것을 보았다. 그 대부분은 물고기를 잡아먹고 있는 새—왜가리, 펠리칸, 농병아리, 물새 등이었다. 해부를 해 본 결과 톡사펜, DDD, DDE 등의 잔류물이 검출되었다. 호수 중의 물고기로부터도 같은 살충제가 발견되었고 플랑크톤도 오염되었다. 살충제의 잔류물이 환원식의 관개용수로 인해 살충제를 대량 살포한 농지로부터 이 보호 구역에 운반된 것이라고 감시인은 믿고 있다.

서부의 오리잡이가 아닐지라도 바람에 나부끼는 날갯소리를 내면서 물새들이 저녁 하늘을 날아가는 것을 즐기는 사람이면, 누구나 모두 이 자연 보호구역의 물을 독으로 오염시키면 무서운 결과를 가져오리라는 불안에 떨 것이다. 이 보호 구역은 서부의 물새를 지키는 데 대단히 중요한 구실을 하고 있다. 마치 깔때기의 좁은 목부분과 같은 곳에 철새들이 나는 길이 모두 여기에 집결되어 태평양의 하늘 길로 연결되고 있다. 가을 철새 시절이 시작되면, 몇 백 만 마리의 오리와 기러기들이 베링해안과 허드슨만에 걸친 그들의 살던 곳으로부터 모여든다. 가을에 남쪽을 향해 태평양 연안의 각주에 걸쳐 날아오는 물새의 4분의 3은 이곳을 거치게 된다. 여름에는 이 물새들의 집이 된다. 특히 지금은 그 자취를 감추려고 하는 아메리카 흰죽지오리와 홍오리의 좋은 안식처이다. 이들 보호 구역이 심하게 오염되면 미국 극서부지방의 물새의 개체군은 극심한 피해를 입고 두번 다시 복구되기는 어려울 것이다.

물은 생명의 연결과 따로 떨어져서는 생각할 수 없다. 물은 생명을 유지시키는 것이다. 물에 떠 있는 마치 먼지와 같은 식물성 플랑크톤의 녹색 세포로부터 플랑크톤을 걸려서 먹는 물고기, 이 물고기는 또 다른 물고기와 새의 밥이 되고, 이것은 다시 밍크나 곰에 잡혀 먹힐 때까지—하나의 생명으로부터 또 하나의 생명으로 물질은 끝없이 순환하고 있다. 물속의 유용한 무기물은 음식물 연쇄의 고리에서 고리로 옮아가고 있다. 물속에 독이 들어오면 이 독도 꼭 같은 모양으로 자연의 연쇄고리를 타고 옮아가지 않는다고 누가 단언할 수 있겠는가?

캘리포니아주의 클리어 호수의 놀랄 만한 역사를 보면 대답을 얻을 수 있을 것이다. 이 호수는 샌프란시스코의 북쪽 90마일 가량의 산중에 있으며, 낚시하는 사람들에게는 아주 유명한 곳이다. 클리어 호수(Clear lake)라고 하지만 실제로 물은 맑지 않고 점점 끈적거리는 흙 때문에 탁해 있으며, 밑바닥도 얕다. 이 물에는 작은 각다귀(*Chaoborus astictopus*)가 사는데 낚시하는 사람이나 호반 별장에 사는 사람들에게 큰 고통을 준다. 각다귀는 모기와 아주 비슷한데 피를 빨지 않고 또 성충은 아무 것도 먹지 않는다고 한다. 그러나 인간은 같은 하나의 세계에 살면서도 다른 생명과의 공존을 싫어하고 이 무해한 각다귀를 단지 그 수가 많아진다는 이유 하나로 고통스럽게 생각하고 있다. 그래서 곧 제거에 착수하였으나, 별로 그 성과가 좋지 않아서 1940년대에 드디어 염화탄화수소의 살충제가 등장되었다. 이때 사용된 것이 DDT와 비슷한 DDD라는 약품이었다. 물고기에 대해 확실히 DDT 보다는 해를 덜 주기 때문에 DDD를 택한 것이다.

1949년에 새로운 제거 계획을 세웠는데 아주 주의해서 계획을 세웠으므로 아무도 이 약품에 대한 피해를 상상할 수가 없었다. 호수를 측량하여 수량을 계산하고 살충제는 굉장히 묽게 하여 그 농도를 물의 7천만분의 1정도로 하여 사용하였다. 각다귀 제거는 처음엔 성공하였다. 그러나 1954년에 또다시 살충제를 살포해야만 할 정도였다. 이번엔 농도를 5천만분의 1로 하였다. 이제 각다귀는 거의 전멸되었다고 생각되었다.

곧 겨울이 오자, 살충제의 부작용이 처음으로 나타나기 시작하였다. 호수의 농병아리 물새가 죽기 시작하여 삽시간에 수백 마리가 죽었다. 미국의 농병아리 물새는 클리어 호수에서 알을 까는 물새인데 겨울에도 이곳에 모여온다. 그것은 이 호수에 물고기가 많기 때문이다. 훌륭한 모습을 가지고 재미있는 습성을 가진 물새인데 캐나다와 미국 서부의 얕은 호수에 사는 새이다. 이 새는 '오리 농병아리'라는 별명을 가지고 있는데 몸을 얕게 웅크리고 흰 목과 검게 반짝이는 머리는 높게 들고, 거의 물결도 일으키지 않고 호수의 표면을 미끄러지면서 날기 때문이다. 새로 부화된 새끼 새는 회색의 털로 싸여 있는데 출생한 지 2, 3시간도 되지 않아서 아빠나 엄마 등에 업히고, 어미새의 날개 밑에 바싹 붙어서 물 위를 나른다.

각다귀의 계속적인 저항 때문에 1957년에 세 번째로 살충제를 살포하게 되었다. 이번엔 더 많은 농병아리 물새가 죽었다. 죽은 새를 조사해 보아도 1954년 때와 같이 물새들 사이에 어떤 전염병이 있었다는 흔적은 없었다. 그러나 물새의 지방조직을 분석해 보았을 때 1600ppm이라는 굉장히 농축된

DDD가 검출되었다.

물에 넣은 최고의 농도는 50분의 1ppm정도이었는데 어떻게 물새 몸에서 이와 같이 굉장히 진하게 농축되었는가? 이 새는 물론 물고기를 먹는다. 그래서 이 호수 중의 물고기를 분석해 보았는데 여러 가지를 알게 되었다. 독을 제일 먼저 흡수하는 것은 가장 작은 생물이다. 여기서 농축된 독은 더 큰 약탈자로 옮겨간다. 플랑크톤의 유기체로부터도 살충제 5ppm이 검출되었다(물 자체에 볼 수 있었던 최대 농축도의 약 25배). 플랑크톤을 먹는 물고기에는 40~300ppm이나 된다. 이중에서도 축적량이 많은 것은 육식류이었다. 메기류에서는 2,500ppm이라는 굉장한 농도이다. 참으로 인과관계는 순환하는 것이다. 플랑크톤이 물로부터 독을 흡수한다. 이 플랑크톤을 초식류가 먹는다. 다음엔 이 초식류를 작은 육식류가 먹이로 먹는다. 그후 이 작은 육식류를 큰 육식류가 잡아 먹는다.

하지만, 그뿐만이 아니었다. 이보다 더 놀랄 일이 있었다. 화학약품을 마지막으로 살포한 다음 조금 뒤에 DDD는 흔적도 없이 없어졌다. 그러나 호수에서 독이 자취를 감춘 것은 아니었다. 단지 호수에 있는 생물 조직으로 독이 옮겨간 것이었다. 화학약품을 살포한 뒤 23개월이나 지났는데 플랑크톤에서 5.3ppm이라는 높은 비율의 독이 검출되었다. 이 2년 사이에 플랑크톤은 성숙되었고 또 말라 죽었다. 비록 물 그 자체는 깨끗했지만 독은 한 세대에서 다음 세대로 옮겨갔다. 또한 그 호수에 살고 있는 동물도 마찬가지였다. 약품을 살포한 지 1년이 지난 다음에도 호수의 모든 물고기, 새, 개구리 등으로부터 DDD가 검출되었다. 이렇게 생물체 내에 들어간 독의 농도는 물 그 자체의 오염도에 비해 몇 배나 높다. DDD 사용 후 9개월만에 부화된 물고기, 농병아리, 캘리포니아 물새에서는 2,000ppm을 넘는 농도의 DDD가 검출되었다. 그러는 동안에 농병아리 둥지가 줄어들기 시작하였다. 살충제를 사용하기 전에는 1,000쌍 이상이던 것이 1960년에는 불과 30쌍으로 줄어들었다. 이 30쌍도 둥지를 만들기는 만들었지만 허사였다. 마지막으로 DDD를 뿌리기 시작한 다음부터는 농병아리를 볼 수 없게 되었기 때문이다.

어디까지나 끝없이 계속되는 이 독의 연쇄도 처음 시작은 아주 작은 식물에서부터 독이 축적된 것이다. 이렇게 생각해도 틀림이 없을 것이다. 그러나 이 연쇄의 마지막은 인간이다. 인간은 이와 같은 무서운 일이 있다는 것은 꿈에도 모르고 그저 클리어 호수로부터 물고기를 잡아 저녁 식사에 구워 먹을 것이다. 대량의 DDD, 그것도 계속 DDD를 반복 복용하면 인간은 어떻게 될 것인가?

캘리포니아주의 공중위생국은 위험하지 않다고 했지만 1959년에는 호수에서 DDD사용을 금지시켰다. DDD가 생물에 얼마나 큰 영향을 끼치는가를 과학적으로 확실해진 것을 감안하면 공중 위생국의 이같은 금지령은 최소한도의 안전 수단이라고 생각된다. 보통의 살충제와는 달리 DDD에는 생리학상 특수한 작용이 있다. 부신의 일부, 즉 코르틴이라는 호르몬을 분비시키는 부신피질이라고 알려져 있는 외층 세포를 파괴한다. DDD에 이같은 파괴력이 있다는 것은 1948년에 발견되었는데 처음에는 개에서만 볼 수 있다고 생각되었다. 원숭이나 쥐, 토끼 등과 같은 실험동물에서 아무런 반응이 나타나지 않았기 때문이다. DDD가 개 체내에서 영향을 주는 상태는 애디슨 병에 걸린 인간 상태와 거의 비슷했다. 최근 발표된 의학논문에 의하면 DDD는 인간의 부신피질을 몹시 침해한다고 한다. 그 세포 파괴력은 잘 알려져 있으며, 예컨대 신장선에 생기는 특수한 암의 치료에 거꾸로 이것을 이용하는 것이다.

클리어 호수에서 일어난 이런 일들을 보면 아무도 무관심할 수 없을 것이다. 인체에 이렇게 무서운 부작용을 주는 물질을 곤충을 죽인다는 이유만으로 마구 사용할 수 있을까? 특히 이 위험한 살충제를 바로 물 속에 살포할 수 있겠는가? 살충제를 굉장히 묽게 하여 사용하여도 아무런 의미가 없다. 먹이연쇄 때문에 이 독이 어떻게 되는지에 대해서는 내가 지금까지 설명한 바와 같다. 그러나 미국의 클리어 호수만의 문제는 아니다. 이런 것은 다른 데서도 많이 일어나고 있다. 때로는 사소한 문제를 해결하려고 하다가 도리어 큰 코를 다치는 일이 있으므로 무시해 버리는 것이 더욱 편리할 때도 있다. 클리어 호수에서는 각다귀를 싫어하는 사람들 때문에 새들이 큰 희생을 입었다. 아직도 확실히는 모르지만 이 호수의 물고기를 먹고 호숫물을 사용하는 모든 사람에게 큰 위험을 주었을 것이다.

그러나 퍽 놀랄 일이 있다. 저수지에 마구 독을 넣는 것이 당연한 일이라고 생각하는 것이다. 그 목적도 단지 낚시라는 운동 때문이다. 나중에 이 물은 음료수로 처리되는 물인데도 불구하고 낚시군 마음대로 독을 넣는 것이다. 저수지의 물고기를 '개량'한다고 관청에다 압력을 가하여 독을 넣어 좋지 않은 물고기를 죽이고 양어장에서 자기들 마음대로 물고기를 가져와 번식시킨다. 이런 광경은 마치 이상한 나라의 앨리스에나 등장할 정도로 기이하다. 저수지란 원래 공공의 물을 저장하는 곳이다. 사람들은 이 낚시꾼들의 미친 의도는 전혀 모른 채, 유독한 잔류물이 있는 물을 마시든지 아니면 비싼 세금을 내고 독을 제거하지 않으면 안 되게 되었다. 그러나 완전한 제거법은 없다.

지표의 물, 지하의 물이 살충제나 화학약품으로 오염되면 유독한 물질이 우리들 수도에 섞인다. 이런 화학약품은 독성이 있을 뿐만 아니라 암을 일으키는 원인도 된다. 국립 암연구소의 W. C. 휴퍼(Hueper) 박사는 다음과 같이 말하고 있다. '오염된 수도를 사용하면 암에 걸리게 될 위험이 훨씬 많아진다'고. 그리고 1950년대 초기에 네덜란드에서 발표된 연구에 의하면 오염된 수도는 발암의 원인이 된다고 한다. 냇물에서 수도를 끌고 온 도시인과 오염도가 작은 샘이나 우물물을 사용하는 인간을 비교해 보면 암사망률은 전자가 훨씬 높다. 외부에 있는 비소가 인간 체내에 암을 발생시키는 것은 거의 확실하며, 두 가지 실례로서 사실화되었다. 그 하나는 광산의 찌꺼기에 포함된 비소였고, 또 하나는 비소를 다량 포함한 바위로부터 흘러나온 것인데 모두 물이 오염되어 많은 사람들이 암에 걸리게 된 것이다. 비소가 들어 있는 살충제를 살포하면 어떻게 될 것인가? 흙이 제일 먼저 독을 갖게 되고, 비가 오면 비소는 냇물이나 강으로 그리고 저수지로 운반된다. 지하의 넓은 바다도 오염된다.

여기서 다시 생각해야 할 것은 자연계는 제 혼자 독립적으로 존재하지 않는다는 것이다. 우리들의 세계가 어떻게 오염되어 가는가를 더 확실히 알려면 또 하나의 지구의 생명의 모체인 '흙'을 알아 보아야 한다.

5
흙의 세계

지구 대륙을 둘러 싸고 있는 흙의 엷은 막에 우리들 인간이나 모든 생물들이 신세를 지고 있다. 만일 흙이 없다면 지금 우리가 볼 수 있는 초목은 없을 것이며, 초목이 없으면 생물은 이 지상에서 살 수가 없을 것이다.

농업에 의하여 우리들이 살아간다면 우리들의 생활은 또한 흙에 의존되어 있다고 할 수 있다. 흙의 역사와 흙의 유지는 또한 생물과 깊은 관계를 가지고 있는데, 동물과 식물이 서로 불가분의 관계를 가지고 있다. 흙은 그 일부를 생물이 만들었다고도 할 수 있는데 아주 옛날, 생물과 무생물과의 놀랄만한 상호작용으로 흙이 생겼다. 화산이 불을 뿜고 용암이 흐른다. 물이 노출된 바위를 씻고, 단단한 화강암까지도 깎아 내었고, 서리와 얼음이라는 끌이 바위를 박살냈다. 다음엔 생물이 마술과도 같은 힘을 발휘하여 생명이 없는 물질을 조금씩 흙으로 변화시켰다. 처음에 지의류가 바위를 둘러싸고 산(酸)을 분비해서는 바위를 깨뜨려 다른 생물들이 머무를 수 있는 장소를 만들었다. 다음엔 흙의 아주 작은 덩어리에 이끼류가 살게 되었다. 이 흙은 지의류의 부스러기, 보잘것없이 작은 곤충의 껍질, 바다로부터 육지로 밀려 올라온 동물들의 잔해 등으로 형성된 것이다.

생물은 흙을 만들어 주었을 뿐 아니라 믿을 수 없을 정도의 갖가지 많은 생물이 이 흙에 살고 있다. 만일 그렇지 않으면 흙은 불모지가 되어 죽을 수밖에 없다. 무수한 생물이 존재하고 또 활동하고 있기 때문에 대지는 항상 녹색의 옷을 입고 있을 수가 있는 것이다.

흙은 끊임없이 변화하는데 처음도 끝도 없이 변화의 바퀴를 돌리고 있다. 유기물이 썩고 하늘로부터 질소와 다른 기체들이 비에 섞여 내려와 항상 새로운 물질이 형성되고 이것은 끊임없이 바위를 붕괴시킨다. 또한 동시에 한때만 생물에 이용되고 소멸되어 없어지는 물질도 있다. 공기나 물로부터 원소를 섭취하여 식물이 사용할 수 있는 형태로 변형시켜 주는 아주 중요하고도 미묘한 화학변화가 끊임없이 이루어지고 있다. 이와 같은 모든 변화의 바퀴는 살아있는 생물에 의해 돌아가는 것이다.

흙의 어두운 세계에서 살아가고 있는 생물에 대해서는 거의 연구되지 않았다. 그러나 이 세계처럼 파헤쳐 볼수록 그렇게 매혹적인 세계는 또 없을 것이다. 흙의 유기체 속에서 서로 연결되어 있는 복잡한 실흙의 생물과 흙의 세계, 또 지표의 세계와 관계 등에 대해서 우리들은 너무나도 모르고 있다.

흙의 생물은 가장 작은 생물—눈에 보이지 않는 박테리아와 실과 같은 진균류 등이 아마 대표적일 것이다. 그 수를 계산해 보면 곧 천문학적 숫자가 된다. 지표의 흙을 한 숟가락 떠보면 그 속에 몇 십 억의 박테리아가 있는 것을 볼 수 있다. 박테리아 한 개 한 개의 크기는 아주 작은데 비옥한 밭 1에이커의 지표의 흙 1피트 속에 있는 박테리아의 전체 무게는 천파운드 가량 된다. 긴 실과 같은 꽃실모양(花糸狀)의 방선균류는 박테리아에 비하면 그 수는 약간 적지만 개개의 균이 크므로 1에이커 면적에서의 전체 무게는 박테리아와 거의 같다. 조류라는 작은 녹색 세포 덩어리와 함께 흙의 미세한 식물의 세계를 만들고 있다.

박테리아, 균류 및 조류 등은 끊임없이 물질을 부패시키고 식물, 동물의 잔해를 그 구성 원소인 무기물로 환원시키는 근본적인 물질이다. 만일 이같은 미세한 식물이 없으면 흙, 공기, 생물 조직 사이에서 이루어지고 있는 탄소, 질소 등 화학원소의 큰 순환운동은 일어나지 못할 것이다. 예컨대 질소를 고정시켜 주는 박테리아가 없다면 아무리 공기 중에 질소가 많이 있어도 초목은 질소 부족으로 말라 죽을 것이다. 이밖의 유기물은 이산화탄소를 산출하고 탄산이 된 다음 바위를 부서뜨린다. 또 다른 미생물도 갖가지 모양의 산화환원을 일으켜 철, 망간, 황 등과 같은 무기물을 식물이 사용할 수 있는 형태로 바꾸어 준다.

또한 그 밖에도 많이 있는 것은 미세한 진드기나 날개 없는 작은 곤충이다. 이것들은 매우 작은데도 식물의 잔해를 분해시키며, 숲 밑바닥의 먼지와 찌꺼기를 흙으로 변화시키는 데 큰 구실을 하고 있다. 이같은 미세 동물이 얼마나 중요한 일을 하고 있는가는 믿을 수 없을 정도이다. 예컨대 어떤 종류의 진드기는 전나무의 낙엽이 없으면 살지를 못한다. 그 그늘 밑에서 살면서 침엽의 내부 조직을 갉아먹는다. 이렇게 성장하면 세포의 외피만 남는다. 가을이 되면 해마다 떨어지는 그 많은 낙엽을 처리하는 이 놀랄 만한 일을 하는 것은 흙이나 숲 밑바닥에서 살고 있는 곤충들이다. 이 곤충들은 부드럽게 하여 소화시키고 그 부패된 물질을 지표와 섞는 중요한 일을 하는 것이다.

이같은 작은 것들이 쉬지 않고 활동하는 것 외에도 더 큰 동물들이 있다. 흙의 세계에서 되어지는 생활은 박테리아에서 포유동물까지 모든 단계에 걸쳐 있다. 어떤 것은 땅속 어두운 곳에서만 살고 있고 또 어떤 것은 땅속 암실에서 동면하고, 생애의 어떤 기간만을 그곳에서 보내는 것도 있다. 또 어떤 것은 땅굴과 지상의 세계 사이를 제 마음대로 왔다갔다 하는 것도 있다. 아무튼 이런 모든 생물은 모두 흙을 풍화시키고 식물로 덮혀 있는 지표에 물이 잘 통하도록 배수가 잘 되게 해주고 있다.

흙 속에는 수많은 생물이 살고 있지만 그 중에서도 가장 중요한 것은 지렁이이다. 약 80년 전에 다윈(Charles Darwin)은 《지렁이의 활동에 의한 재배, 토양의 형성 및 지렁이의 습성의 관찰》이라는 책을 출판했다. 이 책에서 처음으로 지렁이가 흙 형성에 기본적인 구실을 한다는 것이 지적되었다. 암석의 표면은 계속 작은 흙으로 덮여지는데 이것은 벌레들이 운반해 온 것이다. 그 양은 많을 때는 일 년에 한 에이커 당 몇 톤 가량이 된다. 동시에 잎이나 풀에는 많은 유기물이 포함되어 있어서 이것이 땅굴에 떨어져 흙으로 변해간다(그 양은 6개월간 1야드 평방 당 20파운드나 된다). 다윈의 계산에 의하면 지렁이 힘으로 지표에 쌓이는 흙의 양은 10년간 1인치에서 2인치 정도의 두께가 된다고 한다. 하지만, 그뿐만이 아니다. 그들이 판 땅굴은 흙을 풍화시키고 배수가 잘 되고, 식물 뿌리가 잘 뻗어나가게 해 준다. 지렁이 때문에 흙 박테리아의 질화작용이 잘 되며 흙이 부패되지 않는다. 유기물은 지렁이 소화기관을 통과할 때 분해되고 그 배설물에 의해 흙은 비옥해지는 것이다.

이렇게 흙의 세계는 갖가지 생물이 엉켜 짜낸 실에 의해 서로가 엉켜 있다. 생물은 흙에 의존하며, 거꾸로 이 흙은 생물 사회가 번영함으로써 살게 되는 것이다.

그런데 화학약품에 대한 이야기를 해 보기로 하자. 흙을 '살균한다'고 독약을 직접 흙에다 뿌리든지 또 비가 와서 숲이나 과수원이나 밭의 나뭇잎을 따라 흘러내리는 물이 무서운 독을 운반해 온다면 흙속에 살고 있는 이 수많은 생물들은 도대체 어떻게 되겠는가? 유기물을 분해시키는데 중요한 구실을 하는 '익충'은 죽이지 않고 해충만을 그 유충상태에서 강력한 살충제로 죽여버린다고 생각하는 것이 합리적일까? 또한 나무 뿌리에 붙어서 나무가 흙에서 영향을 취할 수 있게 해주는 균류는 죽이지 않는 비선택성 살균제를 사용할 수 있을까?

한심스런 일이지만 이 흙의 생태학이라고 할 수 있는 극히 중요한 분야에 관심을 가진 사람은 과학자 중에서도 별로 없고 또 해충 제거자 중에는 거의 없다. 흙에 어느 정도 살충제를 살포해도 관계가 없다고 마구 화학약품을 살포하고 있다. 그러나 흙이란 참으로 불가사의한 세계인 것을 누가 알고 있겠는가?

그러나 지금까지 이루어진 얼마 되지 않는 연구에 의해 흙에 미치는 살충제의 영향이 조금씩 알려지게 되었다. 그 연구 결과가 약간씩 다른 것에 놀랄 필요는 없다. 흙은 참으로 갖가지 형태이므로 어떤 장소에서는 피해를 받지만 다른 장소에서는 안전할 수도 있기 때문이다. 가벼운 모래흙은 부식토보다 더 쉽게 피해를 입는다. 또 한 종류의 화학약품보다 갖가지 화학약품을 조합해서 섞어 쓸 때 더 피해가 크다. 연구 결과는 달라도 해가 있다는 것이 많은 과학자에 의해 확실해졌다.

생명의 핵심이 되는 장소에서는 화학적 변화가 일어나고 있는데 어떤 조건하에서는 바로 이 핵심이 피해를 받게 되었다. 대기중의 질소를 식물이 고정할 수 있게 해주는 질화작용이 그 좋은 실례이다. 제초제인 2·4D를 사용하면 이 질화작용이 잠시 동안 방해를 받는다. 최근의 플로리다주의 실험에 의하면 린덴, 헵타클로르, BHC(벤젠 헥사클로라이드)가 흙에 투입되면 불과 2주도 지나지 않아 질화작용을 감퇴시킨다고 한다. BHC, DDT는 사용후 일 년간이나 유해한 영향을 끼치는 것이 판명되었다. 또 다른 실험에서 BHC, 알드린, 린덴, 헵타클로르, DDD를 사용하면 콩과식물에 필요한 조류박테리아가 없어져 질소고정이 잘 안 된다. 균류와 고등 식물의 뿌리 사이에는 서로 도와주는 이상스런 관계가 있는데 이것도 파괴되고 만다.

또한 개체수의 미묘한 균형이 깨어질 우려도 있다. 이 균형이 있으면 있을

수록 자연은 그 위대한 목적을 달성할 수 있다. 살충제 때문에 어떤 종류의 토양 생물의 개체수가 감소되어 '먹고 먹히는' 균형이 깨어지면 어떤 특정의 종류만이 폭발적으로 증가한다. 이렇게 되면 흙의 신진대사 활동도 변화되고 이제는 열매를 맺는 좋은 흙으로는 될 수 없다. 또한 지금까지 자연 균형 때문에 억제되었던 유해한 생물이 갑자기 활성화되어 각종 문제를 일으킨다.

흙에 살포된 살충제는 한 달이나 두 달에 소멸되어 없어지지 않고 몇 해 동안이나 잔류한다. 알드린은 4년 뒤에도 검출되는데, 알드린 그 자체로 남아 있기도 하지만 대부분 디엘드린으로 변형된다. 10년 전에 흰개미를 죽이려고 톡사펜을 사용하였는데 10년 뒤 대량의 톡사펜이 모래흙에서 검출된 적도 있다. BHC는 최저 11년 동안은 잔류하며, 헵타클로르와 그 유도체들은 최저 9년, 클로르덴은 사용한 지 12년이 지나도 검출되었는데 그것도 사용할 때 쓴 양의 15%가 검출되었다.

적당히 살충제를 사용하였다고 생각하여도 몇 해를 지나는 동안에 흙중에 축적되는 양은 대단하다. 염화탄화수소는 수명이 길고 좀처럼 소멸되지 않으므로 새로 사용된 분량은 그 전에 사용한 분량에 합쳐진다. '1에이커에 1파운드의 DDT는 해가 없다'고 말하고 있지만 계속 살포된다면 이런 말도 엉터리다. 감자밭의 흙에서는 1에이커당 15파운드의 DDT, 곡물밭의 흙에서는 19파운드라는 많은 양의 DDT가 검출되었다. 까마귀밥나무의 습지에서는 에이커당 34.5파운드가 검출되었다. 가장 오염이 심한 곳은 아마 사과밭의 흙인데 불과 한 여름철에 DDT를 4번이나 5번 살포하므로 DDT의 잔류물은 30~50파운드나 된다. 이렇게 하여 몇 해 동안 계속하면 사과나무와 사과나무 사이에서는 에이커당 26~60파운드, 사과나무 밑에서는 113파운드나 된다.

언제까지나 흙을 오염시키는 살충제는 비소이다. 그러나 이것도 옛날 이야기이고 담배밭에도 1940년 중엽부터 유기합성 살충제로 바꾸었다. 그런데도 어떻게 된 일인지 미국의 담배밭에서 만든 권연초를 조사해 보면 비소가 검출되었고 그 함유량은 1932년부터 1952년 사이에 3배 이상으로 많아졌다. 게다가 그 후의 조사에 의하면 6배나 되었다. 비소 독물학의 권위자인 샛틸리(Henry S. Satterlee) 박사의 설명에 의하면 훨씬 이전부터 유기합성 살충제가 주로 사용되고 있는데 담배줄기는 옛날에 사용하였던 비소의 독을 계속 흡수하고 있기 때문이라고 한다. 그것에 사용된 비산납은 간단히 분해되지 않는 독약으로 이것이 언제까지나 담배밭에 스며들어 있기 때문이다. 여기서 가용성의 비소를 계속 공급해 주는 것이라 한다. 담배밭의 흙은 '축적된 독에 거의 반영구적으로 오염되었다'고 샛털리 박사는 말하고 있다. 비소 살충제를 사용하지 않는 지중해 동부 연안 지방에서는 이런 일이 없다.

그러므로 우리들은 두 번째로 흙의 오염 뿐만 아니라 오염된 흙과 식물조직과의 관계를 확실히 해두어야 한다. 즉 흙중의 살충제는 어느 정도 식물조직 내로 들어가는가를 알아야 한다. 물론 흙의 종류, 작물, 살충제의 종류, 성질, 그 농도 등에 따라 대답이 달라진다. 유기물을 많이 함유하고 있는 흙은 다른 흙보다 독성의 오염도가 얕다. 실험에 의하면 당근은 다른 작물에 비해서 살충제를 잘 흡수한다. 예컨대 린덴을 사용하면, 그 농축도는 흙보다 당근에서 더 높다. 그러므로 앞으로는 작물을 심기 전에 흙을 분석하여 살충제의 함유 여부를 검사할 필요가 있을는지 모른다. 작물에 직접 살풍제를 살포하지 않더라도 흙중에 포함되었던 화학약품 때문에 작물을 시장에 팔 수 없게 될 수도 있다.

그러나 가장 곤란한 것은 유아식을 만드는 회사이다. 사실상 유명한 회사는 유독한 살충제에 오염되지 않은 과실이나 야채를 찾아내는데 고민한다. 그 중에서도 가장 어려운 것은 BHC인데 이것은 식물의 뿌리나 덩이줄기에서 식물체내로 들어간다. 한번 오염된 야채는 곰팡이 냄새와 맛 때문에 곤경을 겪는다. 캘리포니아주에서 고구마를 심기 2년전에 BHC를 살포한 밭에 고구마를 심어서 수확했는데 시장에서 전부 거절된 일이 있다. 남캘리포니아의 고구마 수요를 일 년 동안 전부 채울 수 있도록 계약한 회사가 대부분의 밭이 오염되었기 때문에 일반 시장에서 고구마를 구입할 수 밖에 없게 되어 엄청난 손해를 입은 일이 있었다. 그 밖의 여러 가지 과실이나 야채가 각 주에서 불합격된 일이 몇 해 동안 계속되었다. 그러나 가장 곤란한 문제는 땅콩이었다. 미국 남부에서는 대체로 땅콩과 목화를 교대로 재배하는데 목화에는 BHC를 대량 살포한다. 그 다음 해에 심은 땅콩은 이 살충제의 상당량을 흡수하게 된다. 땅콩은 극히 적은 양의 BHC라도 곧 곰팡이 냄새가 나므로 다량 살충제를 흡수한 땅콩은 곰팡이 냄새가 나고 맛이 변해버린다. 한

번 흡수된 화학약품은 없어지지 않는다. 그리고 땅콩을 가공하면 이 곰팡이 냄새가 한층 더 심해진다. 그러므로 양심적인 땅콩 가공회사는 BHC를 살포한 밭의 땅콩, 또 흙이 BHC로 오염된 밭의 땅콩은 일체 사용하지 않는 방법밖에 없다.

때로는 농작물 자체가 위협을 받는다. 이 위협은 흙이 오염되어 있는 한 피할 길이 없다. 콩, 밀, 보리, 호밀 등과 같은 살충제에 예민한 식물은 충분히 뿌리를 내릴 수 없고 열매 결실이 저해된다. 워싱턴주와 아이다호주의 홉프 재배자들은 그 좋은 실례이다. 1955년 봄, Strawberry root weevil이라는 바구니과의 한 곤충의 유충이 크게 늘어 홉프의 뿌리를 파 먹게 되자 대규모의 제충 작업을 벌이고, 전문가와 살충제 회사와 상의한 끝에 헵타클로르를 사용하였다. 그런데 일년도 지나지 않아 홉프의 줄기가 약해지고 완전히 말랐다. 살충제를 뿌리지 않은 밭은 아무런 이상이 없었다. 헵타클로르를 사용한 밭과 사용하지 않은 밭과의 경계면에서 그 피해 모양이 뚜렷하게 나타났다. 막대한 비용을 써서 홉프를 새로 심었는데 그 다음 해 뿌리가 모두 죽었다. 그로부터 4년이 지났는데 흙은 여전히 오염되었고, 언제가 되면 처음의 좋은 흙으로 되는지 또 어떤 처리를 하면 되겠는지 전문가도 전혀 알 수가 없었다. 미국 농림부는 1959년 3월에 홉프의 재배 흙에 헵타클로르를 사용하여도 좋다고 권고하였다. 그러나 그 뒤 황급하게 이 권고를 취소했다. 홉프 재배자들은 될 수 있는 한 많은 손해배상을 재판소에 소송하였다.

그런데도 살충제는 계속 사용되고 있다. 또 한번 사용하면 그 무서운 잔류물이 언제까지나 흙에 남게 되므로 이것이 앞으로 큰 두통거리다. 1960년 시라큐스대학에서 열린 토양생태학의 회의에 모인 전문가들은 이구동성으로 말하고 있다. 화학약품이나 방사선과 같은 '굉장히 무섭고 잘 알려지지 않은 도구'를 사용하는 위험성에 대해 이렇게 말하고 있다. '인간의 사소한 잘못으로 비옥한 땅이 파괴되고 절족동물이 이 대지를 점령하게 될 것이라'고.

6
지구의 녹색 겉옷

물, 흙 그리고 세계를 덮고 있는 지구의 녹색 식물이 지구 위의 모든 동물의 생명을 유지시키고 있다. 현대에 살고 있는 우리는 거의 생각하지도 않는 일이지만 식물이 없으면 인간도 죽을 수밖에 없다. 식물은 태양 에너지를 이용하여 우리들의 식량을 만들어주고 있다. 그런데 우리들 인간은 식물에 대해 너무나 일방적으로 생각하고 있다. 만일 어떤 식물이 우리 생활에 필요하면 열심히 기른다. 그러나 어떤 이유로 어떤 식물의 존재가 마음에 거슬리든지 또는 단순한 무관심한 태도 때문에 그 식물을 뽑아 죽게 해버린다. 물론 인간이나 가축에 유독한 식물이 있으며, 또한 작물을 자라지 못하게 방해하는 것도 있다. 그러나 그 밖에도 가끔 필요없는 때에 필요없는 장소에서 자라고 있다는 아주 일방적인 이유로 식물은 파괴된다. 쓸모없다는 단순한 이유로 많은 식물들이 피해를 입는다.

지구의 식물은 생명의 그물조직의 한 부분이다. 초목과 흙, 초목과 초목, 초목과 동물 사이에는 각각 끊을 수 없는 연결이 있다. 물론 우리들 인간이 이 같은 세계의 관계를 파괴시킬 수 있다. 그러나 잘 생각하여 행동하지 않으면 잃어버리고 있을 때 생각지도 않는 곳에서 언제 어떤 일이 일어날는지도 모른다. 그러나 지금 이와 같은 겸허한 생각은 어디에서도 찾아볼 수 없고 여기저기 '제초제'의 붐만이 일고 있다. 제초 화학약품의 생산고 사용량은 크게 증가되고 있다.

우리들의 이같은 일방적인 생각으로 자연을 파괴시키고 있는 비극은 미국의 서부의 불모지에서 자라는 쑥의 일종인 세이지브러시(sagebrush)를 보면 알 수 있다. 이 잡초를 없애고 목초지를 만들려고 대대적인 운동을 일으켰다. 인간이 어떤 일을 계획할 때 역사와 풍토를 얼마나 깊이 생각해야 하는

지 그 좋은 예를 여기서 볼 수 있다. 왜냐하면 그것을 형성하고 있는 갖가지 힘의 상호작용이 이 풍토에 그대로 나타나고 있다. 왜 여기의 자연은 이 모양을 하고 있는지, 왜 그대로 두지 않으면 안 되는지, 그것은 풍토 그 자체에 적혀 있다. 마치 이같은 모든 것을 기록한 책이 우리 눈 앞에 펼쳐져 있는 것처럼. 그러나 아무도 이 책을 읽으려고 하지도 않았다.

세이지브러시가 자라고 있는 여기 이 땅은 고원지대이며, 높은 산의 한 기슭인데 지금부터 몇 백 년 전에 록키산맥이 융기되어 생긴 서부의 고원이다. 여기는 기후의 변동이 아주 심하다. 긴 겨울동안엔 눈보라가 산에서부터 불어오고 주변은 깊은 눈으로 쌓이며, 여름엔 불붙듯이 뜨거운 햇볕이 쬐이며 비는 거의 오지 않는다. 땅은 흙속 깊이까지 마르고 심한 바람은 나무로부터 습기란 습기는 모조리 빼앗아 버린다.

지금까지 갖가지 식물이 이 지방에 안착하려고 하였으나 실패했다. 그리고 드디어 이 눈보라치는 고원지대에서도 살아 남을 수 있는 식물만이 번식하게 되었다. 세이지브러시는 키가 작고 산의 급한 경사면이나 고원지대에서 살 수 있고, 눈보라 밑에서도 견딜 수 있으며, 작은 회색의 잎속에 충분한 수분을 저장할 수 있다. 미국 서부의 넓은 고원지대에 이 식물이 퍼져 있는 것은 실로 우연한 일이 아니고, 자연 그 자체가 오랜 세월을 거치면서 실험을 되풀이한 그 결과이다.

식물뿐만 아니라 동물도 꼭 같다. 결국 세이지브러시처럼 적응력이 있는 두 종류의 동물만이 살아남았다. 하나는 걸음이 빠른 우아한 가지뿔영양이며, 다른 하나는 루이스(Lewis)와 클라크(Clark) 탐험대가 '고원의 공작'이라고 불렀던 뇌조과에 속하는 엽조류의 새(Sage-grouse)이다.

쑥류(세이즈브러시)와 엽조류는 서로 깊은 관계가 있는 것 같다. 엽조류의 서식구역은 쑥류의 분포 범위와 일치하였으며, 그 분포 범위가 사람 손으로 파괴되었을 때는 엽조류의 개체수도 줄었다. 쑥류가 없으면 엽조류는 살아갈 수가 없다. 고원 기슭의 키가 작은 쑥류의 나무 그늘엔 엽조류가 집을 짓고 새끼를 기른다. 항상 쑥류는 엽조류의 중요한 먹이로 되었다. 뿐만 아니라 거꾸로 엽조류는 쑥류의 성장을 돕기도 한다. 쑥류 나무 부근의 흙을 파헤쳐 연하게 해주므로 그곳에 풀이 자라게 된다.

또한 이 고원의 왕인 영양도 쑥류가 있으면 그곳에서 살 수 있다. 영양은 원래 고원지대에 사는 동물인데 여름엔 산에서 살고, 겨울이 가까워 첫눈이 내리면 산을 내려와 산기슭을 찾아온다. 겨울동안엔 쑥류가 먹이가 된다. 다른 나뭇잎은 모두 낙엽이 되지만 쑥류만은 항상 녹색, 회색 잎으로 쓴 맛의 방향성 잎이고 단백질, 지방이 많고 광물질을 충부히 가진 잎을 가지고 있다. 아무리 눈이 내려도 쑥류만은 눈위로 머리를 내놓는다. 만일 눈속에 묻힐 정도가 되면 영양의 날카로운 발톱으로 긁어낸다. 바람에 깎인 바위 선반에서 자라는 쑥류와 영양이 긁어낸 쑥류는 또한 엽조류가 먹고 살 수 있는 먹이가 된다.

또한 쑥류는 다른 동물의 식량이 되기도 한다. 귀가 큰 노루가 이것을 먹는다. 쑥류는 겨울에 먹이를 구하는 가축들에게는 꼭 필요한 것이다. 양이 겨울에 모여드는 곳은 큰 쑥류만이 군생하고 있는 곳이다. 반년간 양은 쑥류를 주로 먹게 되는데 그것은 자주개자리(alfalfa)를 말린 풀보다 더 많은 에너지를 갖고 있다.

지독한 고원, 쑥류가 군생하는 보라색깔의 황무지, 엽조류, 발이 빠른 야생 영양 등은 모두 자연 그대로의 완전한 균형을 이루고 있다. 이루고 있다니? 이루고 있다는 동사의 현재형은 이제는 통하지 않는다. 적어도 인간이 이 자연의 균형을 개량시키려고 계획하고 있는 넓은 지대에서는……. 토지개발이라는 이름에서 정부는 목장을 만든다. 그러나 사실은 목축업자들의 욕망을 충족시켜주려는 것이었다. 그들은 녹색은 좋지만 쑥류의 녹색은 좋지 않다고 한다. 쑥류 덕분으로 다른 풀들이 자랄 수 있도록 자연이 만들어 주었는데 인간은 이 쑥류를 없애고 자기 나름대로의 초원을 만들려고 하고 있다. 풀이 과연 자랄 수 있을까, 또 그렇게 할 필요가 있을까 하고 물어 보는 사람도 없겠지만 자연 그 자체가 말을 한다면 확실히 그런 일은 소용없는 일이라고 대답하였을 것이다. 이 지방에는 비가 거의 오지 않아 연간 강우량이 적은 지역에는 목축 풀이 될만한 풀은 자라지 못한다. 자랄 수 있는 것은 쑥류의 그늘 밑에서 살 수 있는 포아풀(볏과의 여러해살이풀) 정도이다.

그러나 쑥류 근절 계획은 수 년 동안 계속 추진되었다. 특히 이 계획에 활발한 관청도 있었고 종자 판매회사 뿐만 아니라 풀깎는 기계, 밭갈고 씨뿌리는 기계를 만드는 기계제조회사가 열심히 이 계획을 뒷받침해 주고 또 격려해 주었다. 그리고 최근에는 화학약품 살포까지 시작했다. 몇 백만 에이커의 쑥류 덤불이 매채 살포 대상이 되었다.

결과는 어떠한가? 쑥류를 제거하고 거기에 풀씨를 뿌려 성공시켜 보겠다는 것은 마치 꿈같은 이야기다. 이 지방 사정을 잘 아는 사람들의 생각에 의하며 수분을 가지고 있는 쑥류가 없으면 풀은 잘 자랄 수 없게 된다. 쑥류가 있어야만 그 덕분에 다른 풀들이 잘 자랄 수 있기 때문이다.

그러나 예정대로 계획이 잘 진행된다고 하여도 생명의 빈틈없이 짜인 뜨개물은 마구 헝크러져 풀어질 수밖에 없다. 쑥류가 없어지면 동시에 영양이나 엽조류도 그 자취를 감출 것이며, 노루도 쫓겨날 것이고 야생동물 하나 없는 이 토지는 점점 빈약해 질 수밖에 없을 것이다. 목초지가 있어야 한다, 가축을 위해서는 목초지가 필요하다고 야단이지만 가축 그 자체도 결국은 피해를 입을 것이다. 여름철엔 푸른 풀들이 약간 있겠지만 겨울철에 쑥류와 씁쓸한 맛을 가진 잡초들이 없어지면 영양들도 먹지 못하고 죽을 수밖에 없게 된다.

이것이 눈에 보이는 뚜렷한 첫 번째 결과이다. 두 번째는 자연에 대해 무작정 총끝을 가져다 대는 것이었는데, 처음부터 죽일 대상이 아니었던 식물까지도 희생되고 말았다. 더글라스(William O. Douglas) 판사는 최근의 그의 저서인 《나의 황무지 : 카타딘의 동쪽(My Wilderness : East to Katahdin)》에서 와이오밍주의 브릿저 국유림에서 벌인 미국 산림국이 무서울 정도로 파괴시키고 있는 실례를 기록하였다. 미국 국유림 산림국은 목축업자들의 진정과 압력에 굴복하여 1만 에이커의 쑥류 지대에 약품을 살포하였다. 목적한 바처럼 쑥류는 모두 말라죽었다. 그러나 이 고원지대를 뚫고 흐르는 모든 냇물 양편에 우거진 버드나무까지 흔적도 없이 말라죽었다. 버드나무 숲 속에는 사슴이 살고 있었다(마치 쑥류나무 그늘에 엽조류가 살고 있는 것처럼). 또한 버드나무를 먹는 비버 역시 버드나무를 잘라 작은 냇물을 가로 막아 댐을 만들곤 한다. 여기에 송어떼들이 살게 된다. 산 급류의 송어는 6인치 정도에 지나지 않지만, 땜 못속의 송어는 5파운드 이상이나 되는 큰 것도 있다. 물새들도 땜 못으로 모여든다. 단지 버드나무가 있고 거기에 비버가 살고 있다는 것만으로 이 부근은 사냥하고 낚시하는 데 명소가 된 것이다.

그러나 산림국이 마음대로 토지를 '개량'하려고 해서 버드나무도 쑥과 같은 운명이 되었다. 살충제에 의해 말라 죽은 것이다. 이 살충제를 살포한 1959년, 이 지방을 방문한 더글라스 씨는 이제 힘없이 말라 죽어가고 있는 버드나무를 보고 탄식을 하였다. '믿을 수 없을 정도의 큰 손실'이다. 사슴은 어떻게 되었을까? 또 비버는 어떻게 되었으며 그들이 만들어 놓은 그 작은 세계는 어떻게 되었을까? 그는 일 년 뒤 다시 그곳을 찾아가서 확실한 대답을 얻었다. 사슴도 비버도 어디론가 사라지고 모습이 보이지 않았다. 비버가 만든 땜 못도 없어졌고 못의 물도 말랐다. 그렇게 큰 송어도 이제는 없어졌다. 나무 그늘은 없어지고 햇볕이 마구 쬐이는 적나라한 토지, 보잘것없이 졸졸 흐르는 냇물에도 살아 있는 생명은 하나도 없다. 그렇게 생명으로 넘치던 세계는 참혹하게도 모두 파괴되었다.

40만 에이커가 넘는 방목지에만 해마다 살충제를 살포하는 것은 아니었다. 그 옆의 광대한 토지에 제초제를 살포할 계획이며, 또 이미 실시되고 있는 곳도 있다. 예컨대 뉴잉글랜드 전체보다 더 넓은 토지, 500만 에이커 가량의 토지가 개발회사의 관할 아래에서 '잡목 제거'라는 명목으로 정기적으로 화학약품을 살포하고 있다. 미국 남서부에서도 750만 에이커나 되는 콩과 관목이 무성하게 자란 지대를 개발한다는 이유로 거기에 화학약품을 마구 뿌리고 있다. 제초제를 뿌린 농지는 1949년부터 약 10년 동안 배로 증가하여 1959년에는 총 530만 에이커 가량 되었다. 공원, 골프장, 개인 주택의 잔디까지 계산에 넣으면 그 살포된 면적은 그야말로 천문학적 숫자로 될 것이다.

화학약품은 오늘날 현대의 새로운 장난감이다. 그 작용은 놀랄 만하다. 한 번 사용해 보면 누구든지 그 매력에 혹하게 되는 장난감과 같다. 지금은 기가막힌 힘을 가졌지만 거시적인 입장에서 볼 때는 우려할 만한 좋지 못한 영향이 있다. 그러나 이와 같은 영향들은 흔히 비관론자들의 환상론이라고 쉽사리 도외시해 버리는 경향이 있다. '농업 공학'이라는 것이 생겨서 '화학 경작'이라는 것을 생각해 냈다. 괭이나 호미대신 살포총(spray guns)으로 대신한다는 것이다. 마을 지체 높은 분들은 화학약품 판매원에 귀가 솔깃해진다. 여러 업자들이 와서 길가의 '잡초'를 없애 준다. 그것도 값싸게. 풀깎는 인부보다 아주 값이 싸다. 판매원의 말대로 마을 사무소의 장부 위에서는 지출비가 적을지도 모른다. 그러나 실제 지출비를 기록한다면 달러가 아니고 이제부터 문제가 되는 달러만큼 지출이 더 드는 것을 장부에 기록한다면 화학약품 살포가 결국 더 값이 비싸고, 또 건강한 풍토와 거기에 살고 있는 모든 것이 언제까지나 희생이 된다는 것을 생각한다면 이보다 더 큰 희생은 없을 것이다.

예컨대 미국내 여러 군데의 상공회의소가 중요시하고 있는 재원—휴가에 찾아오는 관광객에 대해서 생각해 보자. 길가에는 전에는 고사리나, 들꽃이나, 열매 맺은 관목들이 자라고 있었는데, 이제는 갈색으로 말라 죽은 초목만이 어디까지나 계속되고 있다. 아름다운 옛 길을 잃었다는 비난의 소리만이 높아가고 있다. 뉴잉글랜드의 어떤 부인이 신문에 투서한 글이다. '우리들은 길가에다 더럽고 누렇게 죽어가는 풀을 심어 온통 형편없는 길가를 만들고 있다. 아름다운 자연으로 초청하는 광고에 큰 돈을 지불하였지만 관광객이 원하는 것은 이런 것이 아닐 것이다.'

1960년 여름, 미국 각지의 자연보호 운동가들이 평화로운 메인주의 섬에 모여, 이 섬의 소유자인 빙엄(Millicent Todd Bingham) 씨가 자기 섬을 국립 오드본 협회에 기증하는 데 증인이 된 일이 있었다. 이 섬의 자연, 미생물로부터 인간에 이르기까지 모든 것을 하나로 짜여진 생명을 손상하지 않게 하려면 어떻게 하여야 하겠는가 하는 것이 문제의 초점이었다. 그러나 여기까지 올 때 황폐된 길가를 본 자연보호 운동가들은 모두 분개하였다. 상록수 숲 사이로 소귀나무, 오리나무와 월귤나무를 보면서 즐겼던 것이 옛날이었는데 지금은 모두 갈색의 황폐한 풍경이다. 메인 섬까지의 여행에 참가한 자연보호 운동가의 한 사람은 다음과 같이 기록하였다. '메인 길가의 아름다운 광경이 없어진 것을 보고 분통함을 느끼면서 집으로 돌아왔다. 얼마전까지도 들풀과 꽃과 관목으로 꾸며진 자동차 도로는 몇 마일을 가도 말라 죽은 식물의 잔해뿐이다. ……관광객의 신용을 잃어 버렸는데 이 손실을 메인주는 어떻게 보상할 수 있을 것인가?'

메인주의 도로 길가는 참으로 아름다웠다. 그러나 지금은 이렇게 되어 퍽이나 섭섭하다. 그러나 이것은 하나의 예에 지나지 않으며, 지금 미국의 각 도로마다 길가의 풀을 없앤다는 미명아래 이같은 무모한 일을 마구 행하고 있다.

코네티컷 수목원의 식물학자들은 아름다운 야생 관목과 들풀의 꽃들이 자취를 감추고 '길가는 이제 위기'에 처해 있다고 말하고 있다. 진달래, 산 월계수, 푸른 열매가 맺는 월귤나무, 가막살나무, 산딸기나무, 소귀나무, 키가 작은 채진목류의 나무, 낙상홍류 나무, 산 벗나무, 서양 오얏나무 등이 이제 화학약품의 공격 앞에서 죽어가고 있다. 꽃이 피어 아름다운 모습을 보여 주었던 데이지, 자갈색 꽃대에 노란 두상화가 피는 국화, 야생 당근, 메역취속 등도 꼭 같은 운명에 빠지고 있다.

약품 살포는 그 계획 자체가 잘못되었을 뿐만 아니라 아주 형편없이 진행되었다. 뉴잉글랜드 남부에서 있었던 일이다. 어떤 업자가 맡은 바 일을 다 마쳤는데 탱크에 화학약품이 조금 남자 이것을 숲 길가에 버렸다. 곧 가을이 되면서 푸른 빛깔과 누른 빛깔로 꽃피는 파꽃과 메역취속 나무는 두 번 다시 그 자취를 나타내지 않았다. 또 다른 뉴잉글랜드 마을에서는 최고 4피트로 한정되어 있는데도 도로교통국과 상의도 없이 8피트 높이까지 길가의 식물에 화학약품을 살포하여 뒤에 남은 것은 한없이 계속되는 볼품 없는 갈색의 잔해뿐이었다. 또한 매사추세츠주의 어느 마을에서는 마을 당국이 판매원으로부터 제초제를 매입한 다음 비소가 들어있는 줄도 모르고 길가의 제초작업을 하는데 사용하였다. 그 결과 수십 마리의 소가 비소중독으로 죽었다.

1957년, 워터포드 시의 도로변에 제충제를 뿌렸는데 코네티컷주의 자연 수목원도 큰 피해를 입었다. 직접 나무에 살포하지 않았으나 큰 나무까지도 피해를 입었다. 봄이 되었는데도 참나무 잎은 둥글게 말리고 갈색으로 되었다. 그리곤 새 싹이 굉장히 자라서 마치 수양버들처럼 되었다. 가을엔 큰 가지가 모두 말라죽고 다른 작은 가지에도 잎이 모두 떨어지고 가지만이 축 저처 버드나무처럼 되었다.

오리나무, 가막살나무, 양치류 그리고 노간주나무들이 계절이 오면 예쁜 꽃을 피우고 가을엔 열매를 맺어 한없이 아름다운 광경을 보여 주었던 길가를 나는 지금도 잘 기억하고 있다. 많은 자동차가 이 길에 다니지도 않고 커브나 교차로도 거의 없고, 운전 기사들의 시야를 가려주는 숲도 없다. 그런데 약품 살포 업자들이 들어왔기 때문에 이제는 길 양쪽이 모두 황폐해졌다.

기술 문명이 만들어낸 불모의 세계도 우리들과 꼭 같은 인간 기술자에 의해 만들어진 것을 생각하면 참을 수가 없다. 그러나 웬일인지 그렇게 엄격한 당국의 실수로 사막에도 여기저기 아름다운 오아시스가 남게 되었다. 이 오아시스 때문에 도로변의 더러움이 한층 더 눈에 띄게 되었다. 그러나 백설같이 흰 클로버의 꽃방석, 자주색 구름처럼 피어 만발한 스위트피, 그리고 여기저기 빨갛게 불타오르는 산백합들을 볼 때 아직도 마음 한구석에 허무함을 느낄 수가 있다.

그러나 화학약품을 파는 사람이나 살포하는 사람들에게는 이런 아름다운 꽃들도 모두 '잡초'인 것이다. 지금엔 제초협회 같은 것이 생겼는데 그 대회의 보고서를 보면 자못 놀랄 만한 것이 씌어 있다. 정말로 제초, 살초의 철학같은 것이다. 그들의 변명을 들어보면 이런 아름다운 풀들도 '단순히 나쁜 잡초와 섞여 있으므로 할 수 없다'는 식이다. 길가의 야생꽃이 죽는다고 불평하는 사람들은 마치 동물의 생체해부 반대론자와 같다고 그들은 생각하고 있다. '그들이 하고 있는 것을 보면 아마도 길잃은 개의 생명이 어린 아이의 생명보다 더 중요한 것 같다.'

이렇게 쓰고 있는 사람들에겐 우리들은 모두 이상한 사람들이며, 아마 이해하기 어려운 존재일지도 모른다. 우리는 가냘프게 철따라 피고 지는 스위트피나 클로버와 산백합의 아름다움을 택하지, 불타 없어진 길가, 갈색으로 말라버린 관목들, 한때 아름다운 레이스처럼 곱게 짜여졌던 양치류가 시들어져 있는 것은 좋아할 리가 없기 때문이다. 우리는 처절할이 만큼 나약해 보이지 않을 수 없을 것이니 곧 우리는 이런 '잡초'의 수난을 보고도 참고 견딜 수 있게 되었으며, 우리는 어디까지나 잡초의 박멸에 환호를 올리지는 않으면서 우리는 인간이 비정의 자연을 다시 한번 정복하였다는 기쁨으로 충만되어 있지도 않기 때문이다.

이 장의 처음에 이미 소개한 바와 같이 처음에 쑥류 박멸 소동이 있을 때, 이를 반대한 시민들 때문에 주 대표가 모여 토의한 회의에 출석한 일을 재판관 더글라스 씨가 이야기 하였다. '모두들 무엇 때문에 반대를 합니까?' '들풀이나 꽃들이 못 쓰게 되니까'라고 어떤 노파가 이야기했을 때 사람들은 미친 사람처럼 웃었다. 그러나 거기에 참석하였던 인도적인 그 더글러스 씨는 다음과 같이 이야기해 주었다. '그러나 목축업자가 풀을 찾고, 재목업자가 나무를 구하려는 권리처럼 이 노파도 도라지나 들백합을 구할 수 있는 권리를 가진 것이 아닐까요? 자연의 미(美)적 가치는 구리나 금의 광맥, 또 산의 삼림자원과 마찬가지로 들풀들도 우리들에게 주어진 재산이 아니겠습니까?'고.

그러나 들풀들이 단지 아름답다고 해서 보존되어야 한다는 것은 아니다. 질서있는 자연에서는 초목들은 그 자체가 각기 중요한 구실을 하도록 되어 있다. 길가의 울타리 구실을 하는 관목이나 밭과 밭과의 경계에 심어 있는 초목들은 모두 작은 동물들의 생활처이며, 또 새들이 둥지를 짓고 먹이를 찾는 곳이 되어 있다. 미국 동부 주에도 길가에 관목과 넝쿨류 등이 70여 종류가 자라고 있는데 그 65종류는 모두 야생동물의 먹이가 되고 있다.

이같은 식물은 또한 야생벌들과 그 밖의 꽃가루를 전파하는 곤충의 서식 장소이기도 하다. 우리들은 얼마나 이 꽃가루 전파 곤충에 신세를 지고 있는지 모른다. 농부들까지도 야생벌들이 어떻게 큰 일을 하고 있는지 모른 채 스스로 자기 편을 잡아 죽이는 어리석은 짓을 하고 있다. 야생식물은 물론 농작물도 꽃가루 전파 곤충의 신세를 어느 정도 또는 전면적으로 지고 있다. 농작물의 수정을 가능하게 해주는 야생의 벌 종류는 4, 5백 정도가 있다. 자주개자리에 모여드는 종류만도 백 종류나 된다. 황무지나 들판에 자라는 초목은 흙을 비옥하게 해준다. 그러나 곤충이 없어서 수정이 되지 않으면 초목은 거의 말라죽게 된다. 뿐만 아니라 그 주변 일대의 생태도 크게 변하게 된다. 목초, 관목, 숲 나무가 무성해지는 것도 대체로 곤충의 활약에 의존하고 있다. 만일 이런 나무나 풀이 말라 죽는다면 야생 동물은 물론 가축들의 먹이도 거의 없어지게 된다. 화학약품으로 울타리나 풀들을 모두 죽게 하고 인공재배만 한다면 꽃가루 전파 곤충의 살 곳이 없어지고, 드디어는 생명과 생명을 연결해 주는 실까지 끊어지게 되는 것이다.

이런 곤충들은 우리들의 농업, 우리들의 자연환경에는 없어서는 안 되며, 얼마나 사람들에게 큰 도움이 되는가를 우리들은 잘 알고 있다. 그런데 우리들은 마구 그들의 안식처를 파괴시키고 있다. 꿀벌이나 야생벌들은 우리가 '잡초'라고 말하고 있는 메역취과의 식물, 겨자, 할미꽃의 꽃만을 찾아서 그 꽃가루를 모아 유충을 먹인다. 자주개자리가 피기 전에는 스위트피가 벌의 먹이가 된다. 가을이 되어 먹이가 없어지면 메역취소과의 식물에 모여들어 겨울을 날 준비를 한다. 자연은 한치도 틀림없이 정확하게 움직이고 있다. 버드나무의 꽃이 막 피려고 할 그 날에 어떤 야생벌이 나타난다. 이런 자연의 신비를 알지 못하는 사람은 없다. 그러나 이런 자연을 화학약품으로 전멸시키도록 명령하는 사람은 또 다른 사람이다.

그러나 자연을 지키고 야생동물들의 안식처를 지키자고 말하는 사람들은 도대체 어디에 숨었는가? 자연보호를 부르짖으면서 제초제는 '무해'하며 살충제에 비하면 그렇게 유독하지 않으므로 해가 없다고 말하고 있다. 그러나 제초제가 비처럼 숲과 밭에 또 습지나 목초지에 뿌려지면 야생동물의 서식지에는 큰 변화가 일어나고 영구적으로 파괴되지 않는다고도 할 수 없게 된다. 동물의 서식지를 파괴시키고 식량을 빼앗는 것이 먼 눈으로 보면 그 자리에서 당장 죽어버리는 것보다 훨씬 더 나쁜 일이다.

약품을 뿌려 길이나 철도변이나 도로를 파괴시키는 것은 이중으로 어이없는 결과를 가져온다. 문제를 해결하려면 언제까지나 그 목적을 성취시킬 수가 없다. 예컨대 제초제를 아무리 뿌려도 길가의 '관목'들은 뿌리 채 없어지는 것이 아니므로 살포는 해마다 해야 하는 셈이다. 더 우스운 것은 선택성 살포라는 완전한 방법을 알고 있으면서도 지금까지의 방법에 따르고 있는 것이다. 선택성 살포로 바꾸면 어느 정도 영구적인 방지도 될 수 있고 대부분의 식물에 대해서는 해마다 계속 살포할 필요성은 없게 될텐데.

길이나 철도변의 관목을 모두 제거해야 한다는 목적은 무엇인가? 이것은 주변을 깨끗하게 하려는 것이 아니고 운전 기사들의 시야에 방해가 되든지 철도변의 전선에 방해가 되어서는 안 된다는데 그 목적이 있다. 다시 말하면 문제가 되는 것은 큰 나무이다. 관목들은 아무리 무성해도 그렇게 크게 되지 않는다. 하물며 양치류나 야생꽃들이 문제가 될 수 있겠는가?

선택성 살포란 에글러 박사(Dr. Frank Egler)가 미국 자연박물관에서 철도변 관목대책 위원회 위원장직을 맡고 있을 때 생각해 낸 것이다. 자연 그 자체에 구비된 힘을 이용한다. 즉 관목의 숲은 큰 나무의 침입을 막을 수 있다는 사실을 묘하게 응용하는 것이다. 그러나 초원지는 이 같은 큰 나무의 침입을 막을 수 없다. 선택성 살포의 목적은 도로나 철도변을 초원으로만 하는 것이 아니고 단지 큰 나무를 없애 다른 식물을 보호하려는 것이다. 한번만 살포하면 저항력이 특히 강한 나무를 제외하고 거의 모든 나무는 제거된다. 다음엔 관목을 심으면 된다. 그렇게 되면 관목은 자연적으로 나무를 억제하게 되고, 따라서 나무는 다시 생겨나지 않는다. 가장 좋고, 가장 값싼 제거 방법은 화학약품이 아니고 다른 종류의 나무이다.

이 방법은 실제로 미국 동부주 여러 곳에서 실험되었다. 그 결과는 처음 한번만 적당이 처리해두면, 적어도 20년 간은 살포하지 않아도 된다고 한다. 그것도 배낭 분무기를 메고 걸어서 살포하면 된다. 때로는 컴프레서 펌프나 재료를 트럭에 올려 싣고 살포하기도 하지만 전면살포는 하지 않는다. 살포의 대상은 나무나 또는 방해가 되는 키가 큰 관목 뿐이며, 그것도 직접 가까운 곳에서 살포한다. 그러므로 그 주변은 안전하고 야생동물의 안식처를 손상시키지 않고, 관목, 양치류, 들꽃들의 아름다움도 희생되지 않는다.

이 새로운 방법은 여러 군데에서 사용되었는데 그 대부분은 구태의연하게 전면 살포를 반복하여 시민들에게 거액의 비용을 지불케 하며, 자연의 생태학적인 생명도 파괴했다. 이것도 사실 전혀 몰랐기 때문이었다. 그러나 비용을 지불하는 사람들이 약품 살포 비용을 해마다 지불하지 않고 20년이나 30년에 한번 지불하여도 좋다는 것을 알았다면 그들은 틀림없이 다른 방법으로 바꾸자고 요구할 것이다.

선택성 살포에는 여러 가지 장점이 있지만 특히 화학약품의 사용을 될 수 있는 한 억제한다. 약품을 아무렇게 함부로 뿌리는 것이 아니고 도리어 나무 뿌리에 집중적으로 살포하는 것이므로 자연이 손상되어도 그것은 최소한으로 제한될 수 있다.

가장 많이 사용되는 제초제는 2·4D와 2·4·5T 및 이와 비슷한 화합물이다. 이 약품들이 참으로 유독한지 아닌지는 논쟁의 대상이 되어 있다. 뜰 잔디에 2·4D를 살포할 때 잘못하여 이것을 만지게 되면 심한 신경염이나 마비를 일으킬 수 있다. 물론 이런 일은 흔히 일어나는 것은 아니지만 의사들은 이런 종류의 제초제를 사용할 때 주의해야 한다고 말하고 있다. 그 밖에도 여러 가지 무서운 증세가 나타날지도 모른다. 그러나 확실히 그 정체를 규명할 수는 없다. 실험 결과를 보면 세포 내부의 호흡작용과 같은 기본적인 생리작용이 교란되며, 염색체를 손상시키는 X선과 같은 것이다. 또한 최근의 연구에 의하면 이 약품이나 또 다른 제초제는 치사량보다 훨씬 작은 양으로도 새의 생식작용을 손상시킬 수 있다고 한다.

직접적인 유독작용이 아니더라도 어떤 종류의 제초제를 사용하면 간접적으로 기묘한 현상이 일어난다. 야생의 초식동물이나 가축이 보통 때는 먹지도 않는 풀인데 그 풀에 제초제를 뿌려 두면 열심히 먹으려고 하는 기묘한 현상을 볼 수 있다. 그러므로 비소와 같이 독성이 강한 제초제를 사용하면 어떤 무서운 결과를 가져오게 될는지 확연한 일이다. 비록 그렇게 유독하지 않은 제초제를 사용한다고 하여도 그 풀 자체가 독을 가진 것이든지 또는 가시가 있으면 역시 치명적인 결과를 가져온다. 예컨대 방목장에서 자라고 있는 풀에다 제초제를 뿌려 둔다. 가축들은 갑자기 이 풀을 먹으려는 이상한 식욕을 일으켜 결국 죽음에 이른다. 수의학의 문헌을 보면 이 같은 보고가 많이 있다. 예컨대 약이 살포된 도꼬마리를 먹고 중병에 걸린 돼지, 약품이 묻어있는 엉겅퀴를 먹은 염소, 꽃이 핀 다음에 살포한 겨자꽃에 모여든 꿀벌 등이다. 야생의 서양 벚나무 잎은 독이 심한데 여기서 2·4D를 뿌려 두었기 때문에 소들이 굉장한 식욕을 일으켜 이 잎을 먹고 야단난 일도 있다. 살포했기 때문에(또는 짧았기 때문에) 잎이 시들어 소의 식욕을 자극시킨 것일까? 쑥갓의 예도 있다. 한겨울이나 이른 봄에 아직 잎이 나지 않을 때, 보통 때는 이 쑥갓을 먹지 않지만 2·4D를 살포해 두면 동물은 이상하게도 이 풀을 많이 먹게 된다.

어떻게 이와 같은 기묘한 일이 일어나는가에 대해서는 가끔 화학약품에 의해 식물 그 자체의 물질대사에 일어나는 변화에서 그 해답을 찾을 수 있다. 일시적으로 당분이 두드러지게 증가되어 동물의 식욕을 촉진시키는 일이 있다.

2·4D에는 이 밖에도 참으로 이상한 작용이 있다. 가축이나 야생동물 및 사람에게까지도 영향을 미치고 있다. 지금부터 10년 전의 실험에 의하면 이 약품을 사용하였을 때 옥수수와 사탕무의 질산염 함유량이 훨씬 늘었다. 수수, 해바라기, 자주닭개비, 명아주, 여뀌류 등에서도 똑같은 현상이 일어난다고 추측할 수 있다. 이런 식물 중에서 보통 때 소들이 전혀 먹지 않은 것들도 있는데 여기서 2·4D를 살포해 두면 상황이 달라진다. 농업전문가들의

조사에 의하면 많은 소가 죽는 것은 약이 살포된 풀에 그 원인이 있다는 것을 알았다. 질산염이 많아지면 반추동물의 독특한 생리가 곧 위기를 조성한다. 이 반추동물의 소화기관은 아주 복잡하여 위는 네 방으로 나뉘어 있다. 셀룰로오스는 그 위 하나에서 미생물(반추 박테리아)의 작용으로 소화된다. 다량의 질산염을 함유한 식물이 들어오면 미생물의 작용으로 질산염은 유해한 아질산염으로 바뀐다. 다음은 치명적인 일이 계속 일어난다. 아질산염 때문에 혈액 색소에 초콜릿색의 물질이 생기고 여기에 산소가 세게 결합되어 호흡을 하더라도 산소를 폐로부터 조직으로 보낼 수 없게 된다. 이렇게 되면 무산소증이 일어나 2~3시간 후에 죽게 된다. 2·4D를 살포한 풀을 먹고 가축이 죽는 것은 이러한 이유라고 생각된다. 야생동물 중 노루, 영양, 염소, 양 등과 같은 반추동물은 모두 같은 위험에 처해 있다.

여러 가지 조건(아주 건조한 기후 등) 여하로 질산염의 함유량이 높아지는데 2·4D를 함부로 팔든지 아무렇게나 사용하는 것도 묵과할 수 없는 노릇이다. 사태를 중요시한 위스콘신대학교 농사시험소는 1957년에 다음과 같이 경고하였다. '2·4D 때문에 말라 죽은 식물은 다량의 질산염을 함유할 가능성이 있다'고. 동물뿐만 아니라 인간에게까지도 위험이 있다. 최근에 볼 수 있는 원인 불명의 '사일로 죽음(Silo deaths)'의 증가는 때로는 이 같은 일과 관계가 있는 것이 아닌가 생각된다. 질산염을 다량 포함하고 있는 옥수수, 귀리, 수수 등을 사일로 창고에 저장해 두면 유독한 질소산화물이 발생되고 사일로에 들어오는 모든 것을 죽게 만든다. 이 가스를 아주 조금만 호흡하여도 폐 전체에 염증이 생긴다. 이 같은 사고는 많이 생기는데 미네소타 의과대학에서 연구한 바에 의하면 한 건을 제외하고는 모두 죽었다고 한다.

'귀중한 도자기 방에 침입한 코끼리처럼 또 다시 우리 인간은 자연을 짓밟고 다니고 있다'고 현명한 네덜란드의 과학자인 브리예르(C. J. Briejèr)는 제초제를 살포하는 우리의 모습을 이렇게 비유하여 말한다. '내 생각으로는 당연한 일이라고 간주되어 지나치는 일이 너무 많다. 밭의 잡초가 전부 그렇게 유독한지 또는 그 중에서 약간은 유용한 것도 있는지 우리는 알지 못하고 있다.'

'잡초와 흙의 관계는 어떤가'하는 것을 문제로 한 사람이 얼마나 있는가?

아마 인간의 좁은 이기적인 입장에서 본다고 하더라도 잡초와 흙과의 관계
는 우리들에게 도움을 줄 것이다. 앞서 말한 바와 같이 흙속이나 표면에 살
고 있는 생물과 흙은 서로 도와 서로의 이익을 나누고 있다. 아마도 잡초는
흙으로부터 무엇인가 섭취하고 또 거꾸로 흙에 무엇인가를 주는 것이라고
생각한다. 최근 네덜란드의 어느 마을에서 일어난 공원 사건은 그 좋은 예이
다. 장미꽃이 시들고 있었다. 흙을 분석해 본 결과(1밀리미터 전후의) 보잘
것없는 작은 선충(네마토다)의 유충이 꽉 차 있었다. 네덜란드의 식물 보호
국은 화학약품을 살포한다든지 또는 흙을 소독한다든지 하는 것은 하지 않
고 장미꽃 나무 사이에 금잔화나 전륜화를 심도록 하였다. 마치 장미꽃 나무
옆에 잡초를 심는 것과 같은 일이지만 금잔화나 전륜화 뿌리에서 나오는 배
설물이 흙의 선충류를 죽이는 것이다. 사실 이 금잔화나 전륜화는 좋은 결과
를 보여 주었다. 장미꽃 나무는 다시 소생하였다. 시험적으로 이 금잔화나
전륜화를 심지 않고 그대로 내버려 둔 장미꽃 나무는 모두 말라 죽었다. 지
금은 이 선충류를 제거하는데 각지에서 금잔화나 전륜화를 사용하고 있다.

이것과 비슷한 것이 또 있다. 우리들이 보통 아무 생각없이 마구 뽑아 버
리는 잡초 중에도 흙을 건강하게 하는데 없어서는 안 될 갖가지 잡초가 있
다. 그러나 아무도 모르고 있다. 또 간단히 '잡초'라고 낙인을 찍는 것 중에
도 흙의 상태를 정확하게 표시하는 척도가 되는 것도 있다. 그러나 이와 같
은 유용한 작용도 한번 화학약품을 사용하면 소실되고 없어진다.

무엇이든, 화학약품을 살포하여 해결하려는 사람들은 과학적으로 중요한
일—즉 식물이 모여 사는 군락을 그대로 보존해 주는 것이 과학적으로 얼마
나 중요한 지를 모르고 있다. 이것은 우리들 인간의 활동이 야기시키는 변화
를 알 수 있는 척도가 된다. 이것은 또한 야생생물의 안식처이기도 하다. 이
생물의 군락이야말로 곤충이나 다른 생물들이 원래대로의 바른 개체수를 유
지하며 살아가는 데 절대로 필요한 것이다. 16장에서 설명하는 바와 같이
곤충은 살충제에 저항성을 갖게 되고 곤충 뿐만 아니라 또 다른 많은 생물들
의 유전인자가 변화되고 있다. 어떤 과학자는 곤충이나 진드기 같은 것들의
유전인자가 더 변하기 전에 이런 것들을 가지고 '동물원'을 만들어 두는 것
이 좋겠다고 말한다.

제초제를 계속 사용하면 지금 곧 눈에 보이지 않더라도 식물계에 무서운

영향이 나중까지 남게 될 것이라고 전문가들이 경고하고 있다. 2·4D 제초제 때문에 잎이 큰 식물은 시들고 경쟁에 지게 되고 반대로 풀이 승리하게 된다. 이 풀 중에 어떤 것은 '잡초'가 되어 다시 이 잡초를 제거해야 하는 귀찮은 문제가 생기게 된다. 최근에 발간된 농작물 특집호에 이같은 기묘한 현상이 게재되었다. '잎의 넓은 잡초를 죽이려고 2·4D를 마구 살포하면 잎이 작은 잡초가 무성하게 되어 농작물과 대두콩 밭은 큰 위협을 받게 된다.'

꽃가루병의 원인이 되는 호그위드과 식물을 제거하기 위해 약품을 살포했으나 얼마나 우리들의 노력이 헛된 것이었는지 알 수 있었던 좋은 실례가 있다. 몇 천 갤런(1gal=3.78ℓ)이나 되는 화학약품을 길 전체에 뿌려 호그위드를 죽이려고 하였다. 그러나 결과는 정반대로 호그위드가 도리어 무성하게 되었다. 이것은 일년생 식물로 아무 것도 심지 않은 흙이 아니면 해마다 그 씨앗이 자랄 수 없다. 그러므로 이 식물을 없애려면 관목, 양치류 등 다년생 식물을 밀착시켜 두는 것이 제일 좋다. 화학약품을 몇 번이고 살포하면 이런 다년생 식물이 모두 죽게 되고, 그 대신 넓은 황무지에 호그위드과 식물만이 제마음대로 자라게 된다. 또 대기중 꽃가루의 양은 길가에 있는 호그위드가 아니고 도시의 빈 곳이나 놀리고 있는 밭에서 자라는 호그위드과 식물에 달려 있는 것이다.

바랭이과의 제초제인 화학약품이 마구 팔리고 있는데 이것이야말로 불건전한 방법이 얼마나 매력적인지 보여주는 좋은 예라 하겠다. 여기에도 해마다 이것을 죽이기 위해 화학약품을 살포하지 말고 더 좋고 더 값싼 방법이 있다. 그것은 이 풀이 자라나지 못하도록 억제하는 다른 풀을 심는 것이다. 바랭이과는 오직 시들은 잔디에서만 자란다. 그것은 병자체가 아니고 병의 증후에 지나지 않는다. 비옥한 흙을 주어 잔디를 소생시켜 주면 바랭이과는 자랄 여지가 없어진다. 이 풀은 다른 풀이 자라지 않는 흙에서만 해마다 새로 자라기 때문이다.

근본적인 대책을 연구하지 않고 교외에 사는 사람들은 묘목업자에게 조종되고 묘목업자는 또 화학약품회사에 조종되는데, 해마다 굉장한 양의 바랭이과 제거제를 뿌리고 있다. 팔리고 있는 화학약품의 이름만 보아서는 전혀 알 수 없지만 이 약품에는 수은, 비소, 클로르데인 등과 같은 독이 들어 있다. 사용법에 씌어 있는 대로 사용하면 1에이커에 60파운드의 공업용 클로르데인 사용하는 셈이다. 또 다른 회사의 제품을 사용해 보면, 1에이커당 175파운드의 금속 비소화합물을 살포하는 셈이 된다. 8장에 보는 바와 같이 많은 새들이 희생되어 죽는다. 얼마나 슬픈 일인가. 이같은 독있는 잔디가 인간에게 어떤 영향을 끼치는가는 아무도 모른다.

도로변이나 철도변의 식물에 선택성 살포가 좋은 성과를 얻은 것처럼 같은 건전한 생태학적 방법을 밭이나 숲이나 방목지에 사용할 수 있다. 그것은 어떤 특정한 종류를 죽이는 것이 아니고 식물 전체를 하나의 살아 있는 사회로 취급하는 방법이다.

또 다른 갖가지 좋은 결과는 우리들로 하여금 어떤 방면으로 나아가야 하는지 보여준다. 생물학적 제거 방법도 역시 쓸데없는 식물을 억제하는 아주 좋은 위력을 나타내는 것이다. 자연 자체도 지금 우리들이 괴로워하고 있는 문제에 몇 번이고 부딪쳤지만 훌륭하게 자기 자신을 처리해 왔다. 인간도 자연을 잘 관찰하고 자연에 지지 않도록 노력한다면 아주 좋게 해결할 수 있을 때가 많다.

쓸모없는 식물을 제거하는 데 훌륭한 성과를 얻은 것은 캘리포니아주의 클라마스 제거에서 볼 수 있다. 클라마스는 염소풀(goatweed)라고도 부르는데 원래 유럽의 잡초였다(유럽에서는 St. Johnswort라고 불리는 고추나물과 잡초이다). 이주민에게 묻어 미국으로 왔는데 처음 그 모습을 드러낸 것은 1793년 펜실베니아주의 랭커스터(Lancaster) 부근이었다. 1900년에는 캘리포니아주의 클라마스(Klamath) 강 부근까지 퍼졌다. 그래서 이 클라마스라는 이름도 이 강 이름에 따른 것이다. 1929년에는 방목지 10만 에이커가 전부 이 풀로 뒤덮였고 1952년에는 25만 에이커나 되는 넓은 지역으로 번졌다.

이 클라마스 쑥류같은 토착식물과는 달리 생태분야 면에서는 완전히 다른 것이고, 동물이나 식물과 서로 협동해서 사는 관계도 아니다. 도리어 거꾸로 이 풀을 먹은 가축은 '피부병이나 회사간균병에 걸려 사용하지 못하는' 유독한 풀이다. 땅값은 떨어지는데, 클라마스가 자라는 땅은 저당잡힌 땅과 마찬가지로 취급되기 때문이다.

유럽에서는 이 풀이 문제가 안 된다. 그것은 이 풀이 자라는 곳에 여러 가지 곤충들이 살면서 이 풀을 먹기 때문에 이 풀이 마구 퍼지지 않기 때문이다. 특히 남프랑스에서는 완두콩 크기로 금속 광택이 나는 갑충류가 두 종류 있어서 꼭 이 풀을 먹지 않으면 죽게 되고 또 번식도 하지 못한다.

1944년에 이 같은 풍뎅이류를 유럽으로부터 미국에 수입했다. 참으로 역사적인 일이었다. 식물을 먹는 곤충을 사용하여 식물을 억제하려는 미국 최초의 시도였다. 그 후 4년이 지난 다음 이 풍뎅이류는 완전히 정착하여 1948년에는 더 이상 수입할 필요가 없어졌다. 처음의 콜로니로부터 풍뎅이류를 모아서 다른 곳으로 옮겨주면 되었다. 매해 몇 백만의 풍뎅이가 새 지역에 방출되었다. 그렇게 먼 곳이 아니면 풍뎅이는 제 힘으로 번식해 나갔다. 클라마스를 전부 먹은 다음엔 새로운 먹이를 정확하게 찾아내어 번져 나간다. 그리고 이 클라마스가 전부 없어진 곳에는 지금까지 흔적이 없었던 목초가 새로 생기게 되었다.

1959년까지의 10년간의 통계를 보면 '열심인 당사자 자신의 예상보다 훨씬 더 좋은 성과를 얻었다'는 것을 알 수 있다. 클라마스는 그 때까지 1%로 줄었다. 완전히 없어지지는 않았다. 조금 남아 있어도 이 정도로는 해가 되지 않았으며, 또 완전히 클라마스가 없어지면 풍뎅이류가 죽게 되고 따라서 이번엔 클라마스가 무성하게 될 것이다.

또 한 가지 경제적으로 훌륭한 성적을 올린 실례가 오스트레일리아에 있다. 이주민이 식물과 동물을 새 나라에 가져가려고 하였으므로 필립(Arthur Philip) 선장이 1787년, 여러 종류의 선인장을 오스트레일리아에 가져왔다. 선인장에 기생하는 코치닐(연지벌레)을 배양하여 물감을 채취하려고 하였다. 그러나 어찌 된 일인지 뜰에 심어둔 선인장이 뜰 밖으로 나와 1925년에는 20여 종류의 선인장이 야생한 채 잘 살아갔다. 오스트레일리아에는 친척이 없어서 선인장은 마구 자랄 수 있었고 드디어 6백만 에이커의 넓은 지대가 선인장으로 꽉 덮혀 나라의 반이 불모지가 되었다.

1920년 오스트레일리아의 곤충학자는 선인장의 고향인 북미와 남미로 가 선인장의 천적을 연구했다. 그리고 1930년에 아르헨티나 나방의 알 10억 개를 오스트레일리아 전역에 뿌렸다. 7년 뒤 선인장의 밀집지대는 완전히 그 자취를 감추었고 불모지는 다시 개간하여 방목을 할 수 있게 되었다. 그리고 그 비용은 1에이커당 불과 1페니 정도이었다. 화학약품을 반복 살포한 곳은

1에이커당 10파운드나 비용이 들었다.

지금 설명한 이 두 가지 실례를 보면 잘 알 수 있는 바와 같이 잡초 때문에 괴로워하는 사람은 식물을 먹고 사는 곤충의 작용을 더 주의깊게 보는 것이 좋다. 목초지를 관리하는 과학은 이런 가능성을 지금까지 너무나도 무시해 왔었다. 이같은 곤충이야말로 풀을 먹는 곤충 중에서도 아주 훌륭한 선택적 방법을 택한 것이다. 어떤 일정한 식품만을 먹는다는 사실을 우리들이 잘 이용하면 우리들 인간이 얼마나 큰 이득을 얻게 되는지 말할 수 없을 것이다.

7
쓸데없는 대파괴

  자연을 정복한답시고 마구 달려온 우리 인간들 발자취를 돌이켜 보면 너무나 무참한 파괴의 역사였다. 자기들이 살고 있는 이 대지를 파괴시켰을 뿐만 아니라 인간들과 함께 살고 있는 다른 생명까지도 파괴시켰다. 과거 2, 3백년의 역사는 암흑의 페이지를 가지고 있다. 미국 서부 고원에서의 들소를 살육하고, 새를 잡아 시장에 파는 사냥꾼이 강이나 해안에 사는 새들을 대학살하고 대백로를 잡아 날개를 꺾었다. 그런데 지금은 새로운 방법으로 대파괴, 대학살의 새로운 장을 기록하고 있다. 전면에 살충제를 살포하여 새를 죽이고 포유류를 죽이며 물고기를 죽인다. 그리고 야생의 생명을 무차별하게 살육하고 있다.

  오늘 우리들의 세계관으로서는 살포총을 가진 자는 제마음대로 할 수 있는 절대자인 것 같다. 곤충 제거 대운동에 함께 휩쓸려 희생되는 것들은 미국 울새, 꿩, 너구리, 고양이, 가축 등인데 이것들까지도 이 곤충 제거 살충제를 마구 쓰고 죽어가도 아무도 반대하는 사람이 없다.

  지금 야생 생물의 손실이라는 문제에 공정한 판단을 내리려는 시민은 오늘날 하나의 딜레마에 빠지고 있다. 자연보호주의자와 야생 생물학자들은 자연의 손실은 너무 심하고, 때로는 파국을 몰고 왔다고 주장하고 있다. 한편 약품을 살포하는 쪽에서는 그와 같은 손실은 없다고 처음부터 부정하며, 또 약간 자연이 손상된다 하더라도 대단치는 않다고 한다. 어느쪽을 우리는 따라야 하겠는가?

  결국 사실을 보고하는 사람의 신뢰도가 문제일 것이다. 야생생물을 전문적으로 연구하는 생물학자들이 가장 정확하게 야생생물의 손실을 발견하고 해석할 수 있을 것이다. 곤충을 연구하는 곤충학자들은 이런 점에서 부정당하며, 곤충학자의 심리로서 당연한 일이지만 제거 계획이 좋지 않은 면에 눈을 감아주는 경향이 있다. 그러나 가장 곤란한 것은 중앙 정부와 주 정부 관계의 곤충 제거 전문가로 생물학자의 보고를 첫머리부터 부정하고, 야생 생물이 손상된 증거는 없다고 부정하고 있다(물론 화학약품 제조가들은 말할 것도 없다). 성경이야기에 나오는 목사와 레위 사람들처럼 고의로 반대편에서만 서서 아무 것도 보지 않으려고 한다. 자기 전문에 너무 열중하여 다른 것을 볼 수 없다고 선의로 해석해 줄 수도 있다. 그러나 그렇다고 해서 그들의 이야기가 올바르다고 그대로 받아들일 필요는 없다.

우리들 자신 스스로가 판단할 수 있는 가장 좋은 방법은 지금까지 이루어진 대규모의 제거를 몇 개 찾아보는 것이다. 그리고 화학약품에 대한 편견에 사로잡히지 말고 야생생물의 세계를 잘 관찰하고 있는 사람들의 설명을 들어보는 것이다. 독비가 공중으로부터 뿌려진 다음 야생생물의 세계가 어떻게 되는가를 보면 된다.

뜰에 날아온 작은 새를 바라보며 즐기는 사람, 사냥꾼, 낚시를 즐기는 사람, 산이나 들을 다니는 사람들에게서 단 일년 동안이나마 어떠한 지역에 사는 야생생물의 학살은 그 누구에게도 자연을 즐길 수 있는 정당한 권리를 빼앗는 것과 마찬가지이다. 이것은 근거있는 견해이다. 드문 일이지만 비록 단 한번 화학약품을 살포함으로써 새나 포유동물이나 물고기의 어떤 종류의 모습을 다시 볼 수 있게 되었다 하더라도 사실상 큰 피해가 이미 주어진 사실은 어쩔 수 없다.

그러나 그 같은 다시 나타나는 재생식의 가능석은 적다. 화학약품의 살포는 한번에 그치지는 않는다. 살포된 환경은 독으로 오염되고 무서운 죽음의 함정으로 변한다. 거기에 살고 있는 개체군이 해를 입을 뿐만 아니라 철새같이 옮겨 다니는 동물도 이 함정에 빠져 죽는 일이 있다. 살포 범위가 넓을수록 그 폐해도 크다. 안전한 오아시스는 하나도 없다. 몇 천, 몇 백만 에이커 단위로 살포되며, 또 개인의 뜰과 마을이나 도시의 살포도수가 마구 증가한다. 곤충 제거를 심하게 시행하였던 10년간에 미국의 야생 세계는 용서없이 파괴되었고 죽음의 기록이 높아갔다. 몇 가지 예를 보기로 하자.

1959년 가을이었다. 미시간주의 동남부, 디트로이트의 교외도 포함하여 2만 7천 에이커의 토지에 공중으로부터 살충제를 살포하였다. 바로 알드린이었다. 알드린은 염화탄화수소 중에서도 가장 무서운 약품이다. 미국 농림부 및 미시간주 농림국 당국이 계획하고 지휘를 했는데, 왜콩풍뎅이(Japanese beetle) 제거가 그 목적이었다.

이같은 대규모적이고 위험한 살포를 할 필요가 있었을까? 미국에서 유명한 야외생물학자 니켈(Walter P. Nickell)씨에게 물어 보자. 그는 미시간주 남부에서 해마다 여름을 보내고 들판에서 살다시피 하는 사람인데 그는 다음과 같이 말하고 있다. "내가 아는 바에 의하면 이 30년 동안 디트로이트 시에 있는 왜콩풍뎅이는 그렇게 많지 않다. 이 기간에 특히 증가한 것도 별로 없다. (1959년에서) 왜콩풍뎅이는 디트로이트 정부가 파 놓은 함정에 빠져 잡힌 두세 마리밖에는 아직 한 마리도 보지 못했다. ……모든 것은 비밀이었으며, 왜콩풍뎅이의 수가 많아졌다는 구체적인 보고는 전혀 입수되지 않았다."

왜콩풍뎅이가 '나타났기' 때문에 공중으로부터 살충제를 살포하였다고 정부가 발표하였을 뿐이었다. 정말 그런 것인가 확실히 알려지지도 않은 채 계획은 착착 진행되었고 주 당국은 필요한 인원을 정리하고 감독하였고, 중앙정부는 기구를 제공하고, 인부도 고용하였으며 시 당국은 살충제의 비용을 지불하였다.

왜콩풍뎅이는 우연한 일로 미국에 들어왔다. 처음 발견된 것은 뉴저지주에서 1916년경이었다. 리버던 부근의 묘목밭에 녹색의 금속 광택을 가진 왜콩풍뎅이가 두세 마리 나타났다. 처음엔 그 정체를 몰랐으나 차츰 그것이 일본에 많이 살고 있는 왜콩풍뎅이와 같다는 것을 알았다. 1912년 미국이 수입에 제한을 가하기 전에 일본으로부터 묘목에 묻어 온 것 같다.

처음으로 발견된 곳을 기점으로 하여 왜콩풍뎅이는 미시시피로부터 동쪽 각 주로 퍼져나갔다. 기온이나 우량 등의 조건이 이 왜콩풍뎅이의 성장에 꼭 적합했기 때문이다. 해마다 분포 구역이 넓어져 갔다. 그러나 처음에 정착한 동부 지방에서는 천적에 의한 제거 때문에 왜콩풍뎅이의 서식 개체수는 비교적 적게 억압되고 있다고 많은 기록에 남아 있다.

이러한 천적에 의한 제거 기록이 있는데도 미국 중서부 주에 왜콩풍뎅이가 나타났다고 황급히 화학약품을 사용하기 시작하였다. 이런 무서운 약품은 보다 더 위험한 동물을 죽이는데 사용해야지 왜콩풍뎅이를 죽이는 데 사용할 필요는 없는 것이었다. 이 약으로 많은 인간과 가축들, 그리고 야생생물들이 독을 입고 무서운 위기에 처하게 되었다. 미시간, 켄터키, 아이오와, 인디애나, 일리노이, 미주리 등 각 주에 왜콩풍뎅이 제거라는 이름 아래 화학약품의 무서운 비가 내렸다. 동물, 심지어 인간까지 얼마나 참혹해졌는지 말할 것도 없다.

공중으로부터 화학약품을 살포하여 왜콩풍뎅이를 최초로 공격한 것은 미시간주였다. 이때 사용한 약품은 알드린이었다. 이같은 가장 무서운 약품을 왜 사용했는가? 왜콩풍뎅이에게 가장 유효하다는 이유에서가 아니라 단지 값이 싸기 때문이었다. ―알드린은 사용할 수 있는 약품 중 값이 제일 싼 것이었다. 신문에 공식 발표를 한 정부는 알드린이 '유독'하다는 것을 인정하면서도 인구가 조밀한 곳에 이 약을 사용하여도 인간에게 해가 되지 않는다고 암시하고 있다("도대체 어떤 주의가 필요합니까?" 하는 질문에 정부는 "당신은 별로 주의할 필요가 없다"고 대답한다). 중앙 정부 항공국 출장소 관리가 "이것은 안전하다"고 지방 신문에 말하자 디트로이트의 공원 관광과 대표자가 "살충제는 인간에게 해가 없고 나무나 개나 고양이에게도 해가 없다"고 말하고 있다. 미국의 공중 위생국이나 어류 야생생물국이 제출한 보고서 같은 것을 쉽게 읽어볼 수 있고, 알드린의 심한 독성에 대한 확실한 증거가 있는데도 이런 말을 하는 것은 전혀 여기에 대해 아는 바가 없는 것으로 밖에 생각되지 않는다.

미시간주에는 방충법이 있어서 땅 주인의 허가를 받지 않아도 그 주위 전면에 화학약품을 자유로이 살포할 수 있다. 그래서 디트로이트 지방을 비행기가 저공비행으로 살포하기 시작했다. 그러자 시 당국과 정부 항공국 출장소에는 당황한 시민들의 전화 벨 소리가 요란했다. 단 한 시간 동안 800번이나 전화가 걸려왔다. 경찰은 라디오, 텔레비전, 신문 등을 통하여 지금 왜콩풍뎅이 제거를 위한 살포이므로 걱정할 필요가 없다고 했다(디트로이트 뉴스). 항공국 출장소는 "비행은 충분히 주의하고 있으며, 저공비행도 허가를 받은 것이다"고 발표하였다. 그래도 모두 걱정을 하므로 비행기에는 비상 콕크가 있어서 언제든지 비행기 짐을 내버릴 수 있다고 다시 말하고 있다. 다행히도 비행기 짐을 전부 내버리는 일은 없었으나 비행기가 쉬지 않고 비행하는 동안에 살충제의 탄환은 왜콩풍뎅이 머리 위에도 그리고 인간들의 머리 위에도 떨어졌다. 물건 사러가는 사람들, 일터로 가는 사람들, 점심을 먹으려고 학교에서 돌아오는 아이들의 머리 위에 '해가 없는' 독의 비가 내렸다. 주부들은 '눈 같이' 고운 살충제 입자를 현관 앞이나 길바닥에서 비로 쓸었다. 미시간의 오드본 협회가 나중에 설명한 바에 의하면 다음과 같다. "지붕 판자 사이에 처마 흠통, 나무껍질 사이, 상처난 나무 가지에 흙과 덩어리가 된 알드린의 작은 흰 구슬, 머리핀만한 작은 구슬이 몇 백 만개 발견되었다……눈이나 비가 오면 모든 진흙 웅덩이는 죽음의 독약으로 될 것이다."

살충제는 뿌린 지 2, 3일도 되지 않아 디트로이트의 오드본 협회에 전화가 계속 걸려왔다. 모두 새에 대한 전화였다. 협회 비서 앤 보이스(Ann Boyes) 부인의 설명에 의하면 "내가 처음 받은 전화는 일요일 아침 어떤 여성에게서 걸려 왔는데 교회에 다녀와 보니 놀랄만큼 많은 새가 죽었고, 또 죽어가는 모습을 보았다"는 것이다. 그곳에 살충제를 뿌린 것은 목요일이었다. 하늘을 보아도 새는 보이지 않았고 그 여성의 말에 의하면 "우리 집 뒤뜰에 적어도 12마리의 작은 새가 죽었고 그 부근에는 다람쥐까지 죽었다"고 하였다. 그 날 걸려온 전화는 모두 "많은 작은 새가 죽었고 살아있는 새는 한 마리도 없다.……먹이를 주는 사람들은 새가 한 마리도 날아오지 않는다고 말했다"고 하였다. 죽어가는 새를 집어보면 확실히 살충제 중독 증상이 나타나 있었다. ―몸을 떨면서 날지도 못하고 마비, 경련 등을 볼 수 있었다.

살충제에 직접 희생된 것은 새뿐만이 아니었다. 이 지방의 수의사의 보고에 의하면 수의병원에는 갑자기 병에 걸린 개와 고양이로 만원이었다. 몸이나 다리를 핥는 습성이 있는 고양이가 가장 심한 피해를 입었다. 심한 설사를 하고 토하고 경련을 일으켰다. 수의사도 어떻게 할 방도가 없었고 될 수 있는 한 개와 고양이를 밖에 나가지 못하게 하고 만일 밖에 나갔을 때는 발을 잘 씻겨주어야 한다는 것이 겨우 말해 줄 수 있는 소리였다(염화탄화수소는 과일이나 야채에 묻으면 좀처럼 씻겨지지 않는다. 씻는다는 것은 무의미한 일이다).

시·군 보건위원회에서는 새가 죽은 것은 "무엇인가 다른 약품의 살포 때문이며" 또 목이 붓고, 기침이 나오는 것도 "무엇인가 다른 원인이 있다"고 주장하였으나 불만은 이어졌다. 디트로이트의 유명한 내과의사는 한 시간에 4명의 환자로부터 왕진을 부탁받았다. 비행기가 알드린을 살포하는 것을 보고 있었는데 갑자기 기분이 이상해졌다고 한다. 이들 모두에게서 메스껍고, 토하고, 오한이 나고, 발열하고, 극도의 피로감, 기침같은 증상을 볼 수 있었다.

그러나 디트로이트만이 아니었다. 다른 도시와 마을에도 왜콩풍데이를 제거하라고 압력을 받았다. 일리노이주의 블루 아일랜드에서는 몇 백 마리의 새가 죽었고 또 죽어가고 있었다. 이곳의 새 조사원이 모든 데이터에 의하면 우는 새의 80%가 희생되었다고 한다. 일리노이주의 졸리엣에서는 1959년 3천 에이커의 땅에 헵타클로르를 살포하였다. 이 지방의 스포츠맨 클럽의 보고에 의하면 약품을 살포한 지대에서는 "사실상 새는 거의 일소되었다"고 한다. 토끼, 머스크랫(사향쥐), 어포섬(주머니쥐), 물고기들이 많이 죽었다. 어떤 학교에서는 과학의 과외 활동으로 살충제도 죽은 새를 모으기도 하였다.

왜콩풍뎅이 없는 세계라는 구호로 가장 크게 희생된 곳은 일리노이주 동부의 셸던과 그 부근의 일로쿼이 지방이다. 1954년 미국 농림부와 일리노이주 농림국은 일리노이주까지 퍼져 온 선을 따라 왜콩풍뎅이 제거 계획을 세우고 대량의 살충제를 뿌리면 투구벌레를 근절시킬 수 있다고 단정하였다. 첫 번째 '근절'은 1,400에이커 범위에 디엘드린의 공중 살포부터 시작하여 그 다음해 1955년에 또 다시 2,600에이커에 살포하였다. 이것으로 완전 제거되었다고 생각했었다. 그러나 화학약품 살포의 필요가 증가하여, 1961년 말엽에 13만 2천 에이커의 넓은 지역에 살충제를 뿌렸다. 첫해부터 야생생물과 가축들이 심한 피해를 입었다. 이런 일을 확실히 알면서도 미국 어류 야생생물국과 일리노이주의 수렵과에는 아무런 연락도 없이 살포는 그대로 계속되었다.

화학약품에 의한 해충 제거에는 계속적으로 막대한 돈이 사용되는데 야생생물이 어느 정도 피해를 입었는가를 조사하는 비용은 보잘 것이 없었다. 일리노이주 자연 조사국에서 야외 관찰 조교를 고용하는 비용은 1954년도에는 불과 1,100달러였고 1955년에는 한푼도 없었다. 그러나 일리노이 자연 조사국의 생물학자들은 데이터를 모으고 이 세상에 둘도 없는 대파괴의 모습을 파해쳤다. 살포 계획이 시작되자마자 바로 대파괴의 모습이 뚜렷하게 드러나게 되었다.

곤충을 잡아먹는 새들이 중독되어 죽는 데에는 딱 맞는 조건이다. 살충제의 독 그 자체 때문에 또 간접적으로 해를 받기 때문에 새들이 죽게 된다. 셀던에서의 초기의 계획은 한 에이커당 3파운드의 비율로 딜드린을 살포하였다. 새에 대한 효과를 알려면 메추리를 사용하여 실험한 결과를 보면 된다. 딜드린은 DDT의 15배나 독성이 있다. 셀던 지방에 뿌려진 독은 얼추 환산하면 1에이커당 150파운드의 DDT에 해당되는 셈이다! 밭고랑이나 모서리 부분에는 이중으로 살포되므로 이 계산값은 최저값이었다.

화학약품이 땅에 스며들어가면 그 독에 중독된 왜콩풍뎅이 유충은 바로 죽지 않고 흙 위에 올라와서 괴로워한다. 새들은 좋은 먹이라 생각하고 먹게 된다. 살포한 다음 2주간 여러 종류의 곤충이 죽었고 또 죽어가고 있었다. 새가 어떻게 되었는가는 쉽게 예측할 수 있을 것이다. 북이산 연작류, 흰점찌르레기, 들종다리, 꿩 등은 사실상 전멸하였다. 생물학자의 보고에 의하면 울새는 '거의 전멸'하였다고 한다. 가랑비가 온 다음 지렁이가 많이 죽었는데 아마도 울새들이 이 지렁이를 먹은 것 같다. 다른 새들도 마찬가지였다. 살충제 때문에 축복의 비도 곧 독비로 변하고, 살포 후 내린 비로 생긴 진흙 웅덩이의 물을 마시고 목욕한 새들은 모두 죽었다.

살아 남은 새도 있었지만 새끼를 낳지 못했다. 나무 숲속에 새둥지가 몇 개 있었고 그 속에 알도 두세 개 발견되었으나 새끼새는 한 마리도 볼 수가 없었다.

포유류에서는 다람쥐가 사실상 전멸되었다. 죽은 다람쥐를 보면 중독되어 변사한 것을 의심할 여지도 없었다. 머스크랫도 살포된 땅 위에서 죽었으며, 들판에는 죽은 토끼들이 많았다. 살포하기 전에는 마을에서 여우다람쥐를 볼 수 있었는데 지금은 전혀 볼 수가 없다.

왜콩풍뎅이를 제거하기 위하여 화학약품을 살포한 뒤에 셀던 지방의 농가에 고양이를 가지고 있는 집은 퍽 드문 일이 되었다. 살포가 시작된 뒤 처음 얼마 동안에 90%이상의 고양이가 딜드린의 희생자가 되었다. 딜드린이 얼마나 무서운가에 대해서는 다른 지방에서 이미 경험했기 때문에 어떻게 될 것인가는 처음부터 잘 알고 있었을 것이다. 고양이는 살충제라는 이름이 붙은 것에는 아주 침해되기 쉬운데 특히 딜드린에는 곧 중독된다. 자바 서부에서 WHO(세계보건기구)가 말라리아를 박멸하려고 하였을 때 굉장히 많은 수의 고양이가 죽었다는 기록이 있다. 자바 중앙부에서는 너무 많이 고양이가 죽었으므로 고양이 값이 배나 비싸졌다고 한다. 베네수엘라에서도 마찬가지로 살포했기 때문에(역시 WHO) 고양이는 진기한 동물로 되었다.

셸던 지방에서 살충제의 살포에 희생이 된 것은 야생 동물이나 개, 고양이만이 아니었다. 양과 식육용 소들도 모두 마찬가지로 죽었다. 자연조사국은 다음과 같이 기록하였다.

5월 6일 디엘드린을 살포한 들판으로부터 자갈길을 넘어서 화학약품을 뿌리지 않은 넓지 않은 목초지로 양들이 이동되었다. 아마도 살충제가 바람에 실려 길을 넘어서 그 목초지로 날아 갔음에 틀림이 없을 것이다. 양들 사이에 곧 중독현상이 나타났기 때문이다. ……갑자기 풀을 본체만체하고 울타리 안쪽을 마구 돌아다니며, 나가는 출구를 찾는 것 같았다. ……양들은 다른 곳으로 몰고 가려고 해도 말을 듣지 않고 단지 울기만 하고 머리를 숙인 채 서있었다. 드디어 그 목초지로부터 다른 곳으로 이동되었다. ……물만 마시려고 했다. 목초지를 흐르는 냇물에서 두 마리가 죽었다. 나머지 양들은 모두 냇물에서 물을 마시지 못하도록 계속 쫓겨났다. 냇물에서 건져낸 양도 네다섯 마리 있었다. 결국 세 마리는 죽었고 살아 남은 다른 양도 겉모양만 나아진 것 같았다.

이것은 1955년 말에 일어난 일이다. 그 다음 해에도 또 그 다음 해에도 화학약품이 살포되었는데 겨우 계속되는 연구비도 이 해를 마지막으로 끊어졌다. 야생생물에 미치는 살충제의 영향을 연구하는 연구비용은 자연 조사국으로부터 일리노이주 의회에 제출되는 연도예산에 포함되는데 언제든지 제일 먼저 삭감되었다. 1960년에 겨우 야외 관찰 조교 한 사람분의 예산이 나왔다. 그러나 그 조교는 네 명 분의 일을 해야만 했다.

생물학자들이 1955년 이후 중단한 연구를 다시 시작했을 때도 야생생물의 무서운 파괴 광경은 조금도 변치 않았다. 뿐만 아니라 지금은 더욱 무서운 독성이 심한 화학약품 알드린을 사용하게 되었는데 이것은 메추라기 시험 결과 DDT보다 100~200배나 더 독성이 강하다. 1960년까지 주변에 살고 있는 모든 야생 포유동물이 큰 타격을 받았다. 새는 그 피해가 더 심각했다. 도노반이라는 작은 마을에서는 울새가 전멸하였다. 흰점찌르레기, 북미산 연작류의 새들도 다 사라졌다. 또 다른 곳에서도 역시 이런 새와 다른 새들이 자취를 감추었다. 꿩사냥을 하는 사냥꾼들도 풍뎅이 제거 운동의 결과를 잘 경험했다. 새끼는 반으로 줄었고 한배의 새끼 중에서도 잘 자라는 것은 반도 되지 않았다. 지금 꿩사냥을 가더라도 빈 손으로 돌아갈 수밖에 없고 이제는 꿩사냥을 할 수 없게 되었다.

일본에서 건너온 왜콩풍뎅이를 제거하기 위하여 일로쿼이 군에서는 8년 계획으로 10만 에이커 이상의 지대에 살충제를 뿌렸지만, 결국 잠깐 동안 일시적으로 풍뎅이를 억제시키는 것만으로 왜콩풍뎅이는 서쪽으로 옮아갔다. 얼마나 큰 소용없는 희생을 치렀지만 그 피해의 전모는 영구히 알 수 없게 되었다. 그 당시 일리노이주의 생물학자들은 연구비가 충분하지 않았으므로 최저의 피해만을 조사할 수밖에 없었다. 철저히 더 조사하였다면 더 놀랄 만한 파괴의 모습이 확실해졌을 것이다. 8년동안 지급된 야외 조사 연구비는 불과 6,000달러였다. 같은 기간에 풍뎅이 제거를 위해 주에서 지급된 돈은 375,000달러였고, 또 중앙 정부로부터 몇 천 달러가 더 추가되었다. 그러므로 연구에 소요된 돈은 화학적 제거 예산총액의 1%에 지나지 않는다.

왜콩풍뎅이의 진출은 아주 위험하다. 이것을 막기 위해서는 어떤 방법도 허용되었다. 이런 위기감에서 미국 중서부의 제거 계획이 이루어진 것이다. 물론 이것은 사실은 왜곡한 것이다. 만일 도시나 마을 사람들이 미국에 왜콩풍뎅이가 퍼져 나갔을 때의 사정을 조금이라도 알았더라면 얌전하게 잠자코 있지는 않았을 것이다.

처음에 왜콩풍뎅이가 퍼져 나간 것은 미국 동부였는데 그 당시엔 다행스럽게도 합성 살충제가 발명되지 않았었다. 디트로이트나 셸던처럼 살포 방법은 사용되지 않았다. 다른 생명을 손상치 않고 제거하는 방법을 연구하였다. 그것은 자연 그 자체의 제거력을 잘 이용한 것으로 이런 식이면 영구성도 있고 환경도 보존할 수 있는 일석이조 격이었다.

왜콩풍뎅이가 미국에 들어온 처음 10년간은 원래 자기 나라에서와는 달리 천적이 없어서 굉장히 번식되었다. 그러나 1945년까지는 왜콩풍뎅이가 퍼져 있는 전 영역에서 피해가 그렇게 크지는 않았다. 극동으로부터 기생 곤충을 수입하고 또 왜콩풍뎅이에 병원체를 기생시켜 죽게 하였다.

1920~1933년 동안 왜콩풍뎅이의 원래의 분포지를 자세히 연구한 결과 34종의 포식 곤충이나 기생 곤충을 아시아에서 수입하여 자연제거 대책을 세웠다. 이 중에서 미국 동부에 잘 정착한 것은 5종류 뿐이었다. 그 중에서도 한국과 중국에서 수입한 기생 말벌(*Tiphia vernalis*)이 가장 효과가 좋았다. 또 널리 분포되었다. 땅속의 왜콩풍뎅이의 유충을 발견하면 암컷은 유충을 마비시키는 분비액을 내고 유충의 아래쪽에 알을 하나 낳는다. 알은 곧 부화되어 유충이 되고 움직이지 못하는 왜콩풍뎅이의 유충을 먹으면서 커간다. 그리고 드디어 모두 먹어버린다. 약 25년 동안 중앙 정부와 주가 공동으로 말벌의 콜로니를 동부 14개 주에 만들어 그 말벌이 이 지방에 정착하고 풍뎅이 제거에 큰 구실을 하고 있다고 곤충학자에 의해 확인되었다.

그러나 이보다 더 큰 구실을 하고 있는 것은 박테리아에 의한 병이다. — 왜콩풍뎅이가 속해 있는 풍뎅이과의 잡충류는 침식한다. 극히 특수한 세균으로 다른 곤충에는 기생하지 않으며, 또 지렁이, 온혈동물, 식물에도 해가 없다. 이 병원의 포자는 흙에서 생긴다. 먹이를 구하는 풍뎅이 유충 몸에 들어가면 혈액 중에서 엄청나게 번식하여 유충은 이상한 백색으로 변한다. (그래서 이것을 '밀크병'이라 한다.)

이 병은 1933년 뉴저지주에서 발견되었다. 1938년까지는 알풍뎅이가 만연된 지역에서만 널리 쓰였으나 1939년에는 이 병을 만연시켜 풍뎅이를 제거하는 계획을 시작했다. 이 세균을 인공배양 하는 대신 다른 방법을 사용하였다. 즉, 이 병에 걸린 유충을 파내어 가루로 만들고 말린 다음 칼크(표백분)과 섞는다. 이렇게 만든 가루 1g중에는 보통 1억의 포자가 들어 있다. 1939~1953년에 중앙 정부와 주와의 공동계획으로 동부 14주의 9만 4천 에이커에 이르는 지역에 또 그 밖의 국유지에도 이 방법을 적용하였다. 또 개인, 사설단체도 이 방법을 많이 사용하였다. 1945년에는 코네티컷, 뉴욕, 뉴저지, 델라웨어, 매릴랜드 각 주의 풍뎅이들이 이 밀크병에 걸렸다. 시험구역에서 유충의 94%가 이 병에 걸렸다. 정부는 1953년에 제거 계획을 중단하고 제조는 사립 연구소에 맡기고, 풍뎅이를 제거하려는 희망을 가진 개인이나 원예협회나 시민단체의 요구에 의해 나누어주도록 하였다.

미국 동부의 주는 지금까지 이 자연 제거에 의한 훌륭한 방법의 혜택을 받고 있다. 박테리아는 몇 해라도 흙 속에서 살 수 있고 사실상 거기서 영구히 정착할 수 있다. 그리고 효과는 해마다 증가하며 자연의 힘으로 박테리아는 점점 퍼져 나간다.

왜 이런 방법을 일리노이주나 중서부주에서는 선택하지 않았는가? 동부에서 훌륭한 효과를 거두었는데 이 방법에는 전혀 무관심하고 무서운 화학전쟁을 해야 할 이유는 무엇인가?

어떤 사람은 이 밀크병의 포자를 접종하는데 '비용이 너무 많다'고 하고 있다. 그러나 동부 14주에서 1940년대에 접종시켰을 때 조금도 문제가 되지 않았다. 또 무엇을 기준으로 하여 '너무 비싸게 먹힌다'고 말하는 것일까? 셸던 지방의 살포에 따른 커다란 손해를 평가해 보면 이 포자 접종법이 비싸게 먹힌다고 할 수는 없다. 또한 포자 접종은 단지 한 번만으로 족하다는 것을 잊어서는 안 된다. 처음 한 번 비용이 들면 그것으로 끝이다.

또 다른 반대의 목소리도 있다. 풍뎅이는 분포지역의 주변에서 밀크병의 포자를 접종시키는 데는 유충이 흙 중에 '이미' 많이 있지 않으면 포자가 퍼지지 못하므로 안 된다는 것이다. 화학약품 살포를 지지하는 사람들에겐 이런 것이 또 하나의 문제가 될 수 있을 것이다. 그러나 밀크병을 일으키는 박테리아는 적어도 40여 종류의 갑충류가 있으며, 이 갑충류가 널리 분포되어 있으므로 풍뎅이의 수가 적던지 전혀 없어도 이 밀크병은 퍼져나갈 수 있다. 또한 이 포자는 흙 속에서 오래 살 수 있으므로 갑충류의 유충이 없다 하더라도 앞으로 번식되어갈 장소에다 접종시켜 놓으면 왜콩풍뎅이가 이동해 오는 것을 기다릴 수가 있는 것이다.

그러나 돈이 얼마나 많이 먹히더라도 지금 곧 왜콩풍뎅이를 제거하려면 화학약품을 계속 사용할 수밖에 없다. 화학약품은 돈을 많이 써서 몇 번이고 살포하지 않는 한 오랜 효과를 얻을 수 없으므로 될 수 있는 한 영구성이 없는 것을 만들려는 현대의 경향에 꼭 알맞을 것이다.

반대로 한 계절이나 두 계절까지 완전한 효과가 나올 때까지 기다리려면 밀크병의 방법을 선택한다. 그것은 시간이 갈수록 효과가 작아지는 것이 아니고 거꾸로 효과가 커지고, 영속적인 제거를 기대할 수 있을 것이다.

미국 농림부 소속의 일리노이주의 페오리아 연구소에서는 인공적으로 밀크병의 박테리아를 배양하려고 연구를 시작하였다. 이 연구가 성공하면 비용 면에서도 포자의 접종이 값싸게 될 수 있어서 더 실용화 될 수 있을 것이다. 몇 해 더 연구하면 몇 개의 성과가 발표될 것이다. 이 '새 돌파'법이 완전히 성공하면 지금까지 왜콩풍뎅이 제거에 종사한 사람들에게도 정의와 희망의 빛이 되돌아오게 될 것이다. 중서부에서 자연의 파괴는 악몽과 같은 잔학행위로써 왜콩풍뎅이에 의한 피해가 아무리 크더라도 두 번 다시 이런 일이 있어서는 안 될 것이다.

일리노이주 동부의 살포 사건은 자연과학만이 아니라 도덕적인 문제이기도 하다. 문명국이라 하면서 자기 자신의 파괴없이 생명있는 자연에 대해 잔인한 싸움을 할 수 있겠는가? 또 문명국이라고 불리우는 권리를 잊어버리지 않고 유지할 수 있겠는가?

일리노이주에서 사용된 살충제는 선택성 독은 아니었다. 어떤 한 종류만을 죽일 수는 없었다. 그러나 이런 약품을 사용하는 이유는 극약이기 때문이다. 이 약품에 접촉되는 모든 생물은 모두 중독된다. 집에서 기르는 고양이, 소, 들판의 토끼, 하늘 높이 날으며 노래하는 종달새 모두 중독된다. 그러나 생각해 보라. 이런 동물 중 어느 것이 우리 인간들에게 해를 끼치는가? 오히려 이런 동물들이 있으므로 우리들의 생활이 더 윤택해진다. 그러나 인간들이 이런 동물들에게 보답하는 것은 죽음이다. 그것도 즉사시킬 뿐만 아니라 괴롭게 고생시키다가 죽이는 것이다. 셸던 지방의 전문가가 죽어가는 종달새를 관찰하고 다음과 같이 기록하였다. "근육은 조절이 되지 않고 일어서지도 날지도 못하고, 옆으로 누운 채 날개를 치면서 발톱을 움켜 쥐고 있었다. 부리를 쳐들고 괴로운 듯이 숨을 쉬고 있었다." 더 비참한 것은 다람쥐였다. 얼마나 괴로워했는지 그 시체가 그 흔적을 말없이 말해 주고 있다. "등허리를 구부리고 발가락을 꼭 움켜쥔 채 앞가슴을 긁었다……머리와 목은 밖으로 뻗히고 입은 벌린 채 진흙투성이었다. 너무 괴로워 이 죽어가는 동물은 땅바닥을 쳤다고 생각된다."

살아 있는 동물들을 이렇게 잔혹하게 죽이는 것을 보고서도 부끄럽게 생각하는 사람은 아무도 없는가?

8
새들은 더 노래하지 않고

새는 돌아오지 않고, 봄만이 오고 있다. 아침 일찍 일어나도 철새소리 하나 없는데 봄은 여전히 찾아온다. 지금까지는 갖가지 새소리가 꽉 차 있었는데 갑자기 새우는 소리가 없어지고, 우리들의 눈을 즐겁게 해 주던 빛깔의 찬란한 새들의 모습이 없어졌다. 그것도 갑자기 알지 못하는 사이에 그렇게 되었다. 이런 일을 경험해 보지 못한 사람들은 믿지 못할 것이다.

일리노이주의 힌스데일 시의 어떤 부인이 미국 자연 박물관 명예관장이며 조류학의 세계적 권위자인 머피(Robert Cushman Murphy)씨에게 다음과 같은 절망적인 편지를 보냈다.

우리 마을에서는 몇 해 동안 느릅나무에 화학약품을 살포하였습니다〔이 편지는 1956년에 쓴 것이다〕. 이곳으로 이사온 것은 지금부터 6년전이었는데 그 당시엔 새들이 많았습니다. 먹이 상자를 가져오면 홍관조와 검은머리박새, 딱따구리, 붉은가슴동고비, 등은 겨울내 날아왔고 홍관조와 검은머리박새는 여름에 새끼까지 데리고 왔습니다.

매해 DDT가 살포되자 마을에서 울새와 흰점찌르레기의 모습이 사라졌습니다. 검은머리박새는 요즘 2년 동안 나타나지 않았으며, 올해에는 홍관조도 오지 않았습니다. 마을 부근엔 단지 한쌍의 비둘기와 개똥지빠귀와 같은 작은 새만이 집을 짓고 있을 뿐입니다.

새들이 모두 죽어버렸다는 것을 아이들에게 설명하는데 꽤 힘이 들었습니다. 그들은 새를 죽이거나 잡는 것은 법률로 금지되어 있다고 학교에서 배웠습니다. "새는 다시 돌아옵니까?"라고 물어볼 때, 정말 대답할 말이 없습니다. 느릅나무는 계속 말라 죽어가며, 새들도 자꾸만 죽어갔습니다. 뭔가 대책은 없겠습니까? 지금이라도 무엇인가 하면 되겠습니까? 내가 무엇인가 할 일은 없겠습니까?

불개미 (개미의 일종, 열대 미국 원산의 해충으로 유명하다)에 대해 대규모의 약품 살포를 정부가 시행한 그 다음해 앨라배마주의 한 부인이 투서를 했다. "우리들이 살고 있는 곳은 50년 이상이나 말 그대로 조류 보호구역이었습니다. '보통 때보다 많은 새가 있다는 것을 알게 된 것'은 지난 7월이었습니다. 그런데 8월에 들어 2주일이 지났을까, 갑자기 모두 사라졌습니다. 나는 항상 아침 일찍 일어나서 암말과 그 새끼를 돌보아 주고 있었습니다. 그러나 지저귀는 새가 단 한 마리도 없었습니다. 왠지 이상하고 무서워졌습니다. 그렇게 아름답고 완전했던 자연은 어떻게 된 것일까요? 어치와 굴뚝새가 나타난 것은 5개월 뒤였다.

그해 가을에는 최남부로부터도 놀라운 보고가 와 있다. 국립 오드본협회, 미국 어류 야생 생물국에서 출판된 계간지 *Field Notes*에 미시시피, 루이지애나, 앨라배마주에서 '묘하게도 새라는 새가 전부 없어진 공백상태'라는 놀랄 만한 이변이 보도되었다. 이 잡지에 투고한 것은 모두 숙달된 관측자인데 각각 그 할당된 관찰 지역에 오래 살면서 그곳의 새들의 생태에 대해서 누구보다도 잘 알고 있다. 그 중의 한 사람인 어떤 여성의 보고에 의하면 미시시피주 남부를 드라이브하여도 그 가을에는 "넓은 지역에 그 지역의 색의 모습은 전혀 볼 수가 없었다"고 한다.

바론 루쥬로부터의 다른 보고에 의하면 먹이 상자에는 '몇 주일 동안'이나 먹이가 그대로 있었고 뜰앞의 관목에도 열매가 달렸는데 보통 때면 새들이 모두 이 열매를 쪼았을 텐데 지금은 그대로 있다는 것이었다. 또 다른 보고에 의하면 그의 들창 앞에는 "홍관조 40~50마리가 새빨갛게 모여들고, 또 그 밖의 새들도 모여 왔는데 지금은 가끔 한 마리 아니면 두 마리 정도가 날라올 정도"라고 한다.

웨스트 버지니아대학 교수인 브룩스(Maurice Brooks)씨는 애팔래치아 지방의 새의 권위자인데 웨스트 버지니아주의 새의 수는 "믿지 못할 정도로 감소되었다"고 보고하였다.

어떤 종류의 새는 절멸의 위기에 있고 모든 새가 똑같은 운명에 놓여져 있다. 어떤 비극이 일어날지, 다음의 이야기가 잘 말해 줄 것이라 생각된다. 누구든지 잘 알고 있는 울새의 이야기이다. 미국의 봄은 울새와 함께 온다.

울새가 오면 신문지면에 보도가 되고, 아침 식탁에서의 화젯거리가 생긴다. 봄이 되어 철새 수가 많아지고, 숲의 나무 삭이 파란 안개처럼 넓게 퍼질 무렵 새벽 공기를 흔들면서 울려오는 울새의 첫 울음소리에 모두들 귀를 기울인다. 그러나 지금은 모두 달라졌다. 봄이 되면 울새가 돌아온다는 것도 옛말이 되었다.

울새와 그 밖의 갖가지 새들의 미래는 미국의 느릅나무의 운명과 깊은 인연이 있다. 대서양 연안에서 로키산맥에 이르는 여러 곳의 도시와 마을에는 느릅나무가 무성하고 도로나 광장, 그리고 대학의 뜰 등에는 느릅나무의 푸른 아치가 계속되어 우아한 아름다움을 더해 주고 있다. 이 느릅나무는 미국의 도시나 마을의 역사와 더불어 함께 걸어왔다. 그런데 지금은 느릅나무 대부분이 병에 걸렸다. 병이 너무 심각해 여러 가지 대책이 강구되고 있지만 이 느릅나무를 구할 수 있을 것인지 전문가들은 자못 비관적이다. 느릅나무가 말라 죽는 것을 보는 것은 참으로 비극이다. 그러나 이 느릅나무를 구하지도 못하고, 게다가 새까지 죽게 하는 것은 이중으로 불행한 일이라 할 수 있다. 그런데 실제로 이렇게 되어가고 있다.

네덜란드의 느릅나무병이 유럽에서 미국으로 들어온 것은 1930년경 합판을 만들기 위해 느릅나무 통나무를 수입하였을 때 묻어온 것이다. 균류에 의한 병이다. 물이 통하는 나무의 도관에 균이 들어가고, 포자는 나무 액의 흐름을 따라 퍼져나가며, 독을 배설하여 도관을 막아 나무액이 흐르지 못하게 하므로 가지가 말라죽고 드디어는 나무 전체가 죽게 되는 것이다. 이 병을 운반하는 것은 나무좀이다. 말라 죽은 느릅나무 껍질 밑에 나무좀이 터널을 파헤친다. 그곳은 균류의 포자의 집이다. 포자는 곧 이 곤충에 묻어 곤충을 따라 전파해 나간다. 그러므로 이 전파 곤충을 제거하는 것이 제일 좋은 방법이라고 생각하고 도시에서 도시로, 마을에서 마을로, 특히 느릅나무가 많은 미국 중서부와 뉴잉글랜드 즉, 북동부에 계속 살충제를 살포하게 된 것이다.

이런 살충제의 살포로 도대체 새들은 어떻게 되는 것인가? 특히 울새의 운명은? 여기에 대답한 사람은 미시간 주립대학의 조류학자 조지 월라스(George Wallce) 교수와 그의 대학원 학생 존 메너(John Mehner)이다. 메너가 박사학위 논문에 착수한 것은 1954년이었는데, 그 논문 제목은 울새 개체수에 관한 것이었다. 정말 우연이었다. 그것은 얼마 후에 울새가 어떤 위험에 처하게 될는지 아무도 몰랐다. 그러나 연구를 시작하고 있는 동안 상황이 달라져 울새 자료를 수집하기도 어렵게 되었다.

네덜란드 느릅나무병 제거를 위한 살포는 1954년, 대학 구내로부터 시작되었다. 처음엔 일부분만으로 규모도 작았다. 그 다음 해에는 이 대학이 있는 이스트 랜싱시도 여기에 합세하여 대학내의 살포구역도 넓어졌다. 매미나방과 모기의 제거도 함께 하기로 하여 화학약품의 비는 사정없이 뿌려졌다.

처음 소규모로 살포되었던 1954년은, 모든 것에 별 변화가 없었다. 그 다음 봄에도 철새인 울새는 대학 교정에 돌아왔다. 톰린슨(Tomlimson)의 그 잊을 수 없는 수필 〈잃어버린 숲〉 중의 초롱꽃처럼 그들 울새는 '불행이 기다리고 있다는 것을 꿈에도 모르고' 왔다. 그러나 곧 무엇인가 잘못된 것을 알게 되었다. 대학 안에서 죽은 울새와 죽어가는 울새의 모습이 보이기 시작하였다. 옛날처럼 건강하게 모이를 찾고 옛날 집에 모여오는 새는 거의 없었다. 새 집의 수도 새끼의 수도 극히 적었다. 그 다음 해의 봄에도 또 그 다음 해의 봄에도 똑같은 현상이 계속되었다. 약품이 살포된 지역은 독의 함정으로서 여기로 날아온 울새는 한 주일이 지나기 전에 모두 죽었다. 여기에 새로 날아오는 새마다 모두 같은 운명에 빠져 괴로움에 허덕이면서 죽어갔다.

"봄이 되어 날아오는 대부분의 울새에게 대학은 묘지다"라고 웰라스(Wallace) 박사는 말하고 있다. 왜? 박사는 처음엔 어떤 신경계통의 병이 아닌가 생각했다. 그러나 그러는 동안 그 "살충제를 살포하는 쪽에선 살포는 '새에는 해롭지 않다'고 말하고 있다. 그러나 울새는 살충제의 독 때문에 죽었고 우리들이 잘 아는 평형감각의 상실이 먼저 나타나고 다음에는 떨고 경련이 일어나면서 죽어 간다"는 것을 확실히 알았다.

여러 가지로 추측해 보면 울새는 직접적으로 살충제로 중독되는 것보다 도리어 간접적으로 지렁이를 잡아 먹고 중독되는 것 같다. 우연히도 대학 구내의 지렁이를 연구용 가재의 먹이로 주었을 때 갑자기 가재가 모두 죽었다. 또 실험용 뱀에게도 지렁이를 먹이자 심한 경련을 일으켰다. 울새가 봄철에 잡아먹는 것은 주로 이 지렁이다.

이같은 울새가 죽은 원인이 조각 그림 맞추기처럼 하나씩 해결된 것은 마지막으로 어바나의 일리노이 자연 조사국의 바커(Roy Barker) 박사의 논문에서였다. 1958년 박사는 그의 논문 중에서 울새의 죽음과 느릅나무와 지렁이라는 복잡한 관계를 훌륭하게 분석하였다. 봄에 느릅나무에 살충제를 뿌렸다(50피트의 나무에 대해 보통 2~5파운드의 DDT를 뿌리는데 이것은 느릅나무가 많은 지대에서는 1에이커 당 23파운드 가량 된다). 그 뒤 7월에는 가끔 이 농도의 약 반 가량의 농도로 다시 살포하였다. 이 살포로 가장 높은 나무까지에도 완전히 독이 묻게 되며, 이 약 때문에 해충 뿐만 아니라 그 밖의 다른 곤충들, 즉 꽃가루 수분 곤충, 포식성 거미와 갑충류까지 모두 죽었다. 독은 잎이나 나무껍질에 견고한 필름 같이 말라붙고 비가 오더라도 떨어지지 않는다. 가을이 되어 나뭇잎이 땅에 떨어지면 몇 겹이고 흠뻑 젖은 잎층을 이루고 곧 조금씩 흙으로 변해가는 완만한 과정이 시작된다. 이때 낙엽 부스러기를 찾는 것이 지렁이인데 낙엽 중 느릅나무 잎을 지렁이가 가장 좋아한다. 잎과 함께 살충제도 지렁이 체내로 들어가서 축적되고 농축된다. 해부를 해 보면 지렁이의 소화관, 혈관, 신경, 체벽에 DDT가 남아 있다고 한다(바커 박사). 물론 독이 묻어 죽은 지렁이도 있는데 어떤 것은 살아남아서 독의 '생물학적 증폭기' 구실을 하는 것도 있다. 봄이 되어 울새가 돌아오면 또 다른 죽음의 연쇄가 완성되는 것이다. 큰 지렁이 11마리에는 울새 한 마리를 죽일 수 있는 불량의 DDT가 포함되어 있다. 그리고 울새가 하루 먹는 먹이의 양으로 보면 11마리의 지렁이는 아주 적은 양이다. 울새는 10분이나 12분 동안에 10마리나 12마리를 다 먹어 치운다.

물론 이렇게 중독되지 않는 울새도 있지만, 이런 일족을 확실히 죽게 하는 다른 원인이 있다. 그것은 불임의 어두운 그림자인데 새 뿐만 아니라 약품이 작용할 수 있는 범위 안의 모든 생물이 다 포함된다. 약품을 살포하기 전에 적게 추산해도 370마리의 울새가 있었다(새끼는 빼고). 약을 뿌린 뒤 지금은 이 미시간주립 대학 구내에는 불과 2, 30마리의 울새를 볼 뿐이다. 메너가 1954년에 관찰하였을 때는 어느 새집에도 새끼가 부화했다. 1957년 6월 말경엔 보통 때는 적어도 370마리의 새끼가 나타났을 텐데(살충제를 뿌리기 전에는 대체로 모두 어미새가 되었다), 단 한 마리의 울새 새끼만 있었다. 그 다음 해 월라스 박사는 다음과 같이 보고하였다. "1958년의 봄과 여름

동안에 나는 대학 구내에서 울새 새끼를 한 마리도 볼 수가 없었다. 울새를 보았다고 하는 사람도 아무도 없었다"고.

새끼를 갖지 못하는 원인의 하나는 알을 품고 있을 기간이 완전히 끝나기 전에 이 새 부부의 한쪽이나 또는 두쪽이 모두 죽었기 때문일 것이다. 그러나 월라스 박사의 데이터에 의하면 더 심각한 것은 울새의 생식 능력이 파괴된 것이다. "예를들면 울새나 다른 새들이 새 집을 지을 수는 있지만 알을 낳지 못했다. 알을 낳아도 알을 품고 새끼를 부화시키지 못했다. 울새가 21일 동안 알을 품고 있었으나 새끼를 부화시키지 못했다. 보통 부화 기간은 불과 13일인데……해부를 해본 결과, 고환과 난소에 대단한 DDT 농축을 볼 수 있었다"고 월라스씨는 1960년 의회의 위원회에서 증언하였다. 그는 계속 "열 마리 수컷을 조사했는데 고환 중에 30~109ppm의 DDT가 축적되었고 두 마리의 암컷에서는 난소의 난포 중에 각각 151~211ppm의 DDT가 축적된 것을 보았다"고 말했다.

다른 지방에서도 조사가 시작되어 마찬가지로 무서운 사실이 발견되었다. 위스콘신대학교의 히키(Joseph Hickey) 교수는 그의 학생들과 함께 약품을 살포한 지역과 살포하지 않은 지역을 주의깊게 비교 조사하여, 울새의 사망률이 적어도 86~88%에 도달한다고 보고하였다. 미시간 주 블룸필드 힐즈독 때문에 희생되었다고 생각되는 새 전부를 검사하려고 하므로 협력해 달라고 요청을 했다. 예상 외로 이 요청에 대한 반응이 좋아서 2~3주 간에 연구소의 큰 냉동실이 꽉 차게 되어 다른 표본을 거절할 수밖에 없게끔 되었다. 1959년까지 이 단 하나의 도시에서만도 독사한 새의 보고는 1,000건이 넘었고 또 죽은 새를 가져다 주는 사람도 있었다. 주로 희생이 된 것은 울새였는데(어떤 부인이 전화를 했는데 전화를 걸고 있는 동안에도 뜰 잔디에 12마리나 죽었다). 연구소에서 검사한 새의 종류는 63종이나 되었다.

이 울새의 죽음은 느릅나무 살포로 야기된 파괴 연쇄의 하나에 지나지 않는다. 아니 그뿐 아니라 느릅나무 살포는 미국 전국을 뒤덮는 독의 살포 계획의 극히 일부에 지나지 않는다. 교외에 살고 있는 사람들, 새를 좋아하는 사람들이 알고 있는 새를 포함하여 90여 종류의 새들이 피해를 입었다. 마을에 따라서는 약품을 살포했기 때문에 집을 짓는 새의 개체수가 90%나 줄었다. 갖가지 새들이 모두 피해를 입었다. 땅에서 모이를 찾는 새, 높은 나무에서 먹이는 찾는 새, 나무 껍질에서 먹이를 찾는 새, 포식성의 새들 모두였다.

지렁이나 그밖의 흙 속의 생물을 주로 먹이로 하는 새나 포유동물들도 울새와 꼭 같은 운명이 되리라고 생각할 수 있을 것이다. 지렁이를 먹고 사는 새는 45종류 정도 있다. 예컨대 누른도요새로 이것은 남쪽 지방에서 월동하는데, 최근에 헵타클로르 살포로 인하여 두 가지가 확실해졌다. 뉴브런즈윅 주에서는 새끼가 훨씬 줄었고, 성장한 누른도요새를 해부해 보면 DDT와 헵타클로르의 잔류물이 많이 검출되었다.

지렁이, 개미, 갑충류의 유충, 그 밖의 흙 속의 생물을 먹고 사는 새 20종류가 약품 살포로 이들 먹이가 독을 갖게 되고 그 때문에 많이 죽은 기록이 있다. 그 중엔 지빠귀류의 새가 세 종류나 있다. 가장 아름다운 소리로 노래하는 olive-hacked, wood, hermit다. 그리고 숲밑 관목 사이를 헤매며, 낙엽을 쪼으며 먹이를 찾는 새들 노래참새도 흰목참새도 느릅나무 살포약에 희생이 되었다.

포유동물도 직접, 간접적으로 화를 입었다. 예컨대 너구리는 여러 가지 것을 먹지만 지렁이도 중요한 식량의 하나이다. 봄과 가을엔 어포섬(주머니쥐)이 지렁이를 먹는다. 뒤쥐, 두더지 같은 지하에 구멍을 뚫고 사는 동물도 상당히 많은 지렁이를 먹는다. 그러므로 이 독이 올빼미와 부엉이류로 옮아가는 것이라고 생각된다. 봄에 비가 많이 온 뒤 위스콘신주에 올빼미가 몇 마리 죽었다. 지렁이를 먹고 중독된 듯하다. 매나 부엉이도 경련을 일으켰다. ─북미산 독수리부엉이, 부엉이, 붉은 어깨매, 새매, 북미산 매류등. 이것들은 간장이나 다른 기관에 살충제가 축적되어 있는 작은 새나 쥐를 잡아먹고 간접적으로 중독된 것들이다.

느릅나무 잎에 대한 살포로 생명의 위험을 받은 것은 지상에서 먹이를 찾는 생물, 또 그 생물을 포식하는 생물 뿐만이 아니다. 나뭇잎에 있는 벌레를 잡아 먹는 새들, 나뭇가지에 머무는 새들도 대량으로 살충제를 뿌린 지역에서 그 모습을 감추었다. 숲의 요정이라고 불리우는 루비색깔의 머리장식을 한 상모솔새, 황금빛깔의 머리장식을 한 상모솔새, 노래하는 작은 새들, 봄이 되면 날아와서 각양각색으로 나무 사이를 날으며 지저귀는 노래하는 새들의 모습은 이제는 볼 수가 없게 되었다. 1956년엔 봄이 늦게 왔기 때문에 약품 살포도 뒤로 미루어, 이 때문에 철새가 한꺼번에 찾아올 무렵에 화학약품을 살포하게 되었다. 노래하는 모든 새들의 떼죽음을 당한 시체가 주변을 메웠다. 위스콘신 주의 화이트피시 베이에서는 그 전 해에 적어도 천 마리의 휘파람새가 날아왔다. 그러나 느릅나무의 약품 살포를 한 뒤 1958년에는 단지 두 마리밖에 볼 수가 없었다. 다른 도시나 마을의 기록을 합치면, 약품으로 죽은 새의 수는 더 많을 것이다. 그 중에는 끔찍하게 죽은 새들이 있는 것을 볼 수 있을 것이다. 검고 흰 새, 노란 새, 목련꽃 색깔의 새, 오월의 숲을 누비는 휘파람 새, 불타오르는 날개를 가진 블랙버니아산의 새, 밤색의 캐나다산의 새, 검은 목을 가진 녹색의 새들, 모두가 그 자취를 감추었다. 이런 나무 위에서 먹이를 찾고 있는 새들은 독을 가진 벌레를 먹고 즉사하였으며, 또 먹이가 부족하여 죽기도 하였다.

참새류도 이 같은 심각한 식량란에 봉착했다. 참새는 마치 청어가 바다의 플랭크톤을 걸러 잡는 것처럼 하늘을 날으면서 공중의 벌레도 잡아먹는다. 위스콘신 주의 박물학자의 보고에 의하면 "참새는 대타격을 받았다. 이 4, 5년 동안에 그 수가 얼마나 죽었는지 개탄하지 않는 사람이 없다. 우리들의 머리 위를 날아다니던 참새들은 4년 전 일이었다. 그러나 오늘날은 거의 참새를 볼 수가 없다. ……이것은 약품을 살포했기 때문에 곤충이 없어졌고, 또 중독된 곤충 때문이었다"고 하였다.

또 다른 새에 대해서 관찰한 그의 보고는 다음과 같다. "큰 피해를 받은 것은 딱새류이었다. 딱새는 가끔 볼 수 있었는데 이른 봄에 오는 딱새는 전혀 없었다. 올 봄에 한 마리 보았는데 작년 봄에도 한 마리밖에 볼 수 없었다. 위스콘신의 다른 들새 관측자도 같은 불평을 하였다. 전에는 5, 6마리 있었던 흑관조도 지금은 한 마리도 없다. 굴뚝새, 울새, 북미산의 명금, 올빼미들은 해마다 우리들 정원에 집을 짓는데 지금은 한 마리도 없다. 여름 밤이 밝았는데도 우는 새 소리 하나 없다. 단지 해로운 새, 비둘기, 찌르레기 그리고 참새들만이 남아 있다. 이것은 정말 비극이며 참을 수 없는 일이다"

가을에 느릅나무에 지속성이 있는 살충제가 살포되었을 때 독은 나무껍질 틈 속으로 들어갔다. 이 때문에 박새류, 동고비, 뱁새, 딱따구리 그리고 나무발바리 등의 수가 줄었다고 생각된다. 1957~58 동안의 겨울동안 월라스 박사의 뜰에는 박새류 또는 동고비류가 몇 해 동안 먹이를 주고 있는데 처음으로 그 모습이 보이지 않았다. 그 후 얼마 지난 다음 동고비류 세 마리가 나타났지만 어떻게 이런 비극이 일어났는지 그 전말을 각각 다음과 같이 표시하였다. 한 마리는 느릅나무에서 먹이를 찾았다. 다른 한 마리는 전형적인 DDT 중독 증상을 보이면서 죽으려고 하였고, 세 번째 새는 이미 죽었다. 죽어가고 있는 두 번째 새도 결국 죽었는데 그 조직에서 228ppm의 DDT가 검출되었다.

이와 같이 곤충을 먹는 새들은 살충제로 큰 타격을 받고 있지만, 그 뿐만 아니라 더 경제적, 또 다른 유형, 무형의 손해도 있다. 예컨대 흰가슴 동고비와 갈색 나무발바리는 여름철에 나무에 해로운 곤충알, 유충, 성충 등을 많이 먹는다. 박새류의 식량의 4분의 3은 동물인데 여러 곤충의 생활 모양의 각 단계가 모두 포함되어 있다. 박새류의 먹이 채취 행동에 대해서 벤트(Bent)의 명작인 생물지 〈북미산 조류〉에 다음과 같이 기록되어 있다. "떼를 지어 날아와서는 삽시간에 나무 껍질, 작은 가지, 큰 가지를 뒤져서 아주 작은 것까지 찾아서 먹는다(거미알, 작은 알주머니, 또 동면 중의 곤충 등)."

여러 가지로 연구 끝에 여러 모양으로 새가 곤충 제거에 중요한 구실을 하고 있는 것을 알았다. 예컨대 딱따구리는 전나무의 갑충류를 제거하는 제일 인자로 이 해충을 45~98% 감소시키며, 사과 과수원에서는 코들림나방의 천적으로 중요한 새이다. 박새류와 그 밖에 겨울철 미국에 살고 있는 새는 자벌레의 해로부터 과수원을 지킨다.

그러나 화학약품이 홍수처럼 쏟아진 현대의 세계에서는 자연계의 현상은 제대로 일어나지 못한다. 약품 살포는 곤충 뿐만 아니라 곤충의 제일 적인 새를 죽인다. 나중에 곤충이 재발생될 때는 거의 이를 때가 많지만 이 곤충을 잡아 먹을 새는 어디에도 없다. 밀워키 국립 박물관의 조류 부분의 주임인 그롬(Owen J. Gromme)씨는 밀워키 잡지에 다음과 같이 기고하였다. "곤충의 최대의 적은 포식성의 곤충과 새, 적은 포유류 등이다. 그러나 DDT는 자연 자신의 수호신과 경관까지도 모두 죽여버린다. ……진보라는 이름하에서 우리들은 악마처럼 곤충을 제거하면서 결국 자기 자신이 거기에 희생된 것이 아니겠는가? 일시적인 것만 생각하므로 나중에 벌레가 다시 생겼을 때는 어찌할 방법이 없다. 느릅나무가 말라 죽게 되면, 다른 나무로 해충이 옮아갈 것이다. 그것은 자연의 수호자(새들)가 독약으로 죽어 버린 까닭이 아니겠는가?

위스콘신 주에 화학약품이 살포되자 그롬씨에게는 새가 죽었다거나 죽을 것 같다는 전화와 편지가 많이 왔다. 약품 살포가 계속되는 한 이런 질문이 계속 늘어났다. 조사해 본 결과 새의 피해가 있는 지방에서는 반드시 그 얼마전에 화학약품 살포가 있었다는 것이다.

미국 중서부에 있는 연구소, 예컨대 일리노이 자연 조사국, 위스콘신대학교, 미시간의 크란부루크 연구소의 조류학자와 자연 보호 관리자도 그롬씨와 비슷한 것을 관찰하였다. 살포된 지방의 신문의 독자란을 보기로 하자. 시민들은 몹시 분개하고 있을 뿐만 아니라 살포를 명령한 관리들보다 훨씬 더 예민하게 이 살포의 무서움과 위험성을 느끼고 있다. "우리집 뜰에도 많은 아름다운 새들이 죽을 날이 곧 닥쳐 올 것이다. 이것은 마음 아픈 일이며, 불쌍한 일이다……이것은 더욱이 실패와 좌절감을 가지게 하는 것인데 그것은 도살자가 목적한 원래의 목적은 하나도 달성되지 않았기 때문이다. 긴 안목으로 보아 나무도 구하고 새도 구할 수 있는 방병은 없을 것인가? 자연에서 나무와 새는 서로 돕고 사는 것이 아닐까? 자연을 파괴시키지 않고 자연의 균형을 유지할 수는 없을까?"(밀워키의 어느 여성의 투서)

느릅나무가 아무리 무성하게 자랐더라도 이것들은 인도의 '거룩한 소'와는 다르다. 느릅나무 때문데 다른 생명이 죽어도 좋다고는 할 수 없다라고 생각한 사람도 있다. "느릅나무를 항상 사랑하였습니다. 그것은 우리 지방의 등록상표와 같은 것이었습니다. 그러나 이 밖에 다른 나무도 많았습니다.…… 우리들은 새를 구해야 합니다. 울새의 울음 소리 없는 봄이야말로 얼마나 쓸쓸하고 흥이 없는 일이겠습니까?"(위스콘신의 어느 여성의 투서)

흰 것이냐, 검은 것이냐 라고 간단히 생각할는지 모른다. 새를 살리겠느냐? 아니면 느릅나무를 살리겠느냐? 어느 쪽이냐? 그러나 현실은 그렇게 간단하지는 않다. 화학약품 살포라는 모든 것을 죽여 버리는 방법을 계속 사용한다면 그 마지막 종착점은 나무도 새도 다 죽이고 만다는 아이로니컬한 결과를 가져오게 마련이다. 약품 살포 때문에 새가 죽으면 느릅나무도 살 수 없다. 약품을 계속 살포해 가면 마지막에는 느릅나무를 살릴 수 있다고 생각하는 것은 사람을 홀리는 것으로 환상 같은 것이다. 도시에서 도시로, 돈만 쓰고 결국은 그 때 뿐이며, 나중엔 아무것도 남지 않는 위태로운 방법이다. 코네티컷주의 그리니치에서는 10년간 계속 약품을 살포하였다. 그러자 그 후 가뭄이 계속된 해에 갑충류가 갑자기 늘어나서 느릅나무가 보통 때보다 10배나 더 죽었다. 일리노이 대학교가 있는 어바나에서, 네덜란드 느릅나무병이 처음으로 나타난 것은 1951년이었다. 살포는 1953년에 시작되고 1959년까지 6년간이나 살포되었는데 대학 구내의 느릅나무는 86%나 말라 죽었고 그 중 반수는 네덜란드 느릅나무병에 희생된 것이다.

오하이오주의 톨레도에서도 이와 비슷한 일이 일어났다. 삼림감시위원회의 스위니(Joseph A. Sweeney) 씨가 살포 결과를 추적조사했다. 이 도시에서 살포를 시작한 것은 1953년인데 1959년까지 계속되었다. 그러니, 스위니가 발견한 것은 도시에 퍼져 있는 깍지벌레였다. 책과 전문가가 말하는 것처럼 약품을 살포하였더니 살포하기 전보다 훨씬 많아졌다. 그는 네덜란드 느릅나무병 예방을 위해 뿌린 약품 살포가 어떤 사태를 일으켰는지 조사해 보려고 결심하였다. 그 결과 그는 너무나 놀랐다. 톨레도 시에서 그는 다음과 같은 것을 발견했다. "성공적으로 제거된 곳은 병에 걸린 나무가 병원체를 가지고 있는 나무를 빨리 없애버린 곳 뿐이었다. 약품 살포에 의지한 곳에서는 병이 도리어 더 만연되었다. 아무것도 하지 않았던 시골에서는 도시보다 피해가 적었다. 그것은 약품 살포 때문에 모든 천적이 멸망했다는 것을 말해주고 있다."

"우리들은 네덜란드 느릅나무병의 살포를 중지하고 있다. 그래서 미국 농림부에 의해서 후원을 받고 있는 사람들과 싸우게 되었지만 나는 확실한 사실을 가지고 있으며, 끝까지 그들을 꼼짝 못하게 할 것이다."

미국 중서부 도시에서 느릅나무의 병이 퍼진 것은 최근인데 왜 또 비용이 많이 걸리는 약품 살포라는 방법을 채택했는지, 또 왜 많은 경험을 갖고 있는 다른 지방 예를 조사해 보지도 않았는지 이해하기 곤란하다. 예컨대 뉴욕주는 이 네덜란드 느릅나무병과의 오랜 투쟁의 역사를 갖고 있다. 그것은 1930년 경에 뉴욕 항구에서 이 병원균을 가진 느릅나무 목재가 수입되어 미국에 전파된 것으로 생각되기 때문이다. 뉴욕주에서는 살포 방법을 채택하지는 않았다. 농업 개척국은 농민들에게 약품 살포라는 방법을 추천하지는 않았다.

그런데 뉴욕주에는 어떻게 훌륭한 결과를 얻게 되었는가? 투쟁이 시작될 때부터 오늘날까지 위생환경을 잘 개선하고 병에 걸린 나무는 빨리 다른 곳으로 옮기던지 불에 태워 버리는 방법에 의존하였다. 처음 시작했을 때는 그 결과가 실망적이었다. 그것은 이미 병에 걸린 나무만을 잘라버렸고 알풍뎅이가 알을 낳은 나무는 잘라버리지 않았기 때문이다. 또 잘라버린 나무도 봄이 오기 전에 태워버리지 않으면 효과가 없다. 장작나무로 쌓아두면 알풍뎅이가 발생하고 균류를 전파한다. 월동한 성충은 늦은 4월이나 5월에 먹이를 찾아 네덜란드 느릅나무병을 전파한다. 도대체 무엇이 알풍뎅이 발생의 소지로 되고, 병원체 전파의 원인이 되는 것일까? 뉴욕의 곤충학자는 경험으로부터 그것을 알게 되었다. 이 위험한 원인을 제거하려고 노력한 끝에 드디어 훌륭한 결과를 얻었을 뿐만 아니라 위생환경 개선에 사용한 비용도 적당한 액수로 제한할 수가 있었다. 1950년까지 뉴욕시의 느릅나무는 55,000나무 중 0.2%만이 병에 걸렸다. 웨스트체스터 지방에서는 1942년에 위생 환경 개선에 의한 제거를 시작으로 그 뒤 14년 동안의 느릅나무의 평균 피해율은 한 해에 0.2%에 지나지 않았다. 버팔로에는 185,000나무의 느릅나무가 있는데 위생 환경 개선에 의해 불과 0.3%라는 연간 피해율로 억제시켰다. 이런 비율로 보면, 예컨대 버팔로에서 느릅나무를 전부 없애려면 300년이 걸리게 되는 셈이다.

시러큐스(여기도 뉴욕주)에서 있었던 일은 특히 인상적이었다. 1951년~ 1958년 사이에 시러큐스에서는 3,000개나 느릅나무가 말라죽었다. 그 다음에 1957년에 뉴욕주립대학교 임업대학의 밀러(Howard C. Miller)씨의 감독하에서 병든 나무와 알풍뎅이가 증식된 느릅나무를 모조리 불태웠다. 이 때문에 지금은 연간 손실이 1%에 지나지 않는다.

환경 개선에 의한 제거가 얼마나 경제적인가를 네덜란드 느릅나무병의 제거에 대한 뉴욕의 전문가들이 강조하고 있다. "나중에 얼마나 이익이 되는가에 비해 보면 지금 지출하는 비용은 얼마 되지 않을 때가 많다. 큰 가지가 말라버리던지 꺾여졌을 때는 집이나 사람들을 해칠 우려가 있으므로 결국 제거해야 한다. 장작용 나무일 때는 봄이 되기 전에 사용하던지 나무껍질을 벗기던지 또는 건조한 장소에 쌓아둘 수도 있을 것이다. 병에 걸린 느릅나무는 약간의 비용이 걸리더라도 곧 제거해 버리지 않으면 나중에 더 비싸게 먹힐 것이다. 도시에서 죽은 나무는 결국 없애버리지 않을 수 없기 때문이다"라고 뉴욕 주립 농과대학 J.G. 매티스(J.G. Matthysse)는 말하고 있다.

현명한 방법을 채택한다면 네덜란드 느릅나무병의 문제 해결에도 희망이 없지 않다. 한번 침입한 이 병은 어떤 방법으로도 제거할 수 없다고 생각한다면 위생 환경을 개선하여 이 정도면 참을 수 있다는 정도로 억제해 두는 것이 좋다. 이런 방법을 채택하지 않고 약품을 사용하면 실패할 뿐만 아니라 새의 생명까지도 빼앗아가는 비극에 빠진다. 또 다른 방법으로는 삼림 유전학 분야에서는 네덜란드 느릅나무병에 내성이 있는 느릅나무의 잡종을 만드는 실험도 되어 있다. 유럽의 느릅나무는 내성이 대단히 강하여 워싱턴 D.C.에 나무를 몇 그루 심었다. 워싱턴 D.C.의 다른 느릅나무가 모두 침해를 받아도 이 유럽산의 느릅나무만은 아무런 영향을 받지 않았다.

느릅나무가 많이 말라 죽은 지방에서는 빨리 묘목을 만들어 식목 계획을 하여 잃어버린 나무를 보충하려고 노력하고 있다. 이것은 대단히 중요한 일인데 이 같은 계획에 내성이 강한 유럽산의 느릅나무를 사용하는 것도 좋으나 여러 종류의 나무를 더 심어야 하며, 전염병 때문에 도시나 마을에서 나무가 사라지는 모습을 두 번 다시 보고 싶지는 않다. 건전한 식물, 동물 사회가 성립될 수 있는 열쇠는 영국의 생태학자인 엘턴(Charles Elton)이 말한 개념인 '다양성의 유지'에 있다. 지금 우리들을 괴롭히고 있는 대부분의 재앙은 지금까지의 생물학적 무지 때문이라고 할 수 있다. 1세대 전에는 넓은 지역에 단 한 종류만의 나무만을 심으면 해가 있다는 것을 전혀 몰랐다. 그러므로 모든 도시에나 공원에는 느릅나무를 심었으나 지금은 느릅나무가 말라 버리고 새도 죽을 것이다.

울새와 마찬가지로 또 전멸의 위기에 놓여 있는 다른 미국 새도 있다. 이것은 미국의 국가 상징인 '독수리'이다. 최근 10년 동안에 독수리 수는 놀랄 만큼 감소되었다. 이런 사실은 무엇인가, 독수리의 환경에 원인이 있어서 생식 능력을 크게 파괴시켜 주는 게 아닌가 하고 생각한다. 아직은 그것이 무엇인지 최종적인 결론을 내릴 수는 없지만 살충제 때문이라고 생각되는 명백한 증거가 몇 개 있다.

북미의 독수리 중에서 가장 잘 연구되어진 것은 탬파로부터 포트마이어스에 걸쳐 플로리다 서해안 지대에 살고 있는 독수리이다. 그것은 위니펙 출신의 은퇴한 은행가 브롤리(Charles Broley)씨가 1939~1949년 사이에 1,000마리 이상의 흰머리 독수리 새끼에게 표식을 해준 까닭인데 이것은 참으로 특기할만한 조류학상의 일이었다(지금까지의 기록에서는 독수리의 최고 표식 수는 겨우 166마리였다). 브롤리 씨는 독수리 새끼가 집을 떠나기 바로 그 전 해 겨울 동안에 캐나다로 들어가 프린스 에드워드 섬 부근까지 간 것을 보았다. 그때까지 독수리는 이동성이 없는 것으로 알려져 있었다. 가을이 되면 다시 남쪽으로 날아오는데 펜실베니아의 동부의 호크산 같은 유명한 관측지점에서는 이 돌아오는 독수리를 잘 볼 수 있었다.

브롤리 씨가 독수리 집을 찾아서 독수리 새끼에게 링을 달아 표식을 하기 시작한 무렵엔 그가 선택한 해안지대엔 해마다 언제든지 125개의 알을 가진 둥지를 발견하였다. 링을 단 독수리새끼 수는 150마리 정도였다. 그런데 1947년에 독수리 새끼 수가 감소하기 시작하였다. 알이 하나도 없는 둥지도 있었다. 알은 있어도 새끼가 부화되지 않은 둥지도 있었다. 1952~1957년 사이에, 둥지의 80%가 비었다. 1957년에 둥지에 살고 있는 독수리는 겨우 43마리였다. 그 중에서 새끼를 부화시킨 것이 7곳이었고(새끼는 8마리), 23곳의 알은 부화에 실패했다. 나머지 13곳은 어미 독수리가 먹이를 모아두는 저장소에 불과했고 알은 한 개도 없었다. 1958년 브롤리 씨는 해안을 100마일 이상이나 찾아 헤맸으나 링을 단 독수리를 단지 한 마리 보았을 뿐이었다. 1957년에는 43곳의 둥지가 있었고 어미 새도 있었지만, 58년엔 불과 10곳의 둥지에 독수리가 있는 것을 보았을 뿐이다.

브롤리 씨는 이듬해 1959년에 죽었다. 그의 오랜 기간동안에 행한 귀중한 관찰도 끝이 났다. 그러나 플로리다, 뉴저지, 펜실베니아 등 각주의 오드본 협회로부터 같은 보고가 있다. 이 보고에서 우리들 미국 사람들은 나라의 새 상징을 찾아야 하지 않을까⋯⋯. 호크산의 조류 보호구역의 주임 브라운(Maurice Brown)씨의 보고는 대단히 중요하다. 호크산은 펜실베니아주의 동남부에 있는 그림처럼 아름다운 산이다. 애팔래치아산맥의 최동부에 있는데 서쪽에서 불어오는 바람은 마지막으로 이 산을 넘어 해안의 평지로 불어 내린다. 산에 부딪친 바람은 위로 상승하므로 가을이 되면 끊임없이 바람이 불어 오르고 넓적날개말똥가리나 독수리는 이 바람을 타고 아주 쉽게 산을 넘어 하루에도 몇 마일이나 남쪽을 향해 여행을 계속한다. 많은 산마루가 이 호크산에서 합쳐지므로 말하자면 호크산은 공중 하이웨이의 교차점과 같은 곳이다. 그러므로 북쪽으로 퍼져 있는 영역에서부터 갖가지 새들이 이 좁은 입구를 통해 간다.

이 야생 조류 보호구역의 관리인으로 브라운 씨는 20년 이상이나 독수리나 매를 계속 관측하여 다른 어떤 미국 새들에 대해서 보다 더 정확한 리스트를 만들었다. 흰머리 독수리의 이동은 8월 말에서 9월 초에 절정을 맞는데, 북쪽에서 여름을 보낸 다음 자기 영역으로 돌아가는 플로리다의 독수리들이다. 그 후 가을에서 초겨울동안 몇 마리의 큰 독수리가 통과한다. 북쪽계라고 생각되는데 어디론가 월동하기 위해 날아간다. 1935~1939년의 보호구역으로 된 후 처음 얼마동안 관찰된 독수리의 40%는 일년생이었는데 그들의 검은 날개로 곧 알 수 있었다. 그러나 몇 해 동안에 이 일년생의 독수리의 수가 적어지고, 1955~1959년엔 전체의 20%에 지나지 않았고 어떤 해(1957년)에는 성장한 독수리와 새끼 독수리의 비율이 32대 1로 되었다.

호크산에서 관찰된 것은 다른 데서 얻은 관찰 결과와 동일하였다. 예컨대 일리노이주의 자연자원 협회에 근무하고 있는 엘턴 폭스(Elton Fawks)씨도 같은 보고를 하고 있다. 북쪽에 둥지를 가졌다고 생각되는 독수리는 미시시피강이나 일리노이강의 유역에서 겨울을 보낸다. 1958년 폭스 씨의 보고에 의하면 59마리 중 새끼 독수리는 불과 한 마리에 지나지 않았다. 세계에서 유일한 독수리만의 보호구역인 서스퀘해나강의 마운트 존슨 섬으로부터도 독수리가 전멸할 것 같다는 보고가 있다. 이 섬은 코노윙고 댐의 상류 불과 8마일 쯤 되는 곳에 있고, 또 란카스타지방의 연안까지엔 0.5마일 정도 떨어진 곳인데도 원시의 자연 모습을 그대로 보존하고 있다. 랭카스터의 조류학자이며 야생 조류 보호구역의 보호관인 허버트 H 벡(Herbert H Beck) 교수는 1934년 이래 이 지방에 단 한 개의 독수리 둥지를 관찰했다. 1935~1947년에 둥지는 언제든지 필요할 땐 사용되었으며, 언제든지 새끼가 부화되어졌다. 그러나 1957년 이래 둥지에 알은 있지만 새끼가 부화되지는 않았다.

플로리다에서와 마찬가지로 마운트 존슨 섬에서도 꼭 같은 현상이 나타났다. 둥지에는 독수리가 날아오고 몇 개의 알도 낳는다. 그러나 새끼 모습은

거의 없고 때로는 한 마리도 없다. 도대체 웬일인가? 어느 곳에서나 공통점
은 하나 뿐인데 독수리의 생식 능력이 떨어지고 해마다 자기 종족을 유지해
갈 수 있는 새끼새가 거의 없어졌다. 이것은 무엇인가 어떤 환경에 원인이
있다.

이와 비슷한 환경을 인공적으로 만들어 낼 수도 있다. 특히 미국 어류 야
생 생물국의 제임스 드위트(James DeWitt) 박사는 다른 새를 사용하여 실험
을 하였다. 드위트 박사는 메추리와 꿩에 살충제가 어떤 영향을 끼치는가를
보기 위해 여러 가지 살충제에 대해 실험을 하였다. DDT 또는 이와 비슷한
화학약품에 접촉하면 새는 외관상은 아무 변화가 없으나 생식 능력에 무서
운 변화가 나타난 것을 확실히 하였다. 그 길은 갖가지 있으나 결과는 모두
같다. 예컨대 먹이에다 DDT를 섞어서 산란기간 중 메추리에 먹인다. 메추
리는 평상 때처럼 알을 낳았으나, 알은 부화되지 않았다. "많은 배(胚)는
포란기의 초기 단계에서 정상적으로 성장해 가는 것으로 생각되는데 막상
부화될 시기에 죽게 된다"고 드위트 박사는 말하고 있다. 부화한 것도 부화
뒤 5일 동안에 반수 이상 죽었다. 이 밖에 메추리와 꿩을 동시에 실험했는데
살충제를 섞은 먹이를 일년 동안 주었더니 알을 한 개도 낳지 않았다. 캘리
포니아 대학교의 로버트 루드(Robert Rudd) 박사와 리처드 제넬리(Richard
Genelly) 박사도 같은 실험 결과를 보고하고 있다. 먹이에다 딜드린을 섞으
면 꿩이 낳는 "알 수는 대단히 적게 되고 새끼가 자라는 것도 발육 부진이었
다"고. 이들에 의하면 알 노른자 중에 딜드린이 축척되고 이것이 포란기 동
안 또는 부화된 다음에 서서히 흡수되므로 새끼는 치명적인 죽음에서 오랫
동안 벗어나지를 못한다.

이와 같은 생각은 미시간주립대학교의 월라스(Wallace) 교수와 그의 대학
원 학생인 버나드(Richard F. Bernard)의 최근 연구 결과와 일치한다. 이들은
대학 구내의 울새 체내로부터 매우 농도가 높은 DDT를 검출하였다는 최근
의 연구 결과를 발표하였다. 모든 울새 수컷의 불알, 성장해 가는 알의 난
포, 암컷의 난소, 부화되지 않는 알, 완전하지만 낳지 않은 알, 수난관, 외
딴 둥지에 부화되지 않은 알, 알 속의 배아, 부화된 지 얼마 지나지 않아 죽
은 새끼 등 모든 것에서 독이 검출되었다.

이와 같은 중요한 연구로서 살충제의 해독은 처음에 접촉된 세대로부터

다음 세대에 가서 나타난다는 것이 판명되었다. 알 속이나 배아의 성장을 돕는 알 노른자 속에 독이 축적되면 알이나 새끼가 죽는 것은 당연한 일이다. 드위트 씨의 새가 많이 알 상태에서 죽던지 부화된 다음 바로 죽게 된 것도 이런 사실 때문이었다.

독수리에 대해서 이와 같은 연구를 실험실에서 해보는 것은 퍽 어렵다. 그러나, 야외 연구가 지금 플로리다주와 뉴저지주에서 진행되고 있다. 독수리의 수가 눈에 볼 수 있는 정도로 감소해 가는 원인은 무엇인가에 대해서 지금까지 알려진 결과로부터 간접적으로 추리해 보면 살충제 때문인 것 같다. 물고기가 많은 지방에서는 독수리는 주로 물고리를 먹는다(알래스카에서는 독수리의 먹이의 65%가 물고기이며, 체서피크만 부근에서는 약 52%). 또 브롤리 씨가 오랫동안 관찰해 온 독수리가 주로 물고기를 잡아 먹은 것은 거의 의심할 여지가 없다. 1945년 이후 특히 이 해안지대에 연료유에 녹인 DDT를 몇 번이나 공중에서 살포하였다. 해안의 습지대의 모기를 제거하기 위함이었는데 이 지역은 독수리가 먹이를 찾고 있는 지역이다. 수많은 물고기와 게가 죽었다. 실험실에서 그 조직을 조사해 본 결과 농축도가 높은 DDT가 검출되었다(46ppm). 클리어 호수의 논병아리가 물고기를 먹고 농축된 살충제 잔류물을 체내에 축적시킨 것처럼 독수리의 몸 조직에도 DDT가 틀림없이 축적되어 있다. 논병아리, 꿩, 메추리, 울새들처럼 독수리도 같은 운명으로, 새끼 수는 해마다 감소되고 결국 전멸할 수밖에 없게 되었다.

세계 곳곳에서 새가 위기에 처해 있다는 소리가 들려오고 있다. 각각 그 사정은 다르지만 어느 보고에서든지 살충제 때문에 야생생물이 죽어간다는 테마는 모두 같다. 프랑스에서는 포도 나무 뿌리에 비소를 포함한 제초제를 뿌리자 몇 백 마리의 작은 새와 자고가 죽었다. 벨기에서 이 자고는 한 때는 그 수가 많아 유명했는데 근방 농장에 약품을 뿌린 후부터 그 자취를 감추었다.

또 특수한 사정이 있는 곳은 영국이다. 영국에서는 종자를 뿌리기 전에 종자를 살충제로 처리하는 방법이 널리 유행되었다. 이런 방법은 전혀 새로운 방법은 아니다. 그러나 옛날엔 주로 살균제를 사용하였기 때문에 새에 해가 되지 않았다. 그런데 1956년경부터 2중소독을 하게 되었다. 살균제에 디엘드린, 알드린 또는 헵타클로르를 가하여 흙 속의 곤충을 제거하려고 하였다. 이 결과 사정은 악화되었다.

1960년의 봄이었다. 영국의 조류학협회, 왕립 조류 보호협회, 수납조합협회 등에 새가 죽었다는 보도가 쇄도했다. 노퍽의 어떤 지주는 다음과 같이 기록하였다. "마치 전쟁터와 같다. 나의 관리인은 셀 수 없을 정도의 많은 시체를 발견하였다. 많은 작은 새들—방울새류, 유럽산 방울새류, 홍방울새류, 바위종다리새류 또 집 참새들……야생생물의 파괴는 너무나 가련하다." 어떤 사냥터 지기는 다음과 같이 기록하였다. "살충제로 가공한 곡류를 먹었기 때문에 나의 귀중한 자고가 모두 죽었다. 또 꿩 등 다른 여러 가지 새가 몇 백 마리가 죽었다……지금까지 나는 사냥지기로서 일해 오면서 많은 것을 경험했지만 이번 일만은 너무나 가련하다. 자고 한 쌍이 머리를 마주대고 죽어 있는 것을 보는 것처럼 가슴 아픈 일은 더 없었다."

영국의 조류학 협회와 왕립 조류 보호협회가 공동 보고서를 제출하여 새의 피해 67건에 대해 말하고 있다. 그러나 1960년 봄에 생긴 파괴의 전모를 확실히 표시하기에는 너무나 멀다. 이 중에서 67건은 종자를 살충제로 소독한 것이 원인이며, 8건은 유독한 살포 때문이었다.

그 다음해 새로운 중독 사례는 물결처럼 퍼져나갔다. 노퍽의 하나의 영토 안에서 600마리의 새가 죽었다는 보고가 영국 상원에 제출되었고 노스 에식스의 어떤 농장에서는 꿩이 백 마리나 죽었다. 피해의 범위는 1960년 때보다 훨씬 넓은 것을 알 수 있다(1960년에 23주였지만, 1961년에 34주로). 이 중에서도 농업이 발달된 링컨셔가 그 피해가 제일 큰 것으로 생각된다. 1만 마리의 새가 죽었다고 한다. 그러나 농지가 있는 곳이면 북쪽은 앵거스에서 남쪽은 콘월까지 동쪽은 노퍽에서 서쪽은 앵글시까지 피해가 없는 곳이 없었다.

1961년 봄의 피해가 너무 심했기 때문에 영국 하원에서는 특별위원회가 설치되고 사태를 조사하게 되고 농민, 지주, 농림부관계자 그 밖의 공사립 각 단체의 관계자들로부터 증언을 구하였다.

"죽은 비둘기가 하늘에서 떨어졌다." 한 증인은 이렇게 말했고, 다른 증인은 "백 마일이나 2백 마일 가량 런던으로부터 드라이브하더라도 황조롱이는 한 마리도 볼 수 없다"라고 밝혔다. 자연 보호국의 한 관리는 "내가 알고 있는 한 20세기가 된 다음 이런 일이 있었다고는 생각되지 않는데 야생생물이나 사냥에서 잡은 동물이 이같이 상한 것은 우리 나라가 생긴 이래 처음일 것이다"라고 증언했다.

약품 살포로 희생된 새를 화학분석하려고 해도 할 수 없었다. 시험을 할 수 있는 화학자는 국내에 두 사람밖에 없었다(한 사람은 정부관계의 화학자이고, 또 한 사람은 왕립 조류 보호협회 촉탁이었다). 증인의 말에 의하면 새의 시체를 태울 수 있는 큰 화롯불이 있었다. 아무튼 죽은 새를 모아서 해부해 본 결과 한 마리만 제외하고는 모든 새로부터 살충제의 잔류물이 검출되었다. 단 하나의 예외는 도요새로 이 새는 원래 종자를 먹지 않는 새이다.

새 뿐만 아니라 여우도 피해를 입었다. 중독되어 죽은 쥐나 새를 먹은 것 같다. 토끼의 피해가 심한 영국에서는 토끼의 포식자인 여우는 중요한 역할을 한다. 1959년 11월부터 1960년 4월 동안에 적어도 1,300마리의 여우가 죽었다. 가장 피해가 심한 지방에서는 새매, 황조롱이, 그 밖의 포식성의 새가 완전히 사라졌다. 독은 먹이를 통하여 퍼져나갔다고 생각된다. 종자를 먹는 새로부터 털에 싸인 육식동물, 맹금류로 퍼져간다. 죽어가는 여우에서 언제든지 염화탄화수소 중독의 특징이 확실히 나타났다. 빙빙 돌아다니며, 눈이 어두워지고, 반쯤 못 보게 되고, 드디어 경련을 일으키고 죽는다.

여러 가지 증언을 듣고서 하원의 위원회도 드디어 야생생물이 지금 '가장 위험'한 상태인 것을 알게 되었다. 그 결과 위원회는 하원에 대해 "디엘드린, 알드린, 헵타클로르 그 밖의 이것들과 유사한 극약을 포함한 화합물로 종자를 처리하지 않도록 농림장관 및 스코틀랜드 국무장관은 곧 금지령을 내리도록" 권고하였다. 또 화학약품을 팔기 전에 실험실과 야외에서 충분한 실험을 하도록 그 관리를 충분히 잘 할 수 있도록 권고하고 있다. 이 점은 강조하여도 아무리 지나친 이야기는 아니다. 왜냐하면 이 점이 바로 살충제 연구의 맹점이다. 회사에서도 물론 동물실험은 이루어지고 있다. 하지만 쥐, 개, 모르모트만으로 야생동물, 새, 물고기 등을 사용하지 않으며 그것도 여러 가지 제약된 인공적인 조건하에서 이루어지고 있다. 그러므로 이와 같은 실험 결과를 그대로 야외의 자연에 적용한다는 것은 매우 어리석은 일이 아닐 수 없다.

화학약품으로 종자를 처리하므로 새가 죽어가는 문제는 비단 영국에서 뿐만이 아니다. 우리들 미국에서도 캘리포니아주나 남부 지방의 벼를 심는 지역에서도 애를 먹고 있다. 캘리포니아주에서는 몇 해 동안이나 벼 종자를 DDT로 처리하여 가재류와 물땅땅이류의 곤충으로부터 종자를 보호하였다. 벼를 심는 곳은 물새나 꿩이 많이 모이는 곳이므로 사냥하는데는 아주 좋은 곳이기도 하다. 그러나 새가 줄었다. 특히 꿩, 물오리, 검은 새들의 모습이 없어졌다는 보고가 20년 동안 계속 쌀 생산지로부터 들어왔다. '꿩병'이라는 병은 지금은 잘 알려진 병이다. "물을 먹으려고 하고 마비상태로 되며, 도랑 언덕이나 논 고랑 위에서 떨고 죽어가고 있다"고 어떤 관찰자가 말하였다. '이 병'은 봄에 나타나는데 논에 종자를 뿌릴 무렵과 때가 같다. 사용되는 DDT의 농도는 성장한 꿩을 죽일 수 있는 양의 몇 배나 된다.

그 후 몇 해가 지나는 동안 더 강한 살충제가 생기고, 이것으로 처리한 종자는 더욱 더 위험하게 되었다. 꿩에 대해 DDT보다 100배나 강한 알드린이 지금엔 종자 처리에 널리 쓰이고 있다. 텍사스 동부의 논에서는 이 알드린의 처리 때문에 썩은 낙엽색의 나무오리라는 멕시코만 해안선의 황갈색의 거위 같은 오리의 수가 감소하였다. 이렇게 하여 벼를 심는 사람은 검은 새의 수를 감소시키는 방법을 발견하였으므로 살충제는 뜻밖에도 2중 목적으로 사용되는 셈이 되었다. 그러므로 여기에 모여드는 갖가지 종류의 새들은 큰 타격을 받게 되었다.

죽이는 습성—우리 인간에게 불편하고 귀찮은것이 있으면 곧 '죽인다'는 습성이 많아짐에 따라 새들은 부수적이 아니고 직접적으로 독의 공격의 화살을 받게 되었다. 새가 모여드는 것을 귀찮게 생각한 농부들은 새를 '제거'키 위해 파라티온이라는 아주 독성이 심한 약품을 공중에서 살포하게 됐다. 그러나 "공중에서 파라티온을 살포하게 되면 인간 및 가축과 야생생물에 나중까지 위험이 남는다"고 어류 야생 생물국은 장래를 걱정하면서 주의시켰다. 예컨대 인디애나주 남부에서는 1959년 여름 농부가 몇 사람이 살포용 비행기를 세내어 강가의 낮은 땅에 파라티온을 살포하였다. 이 부근에는 검은 새가 몇 천 마리가 살고 있는데 가까운 곳에 있는 옥수수 밭의 피해가 많았다. 그러나 다른 방법도 있었다. 작물을 약간 변화시키면 해결될 수 있었다. 이삭이 작은 종류의 옥수수를 심어 주면 새를 피할 수 있다. 그러나 모두들 화학약품의 경의성에 혹하여 죽음의 사자인 살포 비행기를 고용하였다.

농부들은 아마 그 결과에 만족했을 것이다. 65,000마리의 붉은날개검은새, 찌르레기가 죽었다. 그러나 그 밖에 얼마나 많은 야생생물이 죽었는지 알 길이 없다. 파라티온은 검은새에 대해 특수성을 가진 약품은 아니었다. 왜냐하면 파라티온은 모든 것을 죽일 수 있기 때문이다. 이 강가 낮은 땅에도 토끼나 너구리, 어포섬(주머니쥐)이 떠돌아 다녔을 것이다. 이런 것들은 농부의 옥수수 밭에는 한 번도 들어가지 않았었을 것이다. 그러나 냉혹한 재판관과 배심원들인 인간은 그들의 존재도 돌보아 주는 것도 모르고 파멸시켜 버리는 판결을 내렸다.

그러나 인간 자신은? 캘리포니아주의 과수원에서도 이 파라티온을 살포하였다. 파라티온을 살포한지 한 달이 지났는데도 잎을 손질하던 남자가 갑자기 쇼크를 일으켰으나 능숙한 응급 치료 덕분에 죽음은 면하였다. 숲이나 들판을 방황하고 강가를 탐험하려는 애들이나 어른이 인디애나주에 있지 않겠는가? 그렇다면 누가 독에 오염된 지역을 관리하고, 사람 손에 오염되지 않은 자연을 찾아다니다 길을 잘못 든 사람들이 이 오염지역에 들어오지 않도록 경고할 수 있는 사람은 누구일까? 인적이 드문 자연을 찾아 산이나 골짜기를 헤매는 사람들에게 "여기는 독을 뿌린 곳이고, 초목은 독 막으로 싸여졌다"고 말하며 다닐 사람이 누구인가? 그러나 농부들은 검은새를 제거하려고 무익한 전쟁을 하고 있다. 아무도 이것을 막지는 못하였다.

이와 같은 상황 하나 하나에 있어서 사람들은 다음과 같은 문제를 생각하지 않을 수 없다. 조용한 연못에 돌을 던졌을 때 생기는 작은 물결처럼 독의 물결을 일으킨 돌을 던지도록 결정한 사람은 누구며 죽음의 연쇄를 일으키게 결정한 사람은 누구인가? 저울의 한쪽 접시에는 알풍뎅이가 갉아 먹는 나뭇잎을 놓고 다른쪽 접시에는 갖가지 새털의 애처로운 잔해, 살충제의 독의 일제 사격에 쓰러진 새의 잔해를 올려 놓고 저울질한 사람은 누구인가? 비록 불모의 세계가 된다 하더라도 벌레 없는 세계가 가장 좋다고 상의없이 살충제를 살포하도록 결정한 사람은 누구인가? 또 그렇게 결정할 수 있는 권리를 가진 사람은 누구인가? 그것은 지금 일시적으로 모든 사람의 권리를 대행할 수 있는 관청의 결정이다. 자연의 미와 자연의 질서있는 세계가 아직도 수백 만의 인간에게는 깊고도 엄연한 의미를 가지고 있는데도 순간적인 부주의에 의해서 이렇게 결정한 것이다.

9
죽음의 강물

대서양 앞바다 푸르른 물 깊은 곳으로부터 해안으로 향하는 길이 몇 개 있다. 물고기가 다니는 길이다. 사람 눈에 잘 보이지 않는 이 길은 육지에서 바다로 흘러들어가는 강과 연결되어 있다. 어디까지나 계속 흐르는 단물의 흐름은 연어만이 알고 있어 몇 천년 옛날부터 이 길을 통하여 자기가 나서 자란 고향인 강 지류로 돌아온다. 캐나다의 뉴브런즈윅주에 미라미치라는 이름의 강이 있다. 1953년 여름에서 가을 사이에, 연어는 멀리 대서양 앞바다로 먹이를 찾아 나갔다가 다시 자기 출생지인 미라미치강을 거슬러 올라오고 있었다. 상류에서는 강도 작아져, 그물눈처럼 얽힌 작은 강줄기가 나무 그늘 밑을 흐르고 있었다. 강물이 급하여 물이 찬 곳을 골라서 강 밑 자갈 위에 그 해 가을 연어는 알을 낳았다. 가문비나무와 발삼나무 그리고 솔송나무와 소나무가 무성한 침엽수 숲으로 가리워진 이곳은 아주 좋은 연어 산란장이었다.

이런 일은 태곳적부터 계속 반복된 일이었다. 그런 까닭에 미라미치강은 북미에서도 유명한 연어 산지가 되었다. 그런데 옛날부터 계속되어 온 자연의 일이 갑자기 그 해부터 파괴되었다.

가을과 겨울 동안에 큰 연어 알은 두꺼운 껍질에 싸여 자갈이 많은 얕은 구멍이나 어미 연어가 강바닥에 파 놓은 구멍 속에 그대로 놓여 있다. 이 알은 추운 겨울 동안엔 그들의 습성대로 별 변화 없이 그대로 있다가 드디어 봄이 되어 숲의 눈이 녹으면 부화하기 시작한다. 처음엔 강바닥의 작은 돌 사이에 숨어 있다. —반 인치도 될까 말까 한 아주 작은 물고기이다. 이것들은 먹이를 먹지 않고 다만 큰 난황낭 덕택으로 살아간다. 이 난황낭을 전부 흡수해 먹은 다음엔 작은 벌레를 찾아서 강물을 따라 헤어 간다.

이렇게 하여 1954년 봄에 작은 연어 새끼가 부화되었다. 미라미치강에서 새로 부화된 연어 새끼들은 붉은 반점과 예쁜 무늬의 옷을 입은 한두 살짜리 젊은 연어들과 함께 떼를 지어 헤엄치고 있었다. 이들은 모두 강물 속의 갖가지 이상한 벌레를 찾아 정신없이 잡아먹고 있었다.

그러나 여름이 되자 모든 상황이 달라졌다. 그 해보다 일 년 전 일이다. 캐나다 정부가 대규모 약품 살포 계획을 세웠는데 이 미라미치강의 북서부 유역도 거기에 포함되었다. 그 계획은 가문비나무벌레로부터 숲을 보호하기 위한 살충제 살포 계획이었다. 이 벌레는 몇몇 상록수를 해치는 토착 해충이다. 동부 캐나다에서는 대체로 35년마다 큰 피해가 발생하는데 1950년대 초기에는 이 벌레가 파도처럼 용솟음쳤다. 이것을 죽이기 위해서 DDT 살포가 시작됐다. 처음엔 규모가 적었으나 1953년에는 대규모로 시행되었다. 지금까지 수천 단위의 에이커였던 것이 이젠 수만 에이커의 발삼나무 숲에 살충제가 살포되었다. 이것은 펄프와 제지 공업의 중요한 원료가 되는 발삼나무를 보호하기 위한 계획이었다.

이렇게 하여 1954년 6월이 되었을 때, 미라미치강 서북쪽 숲 상공에 비행기 몇 대가 나타나서 흰 연기를 뿜으면서 십자형으로 이리저리 날았다. 구름처럼 퍼진 살포약—기름에 녹인 DDT, 에이커당 0.5파운드—은 발삼나무 숲 위에 떨어졌고 드디어는 땅과 흐르는 강물에까지 스며들었다. 비행사들은 자기들의 임무만 하면 됐으므로, 강 위를 날 때는 물이 오염되지 않도록 살충제 분무 밸브를 잠그려는 생각도 없었다. 그러나 양심적인 비행사가 있어서 분무 밸브를 잠갔다고 해도 본디 살충제는 바람이 조금이라도 있으면 그 주변 전체에 퍼지므로 강물의 오염은 피할 수가 없었을 것이다.

그 후 얼마가 지났다. 역시 불길한 징조가 나타났다. 이틀 뒤 강가에 죽은 물고기와 죽어 가는 물고기가 많이 발견되었다. 그 중엔 어린 연어도 있었다. 또 그 중엔 죽은 송어도 있었으며, 길가나 숲에는 새들도 많이 죽어 있었다. 강에 있는 모든 생명체는 사라지고 물만이 흘렀다. 살포 전에는 연어나 송어의 먹이가 되는 작은 벌레들이 강물 속에 욱실거렸다. 작은 돌이나 잎이나 줄기를 모아서 거품을 뿜어 헐겁게 붙여 만든 집 속에 살던 날도래목의 유충, 소용돌이치며 흐르는 강물 속의 바위에 부착돼 있던 강도래의 애벌레, 그리고 여울의 돌이나 경사진 바위 위를 물이 세차게 흐르는 곳의 돌 모서리에 붙어 있던 연충 같은 등에의 유충 등. 그러나 지금은 이 모든 강물의 벌레들이 죽었다. 모두가 DDT에 희생되었고 이제는 연어의 먹이가 하나도 없었다.

이러한 자연의 죽음과 파멸 속에서 연어 자신들도 죽음에서 벗어날 수가 없었다. 그해 봄에 자갈이 깔린 강바닥에서 부화된 연어 새끼는 8월에는 한 마리 남김없이 모두 죽었다. 그 전해의 산란은 완전히 허사였다. 한 해 전이나 또 그 전에 부화된 새끼 연어의 운명도 별다를 바 없었다. 1953년 부화된 연어는 비행기가 날아왔을 때 강물에서 먹이를 찾고 있었는데 6마리 중 한 마리만이 겨우 어떻게 살아남았다. 1952년 부화된 것은 바다로 들어가려는 찰나였다. 3마리 중 한 마리의 비율로 그들은 친구를 잃었다.

이와 같은 사실은 1950년부터 미라미치강 북서부 유역의 연어 상태를 조사한 캐나다 어업 연구소의 조사로 확실해졌다. 이 생물학자들은 산란하러 강을 타고 오르는 연어의 수, 강물에 있는 매해 부화된 새끼 연어의 수, 그리고 이 강에 살고 있는 그 밖의 다른 물고기의 평균 수 등의 통계를 가지고 있었다. 살충제를 살포하기 전의 이 강의 생물 생태가 이처럼 완전히 기록되어 있었으므로, 유례가 없을 만큼 심각한 피해 실태를 우리는 잘 알 수 있게 되었다.

이 조사는 어린 연어의 피해를 밝혔을 뿐 아니라 강 그 자체에도 심각한 변화가 있었음을 밝혔다. 몇 번이고 계속 살포했기 때문에 강 생물 환경이 완전히 변했다. 연어와 송어의 먹이가 되었던 강물 속 곤충이 모두 죽었다. 그것이 연어의 먹이가 될 만큼의 수가 되려면, 한번 약품이 살포된 뒤로 몇 달이 아니라 해 단위의 시간이 지나지 않으면 안 된다.

가장 빨리 모습을 다시 나타낸 것은 모기붙이나 등에 같은 아주 작은 벌레들이었다. 이것들은 부화된지 얼마 되지 않은 연어의 좋은 먹이가 된다. 그러나 두세 살쯤 된 연어 새끼는 이보다 더 큰 수중곤충을 먹는다. 이런 큰 곤충은 그렇게 빨리는 회생되지 않는다. 이들 연어의 먹이는 날도래목, 강도래목 및 하루살이목 등의 곤충의 유충인데 좀처럼 회생되지 않는다. DDT를 살포한 다음 2년이 지나도 운이 좋으면 가끔 작은 강도래 따위를 발견할 수 있을 정도이다. 큰 강도래, 날도래, 하루살이 같은 곤충은 전혀 볼 수가 없다. 이 같은 자연의 먹이를 공급하기 위하여 캐나다 사람들은 이 불모지가 된 미라미치강에 날도래목의 유충과 그 밖의 수중곤충을 수송했다. 그러나 살충제가 또다시 살포된다면 이 모든 노력은 수포로 돌아가리라.

가문비나무벌레는 뜻밖에도 그 수가 감소하는 대신 화학약품에 저항성을 갖게 되었다. 1955~1957년 동안 뉴브런즈윅주와 퀘벡주의 여러 고장에서 살포가 계속되었고 어떤 지방에서는 3회 이상이나 약이 살포되었다. 1957년까지 약 150만 에이커의 면적에 DDT가 뿌려졌다. 그 후 한때 DDT 살포를 중지했는데 갑자기 가문비나무벌레가 부활했으므로 1960년과 1961년에 다시 DDT를 뿌렸다. 그러나 화학약품 살포가 임시변통이 아니고 영구적인 대책이라는 보증은 없었다(그런데도 몇 해 지나서 잎이 말라 떨어져 죽게 되는 병으로부터 나무를 구하려는 목적으로 이것을 한 것이다). 살포를 계속하면 앞으로 더욱 부정적인 면만이 확실해질 것이다. 캐나다 산림청은 물고기 피해를 적게 하려고 1에이커당 2분의 1파운드의 DDT를 4분의 1로 감소시켰다. 어업 연구소의 충고도 있었다(미국에서는 1에이커당 1파운드로 정해져 있는데, 이 위험한 양은 그대로 사용되고 있다). 캐나다에서는 몇 해 동안 살포를 계속한 결과가 나타나 매우 곤란한 상태에 직면케 되었다. 이 이상 살포를 계속한다면 연어 낚시의 즐거움은 거의 없어질 판이었다.

그러나 미라미치강 북서쪽 유역의 피해는 예상 밖에 가벼웠다—백년에 한 번 생길 수 있는 참으로 신기한 우연들이 겹쳤던 것이다. 도대체 어떤 일이 생겼으며, 또 그 이유가 무엇인가를 알아보는 것은 퍽 중요한 일이다.

1954년 미라미치강 지류의 유역에 화학약품이 많이 살포됐다는 것은 이미 설명한 바와 같다. 그 후 1956년 일부 지역에 살포된 일을 제외하면, 이 지역에선 살포가 이루어지지 않았다. 그런데 1954년 가을 열대성 저기압 허리케인 에드나가 북상하여 심한 폭우가 뉴잉글랜드와 캐나다의 해안에 내렸다. 연어에게는 둘도 없는 행운의 비였다. 홍수가 졌으므로 단물이 바다 앞까지 밀고 내려갔고, 지금까지 볼 수 없었던 굉장한 수의 연어가 강물 따라 올라와서 강바닥 자갈돌에 알을 수없이 낳았다. 그 다음 해인 1955년 봄, 부화된 연어 새끼는 미라미치강 북서부 지류에서 살아 남을 수 있는 가장 좋은 환경에 있었다. 그 전해 DDT 때문에 강물 속 모든 곤충은 죽었지만 가장 작은 벌레들—모기붙이와 등에—은 봄이 되자 다시 그 모습을 나타내어 연어 새끼들의 좋은 먹이가 되었다. 연어 새끼는 이 해 많은 먹이를 얻었을 뿐만 아니라 먹이를 빼앗아 갈 경쟁자도 만나지 않았다. 그것은 비참하게도 형님뻘 되는 연어 새끼가 1954년의 화학약품 살포로 모두 죽었던 까닭이었다. 이렇게 하여 1955년도에 태어난 연어 새끼는 아주 크게 자랐고 또 특별히 많이 살아 남았다. 보통 때보다 빨리 성장한 연어 새끼는 또 보통 때보다 빨리 바다로 들어갔다. 그 중 많은 연어가 1959년에 다시 고향인 강물로 돌아와 많은 알을 낳았다.

미라미치강 서북 상류의 피해가 그렇게 크지 않았던 것은 단지 일년 동안만 약을 살포했기 때문이었다. 몇 번이고 계속하여 화학약품을 살포한 다른 곳의 강에서는 연어의 수가 눈에 보일 정도로 감소되었다.

그런 강에서는 매해 부화된 연어가 모두 그 자취를 감추었다. 막 부화된 가장 어린 연어 새끼는 '사실상 전멸'되었다고 생물학자가 보고하였다. 미라미치강 남서쪽의 주 지류에서는 1956년과 1957년에 약이 살포되었으므로 1959년의 포획량은 이 10년 동안 가장 적었다. 강으로 돌아오는 연어 중에서 가장 어린 연어가 제일 적었다고 어부들이 말하고 있다. 또 미라미치강 어귀에 연어의 동태를 조사하기 위해 펼쳐 놓은 포획망에 잡힌 어린 연어 수도 전해에 비해서 4분의 1밖에 되지 않았다. 그해 미라미치강 전체에서 바다로 내려간 두 살배기 연어의 수는 60만 마리도 안 되었다. 이 수는 과거 3년간의 평균값의 3분의 1도 되지 않는 정도이다.

이와 같은 상황을 보면 뉴브런즈윅주의 연어 어업의 장래는 DDT 대신 다른 새 방법을 발견할 수 있느냐에 달렸다고 할 수 있을 것이다.

이스트 캐나다의 사정도 이것과 비슷하였다. 다만 미라미치강 유역보다 넓은 지역에 화학약품이 살포되었고 또 모아 놓은 관찰 데이타도 상당히 많다. 메인 지방에는 가문비나무와 발삼나무 숲이 있고 숲 해충 구제의 문제가 컸었다. 메인 지방에도 또한 연어가 사는 강이 있어서 옛날엔 이 강에 연어가 떼를 지어 다녔는데, 지금은 강이 공장 폐수로 오염되었고 통나무가 마구 떠다닌다. 이런 강에라도 연어가 아직도 올 수 있는 것은 생물학자, 자연 보호관의 노력에 의해 환경 조건이 그나마 유지되었던 까닭이다. 가문비나무 벌레의 피해를 막으려고 약품을 살포하였지만 오염 구역이 비교적 적었고 연어의 산란에 중요한 강은 아직은 오염되지 않았다. 그러나 메인 지방의 담수어업 관리국이 관찰한 지역에서 일어난 현상은 앞으로 닥쳐올 일의 불길한 징조인 것 같았다. 이 국은 다음과 같이 보고하였다.

"1958년 살포 직후 빅고다드강에서는 흡반이 있는 어류가 많이 죽어 가고 있는 것이 발견되었다. 이들 물고기는 확실히 DDT의 독성에 침해된 상태를 보였다. 이상하게 헤엄치는가 하면 수면으로 올라와 헐떡거리며 떨면서 경련을 일으켰다. 살포 후 5일 동안 668마리의 죽은 물고기가 두 개의 그물에 걸렸다. 리틀고다드강, 캐리강, 앨더강과 블레이크강에서도 잉어과의 작은 물고기와 흡반이 있는 어류들이 많이 죽었다. 또한 힘없이 강물에 떠내려가는 물고기의 모습도 보였다. 살포 후 일주일 이상 지나도 눈이 보이지 않는 죽어 가는 송어가 그저 강물에 떠내려가는 것을 본 적도 한두 번이 아니었다."

(DDT가 생선의 눈을 멀게 한다는 사실은 여러 가지 연구로 밝혀졌다. 캐나다의 어떤 생물학자가 1957년 밴쿠버 북부에서 살충제 살포를 관찰하였는데, 'cut-throat trout'라는 송어 새끼가 수면에서 서서히 헤엄쳐 손에 간단히 잡힐 정도로 달아나지 않았다고 보고했다. 조사해 본 결과 안구에 흰 불투명한 막이 씌어 있고 시력이 감퇴되었든지 아니면 상실된 것으로 생각되었다. 또 캐나다 어업 연구소의 실험 보고에 의하면 DDT의 묽은 용액(3ppm 정도)에 접촉된 모든 물고기(은연어)는 죽지 않아도 눈먼 상태에 빠지고 안구의 수정체가 불투명해졌다.)

넓은 숲 지대가 있는 곳이면 어디서든지 최근의 화학적 곤충 제거 때문에 물고기의 생명이 위협을 받고 있다. 수해 밑으로 강이 흐르고 강에는 물고기가 살고 있다. 1955년에 미국 옐로우스톤 국립공원과 그 부근 지대에 화학약품을 살포하여 물고기를 죽인 것은 너무나도 잘 알려진 예의 하나이다. 그해 가을 화학약품 살포 때문에 옐로우스톤강에서 수많은 물고기가 죽고 낚시꾼들과 몬태나 어업 수렵 관리국이 당황하였다. 이 강 유역 약 90마일이 오염되었던 것이다. 한 해안 300야드에서 600마리의 물고기가 죽은 것을 볼 수 있었는데 그 중엔 송어류, 흰물고기류 그리고 흡반이 있는 어류들이 있었다. 그리고 송어의 먹이가 될 수중곤충도 전부 없어졌다.

설명을 요구받은 산림청은 1에이커당 DDT 1파운드는 '안전'하다고 하는 지시대로 살충제를 살포하였다고 설명하였다. 그러나 살포 결과를 보면 이 안전이 실제 안전과는 굉장히 거리가 먼 것을 누구든지 알 수 있었다. 아무튼 1956년엔 몬태나 어업 수렵 관리국과, 중앙의 어류 야생 생물 보호국 및 산림청의 두 관청들이 합동 조사를 시작하기로 하였다. 몬태나주에서는 1956년 90만 에이커에 약이 살포되었고 1957년엔 이어서 80만 에이커에 살포되었다. 그러므로 생물학자들은 그들의 연구자료를 얻는 데 별로 어려움은 없었다.

물고기가 죽는 순서는 항상 일정한 모양이었다. 숲 전체에 DDT 냄새가 퍼진다. 강 수면에 기름막이 생기고 양 기슭을 따라 죽은 송어가 떠오른다. 해부해 보면 죽은 송어든, 아직도 살아 있는 송어든 모두 그 조직 중에 DDT가 검출되었다. 동부 캐나다의 실례로 알 수 있는 바와 같이, 물고기의 식량이 되는 수중곤충의 극단적인 감소가 큰 타격이다. 조사 구역에서는 수중곤충이나 강바닥에 사는 동물상의 수가 평균의 10분의 1로 감소된 곳이 많았다. 이런 곤충은 송어가 살아가는 데 없어서는 안 되는 것들인데 한번 파괴되면 그 곤충 수가 좀처럼 처음 상태로 되지 않는다. 약이 살포된 후 두 번째 여름이 끝날 무렵인데도 다시 모습을 나타낸 수중곤충의 수는 형편없었다. 어떤 강 줄기에서는—옛날엔 강바닥 동물상이 풍부하였다—곤충이 거의 없었고 옛날의 20% 정도로 낚시 물고기가 줄어들었다.

물고기는 곧 죽지는 않는다. 도리어 얼마 지난 다음 죽을 때가 많은 것 같다. 몬태나주의 생물학자에 의하면 어획 계절이 끝난 다음 죽은 물고기가 도리어 더 많았으므로 실태를 정확히 알 수 없다고 한다. 조사 유역에서 특히 많이 죽은 것은 가을에 산란하는 송어, 북미산 송어 그리고 흰물고기류 등이었다. 물고기이든 사람이든 생리상의 부담이 올 때는 그때까지 축적되어 있던 지방분이 에너지원이 된다. 이렇게 보면 산란기의 물고기가 특히 죽게 되는 것은 별로 이상한 일이 아니다. 조직에 축적돼 있던 치사량의 DDT가 그 순간 맹위를 떨친 것이다.

1에이커당 1파운드의 DDT 살포가 숲에서 흐르는 강의 물고기의 생명을 무섭게 위협하고 있는 것은 이제 의심할 여지도 없다. 뿐만 아니라 가문비나 무벌레 제거라는 본디 목적도 달성되지 않아서 또 넓은 지역에 계속 반복하여 DDT를 살포하기로 되어 있다. '과연 충분한 효과가 있는지도 모르는데 또 화학약품을 살포하여 낚시 물고기의 생명에 해를 끼치는 것은 용납할 수 없다'고 몬태나주 어업 수렵 관리국이 강한 반대를 하였다. 그러나 '부작용을 최저한으로 감소시키는 방법을 발견'하도록 금후에도 산림청과 협력하겠다고 하였다.

그러나 이런 협력이 과연 물고기를 구할 수 있을 것인가? 브리티시 컬럼비아주에서의 한 사례가 여기에 관해 웅변적인 대답을 해 주고 있다. 갑자기 머리가 검은 가문비나무벌레가 대량 발생해 4~5년간 맹위를 떨쳤다. 산림 벌채량이 감소되는 것을 걱정한 산림청에서는 1957년에 제거 대책을 실시하기로 하였다. 연어를 걱정한 수렵 관리국과의 몇 차례의 타협 끝에, 드디어 삼림생물과는 물고기의 위험을 감소시키기 위해 살충제의 양을 최저선까지 내리기로 계획을 변경하는 데 동의하였다.

그러나 사전에 이런 주의를 했음에도 또 표면적으로 많은 노력을 했음에도 불구하고 적어도 4개의 큰 강의 연어는 거의 전멸하였다.

그 중 강 하나에서는 강을 타고 올라온 어린 은연어 4만 마리가 거의 전멸하였다. 또 각종 송어류의 새끼들도 모두 죽었다. 은연어의 라이프 사이클은 3년이고 한 집단은 거의 같은 해의 물고기로 구성되어 있다. 다른 연어처럼 은연어에도 부화된 강으로 돌아오는 본능을 가지고 있다. 다른 강에서 부화된 것이 잘못해서 이 강에 들어오지는 않는다. 따라서 이 강에서는 매 3년마다 연어를 볼 수 없게 된다. 그러므로 이런 해에서는 인공 생식 등으로 연어를 양식하였다. 연어는 중요한 상품이었다.

이 문제를 해결하는 방법—숲도 보호하면서 물고기도 구할 수 있는 방법은 없을까. 모든 강물이 죽음의 강으로 변하는 모습을 그대로 바라보고 있는 것은 절망과 패배에 머리를 숙이는 것과 같다. 오늘날 인간이 알고 있는 방법을 더 널리 활용하고 더 연구하여 다른 방법을 발전시키지 않으면 안 된다. 화학약품을 살포하는 것보다 자연의 기생충을 이용하는 것이 가문비나무벌레 제거에 더 효과적이라는 것이 기록에 남아 있다. 이 같은 자연 그 자체에 적합한 제거법을 충분히 활용하여야 한다. 독성이 약한 약품을 살포하는 방법도 생각되지만, 그보다 미생물을 이용하여 숲 그 자체에는 아무런 해를 주지 않고 단지 가문비나무벌레에게만 일종의 병을 일으키게 하는 방법도 가능하다. 이와 같은 다른 방법이 어떤 것이며 얼마나 기대할 만한지는 나중에 설명하겠다. 아무튼 화학약품 살포는 숲 해충 제거의 유일한 방법이 아니며 또 최상의 방법도 아니라는 점을 알아 두는 것이 중요하다.

물고기의 생명을 위협하는 살충제 문제는 세 가지로 분류된다. 첫째는 지금 설명한 것처럼 북부 삼림지대의 강에 살고 있는 물고기가 받은 피해인데, 숲에 대한 약품 살포 자체만의 문제이다. 그것도 거의 DDT만의 해독이었다. 두 번째 피해는 이에 비하면 훨씬 범위도 넓고 복잡하다. 갖가지 물, 즉 흐르는 물인 강이나 고인 물인 못에 살고 있는 갖가지 물고기—농어, 개복치, 크래피, 흡반을 가진 물고기 등이 피해를 받는다. 그리고 이 때는 농약으로 사용되는 살충제 거의 전부가 원인이 되고 있다. 엔드린, 톡사펜, 디엘드린 및 헵타클로르와 같은 것의 해는 곧 알 수 있으나 그 밖의 복잡한 화학약품도 많이 있다. 그리고 마지막 문제는 이로 인해 장래에 어떤 사태가 예측되는가 하는 것이다. 현재는 겨우 연구의 실마리가 풀어졌을 뿐이다. 즉 짠물 습지, 강, 만, 강어귀 등의 물고기가 어떻게 되는지 문제이다.

새로이 유기살충제가 발견되어 널리 살포되면 물고기는 대단히 큰 피해를 입을 것이다. 오늘날 사용되는 살충제는 대개 염소 계열인데 물고기는 이에 매우 예민하기 때문이다. 그리고 몇 백만 톤의 독약이 지표에 살포되면 육지와 바다 사이를 쉬지 않고 움직이고 있는 물은 오염될 수밖에 없다.

물고기 학살이라는 비참한 일이 각지로부터 보고되고 있으므로 미국 공중위생국은 새로운 과를 신설하여 주별로 물의 오염 통계를 만들기 시작하였다.

이것은 많은 사람들과 관련된 문제이다. 미국에서 낚시를 자주 즐기는 사람은 2500만이나 있고 그 밖의 5100만의 사람들은 적어도 때때로 낚시를 즐기는 사람들이다. 낚시 입장권, 낚시도구, 낚시용 배, 캠프용구, 휘발유 그리고 숙박 등에 이들은 매해 30억 달러의 돈을 사용하고 있다. 화학약품의 살포는 이런 사람들의 취미를 빼앗을 뿐만 아니라 또 산업에도 큰 타격을 준다. 낚시를 직업으로 하는 어부도 있다. 또 우리들의 중요한 식량 자원이 없어진다. 하천, 호수, 연안 어획량은(해양 어획은 제외) 연간 30억 파운드로 추정되는데 지금은 살충제로 인한 하천, 연못, 강, 만의 오염으로 모든 낚시와 어업과 같은 산업이 큰 위협을 받게 되었다.

농약 살포와 오염에 의한 물고기 피해 예는 여러 곳에서 발견된다. 예컨대 캘리포니아주에서는 벼 잎의 해충을 제거하려고 디엘드린을 살포한 까닭에 개복칫과의 식용어와 블루길 6만 마리나 죽었다. 루이지애나주에서는 사탕수수 밭에 엔드린을 사용한 까닭에 불과 일 년 동안 대량의 물고기가 죽은 사태가 30건 이상이나 되었다(1960년). 펜실베이니아주에서는 쥐를 잡기 위해 과수원에 엔드린을 사용한 까닭에 물고기를 많이 죽였다. 또 서부 고지의 강에서도 수많은 물고기가 죽었는데 그것은 메뚜기를 죽이기 위해서 클로르덴을 사용한 까닭이었다.

미국 남부에서는 불개미를 없애려고 농약을 살포했는데, 유례가 없을 만큼 대규모로 몇 백만 에이커나 되는 토지에 주로 헵타클로르를 살포하였다. 헵타클로르는 DDT 못지 않게 물고기에게 해를 끼치는 극약이다. 또 불개미에 효과적인 약으로 디엘드린이 있는데 이것도 수중생물에 대단히 유독하다는 점은 과거의 실례로 충분히 알 수 있다. 또 엔드린, 톡사펜도 물고기에 큰 해를 줄 수 있는 약이다.

불개미를 제거하기 위해 헵타클로르나 디엘드린을 사용한 지역에서는 반드시 모든 수중생물이 죽었다는 보고가 있다. 이런 피해를 조사한 생물학자의 보고를 인용해 보자. 텍사스주에서는 '운하를 지키려고 노력했음에도 불구하고 수중생물이 대단히 큰 피해를 입었다.' '약품이 살포된 모든 물에서는 죽은 물고기를 볼 수 있었다', '물고기의 피해는 커서, 3주 후에도 아직 물고기가 죽어 갔다.' 앨라배마에서는 '윌콕스 지방에서는 살포 며칠 후에, 성장한 물고기가 거의 죽어 버렸다', '비가 와서 일시적으로 생긴 못이나 작은 지류에 있었던 물고기는 전멸되었다고 생각한다'고 보고되어 있다.

루이지애나주에서는 농부가 못에서 기르고 있었던 물고기가 죽었다. 어떤 운하에서는 강을 끼고 올라갈 때 4분의 1마일쯤 갈 동안에 500마리도 넘는 물고기가 죽어 물에 떠올라 얕은 언덕 위에 놓여 있었다. 또 다른 지방에서는 많은 개복치가 죽었는데 살아남은 것 4마리에 대해 154마리의 비율로 죽었다. 이 밖에도 5종류의 물고기가 완전히 죽은 것으로 생각됐다.

화학약품이 살포된 플로리다주의 못의 물고기를 조사해 본 결과, 헵타클로르 및 그 유도체인 헵타클로르 에폭사이드의 잔류물이 조직 중에 검출되었다. 개복치와 북미산 농어류와 같은 유명한 낚시 생선이 이때 희생되었는데 이들은 모두 저녁 식탁을 풍성하게 해 주는 물고기이다. 그 조직으로부터 검출된 화학물질은 소량이라도 인체에 위험하다고 식품 약품 관리국이 금지하고 있는 것이다.

물고기, 개구리, 그 밖의 수중생물의 피해 보고가 계속 들어왔다. 어류, 파충류, 양서류 연구에서 권위 있는 미국 어류학, 파충류학 학회는 1958년 결의를 하고 농림부 및 관계 주 관청에 대해, 회복할 수 없는 사태가 오기 전에 헵타클로르와 디엘드린 및 이와 비슷한 독약의 공중 살포를 중지하도록 요구하였다. 이 학회는 미국 동남부에 살고 있는 갖가지 종류의 물고기와 또 이 지방 이외에는 세계 어디에도 없는 종류의 생물을 포함한 생물의 생명이 위협받고 있다는 사실을 호소하였다. 그들은 '이들 생물의 대다수가 극히 제한된 곳에서만 살기 때문에 얼마 후엔 지상으로부터 완전히 그 자취를 감추고 말게 될 것이다'라고 경고하고 있다.

미국 남부 주에서도 면화의 해충 제거를 위해 사용된 살충제 때문에 많은 물고기가 죽었다. 이것은 북부 앨라배마의 솜 재배 지대에서는 1950년 여름에 특히 심했다. 그 전해, 사람들은 목화바구미를 제거하기 위해서 유기살충제를 극히 소량 사용하였다. 그러나 1950년은 따뜻하였으므로 이 곤충이 많이 발생하여 주의 권고로 80~95%의 농업 경영자가 살충제를 사용한 것 같다. 가장 인기가 있는 것은 톡사펜이었는데 이것이 물고기에 가장 큰 피해를 입혔다.

그해 여름은 비가 많이 왔고 또 호우가 많았다. 비에 씻긴 화학약품은 강으로 흘러갔는데 그것을 본 농민은 효과가 없어졌으리라고 생각하고 더 많은 양의 약품을 살포하였다. 솜밭 평균 1에이커당 무려 63파운드의 톡사펜이 사용되었다. 또 그 중엔 1에이커당 200파운드를 사용한 농가도 있었다. 또 어떤 사람은 해충을 너무 열심히 제거하여 1에이커당 4분의 1톤도 넘게 살포하였다.

그 결과는 누구나 쉽게 예측할 수 있었을 것이다. 앨라배마주의 솜밭 사이를 플린트 크릭강이 흐르고 있었는데, 휠러 저수지에 흘러 들어가기 50마일 전의 구역에서 살충제 살포에 의한 전형적인 피해가 나타났다. 8월 1일 플린트 크릭강 상류에 호우가 있었다. 개천과 개울에 물이 넘쳤고 드디어 넘친 물은 밭을 씻은 뒤 강물로 흘러 들어갔다. 플린트 크릭의 강물 수위는 6인치나 늘어났다. 그 다음날 아침에 사람들은 확실히 알게 되었지만, 강에 흘러 들어온 것은 빗물뿐이 아니었다. 물고기가 수면상에 올라와서 미친 것처럼 빙빙 원을 그리면서 돌고 있었다. 그 중엔 언덕 위로 뛰어나오는 것도 있었다. 또 이 물고기는 손으로 쉽게 잡을 수도 있었다. 어떤 농부가 몇 마리 잡아서 깨끗한 샘물 웅덩이에 넣어 주었다. 그 물고기들은 이 깨끗한 물에서는 다시 소생되었다. 그러나 강에서는 밤낮으로 죽은 물고기들이 흘러갔다. 하지만 이것은 서곡에 불과했다. 비가 올 때마다 더 많은 양의 살충제가 강에 씻겨 들어와 더 많은 양의 물고기를 죽였다. 특히 8월 10일의 비는 심해서 강물 속 물고기를 거의 다 죽였다. 이 때문에 8월 15일에도 비가 왔는데 독약에 희생된 물고기 수는 얼마 없었다. 그래도 큰 강에 독이 있는 것은 바구니에 금붕어를 넣고 물에 담가 보면 잘 알 수 있었다. 하루 사이에 금붕어는 모두 죽었다.

플린트 크릭강에서 비참히 죽은 물고기 중에는 낚시꾼들 사이에서 인기 있었던 많은 수의 흰 개복치도 있었다. 이 강이 흘러 들어가는 휠러 저수지에서도 개복치와 농어류가 많이 죽었다. 그렇게 귀하지 않은 물고기—잉어, buffalo라는 잉어, 민어와 gizzard shad라는 일종의 청어, 메기목의 각종 물고기도 죽었다. 병에 걸린 흔적은 하나도 없고—단지 이상한 점은 죽기 직전에 심하게 뛴다는 것과 아가미가 이상하게도 암적색으로 된 것만이었다.

꼭 막힌 농장 연못의 따뜻한 물에서도 그 부근에 살충제가 살포되면 물고기의 생명이 위태하다. 근처 밭으로부터의 빗물이 독을 운반하는 것은 우리가 많은 실례에서 보아온 것이다. 또 이런 일도 있었다. 살충제를 살포하는 비행기의 비행사가 분무기 밸브를 잠그지 않고 그대로 연못 위를 날아 독이 연못에 뿌려진 것이었다. 그러나 이런 일이 없다 하여도, 보통 밭에서 사용하는 정도의 살충제도 물고기의 생명을 빼앗을 수 있다. 다른 말로 하면 살포하는 양을 대폭 적게 하여도 물고기의 치사 상황을 변화시킬 수는 없었다. 왜냐하면 1에이커당 10분의 1파운드 이상 양을 연못에 넣으면 그것으로 충분히 위험하기 때문이다. 그리고 한번 들어간 독은 좀처럼 빠지지 않는다. 한번은 미국에서 민물고기를 없애려고 DDT를 어떤 못에 뿌렸는데, 그 후 몇 번이고 물을 갈고 썼지만 독은 그대로 남아 있어서 나중에 그곳에 넣어 준 개복치의 94%가 죽은 일이 있었다. 아마도 화학약품이 연못 바닥의 진흙 속에 남아 있었다고 생각된다.

새로운 살충제가 사용된 지 몇 해나 되었는데도 아직도 사태는 개선되었다고는 여겨지지 않는다. 오클라호마 야생동물 보호국이 1961년 밝힌 바에 의하면, 저수지와 작은 호수의 물고기가 피해를 받았다는 보고가 한 주일에 적어도 한 번은 있었고 차츰 그보다도 더 많아지는 경향이라고 한다. 오클라호마주에서는 이런 일이 몇 해 전부터 반복되었다. 밭에 살충제를 뿌리고 호우가 내리고 독이 연못 속으로 흘러 들어가는 식이다.

연못에서 양식한 물고기를 주로 먹고 사는 민족이 있다. 이런 나라에서 물고기를 생각하지 않고 살충제를 사용하면 곧 큰 문제가 될 것은 틀림없다. 예컨대 로데시아에는 'kafue bream'이라는 일종의 잉어가 있는데 중요한 식용 물고기이다. 그런데 모기를 죽이려고 얕은 못에 DDT 0.04ppm을 살포하면 어린 물고기는 모두 죽을 것이다(이보다 더 적은 양으로도 치사량에 도달하는 살충제는 DDT 외에도 또 많이 있다). 고기가 살고 있는 이 얕은 못은 모기의 발생지로도 적합하였다. 모기를 제거하는 동시에 중앙 아프리카인의 소중한 식량인 이 물고기를 보호한다는 문제는 아직 만족스럽게 해결되지는 않았다.

필리핀, 중국, 베트남, 타이, 인도네시아, 인도 등에서도 똑같은 상황이었다. 이 나라들의 해안에는 얕은 못이 있는데 여기서 사바히를 양식하고 있다. 갑자기 어디서인지 사바히의 새끼 떼가 연안 해역에 나타난다(어디서 오는지 아무도 모른다). 그물에 걸린 사바히 떼는 곧 연못에서 길러진다. 동남아시아인과 인도인 등 미식(米食) 민족에게 사바히는 동물성 단백질의 중요한 공급원이므로, 태평양 과학회의는 국제적으로 학자들의 협력을 구하여 신비에 싸인 이 고기의 발생지를 찾아서 대규모 양식을 시작하려고 했다. 그러나 화학약품 살포 때문에 어떤 못은 이미 큰 피해를 받았다. 필리핀에서는 모기 제거로 인해 양어장 경영자가 몹시 심한 손해를 받았다. 한 연못에서는 약 12만 마리의 사바히를 양식했는데 단 한 번 비행기가 약품을 살포한 것만으로 그 반수 이상이 죽었다. 주인이 이에 당황하여 곧 못의 물을 갈고 독을 묽히려 했으나 소용없었다.

최근에 가장 큰 물고기 피해는 1961년 텍사스주 오스틴 남쪽의 콜로라도 강에서 생겼다. 1월 15일 일요일의 태양이 지평선을 넘어선지 얼마 되지 않아서 죽은 물고기 떼가 오스틴시의 새로운 공원의 호수 위에 떠올랐고 또 호수로부터 5마일 하류에 이르기가지 죽은 물고기가 발견되었다. 그 전날까지엔 아무런 변화도 없었다. 16일 월요일에는 하류 50마일에서도 물고기가 죽었다는 보고가 많이 도착되었다. 이렇게 하여 사람들은 비로소 강에 독이 흘러들어간 것을 알게 되었다. 21일에는 호수로부터 100마일 하류 지점인 라그랜지 부근에서도 물고기가 죽었고 1주일 후에는 오스틴시로부터 200마일 하류에도 독의 물결이 미쳤다. 1월 마지막 주에는 육지 내 운하의 수문을 닫고 독이 있는 물을 멕시코만으로 흘려, 마타고다만에 흘러오지 못하게 하였다.

곧 독물 조사에 착수한 오스틴시의 조사단은 살충제 클로르덴 및 톡사펜과 비슷한 냄새가 나는 것을 알았다. 특히 어떤 하수구로부터 나오는 물에서 그 냄새가 심했다. 그 하수구는 화학약품을 제조하는 공장과 연결된 것으로, 전에도 문제가 된 일이 있었다. 텍사스주의 수렵 어업 조사 위원회가 호수에서 그 독성의 자취를 추적하였더니 이번에도 그 공장에 이르렀고, BHC와 비슷한 냄새를 풍기는 것이 공장의 모든 배수관에서 발견되었다. 이 공장에서 주로 제조하는 것은 DDT, BHC, 클로르덴, 톡사펜 등이고 다른 살충제도 몇 개 있었다. 공장장의 설명에 의하면 확실히 최근 분말 살충제가 조금 하수구에 흘러 들어갔다고 하며, 그보다 더 중요한 사실은 살충제 찌꺼기와 남은 것들을 그들이 과거 10년 동안이나 하수에 흘려보냈다는 것이다.

그래서 조사단이 좀 더 원인을 조사해 본 결과, 이번에는 다른 공장에서도 비나 배수와 함께 살충제가 하수로 섞여 들 가능성이 있는 것을 보았다. 그러나 진짜 원인은 따로 있었다. 물고기가 죽기 2, 3일 전 하수구 청소가 이루어지면서, 모든 하수에 압력을 가해 몇 십만 갤런의 물을 흘려 보냈던 것이다. 그 때 자갈이나 모래, 돌부스러기 등에 침전되어 있던 살충제가 물의 힘으로 떠올라 호수로 그리고 강으로 흘러갔다(강에도 같은 독물이 들어간 것은 그 후의 화학시험으로 밝혀졌다).

많은 양의 극약이 콜로라도강을 따라 흘렀을 때 강은 죽음의 강이 되었다. 호수로부터 140마일 하류에 걸쳐 거의 모든 물고기가 전멸하였다. 살아남은 고기가 있나 하고 그물질을 했으나 한 마리도 없었다. 죽은 고기의 종류는 27종류였고 1마일당 천 파운드의 물고기가 죽었다. 콜로라도강의 유명한 낚시 고기인 얼룩메기, 머리가 넓은 청색 메기류, 블루헤드, 4종류의 개복치, 은색으로 빛나는 민물고기, 황어, 'stone roller'라는 잉어류, 입이 큰 농어, 잉어, 숭어, 흡반이 있는 어류 등이었다. 또 뱀장어, 미국산 경린어류의 담수어, 잉어, 'river carpsuckers', 'gizzardshard', 'buffalo' 등도 있었다. 강의 주인 격이었던 물고기도 죽었다. 25파운드 이상이 되는 머리가 둥근 메기류가 많이 죽었는데 그중엔 60파운드나 되는 메기도 몇 마리 있었다. 이것은 모두 강기슭에 살고 있는 사람들이 건져 낸 것들이다. 또 84파운드나 나가는 청색의 큰 메기도 있었다고 공식적인 기록에 남아 있다.

물을 이 이상 오염하지 않더라도 강물의 물고기 수의 양상은 크게 변하여 몇 년이 지나도 원상 복귀되진 않을 것이라고 수렵 어업조사 위원회는 예측하고 있다. 몇 가지 종류—겨우 그 수가 자연 한계를 유지하고 있던 종류—는 결코 두 번 다시 그 모습을 나타내지 않을테고, 다른 물고기도 주 정부가 대량 방어(放魚)하지 않으면 옛날 같은 수로는 늘어나지 않을 것이다.

이 같은 오우틴시의 물고기 참변 이야기는 잘 알려진 것이다. 그런데 그 속편이라고 할 수 있는 것이 계속되었다. 2백 마일 이상이나 하류로 내려가도 고기를 죽일 수 있는 독은 없어지지 않았다. 마타고다만에서는 굴과 작은 새우를 양식하고 있었으므로 사람들은 서둘러 이 독물을 멕시코만으로 흘려 보냈다. 그러나 바다는? 다른 강들이 똑같이 독을 운반해 온다면 어떻게 되겠는가?

지금은 이 문제에 대한 우리들의 대답은 단지 추측에 지나지 않는다. 하지만 강어귀나, 짠 습지나, 만이나 해안에 가까운 바다가 살충제로 얼마나 오염되어 있는가의 문제는 점점 큰 문제로 떠오르고 있다. 강으로부터 오염된 물이 흘러 들어올 뿐만 아니라, 사람들이 모기나 그 밖의 곤충을 제거하려고 직접 살충제를 뿌려 이런 지역을 오염시키고 있다.

짠 습지, 강어귀, 고요한 만 등에 살충제가 어떤 영향을 주는가? 그 가장 좋은 예는 플로리다주의 동해안, 인디언강 어귀 지대이다. 1955년 봄, 사람들은 세인트 루시 지방의 짠 습지 2천 에이커에 디엘드린을 살포하여 흡혈성 파리의 애벌레를 제거하려고 하였다. 농도는 1에이커당 유효성분 1파운드이었다. 이것이 수중생물에 준 피해는 너무나 비참하였다. 주보건국 곤충연구소 직원들은 이 학살 모습을 조사하여 "고기는 실질적으로 완전히 전멸했다"고 보고하였다. 어디에 가든지 해변에는 죽은 생선이 많았다. 비행기로 상공을 날아 보면 죽어 가는 물고기에 상어가 달려들고 있는 것을 볼 수가 있었다. 죽음을 피한 고기는 한 종류도 없었다. 죽은 생선 중에는 숭어,

'snook', 'mojarras', 'gambusia' 등의 물고기들이 있었다.

인디언강 주변을 제외하고 모든 짠 습지에서 직접 살해된 물고기는 최소한 20톤에서 30톤 가량이었다. 그 수는 약 117만 5천 마리였고, 적어도 30종류의 물고기였다.〔조사단의 해링턴(R.W. Harrington) 배심원, 비드링마이어(W.L. Bidlingmayer)의 보고.〕

연체동물은 디엘드린에 잘 견딘다. 갑각류는 사실상 이 지대에서 전멸하였다. 게도 전멸된 것 같다. 농게도 거의 전멸하였다. 디엘드린의 탄환이 도달하지 않은 지역에 가끔 그 모습을 나타낼 뿐이다.

큰 낚시 고기나 식용 고기가 제일 먼저 피해를 입었다……게는 죽어 가는 물고기를 덮쳐 먹고는 다음 날에 죽었다. 고둥은 계속 죽은 물고기를 먹고 있었다. 두 주일 후에 죽은 물고기의 잔해는 깨끗이 없어졌다.

플로리다주의 반대편 해안인 탐바만에서도 같은 일이 생겼다. 그 비극적인 광경을 고 밀즈(Herbert R.Mills) 박사가 기록하였다. 이곳은 바닷새 보호구역으로 국립 오드본협회가 위스키 스탬프 섬까지의 지대를 관리하고 있었다. 그러나 이 지방의 보건국이 짠 습지의 모기를 박멸하기 위해 약품을 살포한 후에는 아이러니컬하게도 이 조류 보호구역은 있으나 마나 한 존재가 되었다. 주로 희생된 것은 역시 물고기와 게 종류였다. 목장에서 풀을 먹고 있는 소떼처럼 떼를 지어 진흙 바닥이나 모래 위를 기어다니는 그림처럼 아름다운 농게는, 살포약에 대해서 어떻게 할 도리가 없었다. 여름부터 가을까지 약이 몇 번이고 살포(어떤 지역에선 16번이나 살포되었다)된 후의 농게에 대해 밀즈(Mills) 박사는 다음과 같이 말하고 있다. "농게는 점점 그 모습을 감췄다. 10만 마리나 떼를 지어 있었을 텐데 그 날(10월 12일)에는 해변가를 아무리 찾아도 1백 마리 정도밖에 볼 수가 없었다. 이것들도 죽어 있든지 병에 걸려 몸을 떨든지 경련이 일어나든지 비틀거리든지 하여, 바르게 걸을 수 있는 것은 거의 없었다. 약품이 살포되지 않은 옆쪽에는 농게가 많이 있었는데"라고.

생태학상 농게는 세상에 꼭 필요하며 다른 것으로 대용할 수 없다. 갖가지 동물에 대해 농게는 중요한 식량자원이다. 해안 가까이 살고 있는 너구리는 농게를 먹고 산다. 'clapper rail'이라는 습지에 사는 새들, 강어귀나 해안에 사는 새, 또 가끔 찾아오는 바닷새들도 모두 농게를 먹고 산다. 뉴저지주의 어떤 짠 습지에서는 DDT를 살포하였는데 갈매기의 수가 불과 몇 주 동안에 85%나 줄었다. 농게라는 먹이가 없어졌기 때문인 것 같다. 농게는 일종의 청소부 구실도 하며, 땅을 파서 짠 습지의 진흙을 공기와 접촉시켜 악취를 없앤다는 중요한 일도 하고 있다. 또 어부들이 고기를 잡을 때 이 농게를 미끼로 쓰기도 한다.

짠 습지와 조수가 밀려드는 강어귀에는 이 밖에도 중요한 동물이 많지만 모두가 살충제 때문에 위협을 받고 있다. 예컨대 체서피크만과 대서양 연안에 분포되어 있는 유명한 청색게(blue crab)가 있다. 조수가 밀려드는 짠 습지의 배수구와 도랑과 못에 살고 있으므로 살충제를 뿌릴 때마다 그 피해가 대단히 크다. 이 게는 살충제에 대단히 민감하다. 그 부근의 게가 죽을 뿐만 아니라 바다에서 온 게도 약품을 살포한 지역에 발을 넣으면 곧 중독된다. 독이 사라지질 않는 것이다. 인디언강 부근의 습지대에서 그랬듯이 중독이 때로는 간접적일 수도 있다. 청소부 노릇을 하는 게가 죽은 물고기를 먹고 곧 중독되어 죽는 식이다. 새우는 어떻게 되는지 잘 알려지고 있지 않다. 그러나 청색게와 같은 절지동물 그룹에 속하며, 몸 구조가 같은 것으로 보아 똑같은 피해를 입을 것으로 생각된다. 'stone crab'이라는 갑각류 등과 같이 곧 사람의 식량이 되는 것도 같은 운명을 밟을 것임에 틀림없다.

해안에 가까운 곳—만, 해협, 강어귀, 습지대—은 생태학상 극히 중요한 하나의 단위가 되어 있다. 그것은 갖가지 물고기, 연체동물, 갑각류의 생명과 끊지 못할 만큼 강하게 연결되어 있으므로, 이 일대에서 생물이 살 수가 없다면 우리들의 밥상에서 바다의 식품은 기대할 수 없다.

근해에 많이 살고 있는 물고기도 새끼를 기르고 먹이를 구하는 데 육지 가까운 곳을 고른다. 'tarpon'이라는 은색 비늘이 있는 큰 고기의 새끼는 망그로브 나무가 무성한 강이나 운하의 미궁에서 자란다. 플로리다주 서해안 남쪽 3분의 1은 강과 운하로 되어 있다. 대서양 해안에서는 숭어, 조기 같은 바다 고기, 보구치류 그리고 민어 등이 모래 바다에다 알을 낳는다. 뉴욕주 남해안의 먼 바다 쪽엔 섬이 '제방'처럼 나란히 모여 센 물결을 막아 조용한 어귀를 만들고 여기저기에 모래 바다가 생긴다. 새끼 고기가 부화되면 새끼들은 조수를 타고 어귀로 들어온다. 만이나 해협—커리턱, 팜리코, 보그 등—에는 먹이가 풍부하므로 새끼 고기는 대단히 잘 자란다. 물도 따뜻하고 바깥 바다의 거친 물결도 없는, 음식물이 풍부한 어귀가 없으면 고기는 자라지 않을 것이다. 그런데 강으로부터 살충제의 독이 흘러 들어온다. 짠 습지에는 공중에서 직접 살충제를 뿌린다. 성어와는 달리 새끼 고기는 화학약품의 독에 곧 피해를 입게 된다.

식용 새우 새끼도 육지 가까운 곳에서 먹이를 찾는다. 남대서양과 멕시코 만에 면한 미국 각 주의 어업은, 그 분포 지역이 굉장히 넓은 이 새우가 중심이 되고 있다. 산란은 바다에서 되지만 부화하여 2, 3주가 지나면 강어귀나 만에 들어와서 계속적으로 탈피하여 모습을 바꾼다. 바닥에 침전된 먹이를 찾으면서 5, 6월부터 가을까지 육지 가까운 곳에 머문다. 이 새우가 잘 번식하여 산업이 번영될 수 있는가는, 오직 강어귀나 만에서 새우가 충분히 성장할 수 있느냐에 달렸다.

살충제는 새우 산업과 시장으로의 공급을 위협한다. 어업 전문 협회가 최근 시행한 실험의 결과를 보면 알 수 있다. 유생 시기를 막 벗어난 새우가 견딜 수 있는 살충제의 허용량은 극히 적다. 보통 백만 분의 얼마라는 비율로 측정하는데 새우의 경우엔 10억 분의 얼마로 표시한다. 예컨대 불과 10억 분의 15쯤 되는 농도의 디엘드린으로 새우의 반수가 죽었다. 더 독성이 강한 약품도 있다. 살충제 중에서도 유독한 엔드린은 불과 20억 분의 1이라는 농도로 반수나 되는 새우를 죽였다.

굴과 조개류가 받는 피해는 특히 심하다. 여기서도 새끼의 피해가 더 크다. 굴과 조개류는 뉴잉글랜드로부터 텍사스주에 이르는 만이나 해협, 조수가 밀려오는 강바닥, 태평양 연안의 움푹 들어간 조용한 곳 등에 살고 있다. 어미는 정착하지만 산란은 바다에서 이루어지며 새끼는 여기저기를 마음대로 움직인다. 이런 일이 몇 주간 계속된다. 여름날 보트 뒤에 눈이 작은 그물을 달아 두면 동물 플랑크톤과 부유 식물에 섞여 유리같이 깨어지기 쉬운 작은 굴과 조개의 유생이 걸려든다. 먼지 입자보다 더 작다. 투명한 유생은 물 표면을 떠 다니면서 미소한 식물성 플랑크톤을 먹는다. 만일 이 같은 바다의 작은 식물이 없으면 굴이나 조개류의 유생은 굶어 죽을 것이다. 그런데 살충제 때문에 플랑크톤이 사실상 전멸할 수가 있다. 잔디에나 밭에나 길가에 뿌리는 제초제에 식물성 플랑크톤을 죽이는 독약도 있다(식물성 플랑크톤은 연체동물의 유생의 좋은 먹이이다). 사람들은 짠 습지에도 이 위험한 제초제를 뿌리는데 그 중 어떤 것은 10억 분의 얼마라는 치사량을 가진다.

보통 살충제의 극히 적은 분량으로도 유생은 민감하여 죽는다. 치사량 이하의 분량으로도 유생이 결국은 죽을 수도 있다. 성장률이 저하되기 때문이다. 유생이 유독한 플랑크톤 세계에 오래 머물게 되면 성숙하게 자라는 확률이 그만큼 감소된다.

연체동물의 성체는 직접 독에 접촉되어 죽을 염려는 적다. 적어도 어떤 종류의 살충제에 대해서는 이렇게 말할 수 있다. 그러나 안심은 할 수 없다. 독은 굴이나 조개류의 소화기관과 조직에 농축된다. 우리들은 보통 굴이나 조개류를 통째로 또는 날것으로 먹는다. 어업 전문 협회의 버틀러(Philip Butler) 박사는 다음과 같이 말하고 있다. 울새 떼와 똑같은 불길한 운명이 이제는 남이 아닌 우리 인간에게 스며들고 있다고. 새가 죽은 직접적인 원인은 DDT 살포 때문이 아니었다. 지렁이 조직 속에 살충제가 농축된 다음, 새가 그것을 먹었기 때문이었다.

살충제 살포 때문에 강과 못에서 몇 천 몇 만의 물고기와 갑각류가 죽었다. 두 번 다시 반복돼선 안 될 비참한 광경이다. 그런데 눈에 보이지 않는 곳에서 살충제는 무서운 파괴의 발을 내디디고 있다. 강물을 따라 강어귀에 온 살충제는 더 큰 불행을 가져올는지도 모른다. 여러 가지 문제가 생기고 있지만 아직은 만족스런 해결은 없다. 분명한 사실은, 밭이나 숲의 물을 모아 흐르는 강이 바다로 살충제를 운반하고 있다는 것이다. 아마도 큰 강은 전부 오염되었을 것이다. 그러나 어떤 화학물질로 오염되었고 그것이 전부 얼마쯤의 분량이 되는가는 전혀 모른다. 바다에 이르러서는 대단히 묽은 상태로 되어 있으므로 그 성분을 검출할 수 있는 확실한 방법도 현재는 없다. 먼 길을 흘러가는 중 화학약품은 변화를 일으키는데 과연 독성이 강해지는지 또는 약해지는지 알 도리가 없다. 또 화학약품이 서로 어떤 작용을 끼치는가도 우리는 모르고 있다. 바다에는 여러 가지 무기물질이 섞여 있고 운반되어 있는데 여기에 유기물이 들어가면 문제는 복잡해진다. 이런 문제가 하나하나 정확하게 해결되어야 하는데 그러려면 더 종합적인 연구가 필요하다. 그러나 문제는 긴급하지만 연구비는 말할 수 없이 형편없다.

담수, 해양 어획은 대단히 중요한 자원이다. 어부, 수산업자, 그리고 물고기를 먹는 많은 사람들에게 중요한 자원이다. 그러나 우리들의 모든 물에 화학약품이 혼입되어 피해를 주고 있다는 것은 이 이상 의심할 여지가 없다. 더 유독한 약품, 더 유효한 약품을 구하려 하지 말고 그 비용의 극히 일부만이라도 건설적인 연구에 돌려 주면, 위험이 적은 것을 사용하여 같은 효과를 얻는 길을 발견할 수 있을 것이다. 그리고 우리들의 물로부터 독을 제거할 수도 있을 것이다. 그러나 이 같은 진상을 알고 모두가 이런 소리를 높일 수 있는 날은 언제 오겠는가?

10
공중으로부터의 무차별 살포

처음엔 작은 규모로 밭이나 숲에 살충제를 공중으로부터 살포하였는데, 그것이 점차 광범위하게 퍼지고 그 양도 많아지게 되었다. 이를 가리켜 영국의 어떤 생태학자는 지표에 내리는 '죽음의 큰비'라고 최근에 말하고 있을 정도이다. 독약에 대한 우리의 태도도 미묘한 변화를 겪어 왔다. 옛날엔 독약에 두개골과 두 개의 뼈를 십자형으로 표시하여 함부로 사용하지 못하도록 하였다. 부득이 사용할 때는 목적물 이외에는 절대 다른 것에 닿지 않도록 주의에 주의를 거듭했다. 그런제 제2차 세계대전 후 새로운 합성 살충제가 나오고 비행기도 생산 과잉이 되자 옛날의 이런 주의는 완전히 망각되어 버렸다. 오늘날의 독약은 지금까지 알려진 그 어느 것보다 위험함에도 불구하고, 사람들은 공중으로부터 무차별적으로 마구 무서운 독약을 살포하고 있다. 목적하는 곤충이나 식물뿐만 아니라 무엇이든지—인간이든 인간이 아니든—화학약품이 떨어지는 범위 내에 있는 것은 모두 이 독에 접촉된다. 숲도 밭도 마을도 도시도 교회도 모두 살포의 세례를 받는다.

몇 백만 에이커나 되는 토지에 공중으로부터 죽음의 화학약품을 살포하는 것에 대해 의혹을 가지는 사람이 많아졌다. 특히 의혹을 더 크게 해 준 것은 1955년 이후 행해진 두 개의 대량 살포 계획이었다. 그것은 미국 동북부 주에 발생하는 매미나방과 미국 남부의 불개미를 제거하기 위한 계획이었다. 이 매미나방과 불개미는 본디 미국산은 아니고 외국에서 들어온 것인데 미국에 정착한지 상당히 오래되었지만 별로 절망적인 사태를 빚어내지는 않았다. 그런데도 갑자기 농림부 당국은 이 매미나방과 불개미 제거라는 무모한 모험을 시도한 것이다. 그들은 목적을 위해서는 수단을 가리지 않는다는 철학에 늘 사로잡혀 있었다.

그때까지는 장소와 때에 따라 적당히 제거해 왔는데 지금은 마구 대규모 살포를 하게 됐다. 이 때문에 거꾸로 얼마나 피해가 커졌는지는 매미나방 제거 계획을 보면 잘 알 수 있다. 불개미 제거 계획도 좋은 예이다. 그들은 처음부터 잘못해서, 목적물을 죽이는 데 필요한 독약의 분량과 또 다른 생물에 미칠 수 있는 영향 등을 과학적으로 조사해 보지도 않고 일을 아무렇게나 함부로 시작한 것이었다. 결국 매미나방 제거도 불개미 제거도 모두 실패하였다.

매미나방은 유럽에서 미국으로 건너온 지 이미 거의 백년이 되었다. 1869년, 프랑스 과학자 트루벨로(Leopold Trouvelot)가 누에와 교미시키려고 매미나방을 매사추세츠의 메드포드 실험실에 두었는데 우연히 거기에서 몇 마리가 달아났다. 그 후 조금씩 뉴잉글랜드 전면에 매미나방이 번지게 되었다. 먼저 바람이 매개한다. 애벌레는 대단히 가벼워 바람에 의해 상당히 높이 올라가고 또 먼 곳까지 날아간다. 또 다른 방법으로는 식물을 수송할 때 매미나방 알이 많이 묻어가기도 한다. 그것은 알 형태로 겨울을 난다. 봄이 되면 부화하여 애벌레가 된 다음 참나무 등의 잎을 2~3주간 계속 먹는다. 지금엔 뉴잉글랜드 일대에 그 피해가 퍼져 있다. 뉴저지주에서도 매미나방이 발생했는데 그것은 1911년 네덜란드로부터 전나무를 수입했을 때 묻어온 것이다. 미시간주의 발생 경로는 잘 알려져 있지 않았다. 1938년 뉴잉글랜드에 허리케인이 불어와서 펜실베이니아와 뉴욕주에 매미나방을 운반했다. 그러나 애디론댁산맥에 있는 나무에는 매미나방이 기생할 수 없으므로 여기서부터 서쪽으로 더 퍼져 나가진 못하였다.

애팔래치아산맥 남부의 숲이 매미나방의 피해를 입지 않을까 걱정했지만, 사람들은 갖가지 방법을 사용하여서 드디어 그것들을 미국 북동부 구석으로 몰아넣는데 성공하였다. 참으로 매미나방이 미국 땅에 건너온 지 백년 가까운 세월이 흘러갔다. 뉴잉글랜드에서는 매미나방의 피해를 조금이라도 적게 하려고 기생충과 포식 곤충을 13종류나 수입하여 성공적으로 정착시켰다. 매미나방의 번식을 막기 위해 이렇게 기생충이나 포식 곤충을 수입한 것은 농림부 덕분이었다. 천적에 의한 제거는 격리 수단, 국부적 살포와 더불어 좋은 성과를 얻었는데, 1955년 농림부는 이를 가리켜 '해충 분포와 손해를 억제하는 우수한 대책'이라고 말하고 있다.

농림부는 만족을 표시하였다. 그러나 일 년이 지나기도 전에, 농림부 내의 식물 방역반은 일 년 동안 수백만 에이커에 일제히 살포하려는 계획을 세웠다. 그들은 매미나방을 한 마리도 남기지 않고 완전히 '근절'하겠다고 말했다('근절'이란 어떤 종류의 분포 지역으로부터 그 종류를 완전히 없애는 것이다. 그러나 계속된 이 살포는 실패했다고 말하지 않을 수 없다. 같은 장소에서 같은 종류를 상대로 두 번 세 번이나 '근절'을 부르짖는다는 것은 모순된 일이다).

매미나방을 모두 죽이겠다는 야심에 찬 농림부는 화학전쟁을 시작하였다. 1956년에 펜실베이니아, 뉴저지, 미시간, 뉴욕주의 10만 에이커 가량의 토지에 화학약품이 살포되었다. 그러나 살포한 지방으로부터 갖가지 불평이 나왔다. 대규모 살포가 연중 행사처럼 실시되자 자연 보호 단체가 방해하기 시작했다. 1957년 30만 에이커에 살포하는 계획이 발표되었을 때 반대하는 소리는 점점 높아졌다. 그러나 주나 중앙정부의 농림부 관리들은 한 사람 한 사람의 불평을 들어줄 수가 없다고 보통 때와 마찬가지로 이들 소리를 무시하였다.

롱아일랜드에서도 1957년에 매미나방 제거 살포약이 뿌려졌다. 여기에는 인구밀도가 높은 도시와 교외도 많고, 또 짠 습지가 이어지는 해안지대도 있다. 뉴욕시를 제외하고는 롱아일랜드의 낫소군은 뉴욕주에서 가장 인구밀도가 높다. '뉴욕 시중까지 매미나방이 만연할 우려'가 있으므로 살포를 하는 것은 당연한 것이라고들 말하고 있다. 참 어리석은 얘기다. 매미나방은 숲에 사는 곤충이지 도시에 사는 것은 아니다. 또한 목초지, 밭, 뜰, 늪 같은 곳에도 살지 않는다. 그럼에도 불구하고 미국 농림부, 뉴욕주 농림청은 비행기를 고용하여 연료 기름에 녹인 DDT를 공중으로부터 주변 일대에 무차별 살포를 한 것이다(1957). 밭에도, 낙농장에도, 양어장에도, 짠 습지에도 DDT가 살포되었다. 교외 넓은 지역에도 살포되었다. 비행기가 오기 전에 필사적으로 정원 꽃에 커버를 씌우고 있었던 주부는 흠뻑 살충제를 뒤집어썼고 놀고 있던 애들, 정거장에서 전차를 기다리던 통근자들에게도 전부 살충제가 뿌려졌다. 세타켓에서는 훌륭한 경마용 말이 살충제가 뿌려진 물통의 물을 마시고 10시간도 지나기 전에 죽었다. 자동차에는 기름 자국이 생겼고 꽃도 관목도 모두 못쓰게 되었다. 새, 물고기, 게, 익충도 모두 살해되었다.

1957년 유명한 조류학자인 머피(Robert Cushman Murphy) 씨를 선두로 롱아일랜드의 시민들이 재판소에 살포 중지를 요청하였다. 그러나 살포 중지 가처분도 거절되었고, 살포를 반대하고 있는 시민들의 머리 위에 예정대로 DDT의 비가 내렸다. 그 후에도 정식으로 처분하도록 노력하였으나 이미 약이 살포되었기 때문에 중지 처분 신청도 '실효가 없다'는 판결이 났다. 그래서 사건은 최고법원에 제출되었는데 여기서도 취급되지 않았다. 이 소송의 재심사를 하지 않는 데 반대 의사를 가진 더글러스(William O. Douglus) 판사는 다음과 같이 말하고 있다. "많은 전문가와 책임 있는 관리가 DDT에 위험성이 있다고 경고한 것은, 이 소송이 일반 민중을 위해 얼마나 중요한가를 보여 주는 것이라"고.

롱아일랜드 시민의 소송은, 적어도 살충제 대량 살포에 대해서 일반 사람들도 관심을 갖게 해 주었고, 또 곤충 제거 정부 기관이 시민 개개인의 침범할 수 없는 재산권을 무시하려고 압력을 가하고 있다는 사실에 관심을 갖게 해 주었다.

매미나방 제거 살포로 많은 사람들이 생각지도 않은 뜻밖의 일을 당했다. 이를테면 우유 및 농작물 오염 같은 것이었다. 뉴욕주 웨스트체스터군 북부의 월러 농장 2백 에이커에서 어떤 일이 일어났는가가 좋은 실례이다. 삼림에 약품을 살포하면 목장에도 그 여파가 오리라고 생각한 월러 부인은 자기 농장엔 살포하지 않도록 특히 농림부 관리에게 부탁을 했다. 매미나방이 있는지 확인부터 하고, 설령 있어도 국부적으로 제거해 달라고 했다. 관리는 그 농장에는 살포하지 않겠다고 약속을 하였는데, 결국 월러 농장에는 두 번씩이나 약이 직접 살포되었고 또 그 밖의 살포 여파도 두 번씩이나 미쳤다. 월러 씨의 순종 건지종의 젖소로부터 짜낸 우유에서 살포 48시간 후 14ppm의 DDT가 검출되었다. 소가 먹는 풀에도 물론 DDT가 들어 있었다. 지방 보건소도 이런 사실을 알았으나 이 우유를 시장에 판매하지 않도록 아무런 지시도 내리지 않았다. 소비자의 안전이 전혀 고려되지 않는 것은 이미 우리가 잘 아는 바이지만 참으로 이런 실례에서 더욱 잘 알 수 있다. 식품 약품 관리국은 우유에 살충제가 혼입되는 것을 엄하게 금지하고 있는데 그 감시가 잘되지 않고 있다. 또 이런 법도 각 주 사이에서 거래되는 식품에만 적용되는 것이다. 각 주나 군의 관리들은 그 지방에 특수한 법률이 없는 한—이런 조치를 하고 있는 지방은 거의 없다—중앙정부에서 결정한 살충제 허용량에 따를 필요는 전혀 없다.

야채를 시장에 트럭으로 팔고 있는 농부들도 손해를 받았다. 그은 야채 잎과 반점이 생긴 잎도 있어서 시장에 출하할 수가 없었다. 살충제가 상당히 남아 있는 야채도 있었다. 코넬 대학교의 농사 시험소에서 검사한 결과, 콩에서 14~20ppm이나 되는 DDT가 검출되었다. 법적으로 7ppm 이상은 금지되어 있으므로, 이것들을 출하할 수 없게 되면 농부들은 큰 손해를 보게 된다. 손해를 보지 않으려면 법을 무시하고 팔 수밖에 없었다. 손해배상을 요구하여 돈을 받은 사람들도 있다.

공중으로부터 DDT를 계속 살포함에 따라 법정에는 고소 서류가 많이 쌓였다. 그 중에 뉴욕주 어떤 지방의 양봉가들의 고소가 있었다. 참고로 1957년의 대량살포를 하기 전에도 과수원에 DDT가 살포되어 양봉가들은 큰 손해를 받은 일이 있었다. "1953년까지 나는 미국 농림부나 농과 대학이 늘 좋은 말을 가르쳐 주리라고 생각하였다"고 그들 중 한 사람이 골을 내면서 말했다. 그러나 1957년 5월, 국가가 넓은 지역에 살포를 했기 때문에 이 남자는 꿀벌 8백 콜로니를 잃어버리게 되었다. 그 밖의 다른 피해도 있었으므로 14명의 양봉가들이 모여서 그와 함께 25만 달러의 손해배상을 청구하였다. 또 4백 콜로니가 1957년의 살포 때 우연히 살포 대상이 되어, 산림에서 꿀을 채취하고 있던 벌이 100% 죽었다고 말한 또 다른 양봉가도 있었다. 그리고 살포된 양이 적은 농지에 있었던 벌도 50%나 죽었다. "5월이 되어 정원을 걸어도 벌 우는 소리를 들을 수가 없어서 퍽 쓸쓸하다"고 그 양봉가는 이야기하였다.

이 같은 매미나방 제거 작업 때 수많은 무책임한 일이 행해졌다. 예컨대 살포 비행기를 고용할 때, 한 에이커당 얼마로 지불하는 것이 아니고 살포액의 갤런 단위로 지불하기로 하였다. 따라서 좀 적게 살포한다는 일은 있을 수 없었고 많은 토지에 한 번이 아니고 여러 번 살포되었다. 다른 주의 회사에게 부탁하여 살포시킨 예도 몇 번 있었다. 주에는 회사에 책임을 물을 수 있도록 등록시키는 법률이 있는데, 다른 주의 회사에는 이것이 적용되지 않는다. 이런 불안정한 상태에서는 손해를 입은 사과 과수원 주인이나 양봉가들도 고소할 길조차 없었다.

1957년의 참담한 살포 계획이 있은 후에, 지금까지의 살포 결과를 '평가'하고 다른 살충제로 바꾸어 보기 위한 시험을 하는 중이라는 막연한 설명이 나오면서 갑자기 살포 계획이 축소되었다. 1957년에는 350만 에이커였던 것이 그 다음 해엔 50만 에이커, 1959년, 1960년, 1961년에는 10만 에이커씩 감소되었다. 그러나 한편 롱아일랜드에서 다시 매미나방이 발생했다는 소식이 들려와 제거 당국을 불안케 하였다. 모든 사람들의 신뢰와 선의를 잃어버린다는 값비싼 희생을 지불하면서—매미나방을 영원히 이 지상에서 제거해 버린다는 생각에서—살포 작업을 했는데, 이 같은 큰 사업도 결국은 성공하지 못했다.

시간이 흐름에 따라 농림부 식물 방역반 사람들은 매미나방 같은 것은 거의 망각한 것 같았다. 왜냐하면 지금보다 더 큰 대규모 계획을 남부에서 시작하려는 생각에 사로잡혀 있었기 때문이다. 그러나 '근절'이라는 말만은 잊어버리지 않았는지, 농림부가 제출하는 서류에는 이 '근절'이라는 말이 범람하고 있었다. 기자회견에서 이번에는 불개미를 근절하겠다고 공약하였다.

개미가 물면 불에 덴 것같이 아프므로 불개미라는 이름이 붙어 있는 이 개미는 남아메리카로부터 미국에 들어온 개미다. 상륙한 것은 앨라배마주의 모빌 항구인데 제1차 세계대전 직후에 발견되었다. 이들은 1928년까지에는 모빌시의 교외로 퍼졌고, 계속 침입하여 지금은 미국 남부의 거의 모든 주에 분포되어 있다.

불개미는 미국에 들어온 지 거의 40년 가량 되지만 거의 주목의 대상이 되지는 않았다. 불개미가 높이 1피트 이상이나 되는 높은 집을 만든다는 점에서, 많은 주에서는 그저 귀찮은 존재로 알려져 있었을 뿐이었다. 예컨대 농작물 기계를 사용할 때 방해가 될 정도였다. 이것이 주된 해충 20종류의 목록에 기록된 것은 겨우 미국의 2주뿐이었고 그것도 목록 가장 끝에 기록되어 있었다. 주 정부도 농부도, 이 개미가 곡물이나 가축을 위협한다고는 꿈에도 생각하지 않았던 것 같다.

그러나 넓은 범위로 죽음을 초래할 수 있는 힘을 가진 여러 가지 화학약품이 발견되자, 정부 관계자의 불개미에 대한 태도가 급변하였다. 1957년 미국 농림부는 역사상 볼 수 없었던 선전을 시작하였다. 불개미는 갑자기 미국 정부의 제거 계획의 집중 공격을 받는 목표가 되었고, 영화와 팸플릿을 통하여 불개미에게는 남부 농업의 약탈자이며 새나 가금과 인간의 살해자라는 낙인이 찍혔다. 그리고 대규모적인 불개미 제거 계획이 발표되었다. 중앙정부와 불개미의 피해를 입은 주가 합동하여 남부 9주의 2천만 에이커에 대해 철저한 약품 살포를 계획한 것이다.

"미국 농림부의 대규모 해충 제거 계획이 커질수록 미국의 살충제 제조 회사는 크게 한몫 볼 수 있게 될 것이라"고 1958년에 어떤 상업잡지는 불개미 제거 계획이 시작되었을 때 두 손을 들어 환영하였다.

'크게 한몫 보게 된' 사람들을 제외하고는 이 제거 계획만큼 많은 사람들에게 비난받은 것도 없을 것이다. 계획도 잘못되었고 현장에서의 실시도 형편없어서 곤충 대량 제거로서는 최악의 실례였다. 막대한 비용을 사용했을 뿐만 아니라 많은 동물의 생명도 앗아갔고 또 농림부의 신용을 폭락시켰다는 보상할 수 없는 대가를 치렀으므로, 앞으로 제거 사업을 위해서는 아무도 돈을 기부하지 않을 것이다.

"불개미는 미국 남부의 농업에 심각한 위험을 주고 농작물을 손상시키며, 지표에 집을 짓고 사는 새들의 새끼를 공격해 자연을 파괴하고, 인간도 물게 되면 건강에 큰 해를 준다"라는 말로써 그들은 의회의 승인을 얻었다. 그러나 나중에 모든 것이 거짓말이라는 것이 판명되었다.

불개미가 해충이라는 말은 어디까지가 정말인가? 농림부는 정부 예산을 얻기 위하여 서류를 작성하였으나, 그 내용은 농림부의 권위 있는 간행물에 기재된 것과는 모순되었다. '농작물 및 가축에게 피해를 주는 곤충 제거를 위한……살충제를 추천한다'라는 1957년의 공보에는 불개미의 이름조차 없었다. 농림부가 진심으로 위와 같이 선전하고 있었다고 하기엔 너무나 큰 실수이다. 뿐만 아니라 농림부가 출판한 1952년의《백과연감》에는 50만 개의 단어가 있는데 이 불개미 이야기는 짧은 소절로 그쳤다.

증거도 없이 불개미가 농작물과 가축에게 해가 된다고 말한 농림부와는 달리 앨라배마주의 농사 시험소는 이 불개미에 대해 가장 치밀한 연구를 하고 있다. 앨라배마주의 전문가에 의하면 "불개미가 식물에 미치는 해는 거의 없다"고 한다. 또 앨라배마 종합 기술 연구소의 곤충학자이자 미국 곤충학회의 1961년도 회장인 아란트(F.S. Arant) 박사는 다음과 같이 말하고 있다. 자기 연구소는 "과거 5년간 식물이 불개미의 해를 입었다는 보고는 한 번도 받지 못했다……가축의 피해도 별로 볼 수가 없었다"고. 또 "불개미는 여러 가지 곤충, 그것도 인간에게 해를 준다고 생각되는 곤충의 유충을 주로 먹는다"고. 이것이 실험실에서나 들판에서 실제로 불개미를 관찰한 사람들의 이야기이다. 이 불개미가 목화에 있는 바구미를 먹는 모습도 발견되고, 또 그들이 지표에 높이 쌓아 올린 집은 흙의 통풍, 물의 관개에 퍽 유용하다. 미시시피 주립 대학교의 조사를 보면 이 앨라배마의 연구가 틀리지 않았다는 것을 알 수 있다. 농림부가 증거로 제시하는 것보다 훨씬 납득이 간다. 농림부는 아마도 농민들에게서 들은 이야기를 모았을 것이다(농민들은 다른 개미와 불개미를 착각했을 가능성도 높다). 그렇지 않으면 옛날의 연구를 조사 재료로 썼을 것이다. 곤충학자의 의견에 의하면, 개미가 먹는 것이 여러 가지로 많아졌으므로 개미의 식성도 많이 변화되었고 5, 6십년 전의 연구는 이젠 하등의 가치도 없는 것이다.

불개미가 인체에 해가 된다는 것도 상당히 곡해된 이야기이다. 농림부는 불개미 제거 계획의 지지를 얻으려고 선전 영화를 제공하였는데 그 중에 개미가 사람을 무는 무서운 장면이 있다. 확실히 개미에게 물리면 아프므로 물리지 않도록 주의해야 하겠지만, 그것은 마치 벌에 찔리지 않도록 주의하는 것과 마찬가지이다. 체질적으로 민감한 사람은 심하게 반응할 수도 있다. 확실히는 모르지만 불개미의 독 때문에 사람이 죽었다고 생각되는 실례 한 건이 의학 문헌에 남아 있다. 그런데 벌에 쏘여 죽은 사람은 1959년에 33명이나 있었다는 인구통계국의 조사가 있다. 그러나 벌을 '근절'해야 한다고 제안하는 사람은 아무도 없다. 아무튼, 불개미가 있는 지방에서 일어난 일이 가장 확실할 것이다. 불개미는 앨라배마주에 40년이나 살고 있고 또 가장 밀집되어 있는데 앨라배마 주립 보건소는 "불개미에 물려 죽은 기록은 앨라배마주에서는 한 번도 없었다"고 말하고 있다. 그리고 불개미에 물리고 치료를 받은 경우도 '부수적'으로 일어난 증상이라고 하였다. 잔디나 놀이터에 흙을 높이 쌓아 올린 불개미 집이 있으면 애들이 그곳에 가 보고 싶어 하다가 거기서 가끔 불개미에게 물릴 때도 있을 것이다. 그러나 겨우 이런 이유가 몇 백만 에이커에 독을 마구 살포할 구실이 될 수 있겠는가. 흙을 쌓아 만든 흙 둔덕을 발견했을 때는 그때그때 처리하면 된다. 그러면 아무런 문제도 생기지 않는다.

수렵용 새도 피해를 입는다고 하지만 이것도 아무런 증거가 없다. 이런 문제를 논의하는 데 가장 적당한 사람은 아마 앨라배마주 오번의 야생 생물 연구소의 지도자인 베이커(Maurice F. Baker) 박사로서, 그는 이 방면에 다년간의 경험을 가진 사람이다. 그런데 베이커 박사의 의견은 농림부가 말하는 것과는 정반대이다. "앨라배마 남부와 플로리다 북서부는 훌륭한 수렵지역이다. 이곳에서 메추라기는 굉장히 많은 수의 외국산 불개미와 공존하고 있다……불개미가 앨라배마 남부에 정착한 지 40년이나 되는데 그 동안 수렵용 새의 수는 계속 증가해 왔다. 만일 외국에서 수입된 이 불개미가 야생 생물을 위협을 한다면 이렇게 되지는 않았을 것이다"라고 박사는 말하고 있다.

개미를 제거하려고 사용한 살충제 때문에 야생 생물이 어떻게 되었는가 하는 것은 또 다른 문제이다. 이때의 화학약품은 상당히 새로운 것으로 디엘드린이나 헵타클로르는 모두 새로운 약품으로서 그때까지 사용한 경험도 없고, 이것을 대량 살포하면 들새, 물고기, 포유동물이 어떻게 되는지 아는 사람은 아무도 없었다. 그러나 그것이 DDT보다 몇 배나 유독하다는 것은 알고 있었다. 그 당시 DDT는 사용된 지 이미 10년 가깝게 지나 있었는데 이것을 1에이커당 1파운드 살포하여도 많은 새와 물고기가 죽은 일이 있었다. 디엘드린과 헵타클로르의 사용량은 더 많았다. 에이커당 2파운드. 'white -fringed beetle'이라는 갑충의 제거에는 3파운드의 디엘드린을 사용한다. 새에게 미치는 영향을 생각하면 헵타클로르의 규정 사용량은 1에이커당 20파운드의 DDT에 해당된다. 그리고 디엘드린 1에이커당 120파운드의 DDT에 해당된다.

미국 및 각 주의 자연 보호국으로부터 긴급 항의를 하고 살포를 연기하도록 농림부장관 벤슨(Ezra Benson)에게 호소한 사람 중에는 생태학자 뿐만 아니라 곤충학자들도 있었다. 디엘드린과 헵타클로르가 야생 동물과 가축에 어떤 영향을 끼치는가, 또 개미를 제거하는 데 필요한 최저량은 어느 정도인가, 이런 것이 어느 정도 파악될 때까지 살포를 연기하라는 것이었다. 그러나 이 항의는 무시되었고 1958년에 드디어 살포가 시작되었다. 첫 해에는 백만 에이커였다. 나중에 연구가 시작된다 하여도 이제는 소용없는 일이 되었다.

계획이 실행되고 있는 동안에 미국 중앙정부 및 주의 야생 생물국과 대학 등의 생물학자가 계속 갖가지 사실을 발표하였다. 장소에 따라서는 살포약을 받은 야생 생물이 전멸된 것이 밝혀졌고 가금도, 가축도, 개와 고양이도 모두 죽었다. 그러나 농림부는 이 같은 손해는 모두 과장된 것이고 사람들을 혼란에 빠뜨리는 것이라고 일축했다.

그러나 피해는 자꾸만 커져 갔다. 예컨대 텍사스주 하딘군에서는 주머니 쥐, 아르마딜로와 너구리 등의 모습이 전혀 없어졌다. 살포한 후 두 번째 가을이 왔지만 그들은 거의 모습을 나타내지 않았다. 그 후 너구리가 몇 마리 보였는데 체내 조직에 화학약품이 남아 있었다.

살포약이 뿌려진 장소에서 죽은 새를 해부해 보니 그 새는 불개미 제거용 독을 흡수하거나 삼킨 상태였다(겨우 조금 살아남은 단 한 종류의 새는 집 참새 뿐이었다. 다른 지방에서도 같았는데 이로써 집 참새는 어느 정도 화학약품에 면역성이 있음이 밝혀졌다). 앨라배마주의 어떤 지역에서는 1959년의 살포 때, 새의 약 반이 죽었다. 지면 위나 관목에 사는 새는 한 마리도 남김없이 죽었다. 살포 후 일 년이 지났는데 봄이 와도 새소리는 없었다. 항상 새들이 즐겨 새집을 짓던 지역에서도 새집을 볼 수 없었고 자연은 마냥 침묵만 지켰다. 텍사스주에서는 검은새, 종달새들이 그들 집에서 죽은 시체로 발견되었고 빈 집도 많이 있었다. 텍사스, 루이지애나, 앨라배마, 조지아, 플로리다로부터 죽은 새의 견본을 어류 야생 생물국에 보내왔는데, 해부해 본 결과 그 중 90% 이상에 38ppm의 디엘드린 또는 헵타클로르의 잔류물이 함유되어 있었다.

루이지애나주에서 월동하고 북부에서 알을 낳는 누른도요까지도 조직이 불개미 제거 살충제로 오염돼 있었다. 오염 경로는 명백하였다. 누른도요는 지렁이를 상식하여 긴 주둥이로 지렁이를 쪼아 먹는다. 루이지애나주에서 살아남은 지렁이로부터는 헵타클로르 20ppm이 검출되었다. 이는 살포 후 6~10개월 뒤의 수치로, 1년 후에도 그 양은 10ppm이나 되었다. 누른도요는 전멸까지는 안 됐지만 성조에 비해서 새끼 새가 훨씬 적었다. 이런 현상은 불개미 제거 작업이 시작되기 전에는 전혀 없었다.

미국 남부의 사냥꾼들에게는 큰 타격을 준 것은 'bobwhite quail'이라는 일종의 메추라기가 전혀 모습을 감춘 것이었다. 지면 위에 집을 짓고 먹이를 모으는 이 새는, 살포약이 뿌려진 곳에서는 거의 전멸한 상태였다. 살포 계획을 듣고 앨라배마 야생 생물 연구 협회의 생물학자가 살포 예정지 3천 6백 에이커 내의 메추라기 수를 조사하였는데, 총 13군—121마리—였다. 살포 2주일 후에는 한 마리도 빠짐없이 모두 죽었다. 시체는 모두 야생 생물국에 보내져 해부되었는데 치사량의 살충제를 함유하고 있었다. 텍사스주에서도 이것과 비슷한 일이 있었다. 헵타클로르를 살포한 2천 5백 에이커의 토지로부터 메추라기가 자취를 감추었다. 동시에 다른 새들도 그 90%가 없어졌다. 이곳에서도 죽은 새를 해부한 결과 죽은 새의 조직에서 헵타클로르가 발견되었다.

메추라기뿐만 아니라 야생 칠면조도 불개미 제거 계획으로 굉장히 그 수가 감소되었다. 앨라배마주 윌콕스군에서는 헵타클로르를 살포하기 전에는 야생 칠면조가 80마리나 있었는데, 살포가 있었던 여름에는 한 마리도 볼 수가 없었다. 단지 아직 부화되지 않은 한 배의 알과 죽은 새끼 한 마리만 볼 수 있었다. 집에서 사육하는 칠면조도 똑같은 처지였다. 알은 거의 부화되지 않았으며, 새끼는 한 마리도 살지 못했다. 야생 칠면조와 거의 같은 운명이었다. 그러나 약이 살포되지 않았던 옆 지방에서는 이런 일이 전혀 없었다.

칠면조만이 이렇게 된 것은 아니었다. 유명한 야생 생물학 권위자인 코탐 (Clarence Cottam) 박사는 살충제 살포 구역의 농가를 몇 집 찾았다. 그때 많은 사람들이 호소한 말에 의하면 살포 후 "나무에 사는 작은 새들의 모습이 완전히 사라졌을 뿐만 아니라 가축도, 가금도, 개나 고양이도 없어졌다"고 한다. 한 남자는 살포 계획자들에 대해 노발대발하기도 했다. 코탐 박사는 다음과 같이 보고하였다.

"이 남자는 19마리의 소를 가지고 있었는데 모두 독에 중독되어 파묻든지 내버리지 않으면 안 되었다. 살포 때문에 죽은 소는 내가 아는 것만 해도 이밖에 또 3, 4마리 있었다. 또 막 태어나서 젖을 빨아먹고 있던 송아지도 죽었다."

살포가 시행된 뒤 몇 개월 동안에 일어난 사건은 뭐가 어떻게 된 것인지 전혀 알 도리가 없다고, 코탐 박사가 만나 본 사람들은 하나같이 당황하여 말했다. 한 여성은 코탐 박사에게 이렇게 이야기하였다. "어떻게 된 건지 전혀 알 도리가 없습니다. 새끼가 전혀 부화되지 않고, 또 부화되자 곧 죽어 버렸습니다"고 하면서 그녀는 그 부근에 살포가 시행된 후에 몇 마리의 암탉에 알을 품긴 다음의 상황을 이야기하였다. 또 어떤 농부는 "살포 후 9개월 동안 돼지를 길러 보았는데 한 마리의 새끼도 기를 수 없었다. 새끼는 사산되었고 혹시 태어나도 곧 죽어 버렸다"고 했다. 또 다른 비슷한 소리도 있다. 250마리 새끼를 낳을 예정인 돼지가 37마리의 새끼밖에 낳지 못했고 그 중 살아남은 것은 불과 31마리 뿐이었다고 한다. 그 사람은 또 닭을 기르고 있었는데 약품 살포 후 땅이 오염돼서 병아리를 기를 수 없게 되었다고 하였다.

그러나 가축이 불개미 제거 계획 때문에 손해를 입었다고 하여도, 미국 농림부는 그럴 리가 없다고 그것을 완강히 무시해 왔다. 그러나 조지아주 베인브리지의 수의사 포인트빈트(Otis L. Poinmtevint) 박사가 병에 걸려 장해를 일으킨 동물의 치료를 담당한 후 설명한 바에 의하면, 동물의 죽은 원인은 살충제 때문이라고 한다. 그는 불개미 제거용 독약이 살포된 다음 2주간 내지 수개월 동안에 소, 염소, 말, 닭, 새, 그 밖의 야생 동물의 신경계통이 치명적으로 손상되기 시작하였다고 하였다. 이런 일은 오염된 음식물이나 물을 먹은 동물에게만 일어났고 외양간 속에 있었던 동물은 아무렇지도 않았다. 그리고 또 이런 일은 불개미 제거 살포약이 살포된 지역 내에서만 일어나는 현상이었다. 실험실에서 실험해 본 결과도 좋지는 않았다. 포인트빈트 박사와 그 밖의 수의사들이 관찰한 증상은 권위 있는 문헌에 실려 있는 디엘드린, 헵타클로르 중독 증상과 동일하였다.

포인트빈트 박사는 또 다른 흥미로운 실례도 보고하였다. 출산된 지 2개월 된 송아지가 헵타클로르 중독을 일으켰으므로 실험실에서 철저하게 검사했다고 한다. 검사 결과 발견된 두드러지는 사실은, 지방 속에 헵타클로르 79ppm이 있다는 것뿐이었다. 헵타클로르를 살포한 것은 5개월 전이었다. 먹은 풀에 헵타클로르가 있었는가, 암소 젖이 오염되었는가, 또는 출산되기 전에 영향을 받은 것인가? "만일 젖이 문제라면 우리들 자신의 애들이 이 낙농장의 우유를 마시지 않도록 특별한 조치를 왜 취하지 않았는가?"고 포인트빈트 박사는 물었다.

포인트빈트 박사의 보고는 우유의 오염이라는 중대 문제를 지적하고 있다. 불개미 제거 대상이 된 것은 주로 들판과 농경지였는데, 들판의 풀을 먹은 소는 도대체 어떻게 된 것인가? 살포약이 뿌려진 들판의 풀에는 아무래도 헵타클로르가 어떤 형태로든지 남아 있다. 이 잔류물이 소 몸에 들어가면 독이 젖에 나타날 것이다. 젖으로 곧 독이 옮아가는 것은 1955년의 헵타클로르 실험에서 이미 밝혀져 있었다. 이것도 이번 제거 계획이 시작되기 훨씬 전에 실험해 본 사실이었다. 불개미 제거에 사용된 디엘드린에 대해서도 같은 실험 결과가 그 후 보고되었다.

농림부에서는 낙농동물과 실용동물의 먹이인 풀을 해치는 화학약품의 목록을 만들어 매해 발표하였는데 그 중에는 헵타클로르와 디엘드린의 이름도 있었다. 그런데 농림부 제거반은 헵타클로르와 디엘드린을 미국 남부 대부분의 목초지에 뿌릴 계획을 진행시키고 있다. 누가 도대체 이런 독으로부터 소비자를 지켜 주고, 우유에 디엘드린과 헵타클로르가 남아 있지 않도록 주의해 주겠는가? 농림부는 살포 후 30~90일 동안에는 젖소를 목초지에 들여보내지 않도록 주의시켰다고 대답하는지도 모른다. 그러나 작은 농장이 많이 산재해 있고 한편 살포를 대규모로 하여 다량의 약품이 비행기로 살포된 것을 생각한다면, 어디까지 이 주의가 지켜지며, 또 사실 지켜질 수 있을까 하는 것이 극히 의심스럽다. 또 농림부가 예정한 기간도, 약품이 상당히 나중까지 잔류한다는 것을 생각하면 불충분하다고 할 수밖에 없다.

식품 약품 관리국은 살충제가 우유에 혼입되는 것에 불만을 표시하고 있지만 지금의 상태에서는 어떻게 할 도리가 없다. 불개미 제거를 시행한 주에서는 대체로 낙농업 규모가 작아 그 주 내의 우유를 공급해 줄 정도이고 다른 주에는 출하하지 않는다. 그러므로 중앙정부의 살충제 살포 때문에 우유가 오염되어도 주 내에서 그 뒤처리를 하지 않으면 안 된다. 그러나 이 뒤처리가 과연 잘 이루어지고 있을까. 1959년에 앨라배마, 루이지애나, 텍사스 주의 보건국과 관계국을 조사해 본 결과, 그들은 우유를 검사해 본 적은 한 번도 없었고 살충제로 우유가 오염되었다는 것도 처음 듣는 일이라는 것을 알았다.

제거 계획이 시작된 다음에 헵타클로르의 특수성에 대해 연구가 시작됐다. 그러나 정확히 말해서 처음 시작한 것이 아니고, 수년 전에 확실한 것을 발표한 문헌을 조사한 데 지나지 않았다. 주 정부는 뒤늦게 대책을 세우느라 바빠졌지만, 사실 기초적인 것은 이미 발견돼 있었으므로 제거 계획은 처음부터 다른 형태를 띠었어야 했던 것이다. 헵타클로르는 동물이나 식물의 조직에 또 흙에 들어가면 헵타클로르 에폭사이드라는 더 유독한 물질로 변한다. 이 에폭사이드는 보통 풍화작용 때문에 생기는 '하나의 산화물'이라고 설명되고 있다. 헵타클로르가 헵타클로르 에폭사이드로 변하는 것은, 1952년에 이미 알려진 사실이다. 식품 약품 관리국이 암컷 쥐에 30ppm의 헵타클로르를 먹였더니 불과 2주 후에 165ppm의 에폭사이드가 축적되었다고 한다.

이와 같은 사실은 생물학 문헌에 이미 발표된 것이지만 1959년에 비로소 주목을 받았다. 식품 약품 관리국은 겨우 식물에 헵타클로르와 에폭사이드가 조금이라도 남아 있지 못하도록 금지시켰다. 이 때문에 화학약품의 살포는 적어도 일시적으로는 중지되었다. 그러나 농림부는 또 매년 불개미 제거 계획을 진행시키려고 했다. 그렇지만 화학약품이 묻어 있는 농작물은 법적으로 출하할 수 없게 되어 있으므로, 지방의 농업사무소는 화학약품을 사용하라고 농가에 추천하기를 주저하였다.

말하자면 농림부는 사용 약품에 대해서 이미 알려진 초보적인 사실도 조사하지 않고 제거 운동을 시작했던 것이다—또는 조사했다 하더라도 발견된 사실을 무시했을 것이다. 이 목적에 사용하는 화학약품의 최소 한계량을 발견하는 조사도 미리 해 두지 않았을 것이다. 그들은 3년간 많은 양의 헵타클로르를 사용한 후 1959년에 갑자기 한 에이커당 2파운드로부터 1과 4분의 1파운드로 감소시켰다. 그 후 다시 2분의 1파운드로 줄였는데 그것도 2분의 1파운드를 반씩 3개월에서 6개월의 기간 동안 살포하였다. 이에 대해 농림부 관리는 "대량으로 약품을 살포하는 방법을 개량하여 약품을 소량 사용하는 것이다"라고 설명하고 있다. 그러나 만일 이 같은 것을 제거 계획을 시작하기 전에 알고 있었으면, 막대한 피해가 발생하지 않았을 것이며 세금도 쓸데없이 많이 사용되지 않았을 것이다.

이 계획에 대한 늘어나는 비난을 잠재울 목적으로 1959년에 농림부는, 중앙정부, 주, 군 등에 손해배상을 요구하지 않겠다고 서명하는 지주에게는 약품을 무상으로 제공하였다. 같은 해 앨라배마주는 뜻밖에 화학약품의 피해를 입은 것에 대해서 화를 내어, 앞으로는 살포의 재정적 원조는 일체 하지 않는다고 언명하였다. 앨라배마의 한 관리는 이 전 계획을 다음과 같이 이야기했다. "무분별하고, 서두르고, 계획도 형편없고, 공사 양쪽의 권리와 의무를 밟아 버린 심한 실례이다"라고. 앨라배마주가 자금을 내어 주지 않음에도 불구하고 미국 중앙정부는 조금씩 앨라배마주에 자금을 주었고, 1961년에 의회는 소규모의 살포 계획을 실행하는 법안을 통과시켰다. 그러는 동안에 루이지애나주의 농민들이 반대 태도를 점차로 보이더니 계획 동의서에 서명하기를 거부했다. 살충제 살포 때문에 사탕수수의 해충이 대량 발생했기 때문이다. 또 살포가 아무런 효과도 갖지 못했다는 것을 누구든지 알게되었다. 이 암담한 상태를 루이지애나 주립 대학교 농사 시험소의 곤충 연구주임 뉴솜(L.D. Newsom) 박사가 1962년 봄에 다음과 같이 요약하였다. "주및 중앙정부가 실시한 불개미 '근절' 계획은 거의 실패하였다. 루이지애나주에는 살포 이전보다 더 많은 불개미가 발생한 장소가 있다"고.

이제는 좀더 건전한 옛날 방법으로 되돌아가기 시작한 것 같다. 플로리다주에서도 "제거 계획이 시작됐을 때보다 지금이 플로리다주에는 불개미가더 많다"고 말하면서, 근절을 시킨다는 큰 계획보다는 국부적인 제거에 역점을 둔다고 발표하였다.

효과가 아주 좋고 또 비용이 그렇게 많이 들지 않는 국부적인 제거 방법은아주 옛날부터 실행되어 왔다. 불개미는 흙무더기 집을 만드는 습성이 있으므로 하나하나의 집에 화학약품을 뿌려 주면 된다. 그 비용은 1에이커당 약1달러에 지나지 않는다. 흙무더기 집이 많아서 하나하나를 상대하기 어려울때는 먼저 경작기로 이 집을 밀고 나서 곧 화학약품을 그 위에 살포하는 방법도 채용되었다. 미시시피의 농사 시험장이 생각해 낸 방법이다. 이렇게 하면 90~95%의 불개미를 없앨 수가 있다. 그리고 1에이커당 0.23달러가 소요된다. 이에 비해 농림부의 대규모 제거 계획에서는 1에이커당 3.5달러나소비된다. 즉 그것은 가장 비싸고 가장 피해가 심하고 그리고 결과적으로 가장 효과가 없는 방법이다.

11
보르지아 가문의 꿈을 넘어서

우리들 세계가 오염되어 가는 것은 대량의 살충제가 살포되기 때문만은 아니다. 실로 우리들 몸이 날마다, 해마다 수많은 화학물질에 노출되고 있는 것을 생각하면 살충제에 의한 오염 따위는 아무것도 아니다. 계속 떨어지는 물방울이 단단한 돌에 구멍을 뚫는 것처럼, 우리가 나서 죽을 때까지 무서운 화학약품에 조금씩 끊임없이 접촉한다면 언젠가는 비참한 결과를 맞이하게 될 것이다. 조금씩이라도 반복하여 접촉한다면 우리들 몸속에 화학약품이 축적되어 드디어는 중독 증상에 빠질 것이다. 오늘날 외계로부터 격리된 생활을 하지 않는 한 그 누가 이런 약품과 접촉하지 않고 깨끗하게 살 수 있겠는가. 능숙한 상인에게 유혹을 받고 뒤에서 조종하는 자본가들에게 속아서, 모든 시민들은 자기들을 둘러싸고 있는 위험물을 전혀 모르고 있다. 실로 시민 자신들이 그 죽음을 부르는 위험물을 사용하고 있다는 것을 꿈에도 몰랐다.

이제는 독약의 시대가 됐다. 사람을 죽이는 약품을 상점에서 팔아도 누구 하나 이상하게 생각하는 사람도 없다. 옆 약국에서는 약간의 극약을 사더라도 '독약 사용자 명부'에 이름을 서명하여야 하는데. 단지 몇분이라도 좋으니 어떤 약품이 슈퍼마켓에 있는가 한번 보라—화학약품에 대한 지식이 없어도 좋다. 무서운 독약이 진열되고 있는 것을 보면, 아무리 무신경한 손님이라도 놀라지 않을 수 없을 것이다.

살충제를 파는 곳에 큰 해골이나 십자형 뼈를 표시해 두면 들어오는 손님도 그것이 무서운 살인약이라는 것에 주의하게 될 것이다. 그러나 그곳은 평범한 매장이다. 통로 반대쪽엔 장아찌, 올리브유가 있고, 화장비누와 세척제 옆에는 갖가지 살충제가 산더미같이 쌓여 팔리고 있다. 아이들의 손이 닿는 곳에 화학약품이 든 유리병이 진열돼 있다. 만일 아기들이 병을 떨어뜨리든지 또 누군가가 잘못해서 마룻바닥에 병을 떨어뜨리면 곧 극약은 그 부근 일대에 퍼지게 된다. 약을 밭에 살포하던 농부에게 경련을 일으키게 한 것과 똑같은 화학약품이다. 또 누군가 이것을 사 가지고 집으로 돌아갔을 때도 똑같은 사태가 일어나지 않는다고는 말할 수 없다. 예컨대 DDT가 들어 있는 살충제의 통을 보면, 약은 압축되어 있고 열과 불에 직접 접촉되면 폭발할 우려가 있다고 작은 글씨로 통에 쓰여 있다. 가정에서 사용하는 살충제는 클로르덴이다(부엌 겸용 살충제도 마찬가지이다). 그런데 식품 약품 관리국의 주임 약리학자의 의견에 의하면, 클로르덴을 살포한 집에 사는 것은 '극히 위험'하다고 한다. 이 밖에도 여러 가지 가정용 살충제가 있는데 클로르덴보다 더 독성이 강한 디엘드린을 포함한 것도 있다.

부엌용 살충제는 누구나 쓸 수 있도록 또 사용하기 쉽도록 여러 가지로 연구되고 있다. 또 우리는 종이의 한쪽 면이나 양쪽 면에 살충제를 묻힌 백색 또는 색깔 종이를 부엌 선반에 붙여 둘 수도 있다. 벌레를 죽일 때 어떻게 하면 되는지, 가정에서 간단히 할 수 있도록 사용 설명서를 나누어 주는 회사도 있다. 그저 단추만 누르면 손이 닿지 않은 구석과 캐비닛의 갈라진 틈, 모퉁이와 마룻바닥에까지 디엘드린을 분무시킬 수 있다.

만일 모기나 사면발닛과 곤충 등으로 괴로워하고 있다면, 로션이나 크림상의 살충제를 피부에 바르든지 또 의복류에 살충제를 뿌리면 된다고 한다. 이들 중에는 바니시, 페인트, 합성 섬유를 용해시키는 것이 있으므로 주의해야 한다고 하면서도, 인간의 피부에는 화학약품이 스며들지 않는다고 생각하고 있는 것 같다. 언제든지 벌레를 제거할 수 있는 살충제도 있다. 고급 뉴욕 상점에서는 이런 포켓용 살충제를 팔면서 이것은 핸드백에도 넣을 수 있고, 해수욕, 골프, 낚시질에도 이상적이라고 선전하고 있다.

우리들은 마룻바닥에 특별한 왁스를 칠해 가지고 그 위를 기어다니는 모든 벌레를 죽게 할 수도 있다. 린덴을 묻힌 길고 가느다란 조각을 옷장이나 옷 가방에 넣어 두든지 사무소의 서랍 속에 넣어 두면 반년 동안이나 벌레를 방지할 수 있게 해 주는 것도 있다. 그러나 린덴이 위험하다고 쓴 광고는 하나도 없다. 전기로 린덴을 기체화시켜 연기처럼 피우는 것의 광고를 보아도 —인간에게는 해가 없고 냄새도 없다고 되어 있다. 그러나 미국 의학 협회는 린덴의 증기가 극히 위험하다며 학회지에서 그것의 사용을 맹렬히 반대하고 있다.

〈집과 정원의 공보〉라는 잡지에서 미국 농림부는 견해를 밝혔는데, 의복에 DDT, 디엘드린, 클로르덴의 기름 용액이나 그 밖의 살충제를 살포하면 된다고 했다. 만일 너무 많이 살포해서 살충제가 하얗게 섬유 위에 남아 있게 될 때는 솔질을 하면 된다고 하였을 뿐이다. 농림부는 어떻게 솔질하며, 어떤 주의가 필요하다는 이야기는 한마디도 하지 않았다. 이리하여 우리들은 날마다 살충제와 함께 살아가는 셈이다. 벌레에 물리지 않도록 디엘드린을 스며들게 한 이불을 덮고 자지 않으면 안 된다.

정원 손질은 이제는 맹독과 인연을 끊을 수 없는 일이 되었다. 모든 철물상과 원예용 기구점 및 모든 슈퍼마켓에는 온갖 효능을 갖춘 살충제가 쌓여 있다. 신문의 원예란, 원예 잡지들이 모두 살충제를 사용하는 것으로 되어 있으므로, 이 살인적인 살포약이나 분말약을 많이 사용하지 않으면 안 될 것 같은 기분까지 든다.

빠른 속도로 치명적인 사태를 낳는 유기인산화합물 살충제까지도 잔디와 관상용 나무에 넓게 사용되자, 1960년 플로리다주 보건국은 살포업자에 대해 주택지에서의 살충제 사용을 금지하고, 허가를 받고 필요한 조치를 할 수 있는 사람 아니면 살충제 살포를 못하게 하였다. 이런 조치를 하기 전까지 플로리다에서는 파라티온 때문에 많은 사람이 죽었다.

그러나 정원사나 뜰 가꾸는 사람들에게는 이 같은 위험한 살충제를 사용할 때의 무서움이 조금도 알려져 있지 않다. 오히려 사람들이 잔디나 정원에 더 쉽게 독약을 사용할 수 있도록 손쉬운 도구가 계속 제조되었으므로, 그들은 당연히 독약을 썼고 따라서 독약에 접촉될 기회가 많아졌다. 예컨대 그들은 뜰에 물을 주는 호스 끝에 병 같은 것을 달고 잔디에 물 주는 형식으로 클로르덴이나 디엘드린과 같은 무서운 약품을 사용하고 있다. 이것은 호스를 사용하는 인간 한 사람의 생명 뿐만 아니라, 공공의 이해에 관계되는 문제이다. 〈뉴욕 타임즈〉의 원예란도 이런 문제를 취급하여, 특별한 안전장치를 부착하지 않는 한 압력이 줄어들 때 역사이펀 현상으로 독이 수돗물로 거꾸로 역류할 수도 있다고 말했다. 그러나 이와 같은 안전장치가 실제로 얼마만큼 사용되고 있는지 또 〈뉴욕 타임즈〉에서 지적된 경고가 거의 다른 데서는 볼 수 없는 것을 생각해 보면, 수돗물이 이미 오염됐다고 봐도 이상할 건

없잖은가?

　정원사나 뜰 가꾸는 사람들 자신은 어떻게 되었는가를 한 의사의 예에서 볼 수 있다. 이 의사는 틈만 있으면 뜰을 손질하였다. 그는 먼저 정원수와 잔디에 DDT를 살포하였는데 그 다음엔 매주마다 말라티온을 사용하였다. 수동 살포기를 사용하기도 하였고 호스 끝에 특별한 장치를 하고 살포하기도 하였다. 피부나 의복에 여러 번 살충제가 묻기도 하였다. 이렇게 하기를 한 일 년 하였는데, 어느 날 그는 갑자기 쓰러져서 병원으로 운반되었다. 지방을 검사하자 23ppm이라는 많은 DDT 축적 결과가 나왔다. 신경이 심하게 손상되어 있었다. 병원 의사의 진단에 따르면 다시 회복될 수 없는 것이었다. 차츰 시간이 지나면서 체중이 줄고 심한 피로감과 함께 근육의 퇴화가 나타났다. 실로 말라티온 중독 증상 그대로이었다. 이런 모든 증상은 의사들도 치료할 수 없고 다시 완쾌되기는 어려울 것이다.

　이 밖에 살충제 살포 장치가 달려 있는 자동 잔디깎기 기계가 있다. 누르면서 다니면 분무상의 살충제가 살포된다. 엔진으로부터는 가솔린의 유해한 연기가 나온다. 이것과 살충제의 미세한 가루가 혼합되어 그 뜰의 상공은 여느 공업도시 못지않게 오염된다. 하지만 뜰을 가꾸는 사람들은 아무것도 모른다.

　그러나 뜰 가꾸는 데 사용하는 살충제나 가정에서 사용하는 살충제가 얼마나 위험한가에 대해서는 일체 말이 없다. 약품통에 경고문이 붙어 있다고 하지만 아주 작은 글씨로 인쇄되어 있으므로 귀찮아서 읽지 않는 사람이 많다. 이것이 도대체 얼마나 읽혀지고 있는가를 어떤 공업회사가 최근에 조사하였다. 분무용, 살포용 살충제를 사용하는 사람 중에서 통에 경고가 있는 것을 아는 사람은 1백명 가운데 15명정도이었다.

　지금 교외에 살고 있는 사람들은 소용없는 바랭이 풀을 어떤 일이 있더라도 없애야 한다고 제초제를 사용하고 있다. 이 같은 소용없는 풀을 없앨 수 있는 제초제가 들어 있는 자루를 자기 집에 놔두고 있는 것은, 자기가 상류계급에 속하는 상징으로까지 여겨지고 있다. 어떤 약품인지 상품명을 보아서도 모른다. 자루를 이곳저곳 뒤져 보면 가장 눈에 띄기 어려운 곳에 특히 작은 글씨로 클로르덴 함유 또는 디엘드린 함유라고 쓰여 있다. 철물상이나 원예점에서 사용서를 얻어도, 이 제초제를 사용할 때 실제로 어떤 부작용이 있는지 거짓 없이 기록된 것은 거의 없다. 대개는 아버지와 아들이 자못 행복스럽게 제초제를 잔디에다 살포하고 있고 그 옆에서는 어린아이가 개와 함께 뒹굴고 있는 그림 같은 것이 그려져 있을 따름이다.

우리들이 먹는 음식물에 대한 화학약품 잔류 문제도 격심한 논의의 대상이 되어 있다. 잔류물 같은 것이 조금 남아 있어도 대수롭지 않다고 하며 처음부터 부정해 버리는 것은 공업회사 관계자들이다. 또 살충제가 묻어 있는 음식물은 일체 안 된다고 하는 것은 지나친 광신자이라고 보아 넘기는 경향이 있다. 그렇다면 대체 진상은 어떤 것인가?

DDT가 나타나기 전(1942년 이전)에는 산 사람이나 죽은 사람 몸 조직에서 DDT나 이와 비슷한 물질의 흔적을 전혀 찾아볼 수 없었다. 이것은 상식적이지만 의학적으로도 확실히 증명되고 있다. 그런데 3장에서 설명한 바와 같이, 1954년부터 1956년 동안에 일반인의 지방 표본을 만들었을 때에는 평균 5.3~7.4ppm정도의 DDT가 검출되었다. 그 평균치도 그 후 차츰 상승하고 있다고 생각되며, 직업상 살충제와 접촉하는 사람들의 체내 축적량은 그보다 훨씬 웃돈다고 할 수 있을 것이다.

DDT에 전혀 접촉된 일도 없는데 DDT가 체내 지방에 축적되는 것은 식품을 통하여 몸에 들어오기 때문이라고 생각된다. 이렇게 생각되는 이유는 미국 공중 위생국 조사반이 실시한 음식점과 회사, 관청의 식당 음식물 조사 결과 때문인데 모든 음식물이 DDT를 포함하고 있었다. 조사단은 이렇게 결론을 지었다. 'DDT가 전혀 없다고 하는 식품이 있어도 그것은 극히 드물다'라고.

식품 중의 DDT 함유량이 굉장히 많을 수도 있다. 공중 위생국이 감옥 내의 식품을 검사하였을 때 건조 과실 찜으로부터 DDT가 69.6ppm, 빵으로부터는 100.9ppm이나 발견되었다.

보통 가정의 식품, 예컨대 고기나 동물의 지방 제품에는 염화탄화수소의 잔류물이 대량 함유되어 있다. 이들 화합물은 지방에 잘 녹는 까닭이다. 그러므로 고기에 비하면 과실이나 야채에 잔류하는 분량은 약간 적다. 그러나 씻는 정도로는 없어지지 않는다. ―상추나 양배추 같으면 바깥 잎을 따 버리고 과실이면 껍질을 벗길 수밖에 없다. 굽든지 태워도 약품의 잔류물은 없어지지 않는다.

미국 식품 약품 관리국이 우유에는 살충제 잔류물이 절대 들어가지 못하도록 하고 있으므로 우유는 비교적 잔류물이 없는 식품이다. 그러나 검사를 해보면 거기서도 언제든지 잔류물이 발견된다. 그 중에서도 심한 것은 버터나 그 밖의 유제품이다. 유제품 461개를 1960년에 검사해 본 결과 그 3분의 1에서 잔류물이 검출되었다. 미국 식품 약품 관리국은 '기분 나쁜 일'이라고 발표하였다.

DDT나 그 밖의 화학약품이 전혀 묻어 있지 않은 식사를 하려면 문화생활과는 동떨어진 먼 데나 야만국으로 갈 수밖에 없다. 그렇다면 가장 변두리, 예컨대 알래스카의 북극 해변에 가면 될까. 그러나 거기에도 어두운 그림자가 도사리고 있다. 그곳에 살고 있는 에스키모의 식사를 조사해 보았을 때 살충제의 흔적은 전혀 없었다. 생선과 건어, 바다삵, 돌고래, 북미산 순록, 큰 사슴, 북극곰, 해마 등의 고기나 이들에서 얻은 기름과 지방, 년출월귤, 나무딸기 및 야생 대황들, 이 모든 것들이 그 당시엔 오염되지 않았다. 단 하나의 예외는 포인트 호프 지방에 사는 두 마리의 흰 올빼미인데, 이들은 약간의 DDT를 갖고 있었다. 이 올빼미는 철새로서 어디선가 이주하는 도중에 DDT에 접촉된 것 같다.

그런데 에스키모인 자신의 지방을 분석해 본 결과 DDT 잔류물이 약간 검출되었다(0~1.9ppm). 그 이유는 분명했다. 검사 대상이 된 에스키모인은 모두 수술을 받기 위해 자기 마을을 떠나서 앵커리지에 있는 미국 공중 위생국 병원에 입원한 적이 있었다. 여기서 그들은 문화생활에 접촉된 것이었다. 예컨대 병원의 식사에는 뉴욕의 식사와 마찬가지로 DDT가 포함되어 있었다. 아주 잠시 문화생활과 접촉했는데 에스키모인은 독의 오염을 보상으로 받았다.

우리들 식사에 염화탄화수소가 혼입되는 것은 농작물 살포에 이런 계통의 살충제가 사용되는 한 피할 길이 없다. 그러나 약품 용기에 쓰여 있는 사용법을 농부가 지키면, 잔류물은 식품 약품 관리국이 결정한 허용량을 초과하지는 않을 것이다. 이 허용량이 과연 '안전'한지 아닌지는 별문제로 치고, 농부들은 대개 허용량을 지키지 않고 또 농작물 추수 직전에 약품을 살포하고 한 종류의 살충제만도 충분한데 몇 가지 약품을 병용하고 있다. 애초에 사용법이 너무 작은 글씨로 인쇄되어 있어서 그것을 읽은 사람이 많지 않다. 이런 일도 원인 중 하나일 것이다.

살충제는 참으로 아무렇게나 사용되고 있다. 농부를 교육할 필요성이 있다는 것을 화학공업회사까지도 인정하고 있을 정도이다. 업계의 큰 잡지 중 하나에는 최근 이런 기사가 실렸다. '규정량 이상의 살충제를 사용하면 허용량 위반이 된다는 것을 사용자는 잘 모르고 있는 듯하다. 그리고 농부들은 그때그때의 기분으로 함부로 살충제를 농작물에 마구 살포하고 있다.'

살충제 남용의 기록은 식품 약품 관리국 파일 속에 보존되어 있다. 사용법을 지키지 않은 예는 놀랍도록 많지만 여기서는 두세 가지 예만 들겠다. 우선 상추를 재배하는 농부의 예가 있다. 이 농부는 한 가지 살충제만도 충분한데 수확기 때 8가지 다른 살충제를 섞어서 사용하였다. 또 다른 예로 셀러리를 출하한 남자는 무서운 독인 파라티온을 최대한도의 5배 가량 사용하였다. 또 염화탄화수소 중에서도 가장 독성이 강한 엔드린을 상추에 사용한 농원도 있다. 그 잔류물이 묻어 있는 상추는 출하가 금지되었다. 수확 일주일 전에 DDT를 시금치에 살포한 예도 있다.

우연히 오염되는 때도 있다. 누른빛 삼베 주머니에 든 커피콩이 대량 오염된 적이 있었다. 그것이 수송될 때 배에 살충제의 짐짝도 함께 있었던 까닭이다. 창고에 쌓아 둔 포장 식품도 오염된다. 분무상의 DDT, 린덴 등의 살충제로 몇 번이고 소독하는 동안에 살충제가 포장지를 통해서 식품으로 상당량 스며든다. 오랫동안 창고에 저장된 식품일수록 오염도가 높다고 할 수 있다.

'정부는 이런 일로부터 우리들을 지켜 주지 않는가?'라고 묻는다면 '거기에는 한도가 있다'고 대답할 수밖에 없다. 미국에는 식품 약품 관리국이라는 기관이 있어서 소비자가 살충제의 해를 받지 않도록 관리하고 있는데, 이것은 두 가지 이유로 잘 되지 않는다. 첫째로 그 기관은 주와 주 사이에서 이송되는 식품을 관리할 뿐이며, 한 주 내부에서 생산 및 소비되는 식품은 관할할 수가 없고 어떤 심한 일이 벌어져도 거기에 간섭하지 못한다. 둘째로 식품 약품 관리국 검사관의 사람 수가 적은 것도 치명적인 이유이다. 범위가 넓은 갖가지 일에 투입된 인원수는 모두 6백명 뿐이다. 식품 약품 관리국에 의하면, 이만한 능력으로 검사할 수 있는 것은 각 주 사이에 매매되고 있는 농작물의 극히 일부로 겨우 1%도 안 된다. 이런 상태에서는 통계적으로 검사하는 의의가 없다고 한다. 한 주내에서 생산되고 판매되는 식품은 이미 통제 불능이다. 식품 관리 법령이 완비되어 있는 주는 거의 없는 까닭이다.

하나하나의 약품에 대해 오염의 최대 허용량을 관리국이 결정하여 '허용량'이라고 부르고 있는데 이 방법에도 뚜렷한 결점이 있다. 이런 허용량도 현재 상황에서는 단지 명목상의 안전에 지나지 않는데, 허용량이 결정되어 있으므로 사람들은 그것만 지키면 된다는 식이 된다. 즉 우리들의 식품에 소량의 독을 뿌려도 좋다는 것이다. 이 음식에도 조금, 저 음식에도 조금. 이에 대해 많은 사람들이 "독이 안전하며 식품에 독을 뿌려도 좋다는 것은 언어도단이다"라고 투쟁하는 것도 당연하다. 식품 약품 관리국이 허용량을 결정할 때는 실험동물을 사용하여 최고 오염도를 결정하고 나서 그 실험동물에 장해가 오지 않을 정도의 아주 얕은 최저선에다가 허용량을 결정하므로 이 방법은 안전한 것같이 보인다. 그러나 이 방법은 여러 가지 중대한 사실을 무시하고 있다. 잘 설비된 인공적인 상태에서 사육된 실험동물은 어떤 특정한 한 가지 약품을 투여 받을 뿐, 여러 가지 살충제에 몇 번이고 접촉되는 인간과는 그 조건이 아주 다르다. 뿐만 아니라 인간은 살충제에 언제 접촉되었는지도 모르고 또 그 양이 얼마인지도 모른다. 점심 식사의 상추에 7ppm의 DDT가 묻어 있어도 그쯤의 분량은 '안전'하다고 한다. 그러나 그 밖의 여러 가지 식품에 각각 허용량의 잔류물이 묻어 있을 수도 있다. 게다가 식품으로서 우리들 몸에 들어오는 화학약품은 전체의 일부에 지나지 않는다. 여러 경로로 우리에게 침입해 들어오는 화학약품의 총 축적량은 알 도리가 없다. 그러므로 이 정도이면 '안전'하다고 하는 말은 무의미한 것이다.

또 이런 결점도 있다. 식품 약품 관리국 과학자들의 의견을 존중하지 않고, 허용량을 결정한 예도 몇 번 있다. 이는 14장을 보면 알 수 있다. 또는 그 화학약품의 성질도 확실히 모르면서 허용량을 결정한 예도 있다. 나중에 위험한 것을 알고 허용량을 낮추거나 취소한 일도 있었는데 그 때까지 몇 달이고 몇 해고 모두는 위험한 양의 화학약품과 접촉한 셈이 된다. 예컨대 헵타클로르의 허용량도 얼마 후에 위험하다고 하여 취소된 예도 있다. 또 실제로 사용해 보지 않으면 어떻게 될지 모르는 화학약품도 있다. 이리하여 잔류물을 조사하는 검사관의 노력도 헛수고로 돌아간다. 그들은 '넌출월귤에 대한 약품'이라고 하는 아미노 트리아졸에도 큰 애를 먹었다. 또 종자를 소독하는 어떤 종류의 살균제에 대해서도 분석 방법이 없다. 씨 뿌리는 시기가 다 지나가면, 남아 있는 종자는 당연히 식량으로서 인간들 입에 들어갈 것이다.

결국 실제로 허용량을 설정하는 이유는 식량이 유독한 화학약품으로 오염되어도 농작물 생산자와 가공업자가 그것을 값싸게 생산할 수 있도록 해 주려는 것이다. 그렇다면 소비자에게 유독한 식품이 돌아오지 않도록 특별한 관리 기관의 설치가 필요하다. 이 유지비는 결국 소비자의 세금으로 충당된다. 그러나 수많은 농약이 사용되고 있는 요즈음 이 같은 관리 기관이 충분히 그 기능을 발휘하기 위해서는 막대한 비용이 들며, 그 많은 비용을 국회에서 얻을 수는 없다. 결국 소비자는 세금은 세금대로 지불하면서 독은 독대로 받고 있는 운 나쁜 사람이다.

해결법은 없을까? 우선 해야 할 일은 염화탄화수소, 유기인산화합물계 살충제, 그 밖의 극약에 대해서 허용량을 철폐하는 것이다. 이렇게 하면 농민의 부담이 커지므로 곧 반대 소리가 나올는지도 모른다. 그러나 화학약품의 잔류량이 7ppm(DDT의 허용량), 1ppm(파라티온의 허용량) 또 각종 과실과 야채에 묻어 있는 디엘드린의 허용량인 0.1ppm이라고 결정된 상태에서 이대로 실행을 한다면 왜 잔류물이 조금도 남지 않게 노력할 수는 없을까? 실제로 헵타클로르, 엔드린, 디엘드린과 같은 약품은 어떤 종류의 농작물에는 잔류하지 못하도록 금지되어 있다. 만일 이것이 실행될 수 있다면 왜 다른 모든 농작물에는 적용할 수 없을까?

그러나 이것도 완전한 해결법은 아니다. 종이 위에서 허용량을 0으로 결정하여도 거의 의미가 없다. 전에도 설명하였지만 미국 각 주 사이에 거래되고 있는 식품의 99%가 검사 없이 통과되고 있다. 식품 약품 관리국 검사관의 인원수를 늘려서 관리의 질을 올리는 것도 시급한 일이다.

우리들의 식품에다 마음대로 독을 뿌려 놓고 나중에 검사한다는 이런 제도는, 마치 루이스 캐럴의 《거울 나라의 앨리스》에 나오는 흰 기사를 연상케 한다. '수염을 녹색으로 물들이고는 사람들에게 보이지 않게 항상 큰 부채를 사용하고 있다'는 흰 기사를. 결국 해결할 수 있는 길은 단지 한 가지인데, 그것은 독성이 적은 화학약품을 쓰는 것이다. 그러면 그것이 비록 잘못 사용되어도 사용자에 미치는 해가 많이 감소될 것이다. 독성이 적은 약품은 이미 시장에 나와 있다. 피레트린, 로테논, 리아니아 및 그 밖의 여러 가지 식물성 살충제 등이다. 최근 피레트린을 대신할 수 있는 합성물이 나왔으므로 지금까지처럼 약품이 부족해질 일도 없어졌다. 그리고 시장에서 판매되고 있는 화학약품의 성질에 대해서 더 소비자를 계몽할 필요가 있다. 갖가지 살충제, 살균제, 제초제가 상점에 차고 넘쳐 소비자는 어느 것을 사야 할는지 당황할 뿐이다. 어느 것이 극약이며 어느 것이 비교적 안전한가를 알 도리도 없다.

우리는 보다 독성이 적은 농약으로 바꾸도록 할 뿐만 아니라 화학적 방법이 아닌 새 방법의 개척에 힘써야 한다. 어떤 종의 곤충을 습격하는 특수한 세균이 있는데, 이 세균을 잘 이용하여 곤충을 발병시켜 제거하는 방법은 이미 캘리포니아주에서 시행되고 있다. 또 약품이 식품에 전혀 남지 않는 방법으로 곤충을 제거하는 가능성도 많이 있다(17장 참조). 지금까지의 방법을 버리고 새 방법으로 바꾸지 않는 한 우리는 지금까지의 상태를 벗어날 수가 없다. 상식 있는 보통 사람이면 현재 상황을 그대로 보고 참고 있을 수는 없을 것이다. 사태가 이렇게 되고 보니 우리들은 보르지아가의 손님보다 나을 것이 하나도 없다.

12
인간의 대가

산업이 발전함에 따라 새로운 화학물질이 우리 환경을 삼켜 버리면서, 가장 중요한 공중위생 문제에까지 큰 변화를 가져왔다. 천연두, 콜레라, 페스트 등으로 인류가 떨었던 것은 바로 어제 일이었다. 많은 사람들의 생명을 빼앗아 간 전염병은 하나님의 노여움이라고 생각됐지만 지금은 아무도 그런 데에는 관심이 없다. 생활이 향상되고 위생 시설이 개선되고 새로운 약품이 나오면서, 우리는 이런 모든 전염병을 제거할 수 있게 되었다. 그러나 오늘날에는 우리들의 환경 속에 숨어 들어온 다른 종류의 위험이 우리를 위협하고 있다. ─우리들 자신이 생활의 근대화 과정에서 불러온 위험이다.

이 새로운 환경 위생 문제는 복잡하다. 이것은 갖가지 형태의 방사선과 끝없이 제조되는 화학약품 등에서 오는 문제이다. 직접 또는 간접적으로, 개별적 또는 집단적으로 우리들에게 작용하고 있는 화학약품이 굉장히 많다. 살충제 같은 것은 그 일부에 지나지 않는다. 이런 약품은 모양도 없고 애매하여 잘 알 수 없다. 그것은 그저 불길한 그림자 같다. 화학약품과 일생 동안 접촉한다면 어떻게 될까? 인간 몸이 지금까지 경험해 보지도 못한 상대인 만큼 전혀 알 도리가 없다. 참으로 무서운 일이다.

'우리들은 모두 끊임없는 공포에 싸여 있다. 그 중 무엇에 의해 환경이 심하게 파괴되어, 인간도 일찍이 멸망당한 공룡과 같은 운명을 밟게 되는 것은 아닐까?'라고 미국 공중 위생국의 프라이스(David Price) 박사가 말하고 있다. 그는 계속하여 '그리고 더 곤란한 것은, 최초의 징후가 나타나기 20년 전 또는 그 이전에 이미 우리들의 운명이 결정된 것인지도 모른다는 점이다'라고 말했다.

병든 환경과 살충제와의 관계는? 흙, 물, 식품의 오염에 대해서는 이미 많이 보아 왔다. 강으로부터는 물고기의 모습이 사라졌고 숲이나 뜰에서는 새 우는 소리가 없어졌다. 그러나 인간은? 인간은 자연계의 동물과는 다르다고 아무리 말해 봤자, 인간도 자연의 일부에 지나지 않는다. 우리들의 세계가 구석구석까지 오염되어 있는데 인간만이 안전지대로 도망할 수 있겠는가?

단 한 번만이라도 대량의 화학약품과 접촉되면 급성 중독에 빠지게 되는 것을 우리는 잘 알고 있다. 농부, 살포하는 사람, 비행사 등등, 대량의 약품과 접촉되어 갑작스런 병에 걸리든지 죽는 예가 많다. 이런 비극이 일어나지 않도록 대책을 세워야 한다. 그러나 눈앞의 직접적인 피해에만 정신이 팔려선 안 된다. 우리는 소량의 약품에도 주의하여, 그것이 조금씩 알지 못하는 사이에 인간 몸에 흡수되어 장래 어떤 작용을 할 것인가에 관심을 가져야 할 것이다. 그것이 인류 전체를 위한 길이다.

책임 있는 공중 위생국 관리들은 다음과 같이 지적하고 있다. 즉 화학약품이 생물에 주는 작용은 오랜 시간에 걸쳐 축적되어 가며, 어떤 인간이 일생 동안 얼마나 화학약품에 접촉하였는가 하는 그 총계로 모든 것이 결정된다고 하였다. 그런데 바로 이 때문에 우리는 그 위험을 좀처럼 알 수가 없다. 단지 막연히 언젠가 재난이 일어날 것 같다는 말을 들어도 거기에 냉담한 것이 사람이다. '확실한 징후가 있는 병에 보통 사람은 급하게 야단을 한다. 그러나 인류 최대의 적은 모습을 나타내지 않고 기어 들어오고 있다'고 현명한 의사인 뒤보스(René Dubos) 박사는 말하고 있다.

미시간주의 울새나 미라미치강의 연어와도 같이 이것은 우리들 누구에게나 관련된 생태학적 문제이다. 상관관계라든지 상호의존관계 같은 문제이다. 강의 물여우를 죽이려고 독을 뿌리면 강을 타고 올라오는 연어가 줄고 드디어는 죽는다. 호수의 각다귀를 죽이려고 독을 뿌리면 먹이사슬로 드디어는 호반의 새들이 희생된다. 느릅나무에 살충제를 살포하면 다음 봄이 찾아와도 울새 소리가 들리지 않는다. 직접 울새에다 독약을 살포하지 않아도 느릅나무 잎—지렁이—울새라는 먹이사슬을 따라 독이 전파되는 것이다. 이런 사실은 모두 명확하며, 누구의 눈으로 보아도 관찰할 수 있는 일들이다. 이것이야말로 생명—또는 죽음—이 짜내는 복잡한 직물이며 생태학으로 과학자들에게 알려진 것이다.

그런데 우리들 인간 몸의 내부 세계에도 생태학이라고 불릴 만한 것이 있다. 눈에 보이지 않는 이 세계에서는 아주 작은 원인이 생각지도 않은 결과로 나타날 수 있다. 뿐만 아니라 왜 이렇게 되었는가 원인조차 좀처럼 알 수 없다. 원래 상한 곳으로부터 멀리 떨어진 곳에서 병이 나타날 때도 많다. 의학의 최첨단을 걷고 있는 최근의 보고에 의하면 '어떤 한 점에서의 변화, 예컨대 한 분자 안에서의 변화도 몸 전체에 영향을 주어, 보기에는 아무런 관계가 없는 기관과 조직에 변화를 일으킨다'고 한다. 인간 몸의 신비한 움직임에 조금이라도 관심을 둬보면, 원인과 결과가 단순히 연결되어 원인으로부터 결과를 알아볼 수 있는 경우는 거의 없음을 알 수 있다. 원인과 결과는 공간적으로나 시간적으로 떨어져 있다. 병이나 사망의 원인을 발견하려면 보기에는 아무런 관계가 없는 갖가지 분야의 연구 성과를 모아야 비로소 알 수 있는 때가 많다.

우리들은 항상 뚜렷하게 나타나는 직접 원인에만 관심을 가지고 다른 모든 것을 무시하는 수가 많다. 뚜렷한 모습으로 나타나지 않는 한 그것이 아무리 위험하다고 하여도 그 위험성을 부인한다. 의학을 전문적으로 연구하는 사람들도 아주 적은 증상으로는 병을 발견하기 어렵다. 증상이 나타나기 전에 위험을 알아낼 수 있는 정확한 방법이 없는 것은, 현대 의학이 해결할 수 없는 문제이기도 하다.

'하지만 내 자신 몇 번이고 디엘드린을 집 잔디에 뿌렸는데도 WHO의 살포 인부들처럼 경련에 걸린 때는 한 번도 없었다. 나는 아무런 해도 받지 않았다'고 반대하는 사람이 있을는지 모른다. 그러나 이것은 그렇게 간단한 문제가 아니다. 어떤 무서운 증상이 갑자기 나타나지 않는다고 하여도, 디엘드린과 같은 약품을 사용하면 체내에 유해한 물질이 축적되는 것은 의심할 여지도 없다. 염화탄화수소는 앞서도 말한 바와 같이 아주 작은 분량에서도 축적된다. 몸 지방조직 전체에 이 독성 물질이 축적된다. 그리고 지방이 감소되면 갑자기 이 독이 작용하게 된다. 뉴질랜드 의학 잡지의 최근호에 좋은 예가 있다. 비만증 있는 남자가 살을 빼려고 약을 먹고 있었는데 갑자기 중독증에 빠졌다. 지방을 분석해 본 결과 디엘드린이 검출되었다. 체중이 감소되면서 디엘드린이 신진대사에 끼어들게 된 것이다. 병에 걸려 체중이 감소

될 때에도 같은 현상이 일어난다.

그러나 어느 정도 체내에 약품이 축적되었는지 확실히 알 수 없을 때가 많다. 몇 해 전 일인데 미국 의학 협회의 잡지에, 지방조직에 축적되는 살충제는 위험하다는 보고가 실렸다. 그러므로 조직에 축적되는 화학약품을 취급할 때는 특히 주의하지 않으면 안 된다. 지방조직은 단지 지방을 저축해 둘 뿐만 아니라 갖가지 중요한 일을 하고 있다(참고로 지방은 체중의 약 18%를 차지한다). 체내에 축적된 유독물질은 바로 이 기능을 파괴한다. 또 지방은 몸속의 갖가지 기관과 조직에 널리 분포되어 있고 세포막의 구성성분이기도 하다. 따라서 지방에 녹는 살충제가 세포 내에 쌓이면, 산화 및 에너지 생산과 밀접한 관계가 있는 기능이 파괴된다. 이 같은 중요한 현상은 다음 장에서 설명한다.

염화탄화수소 살충제가 가장 큰 피해를 주는 곳은 간장이다. 우리 몸에는 여러 가지 기관이 있는데 그중에서도 특이한 존재가 간장이다. 그 다양한 활동과 불가결한 기능은 도저히 다른 것과는 비교도 되지 않는다. 생명의 갖가지 활동을 통괄하고 있는 이 간장이 조금이라도 손상을 받게 되면 무서운 결과가 나타난다. 간장은 지방을 소화시키는 담즙을 내줄 뿐만 아니라 특수한 위치에 있기 때문에 또 혈액순환의 통로에 해당하기 때문에, 간장에 공급되는 피는 소화계로부터 직접 송부되고 주된 식품의 대사와 깊은 관계를 가진다. 예컨대 간장은 당분을 글리코겐이라는 형태로 저축하고 끊임없이 일정량의 포도당을 방출하여 혈액 내의 당분을 정상적인 수준으로 유지한다. 몸의 단백질을 합성하는 것도 간장이며, 혈액 응고와 관련이 있는 혈장의 중요한 요소도 함유하고 있다. 간장은 또한 혈장 속의 콜레스테롤을 적당량으로 조절하고 남성, 여성 호르몬이 과다 분비되면 그것을 불활성화시킨다. 또 많은 비타민의 창고로서, 비타민 중 어떤 것은 거꾸로 간장 자신의 정상적인 활동을 돕고 있다.

간장이 정상적으로 활동하지 않으면 몸은 무방비 상태가 된다. 즉 몸은 끊임없이 침입해 오는 여러 가지 독을 막아 내지 못한다. 건강한 몸 자신도 물질대사에 의해서 유독한 물질을 생산하는데 간장이 재빨리 그 독소를 제거하여 해를 미연에 방지해 준다. 외부에서 들어오는 독에 대해서도 간장은 활약한다. 말라티온이나 메톡시클로르 같은 살충제는 '해가 없다'고 하는데 그 것은 간장의 효소 때문이다. 이 효소가 그 약품의 분자구조를 변화시켜 독성이 감소되는 것이다. 우리들이 여러 가지 독과 접촉되어도 안전한 것은 이런 이유 때문이라고 할 수 있다.

그러나 외부에서 침입하는 독과 내부에서 생긴 독을 물리쳐 주는 것이 이제는 약해지고 부스러지고 있다. 살충제에 의해 간장이 상하면 해독작용이 없어질 뿐만 아니라 그 밖에 넓은 범위에 걸쳐 여러 가지 기능 고장이 일어난다. 그 영향은 각양각색인데 그것도 직접 나타나지 않고 또 왜 이렇게 되었는지 참 원인조차 알 수 없을 때가 많다.

간장을 손상시키는 살충제가 널리 사용된 후부터 간염이 갑자기 많아진 것은 퍽 흥미로운 현상이다. 그것은 1950년대에 시작하여 약간의 변동은 있지만 계속 증가되고 있다. 간경변증도 증가되고 있다고 한다. 과연 그 원인은 무엇인가. A가 B의 원인이라고 '증명하는' 것은 실험동물과는 달리 인간의 경우에는 퍽 어렵지만, 간장병이 증가되었다는 사실과 간장을 손상시키는 유독한 물질이 주변에 퍼져 있다는 것을 생각해 보면 이 두 가지 사실에는 무엇인가 관계가 있는 듯하다고 생각하는 것은 상식일 터이다. 염화탄화수소가 주된 원인인지 아닌지는 제쳐 두고라도, 확실히 간장에 해가 되는 물질 앞에 간장을 드러내어 병에 대한 저항력을 약하게 하는 것은 현명한 처사라고는 할 수 없다.

크게 염화탄화수소와 유기인산화합물 계통으로 나뉘는 살충제는 그 작용하는 모습이 약간 다를 뿐 두 가지 모두 신경계통을 침범한다. 우리는 많은 동물실험을 통해 또 인간까지도 희생시켜 이와 같은 것을 확실히 알게 되었다. 예컨대 널리 사용되고 있는 최초의 유기살충제 DDT는 인간의 중추신경계통을 침해한다. 주로 소뇌와 대뇌 운동중추에 장해를 일으킨다고 생각되고 있다. 대량의 DDT에 접촉되면 피부가 짜릿짜릿 찌르는 것 같은 또 불에 덴 것 같은 아픔이 있고 가려우며 또 몸이 떨리고 경련이 일어나기도 한다. 독물학 교과서에 쓰여 있는 바로 그런 현상이다.

DDT가 급성 중독을 일으킨다는 점을 처음으로 밝힌 것은 영국의 몇몇 연구자들이었다. 이 연구자들은 그 중독 결과를 보기 위하여 자기 자신들을 실험대로 삼았다. 영국 왕립 해군 생리학 연구소의 과학자 두 사람은 피부로 DDT를 흡수하려고, DDT 2%가 들어간 수용성 페인트를 바르고 그 위에 엷은 기름막을 씌운 벽에 곧장 몸을 대었다. 신경계통에 영향이 곧 나타났다. 그들 자신의 보고에 의하면 '손발에 힘이 없어지고 아팠다. 기분도 심란해졌다. 확실히 이와 같은 증상이 나타났다……심한 흥분……일은 일체 하고 싶지 않고……조금이라도 머리를 사용하기가 싫었다. 관절이 때때로 심하게 아팠다'고 한다.

이 밖에도 역시 영국인으로 DDT의 아세톤 용액을 피부에 발라 실험해 본 사람이 있다. 권태감이 느껴지고 손발이 아프고, 근육이 이완되고 또 '극도의 신경 긴장 발작'이 있었다고 한다. 휴가를 얻어 휴식을 취하자 좀 기분이 좋아졌으므로 그 후 다시 일을 시작해 보았는데 건강은 점점 나빠질 뿐이었다. 그래서 또 3주간이나 쉬었는데 계속 손발이 아프고 불면증에 시달리고 신경이 날카로워지고 갑작스런 불안에 고통 받는 등, 힘든 나날을 보내야 했다. 때로는 온몸이 덜덜 떨리기도 했다. 이는 새가 DDT에 중독됐을 때 몸을 떠는 것과 같은 현상이었다. 결국 그는 2개월 반이나 일을 못했고, 일 년 후 자기의 실험 보고가 영국 의학잡지에 발표되었을 때에도 완전히 회복되지는 않았다(이와 같은 확실한 사실이 있음에도 불구하고, 지원자를 모집하여 DDT 인체실험을 하고 있는 몇 사람의 미국인은 환자가 '머리가 아프다'든가 '전신의 뼈가 아프다'고 하여도 그것은 '정신신경증 때문'이라고 하면서 받아들이지를 않았다.

병의 증상과 경과로 보아도 살충제가 원인이라고 생각되는 경우가 여러 기록에 남아 있다. 이런 희생자는 어떤 살충제와 접촉한 일이 있었던 것이다. 환자를 살충제라는 것이 전혀 없는 환경에서 치료하면 병은 없어진다. 그러나 그가 또 화학약품을 접하기 시작하면 병이 곧 재발한다. 그 밖의 갖가지 병에 대해서도 이 같은 것을 일단 생각하고 치료하는 때가 많다. 이러니 '일부러 위험을 초래하면서' 살충제로 우리들의 세계를 오염시키는 것은 의미 없는 일이라고 사람들이 경고하는 것도 당연하다.

그런데 살충제를 사용하는 사람들이 그 사람에 따라 갖가지 증상을 나타내는 것은 왜 그런가? 개인의 감수성의 차라는 것이 있다. 남자보다 여자가 더 민감하게 반응한다고 명확하게 말할 수 있을 때도 있다. 어른보다 아직 나이어린 아이들이나 유아 쪽이, 야외에서 심한 노동에 종사하고 있는 사람보다 실내에서 앉아서 일하는 사람 쪽이 더 민감한 경우도 많다. 이 밖에도 갖가지 차가 있지만 확실히 말할 수는 없다. 그러나 그런 사실이 있다는 것은 역시 부정할 수 없다. 왜 어떤 사람은 먼지나 꽃가루로 알레르기를 일으키는가, 어떤 독에 민감하게 반응하는 까닭은 무엇인가? 다른 사람은 아무렇지도 않은데 혼자만이 전염병에 걸리는 까닭은 무엇인가. 현재의 의학으로는 설명할 수 없는 신비이다. 그러나 설명할 수 없다고 무시할 수는 없다. 그리고 사실상 많은 사람들이 이 때문에 고생하고 있다. 의사의 추정에 의하면 환자의 3분의 1 또는 그 이상이 민감성이며, 그 수도 많아지고 있다. 그리고 불행한 것은 전에는 아무렇지도 않았던 사람이 갑자기 민감성으로 변하는 경우가 많다는 것이다. 화학약품에 때로 접하는 것이 원인이 아닌가 하고 생각하는 의사도 있다. 만일 그것이 정말이라면 직업상 약품에 노출되어 있는 사람들을 대상으로 실험하여 독성의 영향을 조사하여도 의미는 없다. 계속적으로 화학약품을 취급하고 있는 사람들은 자극에 둔감해지게 된다. 이는 알레르기 전문의사가 알레르겐을 조금씩 환자에게 주사하여 치료하는 것과 같다.

살충제 중독이라는 문제 전체가 굉장히 복잡하다. 실험실에서 엄중히 관리한 상태에서 기르는 실험동물과는 달리 인간은 갖가지 약품과 접촉하고 있다. 갖가지 계통의 살충제끼리 또 살충제와 다른 약품이 서로 작용하여 무서운 사태를 만들어 낸다. 흙에 들어가도 물이나 인간의 혈액에 들어가도, 본디 아무런 관계가 없던 화학약품들이 서로 조합되어 눈에 보이지 않는 이상한 변화를 일으켜 독성을 발휘한다.

전연 작용이 다르다고 생각되는 두 가지 계통의 살충제라도 서로 작용할 수가 있다. 즉 염화탄화수소계와 유기인산화합물계 살충제가 서로 작용하는데, 인간의 몸이 간장을 해치는 염화탄화수소와 한번 접촉된 일이 있으면 유기인산화합물의 파괴력이 크게 되어, 신경을 보호하는 효소 콜린에스트라아제가 파괴된다. 염화탄화수소 때문에 간장 기능에 장해가 생기면 콜린에스트라아제의 수치가 정상 이하로 내려가고, 여기에 유기인산화합물이 들어오면 그 수치가 더 내려가 간단히 급성 중독 증상이 생기게 된다. 그리고 또 앞서도 말했지만 유기인산화합물끼리도 서로 작용해서 독성이 백배로 불어나는 경우도 있다. 또 유기인산화합물이 온갖 약품, 합성물, 식품첨가물 등과 작용하는 일도 있다. 지금은 인간이 갖가지 약품을 만들어 내어 지상은 그 약품으로 차고 넘치게 되었다. 그런 것들의 조합을 생각해 보면 한이 없으니, 누가 과연 그 가능성을 전부 알 수 있겠는가?

처음엔 무해하다고 생각되었던 화학약품도 다른 것과의 조합 여하로 갑자기 무서운 독을 가지게 된다. 가장 좋은 예는 DDT에 가까운 화합물 메톡시클로르이다(이것은 일반 사람들이 생각하고 있는 것 같은 안전 물질은 아니다. 최근의 동물실험 결과를 보면 이것은 자궁에 직접 장해를 일으키고 뇌하수체 호르몬의 일부에 차단 현상을 일으킨다고 한다. 생물적 영향이 큰 화학약품이다. 또 다른 연구에 의하면 메톡시클로르는 신장을 손상시키는 잠재능력을 가졌다고도 한다). 메톡시클로르가 안전하다고 하는 것은 그것만이 독립적으로 있을 때는 대량으로 축적되지 않는 까닭인데, 언제나 그렇지는 않다. 어떤 다른 원인으로 간장이 약해지면 메톡시클로르는 보통의 1백배나 몸에 축적되고 DDT와 같이 언제까지나 신경계통을 손상시킨다. 간장병에 걸린 게 아니라 자각증상 없이 조금 간장이 상했을 뿐인 경우에도 이런 현상이 일어난다. 대수롭지 않은 보통 상태에서도 이런 일이 일어날 수 있다— 다른 살충제를 사용하였다든가, 사염화탄소를 함유한 세척제를 사용하였다든가, 진정제를 먹었다든가 할 때처럼. 참고로 진정제에는 염화탄화수소가 있어서 간장에 부작용을 준다.

신경계통이 손상돼도 그 자리에서 증상이 곧 일어나는 것이 아니고 나중에 병으로 나타나는 때가 많다. 메톡시클로르 등의 약품이 뇌나 신경을 언제까지나 침범한 보고도 있다. 디엘드린도 곧 여러 가지 해를 줄 뿐만 아니라 '기억상실, 불면증, 악몽, 조병'과 같은 악영향을 나중까지 남긴다. 의학적으로 명확해진 사실이지만 린덴은 뇌나 간장 조직에 대량 축적되고 '중추신경계통에 언제까지나 큰 영향을 미칠 수도 있다'고 한다. 린덴은 BHC의 한 형태인데 분무기를 통해 가정, 회사, 식당 등에서 대량 사용되고 있다.

유기인산화합물은 급성 중독을 일으키므로 경계 받고 있는데 신경조직에도 만성적 해를 끼치는 힘이 있다. 최근 알려진 바에 의하면 이것은 정신장해를 일으킨다는 것이다. 또 유기인산화합물계 살충제를 사용하면 그 후 얼마 지나서 마비가 일어나는 때가 가끔 있다. 미국에서 양조주 판매가 금지된 1930년 무렵, 이상한 병이 퍼졌다. 그것은 우리 자신이 곧 어떤 불행에 빠지게 되는지를 보여 주는 불길한 것이었다. 살충제는 아니지만 화학적으로 유기인산화합물계 살충제와 같은 그룹의 물질이 그 원인이었다. 술이 금지되자 이를 대신하여 주류 양조 판매 금지령에 위반되지 않을 갖가지 약이 팔렸다. 예컨대 자메이카 생강 같은 것이었다. 미국 약전의 제품은 값이 비쌌으므로 밀매업자는 자메이카 생강의 위조품을 만들었는데, 이것이 진짜와 똑같아서 화학검사 때도 가짜인 것이 밝혀지지 않아 정부 관리도 속았다. 가짜 자메이카 생강에 맛을 더할 때 그들은 트리오르토크레실 포스페이트라는 화합물을 사용하였다. 그것은 파라티온과 비슷하게 보호 효소 콜린에스테라아제를 파괴한다. 가짜 자메이카 생강을 마셨기 때문에 1만 5천 명 가량의 사람들은 다리 근육이 마비되고 일평생 절름발이가 되었다. 지금은 '생강마비'라고 불리고 있는 병이다. 이 병에 걸리면 신경초가 파괴되고 척수 전각의 세포가 변질된다.

그 후 20년이 지나서 우리는 갖가지 유기인산화합물을 널리 사용하게 되었다. 살충제가 발명됐기 때문인데 동시에 생강마비라고 생각되는 병이 퍼지기 시작하였다. 예컨대 독일에서는 온실에서 일하고 있던 남자가 마비를 일으켰다. 파라티온을 사용한 다음 2, 3회 가벼운 중독 증상이 일어났는데 그로부터 몇 달이 지난 뒤에 마비현상이 나타난 것이다. 또 파라티온과 같은 계통의 다른 살충제와 접촉하여 급성 중독을 일으킨 화학약품 공업사의 사원이 세 사람 있다. 의사의 치료로 한때 좋아졌는데 10일 후 두 사람은 다리의 근육이 약해졌고 그 중 한 명은 10달이 걸려도 치료되지 않았다. 또 젊은 여성 화학자의 경우는 더 심했다. 두 다리가 마비되고 손과 발도 가끔 못쓰게 되었다. 그 여자의 증상은 2년 후 의학 잡지에 보고되었는데, 그때 그 여자 자신은 아직도 걷지를 못했다.

이런 살충제는 판매금지가 되었는데 지금 사용되고 있는 살충제 중에도 같은 해를 줄 수 있는 가능성을 가진 것이 있다. 예컨대 원예가가 좋아하는 말라티온을 병아리에게 사용하여 실험해 보면 근육이 몹시 심하게 약해진다. 생강마비와 같이 좌골신경, 척수신경 등을 싸고 있는 신경초가 파괴되기 때문이다.

지금까지 유기인산화합물 중독의 무서운 결과를 예시했는데, 용케 그 위험을 벗어난다고 하더라도 모든 것은 끝장의 서곡에 지나지 않는다. 신경계통을 심하게 침범한다면 당연히 이들 살충제는 정신병과 어떤 관계가 있지 않겠는가. 이를테면 멜버른 대학교와 멜버른의 프린스 헨리 병원의 의사들은 정신병의 16가지 증상에 대한 연구 성과를 보고하였는데, 환자는 예외 없이 모두 유기인산화합물계 살충제와 전에 계속적으로 접촉해 있었다는 역사를 갖고 있었다. 환자 중 세 사람은 화학자로서 살포 효력을 전문적으로 검사하고 있었고 8명은 온실 재배자였고 나머지 5명은 농민이었다. 증상은 기억력 감퇴, 정신분열 및 우울증 같은 것이었다. 각각 사용하고 있던 화학약품에 의해서 이런 불행에 빠지기 전에는, 모두가 정상적으로 건강한 생활을 하고 있었다.

이것은 의학 문헌에 기재된 증상인데, 이런 것은 의학 잡지만 펼쳐 봐도 얼마든지 발견할 수 있다. 염화탄화수소가 원인이 되는 때도 있고 유기인산화합물이 원인이 되는 때도 있다. 정신착란, 망상, 기억상실, 조병 등과 같은 병—불과 몇 가지 곤충을 일시적으로 제거하기 위해서는 너무나 큰 희생이 아니겠는가. 신경계통을 직접 침해하는 화학약품의 사용을 중지하지 않는 한 이 값비싼 희생은 없어지지 않을 것이다.

13
좁은 창문을 통하여

　생물학자 왈드(George Wald)는 눈의 시각색소라는 아주 특수한 연구를 하였는데, 자기가 하고 있는 일은 '좁은 창문과 같다. 조금 먼 곳에 있으면 단지 거기서 스며 나오는 한 줄기 빛만 보이지만 가까이 가면 갈수록 시야가 넓어지고 드디어는 이 좁은 창문을 통해서 온 세계를 볼 수 있다'고 하였다.

　우리들이 사물을 볼 때도 마찬가지이다. 처음에 볼 수 있는 것은 몸의 하나하나의 세포이며, 다음엔 그 세포 내의 미세한 조직이고 마지막엔 이런 조직 내부의 분자의 기본반응이다. 이렇게 눈을 가까이 대고 보면, 외부로부터 우리들 몸 내부 세계에 침입해 들어오는 화학약품이 어떤 심각하고도 광범위한 반응을 하고 있는가를 알 수 있다. 최근의 의학은 우리들의 생명을 생명답게 해 주는 에너지를 생산하는 개개의 세포 기능에 그 초점을 돌리고 있다. 몸의 이 같은 굉장한 에너지 생산 메커니즘 덕분으로 우리들은 건강을 유지할 뿐만 아니라 살아갈 수가 있는 것이다. 에너지를 생산하는 산화작용이 원활하고 효과적으로 이루어지지 않는다면 몸의 다른 모든 기관은 죽을 수밖에 없으므로, 이것은 우리들이 살아가는 데 무엇보다 가장 중요한 것이다. 그러나 곤충, 설치류 및 잡초를 제거하는 화학약품은 대체로 이 부분을 직접 침해하여, 오묘하게 운행되는 이 메커니즘을 파괴한다.

　세포의 산화작용을 명백하게 밝힌 것은 현대 생물학과 생화학의 최대 업적이라고 할 수 있다. 이와 관계된 발견을 하여 노벨상을 받은 학자들이 많이 있다. 선구자들의 연구를 발판으로 우리는 한걸음 한걸음씩 25년간 전진해 왔다. 그러나 아직까지 그 전모가 완전히 밝혀지지는 않았다. 여러 가지 개별적 연구의 결과가 종합되어 현재 생물적 산화작용이 생물학자들의 하나의 상식처럼 된 것은, 경우 과거 10년 동안에 벌어진 일이다. 1950년 이전에 의학 교육을 받은 사람들은 이런 중요한 메커니즘과 이것이 파괴될 때 얼마나 큰 위기가 닥치는지 전혀 모르고 있다. 이 사실은 퍽 중요하다.

에너지 생산이라는 기본적인 일은 어떤 특정한 기관에서만 실행되는 것이 아니고 몸 전체의 세포에서 이루어지고 있다. 살아 있는 세포는 마치 불꽃처럼 연료를 태워 에너지를 생산하여 생명을 유지해 간다. 그러나 이것은 하나의 비유에 지나지 않으며, 실제로는 체온이라는 아주 낮은 열로 세포가 '탄다'. 그러나 이 보잘것없는 작은 불꽃이 몇 십억 개가 모여서 생명 에너지의 불이 된다. 만일 이 불꽃이 꺼지면 '심장은 뛰지 못하고, 중력을 떨쳐 내면서 하늘 높이 자라 가는 나무도 성장치 못하고, 아메바도 헤엄칠 수 없고, 어떤 감각도 신경을 전달될 수 없고, 인간 두뇌에 어떤 생각도 반짝일 수 없다'고 화학자인 라비노위치(Eugene Rabinowitch)는 말했다.

물질을 에너지로 변화시키는 세포 내의 일은 끝없이 새로 탄생되는 자연의 사이클이다. 마치 멈출 줄 모르고 도는 바퀴와 같다. 한 알 한 알, 한 분자 한 분자씩, 연료인 탄수화물은 포도당으로 변해 이 바퀴를 돌려 준다. 연료분자가 계속적으로 도는 동안에 분열되어 미세한 화학변화는 계속 일어나게 된다. 그것은 모두 순서대로 규칙적으로 이루어지며, 하나하나의 효소가 이를 조절해 간다. 이 작용은 특수하여 각 효소는 자기가 맡은 일밖에 하지 않는다. 한 단계마다 에너지가 생기고 최후에는 폐기물(탄산가스와 물)이 배출되며, 연료의 변형분자는 다음 단계로 넘어간다. 바퀴가 한 바퀴 돌면 연료분자는 미끄러져 나가고, 들어오는 새 분자와 결합하여 또 새로운 순환이 시작된다.

세포가 화학공장과도 비슷한 기능을 하고 있는 이 사실이야말로 생명 있는 세계의 기적이라고 할 수 있다. 이 변화가 아주 작은 규모로 무한히 계속 일어나는 것도 신기한 일이다. 약간의 예외는 있지만 세포 그 자체도 대단히 작아서 현미경으로 겨우 볼 수가 있다. 게다가 산화작용 그 자체는 보통 그보다 훨씬 작은 세포 내의 미토콘드리아라고 불리는 미소체에서 이루어지고 있다. 미토콘드리아는 이미 60여년도 더 전에 발견되었지만 대단히 기능은 없는 것으로 여겨졌다. 사람들은 그 정체도 확실히 몰랐다. 미토콘드리아 연구가 각광을 받게 된 것은 1950년 이후부터인데 불과 5년 동안에 천 개 정도의 연구 논문이 발표되었다.

미토콘드리아의 신비는 과학자의 놀랄 만한 영지와 인내에 의해 밝혀졌는데, 이것은 너무나 작아서 현미경에서 3백 배로 해 보아도 잘 보이지 않을 정도이다. 뿐만 아니라 이 입자를 꺼내고 성분을 분석하여 그 복잡한 기능을 조사하기 위해서는 아주 훌륭한 기술이 필요하다. 그러나 이처럼 어려운 것이 전자현미경과 생화학자의 숙련 등에 의해서 무난히 해결되었다.

이렇게 하여 밝혀진 사실을 살펴보자. 미토콘드리아는 여러 가지 효소가 꽉 차 있는 미세한 꾸러미같은 것인데, 산화 순환을 계속하는 데 필요한 효소를 가지고 있으며 이것들이 벽과 격막에 질서 정연하게 배열되어 있다. 미토콘드리아는 에너지를 생산하는 일을 거의 도맡아 하는, 말하자면 '발전소'와 같은 것이다. 세포질에서 최초의 예비적인 산화가 일어나면 연료분자는 미토콘드리아에 흡수되고, 여기서 산화작용이 완전히 수행되어 막대한 에너지가 방출된다.

이와 같은 대단히 중요한 목적이 있으므로 미토콘드리아 내부에서는 빙빙 도는 바퀴처럼 쉬지 않고 산화작용이 일어나고 있다. 산화 순환의 각 단계에서 발생되는 에너지는 생화학자가 ATP(아데노신 3인산)라고 부르는 형상인데 세 개의 인산기를 갖고 있는 분자이다. ATP가 에너지 공급의 직접적인 근원이 되는 것은, 그것이 고속도로 왕래하는 전자의 결합에너지와 함께 인산기 중 하나를 다른 물질로 변동시켜 주기 때문이다. 근육세포의 수축에너지는 세 개가 결합되어 있는 말단의 인산기가 수축하는 근육에 이동할 때 발생한다. 그러면 곧 두 번째 순환이 일어난다. 이것은 사이클 내부의 사이클이다. ATP분자로부터 인산기 한 개가 유리되면, 남아 있는 인산기 두 개를 가진 분자는 ADP(아데노신 2인산)이 된다. 그러나 이것은 순환하고 있는 동안 다시 다른 인산기 하나와 결합하여 또 에너지를 가진 ATP로 변한다. 사람들은 이 변화를 설명하기 위하여 늘 축전지를 비유로 드는데 ATP는 충전된 상태이며 ADT는 방전된 상태이다.

ATP는 광범위한 에너지 공급원이다—미생물로부터 인간까지 온갖 유기체에서 볼 수 있는 에너지 공급원이다. 그것은 기계에너지를 근육세포에 공급하고 신경세포에는 전기에너지를 공급한다. 정자세포, 개구리가 되고 새가 되고 인간 아기가 되는 등 굉장한 폭발력을 가진 수정란, 그리고 호르몬을 만드는 세포들, 이것들은 모두 ATP의 공급을 받고 있다. ATP의 에너지 일부는 미토콘드리아 내에서 사용되지만 대부분은 세포 내로 전달돼 다른 활동력의 원천이 된다. 우리가 미토콘드리아를 어떤 종의 세포에서 볼 수 있는 것은, 그것이 필요한 장소에 정확하게 에너지를 보내 줄 구실을 하기 때문이다. 근육에서는 수축섬유 주위에 모이고, 신경세포에서는 다른 세포와의 접합부에 위치해 임펄스의 이동에 필요한 에너지를 공급하고 있다. 정자세포에서는 정자의 운동장치인, 꼬리 부분이 머리 부분과 접해 있는 부분에 많이 모여 있다.

유리 상태에 있는 인산기와 ADP가 결합하여 ATP로 가역적으로 변화하는 반응(축전지 충전)은 산화과정과 관련이 있다. 산화과정과의 관련이 강할 때 이것은 공액 인산화라고 불린다. 이 연합반응이 없으면 필요한 에너지를 공급할 수 없게 된다. 호흡을 하여도 에너지는 발생되지 않는다. 공회전을 하는 엔진처럼 열만 생기고 힘은 생기지 않는다. 근육은 수축할 수 없고 임펄스도 신경을 넘나들지 못한다. 정자는 목적지에 이르지 못하고 수정란은 복잡한 세포분열을 하지 못하므로 새 생명도 태어날 수 없다. 공액 반응이 없으면 태아든 어른이든 모든 생물은 위기를 피할 수가 없게 될 것이다. 드디어 조직이 죽고 또 유기체 그 자체가 죽게 될 것이다.

공액 반응이 어떻게 일어나지 않는가? 방사선 같은 것은 공액 반응을 일어나지 못하게 하는 한 예이다. 세포가 방사선을 쬐어 죽는 것도 이런 이유가 아닌가 생각된다. 그리고 불행하게도 산화와 에너지 발생을 분리시키는 화학약품이 많다. 살충제, 제초제라는 것도 이런 부류이다. 이미 우리가 본 바이지만 페놀은 물질대사에 큰 장해를 준다. 체온이 올라가서 죽는 일이 있는데, 이것은 공액 반응이 일어나지 않고 '엔진이 공회전 하기' 때문이다. 디니트로페놀과 펜타클로로페놀이 좋은 예이다. 이것은 모두 제초제로서 널리 쓰이고 있다. 이 밖의 제초제로서 공액 반응을 파괴하는 것으로는 2.4D가 있다. 염화탄화수소에서는 DDT가 이와 비슷한 성질을 가진 것으로 알려져 있는데, 앞으로 연구가 진행되면 이 계통 약품 중에 더 유해한 것이 또 발견될 수도 있을 것이다.

그런데 이와 다른 원인으로, 몸을 구성하고 있는 몇 십억 세포의 불이 일부 또는 전부가 꺼질 때도 있다. 산화의 각 단계가 특수한 효소에 의해 이루어지고 있다는 것은 이미 말한 바와 같다. 이 효소가 한 개라도 손상되거나 파괴되면 세포 내의 산화 순환이 역시 중지된다. 어느 효소든지 모두 똑같다. 산화작용은 빙빙 도는 바퀴라고 생각하면 좋다. 어디든지 상관없이 이 도는 바퀴 사이에 쇠 지렛대를 집어넣으면 바퀴는 돌지 않게 된다. 이와 마찬가지로 순환하고 있는 효소를 어느 하나라도 마음대로 파괴하든지 약하게 하면 산화현상은 다시는 볼 수 없게 된다. 따라서 에너지가 발생되지 않고, 공액 반응이 일어나지 못하는 경우와 같은 결과가 된다.

우리들이 많이 사용하는 살충제 중에는 효소를 파괴하여 산화작용을 중단 시키는 것이 많다. 예컨대 DDT, 메톡시클로르, 말라티온, 페노티아진, 그리고 그 밖의 디니트로 화합물 등이다. 그것들은 에너지 생산 과정을 마구 절단하고 필요한 산소를 세포로부터 탈취해 버린다. 그 결과 얼마나 무서운 일이 생길까. 여기에 몇 개의 실례를 설명한다.

단순히 조직적으로 산소를 억제하는 것만으로 정상적인 세포가 암세포로 변한다는 실험결과가 보고되어 있다. 자세한 것은 다음 장에서 기술한다. 어떤 세포로부터 산소를 빼앗으면 어떻게 되겠는가. 동물실험을 보면 임신하고 있을 때가 특히 위험하다. 산소가 충분하지 않으므로 보통 때는 정상적으로 성장하는 조직이나 몸의 기관이 파괴된다. 기형 같은 이상한 상태가 나타난다. 인간의 태아로부터 산소를 탈취하면 또한 선천적인 기형아가 태어난다고 생각된다.

왜 이런 기형아가 생기게 되는가 그 원인 전부를 추궁해 보려는 사람은 많지 않지만, 이와 같은 기형아 출생은 실제로 많아지고 있다. 미국 인구 통계국이 1961년 기형아의 전국 통계조사를 시작한 것은 우리들의 불행한 시대를 상징하는 일이라고 할 수밖에 없다. 선천적 기형이 어떤 조건에서 생기는지, 통계로부터 어떤 자료를 얻을 수 있을지 모른다고 한다. 통계국이 주로 조사하려고 하는 것은 방사능의 영향이지만, 방사능과 조금도 다르지 않은 힘을 가진 화학약품이 많이 있다는 것을 잊어서는 안 된다. 이제 화학약품이 바로 기형아 출산의 원인이 아닌가 하고, 인구 통계국의 통계를 보고 걱정된다. 이런 약품은 우리가 살고 있는 지구뿐만 아니라 우리들 몸에까지 스며들고 있는 형편이다.

생식력 감퇴와 같은 현상도 나타나는데 이것도 생물적 산화작용의 장해와 그 결과 생기는 ATP 축전지의 고갈과 관계가 있는지도 모른다. 수정하기 전의 난자도 ATP의 공급을 받는다. 정자가 들어왔을 때 필요한 막대한 에너지를 축적해 놓지 않으면 안 되기 때문이다. 정자세포가 난자에 도달하여 수정이 되느냐 안 되느냐 하는 것은 ATP의 공급이 어느 정도인가에 달려 있다. 이 ATP는 세포의 목 부분에 밀집하고 있는 미토콘드리아에서 산출된다. 수정이 끝나고 세포가 분열하기 시작하면 ATP라는 형태의 에너지의 공급량이 태아의 발육을 크게 결정한다. 발생학자가 개구리나 성게의 알처럼 가장 간단하게 구할 수 있는 것으로 실험해 본 결과, ATP가 일정량 이하로 떨어지면 알은 기계적으로 분열을 중지하고 죽는다고 한다.

발생학자의 이 실험 결과와 사과나무 위의 울새 알의 현상을 비교하여 생각해 볼 수도 있다. 청록색 알은 사과나무 위의 새집 속에 가지런히 놓여 있는데, 며칠 동안 불타고 있던 생명의 불은 이제는 꺼지고 알만이 차게 놓여 있다. 또 하늘 높이 솟아 있는 플로리다 소나무의 꼭대기엔, 작은 가지나 막대로 높이 쌓아 올려 만든 독수리 새집 속에 세 개의 나란히 놓여 있는 큰 흰 알이 차게 변해 죽어 있었다. 울새나 독수리의 알은 왜 부화되지 않는가? 실험실의 개구리 알처럼 새알도 에너지의 흐름이 끊어져—ATP분자가 부족해서—도중에 죽었는가. 왜 ATP가 부족하게 되었는가. 어미 새 몸에 살충제가 축적되어, 이 때문에 그 알에도 살충제가 모여 산화작용의 작은 바퀴가 멈추고 에너지 발생이 중단된 것인가?

새알에 살충제가 축적된다는 것은 이미 명확해진 사실인데 포유류보다 새알이 훨씬 관찰하기 쉽다. 실험에 사용한 새뿐만 아니라 야생의 새라도 살충제에 접촉된 새에는 DDT 또는 그 밖의 염화탄화수소가 반드시 잔류하고 있었다. 그리고 그 농도도 진했다. 캘리포니아주에서 실험한 꿩 알에는 349ppm까지 DDT에 축적되어 있었다. 미시간주에서 DDT로 중독되어 죽은 울새의 수란관에서 꺼낸 알에는 DDT가 200ppm이나 축적되어 있었다. 어미 새가 독약으로 죽고 내버려진 새집 속의 알도 DDT를 함유하고 있었으며, 옆집 농가에 사용된 알드린과 접촉되어 죽은 달걀에도 알드린이 들어 있었다. 시험적으로 DDT를 먹여 본 달걀에서는 65ppm이라는 다량의 DDT가 검출되었다.

DDT와 그 밖의(아마 모든) 염화탄화수소가 특수한 효소작용을 파괴하고 또 에너지 생산의 메커니즘을 비공액화시켜 에너지 발생을 중지시킨다면, 알에 한 번 잔류물이 부착만 한다면 이 알은 복잡한 발생과정을 끝까지 해낼 수 없게 된다. 수많은 세포분열, 조직과 기관의 생성, 생명물질의 합성 등은 모두 생명체를 생명있게 유지할 수는 없게 된다. 수많은 세포분열, 조직과 기관의 생성, 생명물질의 종합 등은 모두 생명체를 생명 있게 해 주는 것이다. 그러나 여기에는 막대한 에너지, 즉 ATP가 꽉 차 있는 꾸러미가 필요한데 그것은 물질대사의 바퀴가 돌아갈 때만 생기는 것이다.

이런 무서운 일을 당하는 것이 새뿐이라고 생각해서는 안 된다. ATP는 모든 생물 내의 에너지의 흐름이며, ATP를 생산하는 물질대사의 순환은 새든, 박테리아든, 인간이든, 쥐이든 어느 생물에서나 모두 똑같은 기능을 갖고 있다. 어떤 생물이든지 생식세포에 살충제가 축적된다는 것은 큰 문제이다. 인간도 비슷한 피해를 입지 않으리란 보장은 없다.

화학약품은 또 생식세포뿐만 아니라 생식세포를 형성하고 있는 조직에도 유숙할 수 있는 것으로 생각된다. 여러 가지 새나 포유류의 생식기관에서 살충제의 축적이 발견되었다. 꿩, 쥐, 실험용 모르모트, 느릅나무병에 대해 약을 살포한 지역의 울새, 좀벌레 제거를 시행한 미국 서부의 숲에 살고 있는 사슴 등의 모든 생물에서. 어떤 울새의 경우에는 특히 고환에 DDT가 농축되어 있었다. 꿩도 고환에 1,500ppm 가량 축적되어 있었다.

특히 생식기관에 화학약품이 축적되기 때문인지 포유동물로 실험해 보아도 고환이 위축되었다. 메톡시클로르와 접촉된 쥐새끼의 고환은 몹시 작았다. 새끼 수탉에 DDT를 주니 고환은 보통의 18%보다 커지지 않았고, 고환 호르몬의 힘으로 커지는 계관이나 늘어진 살도 정상의 3분의 1에 지나지 않았다.

ATP가 없어지면 정자 그 자체에도 영향이 나타난다. 수소의 정액 운동이 디니트로페놀 때문에 둔해지는 것은 실험 결과 명확해졌다. 디니트로페놀은 에너지 생산의 공액 메커니즘을 교란시키므로 에너지가 없어질 수밖에 없다. 조사해 보면 이 밖에도 똑같은 영향을 끼치는 화학약품이 또 있을는지 모른다. 그것은 인간에게도 같은 영향을 끼칠 것이다. 정액결핍증이나 정자 생식감퇴 같은 증상을, 비행기로 DDT를 밭에 살포하고 있는 사람들에게서 볼 수 있었다고 의학 논문에 보고되어 있다.

인류 전체의 입장에서 생각해 보면 개인의 생명보다 훨씬 더 중요한 것은 유전자이며, 이것에 의해 우리들은 과거 및 미래와 연결되어 있다. 오랜 세월 동안 진화해 온 유전자 덕분에 우리들은 지금 이와 같은 모습을 가지고 있다. 뿐만 아니라 이 작은 유전자 속에는, 좋든 나쁘든 우리들의 미래가 감추어져 있다. 그러나 지금은 인공적으로 유전 변질 현상이 일어나고 있다. 바야흐로 현대의 위협이라고 할 수 있다. '우리들의 문명을 위협하는 최후이고 최대의 위험'이다.

여기서 다시 한 번 화학약품과 방사선이 어깨를 나란히 한다. 이 둘의 평행관계는 무시할 수 없는 정확한 관계임을 우리는 알아야 한다.

방사선을 쬐인 생물의 세포는 갖가지 장해를 받는다. 정상적으로 분열이 되지 않고 또 염색체의 구조가 변화되기도 한다. 유전 물질을 전달하는 유전자가 돌연변이를 일으켜 다음 세대에 새로운 변화를 가져올 수도 있다. 방사선에 특히 민감한 세포는 곧 죽든지 또는 몇 해 지나서 악성 암세포로 변하기도 한다.

방사선에 의한 이 같은 피해는, 방사선과 비슷한 작용이 있는 화학약품에 의해서도 일어날 수 있다는 것이 실험 결과 밝혀졌다. 방사선과 비슷한 작용이 있기 때문에 이들 화학약품은 래디오미메틱이라 불리는데 살충제와 제초제도 이에 속하며, 이 화학약품은 염색체를 망치고, 정상적인 세포분열을 교란하고, 돌연변이를 초래한다. 이 같은 유전물질의 파손 때문에 당자가 병에 걸릴 수도 있지만 또 다음 세대에 가서 비로소 그 영향이 나타날 수도 있다.

20~30년 전에는 사람들은 이런 방사선의 작용도 화학약품의 영향도 알지 못했다. 그 당시엔 핵분열도 불가능했고 방사능과 같은 작용을 하는 화학약품도 극히 얼마만이 화학자의 시험관 속에 존재할 뿐이었다. 그러나 1927년 텍사스 대학교의 동물학 교수인 멀러(H.J. Muller) 박사가, 생물에 X선을 쬐면 다음 세대에서 돌연변이가 일어난다는 사실을 발견하였다. 이 멀러 박사의 발견이야말로 과학과 의학의 새로운 영역을 개척한 것이었다. 멀러 자신 노벨 생리의학상을 받았다. 그 후 회색 방사능의 비가 지상에 내리게 되면서, 방사능에 어떤 힘이 잠재하고 있는가를 과학 전문가뿐만 아니라 모두가 알게 되었다.

멀러처럼 알려지지는 않았지만 에딘버그 대학교의 아우어바흐(Charlotte Auerbach)와 롭슨(William Robson)은 1940년대에 와서 멀러에 못지 않은 발견을 하였다. 그들은 이페리트 가스가 방사능처럼 항구적인 변화를 염색체에 일으킨다는 것을 밝혔다. 멀러의 X선 조사 실험과 같이 초파리를 사용하여 실험하였는데, 이페리트 가스도 돌연변이를 유발했다. 이것은 최초로 발견된 화학적 돌연변이원이었다.

지금은 이페리트 가스 외에도 많은 화학약품이 돌연변이원 목록에 포함되어 있다. 이들은 각각 식물, 동물의 유전물질을 변화시킨다. 어떤 이유로 이런 변화가 일어나는가. 살아 있는 세포가 출연하고 있는 생명의 기본적인 드라마를 주시해 보기로 하자.

몸 조직과 기관을 구성하고 있는 세포는 몸의 성장과 더불어 또 생명이 세대에서 세대로 전달되기 위해서 그 수도 증가된다. 유사분열, 핵분열 덕분이다. 이제 막 분열하려는 세포 내에서는 중대한 변화가 일어난다. 처음엔 핵 내부에서 일어나는데 점차로 세포 전체에 미친다. 핵 내부에서는 염색체가 신비로운 운동을 하면서 오랜 규칙에 따라 분열하여 딸세포를 생성한다. 처음엔 가는 실 같은 모양인데 여기에 유전자가 일렬로 배열되어 있다. 끈에 꿰인 구슬처럼. 그 후 염색체는 긴 축을 따라 세로로 분열되는데 유전자도 같은 모양으로 분열된다. 세포가 두 개로 분열하면 반쪽으로 쪼개진 염색체는 각각의 딸세포 쪽으로 이동한다. 이렇게 하여 새 세포는 염색체를 완전히 구비하게 되고 앞 세대의 유전정보는 염색체에 그대로 기록된다. 종족과 종의 안전이 유지되는 것은 바로 이런 까닭이다. 자식이 어미를 닮게 되는 이유가 바로 이 때문이다.

특수한 세포분열은 생식세포가 생길 때 볼 수 있다. 어떤 종의 염색체 수는 항상 일정하므로 난자와 정자가 결합하여 새로운 개체를 형성할 때는 염색체 수의 반밖에 가져갈 수 없다. 이 결합은 아주 정확하게 이루어지는데, 그것은 생식세포를 만드는 분열에서는 염색체의 행동에 변화가 오기 때문이다. 이때는 염색체는 분열되지 않고 각 쌍의 염색체가 그대로 각 딸세포로 옮아간다.

이런 과정을 거쳐서 생명 있는 것은 하나의 통일체로 나타난다. 지상에 있는 모든 생물은 이 세포분열이라는 과정을 밟는다. 세포분열 없이는 인간이나 아메바이든, 아메리카 삼나무 같은 거목이나 간단한 효모이든 모든 생물은 오래 생존할 수가 없다. 그러므로 유사분열이 방해를 받으면 유기체는 무서운 위기에 처하게 되고 자손까지 위협을 받게 된다.

'세포의 중요한 특징, 예컨대 유사분열은 5억 년 이상 계속되고 있다—아니 10억 년일지도 모른다'고 심프슨(George Gaylord Simpson)이 그의 친구인 피텐드리그(Pittendrigh)와 티파니(Tiffany)와 함께 《생명》이라는 제목으로 저술한 큰 책에 기록되어 있다. '이런 의미에서 생명의 세계는 깨지기 쉽고 복잡하지만 믿어지지 않을 정도로 오랫동안 유지되어 왔다. 거기에는 산보다 더 큰 내구력이 있다. 그것은 대대로 전해 오는 유전정보가 믿을 수 없을 정도로 정확하게 세대에서 세대로 전달되기 때문이다.'

이 책에는 수십 억 년의 역사가 묘사되어 있는데, 참으로 역사가 시작된 이래 미증유의 대사건이 20세기 중엽에 일어났다. 저 '믿을 수 없을 정도의 정확성'이, 사람이 만든 방사선과 사람이 만들고 살포한 화학약품 때문에 위협을 받게 된 것이다. 저명한 오스트레일리아 내과 의사이고 노벨상 수상자인 버넷(Macfarlane Burnet) 박사는 다음과 같이 말하고 있다. '좀 더 강력한 치료가 진보하고 생물학적으로 미지의 화학약품이 제조됨에 따라서, 내 장기관을 돌연변이원으로부터 보호해 줄 장벽이 점차로 흔들리게 되었다. — 이것이야말로 우리들 시대의 가장 중요한 의학적 특징이다.'

인간의 염색체 연구는 이제 막 시작되었고, 환경의 인자가 염색체에 어떤 영향을 미치는가에 대한 연구는 겨우 최근에 이루어지게 되었다. 이를테면 우리가 인간의 세포 내의 염색체 수를 알아낸 것은 1956년이었다. 그것은 46개였다. 새로운 전자현미경이 발명되었기 때문에 우리는 완전한 염색체가 있는지 없는지 염색체의 세부까지 관측할 수 있게 되었다. 외계의 어떤 인자가 있어서 유전인자가 손상을 받는다는 생각은 비교적 새롭고, 유전학자가 아니면 거의 아무도 모르는 것이었다. 게다가 이런 유전학자의 이야기에 귀를 기울이는 사람은 그렇게 많지 않았다. 방사능이 갖가지 무서운 영향을 주는 것은 지금은 널리 이해되고 있다. 그러나 의외의 부분에서 아직도 반대 소리가 높다. '유전의 원리를 이해하려고 하지 않는 사람은, 정계에서 중요한 지위를 차지하고 있는 정부관계 인사 뿐만 아니라 의학 연구 그 자체에 종사하고 있는 사람 중에도 많이 있다'고 멀러 박사가 개탄하고 있다. 화학약품에도 방사능과 같은 힘이 잠재해 있다는 것에 귀를 기울이는 사람은 일반 대중뿐만 아니라 의학자나 과학자들 사이에도 거의 없다. 이런 현실을 생각해 보면 화학약품을 (실험실 안에서뿐만 아니라) 모두가 함부로 사용하면 어떻게 되겠는가 하는 문제가, 아직도 올바르게 이해되지 못하고 있는 것도 당연하다. 그러나 언제까지고 이런 느긋한 태도로 있을 수만은 없다.

이제 대단히 무서운 일이 생길 것이다. 이를 걱정하는 것은 버넷 박사뿐만 아니다. 영국의 권위자인 알렉산더(Peter Alexander) 박사에 의하면 방사선보다도 '더 위험한 것'이 방사능과 비슷한 화학약품이라고 한다. 멀러 박사는 과거 10년간이나 유전학을 연구하여 얻은 폭넓은 시야로부터 이 문제에 대해 경고하고 있다. 여러 가지 화학약품(살충제도 포함)은 '방사선처럼 가끔 돌연변이를 유발하고 있다……이상한 화학약품에 몸을 노출시키고 있는 현재 상황을 생각하면, 우리는 우리들의 유전자가 도대체 어느 정도 돌연변이원의 영향을 받고 있는가에 대해 지금까지 너무나 무지했다.'

화학적 돌연변이라는 문제가 일반에게 잘 이해되지 않는 까닭은, 이 사실이 발견된 무렵엔 그 대상이 어디까지나 전문적인 화학자가 취급하는 물질에 한정돼 있었기 때문이었다. 물론 질소머스터드를 모든 사람들의 머리 위에 살포할 수는 없다. 그것은 실험생물학자나 암치료 의사가 사용할 뿐이다 (질소머스터드류의 치료를 받은 환자에게서 염색체 장해가 나타났다는 보고가 최근 나왔다). 그러나 살충제, 제초제 등은 일반 사람들이 너무나 많이 사용하고 있다.

지금은 거의 알려져 있지 않지만 해 보려는 마음만 있으면 많은 살충제에 대해 정확한 자료를 모을 수가 있다. 예컨대 이들 살충제가 세포의 생명의 메커니즘을 혼란시키고 가벼운 염색체 장해부터 유전자의 돌연변이가 또 드디어는 불치의 악성 종양까지 일으킨다는 사실을 모두 알아낼 수 있다.

몇 세대나 DDT의 살포 아래에 있었던 모기는 자웅동체라는 이상한 것으로 변했다. 수컷이기도 하고 암컷이기도 한 묘한 모기이다.

각종 페놀을 뿌린 식물은 염색체가 몹시 파손되고 유전자에 변화가 일어나고, 다수의 돌연변이가 일어났다(그 유전변화는 이제는 본디 상태로 되돌아가지 않는 비가역적 유전변화이다). 유전학 실험으로 유명한 초파리도 페놀과 접촉되면 돌연변이를 일으킨다. 이 초파리는 보통의 제초제나 우레탄 같은 것과 접촉하여도 치명적인 돌연변이가 일어난다. 우레탄이란 화합물은 카바메이트라는 그룹의 화합물로서, 이것을 원료로 하여 최근에 많은 농약이 제조되고 있다. 카바메이트 중 두 개는 감자를 저장할 때 싹이 나지 못하도록 하는데 사용된다—바로 세포분열을 중지시키는 힘이 있기 때문이다. 그 중 하나는 말레산 하이드라지드인데 강력한 돌연변이원으로 알려져 있다.

벤젠 헥사클로라이드(BHC) 또는 린덴으로 처리한 식물은 뿌리가 종양처럼 부풀게 된다. 염색체의 수가 배로 늘고 세포가 커지므로 그 후의 세포분열도 이 배의 염색체 수로 이루어지며, 드디어는 자동적으로 세포분열이 중지되고 만다.

제초제 2.4D도 종양과 비슷한 융기를 일으킨다. 2.4D로 처리된 식물의 염색체는 짧고 굵어지며 한군데에 응집된다. 세포분열은 몹시 저해되고 X선 조사의 경우와 매우 비슷한 증상이 나타난다.

실례는 또 있다. 살충제의 돌연변이 유발 능력에 대해서는 아직 본격적인 연구가 진행되고 있지 않다. 지금 예시한 것도 세포생리학, 유전학 분야에서 학자들이 연구하다가 우연히 알아낸 것이다. 한시 빨리 직접 이 문제를 해결해야 할 필요가 있다.

환경의 방사능이 인간에 대해 잠재적인 영향력을 가진다는 것을 인정하는 과학자라도, 돌연변이 유발성 화학약품도 같은 힘을 가졌다는 것에는 의심을 품는다. 방사능이 몸 내부에까지 침투해 간다는 것은 인정하면서 화학약품이 배(胚)세포에 도달한다는 것은 믿으려고 하지 않는다. 그 이유인즉 인간에 미치는 화학약품의 영향에 대해서 본격적인 연구가 거의 이루어지지 않은 까닭이다. 아무튼 새와 포유류의 생식선과 배세포로부터 DDT의 잔류물이 대량 발견되었다. 이 사실은 적어도 염화탄화수소가 단지 몸 내부에 퍼져 있을 뿐만 아니라 유전물질과 접촉되어 있다는 명확한 증거가 된다. 펜실베이니아 주립 대학교 교수인 데비스(David E. Davis)씨가 최근 발견한 바에 따르면, 세포분열을 중단시키는 암치료용 화학약품은 새의 불임제로서 사용할 수 있다고 한다. 이 약품을 치사량 이하로 사용하면 생식선 내의 세포분열이 중지된다. 야외 실험에서도 데비스 교수는 어느 정도 성공하고 있다. 외계의 화학약품으로부터 유기체의 생식선이 안전하게 보호될 수 있다는 것은 그저 위안거리에 가까운 말이 아닐까.

염색체 이상 연구 분야에서 최근 행해진 의학상의 발견은 대단히 중요하다. 1959년 영국과 프랑스의 연구진이 따로따로 연구를 시작하였으나 똑같은 결론을 얻었다. 즉 염색체의 정상 개수가 파괴되면 인간은 갖가지 병에 걸린다고 한다. 이 연구진이 연구한 바에 의하면 어떤 병이나 이상 상태에서는 환자의 염색체 수가 보통과는 다르다는 것이다. 예컨대 다운증후군 환자는 염색체의 수가 한 개 더 많다. 이 과잉 부분이 정상 부분에 인접되어 있을 때도 있는데 이때 염색체 수는 정상적인 46이다. 그러나 이 과잉 염색체는 보통은 떨어져 있어서 총염색체 수가 47이 된다. 환자의 부모에게 이미 그 원인이 있었음에 틀림없다.

또 미국, 영국에 있는 만성 백혈병 환자는 대체로 염색체 수가 보통 사람과 다르다. 환자의 몇 개의 혈액세포에서 예외 없이 염색체 이상이 나타난다. 염색체의 일부가 없는 것이다. 피부세포에는 정상적인 염색체가 완전히 존재한다는 사실로 보면, 앞 세대의 생식세포의 염색체에 결함이 있어서 백혈병이 생긴 것이 아니고 어떤 특정한 세포(이 경우에는 혈액세포의 선구물질)가 그 인간이 세상에 나서 커 가는 동안에 파손되어 버린 것이라고 생각된다. 염색체가 일부 결손되었으므로 세포는 정상적인 운동을 하기 위한 '지령'을 받을 수가 없게 되었다.

이와 같은 것은 지금까지의 의학에서는 생각조차 할 수 없었던 것이다. 그러나 이 새로운 영역이 개척되면서 염색체의 고장과 관련된 병이 많다는 것을 우리는 차츰 알게 되었다. 클라인펠터증후군이라고만 알려져 있던 병도 염색체 중 하나가 중복되는 것이다. 남성은 남성이지만 X염색체가 두 개 있으므로(정상적인 남성은 XY인데 그 대신 XXY) 이상한 증상이 나타난다. 키가 너무 크다든지, 정신에 결함이 있다든지 한다. 불임성을 수반하는 이 같은 증상은 염색체 이상과 관계되고 있다. 반대로 성염색체를 하나만 가진 사람은(XX나 XY가 아니고 XO인 경우) 외견상으로는 여성이지만 이차 성징 후에는 여러 가지 결함을 나타낸다. 갖가지 신체적(때로는 정신적) 결함이 나타난다. X염색체는 갖가지 특징을 결정하는 유전자를 가지고 있는 것이다. 이 병은 터너증후군이라고 알려져 있는데 원인은 불명인 채 전부터 의학 문헌에 기재되어 있었다.

염색체 이상에 대해서는 많은 나라에서 연구가 진행되고 있다. 파타우 (Klaus Patau) 박사를 중심으로 하는 위스콘신 대학교의 연구진은 특히 선천적 기형 증상(대체로 정신장해가 수반된다)을 연구하였는데 염색체의 일부가 중복되는 것이 그 원인인 것 같았다. 배세포 한 개가 형성될 때 염색체가 깨어지고 이 조각이 적당히 재분배되지 않는다. 그러므로 배가 정상적으로 발육하지 않는다고 생각된다.

지금 알려진 바에 의하면 완전한 한 개의 과잉 체세포 염색체가 나타나면 배가 살아남지 못하고 죽어 버린다. 알려진 예외는 3개 있는데 그 하나는 다운증후군이다. 염색체에 과잉 부분이 결합하면 중대한 결함이 나타나는데 반드시 생명에 이상이 있는 것은 아니다. 위스콘신 대학교의 연구진에 의하면 날 때부터 웬일인지 갖가지 결함이 있고 지능 발육이 늦어지는 원인 불명의 증상도 대체로 이 염색체 때문인 것 같다.

이것들은 새로운 학문 분야인데 지금까지 학자들은 주로 염색체 이상과 병 또는 발육장해와의 관계를 조사하는 데 몰두하여 그 원인 조사에는 착수하지 않았다. 염색체가 손상되든지 세포분열이 변칙적인 과정을 밟는 것에는 복잡한 원인이 있으므로 간단히는 말할 수 없다. 그러나 우리들이 우리 주변에 마구 살포하는 화학약품에는 염색체를 파괴하는 힘이 들어 있다. 그리고 우리는 마치 이런 무서운 사태가 일어나기를 바라고 있는 것처럼 화학약품을 함부로 사용하고 있다. 이런 사실을 묵인할 수는 없다. 우리가 무엇 때문에 그렇게 비싼 희생을 치러야 하겠는가? 감자의 싹을 막기 위해서, 아니면 정원에서 모기를 쫓아내기 위해서인가?

만일 우리가 원한다면 이 같은 무서운 일을 유전상속에서 회피할 수 있다. 20억 년 동안 원형질 생물로부터 진화하고 도태되어 온 이 유산을 지킬 수가 있다. 이 유산은 우리들 당대에서만 사용할 것이 아니고 다음 세대로 소중히 전해 주어야 하는 것이다. 그러나 이런 생각을 가진 사람이 얼마나 되겠는가? 약품회사의 제품은 법률에 의해서 독성검사를 하도록 되어 있다. 그러나 그것이 유전관계에 어떤 영향을 끼치는가에 대해서는 엄밀한 검사를 요구하지 않고 또 실제로 검사하지도 않는다.

14
네 사람 중 한 사람

　살아 있는 생물이 암과 싸운 역사는 아주 오래되었다. 그 역사를 찾아보아도 언제부터 시작됐는지 막연하다. 그러나 지상에 생명이 탄생하고 태양과 폭풍과 지구의 원시물질 등으로부터 나오는 힘에 싫든 좋든 직면케 되었을 때, 이미 암과 생물과의 싸움은 자연환경 속에서 시작되었음에 틀림없다. 자연환경 중 어떤 것은 생명을 위협하는데 생명은 여기에 적응하든지 아니면 멸망하든지 할 수밖에 없었다. 태양광선 중의 방사성 자외선은 위험한 존재이고, 또 바위 중에는 무서운 방사선을 방출하는 것도 있으며 흙이나 암석으로부터 비소가 씻겨 나와 식품이나 물을 오염시킬 수도 있었다.

　생명이 탄생하기 전부터 위험한 물질은 환경에 있었다. 그러나 이윽고 생명이 싹텄고 한없이 그 수도 종류도 증가하였다. 그것은 몇 백만 년이라는 오랜 세월을 지나는 동안 생명이 파괴력에 적응하게 되어, 적응력이 없는 것은 멸망하고 저항력이 있는 것만 살아남은 결과였다. 그야말로 유장한 자연 그 자체의 발걸음이었다. 암을 일으키는 자연인자는 지금도 무서운 불행을 가져다준다. 그러나 그 수는 적다. 옛날 생명이 시작될 때부터 생명은 이런 물질에 적응하고 살아왔었다.

　그러나 인간이 나타나게 되자 사태는 일변했다. 다른 생물과는 달리 오직 인간만은 발암물질을 스스로 만들 수가 있기 때문이다. 의학에서는 이것을 carcinogen(발암물질)이라고 부른다. 지금은 인공적으로도 제조하지만 그때까지는 오랫동안 자연의 일부이었던 것도 있다. 예컨대 방향족 탄화수소를 포함한 숯그을음이다. 공업시대가 시작되면서 여러 가지 변화가 점점 더 빠르게 일어났다. 자연환경 대신 새로운 화학적, 물리적 인자가 인공적 환경을 만들었다. 이들 중에는 생물에 영향을 줄 수 있는 무서운 힘을 가진 것도 많았다. 자기 자신이 이런 발암물질을 만들어 놓고도 인간은 자기 자신을 지킬 수 없었다. 오랜 세월 동안 생물적 유산이 진화해 온 것처럼, 우리가 새로운 조건에 적응하는 데도 시간이 걸렸다. 그러므로 무서운 힘을 가진 화학물질은 몸의 방비가 불충분한 틈을 이용해 아주 쉽게 우리 몸속으로 침입하였다.

암의 역사는 길다. 그러나 왜 암이 발생하는가를 우리가 조금씩 알게 된 것은 최근이다. 외계와 환경에 원인이 있어서 암이라는 불치병이 생기는 것이 아닌가 하고 처음 생각한 사람은, 지금부터 약 2백 년 전의 인물인 런던의 의사 포트(Percivall Pott)이었다. 1775년 포트는, 굴뚝 소제부가 고환암에 잘 걸리는 것은 숯그을음이 몸에 축적되기 때문이라는 설을 발표하였다. 그는 뚜렷하게 '증명'은 할 수 없었으나, 오늘날 학자들이 숯그을음에서 독이 심한 화합물을 분리하여 포트설을 증명해 주고 있다.

포트의 발견 이후 백년 이상 지났는데 우리가 알게 된 것은, 인간환경에 있는 어떤 종의 화합물을 몇 번이고 피부가 접촉하거나 또는 그것을 들이마시든지 또 삼키면 암이 생기는 것이 아닌가 하는 추측 정도였다. 사실상 콘월 및 웨일즈의 구리 제련소와 주석 주조소에서 비소 연기에 접하고 있는 노동자에게는 피부암이 많았다. 또 독일 작센의 코발트 광산과 보헤미아 요아힘슈탈의 우라늄 광산의 노동자가 폐병에 걸렸다가 나중에 암이라는 판정을 받은 예도 있다. 그러나 이 모든 것은 아직도 공업이 발전되지 않았을 때 이야기이다. 그때는 여기저기 공장이 세워지고 갖가지 제품이 제조되어 모든 생물의 환경에 퍼져 나가는 일은 없었다.

공업 발달이 화근이 된다는 것을 알게 된 것은 1875년 이후였다. 전염병의 원인을 파스퇴르(Pasteur)가 규명하였을 무렵 암 발생의 화학적 인자가 여러 가지 발견되었다—작센의 갈탄 공장과 스코틀랜드의 혈암 공장의 노동자 중 피부암에 걸린 사람도 있었고 역청이나 타르와 접촉된 사람들이 또 다른 암에 걸린 예도 있었다. 이렇게 하여 19세기 끝날 무렵까지 발견된 공업적 발암물질은 6개쯤 있었다. 그러나 20세기가 되면서 대단히 많은 화학적 발암물질이 생산되어 우리 인간은 좋든 싫든 이런 발암물질에 둘러싸여 살게 되었다. 포트의 시대로부터 2백 년도 지나기 전에 인간을 둘러싸고 있는 환경은 크게 변했다. 무서운 화학물질을 사용하는 노동자뿐만 아니라 모든 사람들의 주위에—심지어 태어나지 않은 아기들 주위에까지, 무서운 화학물질이 스며들고 있다. 그러므로 지금 불치병이 많아지고 있는 것도 당연한 일이라고 할 수 있다.

단지 암이 많아진 것같이 생각될 뿐만 아니다. 인구통계국이 발행한 보고 중 1959년 7월호에 의하면, 임파나 조혈조직의 악성종양을 포함하여 악성종양으로 죽은 사람의 수는 1900년에는 전체 사망 수의 4%에 지나지 않았는데, 1958년에는 15%에 도달하였다. 암에 걸리는 비율로 계산해 보면 지금 건강한 4천5백만의 미국사람이 머지않아 마침내는 암에 걸리게 된다고 미국 암협회가 계산하고 있다. 세 가족 중에서 두 가족은 암에 걸린다는 뜻이다.

어린아이들에게 있어서 그 희생이 더 크다. 25년 전까지만 해도 어린아이들이 암에 걸리는 것은 퍽 드문 일이었다. 그러나 오늘날 미국에서 초등학교 아동들의 사망 원인 제1위는 바로 이 암이다. 보스턴에는 미국에서 처음으로 소아 전용의 암 병원이 생겼다. 1세부터 14세까지의 애들의 사인의 12%가 암이었다. 임상 보고에 의하면 5세 이하의 아기들에게 특히 악성종양이 많다고 한다. 그리고 더 놀라운 것은 세상에 나서, 아니 나기 전부터 발암될 때가 많다는 것이다. 환경암의 권위인 국립 암 연구소의 휴퍼(W.C. Hueper) 박사는 '선천적 암이나 소아암은, 임신 중의 엄마가 접촉한 발암물질이 태반을 통하여 발육 중의 태아 조직에 치명적인 영향을 준 것이다'라고 말하고 있다. 동물을 발암물질과 접촉시켜 실험을 해 보면 나이 어린 동물일수록 발암률이 높다. 플로리다 대학교의 레이(Francis Ray) 박사는 '화학물질을 [음식물]에 첨가하므로 오늘날의 아기들에게 암이 많이 생기는 걸지도 모른다 ……1세대, 2세대 지나면 도대체 어떻게 될지 우리들은 알 수 없다'라고 경고하고 있다.

여기서 문제가 되는 것은, 우리가 자연을 통제하려고 사용하고 있는 화학약품 중에서 직접, 간접적으로 암 발생의 원인이 되는 약품이 있는가 하는 것이다. 발암물질로 5~6종류의 살충제가 있는 것은 의심할 여지가 없다. 이는 동물실험의 결과 확실해졌다. 백혈병의 원인이 살충제 때문이라고 생각하는 의사도 있다. 이 같은 살충제를 고려하면 더 많은 위험한 약품도 있을 것이다. 물론 인간을 사용하여 실험한 것이 아니므로 그렇다고 확언할 순 없으나, 아무튼 충격적인 사실이 아닐 수 없다. 조직과 세포에 영향을 줘 악성종양의 간접적인 원인이 될 수 있는 것을 포함해 보면 그 수는 더 많아진다.

암과 관계가 있다고 판명된 최초의 살충제는 비소계로 비산칼슘 등과 같은 화합물의 살충제가 있는데, 비산나트륨은 또 제초제로 유명하다. 비소와 암 사이의 관계는 오랜 역사를 가졌다. 비소와 접촉하면 어떻게 되는지는 이 분야의 고전적인 책, 휴퍼 박사의 《직업적 종양》이라는 책에 설명되어 있다. 독일 실레지아 지방의 라이헨슈타인은 천년 전부터 금, 은 광산으로 유명한데 여기서 4, 5백년 전부터 비소광석이 채굴되었다. 비소가 함유된 폐기물이 몇 백년 동안 광산 가까운 곳에 축적되었고 산에서 흐르는 물에 씻겨 내렸다. 지하수도 오염되었고 음료수에 비소가 혼입되어, 주민들은 몇 백년 동안 원인 불명의 병인 '라이헨슈타인병'에 걸렸다. 이것은 만성의 비소 중독증인데 간장, 피부, 위장 및 신경 계통의 병을 수반한다. 또 악성종양도 생긴다. 그러나 라이헨슈타인병도 이제는 옛날 이야기가 되었다. 25년 전에 새 상수도를 건설한 이후로 그 병은 자취를 감추었다. 그러나 아르헨티나의 코르도바에서는 지금까지도 만성 비소 중독이 풍토병처럼 퍼져 있어 피부암이 많다. 시가가 비소를 포함한 암석에 둘러싸여서 음료수가 오염되어 있기 때문이다.

오랫동안 비소계 살충제를 사용하면 라이헨슈타인이나 코르도바와 같은 처지가 된다. 예컨대 미국의 담배밭과 미국 북서부의 과수원, 동부의 블루베리 재배 지대의 흙에는 비소가 스며들고 있으므로 이 지방의 음료수는 언젠가 오염될 것이다.

환경이 비소로 오염되면 인간이 위태로울 뿐만 아니라 동물까지도 피해를 입는다. 1936년 흥미로운 보고가 독일에서 있었다. 작센주 프라이베르크 부근의 은, 납 제련소의 연기 중에 비소가 많아 이것이 주변 땅으로 번져 농작물에 비소가 부착되었다. 휴퍼 박사의 보고에 의하면 말, 소, 염소, 돼지 등은 털이 빠지고 피부가 두꺼워지고 근처 숲의 사슴에게도 때때로 이상한 반점과 암의 전조인 혹이 생기고, 확실히 암에 걸린 동물도 있었다고 한다. 가축도 야생동물도 '비소성 장염, 위궤양, 간장 경변증'에 걸렸다. 제련소 근처의 양은 비공에 암이 생겼다. 그 시체를 해부해 보니 뇌나 간장으로부터 비소가 발견되었고 종양이 있었다. 그 근처에서는 또한 '곤충도 피해가 심했고, 특히 꿀벌은 막대한 피해를 입었다. 비가 오면 나뭇잎에서 비소가 씻겨 내려와 개천이나 못에 흘러들어 수많은 물고기가 죽었다.'

새로 발견된 유기 살충제에도 발암물질이 있는데 진드기 제거에 널리 쓰이는 화학약품이 그 예다. 이것의 역사를 보면, 법률이 있어서 안전하다고 하는 것도 그렇게 믿을 수 없는 말이라는 것을 알 수 있다. 뚜렷이 암의 원인이 된다고 알려져 있는 화학약품이 많이 성행한 지 4~5년쯤 지나면 그제야 금지 법률이 생긴다. 그 전에 일반 대중은 이미 이런 물질과 충분히 접촉해 버린다. 우습게도 오늘 '안전'하다고 한 것도 다음날 대단히 위험한 것이 되는데, 그 예가 바로 진드기 제거 약품이다.

진드기 제거 약품이 제조된 것은 1955년이다. 제약회사는 법률의 규정대로 동물실험의 결과를 첨부하고 농작물에 묻은 잔류물은 극히 소량이라고 하며 그 약품을 신청하였다. 그러나 식품 약품 관리국의 전문가들은 발암의 원인이 될 위험이 있다고 보고, 따라서 위원회는 잔류 허용량을 0으로 하라고 제안하였다. 이것은 곧 다른 주에 출하하는 농작물에 잔류물이 하나도 없어야 한다는 것을 의미한다. 그러나 회사 측에는 재심사를 요구할 수 있는 권리가 있어서 위원회는 다시 심사를 해야 했다. 결국 위원회는 하나의 타협안을 내놓았다. 허용 잔유물 양은 1ppm, 제품 판매 기간은 2년으로 제한해서 허가한다는 것이다. 그 동안에 이것이 확실히 발암물질인가 아닌가를 계속 실험해 보기로 하였던 것이다.

위원회는 확실히 언명하지 않았지만 우리들은 모두 모르모트가 된 셈이다. 실험실에서는 계속 개나 쥐를 사용하여 시험했지만 우리들도 발암물질의 시험대가 된 것이었다. 2년 후 동물실험 쪽이 빨리 결론을 내렸다. 그들은 이 진드기 제거제가 바로 발암물질인 것을 알았다. 그러나 한번 결정한 잔류 허용량은 곧 취소할 수가 없었다. 그 다음 해 1958년은 법률상 수속에 허비됐고 드디어 그 해 12월에 겨우 허용량이 0으로 고쳐졌다. 1955년 위원회가 제안한 것이 겨우 효과를 보게 된 셈이다.

살충제에는 이 밖에도 발암물질이 여러 가지가 있다. 동물실험 결과 DDT 때문에 간장 종양이 생겼다. 식품 약품 관리국의 전문가들에게는 어떤 종양인지 확실히 판명되지 않았지만, 심하지 않은 간세포암이라고 생각되는 바도 있다고 한다. 휴퍼 박사에 의하면 DDT는 '화학적 발암물질의 하나로 되어 있다.

카바메이트계의 제초제인 IPC와 CIPC도 쥐 피부에 종양을 일으킨다. 그 중엔 악성종양도 많았다. 이런 화학약품이 처음에 종양 발생의 원인이 되고 그 주변에 스며들어 있는 다른 약품들이 작용하여 이 종양이 드디어 암으로 변하는 것 같다.

동물실험으로 우리는 아미노트리아졸이라는 제초제가 갑상선암의 원인인 것을 알았다. 1959년 넌출월귤나무 재배자들이 이 약품을 남용하여 잔류물이 묻은 출하품이 시장에 나돌았다. 식품 약품 관리국은 서둘러 오염된 넌출월귤을 압수했는데 곧 비난의 소리가 높아졌고 의학 전문가까지도 제초제가 암의 원인이 될 수는 없다고 하였다. 그러나 식품 약품 관리국이 발표 데이터를 보면, 아미노트리아졸이 실험용 쥐에게 암을 발생시킨 것이 확실했다. 물에 1백ppm의 아미노트리아졸을 넣어 쥐에게 마시게 하면(숟가락 만 개 분의 물에 숟가락 한 개 분의 약품을 넣어 주면) 68주 만에 갑상선 종양이 생기기 시작한다. 2년간 이렇게 계속하자 반수 이상의 쥐가 종양에 걸렸다. 양성과 악성, 그 밖의 갖가지 종류의 종양이었다. 오염도가 낮은 먹이로 길러도 종양에 걸린 쥐도 있었다. —사실상 이만한 분량이면 염려 없다는 선은 없다. 그러므로 이만한 분량이면 인간도 위태롭다는 선을 발견할 수 있을 리 없었다. 하바드 대학교 의학부 교수인 루스테인(David Rutstein) 박사에 의하면 암이 된다, 되지 않는다는 것은 양쪽 다 똑같은 가능성이 있다고 한다.

새로운 염화탄화수소계 살충제와 최근의 제초제가 어떤 영향을 줄 수 있느냐 하는 문제는 시간이 지나야 알 수 있다. 암 같은 것은 바로 표면에 나타나는 것이 아니고, 조금씩 커지는 것이다. 1922, 3년 무렵 시계 문자판에 형광 도료를 칠하고 있던 여자 직공이 골암에 걸린 것은 15년이나 지난 뒤의 일이었다. 붓을 입술에 댈 때마다 조금씩 라듐이 몸 안으로 들어갔던 것이다. 직장에서 화학적 발암물질과 계속 접촉해서 암에 걸리는 데에는 15∼30년의 잠복기가 있다.

공업의 발달로 인간이 오래전부터 이 발암물질과 접촉되고 있는 것에 비하면 DDT가 인간에게 처음 사용된 것은 1942년 군대에서인데, 일반시민에게 사용된 것은 1945년 무렵이었다. 또 갖가지 합성 살충제가 널리 사용된 것은 1950년대에 들어와서의 일이었다. 이들 많은 화학약품 중에서 과연 어느 것이 암 발생의 원인이 되는가는 제쳐 두고라도, 이 같은 화학약품이 뿌린 화근의 씨는 아직 익지 않았다.

악성종양의 잠복기는 대체로 길다고 하지만 예외도 알려져 있다. 오늘날 누구든지 알고 있는 이 예외는 백혈병이다. 일본 히로시마의 원자폭탄 투하 당시 살아남은 사람들은 방사선에 쬐인 후 겨우 3년 지난 다음 백혈병에 걸렸다. 그리고 지금은 이 잠복기가 짧아졌다고 생각되는 근거가 있다. 다른 종류의 암도 조만간 잠복기가 짧아지게 될는지도 모르지만, 오늘날까지엔 아직 백혈병만이 예외라고 할 수 있다.

새 살충제가 범람한 후부터 백혈병에 걸리는 비율도 높아졌다. 미국 국립 인구통계국의 숫자를 보면 조혈조직의 불치병이 대단히 많아졌다. 1960년에는 백혈병만으로 만2천2백9십 명이 죽었다. 혈액이나 림프선 관계의 불치병으로 죽은 사람은 총계 2만5천4백 명인데 1950년의 만6천6백9십 명에 비교하면 눈에 띄게 증가하였다. 십만 명당 사망률로 환산하면, 1950년의 11.1로부터 1960년엔 14.1로 증가하였다. 그것도 미국뿐만이 아니었다. 다른 나라에서도 백혈병의 희생자는 나이에 관계없이 매해 4~5%씩 증가하고 있다. 도대체 어떻게 된 일인가? 어떤 새로운 인자가 우리 주변에 있기에 모두를 죽음으로 끌고 가는가? 우리들이 계속 몸을 접촉하고 있는 인자는 무엇인가?

국제적으로 유명한 메이오 병원에서도 조혈조직의 악성종양으로 죽은 환자가 몇 백 명 있다. 이 병원의 혈액학 부문의 하그레이브스(Malcolm Hargraves) 박사 그룹이 그들의 병력을 조사해 본 결과, 환자는 모두 예외 없이 유독한 화학약품과 접촉하였고 DDT, 클로르덴, 벤젠, 린덴, 석유 추출물이 들어있는 살충제를 살포한 환자들도 있었다고 한다.

여러 가지 유독물질의 사용과 관계 있는 환경병이 많아졌다. 그것도 '특히 이 10년 동안 그랬다'라고 하그레이브스 박사는 말하고 있다. 많은 임상 경험을 가진 박사는 '혈액질환이나 림프선 질병 환자의 대부분은 오늘날 대부분의 살충제의 성분인 갖가지 탄화수소와 접촉되고 있다는 특징이 있다. 주의 깊게 환자의 병력을 조사해 보면 이 같은 관계가 거의 뚜렷하게 나타난다'고 말하고 있다. 박사는 백혈병, 재생불량성 빈혈, 호지킨병 등 혈액과 조혈조직 관계의 병에 걸린 환자들의 데이터를 자세히 모으고 병력을 참조하여 '모두가 이런 환경인자와 심하게 접촉되고 있었다'고 보고하였다.

이런 병력이란 무엇인가? 예컨대 한 주부는 거미를 매우 싫어했다. 8월

중순에 그녀는 DDT와 석유 추출물의 에어졸을 가지고 지하실에 내려가서 계단밑, 과실 선반, 천장과 서까래틈새까지 구석구석 소독하였다. 살포 후 몹시 기분이 나빠서 토할 것 같았고 왠지 모르게 불안함을 느꼈다. 2, 3일 지나는 동안에 그녀는 다시 건강해졌다. 왜 그렇게 되었는지, 설마 살충제 때문이라고는 생각도 못하고 9월에 다시 두 번 가량 철저하게 온 집을 살포 소독하였다. 두 번째에도 기분이 나빴는데 그렇게 심하지는 않았다. 그러나 세 번째로 에어졸을 사용한 후에 새 증상이 나타났다. 발열, 관절의 통증, 전신의 불쾌감, 한쪽 다리의 급성 정맥염이 생겼다. 하그레이브스 박사가 진찰해 본 결과 그녀는 급성 백혈병에 걸려 있었다. 그 다음 달 그 여자는 죽었다.

또 이런 환자도 있었다. 오래된 빌딩에 사무소를 가진 사람인데 그곳에 바퀴가 많아서 견딜 수 없어지자 직접 곤충을 제거하려고 일요일 하루 동안 지하실 등에 구석구석 소독약을 살포하였다. 사용한 것은 메탄올 변성 나프탈렌이 함유된 용제에 녹인 25%의 DDT 농축액이었다. 그런데 그 때문인지 여기저기에 멍이 생기고 여기에서 몇 번이나 피가 나와 입원까지 하였다. 혈액을 조사해 본 결과 재생불량성 빈혈이라는 심한 골수 기능 저하가 발견되었다. 그는 곧 갖가지 치료를 받고 5개월 반 동안에 59회나 수혈을 받았다. 그 후 잠시 동안 좋아진 것 같으나 9년 후 치명적인 백혈병으로 죽었다.

언제든지 병력에서 문제가 되어 온 살충제는 DDT, 린덴, BHC, 니트로페놀, 보통 사용되는 방충제인 결정 파라디클로르벤젠, 클로르덴 등이며, 또 말할 것도 없이 이들의 용제이다. 하그레이브스 박사의 말대로, 단지 한 가지 화학물질과 몸을 접촉시키는 일은 오늘날에는 없다. 시장에 범람하고 있는 살충제는 보통 4~5가지 화학물질을 혼합한 것이며, 그 용제도 석유 추출물 외에도 분무에 필요한 또 다른 화학약품을 사용하고 있다. 조혈기관 장해의 주된 원인은 도리어 용제의 방향족 불포화탄화수소에 있는 것 같다. 이것은 의학적으로 중대한데 실제로는 아무렇지도 않은 예사로운 일일지도 모른다. 누구든지 살포할 때는 거의 언제나 석유 용제를 사용하지 않을 수 없기 때문이다.

백혈병이나 혈액 관련 병과 화학약품 사이에 인과관계가 있다는 하그레이브스 박사의 견해는 갖가지 의학 문헌에 의해서도 증명되고 있다. 그들 자신의 살포기나 비행기에서 나오는 약과 접촉되는 농부들, 개미 제거를 위하여 방에 살충제를 뿌리고 거기서 계속 공부하는 대학생들, 집에 린덴 살포약을 뿌리는 부인들, 클로르덴과 톡사펜을 살포한 솜밭에서 일하는 노동자들과 같은 일반 사람들이 모두 그 대상자가 된다. 어려운 의학용어로 기록되어 있지만 이 같은 인간의 비극 이야기는 미국뿐만 아니라 체코슬로바키아에서도 있었다. 그곳에 같은 도시에 사는 두 소년들이 있었다. 이들은 항상 같이 놀고 일하고 있었다. 어떤 날 집단농장에서 살충제(BHC) 부대를 차에서 내려놓은 것이 그들의 마지막 일이었다. 8개월 후에 한 사람은 급성 백혈병에 걸려 9일째 죽었다. 나머지 한 사람은 그 당시 쉽게 피로를 느끼고 발열하기도 하였는데 3개월 지난 후 용태가 악화돼 입원했다. 그 역시 급성 백혈병으로 죽음을 향해 무자비하게 끌려갔다.

또 스웨덴 농부의 예도 있다. 일본의 참치 어선 '복룡환'의 승무원 구보야마 씨의 기구한 운명도 같이 생각난다. 구보야마 씨가 열심히 고기를 잡고 있었던 것처럼 그 농부도 건강한 몸으로 밭에서 온종일 일하고 있었다. 그런데 이들의 생명을 빼앗은 것은 공중에서 내려온 독이었다. 한 사람(일본 어부)에게는 방사능 재였고 다른 사람에게는 화학약품의 먼지였다. 농부는 DDT와 BHC 분말을 60에이커 가량의 밭에 살포하였는데 바람이 불어 자기 몸 주변에 가루가 흩날렸다. '그날 저녁 때 그는 유난히 피로감을 느꼈는데 그 후에도 허탈감, 동통, 쑤시는 다리의 통증, 오한 등으로 자리에 눕게 되었다. 용태가 악화되어 5월 19일(살포 후 일주일째) 그 지방의 병원에 입원하였다'라고 룬드 병원에 기록이 남아 있다. 고열이 나고 혈구 수가 정상이 아니었다. 그는 룬드 병원으로 이송되고 나서 두 달 반 후에 죽었다. 시체를 해부한 결과 골수가 완전히 썩어 있었다.

세포분열이라는 일상적이지만 극히 중요한 프로세스의 변화가 사람을 생소한 죽음으로 끌고 가는 이 문제야말로, 많은 과학자가 심혈을 기울이고 막대한 돈을 써서 연구해 온 문제이다. 정상적인 핵분열이 이상해져서 암이라는 걷잡을 수 없는 증식 상태로 변하는 것을 웬일이며, 이때 어떤 변화가 세포 내에 일어나는 것일까?

비록 대답을 얻는다 하여도 그 대답에는 여러 가지가 있을 것이다. 암 그 자체가 갖가지 옷을 입고 나타나며, 발생하는 모습과 발전되어 가는 모습, 암이 크게 될는지 작게 될는지에 영향을 주는 인자들이 모두 다르므로 그 원인도 모두 다름에 틀림없다. 그러나 세포에 가해진 사소한 상해가 결국 모든 것을 결정하는 것인지도 모른다. 여기저기에서 널리 연구가 이루어지고 또 암 그 자체와 상관없는 연구도 많이 진행되고 있는데 이들 작은 탐구의 빛이 모여 언젠가는 모든 의혹을 벗겨 줄 수 있는 밝은 빛이 될 날이 올 것이다.

그리고 생명의 가장 작은 단위 즉 세포와 염색체를 바라보는 일을 통해서만이 신비를 꿰뚫는 데 필요한 폭넓은 비전을 찾아낼 수 있다는 것을 우리들은 새삼 알았다. 우리는 이 작은 우주에서 세포의 놀랄 만한 기능의 메커니즘을 그 정상적인 형태로부터 벗어나게 하고 있는 것이 무엇인가를 찾아내지 않으면 안 된다.

암세포의 기원에 대해 아주 인상적인 학설을 제창한 사람이 있다. 독일의 막스 프랑크 세포 생리학 연구소의 생화학자 바르부르크(Otto Warburg) 교수이다. 바르부르크는 세포 내의 복잡한 산화작용 연구에 일생을 바친 사람인데 그 풍부한 지식을 이용하여 정상적인 세포가 악성종양으로 변하는 과정을 기막히게 잘 설명하였다.

방사능이나 화학적 발암물질을 조금씩 계속 섭취하면 정상적인 세포의 호흡작용이 파괴되어 에너지가 탈취된다고 바르부르크 교수는 믿었다. 그리고 한번 이런 상태에 빠지면 되돌아갈 수는 없다. 곧장 죽지 않고 살아남은 세포는 에너지 손실을 회복하려고 다시 움직이지만, 막대한 ATP를 생산할 수 있는 저 훌륭한 순환작용은 더 이상 하지 못하고 발효라는 원시적인 불충분한 방법에 의존할 수밖에 없다. 이리하여 발효에 의해 어떻게든 살아가려는 시간이 계속된다. 그 동안에도 세포분열이 일어나므로 새로 생긴 세포는 모두 변칙적인 호흡을 한다. 한번 변칙적인 호흡을 시작한 세포는 다시는 정상적인 호흡을 할 수 없다—일 년 지나도 10년 지나도 더 오랜 시간이 지나도 안 된다. 그러나 살아남은 세포는 잃어버린 에너지를 되찾으려고 발효를 더 하여 그 에너지를 보충하려고 애쓴다. 이는 다윈이 말한 투쟁과 같은 것으로, 적응력이 있는 것만이 살아남게 된다. 그리고 이 세포는 마침내 발효만의 힘으로, 호흡에 의한 것과 같은 에너지를 생산하려고 한다. 이때가 바로 정상적인 세포가 암세포로 변하는 때라고 한다.

이 바르부르크의 이론으로 이 밖의 여러 가지를 설명할 수 있다. 암의 잠복기가 대체로 긴 것은 손상된 세포의 호흡작용이 발효작용으로 대치되기까지 시간이 걸리기 때문이다. 발효로 변환되는 시간은 동물의 종류에 따라 다르다. 예컨대 쥐에서는 이것이 짧고 발암현상도 빠르다. 사람일 때는 길고 (수십 년일 때도 있다) 악성종양의 잠복도 길다.

바르부르크의 이론에 의하면 발암물질을 소량씩 계속 섭취하는 것이 한번에 대량 섭취하는 것보다 때에 따라서는 더 위험하다는 것도 설명된다. 발암물질이 대량이면 세포는 곧 죽어 버린다. 소량일 때는 세포는 손상된 상태에서라도 살아간다. 그리고 이 살아가는 세포가 암세포로 변한다. 그러므로 발암물질에는 이 정도면 '안전'하다고 선을 그을 수가 없다.

또 잘 알 수 없었던 사실들이 이 바르부르크 이론에서 설명된 것도 있다. ―같은 인자가 암치료에 효과가 있는가 하면 동시에 발암의 원인도 된다. 예컨대 누구든지 알고 있는 방사선이 그렇다. 이것은 암세포를 죽이지만 또한 암을 일으키기도 한다. 암치료에 오늘날 사용되고 있는 화학약품도 똑같다. 왜? 방사선도 화학약품도 세포의 호흡작용을 손상시킨다. 암세포는 본디 완전히 호흡할 수 없으므로 더 손상되면 죽게 된다. 그러나 정상적인 세포에 이 같은 손상을 주면, 그 세포는 죽지 않고 악성종양의 길을 걷게 된다.

바르부르크의 이론은 1953년에 실증되었다. 정상적인 세포로부터 산소를 오랫동안 정기적으로 탈취해 가는 것만으로 그것이 암세포로 변화되는 실험에 성공한 것이다. 다시 1961년 조직배양이 아니고 살아 있는 동물로 이 이론이 실증되었다. 방사성 트레이서를 암에 걸린 쥐에 주입하고 호흡을 측정해 보니 발효율이 평균값보다 훨씬 높았다. 바로 바르부르크가 예언한 바 그대로이었다.

바르부르크가 정한 규준에 의하면 무섭게도 대부분의 살충제가 바로 그 발암물질인 것이다. 13장에서 설명한 바와 같이 염화탄화수소와 페놀의 대부분, 또 어떤 종류의 살충제는 산화작용을 파괴하고 세포 내의 에너지 생산을 방해한다. 이 때문에 수면 상태의 암세포가 생길 때도 있다. 오랫동안 이 비가역적인 악성의 세포가 잠을 자고 있다가 드디어―한동안 잊어버리고 예상도 하지 않았는데―갑자기 암세포가 되어 확 타오르게 된다.

암이 되는 길은 염색체에 의한 것도 있다. 염색체를 손상시키고 세포분열을 방해하고 돌연변이를 초래하는 인자는 모두 위험하다. 이 분야의 유명한 연구자들은 모두 입을 모아 이야기하고 있다. 어떤 돌연변이도 발암의 원인이 될 가능성을 가졌다고. 돌연변이라 하면 생식세포에 관계되고 미래 세대에 영향이 나타나는 문제라고 보통 생각되지만, 그것은 몸의 세포 내부의 돌연변이일 수도 있다. 돌연변이가 발암의 원인이 된다는 설에 따르면, 방사선이나 화학약품의 영향을 받은 세포는 돌연변이를 일으켜 세포분열을 관할하고 있는 몸의 통제 아래에서 벗어난다고 한다. 그러므로 세포는 갑자기 수가 늘어나고 제 마음대로 행동한다. 이렇게 새로 생긴 세포는 역시 몸의 제어를 받지 않고 오랫동안 많이 모여서 암으로 발전한다.

다른 연구자가 지적한 바에 의하면 암 조직 내의 염색체는 불안정하다고 한다. 파괴되든지 손상되던지 또는 그 수도 일정치 않아 2배가 된 것도 있다.

염색체 이상으로부터 악성종양이 발생되는 모든 과정을 조사한 최초의 학자는 뉴욕의 슬로안―케터링 연구소의 레반(Albert Levan)과 비셀(John J. Biesele) 씨이었다. 악성종양이 된 다음 염색체 이상이 생기는가, 아니면 거꾸로인가에 대해 이 두 사람의 답은 명확하다. '염색체 이상이 생긴 다음 악성종양이 된다'고 하였다. 처음에 염색체가 손상을 받아 불안정해진 다음 많은 세포 세대를 통하여 시행착오의 때가 계속된다(악성종양 잠복기). 그 동안에 돌연변이가 거듭되어 세포는 통제에서 벗어나고 제 마음대로 증가하여 암이 된다.

이 염색체 불안정설을 가장 먼저 제창한 유명한 학자인 윈지(OJvind Winge)는 염색체 배가(倍加)가 특히 큰 의의를 가진다고 생각하였다. 그렇다면 BHC와 린덴이 실험식물의 염색체를 배가하는 사실이 몇 번이고 관찰된 것과, 치명적인 재생불량성 빈혈에 이와 똑같은 살충제가 관계되고 있다는 사실은 우연한 일치라고만 말할 수 없지 않겠는가? 또 세포분열을 혼란시키고 염색체를 파괴하고 돌연변이를 일으키는 다른 많은 살충제는 과연 어떨까?

방사선이나 방사선과 같은 성질의 화학물질에 접하면 대체로 백혈병에 걸린다. 그 이유는 간단히 설명된다. 물리적, 화학적 돌연변이 인자의 습격을 주로 받는 것은 활발하게 분별하고 있는 세포인데, 이런 세포는 갖가지 조직 내에 있지만 특히 혈액을 만드는 조직 내에 많다. 골수는 적혈구를 만드는 주요 기관인데 일 초에 천만 개의 적혈구를 만들어 그 인간이 살아 있는 한 혈관에 계속 보내고 있다. 백혈구가 생산되는 장소는 림프선이나 어떤 종류의 골수세포인데 그 개수는 때와 장소를 따라 각양각색이고 변화도 심하지만 역시 놀랄 만큼 많다.

화학약품 중에서도 스트론튬90처럼, 특히 골수를 손상시키는 것이 있다. 살충제의 용제에 잘 쓰이는 벤젠은 골수에 쌓이고 20개월이 지나도 없어지지 않는다. 의학에서는 오래전부터 벤젠이 백혈병의 원인이 된다고 여겨지고 있다.

아이들의 조직은 계속 성장하므로 암세포가 커지는 데 아주 좋은 조건을 가지게 된다. 버넷(Macfarlane Burnet)경이 지적한 바와 같이 백혈병은 최근 세계적으로 늘어 갈 뿐만 아니라 3~4세의 아이들에게 특히 많이 발생하고 있다. 다른 병과 비교해 보아도 그 병에 걸리는 비율이 높다. 버넷 경에 의하면 '3~4세의 아이들에게 특히 백혈병이 나타나는 것은 이 어린아이들의 몸이 날 때부터 돌연변이 유발 인자와 접촉된 까닭이다'라고 한다.

돌연변이 유발물질 중 암의 원인이 되는 것에는 또 우레탄이 있다. 임신 중인 쥐에 우레탄을 먹이면 폐암에 걸릴 뿐만 아니라 태어난 새끼쥐도 같은 모양으로 암에 걸린다. 새끼쥐는 태어난 후로는 우레탄과 접촉되지 않았으므로 우레탄이 태반을 통하여 새끼쥐에게 간 것으로 생각할 수밖에 없다. 이것은 인간의 경우에도 같다. 우레탄계의 합성물이 태내에서 태아에게 영향을 주어 종양이 생길 때도 있다고 휴퍼 박사가 경고하고 있다.

카바메이트의 우레탄은 화학적으로는 IPC와 CIPC에 가깝다. 암 전문가가 위험하다고 하는데도 불구하고 카바메이트는 살충제, 제초제, 살균제 등에 마구 사용되고 있다. 뿐만 아니라 갖가지 플라스틱제, 약품, 의류 및 단열제에도 많이 들어 있다.

간접적인 원인으로 암이 발생하기도 한다. 발암물질이 아닌 것 같은 물질이 몸의 어떤 기관의 기능에 장해를 줘서 암이 발생되기 쉬운 조건을 만드는 경우도 있다. 특히 생식기관에 관계가 있는 암이 그런데, 성호르몬의 균형이 깨어지면 암이 발생하기도 한다. 이 같은 장해물은 간장의 활동을 약하게 하여 성호르몬의 정상적 수치 저하를 초래하는 때가 많다. 염화탄화수소가 바로 이런 것인데 간접적으로 발암의 원인이 되기도 한다. 좌우간 이런 것들은 모두 간장에 유독하기 때문이다.

성호르몬은 보통 몸속에 있고 여러 가지 생식기관과 관계를 가지면서 성장을 촉진시킨다. 그러나 너무 과잉으로 생기지 않도록 몸 내부에서 조절되고 있다. 그리고 어느 한쪽이든지 과잉이 되지 않도록 남성호르몬과 여성호르몬의 균형을 조절하는 것이 간장이다(남성호르몬도 여성호르몬도 남녀에 모두 있다. 단지 그 양이 다르다). 그런데 병이나 화학약품으로 간장이 손상되든지 또 비타민 B가 충분히 공급되지 않으면 균형이 깨어지고 에스트로겐, 즉 여성 발정 호르몬이 비정상적으로 많아진다.

그 결과는? 적어도 동물의 경우에는 실험으로 확실히 밝혀졌다. 록펠러 의학 연구소에서의 실험에 의하면 병으로 간장 손상을 입은 토끼는 자궁에 종양이 발생되는 확률이 높다. 아마 혈액 중의 에스트로겐의 불활성화가 잘되지 않고 '그 결과 에스트로겐이 발암물질의 수준까지 올라간' 까닭이라고 생각된다. 연구자들은 쥐, 모르모트, 원숭이를 써서 갖가지 실험을 하였는데, 에스트로겐을 오랫동안 복용시키면(그렇게 대량으로 줄 필요는 없다) 생식기관의 조직에 변화가 생겨 '양성종양부터 뚜렷한 악성종양까지 여러 가지 현상이 생긴다'. 에스트로겐을 준 까닭에 햄스터에게서는 신장에 종양이 생겼다.

의학계에서는 의견이 구구하지만, 인간의 조직에도 같은 현상이 일어날 수 있다는 생각을 뒷받침해 주는 증거가 많이 있다. 맥길 대학교의 왕립 빅토리아 병원에서는 자궁암 환자 150명의 3분의 2에게서 비정상적으로 높은 에스트로겐 수치가 뚜렷하게 나타났다. 최근의 20명의 환자 중 90%에게서는 에스트로겐이 비정상적으로 활발했다.

에스트로겐의 활동을 억제할 수 없을 정도의 간장 장해가 생기고 또 지금까지의 의학으로는 그 장해를 발견할 수 없을 때도 있다. 예컨대 염화탄화수소는 조금씩 몸에 들어가서 간장세포에 변화를 일으키고 놀랄 만큼 비타민 B의 손실을 가져오게 한다. 이 비타민 B군이 발암을 억제하는 것은 여러 모양으로 증명되어 있다. 슬로안-케터링 암 연구소 소장이었던 고(故)로우드

(C.P. Rhoads) 씨는, 자연 비타민 B가 풍부한 이스트를 동물에게 다량 주었을 때 화학적인 발암물질과 접촉시켜도 동물이 암에 걸리지 않는다는 것을 발견하였다. 구강암의 경우 이런 비타민이 결핍되어 있었다. 또 구강 이외의 소화관의 암에서도 똑같다고 생각된다. 이것은 미국뿐만 아니라 스웨덴, 핀란드 북부의 오지 등 비타민 부족이 되기 쉬운 지역에서 잘 볼 수 있는 현상이다. 원발성 간암에 걸리기 쉬운 종족, 예컨대 아프리카의 반투족은 본디 영양부족으로 유명하다. 또 아프리카 각지에서 남자의 유방암을 볼 수 있는데 그것은 간장병 및 영양부족과 관계가 있는 것 같다. 전쟁 후 그리스에서 식량 사정이 악화되었을 때 남자 유방의 비대를 가끔 볼 수 있었다.

살충제와 암과의 관계를 간단히 말하면, 살충제에는 간장을 손상시키고 비타민 B의 공급을 감소시키는 힘이 있다. 그 결과 신체 내부에서 제조되는 '내생' 에스트로겐이 증가한다. 이 밖에 외부에서 합성된 여러 가지 에스트로겐과 우리들은 날마다 접촉하고 있다. 즉 화장품을 사용하고 약을 먹고 음식을 먹고 있는 동안에 접촉하고, 또 직업상 어쩔 수 없이 접하기도 한다. 그리고 갖가지 인자가 합쳐져 작용할 때가 가장 무서운 법이다.

우리들 주변에는 암의 원인이 되는 화학약품(살충제도 포함)이 함부로 돌아다니며 거기에 우리 몸이 노출되는 모양새도 가지각색이다. 같은 화학물질이라도 모습을 바꾸어 습격한다. 예컨대 비소가 있다. 비소는 갖가지 옷을 입고 나타난다. 공기가 비소로 오염될 때도 있고 물이 오염될 때도 있다. 비소가 음식물에 잔류할 때도 있다. 약, 화장품, 목재 방부제에도 들어 있다. 페인트와 잉크의 안료가 되기도 한다. 하나만 따로 보면 암의 원인이 되지 않을 수도 있다. 그러나 하나하나가 '안전량'이라도, 이미 '안전량'으로 저울이 꽉 차 있을 때는 다른 것을 조금만 넣어 주어도 저울은 갑자기 한쪽으로 기울게 된다.

또 두 개나 그 이상의 갖가지 발암물질이 조합되어 파괴력이 커지는 경우도 있다. 에컨대 DDT에 접하는 사람은 거의 반드시 다른 탄화수소화합물에도 접하여 간장을 손상한다. 탄화수소화합물은 용제, 페인트 제거제, 기름 제거제, 드라이클리닝 액체, 마취제 등에 널리 쓰인다. 그러므로 DDT의 '안전량'이라고 하여도 어느 정도 안전한지?

더 곤란한 것은 한 가지 화합물질이 다른 화학물질에 반응을 일으켜 성질을 변케 한다는 것이다. 암이 발생할 때에는 두 개의 화학물질이 상호적으로 작용하는 경우가 있다. 어떤 물질이 세포나 조직을 쉽게 발암하도록 해 주고 곧 거기에 다른 자극인자가 작용하면, 악성종양이 발생한다. 제초제 IPC와 CIPC가 피부종양을 초래하여 발암의 소지를 만들고 거기에 어떤 다른 것—예컨대 보통의 세척제 같은 것이 가해지면 악성종양이 생긴다.

또 물리적 인자와 화학적 인자가 서로 작용할 수도 있다. X선 조사에 침범된 곳에 우레탄과 같은 화학물질이 자극을 주면 백혈병이 생긴다. 지금 우리들은 갖가지 출처에서 나오는 방사선으로 오염되어 있다. 게다가 화학약품의 홍수와 접촉되고 있으므로, 뭐든 함부로 예단할 수 없는 처지이다.

수도가 방사성 물질로 오염되어 있는 것도 문제이다. 물에는 이 밖의 여러 가지 화학물질이 섞여 있다. 여기에 이온화 방사선이 작용하면 원자 배열이 뒤바뀌어서 어떤 새 화합물이 생겨 나올는지 예측도 할 수 없다.

미국에서 수도 오염을 전문적으로 연구하고 있는 사람들에게는 세척제가 큰 문젯거리가 되고 있다. 현재 도시나 마을의 수도는 모두 세척제로 오염되어 있는데 이것을 제거할 방법이 없다. 발암성 세척제는 조금밖에 확인되어 있지 않지만, 그것은 소화기 내벽에 스며 들어가서 조직을 변화시켜 아주 쉽게 다른 화학물질을 흡수하여 암이 될 수 있도록 해 주는 간접적인 발암제이기도 하다. 그러나 이런 것을 다 예견하고 몸의 안전을 지킬 수 있는 사람이 어디 있겠는가. 만화경처럼 복잡하게 얽힌 그러한 조건 밑에서, 잔류량 제로(0) 이외에 무슨 '안전량'을 누가 발암물질에다 결정할 수 있겠는가?

암의 원인이 되는 발암물질을 우리 주변에 마구 뿌려 놓고도 우리는 태연하다. 그러나 그 보복이 우리들에게 돌아올 것은 최근의 사건을 보면 확실하다. 1961년 봄 미국 정부, 주, 개인의 부화장에서 무지개송어류에 간암이 대유행이었다. 미국 동부에서도 서부에서도 송어가 암에 걸렸다. 3세 이상의 송어가 전부 암에 걸린 양어장도 있었다. 이것은 물 오염에 의한 인간의 발암을 두려워한 국립 암 연구소 환경암 부문과 어류 야생 생물 관리국이, 종양에 걸린 물고기는 전부 신고하도록 지시했기 때문에 밝혀진 것이었다.

왜 미국 내 넓은 지역에 암이 발생하였는지 정확한 이유는 지금 연구 중이지만 부화장의 먹이에 어떤 원인이 있는 것 같다. 먹이에는 믿을 수 없을 만큼 갖가지 화학약품과 의약품이 들어 있다.

이 송어 이야기는 여러 가지 점에서 중요한데 특히 발암력 있는 물질이 어떤 종의 생물 환경에 들어가면 어떻게 되는지를 알려 주는 좋은 예로서 무시할 수가 없다. 갖가지 종류의 수많은 환경 발암물질을 더 주의하고 통제하지 않으면 안 된다는 것을 가르쳐 주는 좋은 예라고 휴퍼 박사는 말하고 있다. '이와 같은 예방책을 취하지 않으면 인류에게도 언젠가는 이와 비슷한 화가 미칠 것이라'고.

우리들은 모두 '발암물질의 바다' 한가운데에 떠 있다고 어떤 학자가 말한 것처럼, 우리들의 주변을 보면 누구든지 당황하고 좌절할는지 모른다. '이제는 희망이 없지 않은가?'라고 할 것이다. '이 같은 암 발생의 원인이 되는 것을 우리들 세상으로부터 없애는 것은 불가능하지 않은가? 그런 쓸데없는 짓보다는 암을 고치는 약을 발견하는 데 더 노력하는 것이 좋지 않은가?' 사람들은 보통 이런 결론에 도달할 것이다.

휴퍼 박사는 뭐라고 대답하는가. 몇 해 동안 암 연구 분야에서 수많은 업적을 남기고 그 발언이 높이 평가되고 있는 박사의 대답은, 이런 문제에 깊은 관심을 가지고 일생을 바친 사람만이 가질 수 있는 풍부한 경험과 올바른 판단으로 뒷받침되고 있다. 암과 우리들과의 관계는 19세기 마지막에 갖가지 전염병이 유행된 것과 비슷하다고 휴퍼 박사는 말한다. 병원체인 유기체가 있고 그 때문에 갖가지 병이 만연한다는 사실을 밝혀낸 것은 파스퇴르와 코흐의 찬란한 업적이었다. 의사뿐만 아니라 보통 사람들도, 인간 환경에 병을 발생시키는 무수한 미생물이 있다는 것을 알게 되었다. 이렇게 하여 대부분의 전염병이 잘 억제되고 그 중에는 사실상 자취를 감춘 병도 있다. 이 찬란한 승리를 거둘 수 있었던 것은 두 가지—예방과 치료가 있었기 때문이었다. '마법의 탄약' 그리고 '기적의 약' 때문이라고 보통 생각하겠지만, 우리가 전염병을 억제할 수 있었던 참 이유는 환경으로부터 병균을 없애는 대책을 취했던 까닭이다. 예컨대 백년 이상 전에 런던에서 콜레라가 크게 유행하였다. 그때 스노우(John Snow)라는 런던의 의사가 콜레라 발생 지도를 만들어 그 발원지를 알아냈다. 그 지역의 주민들이 브로드 가에 있는 한 우물에서 물을 떠 간 것이 밝혀지자, 곧 이 우물의 펌프 손잡이를 없애 버렸다. 이것은 바로 의심할 여지가 없는 예방의학의 모범적인 실천이었다. 그 당시엔 아직 알려져 있지 않은 콜라라균을 죽이는 마법의 약이 아니고, 환경으로부터 콜레라균을 없애는 방법으로 전염병을 억제할 수가 있었다. 치료 대책 측면에서 보아도 환자를 치유하는 일뿐만 아니라 전염병의 진원지를 약하게 하는 성과를 얻을 수 있었다. 지금은 결핵이 비교적 적은데 이것도 보통 사람 같으면 결핵균과 접촉될 기회가 거의 없다는 것이 큰 이유이다.

현대의 우리들 세계는 발암인자로 꽉 덮여 있다. 암 치료에만 역점을 두고 (기적적인 〔치료법〕이 발견될 수 있으리라고 생각하고) 발암물질이 퍼져 나가는 것은 그대로 방치해 두면 암 정복은 실패하고 말 것이라고 휴퍼 박사는 말하고 있다. 비록 '꿈의 치료법'이 발견되어 암을 억제한다 하더라도, 그것을 훨씬 넘어설 속력으로 발암물질의 파도는 계속 희생자를 삼키고 말 것이다.

왜 우리는 암에 대해서 예방이라는 상식적인 대책을 곧 채택하려 하지 않는가? '암에 걸린 사람을 고치려는 목적이 예방보다 더 자극적이고 매력도 있고 보람도 있는데 예방은 막연하기 때문인가'라고 휴퍼 박사는 말하고 있다. 그러나 암이 생기지 않도록 예방하는 것이 '암에 걸리게 한 다음 치료하는 것보다 확실히 더 인간적이며 훨씬 효과적'이다. '아침 식사 전에 항상 마법의 약을 복용하면 암에 걸리지 않는다'라는 달콤한 말에 마냥 기대어도 되겠는가, 하고 휴퍼 박사는 엄하게 말한다. 사람들이 이런 막연한 기대를 품는 것은, 암이 아무리 수수께끼에 싸여 있는 병이라 하여도 결국 하나의 병이고 원인도 하나이며 따라서 치료법도 하나라고 생각하기 때문이다. 그러나 각종 화학적, 물리적 인자가 서로 작용해서 암 환경이 생기는 것처럼, 암 그 자신도 갖가지 생물학적인 양상을 보여 주고 있다.

오래전부터 기대되어 온 '돌파작전'이 비록 성공한다 하여도, 비록 그런 때가 온다 하더라도 모든 암에 효력이 있는 만능약은 나오지 않을 것이다. 물론 이미 암에 걸린 희생자를 위해서 암치료 연구는 계속 추진되어야 하겠지만, 그러는 동안에 갑자기 특효약이 생겨 단번에 암을 정복할 수 있다고 기대를 가지게 하는 것은 인류에게 좋지 않다. 암 정복이라는 순간은 곧 오지는 않을 것이다. 우리들은 단지 한 걸음 한 걸음 서서히 전진할 뿐이다. 사람들은 암의 원인이 되는 것들은 함부로 여기저기 버려 두고 있으면서 암 치료약을 찾아내겠다고 거창한 대책을 세워 거기에 모든 희망을 걸고 치료

연구에 막대한 비용을 퍼부을 뿐, 예방이라는 절호의 기회는 조금도 돌아보려고 생각도 하지 않는다. 암을 정복하고 싶어하면서도.

그러나 결코 희망이 없는 것도 아니다. 19세기 말엽부터 20세기 초기에 전염병이 크게 유행한 것에 비하면, 하나의 중요한 점에서 현재 상황이 차라리 희망적이다. 발암물질이 오늘날 득실거리는 것처럼 그 당시엔 각처에 병균이 우글거렸다. 그러나 그 병균을 인간이 의식적으로 환경에 뿌리지는 않았다. 인간의 의지에 반하여 병균이 퍼져 나갔던 것이다. 그와는 반대로 오늘날 많은 발암물질은 인간이 환경에 고의적으로 넣고 있다. 그리고 뜻만 있으면 대부분의 발암물질을 제거할 수 있다. 화학적 발암인자가 우리들 세계로 들어오는 데는 두 가지 길이 있다. 하나는 참 아이러니하게도 우리들이 좀 더 좋은 편한 생활을 구하는 데서이고, 또 하나는 우리들 경제의 일부 및 생활양식이 이 같은 무서운 화학약품의 제조와 판매를 요구하기 때문이다.

현대 사회로부터 화학적 발암물질을 전부 제거할 수 있다고 생각하는 것은 너무나도 비현실적이라고 여겨질지도 모른다. 그러나 그 대부분은 우리들 생활에 결코 필요불가결한 것은 아니다. 이것들을 제거하면 우리를 짓누르는 발암물질의 압력도 대폭 줄고 네 사람 중 한 사람 꼴로 암에 걸린다는 위협도 적어도 대폭 줄어들 것이다. 우리는 굳은 결심을 가지고 우리들의 음식물, 우리들의 수도, 우리들의 공기를 오염하고 있는 모든 발암물질을 제거하는 데 온갖 노력을 다 바쳐야 한다. 왜냐하면 음식물, 물, 공기 등은 우리가 늘 일상적으로 접하는 대상이므로 위험도 크기 때문이다. 이런 것들을 통해 극히 조금씩 계속해서 몇 해이고 발암물질이 우리 몸에 쌓여 가는 것이다.

유명한 암 연구가들 중에는 휴퍼 박사와 같은 생각을 가진 사람들이 많다. 그들은 환경에서 어떤 암 발생 원인을 찾아내고 발암물질을 일소하지는 못해도 그 힘을 약하게 하는 데 노력하는 것만이 이 불치병을 감소시키는 길이라고 생각한다. 이미 암에 걸려 있는 사람이나 아직 본인은 모르지만 암을 몸에 지니고 있는 사람들을 위하여 약이나 치료법을 발견하는 것은 두말할 것 없이 필요하다. 그러나 아직 암에 걸리지 않은 사람, 그리고 또 아직 태어나지 않은 미래의 자손들을 위해서는 무엇보다 예방의 노력이 필요하다.

15
자연은 역습한다

자기들이 만족할 수 있도록 제멋대로 자연을 바꾸려고 갖가지 위험을 무릅쓰지만 끝내는 자기 자신의 파멸을 초래할 수밖에 없다면, 이보다 더 아이러니한 것은 없다. 그러나 그것은 바로 우리들 자신의 모습이다. 사람들은 이런 것은 거의 말하지 않으려고 하지만, 자연은 그렇게 간단히 개조되지 않으며 곤충은 곤충대로 인간의 화학약품 공격을 피할 독특한 방법을 발견하고 있다.

'곤충의 세계는 자연 중에서 가장 놀랄 만한 현상이다'라고 네덜란드의 생물학자 브리예(C. J. Briejèr) 씨가 말하고 있다. '거기에는 불가능한 것이 없다. 가장 있을 수 없는 일이 거기서는 보통 일어난다. 누구든지 그 신비의 세계로 깊이 들어간 사람은 끊임없이 나타나는 기적에 숨도 쉬지 못할 것이다. 모든 일이 일어난다. 기상천외한 일도 자주 일어난다.'

'기상천외한 일'이 지금 두 개의 큰 분야에서 일어나고 있다. 자연도태라는 수단으로 곤충들은 전력을 다하여 화학약품에 반격을 개시하였다. 이것은 다음 장에서 설명한다. 지금 특히 살펴보려는 것은 보다 더 큰 문제인데 인간이 사용하는 화학약품은 환경 그 자체의 특유한 방어력, 즉 자연의 온갖 종 사이의 균형을 유지해 주고 있는 방어력을 약하게 하고 있다. 이 방어의 벽에 구멍을 뚫을 때마다 수많은 벌레가 넘쳐 흘러나온다.

세계 여러 곳의 보고를 볼 때마다 우리들은 심각한 상황에 처해 있다는 것을 확실히 알 수 있다. 이 10년 동안 화학약품에 의한 제거가 더욱더 심하게 이루어지면, 전에 해결하였다고 생각된 문제가 다시 나타나서 곤충학자들을 괴롭혔다. 그 전까지 별로 문제시되지 않았던 곤충의 수가 많아져 맹위를 떨치게 되었다. 화학약품에 의한 제거는 결국 자멸이다. 누워서 침 뱉는 격이다. 그런데 우리는 복잡한 생물의 세계를 이해하려 하지 않고 화학약품을 만들어 마구 살포하고 있다. 2, 3종류의 곤충에는 화학약품을 시험해 보았는지 모르지만 생물계 전체에 대해서는 해 보지 않았다.

오늘날은 자연의 균형 같은 것은 옛날 이야기이고, 지금처럼 복잡하지 않고 단순했던 옛 세계에나 있었던 것이라고 생각하는 사람이 있다. '지금은 전혀 다르다. 옛날 일 같은 건 신경 쓸 필요 없다'고 안일하게 생각하는 사람도 있다. 그러나 이런 생각에서 행동하는 것은 극히 위험하다고 할 수밖에 없다. 물론 오늘날에는 자연의 균형이 갱신세(更新世) 시대와 같지는 않다. 그러나 지금도 자연의 균형은 있다. 생물과 생물 사이에는 그물눈과 같이 짜여진 관계가 있어 모든 것은 복잡하고 정확하게 하나로 묶여 있다. 이 사실을 무시하는 것은, 절벽 위에 서서 중력 같은 것은 없다고 태연하게 거짓말하는 것과 같다. 자연의 균형이란 불변의 상태는 아니다. 유동적이고 때와 장소에 따라 변해 간다. 인간도 또한 그 일부로서 때로는 균형의 덕을 입기도 하며 또 때로는—대개 스스로 저지른 일 때문에—불리한 입장에 놓이기도 하였다.

곤충 제거에 화학약품을 사용하면서 우리들은 극히 중대한 것 두 가지를 묵살하였다. 우선 인간이 아니고 자연 그 자체의 제어야말로 해충 제거에 참으로 효과가 있다는 것. 해충의 수는 환경 저항에 의해서 점검되고 있는데, 이것이 바로 생명이 이 지상에 탄생한 후 변함없이 이루어지고 있었던 것이다. 어느 정도의 식량이 있는가, 기후 조건은 어떤가, 경쟁 상대나 포식자는 어떤가 등이 대단히 중요한 것이다. '어떤 종류의 곤충이 유독 발달하여 자연에 범람하는 것을 막고 있는 효과적인 유일한 원인은, 곤충끼리 잡아 죽이면서 전쟁하고 있다는 것이다'라고 메트카프(Robert Metcalf)라는 곤충학자가 말하고 있다. 그러나 오늘날 사용되고 있는 화학약품은 모든 곤충을, 즉 익충도 해충도 전부 죽인다.

묵살된 두 번째 사실은, 한번 환경 저항이 약해지면 어떤 종의 곤충은 폭발적인 증식력을 보인다는 점이다. 각종 형태로 일어나는 생명의 탄생은 인간에게는 상상도 할 수 없는 기세로 일어나고 있다. 물론 그 모습을 때로는 살짝 엿볼 수도 있기는 하지만. 나는 학생 때 일을 회상한다. 항아리에 보통의 마른 풀과 물을 섞어 넣고 거기에 원생동물을 배양시킨 것을 2, 3방울 가하면 이상한 일이 생긴다. 2, 3일도 지나기 전에 항아리는, 빙빙 돌고 화살같이 빨리 움직이는 생명의 떼로 꽉 채워진다. 그것은 셀 수도 없는 몇 조나 되는 극미동물, 짚신벌레이었다. 먼지 입자와 같이 작은 짚신벌레는, 먹을 것도 많고 온도도 적당하고 적도 없는 그들의 일시적인 에덴 동산에서 마음대로 번식해 가고 있었다. 나는 또한 따개비, 거북손 등 만각류로 하얗게 된 바위가 줄지어 있는 해안을 생각한다. 눈에 보이는 모든 바위가 하얗게 되어 있었다. 또 해파리 떼가 수 마일에 걸쳐 유령처럼 떠다닌다. 물처럼 손에 잡히지 않는 흐늘흐늘한 형태로 끝없이 떠돌아다니는 해파리 떼들을 생각한다.

대구가 겨울 바다를 넘어서 산란지로 이동하고 한 마리 한 마리가 몇 백만 개의 알을 낳을 때, 어떻게 훌륭하게 자연의 콘트롤이 이루어지고 있는가는 앞서 설명한 바와 같다. 대구 새끼가 모두 살아남는다면 바다는 대구로 차고 넘치겠지만 그렇게는 되지 않는다. 신비한 자연의 힘으로, 대구 부부로부터 태어난 몇 백만이나 되는 새끼 중에서 크게 성장하는 것은 평균하면 부모의 수와 거의 같다.

생각지도 않은 천재지변으로 자연의 통제가 깨어지고 태어난 새끼가 전부 크게 자란다면 도대체 어떻게 될 것인가, 하고 공상하면서 즐거워하는 생물학자도 있다. 예컨대 백 년쯤 전에 헉슬리(Thomas Huxley)가 계산한 바에 의하면 한 마리의 암컷 진디(진디는 교미하지 않고 새끼를 낳을 수 있는 이상한 성질이 있다)로부터 일 년 동안 태어나는 새끼가 전부 자란다고 하면 그 총 무게는 그 당시 중국 제국 주민의 체중의 총계와 같다고 하였다.

다행히 이런 극단적인 일은 실제로는 일어나지 않는다. 그러나 자연 그 자체의 통제가 흐트러질 때는 얼마나 무서운 일이 일어날지, 동물 수를 연구하는 사람들에게는 잘 알려져 있다. 북미의 목축업자가 코요테를 죽인 일이 있었는데 그 보답으로 들쥐의 홍수가 일어났다. 실은 코요테가 들쥐의 번식을 억압하고 있었던 것이다. 자주 인용되는 애리조나 카이바브 고원의 사슴 이야기도 똑같은 이야기이다. 본디 사슴의 수는 환경과 균형을 이루고 있었다. 수많은 포식동물—여우, 퓨마, 코요테 등—이 사슴을 잡아먹었으므로 사슴의 수와 사슴의 식량 사이에는 균형이 잡혀 있었다. 그러나 사람들은 사슴을 '보호'한다는 명목으로 여우나 퓨마를 잡아 죽였다. 이런 포식 동물이 사라지자 사슴의 수가 마구 증가하여 얼마 후엔 사슴이 먹을 식물이 없어졌다.

나뭇잎은 위쪽까지 먹혀 없어졌고 굶어 죽는 사슴의 수가 전에 여우나 코요테 같은 포식 동물에 잡혀 죽는 수보다 많았다. 뿐만 아니라 결사적으로 먹이를 찾아 헤매는 사슴 때문에 자연 전체가 피해를 입었다.

들판이나 숲에는 포식 곤충이 있어서 모두 이 여우나 코요테와 같은 구실을 하고 있다. 그러므로 우리가 이런 포식 곤충을 죽이면, 잡아먹혀 죽고 있던 곤충 쪽이 이제는 마구 번식할 수밖에 없다.

지구상에 살고 있는 곤충이 몇 종류나 되는지 아무도 모른다. 우리가 종류를 모르는 것이 아직 많이 있다. 그러나 현재까지 기록되어 있는 종류가 70만이나 되므로, 종류 수만 본다면 지구상의 피조물 중 70~80%가 곤충인 셈이 된다. 인간이 간섭하지 않더라도 이 많은 곤충들은 자연의 힘으로 통제를 받고 있다. 만일 그렇지 않으면 화학약품을 아무리 많이 사용하여도—또 다른 방법을 사용하여도—그 수를 일정한 선에 제한해 둘 수는 없을 것이다.

참 어리석은 일이지만 우리들은 이 천적을 잡아 죽인 후에야 그 자연의 힘을 알게 된다. 숲 사이를 지나도 숲의 아름다움을 모르고 지나는 것처럼, 우리들을 둘러싸고 있는 신비롭고도 때로는 무서운 힘에 차고 넘치는 자연을 볼 수 있는 사람이 없다. 서로 잡아먹기도 하고 기생하기도 하는 곤충의 활동을 아는 사람도 없다. 물론 우리는 사나운 태도를 보이는 기묘한 모습의 사마귀를 뜰이나 덤불에서 본 일이 있을 것이며, 이 사마귀가 다른 곤충을 잡아먹고 사는 것도 알 것이다. 그러나 그 참모습을 알려면 밤에 뜰로 나가 보아야 한다. 손전등으로 비춰 보면 여기저기에서 사마귀가 소리 내지 않고 먹이를 잡아먹는 모양이 보일 것이다. 잡아먹는 놈과 잡아먹히는 놈의 드라마의 한 장면을 볼 수 있을 것이다. 자연은 스스로를 제어하기 위해 잔인한 힘을 사용하고 있다는 것을 조금씩은 알게 될 것이다.

포식자—다른 곤충을 죽여 먹는 곤충—의 종류는 많다. 제비와 같이 빠른 속력으로 날면서 공중에서 먹이를 잡아먹는 것도 있다. 그런가 하면 서서히 나무줄기를 타고 올라가 가만히 앉아 있는 진디 같은 곤충을 마구 먹어 치우는 것도 있다. 말벌은 몸이 연한 곤충을 잡아 그 즙을 제 새끼에게 먹인다. 나나니벌은 처마 밑에 진흙으로 기둥 모양의 집을 짓고 곧 태어날 새끼를 위해 잡아 온 벌레를 모아 둔다. 코벌과의 어떤 벌은 풀을 뜯어먹고 있는 소 주변을 날아다니면서, 말이나 소의 피를 빨아먹으려고 날아오는 파리 떼를 기다리고 있다. 벌과 혼동될 정도로 큰 소리를 내며 나는 등에는 진디가 들끓고 있는 나무나 풀에 알을 낳고, 부화된 애벌레는 수많은 진디를 잡아먹으면서 성장한다. 또 진디, 개각충 및 그 밖의 초목을 좀먹는 곤충을 가장 잘 먹는 것은 무당벌레이다. 어떤 문헌에 의하면, 겨우 한 무더기의 알을 낳는 에너지를 얻기 위해서 한 마리의 무당벌레가 잡아먹는 진디는 몇 백 마리나 된다.

더 이상한 습성을 가진 것은 기생곤충이다. 기생곤충은 적을 곧 잡아먹는 것이 아니고, 상대에 따라 여러 가지 방법을 사용하면서 자기 새끼를 기른다. 예컨대 상대의 애벌레나 알에다 자기 알을 낳아 두면, 알에서 부화된 새끼들은 상대의 몸을 먹으면서 자라난다. 끈적거리는 액체를 내어 쐐기 벌레에 알을 붙여 놓는 곤충도 있다. 기생 애벌레는 부화하면 상대의 피부를 뚫고 안으로 들어간다. 모든 앞일을 직감적으로 알고 있는 것처럼, 평범한 잎에 알을 낳는 곤충도 있다. 얼마 후면 쐐기벌레가 찾아와서, 알이 붙어 있는 잎을 무심히 갉아먹는다.

들판이나 산울타리나 숲이나 어디서든지 포식자와 기생자가 바쁘게 돌아다닌다. 여기 연못이 있다. 위를 보라. 햇빛을 흠뻑 받으면서 날개를 치며 쏜살같이 날아가는 잠자리가 있다. 그들의 조상은 거대한 파충류가 살고 있었던 습지대를 날아다녔다. 지금도 그 옛날처럼 눈을 반짝이며, 잠자리는 하늘을 난무하면서 바구니 같은 다리로 모기를 잡는다. 그리고 밑의 물에서는 잠자리 새끼들이 모기 새끼나 다른 벌레를 잡아먹고 자란다.

여기 풀잠자리가 있다. 나뭇잎에 앉아 있는데 잘못하면 거의 보지 못할 정도이다. 거즈 같은 녹색 날개, 금빛 눈, 부끄럽게 비밀을 간직하고 있는 이 첩기(二疊紀)에 살고 있었던 선조의 후손이다. 풀잠자리 성충은 초목의 꿀과 진디의 꿀을 빨아먹으며 이윽고 알을 낳을 때는 긴 대롱의 끝을 나뭇잎에 붙이고 알을 낳는다. 얼마 후 많은 새끼가 부화된다. 털이 있는 애벌레는 진디와 진드기를 잡아 체액을 빨아먹는다. 그리고 저 영원한 생명의 순환의 때가 차면 흰 명주 같은 고치가 생기고 애벌레는 번데기로 변하는데, 그때까지 한 마리의 잠자리 애벌레가 포식하는 벌레의 수는 수백 마리나 된다.

다른 곤충의 알이나 애벌레에 기생하여 상대를 습격하는 기생말벌류나 파리류도 많다. 알 기생성 말벌은 대체로 작은데 그 수가 많고 활동력이 강하므로 농작물을 해치는 갖가지 해충의 번식을 억제해 준다.

해가 뜨는 날에도, 비가 오는 날에도, 캄캄한 밤에도 이들 작은 곤충은 쉬지 않고 활동한다. 추운 겨울이 닥쳐와서 생명의 불꽃이 꺼져 가도 이들의 생명의 불꽃은 조용히 타고 있다. 곤충계에도 봄이 다시 찾아와서 날이 새면 또 불꽃이 높이 타오른다. 그때까지 흰 눈에 덮인 카펫 밑에서, 서리로 얼어붙은 지표 밑에서, 또 나무껍질의 틈 사이나 안전한 구멍 속에서 몸을 감추고 기생충과 포식자는 각각 추운 겨울을 지낸다.

사마귀의 생명의 불은 더운 여름이 끝나면 꺼져 가는데, 관목 가지에 붙어 있는 작고 엷은 양피지 케이스 속에서 사마귀의 알은 안전하게 보존된다.

암컷 말벌은 수정란을 안은 채 사람이 찾아오지 않는 지붕 밑 한쪽에 숨는다. 그 알에 말벌 콜로니란 미래 전부를 감추고 있다. 혼자서 쓸쓸히 겨울을 지난 암컷은 봄이 되면 작은 종이집을 짓고 거기에 2, 3개의 알을 낳고는 일벌 몇 마리를 주의하여 기른다. 일벌의 도움으로 집은 커지고 콜로니가 발전해 간다. 일벌은 더운 여름 동안 쉬지 않고 먹이를 찾아다니는데 이 먹이란 수많은 쐐기벌레이다.

이렇게 하여 그들의 생활양식과 우리들의 요구가 맞물려, 그들은 우리 인간이 해를 받지 않도록 자연의 균형을 보존해 주는 우리들의 친구이었다. 그런데 우리들은 남이 아닌 우리들의 친구에게 포화를 쏘았다. 무섭게 달려드는 적을 미연에 방지해 주는 그들의 힘을 너무나 우리들은 얕게 평가하였다. 그 힘을 이제야 깨닫다니, 이 얼마나 어리석은 일인가. 그들의 힘을 빌리지 않았던들 우리들은 이미 무섭게 달려드는 적에게 깔려 죽었을 것이다.

갖가지 살충제가 수없이 사용되고 그 독성이 강해지면서 해가 갈수록 환경 저항이 영구적으로 저하되어 가는 것은 무시무시한 일이다. 이대로 앞으로 계속 지내면 어떤 무서운 일이 생길는지 예측도 할 수 없다. 끔찍한 병을 퍼뜨리는 곤충, 농작물을 파괴하는 곤충들이 폭발적으로 발생해 전에 보지도 못한 큰 피해를 낳을지도 모른다.

'그렇게 말해도 그것은 단지 이론에 지나지 않는다'라고 사람들은 말할지 모른다. '실제로 그런 일이 있겠는가. 아무튼 내가 사는 동안엔 그런 일은 없을 것이다'라고.

그러나 여기저기에서 이런 일이 일어나고 있다. 과학 잡지를 펴 보면, 1958년에 이미 자연의 균형이 깨어져 크게 발생한 50여 종류의 곤충이 소개돼 있다. 그리고 해마다 그 수는 증가하고 있다. 이 문제를 특집으로 다룬 최근호는, 곤충의 개체군의 균형이 살충제 때문에 깨어진 현상을 취급한 보고서 215편을 게재하고 있다.

화학약품 살포는 거꾸로 곤충의 대발생을 가져왔다. 지금까지 억제되어 왔던 곤충이 약품 살포 후 대량 발생하게 된 것이다. 캐나다 남부 온타리오 주에서는 등에를 제거키 위해 화학약품을 살포했더니 그것이 17배나 더 많이 증가하였다. 또 영국에서는 이런 일도 있었다. 유기인산계 약품을 살포하였더니 양배추 진디가 기록적으로 많이 발생되었다.

또 목적한 곤충은 죽일 수 있었으나 그와 동시에 판도라의 상자가 열려, 그때까지 그 안에 암전히 있었던 해충과 독충이 한꺼번에 날뛰어 피해를 낳기도 했다. 예컨대 거미진드기는 지금 전 세계에 퍼져 해를 끼치고 있는데, 그것은 우리가 DDT와 같은 살충제로 그 천적을 모두 죽였기 때문이다. 거미진드기는 곤충이 아니다. 거의 눈으로 볼 수 없는 정도의 작은 여덟 다리 동물로 거미, 전갈, 진드기와 같은 그룹에 속한다. 입은 송곳 같아서 피나 즙액을 빨기 적합하고 엽록소를 매우 즐겨 먹는다. 작은 칼 같은 입을 활엽수나 침엽수의 잎 가장자리에 박고 엽록소를 빨아먹는다. 엽록소는 나무와 잎을 파랗게 해주는 것인데 이 진드기의 피해를 입은 숲이나 나무는 마치 후추 소금을 뿌린 것처럼 얼룩지고, 피해가 클 때는 잎이 누렇게 변색하여 낙엽이 된다.

이것은 실제로 미국 서부의 국유림에서 2, 3년 전에 일어난 일이다. 조사해 보면 그 전인 1956년에 미국 산림청이 88만 5천 에이커 가량의 삼림에 DDT를 살포하였다. 그것은 전나무 좀벌레를 제거하기 위한 것이었는데 DDT 살포 다음 해의 여름, 벌레의 피해보다 더 큰 문제가 생긴 것이 밝혀졌다. 비행기로 삼림 위를 날아 보면 넓은 범위의 밝은 곳을 볼 수가 있는데 그것은 대량의 더글러스 전나무가 갈색으로 변해 낙엽이 진 것이었다. 헬레나 국유림, 빅벨트산맥 서쪽 사면, 그 밖의 몬태나 지방, 또 아이다호주까지, 삼림은 마치 산불에 그슬린 것처럼 되었다. 이런 막심한 피해가 지금까지 또 있었겠는가. 1957년 여름에 있었던 유례없는, 거미진드기의 가장 심한 피해였다. DDT를 살포한 곳은 거의 전부 피해를 받았다. DDT 살포 구역 밖에는 어디든지 피해가 없었다. 거미진드기류의 큰 피해는 옛날의 역사에도 남아 있으나 이런 일은 처음이었다. 이와 비슷한 큰 피해는 1929년 옐로우스톤 국립공원의 매디슨강 유역에서, 그 20년 후에 콜로라도주에서, 또 1956년 뉴멕시코주에서 있었다. 어디에서나 삼림에 살충제를 살포한 다음에 일어난 일들이다(1929년에는 DDT가 없었으므로 비산납이 사용되었다).

왜 살충제를 살포하면 거미진드기가 갑자기 성해지는가? 다른 곤충에 비하면 거미진드기에게는 살충제가 별 효과가 없지만 이 밖에도 이유가 두 개 있는 것 같다. 자연계에는 무당벌레, 오배자 벌레, 포식성 진드기 및 노린재와 같은 반시류 곤충 등 여러 가지 포식 동물이 있어서 거미진드기를 제어하고 있는데 이들 포식 동물은 모두 살충제에 대단히 예민하다. 또 한 가지, 거미진드기 콜로니 내부의 개체군 압력을 생각할 수 있다. 충분히 발달한 콜로니는 밀도가 높은 떼인데 적으로부터 모습을 감추기 위해서 방어망을 펴고 그 밑에 밀집하고 있다. 화학약품을 살포하면 그들은 직접 죽지 않고 안전한 장소로 옮아가므로 콜로니는 흩어진다. 그때 아까보다도 더 넓은 장소를 구하고 더 많은 먹이를 찾는다. 자기들의 적은 화학약품으로 모두 죽었으므로 이제는 필사적으로 고생하면서 방어망을 칠 필요는 없다. 그들은 그 에너지를 자손을 만드는 데 사용한다. 알 수가 전보다 3배로 늘어나는 것도 이상하지 않다. 이거야말로 살충제의 선물이 아닐 수 없다.

버지니아주 셰넌도어계곡은 사과 산지로 유명한데 여기서 잎말이나방이 대량 발생하여 큰 피해가 있었다. 그것은 그때까지 사용하였던 비산납을 DDT로 바꾼 직후에 생긴 일인데 그때까지 잎말이나방의 피해는 거의 문제도 되지 않았다. 그런데 DDT를 살포한 다음엔 삽시간에 사과의 50%가 망가졌고, 잎말이나방은 사과의 해충 중 으뜸가는 것이 됐다. 이것도 DDT가 대량 살포되자 미국 동부 전체로 퍼졌고 다시 중서부로 퍼져 나갔다.

참 아이러니한 일이 많다. 캐나다 노바스코샤의 사과 과수원 중에서 1940년 끝 무렵 사과좀나방의 피해를 가장 크게 입은 것은 정기적으로 살충제를 살포한 과수원이었다. 살포하지 않은 곳에서는 나방의 피해는 그렇게 심하지 않았다.

수단 동부에서도 사정은 똑같았다. DDT를 열심히 살포한 면화 재배자는 몹시 심한 피해를 입었다. 가슈 델타지대에서는 관개설비에 많은 돈을 써서

6만 에이커의 면화밭을 만들었다. 그리고 처음 DDT를 살포하였을 때는 좋은 성과가 나왔다. 그래서 다음엔 철저하게 DDT를 살포하였다. 여러 가지 곤란한 문제가 생긴 것은 그때부터이었다. 면화의 가장 큰 적은 목화씨벌레이다. 그런데 화학약품을 살포하면 할수록 이 벌레는 더 많아지게 되었다. 약품을 살포하지 않은 밭에서는 열매가 열렸을 때도 또 솜 꼬투리가 익은 다음에도 피해는 적었다. 그런데 2번이나 약품을 살포한 밭에서는 면의 생산고가 그만큼 줄어들었다. 잎을 갉아먹는 해충도 몇 종류는 죽었으나, 이 같은 이익도 목화씨벌레의 피해와 비교하면 의미가 없었다. 비용을 많이 들여애써서 화학약품을 살포하는 일은 중지하는 것이 좋으며, 그렇게 하면 솜 수확이 많아진다. 면화 재배업자가 최후로 얻은 것은 이 불유쾌한 진실뿐이었다.

전 벨지움 영토인 콩고와 우간다에서는 커피나무 해충을 제거하기 위하여 DDT를 마구 뿌렸다가 '더 이상 손쓸 수 없는' 비참한 결과를 초래했다. 어느새 DDT는 해충에 효과가 없게 되었고 그 대신 해충을 잡아먹는 포식 곤충만이 전부 죽었다.

미국에선 이런 일도 있다. 농부들이 곤충을 제거하려고 살충제를 살포하였는데 곤충계의 수의 균형이 깨진 결과로 보다 악질적인 해충이 더 많아졌다. 최근에 다량으로 살충제를 살포하여 이 같은 결과를 가져왔는데 그 하나는 남부에서 불개미를 제거하려고 살포한 것이었고 또 다른 하나는 중서부에서 왜콩풍뎅이를 제거하려고 살포한 것이었다(7장과 10장 참조).

루이지애나주의 농장 경영자는 57년에 헵타클로르를 마구 살포하였는데, 그 결과 얻은 것은 사탕수수의 최대의 적인 'sugarcane borer'라는 일종의 좀이 대량 발생한 것뿐이었다. 헵타클로르를 사용한 직후부터 피해가 심해졌다. 불개미를 죽이려는 목적으로 뿌려진 화학약품은 이 나무 좀의 천적을 모두 죽여 버렸다. 사탕수수 밭의 피해는 컸고 농장 경영자들이 주 관청을 고소하려고 했다. 이렇게 될 것을 알고 있었으면서도 아무런 주의를 주지 않은 것은 주의 태만이었다는 것이다.

똑같은 고배를 마신 것이 일리노이주의 농민들이었다. 왜콩풍뎅이 제거를 위해 디엘드린을 동부 일리노이의 농지에 철저하게 살포하였는데 조명충나방의 애벌레가 크게 발생하였다. 조사해 본 결과 약을 살포한 밭에서는 다른 밭보다 2배 가량 애벌레가 더 많이 발견되었다. 왜 이런 결과가 나왔는지 지금까지 농민들은 그 이유를 모를 것이다. 그러나 그들이 쓸데없는 물건을 강매당한 셈이라는 것은 과학자의 설명없이도 쉽게 알 수 있다. 어떤 하나의 곤충을 피하려다가 더 위험한 곤충에게 붙들려 버린 것이다. 미국 농림부의 계산에 의하면 미국 국내의 왜콩풍뎅이의 피해는 연간 총계 천만 달러인데 조명충나방의 애벌레에 의한 피해는 8천 5백만 달러나 된다고 한다.

그때까지 조명충나방을 제거하는 데는 자연의 힘을 잘 이용해 왔다. 이 해충이 유럽에서 우연히 미국에 들어온 것은 1917년인데, 2년 후에는 사람들은 이 벌레의 천적인 기생충을 수입할 계획을 세우고 많은 비용을 들여 유럽과 아시아에서 24종류의 기생충을 수입하였다. 특히 그중 5종류는 그 위력을 잘 발휘하였다. 그러나 살충제로 천적이 모두 죽은 지금, 그렇게 애를 쓴 보람은 모두 없어졌다.

그런 일은 있을 수 없다고 생각하면 캘리포니아주의 감귤밭을 보면 된다. 거기에서는 생물적 제어로 세계에서도 유명하고 또 우수한 실험이 1880년대에 행해졌다. 1872년 감귤나무의 수액을 빨아먹는 깍지벌레가 캘리포니아에 나타난 지 15년도 지나기 전에 굉장히 번져 나가서 많은 과수원이 전멸 상태가 되었다. 아직 뿌리가 얕았던 감귤산업은 파멸의 위기에 처했다. 감귤재배를 포기하는 사람도 나와 과수원이 잇달아 망하게 되었다. 그러나 그러는 동안에 사람들은 오스트레일리아로부터 이 벌레에 기생하는 기생충을 수입하였다. 'vedalia'라는 이름을 가진 작은 무당벌레이었다. 처음 수입한 지 2년도 되기 전에 캘리포니아의 감귤재배 지대 전부의 깍지벌레는 전멸되었다. 감귤밭에서 하루 종일 찾아보아도 한 마리도 발견할 수 없을 정도였다.

그런데 1940년대가 되자 다른 해충을 제거하기 위해 화학약품을 사용하기 시작하였다. 농부들은 새로운 살충제에 매력을 느끼고 DDT 또는 더 독성이 심한 약품을 살포하였다. 그 후 캘리포니아주 여기저기로부터 무당벌레는 완전히 자취를 감추었다. 옛날에 이것을 수입할 때 비용은 겨우 5천 달러이었는데 이것이 매해 수백만 달러의 이익을 가져다주었다. 그랬는데 작은 부주의 하나로 그 이익도 물거품처럼 사라졌다. 깍지벌레는 다시 퍼지기 시작하여 50년 동안 볼 수 없었던 큰 피해를 낳았다.

'한 시대가 이것으로 끝나 버린 증거라 할 수 있다'고 리버사이드 감귤 연구소의 드바크(Paul De Bach) 박사가 이야기하고 있다. 지금은 깍지벌레의 제거는 꽤 어렵게 되었다. 무당벌레를 증식시키려면 몇 번이고 되풀이하여 방출해야 하며, 또 거기에 살충제가 뿌려지지 않도록 약품 살포시 세심한 주의가 필요하다. 그러나 감귤 재배자가 아무리 주의한다 하더라도 결국 만사는 옆밭 소유자의 태도에 달렸다. 바람을 타고 살충제는 얼마든지 날아올 수 있기 때문이다.

지금까지 갖가지 농작물에 해를 가하는 곤충에 대해 설명하였다. 그러면 병을 퍼뜨리는 곤충은 없을까? 위험신호는 이미 나왔다. 예컨대 남태평양의 니산섬에서는 제2차 세계대전 때 철저하게 살충제를 살포하였는데 그 후 전쟁이 끝나고 살충제를 살포하지 않게 되자, 말라리아균을 운반하는 모기 떼가 순식간에 이 섬을 점령하였다. 그토록 무섭게 발생하는 것도 당연하였다. 말라리아 모기의 포식 곤충이 전쟁 중에 모두 죽었고 전쟁이 끝난 다음에도 그 수가 바로 회복될 수는 없었기 때문이다. 이 소식을 기록한 마셜 레어드(Marshall Laird)는 화학약품에 의한 제거를 발로 밟아 돌리는 수레바퀴에 비유했다. 한번 밟기 시작하면 발을 멈췄을 때 어떻게 될까 무서워서 멈출 수가 없다.

또 어떤 지역에서는 질병과 살충제 살포와의 관계가 좀 색다른 경우도 있다. 어떤 이유에서인지 달팽이 같은 연체동물에는 살충제는 거의 효과가 없다. 지금까지 여러 번 이런 현상이 관찰되었다. 예컨대 플로리다주 동부의 짠 습지에서 살충제에 의한 대량 학살이 있었는데 물달팽이만이 살아 남았다. 이 광경은 앞서도 이야기했지만 너무나 처참하여 죽음의 무도의 그림을 연상케 한다. —어떤 초현실적인 화가가 그린 그림 같다. 죽어 넘어진 물고기와 당장 죽을 듯 허덕이는 게 위를 서서히 기어다니는 것은 달팽이뿐이며, 그것은 죽음의 독의 비에 젖어 쓰러진 시체를 먹고 있었다.

그것이 뭐 그렇게 중요한가? 그러나 달팽이는 대개 위험한 기생충을 가진 숙주이며, 이 무서운 기생충은 달팽이에서뿐만 아니라 사람 몸 속에서도 생활환의 일부를 보내므로 그것은 중요한 사실이다. 예컨대 간충이나 주혈흡충 등인데, 물을 마시든지 또 수영을 할 때 이것이 피부로부터 인간 체내에 들어가면 무서운 병의 원인이 된다. 간충은 중간숙주인 달팽이가 수중에서 배설한다. 특히 아시아, 아프리카에는 이런 병이 많다. 인간이 해충 제거를 한다. 그러면 달팽이의 수가 자연 균형의 파괴로 갑자기 많아지고 이윽고 인간은 무서운 병을 보답으로 받을 수밖에 없을 것이다.

그리고 인간뿐만 아니라 소, 양, 염소, 노루, 큰사슴, 토끼 등 갖가지 온혈동물이 간장병에 걸린다. 이것은 달팽이에 일정 기간 동안 기생하고 있는 간충 때문에 생기는 병이다. 기생충에 감염된 간장은 먹지 못하니 버릴 수밖에 없다. 이 때문에 미국의 소 목축업자가 입는 손해는 연간 350만 달러나 된다. 달팽이 수가 증가되게끔 한다면 사태는 악화 일로를 걷게 될 것이 확실하다.

과거 10년간 이런 문제는 이미 어두운 그림자를 던져 왔다. 그러나 우리들은 주의해 보려고도 하지 않았다. 자연 상호의 제어를 훌륭하게 이용할 수 있는 우수한 두뇌를 가진 사람들도 화학약품의 경이로움에 눈이 팔려 다른 것을 생각해 볼 마음이 없었다. 1960년의 조사에 의하면 생물적 제어 분야에서 활약하고 있는 연구자는 미국의 응용 곤충학자의 2%밖에 안 된다. 다시 말하면 나머지 98%는 화학적 살충제 연구에 관련되고 있는 것이다.

왜 이렇게 되었는가? 이유는 간단하다. 화학공업의 대기업이 대학에다 연구비를 지급하여 살충제 연구를 하게 한다. 박사 과정의 학생들에게는 많은 장학금을 주고 매력 있는 직장까지도 제공한다. 그러나 생물학적 제어 연구에 돈을 낸 적은 한 번도 없었다. 그렇게 하면 화학공업은 스스로 목을 조르게 된다는 간단한 이유에서이다. 또 생물학적 제어 연구는 주나 중앙정부 소속의 기관에서 하도록 되어 있다. 그러나 여기서 일하고 있는 사람의 월급이 대단히 싸다.

유명한 곤충학자가 왜 화학약품을 열심히 옹호하고 있을까. 이런 이상한 상황도 배후를 조사해 보면 당연한 일이다. 모두 화학공업 관련 회사로부터 원조를 받고 있기 때문이다. 그들의 전문가로서의 명성과, 때로는 그들이 연구하는 일까지도 화학적 방법의 성공 여부에 달려 있다. 먹이를 주는 주인의 손을 무는 바보 같은 개가 어디 있겠는가? 그들의 먹이를 먹고 있는 연구가들이 살충제는 해가 없다고 주장하여도 얼마나 신용할 수 있겠는가?

곤충 제거에는 화학약품이 제일 좋다고 누구든지 살충제를 환영하고 있지만, 소수의 목소리가 아예 사라진 것은 아니다. 수는 적지만 깨어 있는 사람들도 있다. 자기들은 화학자도 아니고 기술자도 아니고 다만 생물학자라고 생각하는 사람들도 있다.

영국의 제이콥(F. H. Jacob)은 이렇게 말하고 있다. '응용 곤충학자라고 불리는 사람들의 활동하는 양상을 보면 모두 살충제 살포기의 끝만 철석같이 믿고 있다……재발생이라는 저항이나 포유류의 중독 등 귀찮은 문제는, 화학자가 새로운 환약을 발명하여 해결해 줄 것이라고 생각하는 것 같다. 이런 생각은 여기서는 통하지 않는다. 해충 제거의 근본적인 문제에 최종적인 해답을 줄 수 있는 것은 오직 생물학자이다.'

캐나다 노바스코샤의 피케트(A. D. Pickett) 박사는 이렇게 기록하였다. '응용 곤충학자는 자기들이 생물을 상대로 하고 있다는 것을 알아야 한다. 그들의 일이 단지 살충제 시험이나 독성이 더 강한 파괴적인 화학약품을 구하는 데 그쳐서는 안 된다'고. 피케트 박사는 포식자, 기생충을 훌륭히 활용하여 곤충 제거를 하려는 방면의 개척자였다. 그 자신과 그의 친구들이 생각해 낸 방법은 지금도 모범적이라고 할 수 있는데 그것을 이용하는 사람이 너무나 적을 뿐이다. 미국에서 이것과 비교될 수 있는 것을 찾아본다면, 그것은 캘리포니아주의 곤충학자 몇 사람이 수립한 종합적인 제거 계획 정도일 것이다.

피케트 박사가 활약하기 시작한 것은 지금부터 35년 전, 노바스코샤 아나폴리스 계곡의 사과 과수원에서였다. 캐나다에서는 가장 많이 과실이 생산되는 지방이다. 그 당시 살충제—그때는 무기화학약품—만 사용하면 해충을 제거할 수 있고 과수 재배자에게 이 훌륭한 방법을 가르쳐 주기만 하면 된다고 모두들 믿고 있었다. 그러나 현실은 그런 꿈을 깨뜨렸다. 곤충이 화학약품에 견디게 된 것이다. 새로운 화학약품이 나오고 더 좋은 살포기구가 고안되고 더 열심히 살포되었다. 그러나 해충 제거 문제는 좀처럼 좋아지지 않았다. 그때 DDT가 등장하였다. DDT는 사과좀나방의 대발생이라는 '악몽을 쫓는다'고 했다. 그러나 실제로 DDT를 사용하여 얻은 것은 유례가 없을 만큼 진드기의 피해가 커졌다는 것뿐이었다. '우리들은 위험한 데서 위험한 곳으로 옮아가고 있다. 근본적인 해결을 하지 않고 문제를 계속 하나씩 그때마다 처리하고 있음에 지나지 않는다'고 피케트 박사는 말하고 있다.

그러나 이 점에서 피케트 박사나 그 동료들은 다른 곤충학자와는 확연히 달랐다. 있지도 않은 도깨비불에 혹해서 더 맹렬하고 더 강렬한 독약을 찾아 헤매는 사람들에게서 눈을 돌리고, 새로운 길을 찾아 걸어간 것이다. 자연 안에 우리들의 친구가 있다. 이 사실을 간파한 그들은 될 수 있는 대로 자연 그 자체의 통제력을 이용하여 되도록 살충제를 사용하지 않는 방법을 고안 하였다. 살충제를 사용할 때는 최소한으로 한정한다—해충을 전멸시키지 못 하더라도 도리어 익충에 해를 주지 않도록 하는 것이다. 그 시기를 택하는 것도 중요하다. 예컨대 황산니코틴은 사과꽃이 도화색이 되기 전에 사용한 다. 그러면 우리들에게 소중한 포식자의 생명을 구할 수가 있다. 그 시기엔 포식자는 아직 알 상태에 있는 까닭이다.

피케트 박사는 화학약품을 잘 조사하여 곤충기생자나 포식자를 조금이라 도 해치지 않는 것을 선택한다. '우리들이 옛날 무기화학약품을 사용한 것처 럼 곤충 제거라 하면 곧 DDT, 파라티온, 클로르덴이나 그 밖의 새 살충제 를 찾는다면, 생물학적 제어에 관심이 있는 곤충학자는 이미 패배한 거나 다 름없다'고 피케트 박사는 말하고 있다. 독성이 강해서 모든 곤충을 죽일 수 있는 살충제 대신 박사가 특히 기대하고 있는 것은, 남미산 열대성 관목 줄 기에서 생산되는 살충제 리아니아, 또 황산니코틴, 비산납이다. 때에 따라서 는 농도가 극히 낮은 DDT나 말라티온이다(백 갤런에 대해 1~2온스—보통 사용되는 농도는 백 갤런에 대해 1~2파운드이다). DDT, 말라티온이라 하 면 지금은 가장 독성이 약한 살충제인데 이것도 사용하지 않고 좀 더 안전한 것이 없을까 하고 연구를 계속하겠다고 박사는 말하였다.

박사의 계획은 실제로 어떻게 되었는가? 노바스코샤의 과수원 경영자 중 박사의 지시대로 살충제를 묽게 만들어 살포한 사람들은 화학약품을 마구 살포한 사람보다 과일의 수확고 면에서나 품종 면에서나 조금도 손해를 보 지 않았다. 뿐만 아니라 비용에서는 퍽 유리하였다. 노바스코샤의 사과 과수 원에서 살충제에 사용되는 비용은 다른 사과 산지와 비교하면 불과 10~20 %에 지나지 않았다.

이와 같이 여러 가지 이점이 있다. 그러나 그보다 더 중요한 것은, 자연의 균형을 손상하지 않고 유지시킨다는 새 방법을 노바스코샤의 곤충학자들이 사용한 사실이다. 그들은 캐나다의 곤충학자 울옛트(G. C. Ullyett)의 사상 을 이상적으로 실현하려 한 셈이다. 울옛트는 자기의 인생관을 지금부터 10

년 전에 이렇게 이야기하고 있다. '우리들은 세계관을 바꾸어야 한다. 인간이 가장 위대하다고 하는 태도를 버려야 한다. 대체로 자연환경 그 속에 생물의 수를 제어하는 길이 있고 수단이 있다는 것을 알아야 한다. 게다가 그것은 인간이 하는 것보다 훨씬 경제적이다.'

16
걷잡을 수 없는 곤충의 저항

　지금 다윈이 살아 있다면, 자기가 제창한 자연도태설이 증명되었다는 사실에 기뻐하면서도 곤충들 세계에서 너무나도 실증되는 것을 보고 자못 놀랄 것이다. 강력한 화학방제 살포의 위력 밑에서 곤충 개체군의 약자는 멸망해 가고 있다. 살아남은 것은 튼튼하고 또 적응력이 있는 것뿐이다. 우리들이 그들을 제어 조정하려고 해도 소용없다.

　지금부터 50여년 전에 워싱턴 대학의 곤충학자인 멜란더(A. L. Melander) 교수는 '화학약품 살포에 곤충들이 저항할 수 있겠는가?'라고 수사학적인 질문을 했다. 지금 같으면 물어볼 필요도 없는 것이다. 그러나 그 당시 사람들은 이 문제를 잘 알지 못했다. 1914년과 그로부터 40년 후의 시대는 달랐기 때문이다. 그의 질문은 시기적으로 너무 빨랐다—1914년은 DDT가 나타나기 전이었다. DDT가 나타나기 이전 시대에는 무기약품을 사용하였고 그것도 지금에 비해 대단히 조심성 있게 사용하였으므로 화학약품을 살포하여도 살아남는 해충이 이것저것 많았다. 멜란더 자신도 산 호세깍지벌레에 대해서 퍽 애를 먹었다. 처음 몇 해는 석회, 황 혼합제로 좋은 효과를 얻었다. 그러나 워싱턴의 클라크스톤 지방에서는 곤충이 저항하게 되었다—위나치와 야키마계곡의 과수원에서와는 달리, 그들을 쉽게 죽일 수가 없었다.

　그러는 동안에 갑자기 산 호세깍지벌레의 저항은 다른 곳으로 번졌다. 과수원 주인이 열심히 뿌리고 있는 석회, 황 혼합제에 죽을 수는 없다고 벌레들이 다 함께 마음먹었는지, 미국 중서부에서는 약을 살포하여도 벌레가 하나도 죽지 않아 몇 천 에이커나 되는 훌륭한 과수원이 못쓰게 되었다.

　또 캘리포니아주에서는 옛날처럼 나무를 온통 천막으로 싸고 시안화수소산으로 그을려 보아도 실패하였으므로 드디어 캘리포니아주 감귤류 시험소가 사태를 조사하게 되었다. 그것은 1915년 무렵의 일인데 그 후 25년간이나 조사 연구가 계속되었다. 저항력을 가지게 된 곤충에는 이 밖에 사과좀나방이 있었다. 그때까지 40년간 비산납이 효과를 얻었는데 1920년대 들어서 효과가 없어져 버렸다.

그러나 본격적인 '곤충 저항 시대'는 DDT 및 그 계열의 화합물이 나왔을 때부터이었다. 겨우 2, 3년 새에 골치 아프고 위태로운 문제가 생겼다. 곤충에 대해, 이를테면 개체군끼리의 상호 관계에 대해 조금이라도 지식이 있는 사람은 화학약품이 거꾸로의 결과를 가져오리라는 것을 알았을 것이다.

그러나 점점 더 독성이 강한 화학약품이 잇달아 등장한다. 독성이 강하면 그만큼 많은 해충을 죽일 수 있다는, 얼핏 보아 무척 그럴듯한 이론에 취해 농장 경영자들은 지금도 새로운 약에 열을 올리고 있다. 대체 무슨 무서운 일이 벌어질까. 아니, 이미 그들은 헤어날 수 없는 늪에 빠져 있다. 이 무서운 상황을 눈치 챈 것은, 질병을 매개하는 곤충을 연구하고 있는 사람들 정도이다. 그들도 이제야 깨닫기 시작했다.

곤충이 과연 인간을 거스를 수 있겠는가. 인간이 이렇게 생각하면서 곤충을 얕보는 동안, 곤충은 빠른 속도로 저항을 펴고 있었다. 1945년 이전 즉 DDT 이전의 살충제에 내성을 가진 곤충은 약 12종 정도이었으나 유기계 신약이 발견돼 마구 살포되기 시작하자 빠른 속도로 곤충은 저항하게 되어 1960년에는 137종이라는 굉장히 많은 해충이 화학약품에 도전해 왔다. 그들이 어디까지 증가할 것인지 아무도 아는 사람이 없다. 이미 천 편이 넘는 과학 논문이 발표되었다. WHO는 세계 각국의 과학자 3백 명에게 협력을 구하고 '저항은 병독 매개 곤충 제거 계획이 오늘날 직면하고 있는 최대의 문제이다'라는 성명을 냈다. 동물 개체군을 전문적으로 연구하고 있는 영국의 훌륭한 학자 엘튼(Charles Elton) 박사는 '닥쳐 오는 눈사태의 우르르 울리는 소리가 들린다'고 말하였다.

어떤 곤충에 효과가 있는 특수한 화학약품이 발견되어 그 곤충을 성공적으로 제거할 수 있다는 보고서가 나온다. 그런데 그 보고서의 잉크가 채 마르기도 전에 그 곤충은 그 약품에 대해 곧 저항하기 시작한다. 예컨대 남아프리카에서는 오랫동안 푸른진드기의 피해가 컸고 어떤 목장에서만도 일 년에 6백 마리의 소가 죽었다. 수년간 비소제를 뿌려 보아도 소용없었다. 그런데 BHC로 변경했더니 곧 효과가 나타났다. 1949년 봄의 보고에서는, 비소에 대항한 진드기도 새로운 화학약품으로 구축할 수 있었다고 자못 자랑스러워했다. 그러나 그 해도 다 지나가기 전에, 그들은 이 신약에도 진드기가 새로이 저항하게 되었다고 발표하게 되었다. 1950년 피혁업계 신문에 한 기자가 이 상태에 놀라서 다음과 같이 기록하였다. '이 사건은 과학자 사이에서만 조용히 퍼져 나가고 신문에서는 아주 작은 기사로 취급될는지도 모른다. 그러나 올바르게 사태의 중대성을 이해한다면 새로운 원자 폭탄의 뉴스 정도로 크게 취급해야 할 것이다.'

곤충의 저항은 현재 농업이나 임업에 큰 위협을 주고 있지만, 더 무서운 일이 언제 일반 공중위생 분야에 나타날는지 모른다. 인간의 병이 갖가지 곤충과 관련되어 있는 것은 이미 다 알고 있는 일이다. 학질모기속의 모기에게 물리면 말라리아의 포자소체가 몸 안에 주입된다. 또 황열병이나 뇌염의 병원체를 운반하는 모기도 있다. 집파리는 모기와는 달리 사람을 물지 않지만 인간 음식물에 앉아서 이질균을 퍼뜨리며, 또 많은 나라에서는 눈병 유행의 원인이 되기도 한다. 질병과 병균 매개자 또는 전파동물과의 관계를 나열해 보면 발진티푸스—이, 페스트—쥐벼룩, 아프리카 수면병—체체파리, 갖가지 열병—진드기 등 수가 한없이 많다.

우리는 어떻게 손을 쓰지 않으면 안 될 중대한 문제에 직면하고 있다. 이같은 곤충에 의해 전파되는 질병을 그대로 두어도 좋다고 생각하는 사람은 양식있는 사람 중엔 없을 것이다. 앞일은 생각하지 않고 우선 급하다고 자기 마음대로 아무 방법이라도 채택하는 것이 정말 현명하고 책임 있는 일일까. 그 방법 때문에 나중에 더 큰일이 나진 않을까. 전염병을 운반하는 매개곤충을 제거하여 전염병을 방지하였다는 빛나는 승리의 역사는 많이 있으며 누구나 알고 있다. 그러나 이 이야기의 다른 면은 거의 모르고 있다. 그 승리는 덧없는 것으로, 우리는 도리어 패배한 것이다. 곤충을 죽이려고 하면 할수록 곤충은 더 강하게 되고 저항력이 커졌다. 뿐만 아니라 우리들 인간은 우리들의 친구가 될 수 있는 이로운 곤충까지 죽였을는지도 모른다.

캐나다의 유명한 곤충학자인 브라운(A. W. A. Brown) 박사는 WHO의 의뢰를 받고 곤충의 저항 조사에 착수하였다. 1958년에 그 결과가 보고되었는데 브라운 박사는 이렇게 기록하였다. '효력 있는 합성 살충제가 공중위생 분야에서 사용된 지 10년도 되기 전에 최대 문제로 떠오른 것은, 이전엔 제거할 수 있었던 곤충이 살충제에 저항을 가지게 되었다는 것이다.' 브라운 박사의 연구 논문을 출판한 WHO는 다음과 같이 경고하고 있다. '이 새로운 문제를 곧 해결하지 않는 한 말라리아, 발진티푸스, 페스트 등 절족동물 매개 전염병에 대해 현재 행하고 있는 싸움도 무서운 반격을 받을 것이라는 각오를 해야한다.'

반격은 어느 정도일까? 저항력을 가지게 된 곤충의 목록을 작성해 보면 전염병에 관련된 곤충의 이름을 전부 들 수밖에 없다. 아직 화학약품에 저항 없이 죽는 것은 등에, 흡혈성 파리류, 체체파리 정도이다. 이와 반대로 집파리와 이 등은 세계 어디서나 저항을 하였다. 말라리아 박멸 운동도 모기가 저항력을 갖기 시작하면서 큰 위협을 받게 되었다. 그보다 더 무서운 것은 페스트 전파의 주된 구실을 하는 동양 쥐벼룩에도 DDT가 효과가 없어졌다는 점이다. 이 밖에도 살충제로 죽일 수 없는 곤충 수는 굉장히 많고 각 대륙, 각 군도에는 이런 보고가 없는 나라는 없다.

새로운 살충제가 의학적으로 처음 사용된 것은 1943년이라 생각된다. 당시 이탈리아를 점령한 진주군이 많은 사람들에게 DDT 가루를 뿌려 티푸스를 박멸하였다. 그 2년 후 이번엔 말라리아모기를 제거하려고 잔류성이 강한 DDT를 마구 뿌렸다. 불과 1년 사이에 불길한 징후가 나타났다. 집파리와 흥모기속의 모기가 살포약에 대해 저항성을 보이기 시작하였다. 1948년에는 화학약품 클로르덴이 새로 발견되어 DDT의 효과를 높여 주는 데 사용되었다. 2년 동안은 그 효과가 좋았다. 그러나 1950년대가 되자 클로르덴에 저항성이 있는 파리가 나왔다. 또 그해 끝날 무렵에는 모든 집파리와 흥모기속의 모기가 클로르덴에 저항을 하게 되었다. 계속 새로운 약품이 사용되면서 곤충도 저항하기 시작하였다. 1951년 말에는 DDT, 메톡시클로르, 클로르덴, 헵타클로르, BHC는 효과가 없게 되었다. 그러는 동안 파리는 '꿈같은 수로 늘어'났다.

같은 악순환은 1940년대 끝무렵 사르디니아에서도 일어났다. 또 덴마크에서는 DDT가 들어 있는 제품을 1944년에 쓰기 시작하였는데, 1947년에는 각처에서 파리 제거에 실패하였다. 이집트의 어떤 지역에서는 1948년에 이미 DDT의 효력이 없어졌다. 곧 그들은 약을 BHC로 바꾸었지만 그 효과도 불과 1년 동안이었다. 이집트의 어떤 마을에서 일어난 일이 특히 이 사태의 심각성을 잘 보여 주고 있다. 여기서는 살충제의 효과가 대단히 좋아서 1950년에는 파리가 모조리 죽고 유아 사망률은 50%까지나 감소되었다. 그러나 그 다음 해 DDT에도 클로르덴에도 파리는 저항을 갖게 되었다. 파리 수는 DDT 살포 전과 똑같은 상태로 늘었고 따라서 유아 사망률도 다시 높아졌다.

미국에서 파리가 DDT에 강한 저항성을 보이게 된 것은 1948년 테네시계곡에서이었다. 그 후 각처에서 DDT가 소용없게 되었다. 사람들은 디엘드린을 사용하여 파리를 제거하려고 하였으나 그것도 불과 2개월 동안의 꿈으로 끝났다. 파리는 이 약품에 대해서도 저항을 가지게 되었다. 모든 염화탄화수소계 약품을 사용해 본 뒤 이번엔 유기인산화합물계 약품으로 바꾸었다. 그러나 이번에도 똑같이 파리에 저항력이 생겼다. 현재 전문가의 결론은 이렇다. '집파리를 제거하려고 하여도 살충제는 이제 사용할 수 없다. 위생 시설의 일반적인 개선부터 할 수밖에 없다'고.

이를 제거하는 데 DDT를 처음 사용해 좋은 성과를 올린 예로 나폴리가 자주 인용된다. 또 그것과 비슷한 예로서 2, 3년 후에 일본과 한국에서 실시된 이 제거가 있다. 1945~46년 겨울에 2백만의 일본인과 한국인이 이를 제거하였다. 1948년에는 스페인에 티푸스가 유행하여 이때도 DDT가 사용되었는데 이때는 실패하였다. 상식적인 사람이라면 뭔가 이상하다고 느꼈을 것이다. 그러나 곤충학자들은 실험실 실험 결과 이는 저항하지 않는 것이라고 믿고 있었다. 따라서 1950~51년 겨울 한국에서 일어난 일은 충격적이었다. 한국 군인에게 DDT 가루를 뿌렸는데 이가 거꾸로 굉장히 증가해 간 것이다. 그래서 이를 모아서 시험해 본 결과, 이에게 5%의 DDT 가루를 뿌려 주어도 이의 자연 사망률이 변하지 않았다. 동경의 부랑자, 이타바시의 빈민 수용소, 시리아, 요르단, 동이집트의 난민 수용소에서 모은 이도 같았다. 그러므로 이를 제거하여 티푸스를 예방할 목적으로 DDT를 사용하는 것은 아무 효과가 없다는 것이 밝혀졌다. 이에 대해서 DDT의 효력이 없어진 나라의 이름을 보면 1957년까지엔 이란, 터키, 이디오피아, 아프리카서부, 남아프리카, 페루, 칠레, 프랑스, 유고슬라비아, 아프가니스탄, 우간다, 멕시코 및 탄자니아 등이다. 처음 이탈리아에서 훌륭한 위력을 발휘한 것도 이제는 흐릿하게 빛이 바랜 것 같다.

DDT에 처음으로 저항을 보인 말라리아모기는 그리스 홍모기속의 'Anopheles sacharovi'이었다. 1946년 철저하게 제1회 살포를 했을 때는 효과가 좋았다. 그러나 1949년이 되자, 약품을 살포한 집이나 마구간에서 도망쳐 나와 길 다리 밑에 득실거리는 수많은 모기 성충이 발견되었다. 그들은 집 밖에 머무는 경향이 점점 늘어나 다리 밑뿐만 아니라 동굴이나 밭의 외딴 건물이나 배수로나 오렌지나무 잎 또는 줄기에서 살게 되었다. 약이 살포되면 집에서 나와 집 밖에서 휴식하여 회복할 정도로, 모기 성충은 DDT에 대해 충분한 내성을 가지게 된 것이다. 그것이 2, 3개월 지난 후에는 집 속에서도 살 수 있게 되었고 DDT를 뿌린 벽에 태연하게 남아 있는 것이 눈에 띄었다.

이런 불길한 징후를 보면 이제는 사태가 극히 심각해졌다고 할 수밖에 없다. 말라리아를 박멸하려고 집에 DDT를 계속 살포한 결과로 홍모기속의 모기는 살충제에 급속히 내성을 가지게 되었다. 1956년에는 불과 5종의 모기가 저항하였는데 1960년 봄에는 28종으로 그 수가 한번에 늘어났다. 그 중엔 말라리아균을 매개하는 위험한 모기도 있다. 이 모기의 분포 지역은 아프리카서부, 중동, 중앙아프리카, 인도네시아, 유럽 동부 등이다.

다른 질병을 매개하는 모기도 똑같았다. 상피병의 원인이 되는 기생충을 운반하는 모기가 열대 지방에 있는데 이것도 세계 각지에서 강한 내성을 가지게 되었다. 미국 어떤 지방에서는 뇌염의 일종인 'western equine encephalitis'균을 매개하는 모기도 저항력을 갖게 되었다. 그러나 더 무서운 일은, 몇 세기 동안 인류를 크게 위협한 세계적인 전염병의 하나인 황열병의 매개 곤충이 저항력을 갖게 된 것이다. 처음에 동남아시아에 나타난 이 저항성을 가진 모기는 지금은 카리브 지방 각처에서 볼 수 있게 되었다.

세계 각처로부터의 보고에 의하면 말라리아와 그 밖의 질병을 전파하는 곤충이 계속 저항을 하고 있다는 것이다. 1954년에 트리니다드에서 황열병이 돌연 발생했는데 그것은 병균 매개 모기가 내성을 가졌기 때문에 약품으로 제거되지 않았던 까닭이었다. 인도네시아, 이란에서는 말라리아의 불꽃이 튀겼다. 그리스, 나이지리아, 리베리아에서는 모기는 여전히 말라리아 원충을 전파하고 있다. 조지아주에서는 파리를 제거하여 심한 설사를 일으키는 위장병을 억제할 수가 있었는데, 이것도 일 년이 지나지 않아 다시 옛날 상태로 되돌아갔다. 이집트에서도 한때 파리를 제거하여 급성 결막염을 없앨 수가 있었는데 그것도 1950년 전까지의 일이었다.

직접 인간의 생명을 위협하는 것은 아니지만 경제적인 면에서 골칫거리인 것은, 플로리다의 짠 습지대에 발생하는 모기가 저항성을 가지게 된 사실이다. 이 모기는 병균을 운반하지는 않지만 인간 피에 굶주려 떼를 지어 달려든다. 그래서 플로리다 해안의 넓은 지대에는, 살충제가 생기기 전에는 도저히 사람이 살 수가 없었다. 그러나 모처럼의 살충제 효과도 일시적인 것에 지나지 않았고 상황은 재빨리 옛날 상태로 되돌아갔다.

보통 집모기도 여기저기서 저항하고 있다. 이런 사실은 여러 곳에서 대규모 화학약품 살포를 하고 있는 것을 재고하도록 해 준다. 이 모기는 현재 DDT를 비롯한 몇 종류의 살충제에 대해 저항성을 가지고 있으며, 그 분포 지역은 이탈리아, 이스라엘, 일본, 프랑스 및 캘리포니아, 오하이오, 뉴저지, 매사추세츠주 등의 미국 일부이다.

진드기도 또 문제이다. 뇌척수막염균의 전파자인 숲진드기도 최근에 와서 저항성을 갖게 되었다. 또 어떤 종의 개에 기생하는 진드기에게 살충제가 효과가 없는 것은 일찍부터 널리 알려진 사실이다. 개에 관련된 일이라고 안심하고 있어선 안 된다. 이 갈색 진드기는 아열대에서 알을 낳는데, 뉴저지주 정도의 북쪽이 되면 실외보다 도리어 난방이 되어 있는 실내에서 월동하게 된다. 미국 자연박물관의 팔리스터(John C. Pallister) 씨의 보고에 의하면 1959년 여름 센트럴파크의 서쪽 옆 아파트로부터 박물관에 전화가 계속 걸려 왔다. 팔리스터 씨는 다음과 같이 설명하고 있다. '때때로 아파트 전체에 새끼 진드기가 나타나서 좀처럼 박멸할 수가 없다. 그 이유는 센트럴파크에서 개가 묻혀 온 진드기가 아파트 내에서 알을 낳고 부화하기 때문이다. DDT도 클로르덴도, 그 밖에 우리들의 새 살충제가 거의 이 진드기에는 효과가 없는 것 같다. 옛날에는 뉴욕시 한가운데에 진드기가 있다고 하는 것은 상상도 못했던 일인데 지금은 진드기가 여기저기를 돌아다니며, 롱아일랜드, 웨스트체스터뿐만 아니라 코네티컷에까지 번져 나갔다. 이런 일은 불과 5, 6년 전부터 눈에 띄는 현상이다.'

북미 전체에 분포하고 있는 독일바퀴는 클로르덴에 저항성을 가지게 되었다. 해충 제거업자가 가장 좋아하는 클로르덴이 효과가 없어지자 그들은 유기인산화합물 계통의 약품으로 바꿨다. 그러나 그것들이 이 약품에서 저항성을 가지게 되면, 도대체 무엇을 사용해야 할는지 해충 제거업자는 곤란에 직면하게 될 것이다.

병균 매개 곤충을 제거하는 관련 단체는 상대가 저항력을 보이기 시작할 때마다 새로운 살충제로 바꾸어 어려운 문제를 해결해 갔다. 그러나 화학자가 아무리 열심히 새로운 화학약품을 제조해 낸다고 하여도 이것은 한없이 할 수는 없는 일이다. 브라운 박사의 말대로 우리는 '일방통행로'를 걷고 있는 것이다. 이 길의 끝은 아무도 모른다. 전염병을 전파하는 곤충의 제거 태세가 완전해지기 전에 이 길의 끝이 온다면 우리로선 더 이상 손쓸 방도가 없을 것이다.

무기화학약품을 사용하던 시절에는 저항성을 가진 것이 불과 12종류밖에 없었는데 지금은 굉장한 수의 농업곤충이 DDT, BHC, 린덴, 톡사펜, 디엘드린, 알드린 등에 저항하고 있다. 뿐만 아니라 우리가 그처럼 희망을 갖고 있던 인산화합물류도 효과를 내지 못하게 되었다. 농작물에 피해를 주는 해충 가운데 저항력을 가진 것은 1960년까지 전부 65종류나 되었다.

농업곤충이 DDT에 처음으로 저항성을 갖게 된 것은 미국에서 1951년 무렵이었다. DDT를 사용하기 시작한 지 6년째였다. 가장 저항력이 강한 것은 사과좀나방이다. 사과나무가 자라는 곳이라면 세계 어디서나 이 사과좀나방은 DDT에 저항성을 갖게 되었다. 양배추에 피해를 주는 곤충도 또 처치 곤란한 곤충이다. 감자의 해충도 미국의 여러 지방에서 화학약품에 죽지 않게 되었다. 면화에 피해를 주는 6종의 곤충은 삽주벌레, 좀나방, 멸구, 쐐기벌레, 진드기, 진디, 방아벌레의 유충 등과 마찬가지로 농민들이 아무리 열심히 화학약품을 뿌려도 죽지 않는다.

곤충들이 살충제에 저항성을 가지게 됐다고 하면 화학공업 관계자들은 아마 싫은 얼굴을 할 것이다. 1959년에는 우리들과 관계 있는 백 종 이상의 주된 곤충이 화학약품에 저항성을 갖게 된 것이 확실해졌는데도 농업화학의 일류 잡지에는 '곤충의 저항은 참말인지 거짓말인지 모르겠다'고 기록하였다. 그러나 산업계가 낙관한다 하더라도 문제는 그것으로 해결되지 않으며, 경제적으로도 비관적인 재료가 많다. 화학약품으로 곤충을 제거하는 경비가 계속 증가하고 있는 것이 그 한 가지 예이다. 게다가 나중을 위해 미리 살충제를 비축해 둘 수는 없다. 오늘 가장 위력 있는 살충제라도 내일이면 전혀 효과가 없는 약품이 되어 버릴 수도 있다. 가장 좋은 사업이라 생각하고 살충제 관계 회사에 투자한 사람은, 폭력으로는 자연을 이길 수 없다는 것이 밝혀지면 파산하게 될 것이다. 우리가 아무리 새 살충제를 발명하고 새로운 사용법을 생각해 낸다 하더라도 곤충들은 항상 한 걸음 앞서 달아나 버릴 것이다.

다윈은 자연도태설을 제창했는데, 이 설을 가장 잘 증명해 주는 것이 바로 이 저항의 메커니즘일 것이다. 하나의 개체군을 형성하고 있는 곤충은 구조, 습성, 생리 측면에서 갖가지 변화를 보여 주고 있는데 그 중에서 화학약품의 공격을 받고도 살아남는 것은 '강한' 곤충뿐이며, 살충제 살포는 약한 놈은 전부 죽인다. 살아남는 것은 인간의 공격을 피할 수 있는 성질을 선천적으로 가진 곤충뿐이다. 이윽고 새로운 세대가 태어나는데, 이들은 그저 유전의 힘만으로 부모의 강한 성질을 물려받는다. 그러므로 더 강력한 화학약품을 살포하면 나쁜 결과만이 생기게 되는 것이다. 얼마 후 몇 세대가 지나면, 강자와 약자가 섞여서 개체군을 형성하는 것이 아니고 오직 완강하고 저항성이 있는 것만이 남게 된다.

곤충이 화학약품에 저항하는 방법은 갖가지인데 아직까지 완전히는 밝혀지지 않았다. 화학약품에 저항하는 데 유리한 구조를 가진 곤충도 약간 있다고 생각되지만 이것도 실제로 증명된 것은 아니다. 그러나 몇 가지 계통에 면역이 있는 것은 예컨대 브리에르(Briejér) 박사의 보고서로 알 수 있다. 그는 덴마크 스프링포르비의 해충 예방 연구소에서 파리를 관찰하고 '빨갛게 타오르는 석탄 위에서 춤추고 있는 마술사처럼 파리는 DDT와 장난치며 놀고 있다'고 하였다.

이 밖의 지방에서도 이와 똑같은 보고가 들어오고 있다. 말레이시아 쿠알라룸푸르에서는 DDT를 살포한 방에서는 모기가 달아났는데 그것은 처음 한 때뿐이었고 곧 저항이 나타났다. 그리하여 횃불로 비춰 보면 DDT가 축적되어 있는 면에 모기가 태연히 앉아 있는 것을 볼 수 있었다. 또 남쪽 대만의 한 군대 캠프에서는 빈대가 저항성을 보였는데 몸에 DDT의 흰 가루를 묻힌 채 기어다니고 있었다. 이 빈대를 DDT를 스며들게 한 옷에 시험적으로 옮겨 보았는데 빈대는 한달이나 되어도 죽지 않았고 또 알까지 낳았으며, 유충은 아무 일 없이 자라났다고 한다.

그러나 저항의 질은 몸 구조에 반드시 좌우되는 것은 아니다. DDT에 저항성이 있는 파리에게는 효소가 있어서 이것이 살충제의 독성을 없애 그것을 독성이 적은 DDE로 변화시킨다. 이 효소는 DDT에 대해 발생적으로 저항성이 있는 파리에게서만 볼 수 있다. 이것은 물론 유전적으로 주어진 능력이며, 어떻게 파리나 그 밖의 곤충이 유기인산계 화학약품의 독성을 없애는가는 아직은 밝혀지지 않았다.

또 어떤 곤충은 습성에 따라 화학약품이 닿지 않는 곳으로 피하기도 한다. 저항력이 있는 파리는 약이 묻어 있는 벽에는 잘 앉지 않고 약이 없는 수평면에 앉는다. 저항성이 있는 집파리에는 침파리처럼 한자리에 가만히 앉아 있는 습성이 있어서 독의 잔재에 접하는 횟수가 적다. 또 말라리아를 전파하는 모기 중 어떤 종류에는 DDT와 몸을 조금씩 접촉시켜 나중에 면역성을 만들어 내는 습성도 있다. 살포를 하면 그들은 오막살이를 빠져나와 밖에서 살아간다.

어떤 종류의 곤충에 저항성이 생기는 데는 보통 2~3년이 걸린다. 그러나 때로는 한 계절 또는 더 짧은 기간일 때도 있다. 또 거꾸로 극단적으로 오래 걸릴 때는 6년도 걸린다. 어떤 곤충의 개체군이 일 년에 몇 번 계속 발생하는가가 중요한 점인데 그것은 각 곤충의 종류와 또 기후에 좌우된다. 예컨대 캐나다의 파리는 미국의 파리에 비해서 저항성을 갖기 어려운데, 그것은 미국 남부에서는 더운 여름이 오래 계속되어 파리 발생률이 높기 때문이다.

'곤충이 화학약품에 저항성을 가지게 된다면 인간도 그렇게 저항성을 가질 수 있지 않겠는가?' 하고 희망적으로 질문하는 사람도 있다. 이론적으로는 그렇게 될 수 있다. 그러나 그것은 인간에게는 몇 백 년, 몇 천 년이 걸리므로 지금의 인간에게는 희망적인 일이 되지 못한다. 저항성은 한 개인에게 생기는 것이 아니다. 날 때부터 독에 강한 성질이 있는 사람만 살아남아서 자손을 낳을 가능성이 크다. 그러므로 저항은 몇 세대 또는 더 많은 세대를 지나서 점차 생기는 것이다. 인간의 세대는 대체로 백년에 세 번 변한다. 그러나 곤충의 세대 교대는 수일간, 수주간이 단위이다.

'경우에 따라서는 지금 완전한 상태로 해 놓고 마지막에 전부 잃어버리는 것보다는, 싸움의 도를 약간 낮추어 약간의 피해는 참는 것이 좋다'고 네덜란드 식물보호국 국장인 브리에르 박사가 충고하고 있다. '실제 문제로서 나는 이렇게 충고하고 싶다. 농약 살포는 될 수 있는 한 적게 하라. 될 수 있는 한 많은 농약을 뿌리는 것은 안 된다……해충의 개체군에 대한 탄압은 항상 될 수 있는 한 약하게 하지 않으면 안 된다.'

이 같은 생각이 미국 농림부 관계자에게 잘 이해되지 못하고 있는 것은 참으로 불행한 일이 아닐 수 없다. 농림부 연감 1952년도 판은 전권 곤충 특집판인데, 여기서 그들은 곤충이 저항성을 갖게 되었다는 것을 인정하면서도 '제거를 완전히 하기 위해서는 더 강력한 살충제를 더 많이 사용할 필요가 있다'고 하였다. 지금까지 사용된 적이 없는 새 화학약품이라는 것이, 곤충뿐만 아니라 모든 생물을 없애 버리는 약품이라면 대체 어떻게 되겠는가. 이 문제에 대해서는 농림부는 아무 말이 없다. 그러나 1959년, 이 경고가 나온 지 불과 7년 후에 코네티컷의 곤충학자의 다음과 같은 의견이 농업 식품 화학 잡지에 인용되었다. 1~2종류의 곤충 피해에 대해 새로운 약품이 사용되었는데 그것은 '사용될 수 있는 최후의 것이었다'라고.

브리에르 박사의 말 :

우리가 위태로운 길을 걷고 있는 것은 확실하다……우리들은 다른 제거 방법을 목표로 연구하지 않으면 안 된다. 화학적인 방법이 아니라 생물학적 제어 방법을 찾아야 한다. 폭력을 쓰지 말고 세심히 주의하여 자연 방법을 이용하는 것이야말로, 우리들의 참 목적이 되어야 한다.……

우리들은 마음을 좀 더 높은 곳으로 돌려야 하며, 깊은 통찰력을 가져야 한다. 안타깝게도 이런 태도를 가진 연구자는 많지 않다. 생명이란 우리들의 이해 영역을 넘어선 기적이며, 우리들은 그것과 격투를 할지언정 존경의 마음을 가져야만 한다.……생명을 제어하려고 살충제 같은 무기에 호소하는 것은 아직도 자연을 잘 모르는 까닭이라고 할 수 있다. 자연의 힘을 잘 이용하면 따로 폭력을 쓰지 않아도 된다. 필요한 것은 겸손한 마음이다. 과학자의 자만심 같은 것은 여기서는 아무 소용도 없다.

17
또 다른 길

　우리들은 이제 갈림길에 서 있다. 그러나 로버트 프로스트의 유명한 '두 갈래길' 시와는 달리 어느 쪽을 택할 것인가 방황할 필요는 없다. 인류가 오랫동안 여행해 온 길은 훌륭한 고속도로로서 우리는 여기서 빠른 속도로 달렸지만, 실은 지금까지 속고 있었다. 그 길의 끝에는 파멸밖에 없다. 또 다른 길은 그렇게 많은 사람이 가진 않지만, 우리들이 살고 있는 이 지구를 안전하게 지킬 수 있는 길이며 또 우리들의 몸의 안전을 지킬 수 있는 최후의 유일한 기회이다.

　결국 어느 쪽 길을 택할 것인지 그 결정은 우리 자신이 해야 한다. 오랫동안 참아 온 결과 드디어 우리에게도 '알 권리'가 있다는 것을 인정하고 또 인류가 의미 없는 무서운 위험에 뛰어들고 있다는 것을 안다면, 더 이상 한 시도 망설여선 안 된다. 독이 있는 화학약품을 사방에 뿌려야 한다는 사람들의 말을 들을 필요가 없다. 눈을 바로 뜨고 우리들 앞에 어떤 다른 길이 열려 있는가를 보아야 한다.

　화학약품에 의한 제거에 대신할 수 있는 다른 방법은 여러 가지가 있다. 어떤 것은 이미 실제로 사용되고 있으며 훌륭한 효과를 거두고 있다. 다른 것은 아직 실험실 안에서의 시험 단계에 있다. 또 어떤 것은 단순한 과학자의 이론으로서 실제로 시험 단계에 넘어가기를 기다리고 있다. 이 모든 것은 생물학적인 해결법이며, 제어하려는 대상인 생물을 연구하고 이런 생물이 속해 있는 사회 전체를 이해하고 있는 것이다. 생물학이라는 넓은 분야의 각 영역에서 활약하고 있는 전문가, 즉 곤충학자, 병리학자, 유전학자, 생리학자, 생화학자, 생태학자 등 이 모든 학자들이 각각의 연구 결과와 창의적인 생각을 모아 생물학적 제어법이라는 새 학문을 수립하려고 하고 있다.

　존스홉킨스 연구소의 생물학 교수인 스완슨(Carl P. Swanson) 박사는 다음과 같이 말하고 있다. '학문은 어떤 학문이든 냇물과 같다. 큰 강도 처음 시작은 불확실하며 보잘것없다. 서서히 흐르는가 하면 급류로 변하기도 하며, 말라서 바닥이 보일 때도 있으나 홍수가 져서 물이 많이 흐를 때도 있다. 학문도 똑같다. 한 사람 한 사람의 연구의 힘을 모으고 또 여러 가지 생각의 흐름을 합쳐서 성장해 간다. 온갖 개념과 귀납추리에 의해 학문이라는 강은 깊어지고 점점 넓어져 간다.'

현대의 새로운 의미에서의 소위 생물학적 제어 학문도 그와 같다. 이 학문은 백 년 전에 암중모색으로부터 탄생했다. 그 당시 농원에 피해를 주는 곤충에 골치를 앓고 있던 미국에서는 그 곤충의 적이 되는 생물을 도입해 넣으려는 생각을 갖게 되었다. 처음에는 아무것도 몰랐으므로 실패도 했지만, 그러는 동안에 효과가 확실해져 이 방법은 각광을 받게 되었다. 그러나 좌절될 때도 있었다. 바로 1940년대에 새로운 살충제가 나왔을 때, 그 일시적인 효과에 매력을 느낀 농학자들은 곤충 사용을 버리고 '화학적 제거라는 지옥의 수차'의 페달을 밟았다. 그러나 해충이 없는 세계라는 목표에는 도달할 수 없었다. 드디어 그들은 화학약품을 마구 살포하면 목적물인 곤충이 아니고 우리들 자신이 파멸된다는 것을 확실히 알게 되었다. 새로운 생각을 모아서 생물학적 제어라는 과학의 강이 흘러가기 시작하였다.

갖가지 새 방법 중에서도 특히 훌륭한 것은 어떤 종류의 힘을 그 자체 안으로 향하게 하는 것이다. 즉 곤충의 생명력을 거꾸로 이용하여 곤충 파멸 쪽으로 가져가는 방법이다. 이 방법 중 가장 두드러지는 것은 '수컷 불임화' 방법이다. 이것은 미국 농림부 곤충 연구소장 크닙플링(Edward Knipling) 박사를 중심으로 하는 연구진의 연구이다.

지금부터 25년쯤 전 일이다. 크닙플링 박사가 곤충 제어의 이 새 방법을 발표하였을 때는 그의 동료들이 모두 놀랐다. 몇 만이라는 곤충을 모아서 성기능을 파괴하고 그것을 놓아주면, 성기능이 파괴된 수컷은 보통의 야생 수컷과 싸우게 된다. 몇 번이고 이것을 반복하면 그들은 무정란만 낳게 되고 최후에는 그 개체군은 죽고 말 것이다. 이것이 크닙플링 박사의 이론이었다.

그러나 관리들은 이 설에 냉담하였고 또 다른 학자들도 극히 회의적이었다. 그렇지만 크닙플링 박사는 혼자 마음속에 이 생각을 간직하고 있었다. 우선 곤충을 불임화시키려면 실제로 어떻게 해야 될까. 이것을 해결하지 않으면 실제 시험은 할 수 없었다. 1916년 런너(G. A. Runner)라는 곤충학자가 X선을 궐런벌레에 쬐어 불임화에 성공했다고 한다. X선이 곤충을 불임화시킨다는 것은 적어도 이론상 확실하였다. 1920년대 끝 무렵에는 뮐러(Hermann Muller)가 X선 조사에 의한 돌연변이라는 획기적인 것을 발명하면서 여기에 넓고 새로운 분야가 열리고 수많은 연구가 이루어졌다. 20세기 중엽에는 X선과 감마선을 사용하여 적어도 12종류의 곤충을 불임화시킬 수 있게 됐다.

그러나 이런 것은 모두 실험실 속의 실험이고 곧 실용할 수는 없었다. 그러나 1950년 크닙플링 박사는 이 방법을 실제로 적용할 수 있게끔 한다는 어려운 일에 착수하였다. 남부 미국에는 나선구더기파리(screw-worm fly)라는 해충이 있었다. 가축의 적이다. 암컷은 온혈동물의 벌어진 상처에 알을 낳고, 부화한 애벌레는 동물에 기생한 채 그 고기를 먹이로 하여 자란다. 한번 이 기생충에 걸리면 충분히 성장한 소라도 10일 내에 죽게 될 수도 있고 그 손해는 미국에서 연간 4천만 달러나 된다고 추정되고 있었다. 이 밖에도 야생 동물이 어느 정도 이 기생충에 의해서 희생이 되고 있는가는 정확하게 밝힐 수 없지만, 아무튼 그 피해는 대단히 크다고 할 수 있다. 텍사스에서는 사슴의 수가 점점 감소되는 지역이 있는데 그 원인 역시 이 기생충이라고 생각된다. 이 해충은 열대, 아열대뿐만 아니라 남아메리카, 중앙아메리카, 멕시코 등에 분포되어 있는데 미국에서는 보통 남서부에 있다. 그러나 1933년 무렵 그것이 우연히 플로리다주에 침입해 왔다. 겨울에도 기후가 온화하여 월동할 수 있으므로 떼를 지어 플로리다에 살게 되었다. 또 얼마 후 앨라배마주 남부와 조지아주까지 퍼져 나가서 이 때문에 미국 동남부주의 가축 산업은 연간 2천만 달러의 손해를 받았다.

텍사스주 농림부 관계의 생물학자는 재빨리 이 해충의 습성에 대해 여러 가지로 조사하여 몇 해 동안 많은 보고를 제출하였다. 플로리다주 섬에서 예비적인 야외 실험을 몇 번이고 되풀이하던 크닙플링 박사는 1954년 드디어 대규모 시험을 하여 자기 이론을 증명하기 위해 나섰다. 그는 네덜란드 정부와 연락을 취하고 본토에서 적어도 50마일 가량 떨어져 있는 카리브해의 퀴라소섬으로 떠났다.

플로리다주 농림부 연구소에서 사육되고 불임화된 이 해충은 1954년 8월

초에 비행기로 퀴라소섬에 운반되어, 1평방마일당 4백 마리의 비율로 일주일 동안 비행기에서 방출되었다. 그랬더니 이 해충이 실험용 염소에 산란한 많은 알은 거의 한꺼번에 감소되었고 또 살아남은 알도 거의 부화되지 못했다. 불임화된 해충을 방출한 지 불과 7주 만에 기생하고 있던 알은 전멸하였고 얼마 후에 알은 완전히 없어졌다. 퀴라소섬에서의 이 해충은 문자 그대로 전멸하였다.

퀴라소섬의 성공이 알려지자 플로리다주의 가축업자들은 이 새 방법에 매력을 느꼈다. 카리브해의 작은 섬에 비해서 3백 배나 더 넓다는 어려운 점도 있었지만, 아무튼 1957년 미국 농림부와 플로리다주가 자금을 내어 이 해충 제거를 시작하였다. 우선 '파리 공장'이라는 시설을 만들고 일주일 동안 5000만 마리의 파리를 기른 뒤, 불임화된 파리를 2백~4백 마리씩 상자에 넣고 20대의 경비행기를 빌려 비행기 한 대당 상자 천 개를 싣고 미리 정해 놓은 코스를 하루 5~6시간 비행한다는 계획을 세웠다.

다행스럽게도 1957~58년은 겨울이 몹시 추워 플로리다주 북부에 한파가 닥쳐와 이 해충의 서식 지역이 좁아졌다. 그때까지 17개월 동안 준비해 온 계획도 이때 완성돼 불임화된 인공사육 파리 35억 마리가 플로리다주와 조지아주 또 앨라배마주 일부에 방출되었다. 이 해충 때문에 병이 성행했던 마지막 시기는 1959년 2월이었다. 2~3주 후에는 몇 마리의 성충이 그 물에 걸렸을 뿐이고 그 후에는 이 해충은 완전히 없어졌다. 동남부에서도 해충은 완전히 죽었다. 참으로 눈부신 과학의 승리였다. 쉬지 않고 인내심으로 행한 기초 연구 덕택으로 이루어진 승리였다.

그러나 이 해충은 원래 서남부에 사는 것이므로 언제 또 침입해 오는지 모른다. 미시시피 검역소는 어떤 대책을 세울 필요가 있다. 이 해충의 발생지 그 자체를 없애는 것이 좋지만 그 지역은 너무 넓고, 또 비록 서남부의 해충을 제거하더라도 멕시코로부터 언제든지 침입해 올 수 있다는 점을 생각해 보면 참으로 어려운 문제가 아닐 수 없다. 그러나 모험이지만 정부는 이 해충의 수를 극히 적게 억제하든지 조만간 어떤 대책을 세워 텍사스주와 서남부의 피해를 막아야 한다고 생각하고 있는 듯하다.

이 해충 제거가 훌륭한 성과를 얻은 것에 자극되어 다른 곤충에다 똑같은 방법을 사용해 보려는 움직임이 일어났다. 물론 생활사, 개체군밀도, X선 조사에 대한 반응 등 그 요인이 복잡하므로 아무 곤충에나 이 방법을 응용할 수는 없었다.

로데시아에 있는 체체파리를 제거하려고 영국인이 실험을 되풀이하였다. 이 파리는 아프리카 전체의 3분의 1에 해당되는 지역에 살며, 인체에 유해할 뿐만 아니라 45만 평방마일의 삼림 초원에서 가축 사육을 방해한다. 체체파리의 습성은 나선구더기파리와는 대단히 다르며, X선 조사로 이것을 불임화는 할 수 있지만 실제로 제거하는 데는 아직도 기술상 해결해야 할 문제점이 많이 있다.

영국에서는 이미 다른 많은 곤충에 대해서 방사선 반응도를 조사하였다. 또 미국의 과학자는 멜론파리, 밀감파리, 체체파리에 대해, 하와이 연구소에서 유망한 실험 성적을 올렸고 고도인 로타섬에서의 야외 실험에도 성공하였다. 조명충나방과 사탕수수벌레의 애벌레에 대한 시험도 이루어졌다. 또 의학상 문제가 되는 곤충도 불임화하면 제거할 수 있는 가능성이 생겼다. 칠레의 학자가 지적한 바와 같이, 말라리아의 병원을 운반하는 모기는 화학약품으로 억제하여도 여전히 칠레에서 번식한다고 한다. 불임화된 수컷을 방출하면 이것도 멸종시킬 수 있을는지 모른다.

그리고 방사선에 의한 불임화가 실제로는 대단히 어려우므로 더 간단한 다른 방법으로 같은 효과를 낼 순 없을까 하고, 화학약품을 사용하여 불임화를 꾀하는 연구가 한참 진행되고 있다.

플로리다주 올랜도에 있는 농림부 부속 연구소의 과학자들은 집파리를 불임화시키려고 실험실에서의 시험과 야외 실험을 몇 번 시행하였다. 적당한 음식물에 화학약품을 섞어 놓는 방식이었다. 플로리다주 키스섬에서 1961년 실험한 바에 의하면 불과 5주 만에 파리는 거의 없어졌다고 한다. 물론 그 근방의 섬으로부터 또 파리가 날아왔지만 시험적으로는 이것은 충분히 성공한 것이다. 이와 같은 유망한 방법에 대해서 농림부가 기대를 가지게 된 것은 잘 이해할 수 있다. 지금까지 우리들이 본 바와 같이 사실상 집파리는 화학약품으로는 제거할 수 없다. 우리는 완전히 새로운 방법을 강구하지 않으면 안 되게 되었다. 집파리를 방사선으로 불임화시키면 되겠지만 여기에도 문제가 있다. 인공적으로 양육하는 것도 어렵지만, 자연히 발생하는 현재의 야생 파리보다 더 많은 불임성 파리를 방출해야 한다는 것이 문제이다. 이런 것은 실제로 그 수가 많지 않은 나선구더기파리 때는 가능한 일이었다. 그러나 집파리의 경우, 양육한 것을 방출하면 파리수는 일시적이라고는 하지만 배 이상으로 증가하므로 이 방법이 그렇게 좋은 것은 아니라고 생각된다. 그러나 화학적 불임제를 파리가 잘 먹는 음식물에 섞어 파리가 앉는 장소에 놓아둔다면, 그것을 먹은 수컷은 불임화가 되고 그러는 동안에 불임화된 파리 쪽이 더 많아져서 파리가 전멸될 수 있을는지도 모른다.

불임 효과를 가진 화학약품을 찾아내는 시험이 화학약품의 독성 시험보다 훨씬 더 어렵다. 어떤 한 화학약품의 불임 효과를 조사하는 데에는 한 달이나 걸린다─물론 이런 시험은 동시에 여러 개를 병행해서 시험해 보아야 하지만. 1958년 4월부터 1961년 12월까지 올랜도 연구소에서 몇 백 개의 약품을 조사하여 불임 효과가 있는 것을 골라냈다. 유효하다고 생각되는 약품은 겨우 몇 개밖에 없었으나 그래도 농림부는 만족한 것 같았다.

농림부 관계의 다른 연구소에서도 같은 문제를 주제 삼아 침파리, 모기, 바구미, 과일파리류에 대해 효과적인 화학약품을 시험하고 있다. 모두 지금은 실험 단계에 지나지 않지만, 불임 화학약품 연구가 시작된 지 2, 3년 만에 적어도 이론적으로 매력을 가진 이 연구 부문은 아직 실험 단계에 있다 해도 밝은 전망을 보이고 있다. 크닙플링 박사에 의하면 이 화학적 불임 방법은 '어떤 우수한 살충제보다도 훨씬 뛰어난 방법이 될 수밖에 없다'고 한다. 백만 마리의 곤충이 한 세대마다 5배로 늘어난다고 가정해 보자. 그리고 여기에 살충제가 있어서 한 세대마다 90%를 죽일 수 있다면 3세대 후에 살아남을 수 있는 곤충은 12만 5천 마리이다. 그러나 90% 불임화되는 화학약품이 있다고 하면 불과 125마리가 살아남게 된다.

하지만 그 반면에 이런 약품에는 극약이 많다. 처음엔 될 수 있는 대로 안전한 약품을 골랐고 안전한 사용법에 유의하였으나 지금은 이 불임제를 공중에서 살포하면 어떻겠느냐 하는 소리가 높아 가고 있다. 이를테면 매미나방 애벌레의 피해가 큰 삼림에 불임제를 살포하면 좋지 않은가 하는 의견이다. 그러나 어떤 위험한 부작용이 있는지 충분히 조사도 하지 않고 이런 일을 한다면, 살충제에 의해 지금 야기되고 있는 것보다 더 곤란한 문제가 생길 것이다.

지금 시험 중인 불임제는 대체로 두 종류가 있다. 그 작용하는 과정은 두 개가 모두 흥미롭다. 첫 그룹은 세포의 생성과정, 물질대사와 밀접한 관계가 있다. 그것은 세포나 조직에 필요한 물질과 대단히 비슷하므로 유기체는 그 것을 진짜 대사물질로 '착각하여' 자신의 대사과정에 집어넣는다. 그러나 약 간의 차이로 그것은 잘 통합되지 않고 전 과정은 중지되고 만다. 이런 약품 을 보통 대사길항물질이라고 부른다.

둘째 그룹은 염색체에 작용하여 유전자 화학물질에 영향을 주어 염색체를 파괴한다고 생각된다. 이 그룹의 불임약은 알킬화제로서 대단히 반응력이 크고 세포를 파괴하는 힘도 강하고 염색체를 손상시켜 돌연변이를 일으킨 다. 런던에 있는 체스터 비티 연구소의 알렉산더(Peter Alexander) 박사의 의견에 따르면 '곤충의 불임화에 효과가 있는 알킬화제는 모두 강한 돌연변 이 유발제이며 또 발암물질'이라고 한다. 그러므로 이런 극약을 마구 곤충 제거에 사용하면 안 되며, 이런 특수한 약품은 실험은 해 보지만 실제로 사 용하지 않는 것이 좋고 이보다 더 안전하고 또 목적하는 곤충에 효과적인 다 른 약품을 발견하는 것이 좋다고 하였다.

최근 여러 가지 흥미로운 연구가 있는데 그 중에서 가장 눈에 띄는 것은 역시 곤충의 생성과정 그 자체로부터 무기를 만들어 내는 방법이다. 곤충은 갖가지 독과 유인액과 기피액을 계속 생산하고 있는데 그 분비물에는 어떤 화학적 성질이 있는 것일까? 그것을 추출하여 선택성 살충제를 만들 수는 없을까? 코넬 대학교 학자들과 그 밖의 연구진이 이 문제에 대답을 찾고 있 다. 이들은 곤충이 포식성 동물의 공격으로부터 몸을 지키는 방어 체제에 대 해 자세히 조사하여 곤충 분비물의 화학구조를 밝히려고 하고 있다. 또 애벌 레가 보통 성충이 될 때까지의 기간 동안 변태 방지를 위해 분비하고 있는 소위 '유충호르몬'이라고 하는 강력한 호르몬에 대해 특히 연구하고 있는 연 구진도 있다.

곤충 분비물 연구가 그대로 성공적인 결과가 된다면 그것은 방향제 또는 유인제의 개적 분야에서일 것이다. 여기서도 또한 자연 그 자체로부터 배우 는 바가 많을 것이다. 특히 흥미 있는 예는 매미나방이다. 매미나방의 암컷 은 몸이 무거워 날지 못하고 지표를 기어다닌다. 난다 해도 겨우 지면을 따라 야채 위나 등치를 기어다니는 정도이다. 그러나 수컷은 거꾸로 나는 힘이 강하고 암컷의 특수 분비샘에서 나오는 냄새를 따라 먼 곳에서부터 날아온다. 옛날부터 곤충학자는 여기에 주목하여 암컷으로부터 인공적으로 성 유인액을 추출하여 매미나방의 수컷을 잡는 데 이용하였다. 곤충의 수를 조사하기 위해 이 액을 미끼로 하여 곤충이 살고 있는 지대 주변에 뿌리고 수컷을 불러 모으는 일도 해 보았다. 그러나 그 비용이 만만치 않았다. 매미나방 때문에 피해가 큰 미국 동북부 주에서도 필요한 수만큼의 암컷 매미나방을 모을 수가 없어서 암컷의 번데기를 유럽에서 수입하기도 하였는데 어떤 때는 번데기 한 개에 반 달러의 비용을 지불해야만 했다. 이런 어려움을 타개해 준 것이 유인액의 추출이었다. 농림부 화학자들이 몇 해 동안 연구한 결과 유인액 추출에 성공하였다. 그 후 피마자유 성분으로부터 이것과 비슷한 화합물을 제조할 수 있게 되었다. 이것은 단지 수컷 매미나방을 속일 수 있을 뿐만 아니라 진짜 액보다 유인력이 더 강했다. 포획망에 불과 1마이크로그램(백만분의 1g)만 넣어 둬도 훌륭한 효과를 얻을 수 있다.

이것은 학자에게만 흥미 있는 이야기가 아니고 대단히 실용적인 이야기이다. 왜냐하면 이 새로이 발견된 경제적인 '매미나방 유인제'는 개체수를 조사하는 데 사용될 뿐만 아니라 또 곤충 제거에도 이용될 가능성이 있기 때문이다. 지금 실제로 몇 가지 시험이 이루어지고 있다. 심리전이라고도 부를 수 있는 이 방법은 유인제를 입자상의 물질과 섞어 공중에서 살포하는 것이다. 그리하여 수컷 매미나방의 후각을 혼란시켜, 여기저기에서 좋은 냄새가 풍기므로 암컷에게로 가는 진짜 냄새의 길을 찾아내지 못하게 하는 것이다. 더 기발한 시험은 수컷을 속여 가짜 암컷에게 가도록 하는 실험이다. 실험실에서 나뭇조각이나 벌레 모양의 사물이나 그 밖에 생명이 없는 작은 물체를 매미나방 유인액에 담가 두면 수컷 나방이 날아와서 이것과 교미하려고 한다. 이것은 생식 본능을 비생산적 방향으로 돌려 실제 개체수를 감소시키려는 실험인데, 실제적으로 이용될 수 있을는지는 모르지만 좌우간 흥미로운 가능성을 가진 착안임에 틀림없다.

매미나방을 끌어들인 물질은 합성된 최초의 곤충 성 유인제이었는데 아마곧 다른 곤충에 대해서도 똑같은 유인제가 합성될 수 있을 것이다. 사실상 갖가지 곤충에 대해서 사람들은 모조 유인제에 유인되는 가능성을 연구하고 있는데, 헤센파리와 담배 박각시나방의 유충에 대해서 유망한 실험 결과를 얻었다.

또 어떤 종류의 곤충에 대해서는 유인제와 독과의 결합제 실험도 추진되고 있다. 정부 관계의 과학자들은 메틸 오이게놀이라는 유인제를 합성하였는데 이것을 밀감파리와 멜론파리의 수컷들이 맡으면 발정된다. 과학자들은 여기에 독을 섞는 실험을 일본에서 남쪽으로 450마일 떨어진 오가사하라섬에서 실시했다. 파이버보드를 작게 가공해 이 두 종류 화학약품에 담근 다음, 이것을 섬 전체에 공중에서 살포하여 수컷 파리를 죽이려고 하였다. 이 '수컷 섬멸' 계획이 처음 실시된 것은 1960년이었는데 그 다음 해 99% 가량의 파리가 죽었다고 농림부는 추정하고 있다. 지금까지와 같이 단지 살충제를 살포하는 방법보다 이 방법이 더 효과적인 것 같다. 유기인산의 일종을 파이버보드에 발라 두는 것인데 파이버보드 같은 것은 야생동물이 먹지 못하며, 또 그 잔류물은 곧 날아가므로 흙이나 물에 섞일 염려도 없다.

그러나 곤충계에서의 모든 의사소통이 유인하든지 배척하는 냄새로만 이루어지고 있는 것은 아니다. 소리도 또한 상대를 놀라게 하든지 또는 거꾸로 유인하는 구실도 하고 있다. 박쥐가 날아갈 때는 날개로부터 계속 특정한 초음파가 흘러나온다(캄캄한 밤에 날 수 있는 것도 이 초음파가 레이더 구실을 해 주기 때문이다). 그러므로 어떤 종류의 나방은 이 소리를 듣고 재빨리 피해 도망간다. 또 기생파리의 날갯짓 소리가 들리면 어느 잎벌과의 유충은 한 덩어리가 되어 자기 몸을 지킨다. 그러나 거꾸로 어떤 종류의 나무에 구멍을 파는 곤충의 소리는 기생충을 유인할 수 있고, 모기 암컷의 아름다운 날개 소리는 수컷을 유인한다.

이처럼 어떤 소리에 예민하게 반응하는 곤충의 성질을 이용할 수 있다면 어떤 일을 생각할 수 있겠는가? 아직은 실험 단계이지만 아주 흥미로운 것은, 암컷 모기의 이 날개 소리를 테이프에 녹음해서 들려주어 수컷을 유인하는 것이다. 수컷 모기는 전류가 흐르고 있는 그물에 유인되어 죽었다. 조명충나방과 뿌리를 먹는 벌레의 유충이 초음파를 듣고 달아나는 것을 캐나다에서 야외 실험으로 살펴보았다. 동물 소리에 관한 연구의 권위자이고 하와이 대학교 교수인 휴버트(Hubert)와 메이블 프링스(Mable Frings)의 생각에 의하면, 소리를 내어 곤충의 행동을 혼란케 하는 방법은 실용화되기 일보 직전에 있으며, 곤충이 소리를 내고 또 소리를 듣는 현상에 대해서는 이미 많은 연구가 이루어졌다고 한다. 그리고 소리로 상대를 유인하는 것보다는 상대를 추방하는 소리 쪽이 응용 범위가 넓다고 한다. 프링스 부부는 찌르레기 연구로 유명하다. 동무들의 비명을 녹음한 소리를 들으면 찌르레기는 위험을 느끼고 달아난다. 이런 사실 속에, 곤충에게도 응용할 수 있는 열쇠가 있는지도 모른다. 연구소뿐만 아니라 실제로 공장을 운영하는 사람들도 이와 같은 연구에는 장래성이 있다고 생각하며, 현재 어떤 유명한 전자공업 회사는 이런 것을 연구하는 특별 연구소를 세우려 하고 있다.

소리로써 곤충을 직접 죽일 수 없을까 하는 연구 실험도 진행되고 있다. 예컨대 모기의 애벌레를 실험실 탱크 속에 넣고 초음파를 보내면 한 마리도 남김없이 모두 죽는다. 그러나 동시에 다른 수중생물에게도 피해가 미친다. 또 다른 실험에 의하면 검정빰파리, 갈색거저리, 황열병 매개체인 모기들은 초음파에 의해 수초 사이에 죽었다. 이 같은 실험은 모두 새로운 방향을 향해 가는 첫걸음이라 할 수 있다. 놀랄 만한 전자공학의 힘을 빌려, 우리가 지금까지 생각조차 못했던 새로운 제거학이 곧 수립될 것이다.

그러나 새로운 생물학적 제거학이라는 것은 전자공학이나 감마선 방사 또 그 밖의 현대 과학자가 생각해 낸 것에만 한하지는 않는다. 옛날부터 알려진 방법도 각광을 받고 있다. 예컨대 인간과 마찬가지로 곤충도 병에 걸린다. 옛날 한때처럼 페스트 같은 전염병이 만연하면 곤충도 많이 죽게 된다. 또 바이러스의 습격을 받아도 많은 곤충이 병에 걸려 죽는다. 벌레도 병을 앓는다는 것은 아리스토텔레스 시대 이전부터 알려져 있었고 중세 시대에는 시에서 누에병이 인용되었다. 그리고 파스퇴르가 전염병의 원리를 발견하게 된 것도 이 누에의 병을 조사한 까닭이었다.

곤충은 바이러스나 세균에 피습될 뿐만 아니라 균류, 원충류, 미생물 또는 눈에 보이지 않는, 인간에게 유용한 극미 세계의 생물에 의해서도 괴로움을 받는다. 병원체만 미생물인 것이 아니라 폐기물을 파괴하고 흙을 윤택하게 하는 것도 미생물인데, 이것은 발효나 초화(硝化)와 같은 무수한 생성과정에도 관계된다. 이와 같은 것을 곤충 제거에 이용하지 않고 그대로 왜 방치해 두는가?

미생물을 제거에 이용하려고 착안한 최초의 인간은 19세기 동물학자이자 세균학자인 메치니코프(Elie Metchnikof)이었다. 그의 생각은 그 후 19세기 말부터 20세기 전반에 걸쳐 차차 그 윤곽이 정돈되어 갔다. 곤충 환경에 병을 발생시켜 곤충을 제거할 수 있다는 사실을 실제로 알게 된 것은 1930년대 말엽이다. 이때 바실루스속 세균의 포자로부터 밀크병(Milky Disease)을 인공적으로 발생시켜 왜콩풍뎅이의 피해를 방지하였다. 세균에 의한 제거는 미국 동부에서 오랫동안 모범적으로 시행되고 있었는데 상세한 것은 7장을 참고하기 바란다.

이 속의 세균 가운데 바실루스 투링기엔시스(*Bacilus thuringiensis*)라는 것이 있다. 이 세균은 1911년 독일의 튀링겐 지방에서 발견되어, 'flaur moth'라는 좀나방의 애벌레에 무서운 패혈증을 일으키는 것으로 밝혀졌다. 이 애벌레는 병에 걸려 죽는 것이 아니고 도리어 독 때문에 죽는다. 간상균 속에서 포자와 함께 발생하는 이 고유의 결정체는 단백질을 함유하고 어떤 종의 곤충, 특히 나방과 같은 인시류의 애벌레에 대해서 심한 독성을 가지고 있다. 이 독소가 묻은 나뭇잎을 먹으면 애벌레는 순식간에 마비되고, 식욕을 잃고 드디어는 죽게 된다. 애벌레가 이 독성과 접촉하면 곧 음식물을 먹지 않게 된다는 것만도 실제면에 응용할 수 있으며, 병원균을 이용하면 농작물의 피해는 곧 중단된다. 이 세균은 극히 유망하며, 이미 미국에서는 몇몇 회사가 바실루스 투링기엔시스의 포자를 포함한 합성물을 갖가지 상품명으로 제조 판매하고 있다. 또 다른 나라에서도 야외 실험을 하고 있는데 예컨대 프랑스와 독일에서는 배추벌레에 대해, 유고슬라비아에서는 흰불나방의 애벌레에 대해, 소련에서는 천막벌레나방의 애벌레에 대해서 각각 실험을 하였다. 파나마에서는 1961년에 시험을 시작하였는데 이 세균 살충제는 바나나 재배업자의 구세주가 될 것이다. 파나마에는 바나나 뿌리를 갉아먹는 천공충이 있어서 바람이 불면 나무가 뿌리째 넘어지므로 모두가 곤란을 겪고 있다. 이 천공충을 억제할 수 있는 것은 지금까지 디엘드린뿐이었다. 이것을 살포한 결과 지금은 화학약품 특유의 악순환이 일어나고 있다. 우선 천공충 그 자체가 저항성을 갖게 되고 또 화학약품 때문에 다른 해충을 잡아먹는 포식성 동물의 자취도 없어져서 그 결과 잎말이나방이 증가하게 됐다. 이 작지만 살찐 나방의 애벌레는 바나나의 표면을 망쳐 놓는다. 이런 상황에서 지금까지와는 질이 전혀 다른 새로운 미생물 살충제가 나타나서 잎말이나방과 천공충을 제거할 수 있다면 얼마나 좋겠는가. 그것도 자연의 상호 제어는 조금도 혼란시키지 않고 이것이 이루어진다면.

캐나다 동부, 미국 동부의 삼림지대에서는 새싹을 먹는 벌레와 매미나방의 피해가 크므로 여기서도 세균 살충제에는 기대가 크다고 할 수 있다. 1960년, 캐나다와 미국 두 나라가 공동으로 바실루스 투링기엔시스의 야외 실험을 하였다. 이때는 시판품이 사용되었는데 지금까지의 결과로 보면 아무튼 유망하다고 할 수 있다. 예컨대 버몬트에서의 최종 결과 보고에 따르면 이것에는 DDT와 같은 효과가 있다고 한다. 미해결된 점은 기술적인 것인데, 침엽수 잎에 세균 포자를 부착시킬 때 어떤 용제가 좋은가 하는 등의 문제이다. 농작물일 때는 간단하여 분말 형태로도 쓸 수 있다. 채원에서는 갖가지 야채에 세균 살충제가 이미 시험적으로 사용되었고 특히 캘리포니아주에서 많이 사용되고 있다.

그렇게 눈에 띄는 일은 아니지만 이 밖에 바이러스에 의한 제거법도 쓰이고 있다. 캘리포니아주의 알팔파 밭에서 쐐기벌레의 피해를 방지하기 위해 바이러스가 들어 있는 액체를 살포하였다. 이 바이러스는 독성이 강한 전염병에 걸려 죽은 쐐기벌레로부터 추출한 것으로 살충제와 같은 위력을 가졌다. 병에 걸려 죽은 쐐기벌레가 5마리 있으면 알팔파 밭약 1에이커 분의 바이러스를 추출할 수 있다. 또 캐나다의 삼림지대에서는 소나무를 먹는 톱날집게벌레에 대해 바이러스가 대단히 훌륭한 위력을 가진 것을 보고 살충제 대신 바이러스를 주로 사용하게 되었다.

체코슬로바키아의 과학자는 거미줄 치듯이 집을 짓는 나방과 그 밖의 해충에 대해 원충류를 사용하는 실험을 하고 있으며, 또 미국에서 발견된 것에 의하면 원충류에 속하는 기생충은 조명충나방의 애벌레의 산란 능력을 감소시킨다고 한다.

미생물 살충제와 바이러스라고 하면, 다른 생물을 위협하는 세균전쟁 같은 것이 떠오를지도 모른다. 그러나 그런 일은 생기지 않는다. 화학약품과는 달리 곤충 병원체는 어떤 특정 곤충만을 습격할 뿐이다. 곤충 병리학의 권위인 슈타인하우스(Edward Steinhaus) 박사는 다음과 같이 말하였다. "진짜 곤충 병원체로 인해 척추동물에 전염병이 발생한 일은 실험 중에도 실제로도 한 번도 없었다"고. 곤충 병원체는 극히 특수해서 몇 종류의 곤충만—때로는 한 종류의 곤충만 습격한다. 고등동물과 식물에 병을 일으키는 것과는 다른 계통에 속해 있다. 슈타인하우스 박사가 지적하듯이, 자연계의 곤충에 병이 발생할 때는 그 병은 항상 곤충에만 한한 것이고 그것이 기생하는 숙주 식물이나 숙주 동물에는 아무런 영향을 주지 않는다.

자연계에는 곤충의 적이 있다. 갖가지 종류의 미생물뿐만 아니라 같은 곤충끼리도 적이 될 수 있다. 해충의 적을 길러서 해충을 억제하려고 생각한 최초의 사람은 일반적으로 다윈(Erasmus Darwin)이라고 여겨진다(1800년 무렵). 이것이 생물학적 제어의 출발점이었던 까닭에서인지, 화학약품을 대신하는 것으로는 이같이 벌레를 가지고 벌레를 억제하는 방법이 유일한 것이라고 일반에 오해되고 있다.

이런 고전적인 생물학적 제어가 미국에서 처음으로 본격적으로 시작된 것은 1888년이었다. 곤충 탐색 분야의 개척자 중 제일인자인 코베르(Albert Koebele)는 이세리아 깍지벌레의 천적을 구하려고 오스트레일리아로 갔다. 이 벌레 때문에 캘리포니아의 감귤산업은 큰 타격을 받을 위기였다. 15장에서도 말했지만 이 원정은 크게 성공하였는데 20세기가 되면서는 초대받지 않은 해충을 먹이로 하는 자연의 적을 모두가 찾아 나서게 되었다. 그 결과 1백여 종의 수입 포식자와 기생충을 모았다. 코베르가 가지고 온 베다리아무당벌레는 물론 그 밖에 해외에서 수입한 것은 모두 좋은 성적을 거두었다. 일본에서 수입한 나나니벌은 미국 동부의 사과밭을 파괴하는 모든 해충을 전부 없애 주었다. 점이 있는 알팔파 진디의 천적은 중동으로부터 캘리포니아에 우연히 들어와서 캘리포니아의 알팔파 산업을 구해 주었다. 매미나방의 기생충과 포식자도 훌륭한 제거 효과를 보여 주었다. 또한 왕굼벵이벌이라는 기생벌도 왜콩풍뎅이의 해를 막아 주었다. 깍지벌레와 가루깍지벌레에 대해 생물학적 제어법을 사용하면 캘리포니아주에서 연간 수백만 달러의 이익이 있으리라 생각되는데, 캘리포니아주의 지도적인 곤충학자 중 한 사람인 드바크(Paul De Bach) 박사의 계산에 의하면 생물학적 제어에 4백만 달러를 투자할 경우 1억 달러로 보답 받을 것이다.

해충의 천적을 수입하여 해충을 생물학적으로 제어하는 데 좋은 효과를 얻은 실례는 세계 각지에서 볼 수 있고 약 40여 나라에 달한다. 이와 같은 제거가 화학약품 살포보다 우수한 것은 새삼스럽게 더 이야기할 필요는 없다. 우선 비용이 많이 들지 않는다. 또 그 효과도 일시적인 것이 아니고 화학약품처럼 나중까지 독이 남지도 않는다. 그러나 생물학적 제어는 보통 경시되고 예산도 충분히 받지 못하여 곤란한 길을 걷고 있다. 생물학적 제어를 정식으로 주의 사업으로 채택하고 있는 주는 미국에서는 캘리포니아주뿐이다. 이 문제를 전문적으로 연구하는 곤충학자가 한 사람도 없는 주도 많이 있다. 예산이 없어서인지 천적에 의한 제거라는 이 방법이 충분히 학문적으로 입증되지 않고 실행될 때도 있었다. 피식자인 곤충의 개체수에 어떤 압력이 가해지는가를 정확하게 연구하지 않는 경우도 많고, 또 무작정 천적을 풀어놓는 일도 있었다. 그러나 실은 이 정확성이야말로 생물학적 제어법이 성공하느냐 실패하느냐를 좌우하는 것이다.

포식자와 피식자는 각각 독립하여 살아가고 있는 것이 아니고 생명의 큰 짜임새의 한 부분이다. 그러므로 우리는 생의 짜임새 전체를 생각해야만 한다. 가장 모범적으로 생물학적 제어가 이루어지는 곳은 아마도 삼림일 것이다. 현대의 농업은 극히 인공적이라서 지금까지의 자연이라는 개념은 이제는 여기에 합당하지 않다. 그러나 삼림은 다르다. 자연에 가장 가깝다. 사람의 손을 거의 필요로 하지 않고 또 가장 방해를 받지 않고, 삼림에서는 자연이 자기 길을 그대로 걷고 있다. 참으로 훌륭하고 복잡한 제어와 균형의 시스템을 만들어 내어 자연은 해충의 공격으로부터 삼림을 지켜 왔다.

미국의 삼림 관계자들은 생물학적 제어라하면 주로 해충에 기생하는 기생충과 포식자를 문제로 하는 경향을 가졌던 것 같다. 이와 반대로 캐나다인은 훨씬 시야가 넓고, 또 유럽의 학자 중에 진취적인 생각을 가진 사람들은 '삼림 위생학' 같은 학문을 발전시켰으며 그 영역도 놀랄 만큼 광범위하다. 그들은 새, 개미, 숲에 사는 거미에 기생하는 세균까지도 수목과 함께 삼림을 구성하는 것이라고 생각하고 이 같은 삼림을 보호하는 생물로 새로운 삼림을 만들려고 한다. 먼저 새를 늘리는 일부터 시작한다. 근대에 이르러 삼림 개발의 진보에 따라 수령이 오래된 구멍난 나무가 모두 없어졌는데, 이와 함께 딱따구리와 그 밖의 새들의 집도 그 자취를 감추었다. 그래서 새 집을 여기저기에 걸어 두고 새들이 다시 삼림으로 돌아오게 하였다. 올빼미, 박쥐를 위해서는 특히 그들에게 적합한 새집을 지어 주었다. 그리하여 올빼미와 박쥐들이 밤이 되면 벌레를 찾아 날고 낮에는 낮대로 작은 새들이 벌레를 찾아다닐 수 있는 삼림이 되었다.

그러나 이것은 아직 초보적 단계이다. 유럽의 삼림에서 행해지고 있는 훌륭한 제거 방법에는 숲불개미를 해충의 포식자로 이용하는 것이 있다. 참고로 이 대단히 공격적인 개미는 불행히도 북미에는 없다. 지금부터 25년 전독일의 뷔르츠부르크 대학 교수인 게스발트(Karl Gösswald)가 이 개미를 인공적으로 사육하는 방법을 발명하여, 게스발트 교수의 지도 아래 서독의 90개나 되는 시험 지구에 이 개미의 콜로니가 1만 개 이상 만들어졌다. 이 방법은 이탈리아를 비롯하여 이 개미가 있는 나라에서 널리 응용되어 삼림을 해치는 해충을 제거하는데 기여했다. 예컨대 아펜니노산맥에서는 삼림지대를 보호하는 수백 개의 집이 지어졌다.

독일 묄른시의 농림 기술관 루페르츠호펜(Heinz Ruppertshofen) 박사는 다음과 같이 말하고 있다. "박쥐나 올빼미를 비롯해 새나 개미까지 숲속에서 잘 보호할 수 있다면 그것만으로 생물적 균형은 크게 회복된다"고. 박사의 생각에 의하면, 포식자와 기생충을 도입해 오는 것보다는 수목의 '자연의 친구'를 많이 양육하는 것이 더 효과적이라 한다.

묄른의 숲에서는 새로 인위적으로 만든 개미의 콜로니가 딱따구리의 먹이가 되지 않도록 그 위에 그물을 둘러씌웠다. 그러므로 어떤 곳에서는 10년 동안 4배나 그 수가 많아진 딱따구리는 개미의 콜로니를 먹지 못했으므로 거꾸로 해충인 쐐기벌레를 잡아먹었다. 또한 개미 콜로니(또 새집까지)를 돌보아 주는 것은 10~14세 가량의 시나 마을의 아이들이었으므로 비용은 거의 들지 않았고 삼림은 영구히 해충으로부터 지켜질 수 있었다.

루페르츠호펜 박사는 이 밖에도 퍽 흥미 있는 일을 하였다. 그것은 거미를 이용하여 삼림을 보호하려는 것인데 박사는 이 방면의 개척자라고 할 수 있다. 거미에 대해서는 많은 문헌이 있는데 주로 분류와 박물학에 관한 것이고 그마저 단편적이고 산발적이며, 생물학적 제어와의 관계에 주목한 것은 하나도 없다. 거미의 종류가 2만 2천인 것은 이미 알려져 있는데 이 중에서 독일에 살고 있는 것은 7백 6십 종류(미국에는 2천 종류)이며, 독일의 삼림에는 29과가 있다.

삼림학자가 흥미를 가지는 것은 거미가 어떤 종류의 거미줄을 치는가 하는 점이다. 차바퀴 모양의 거미줄을 치는 거미가 가장 효과적이다. 이 종의 거미가 치는 거미줄 중에는 그 눈이 몹시 촘촘한 것이 있어서, 공중을 나는 모든 벌레가 거기에 걸려들기 때문이다. 십자거미의 큰 그물은 지름이 16인치이고 그 섬유에는 접착력이 있는 결절이 12만 개나 있다. 거미의 수명은 보통 18개월인데 그동안에 한 마리의 거미가 죽이는 벌레 수는 평균 2천 마리라고 생각된다. 생물학적으로 건전한 숲에는 1평방미터당 50~150마리의 거미가 있다. 수가 그 이하일 때는 알이 들어 있는 보자기 모양의 고치를 모아서 여기저기에 뿌린다. 루페르츠호펜 박사는 이렇게 말하고 있다. "나나니벌거미(미국에서도 살고 있다)의 고치 3개가 있으면 천 마리의 거미가 생기고 2십만 마리의 공중을 나는 벌레를 잡을 수가 있다." 봄이 오면 차바퀴 모양의 집을 짓는 거미의 작고 연한 새끼가 부화되는데 이것은 대단히 중요하다. 박사는 말하기를 "이것들은 나뭇가지 끝에 우산과 같은 거미줄을 치고, 솟아나는 새싹을 찾아 날아다니는 벌레를 모두 잡아 버린다"고 한다. 그것들이 탈피하여 성장해 가면 거미줄도 또 커져 간다.

북미의 숲은 독일과는 달리 그렇게 관리되지 않고 도리어 자연 그대로의 숲이 많다. 그리고 숲을 해충의 피해로부터 지켜 주는, 독일과 같은 종류의 천적은 없다. 그러나 캐나다의 생물학자가 계속해 온 연구도 독일의 것과 비슷하다. 캐나다에서 특히 역점을 두고 연구한 것은 작은 포유류인데 이것은 어떤 종의 해충에 대해서 놀랍도록 위대한 제거 능력을 갖고 있다. 그 대상은 특히 삼림의 부드러운 흙에 살고 있는 벌레이다. 이 중엔 톱날집게벌레가 있다. 이것은 암컷이 톱날 같은 모양의 산란관을 가지고 있기 때문에 이런 이름으로 불리는데, 이 톱날로 침엽수의 잎을 길게 자르고 거기에 알을 낳는다. 애벌레는 최후로 땅에 떨어지고 아메리카 낙엽송의 토탄에서나 잣나무, 소나무 밑의 부드러운 흙에서 고치를 만든다. 그런데 삼림의 흙 속에는 작은 포유류의 터널과 통로가 많이 있다. 즉 흰 다리를 가진 쥐, 들쥐, 여러 종류의 뒤쥐가 구멍을 파고 있다. 이들 중에서 대식가인 뒤쥐는 이 벌레의 고치를 발견하면 전부 먹어 치운다. 먼저 앞다리를 고치 위에 올려놓고 알이 있는 고치와 빈탕인 고치를 잘 구별한 다음 고치 끝을 물어뜯는다. 뒤쥐처럼 작으면서 한없이 먹는 탐욕가는 또 없을 것이다. 들쥐가 하루 약 2백 개의 고치를 먹는다고 하면 뒤쥐는 종류에 따라 8백 개 정도를 쉽게 먹어 치운다. 실험실에서의 시험으로 추산한다면, 현재 있는 고치의 75~98%를 이 방법으로 제거할 수 있다고 생각된다.

뉴펀들랜드섬에는 뒤쥐가 없으므로 톱날집게벌레가 많았다. 그래서 사람들이 이 뒤쥐를 입수하려고 열심히 요망한 결과, 1958년에 특히 톱날집게벌레를 잘 포식하는 뒤쥐 한 종류가 수입되었다. 캐나다정부의 1962년 보고에 의하면 이것은 대성공이었다고 한다. 뒤쥐는 번식해서 섬 구석구석까지 퍼졌다. 몇 마리에 표지를 해 두었는데 처음에 방출한 지점으로부터 10마일 떨어진 곳까지 이동해 있었다.

문제의 항구적인 해결을 바라는 삼림학자에게는 이런 유력한 무기가 여럿 주어져 있다. 숲속에서 이루어지는 자연의 상호 관계를 손상하지 않도록 지키는 것이 긴 안목의 해결법일 것이다. 화학약품을 사용해서 삼림의 해충을 제거하는 것은 잘된다 하여도 일시적이며, 정말로 문제가 해결되지는 않는다. 그리고 잘못하면 숲속의 냇물에 사는 물고기를 죽이고 새로운 해충 화근을 초래하게 된다. 자연의 상호 제어를 파괴하고 또 애써 도입해 온 천적도 죽이게 된다. 루페르츠호펜 박사는 말하고 있다. "이 같은 폭력 때문에 숲의 사회는 완전히 균형을 잃었다. 해충에 의한 재해는 주기적으로 점점 자주 일어나게 된다……화학약품 살포라는 반자연적인 파괴 행위는 중지하여야 한다. 지금 아직도 자연이라고 부를 수 있는 것이 우리 주변에 몇 개라도 남아 있다면 그것은 삼림으로서, 우리들에게 남아 있는 최후의 소중한 장소일 것이다."

우리들이 살고 있는 지구는 우리들 인간만의 것은 아니다. 이 생각에서부터 출발하는 새롭고 상상적이고 창조적인 노력에는, '자기들이 취급하는 상대는 생명이 있는 것이다'라는 인식이 항상 빛나고 있다. 살아 있는 집단, 밀고 밀리는 힘의 관계, 물결같이 올라갔다 내려갔다 하는―이 같은 세계를 우리들은 상대로 하고 있다. 곤충과 우리들 인간의 세계가 서로 이해하고 화해하기를 바란다면, 갖가지 생명력을 무시하지 말고 잘 인도하여 우리들 인간에게 유용하도록 하는 것이 좋다.

남에게 뒤질세라 너도나도 마구 독약을 뿌린 결과, 현대인은 생명력의 보존에 대한 근본적인 것을 생각할 수 없게 되었다. 몽둥이를 마구 흔들던 혈거시대의 인간과 하나도 다름없이 근대인은 화학약품을 모든 생명의 짜임새에 불리하도록 쏟아 뿌렸다. 이 생명의 짜임새는 한편으로는 정밀하고 파괴되기 쉬우나 다른 한편으로는 기적적으로 질기고 단단하여 되살아나서 생각지도 못한 역습을 한다. 생명에 감추어져 있는 이 신비한 힘을, 화학약품을 살포하는 사람들은 무시해 왔다. 그들은 '높은 데에 마음을 두지 않고 자기만족에 빠져' 거대한 자연의 힘 앞에 겸손하지 않고 자연을 우롱하고 있다.

'자연을 지배한다'는 표현은 인간의 오만에서 유래한 것이다. 그 같은 오만은 또 네안데르탈 시대와도 같은 '원시적'인 미개한 생물학과 철학에서 유래한 것인데, 이런 철학에서 자연은 인간 생활의 편의를 위해 존재한다고 제멋대로 이해되었다. 응용 곤충학자들의 사고방식과 하는 일은 마치 과학의 석기시대를 연상케 한다. 학문이라고도 부를 수 없는 단순한 과학이 최신 무기를 손에 넣고 마음대로 하고 있는 것은 참으로 무섭고도 불행한 일이다. 우리는 무서운 무기를 만들어 내어 곤충을 겨냥하고 있으나, 그것은 바로 우리들 인간이 살고 있는 이 지구 자체를 겨냥하고 있는 것이다.

The Sence of Wonder

센스 오브 원더

레이첼 카슨

레이첼 카슨은 이 《센스 오브 원더》를 더욱 확대해서 쓰고 싶어 했다. 그러나 그것을 실현시키기 전에, 그녀의 생명의 불은 다 타버리고 말았다. 생전에 그녀가 기원한 대로.

이 책을 로저에게 바친다.

센스 오브 원더

폭풍우 치던 어느 가을밤, 나는 이제 막 1년 8개월이 된 아기, 로저를 모포로 감싸서 비 내리는 어둠 속을 헤치며 해안으로 내려갔습니다.

해변에는 거대한 파도 소리가 울려 퍼지고, 하얀 물마루가 고함을 지르고는 무너져 물보라를 일으킵니다. 우리는 폭풍우 치는 깜깜한 밤에 광대한 바다와 육지의 경계에서 꼼짝 않고 서 있었습니다.

그 때 우리는 신기하게도 마음 깊은 곳으로부터 넘쳐 오르는 기쁨에 겨워 함께 소리 높여 웃었습니다.

어린 로저에게는 오케아노스(대양의 신)의 감정의 분출과 만나는 최초의 기회였고 나는 생애의 대부분을 사랑하는 바다와 함께 지내왔습니다. 그럼에도 불구하고 광막한 바다가 포효하는 사나운 밤, 우리는 등골이 오싹오싹하는 듯한 흥분을 함께 맛보고 있었던 것입니다.

그로부터 이틀 정도 지난 밤, 나는 다시 로저를 데리고 손전등을 켜들고서 파도치는 곳까지 갔습니다. 비는 내리지 않았지만, 그날 밤도 바람이 거세게 불어서 해변에는 부서지는 파도소리가 울려 퍼지고 있었습니다.

나는 그 장소, 그 순간이 무언가 표현할 수 없는 자연의 거대한 힘에 지배받고 있는 것을 확실히 감지했습니다.

그날 밤, 사실 우리는 달랑게를 찾으러 탐험 나온 것입니다. 모래빛깔을 한 이 녀석은 발이 빨라서 때때로 낮에 해변에서 노는 로저의 눈을 피해 민첩하게 모래 속으로 숨어버리곤 합니다. 그러나 게는 본디 야행성이라서 낮에는 물가에 작은 구멍을 파고 들어가 파도가 운반시켜줄 것을 기다리듯 숨어있기 때문에, 좀처럼 발견하기 쉽지 않습니다. 그래서 우리는 밤에 해변으로 달랑게들을 찾아나온 것입니다.

대양의 사나운 힘 앞에서 홀로 맞서고 있는 이 작은 생명의 연약한 모습을 볼 때마다, 우리는 무언가 철학적인 생각을 하게 됩니다. 물론 로저가 우리 어른들 같이 느끼고 있다고는 말하지 않겠습니다.

그러나 기특하게도, 그는 바람의 노래도 어둠도 파도의 울림까지 두려워하지 않고 대자연의 힘에 둘러싸인 밤의 세계를 어린아이다운 순수함으로 받아들여 '유령' 찾기에 열중하고 있었습니다.

아직 어린아이를 거친 자연 속에 데리고 나가 놀게 하는 것은 아마 흔한 놀이는 아니겠지요. 그렇지만 나는 겨우 4살 난 로저와 함께, 그 애가 작은 아기 때부터 시작한 모험—자연세계로의 탐험—을 여전히 나가고 있습니다. 그리고 이 모험은 로저에게 매우 좋은 영향을 준 듯합니다.

우리는 폭풍우 치는 날에도 고요한 날에도, 밤에도 낮에도 탐험을 나갔습니다. 그것은 무언가를 가르치기 위해서가 아니라, 함께 즐기기 위해서입니다.

나는 해마다, 여름이 오면 몇 달씩 메인 주(州) 해변에서 지냅니다. 해변에서 숲으로 이어지는 토지에 작은 별장을 가지고 있습니다.

화강암으로 가를 두른 해안선에서 조금 높은 숲으로 통하는 길에는 소귀나무, 향나무 월귤나무가 자라고, 비탈길을 더 올라가면 이윽고 가문비나무와 전나무의 그윽한 향이 풍겨옵니다. 발밑으로는 블루베리, 체커베리, 순록이끼, 풀산딸나무 같은 북쪽 숲에서 볼 수 있는 여러 가지 식물들이 융단처럼 깔려 있습니다.

내가 '원시림'이라고 부르는, 가문비나무가 치솟은 언덕의 경사면에는 양치류가 무성한 움푹 팬 음지가 있고, 여기저기 바위가 얼굴을 내밀고 있습니다. 근처에는 개불알꽃과 산나리꽃이 피어있고, 제비옥잠은 마법사의 지팡이 같은 잔가지의 끝에 진한 감색 열매를 달고 있습니다.

로저가 이곳에 오면, 우리는 언제나 숲으로 산책을 나갑니다. 그럴 때 나는 동식물의 이름을 애써 가르치거나 설명하지는 않습니다.

나는 그저 무언가 재미있는 것을 발견할 때마다 무의식적으로 기쁨의 소리를 지르기 때문에 그 아이도 어느새 여러 가지에 주의를 기울이게 됩니다.

물론 그것은 어른 친구들과 발견의 기쁨을 함께 나누는 것이라 해도 무방할 것입니다.

나중에 나는 그의 머릿속에 그때까지 보았던 동식물의 이름이 또렷하게 새겨져 있다는 것을 알고 놀랐습니다. 식물 컬러슬라이드를 보여주면 로저는 이렇게 말하곤 합니다.

"앗, 그거 레이첼 아줌마가 좋아하는 풀산딸나무야!"

"그건 곱향나무야. 초록색 열매는 리스 씨네 거니까 먹으면 안 돼."

여러 가지 생물 이름을 확실하게 마음에 새겨둔다는 것에 있어서는, 친구들과 함께 숲에 탐험하러 가서, 발견의 기쁨에 가슴 뛰는 것만큼 좋은 방법은 없다고 나는 확신합니다.

로저는 바위투성이의 메인 주의 해안에는 보기 드문 작은 삼각형 모래사장에서 조개의 이름도 그런 식으로 외워갔습니다.

로저는 겨우 1살 반 무렵부터 총알고둥, 골뱅이 등의 조개 이름을 부르기 시작했습니다. 대체 언제 그러한 이름을 외운 것인지, 나는 도저히 알 수가 없습니다. 그 아이에게 가르쳐준 적이 한 번도 없기 때문입니다.

잠잘 시간이 늦어진다던가, 옷이 젖어서 갈아입어야 한다던가, 카펫이 더러워진다는 이유로, 보통의 부모들이 아이에게서 빼앗는 즐거움을 우리 가족은 모두 로저에게 허용하였고, 함께 누렸습니다.

늦은 밤까지 불이 꺼진 깜깜한 거실의 큰 창 너머로, 로저와 함께 보름달이 지는 광경을 바라본 적도 있습니다.

달은 천천히 항만 너머로 기울어져가고, 바다는 온통 은빛 불꽃에 둘러싸였습니다. 그 불꽃이 해안의 바위를 가득 채운 운모(雲母) 조각을 비추면, 무수한 다이아몬드를 아로새긴 듯한 광경이 펼쳐졌습니다.

그렇게 해마다 어린 마음에 새겨지는 멋진 광경에 대한 기억은, 그가 잃어버린 수면시간을 보충하고도 남을 만큼 그의 인간성에 중요한 영향을 끼칠 것이라고 우리는 느끼고 있었습니다.

그것이 옳았다는 것을 작년 여름 여기서 맞이한 만월의 밤, 로저는 자신의 언어로 알려주었습니다. 내 무릎 위에 안겨 조용히 달과 바다, 그리고 밤하늘을 바라보면서 로저가 이렇게 속삭인 것입니다.

"여기에 오길 잘했어."

평소부터 나는 숲을 돌아다니기에는 비오는 날이 최적이라고 생각하고 있었습니다. 메인의 숲은 비가 내리면 특히 생기를 띠고, 선명하게 아름다워집니다. 침엽수의 잎은 은빛 비단을 두르고, 양치류는 마치 열대 정글처럼 푸릇푸릇 자라 그 뾰족한 잎 끝에서 수정 같은 물방울을 떨어뜨립니다.

겨자색과 살구색, 진홍색 등의 신비한 채색을 한 버섯들이 부엽토 아래에서 얼굴을 내밀고, 지의류와 이끼류는 물을 머금고 살아나 선명한 녹색과 은색을 되찾습니다.

자연은 우울해 보이는 날에도, 아이들을 위한 비장한 선물을 소중히 간직해 둡니다. 작년 여름, 비에 젖은 숲속을 거닐다가 로저의 모습을 보고 나는 그것을 깨달았습니다.

비가 오거나 안개가 끼는 날이 며칠이나 계속되어, 빗방울이 거실의 커다란 창을 두드리고, 안개는 항만의 풍경을 함초롬히 숨기고 있었습니다. 바다속에 내려둔 바닷가재잡이의 바구니를 둘러보는 어부와 갈매기의 모습도 보이지 않고, 다람쥐조차 얼굴을 보여주지 않습니다. 작은 별장은 비 오는 날활달한 3살 아이를 가둬두기엔 너무 좁습니다.

"숲으로 가볼까? 여우나 사슴이 보일지도 몰라요."

그뒤 우리는 노란 비옷을 입고 비를 가릴 모자를 쓰고, 무언가 즐거운 일이 일어날 것 같은 기대에 잔뜩 부풀어 밖으로 나갔습니다.

지의류는 옛날부터 내가 좋아하는 것입니다. 돌 위에 은색의 원을 그리거나 뼈나 뿔, 조개껍질 같은 기묘한 작은 무늬를 만들기도 하고, 마치 요정나라의 무대인 것처럼 보입니다. 로저는 비가 마법을 걸어 변신시킨 지의류의 모습을 보고 기뻐합니다. 그것을 본 나 또한 기분이 무척 좋아졌습니다.

숲의 오솔길에는 순록이끼라고 불리는 지의류가 깔려 있었습니다. 그것은 길쭉하고 고풍스러운 깔개처럼, 초록의 숲에 은회색의 띠를 사방으로 뻗치고 있었습니다.

맑고 건조한 날에는 순록이끼의 융단은 얇게 말라 있어서 밟으면 힘없이 허물어지고 맙니다. 스펀지처럼 비를 흠뻑 빨아들인 순록이끼는 두껍고 탄력이 풍부합니다. 로저는 무척 기뻐하며 동글동글한 무릎을 붙여 그 감촉을 즐기고, 이리저리 바삐 돌아다니면서 그 폭신폭신한 이끼융단에 소리 지르며 뛰어드는 것입니다.

처음으로 우리가 크리스마스트리 장식을 한 것도 그 숲속에서였습니다. 근처에는 크고 작은 어린 가문비나무가 무수히 머리를 내밀고 있었는데, 그중에는 로저의 손가락만한 작은 묘목도 있었습니다. 그래서 나는 작은 아기 가문비나무를 찾기 시작했습니다.

"이건 다람쥐의 크리스마스트리가 분명해."

나는 말했습니다.

"딱 적당한 높이야. 크리스마스이브가 되면 붉은 날다람쥐가 찾아와서, 작은 조개껍질과 솔방울, 은색 이끼실로 장식하는 거란다. 나중에 눈이 내리면 반짝반짝 빛나는 별을 가득 매단 것처럼 보이는 거지. 아침이 오기 전에 다람쥐들의 멋진 크리스마스트리는 완성되어 있을 거야. 보렴, 이 나무는 아주 작으니까 분명 벌레의 트리일 거야. 조금 큰 것은 토끼 아니면 마멋(북아메리카에 넓게 분포하는 다람쥐 과의 포유류. 몸길이 30~50cm)의 것이야."

우리는 숲으로 산책을 갈 때마다 이 놀이를 하게 되었습니다.

"크리스마스트리를 밟으면 안 돼!"

산책을 하며 이처럼 언성을 높이는 일도 자주 있었습니다.

아이들의 세계는 언제나 활기차면서도 신선하고 아름다워서 놀라움과 감격으로 가득 차 있습니다. 안타깝게도 우리는 대부분 어른이 되기 전에 맑은 통찰력과 아름다운 것, 경외(敬畏)해야 할 존재에 대한 직감력이 둔해지고 때로는 완전히 잃어버리기도 합니다.

만일 나에게 모든 아이들의 성장을 지켜보는 선량한 요정에게 말을 걸 수 있는 능력이 있다면, 온 세상의 아이들에게 일생동안 사라지지 않는 '센스 오브 원더=신비롭고 불가사의한 감성'을 내려달라고 부탁하고 싶습니다.

이 감성은 이윽고 어른이 되면 찾아오는 권태와 환멸, 자연이라는 힘의 원천으로부터의 경원(敬遠), 하찮은 인공적인 것에 열중하는 것 등에 대한 영원한 해독제가 될 것입니다.

요정의 힘에 기대지 않고, 아이가 태어날 때부터 지니고 있는 《센스 오브 원더》를 언제나 신선하게 간직하기 위해서는, 우리가 살고 있는 세상의 기쁨, 감격, 신비 등을 아이와 함께 재발견하고 함께 감동을 나누는 어른이 적어도 한 사람 곁에 있을 필요가 있습니다.

많은 부모는 열성적이고 섬세한 아이의 호기심과 만날 때마다 여러 생명들이 사는 복잡한 자연세계에 대하여 자신이 아무 것도 모른다는 사실을 깨닫고, 때때로 어떻게 해야 좋을지 모르게 됩니다. 그리고 이렇게 탄식하지요.

"내 아이에게 자연에 대해 어떻게 가르쳐야 하는 걸까요? 나는 저기 있는 새의 이름조차 모르는데!"

나는 '어떻게 아이를 교육시켜야 하는가' 고민하고 있는 부모에게나 그 부모의 아이에게나 '아는' 것은 '느끼는' 것에 비해 절반도 중요하지 않다고 말하고 싶습니다.

아이들이 부딪히는 사실 하나하나가 이윽고 지식과 지혜를 낳는 씨앗이라고 가정한다면, 다양한 정서와 풍부한 감수성은 그 씨앗을 키우는 비옥한 토양입니다. 어린 시절은 이 토양을 일구는 시기입니다.

아름다운 것을 아름답다고 느끼는 감각, 새로운 것과 미지의 것을 접했을 때의 감격, 배려, 연민, 찬탄과 애정 등의 다양한 형태의 감정이 일단 한 번 일깨워지면, 다음에는 그 대상이 되는 것에 대해 좀 더 잘 알고 싶다는 생각을 하게 됩니다. 그렇게 해서 발견한 지식은 완전한 자기 것이 됩니다.

소화할 능력이 아직 갖추어지지 않은 아이에게 뜻도 모르고 사실을 그대로 받아들이게 하기보다는 아이가 알고 싶어 하도록 길을 터주는 쪽이 얼마나 중요한지 모릅니다.

만일 당신 자신은 자연에 대한 지식을 아주 조금밖에 가지고 있지 않다고 느끼더라도 부모로서 아이에게 많은 것을 해줄 수 있습니다.

이를테면 아이와 함께 하늘을 올려다봅시다. 거기에는 새벽녘과 황혼의 아름다움이 있고 흘러가는 구름, 밤하늘에 반짝이는 별이 있습니다.

아이와 함께 바람소리를 들을 수도 있습니다. 그것이 숲을 뒤흔들며 지나가는 무시무시한 소리, 집의 차양과 아파트 모퉁이에서 휘잉—하며 불어오는 바람의 합창일지라도 그런 소리에 귀를 기울이는 동안은 신기하게도 당신의 마음은 해방되어 갈 것입니다.

비 오는 날에는 밖으로 나가 비를 맞으면서, 바다에서 하늘, 그리고 지상으로 모습을 바꾸어가는 빗방울의 긴 여로를 상상해볼 수도 있겠지요.

당신이 도시에서 살고 있더라도 공원이나 골프장에서 신비로운 철새가 날아가는 모습을 보고, 계절이 흐름을 느낄 수 있습니다.

그리고 부엌 창가의 작은 화분에 뿌린 한 톨의 씨앗조차도 싹을 틔우고 성장해가는 모습을 보고, 식물의 신비에 대하여 아이와 함께 깊이 생각해볼 기회가 될 것입니다.

아이와 함께 자연을 탐험한다는 것은 주변에 있는 모든 것에 대한 당신 자신의 감수성을 갈고닦는 것입니다. 그것은 오랫동안 사용하지 않았던 감각 회로를 여는 것, 요컨대 당신의 눈, 귀, 코, 손끝의 사용법을 다시 한 번 바로잡는 것입니다.

우리는 대개 주변 세상을 거의 시각을 통해서 인식합니다. 그러나 스쳐 볼 뿐 깊게 보고 있지 않은 것도 많습니다. 놓치고 보지 못한 아름다움을 깨닫는 한 가지 방법은 자신에게 이렇게 질문해 보는 것입니다.

"만일 이것이 지금까지 한 번도 본 적이 없는 것이라면? 만일 이를 두 번 다시 볼 수 없다면?"

이런 생각이 강렬하게 내 마음을 사로잡았던 어느 여름날 밤을 잊을 수 없습니다.

달도 없는 맑게 갠 밤이었습니다. 나는 친구와 둘이서 곶으로 나갔습니다. 그곳은 만에서 튀어나와 주변이 온통 바다로 둘러싸여 있었기 때문에 마치 작은 섬에 와 있는 듯했습니다.

아득히 먼 수평선이 우주를 둘러싸고 있습니다. 우리는 누워서 몇 백만 개의 별들이 어두운 밤하늘에서 반짝이는 것을 올려다보았습니다.

밤의 정적 사이로 만의 입구 저편 암초에 부표(浮標)가 부딪치는 소리가 들려옵니다. 멀리 해안에서 누군가가 얘기하고 있는 목소리가 맑은 공기를 타고 전달되어 왔습니다.

별장의 불빛이 두세 개 보입니다. 그 밖에 인간의 생활을 연상시키는 것은 아무 것도 없고, 그저 친구와 나, 수많은 별뿐이었습니다.

나는 이제껏 그 때만큼 아름다운 밤하늘을 본 적이 없습니다. 하늘을 가로질러 흐르는 하얀 안개 같은 은하수, 선명하게 반짝거리는 별자리의 형태, 수평선 근처에서 타는 듯이 깜빡이는 혹성……. 별똥별이 하나 둘 지구의 대기권으로 떨어져서는 불타버렸습니다.

만일 이 광경이 1세기에 한 번, 또는 인간의 일생에 단 한번밖에 볼 수 없는 것이라고 한다면, 이 작은 곳은 구경꾼으로 넘쳐나지 않을까, 나는 상상하였습니다. 그렇지만 실제로 이 같은 광경은 해마다 수십 번이나 볼 수 있습니다. 그리고 거기에 사는 사람들은 머리 위에 펼쳐지는 아름다움에 거의 신경 쓰지 않습니다. 보려고 마음만 먹으면 매일 밤 볼 수 있기 때문에 어쩌면 한 번도 보는 일이 없을지 모릅니다.

가령 단 하나의 별 이름조차 모를지라도 아이들과 함께 우주의 끝없는 광활함 속에 마음을 열고, 그저 넋을 잃고 바라보았던 경험을 공유할 수는 있습니다. 그리고 아이와 함께 우주의 아름다움에 취해 지금 보고 있는 것이 가진 의미에 대하여 골똘히 생각하고 경탄할 수도 있습니다.

극히 미미한 존재들의 세계도—관심을 보이는 사람은 거의 없지만—무척 흥미로운 세상입니다.

아이들은 자신이 작고 땅과 가까운 곳에 있기 때문인지, 작은 것, 눈에 띄지 않는 것을 찾아내고는 기뻐합니다. 그것을 깨달으면, 우리가 평소 서두른 나머지 세세한 부분에는 신경 쓰지 않고 전체만을 보느라 놓치고 있던 아름다움을 아이와 함께 느끼고 그 즐거움을 나누는 것이 쉬워집니다.

자연의 가장 섬세한 손길은 작은 것 속에서 찾아볼 수 있습니다. 눈의 결정 한 조각을 돋보기로 살펴본 적이 있는 사람이라면 누구나 알지요.

지금 약간의 지출을 아까워하지 말고 질 좋은 돋보기를 사면 새로운 세상이 열릴 것입니다. 흔해빠진 시시한 것으로 생각하고 있던 것이라도 아이와 함께 돋보기로 관찰합시다.

한 움큼의 해변모래가 장밋빛으로 빛나는 보석이나 수정, 반짝이는 검은 구슬처럼, 또는 소인국의 바위산처럼 보이거나 모래 속에서 성게의 가시와 소라껍질을 발견할지도 모릅니다.

숲의 이끼를 관찰해보면, 마치 열대의 깊은 정글과도 같습니다. 이끼 속을 기어다니는 벌레들은 기묘한 형태를 한, 울창한 큰 나무 사이를 서성이는 호랑이처럼 보입니다.

연못의 수초와 해조류를 유리 수조에 아주 조금만 넣어 렌즈를 통해 관찰해봅시다. 이상한 생물체가 많이 살고 있고, 그들이 돌아다니는 모습은 몇 시간을 들여다보아도 질리지 않습니다.

또 여러 가지 나무의 새싹과 꽃봉오리, 활짝 핀 꽃, 그리고 작디작은 생물들을 돋보기로 확대하면 생각지도 못한 아름다움과 복잡한 구조를 발견할 수 있습니다. 그것을 보고 있노라면 어느덧 우리는 인간을 기준으로 하는 틀로부터 벗어날 수 있는 것입니다.

냄새와 소리가 잊을 수 없는 추억으로 마음에 새겨진다는 점에서도 알 수 있듯이 시각뿐만 아니라 그 밖의 감각도 발견과 기쁨으로 이어지는 길이 됩니다.

아침 일찍 밖으로 나간 로저와 나는 별장의 굴뚝에서 흘러 나오는, 눈에 스며드는 톡 쏘는 듯한 투명한 냄새를 즐겨 맡곤 했습니다.

썰물 때 해변으로 내려가면 가슴 가득 해변의 공기를 들이마실 수가 있습니다. 여러 가지 냄새가 뒤섞인 해변의 공기에 싸여 있으면 해조류나 물고기, 이상한 형태를 하거나 신기한 습성을 가진 바다 생물들, 조수의 간만이 규칙적으로 되풀이되고, 간석지의 진흙과 바위 위의 소금의 결정 등이 놀랄 만큼 선명하게 기억나는 것입니다.

마침내 로저가 오랫동안 바다에서 멀리 떨어져 있다가 어른이 되어 오랜만에 해변으로 돌아오면, 바다 냄새를 크게 들이마시자마자, 즐거웠던 추억이 솟구치듯이 되살아나지 않을까요? 예전에 내가 그랬던 것처럼.

후각이라는 것은, 다른 감각보다도 기억을 불러내는 힘이 뛰어나기 때문에 이 힘을 사용하지 않는 것은 무척 아까운 일이라고 생각합니다.

소리를 듣는 것도 참으로 우아한 즐거움을 가져다 줍니다. 다만 약간은 의식적인 훈련이 필요하겠지요.

예전에 어떤 사람이 나에게 개똥지빠귀가 지저귀는 소리를 한 번도 들은 적이 없다고 말한 적이 있습니다. 하지만 그 사람의 집 정원에는 봄이 오면 언제나 개똥지빠귀가 방울을 울리는 듯한 소리로 노래하는 것을 나는 알고 있습니다.

약간의 힌트를 주거나 예를 들어서 가르쳐주기만 하면 아이들은 자신의 주변에 있는 다양한 소리를 구분지어 들을 줄 알게 됩니다.

우레소리, 바람 소리, 파도가 부서지는 소리와 실개천이 졸졸 흐르는 소리 등, 지구가 연주하는 음악에 가만히 귀 기울여 그 소리가 무엇을 말하고 있는지 서로 이야기해봅시다.

온갖 생물들의 소리에도 귀를 기울여 봅시다. 아이들이 봄날 새벽 작은 새들의 합창을 전혀 깨닫지 못한 채 어른이 되어버리지 않기를 진심으로 기원합니다.

아이들은 특별히 일찍 일어나서 새벽녘 빛을 향해 밖으로 나간 일을 결코 잊지 않을 것입니다.

새들의 첫 노랫소리는 태양이 얼굴을 내밀기 전에 들려옵니다. 홀로, 첫 노래를 부르는 소리꾼의 소리를 구분해서 듣는 것은 어려운 일이 아닙니다. 우선 빨간 홍관조가 피리 같은 맑고 날카로운 목소리로 노래부르기 시작하겠지요.

그러고 나서 흰목참새가 천사처럼 순결한 목소리로 지저귀며 꿈결처럼 잊을 수 없는 기쁨을 가져다줍니다.

조금 떨어진 숲에서는 쏙독새가 단조로운 밤의 노래를 계속 부르고 있습니다. 리드미컬한 그 목소리는 들려온다기보다 느낀다고 하는 게 맞을 듯합니다.

이윽고 개똥지빠귀, 아메리카 지빠귀, 멧종다리, 산까치, 미국개고마리들이 합창에 끼어듭니다. 아침의 코러스는 개똥지빠귀의 수가 늘어남에 따라

볼륨이 높아지고 그 사이에 개똥지빠귀의 박력 있는 리듬이 자연의 메들리를 리드하기 시작합니다.

이 새벽녘의 합창에 귀를 기울이는 사람은 생명의 고동 자체를 듣고 있는 것입니다.

생명들이 연주하는 음악은 또 있습니다. 나는 로저와 가을이 되면 손전등을 들고 밤의 정원으로 나가서 풀숲과 초목이 우거진 곳이나 꽃밭 속에서 작은 바이올린을 연주하는 벌레들을 찾자고 약속했습니다.

벌레 오케스트라는 한여름부터 가을이 끝날 때까지 맥박 치는 것처럼 밤마다 소리가 커지더니 마침내 서리가 내리는 밤이 계속되면 연약한 작은 연주자들은 추위에 얼어서 움직임이 둔해집니다. 그리고 끝내 마지막 곡조를 연주하고 나면 길고 추운 겨울의 정적 속으로 사라집니다.

손전등에 의지하여 작은 음악가를 찾아다니는 한때의 모험은 모든 아이들이 좋아합니다. 그들은 웅크리고 앉아 눈길을 모으고 가만히 기다리고 있는 동안 밤의 신비성과 아름다움을 감지하고 밤의 세계가 얼마나 활기에 넘치고 있는지를 아는 것입니다.

벌레들의 음악을 들을 때는 오케스트라 전체의 소리를 파악하기보다는 하나하나의 악기를 구별하여 듣고, 연주자 저마다가 있는 장소를 알아내는 편이 더욱 즐길 수 있는 방법입니다.

당신들은 분명히 기분좋은 고음으로, 언제까지나 반복되는 음색에 이끌려 한 걸음 한 걸음 풀숲에 다가가겠지요. 그리고 마침내 달빛처럼 덧없는 하얀 날개를 가진 연두색의 작은 벌레를 발견하는 것입니다.

정원의 샛길 부근에서는 유쾌하고 리드미컬하게 지짓—하는 소리가 들려옵니다. 그것은 난로에서 장작이 사방으로 튀는 소리, 고양이가 목을 울리는 소리와 같이 매우 친숙하고 정겨운 울림입니다. 손전등을 비추면 검은 땅강아지가 풀숲의 보금자리로 급하게 모습을 감추는 것을 볼 수 있지요.

그 중에서도 매료되어 잊혀지지 않는 것으로 내가 《방울요정》이라고 이름 붙인 벌레가 있습니다. 나는 아직 한 번도 그 벌레를 본 적은 없습니다. 사실은 보고 싶지 않은지도 모릅니다. 그 목소리는 물론 모습도 틀림없이 그러겠지만—이 세상의 것이라고는 생각할 수 없을 만큼 우아하고 섬세합니다. 나는 지금까지 몇 날밤이나 그를 찾으려고 했지만, 결코 모습을 보여주지 않았습니다.

정말로 그 소리는 조그만 요정이 손에 들고 흔드는 은방울 소리처럼 맑고, 아련하고 거의 알아듣기 힘든, 말로 표현할 수 없는 소리입니다. 이 방울소리가 울리면 어디서 들려오는 것인가 하고 숨을 죽이며 초록잎 그늘 속에 몸을 웅크리고 맙니다.

밤에는 또 다른 소리도 들려옵니다. 봄에는 북쪽으로 향하고 가을이 되면 남쪽으로 길을 서두르는 철새들이 서로 부르는 소리입니다.

바람이 없는 온화한 10월 밤, 자동차 소리가 닿지 않는 조용한 곳에 아이들을 데리고 가서 가만히 머리 위로 펼쳐진 어두운 하늘의 높은 곳에 의식을 집중시키고 귀를 기울여 봅시다. 이윽고 당신의 귀는 희미한 소리를 감지합니다. 날카로운 치칫—하는 소리와 쉭—하고 스치는 듯한 소리, 새의 낮은 지저귐 소리입니다.

그것은 넓은 하늘에 흩어져 날아가면서 무리에서 떨어지지 않도록 서로 부르는 철새의 소리입니다.

나는 그 소리를 들을 때마다 다양한 감정이 뒤섞인 감동의 물결에 사로잡힙니다. 그들의 긴 여로의 고독을 생각하고 자신의 의지로는 어떻게 할 수 없는 커다란 힘에 이끌려가는 새들에게 견딜 수 없을 만큼 사랑스러움을 느낍니다. 또 인간의 지식으로는 아직 설명할 수 없는, 방향과 길을 아는 본능에 대해 용솟음치는 경탄의 마음을 억누를 수 없습니다.

만월의 밤, 새들이 소란스럽게 날아오르고, 또 아이가 망원경이나 상급의 쌍안경을 충분히 사용할 수 있는 나이가 되면, 하나의 새로운 모험의 길이 열립니다. 보름달을 가로지르며 날아가는 철새를 보는 즐거움입니다. 이러한 달 표면 관찰은 옛날부터 인기가 높았지만, 최근에는 과학적으로도 중요하다고 들었습니다. 이 관찰은 유년기가 지난 아이들에게 철새이동의 신비를 느끼게 해주는 좋은 방법이라고 생각합니다.

우선 편안한 곳에 자리를 잡고 앉아 망원경의 초점을 달에 맞춥니다. 그리고 나서 인내를 배우는 겁니다. 왜냐하면 철새들이 많이 지나가는 길이 아닌한, 새를 볼 때까지 오랜 시간을 기다려야 하기 때문입니다.

그렇게 기다리는 동안 달 표면을 관찰해 봅시다. 배율이 그렇게 높지 않은 망원경이나 쌍안경이라도 달 표면의 상세한 곳까지 잘 보여서 천문학을 좋아하는 아이들을 열중시킵니다.

그리고 하늘의 고독한 여행자들이 어둠 속에서 모습을 드러냈다가 다시 어둠 속으로, 달 표면을 가로질러 가는 것을 지켜볼 수 있을 겁니다.

나는 지금까지 우리 주변의 새, 곤충, 암석, 별, 그 밖의 생물과 무생물을 식별하고 이름을 아는 것에 대해서는 거의 말하지 않았습니다. 물론 흥미를 자아내는 것의 이름을 알고 있으면 편리한 것은 사실입니다. 그러나 그것은 다른 문제입니다. 적당한 가격의 도움이 될만한 도감을 부모가 조금 신경 써서 골라서 사오는 것으로 쉽게 해결할 수 있는 일이기 때문입니다.

여러 생물의 이름을 외우는 것의 가치는, 얼마나 즐기면서 기억하는가에 따라 전혀 다른 결과를 초래한다고 나는 생각합니다. 만약 이름을 외우는 것으로 끝나 버린다면 그것은 그리 의미 있는 일이라고 생각할 수 없습니다. 생명의 신비로움에 감동하고 깜짝 놀랄만한 경험을 한 적이 없어도 그때까지 본 적 있는 생물의 이름을 써넣은, 훌륭한 목록은 작성할 수 있습니다.

만일 8월의 어느 아침, 해변을 건너온 깝작도요를 본 아이가 새의 이동에 대해 약간이라도 신기하다고 생각하여 나에게 무언가 질문을 해온다면, 그 아이가 단순히 깝작도요와 물새 떼를 구별할 수 있다는 사실보다 나에게는 더 큰 기쁨일 것입니다.

인간을 넘어선 존재를 인식하고, 두려워하고, 경탄하는 감성을 키우고 강화해가는 것은 어떠한 의의가 있을까요. 자연세계를 탐험하는 것은 귀중한 유년기를 보내는 유쾌하고 즐거운 방법 중의 하나일 뿐일까요? 그렇지 않으면 좀 더 깊은 무언가가 있는 것일까요.

나는 그 속에 영속적이고 의미 깊은 무언가가 있다고 믿습니다. 지구의 아름다움과 신비를 느낄 수 있는 사람은 과학자이건 아니건 인생에 질리고 지치거나 고독에 시달리는 일은 결코 없겠지요. 가령 생활 속에서 괴로움이나 근심거리가 있다 해도 반드시 내면적인 만족감과 살아있다는 것에 대한 새로운 기쁨으로 이어지는 샛길을 발견할 수 있으리라고 믿습니다.

지구의 아름다움에 대하여 깊이 생각하는 사람은 생명이 끝나는 순간까지 활기 넘치는 정신을 계속 유지할 수 있을 것입니다.

철새의 이동, 조수의 간만, 봄을 기다리는 단단한 꽃봉오리 속에는 그 자체의 아름다움과 동시에 상징적인 미와 신비가 숨겨져 있습니다. 자연이 반복하는 후렴—밤이 지난 뒤 아침이 오고, 겨울이 지나가면 봄이 온다는 철칙— 속에는 우리를 치유해주는 무한의 무언가가 있는 것입니다.

나는 스웨덴의 뛰어난 해양학자인 오토 페테르슨을 자주 떠올리곤 합니다. 그는 93세로 세상을 떠나는 날까지 활기 넘치는 정신을 잃지 않았습니다.

그의 아들 또한 세계적으로 이름이 알려진 해양학자로, 최근 출판된 저작에서 그의 부친이 자신의 주위에서 무언가 새로운 발견이나 경험을 할 때마다 그것을 얼마나 즐겼는지를 서술하고 있습니다.

"아버지는 대단한 로맨티스트였습니다. 생명과 우주의 신비를 한없이 사랑하였습니다."

오토 페테르슨은 지구상의 풍경을 이제 그리 오래 즐길 수 없다고 깨달았을 때 아들에게 말했습니다.

"죽음에 임할 때 나의 마지막 순간을 지탱해주는 것은, 그 이후에 무언가가 있을 것이라는 무한의 호기심일 게다."

최근 나에게 도착한 한 통의 편지는 신기함에 경탄하는 감성 즉《센스 오브 원더》는 평생에 걸쳐 지속해야 한다고 확고히 말했습니다.

한 여성 독자가 보낸 그 편지는 휴가를 보내는데 적당한 해변을 추천해주지 않겠냐는 내용이었습니다. 그녀는 태고의 시대부터 계속 존재해 오면서도 늘 새로워지는 해변의 세계를 찾아서 걷고 싶다고 부탁했습니다. 문명에 의해 훼손되지 않고 자연 그대로 남아있는 장소를 찾고 있다고 했습니다.

'단, 북부의 암벽이 많은 해변은 안타깝지만 빼주세요' 라고 쓰여 있었는데 그녀는 평생 해변을 사랑했지만 메인 주(州) 해변의 바위를 등반하기에는 '곧 89세의 생일을 맞이하는 몸으로는 좀 어렵기 때문에' 라고 하는 것이었습니다.

편지를 끝까지 읽은 내 마음은 빨갛게 타오르는 그녀의 호기심의 불꽃에 의하여 후끈 달아올랐습니다. 그 불꽃은 실제로 80년이라는 긴 세월동안 그녀의 활기 넘치는 정신 속에서 계속 타올라 온 것이겠지요.

　자연과 만나는 기쁨은 결코 과학자만이 느끼는 것이 아닙니다. 대지와 바다와 하늘, 그리고 그곳에 사는 경탄에 넘치는 생명의 광채, 그곳에 뿌리를 두는 모든 사람이 손에 넣을 수 있는 것입니다.

레이첼 카슨의 생애 작품 사상

호크 산(Hawk Mountain)에서 경치를 관찰(bird watching)하는 레이첼(1945)

Ⅰ 카슨의 생애

자연은 친구

레이첼 카슨으로부터의 메시지

1964년 4월 17일, 워싱턴 대성당에서는 레이첼 카슨의 장례식이 거행되고 있었다. 회당은 꽃으로 가득 찼고 운구(運柩)하는 사람은 스튜어트 유달 내무장관, 에이브러햄 리비코프 상원의원, 언제나 그녀의 생각을 지지하고 격려해준 에드윈 웨이 틸, 로버트 머피, 오듀본협회 회장인 찰스 캘리슨, 그리고 친구인 밥 하인즈였다. 유난히 큰 화환은 영국의 에든버러공이 보낸 것이었다.

"이 조용한 여성은 20세기 중기의 가장 커다란 문제 가운데 하나인 인간에 의한 환경오염에 대하여 온 세상 사람들의 관심을 되살렸다." 리비코프 상원의원은 추도연설에서 말했다. 과학자, 작가, 일반시민들이 56세라는 이른 나이의 죽음을 애도했다. 그녀는 바다 3부작 안에서 우리에게 인간과 아무런 연관도 없었던 지질시대를 회상시키고, 또한 인간은 지구에 전면적으로 의존하고 있으나 대지나 바다는 인간을 전혀 필요로 하고 있지 않다는 것을 실감시켜 주었다. 그것은 긴장감으로부터의 해방이며 치유이기도 했다. 《침묵의 봄》은 단순히 화학물질의 환경오염을 고발한 것이 아니라, 자연계에 사는 생명체의 한 종족에 지나지 않는 인류가 지구를 자신들만의 것인 듯 행동하는 것에 대하여 날카로운 경종을 울리고 있다. 다른 생명체, 자연과의 공생, 즉 문명의 재구축을 제안하고 있는 것이다. 또한 레이첼의 사후에 출판된 《센스 오브 원더》, 이 사랑스러운 작품의 근원은 어린 시절의 자연체험이다. 그녀의 모든 저작에 넘치는 시적인 정서, 풍부한 감성이 생명의 말이 되어 지금도 계속 메시지를 보내고 있다.

성장과정

1907년 5월 27일, 레이첼 루이즈 카슨은 철강도시 피츠버그로부터 북쪽으로 30킬로 정도 떨어진 스프링데일이라는 작은 마을에서 태어났다. 아버지 로버트 월든 카슨은 아일랜드 이민자 부모를 가진 피츠버그 사람으로, 고교를 졸업한 뒤 일을 하면서 교회 성가대의 남성4중창단에 가입해 이웃 교회들을 순회하고 다녔다. 어머니 마리아 프레이저 맥클린의 선조는 카슨 가(家)보다 더 오래 전인 19세기 초엽에 스코틀랜드에서 온 커다란 이민단의 일원이었다. 마리아는 교사인 아버지와 교육열이 높은 어머니 아래서 펜실베이니아 주 워싱턴에 있는 우수 학교인 여자신학교를 졸업했다. 음악에 뛰어난 재능이 있어 교사를 하면서 워싱턴 5중창단에도 가입해 있었다.

교회음악을 통하여 연인이 된 두 사람은 1894년 결혼하여 1897년에는 장녀 마리안이, 1899년에는 장남 로버트 주니어가 태어났다. 1900년에는 스프링데일에 소박한 목조 집이 있는 64에이커의 토지를 구하여 살게 되었다. 완만한 기복이 있는 언덕 위의 집에서는 선주민의 말로 아름다운 강이란 뜻인 알레게니 강을 바라볼 수 있었다. 집 뒤편에는 사과와 배나무가 40그루 정도 있는 과수원이 있었고 닭과 양 몇 마리, 그리고 마차를 끄는 말도 한 마리 기르고 있었다. 이 집은 마을 중심부로부터는 3킬로 정도 떨어져 있었기 때문에 집 주변에는 숲이나 초원이 펼쳐져 있었다. 어린 레이첼에게는 호기심을 불러일으키는 신비로움이 가득한 자연이 가까운 곳에 많이 있었던 것이다.

아버지인 로버트는 본래 도회지 사람이며 몸이 튼튼하지도 않았기 때문에 농업에는 그다지 관심이 없었고 오히려 소유하는 토지를 매매하는 개발업자를 꿈꾸고 있었다. 사람들의 얘기에 따르면, 조용하고 친절한 인물이었으나 사업은 언제나 뜻대로 되지 않았던 듯하다. 보험 외무로 집을 비우는 일이 많아서 어머니 마리아는 아이들에게 피아노를 가르치거나 사과나 달걀을 팔거나 해서 현금수입을 얻고 있었다. 일가는 결코 풍족하지는 않았으나 경건한 장로파교회인 기독교도로 사이가 좋은 가족이었다.

소녀시대와 어머니의 생각

레이첼 카슨의 문학작품의 특징인 자연과의 일체감, 모든 생물체에 대한 친애의 감정, 생명에 대한 외경심은 어린 시절의 자연체험으로 형성된 것이다. 레이첼은 아장아장 걷던 시절부터 어머니 마리아와 숲이나 들판, 샘을 돌아다니며 많은 시간을 야외에서 보냈다. 마리아는 38살에 태어난 막내 레이첼을 각별히 귀여워했다.

스프링데일의 생가

10세 연상의 언니 마리안이나 8세 연상의 오빠 로버트가 초등학교에 가 있는 동안 마리아는 어린 레이첼과 보내는 시간을 즐겼다. 19세기 말부터 20세기 초 미국에서 왕성하게 보급된 자연학습운동은 강한 의지와 지적 호기심의 소유자인 마리아에게 있어 제한된 사회생활과 가난한 삶의 폐쇄감으로부터 도망치기에 더없이 좋은 방법이기도 했다. 올리브 손 밀러, 플로렌스 A. 메리엄, 메이벨 오즈굿 라이트 등 여성 자연작가들의 작품도 문학을 좋아하는 마리아에게 자극이 되었다. 자연학습운동 제창자들은 아이들에게 자연에 대한 배려심을 심어주려고 알기 쉬운 '자연학습 입문서'를 보급시켜 갔다.

집 주위에 펼쳐진 자연은 그야말로 그 실습을 위해 있는 것이나 마찬가지였다. 들새, 곤충, 화초나 나무들, 사슴이나 토끼 등의 작은 동물, 실개천의 물고기 등을 아이들과 바라보며 어떤 작은 생물도 무시하지 않고 가만히 관찰하는 것을 가르치고, 인간을 포함하여 모든 생물이 서로 연관을 맺으며 자연에 의존하여 살고 있는 것을 배우게 했던 것이다. 레이첼의 내부에는 이러한 어머니의 생각이 깊게 새겨졌으며 그것은 평생 지속되었다.

"나는 늘 야외나 자연계의 모든 것에 흥미를 품고 있었다. 이러한 흥미는 어머니로부터 물려받은 것이며 나는 언제나 어머니와 그것들을 나누었다. 나는 굳이 말하자면 고독한 아이로, 하루의 대부분을 숲이나 시냇가에서 보내며 작은 새나 벌레나 꽃에 대하여 공부했다." 뒷날의 레이첼은 당시를 돌아보며 말한다.

저녁식사 뒤의 한때를 마리아가 연주하는 피아노에 맞춰 언니 오빠들과 노래를 부르거나, 어머니가 읽어주는 성서의 이야기나 제임스 페니모어 쿠

퍼의 《모히칸 족의 최후》, 진 스트래튼 포터의 《주근깨 소년》에 귀를 기울이곤 했다. 난로 위에 장식되어 있는 커다란 조개껍질은 이제껏 본 적이 없는 바다에 대한 동경과 상상을 부풀리게 해주었다. 또한 나무그늘에 앉아 들었던 영국 작가 베아트릭스 포터가 그린 피터 래빗의 책은 특별히 그녀가 좋아하는 것이었다. 이러한 경험은 어린 레이첼에게 이야기를 쓰는 것은 즐거운 일이라는 생각을 갖게 했다. 아버지 로버트에게 직접 그린 동물 그림과 이야기를 써서 만든 작은 책을 선물하기도 했다. 몸이 튼튼하지 못했던 레이첼은 학교를 쉴 때가 많아서 친구도 좀처럼 만들지 못했으나 교사 경험이 있는 마리아가 보충해준 덕분에 그녀의 성적은 언제나 상위권이었다.

어린이 잡지 〈세인트 니콜라스 매거진〉

자연을 사랑하는 로맨틱한 소녀 레이첼에게 커다란 영향을 미친 것이 또 하나 있다. 그것은 〈세인트 니콜라스 매거진〉이라는 어린이를 대상으로 한 잡지이다. 이 잡지는 1873년에 창간되어, 메리 메이프스 드지의 풍부한 창조력으로 편집된 '아이들이 즐길 수 있고 자발적으로 참여할 수 있는 어린이의 놀이터'를 지향하고 있었다. 그리고 '신선함, 따뜻함, 약동감 있는 생명의 기쁨'으로 가득하기를 바라고 있었다. 마리아가 게재되어 있는 이야기를 몇 번이고 읽어주었기에 레이첼은 글자를 읽을 수 있기 전부터 이 잡지에 친숙했다. 얼마나 많은 어린이들이 이 잡지로부터 영향을 받았는지 모른다. 그 중에서도 인기가 높았던 것은 세인트 니콜라스 리그라는 어린이 작문 투고란으로, 뛰어난 작품에는 금배지나 은배지를 주었다. 투고 단골로 배지를 획득한 어린이 가운데는 윌리엄 포크너, F. 스콧 피츠제럴드, E. B. 화이트 등이 있다. 그리고 마침내 1918년 9월호에는 레이첼 카슨이 등장하는 것이다.

당시 미국은 1914년부터 시작되었던 제1차 세계대전에 참전하여 많은 젊은이를 전장으로 보내고 있었다. 레이첼의 오빠 로버트도 공군 지원병으로서 텍사스 주에서 훈련을 받고 있었다. 투고 작문 제재를 이것저것 생각하던 레이첼은 로버트가 보낸 편지에 쓰여 있던 용감한 캐나다인 파일럿의 이야기를 쓰기로 했다. 《구름 속의 싸움》이라고 제목을 붙인 작문으로 그녀는 은배지를 받았다. 레이첼 11세 가을의 일이었다. 그녀는 그 뒤로도 투고를 계속하여 1년 동안에 4차례나 게재되었으며, 마침내 금배지와 상금 10달러를 획득하여 리그란의 '명예회원'에 추천되었다. 이 일로 레이첼의 작가지망은 점점 더 강해져 갔다. 생활 전반에 걸쳐서 소극적인 레이첼이었으나 12살에 프로 작가가 되었다는 이야기를 하는 것은 좋아했다.

〈세인트 니콜라스 매거진〉을 둘러싸고 이런 에피소드가 있다. 레이첼이 좋아하는 피터 래빗의 저자 베아트릭스 포터도 이 잡지의 애독자였다. 포터는 1866년 영국에서 태어났지만 소녀시절에는 갓 창간된 〈세인트 니콜라스 매거진〉을 미국에서부터 주문해 읽었다. 포터도 호수지방의 자연을 사랑하고 이야기를 쓰는

유년시절의 레이첼
왼쪽부터 언니 마리안, 레이첼, 어머니, 오빠 로버트

것을 좋아하는 소녀였다. 시대는 다르지만, 포터와 레이첼은 이런 공통점이 있었다.

꿈을 좇아서

고교에서 대학으로

스프링데일의 고교에는 2학년까지밖에 없었기 때문에 레이첼은 이웃마을 켄싱턴에 있는 파르나서스 고교로 편입을 했다. 그녀는 사교적이지 않았기 때문에 편한 친구는 생기지 않았지만 톱클래스의 성적으로 졸업했다. 졸업문집의 '지적낭비'라는 작문에는, 자연보호운동이 대두되기 시작했지만 '신이 부여한 사고와 지적이성은 휴면상태이며 이윽고 쓸모없어질 운명을 피할 수 없다'라고 말한다. 분명한 자신만의 도덕관과 가치관을 갖도록 엄격하게 교육을 받은 그녀는 정신적, 도덕적 태만을 싫어하는 상당한 완벽주의자였던 것 같다. 졸업사진 아래에는 이렇게 적혀 있다.

'레이첼은 한낮의 태양/언제나 눈부시고/납득이 갈 때까지 배우기를 멈추지 않는다/올바른 답에 이를 때까지는. /

1925년, 피츠버그에 있는 펜실베이니아 여자대학(현 채텀 칼리지)에 입학한 레이첼은 망설임 없이 문학을 전공했다. 1869년에 창립된 이 대학은 여성도 충분한 교육을 받으면 어떤 높은 자리의 직업도 가질 수 있다는 이상을 내건 여자교육의 명문교였다. 작가지망인 레이첼은 1학년 때 3개의 작품을 썼다. 그중에서도 '배의 등불'이라는 배에 관한 이야기에 대하여 그녀를 지도했던 그레이스 클로프 교수는 '비교적 전문적인 제재를 독자가 알기 쉽게 썼다는 점에서 매우 뛰어나며 실화나 우화를 사용하는 방법이 특히 뛰어나다'하고 높이 평가했다. 바다나 해안을 본 적이 없음에도 불구하고 레이첼은 그때까지 계속 읽어왔던 바다에 관한 책으로부터 상상을 부풀려 임장감 있는 작품을 써냈던 것이다. 교수들에게 재능을 인정받은 그녀는 문예클럽이나 학내 신문부 참가를 권유받았다. 그녀 작품의 특징인 풍부한 상상력은 이 시기에 이미 싹이 트고, 간결하고 알기 쉽게 써야 한다는 집필자세도 훈련받았을 것이다. 연간 100달러의 장학금을 지급받았다고는 하지만 결코 유복하지 않았던 양친은 토지를 담보로 돈을 빌리거나 소중한 도자기 식기를 팔거나 하여 어렵게 학비를 모으고 있었다. 그만큼 성적이 좋은 레이첼에 대한 기대가 컸던 것이다. 이리하여 작가를 꿈꾸는 레이첼의 대학생활은 순조롭게 첫발을 내딛었다.

생물학에 매료되어

2학년이 된 레이첼은 자연과학 이수과정 가운데 메리 스콧 스킨커 교수의 생물학을 선택했다. 스킨커 교수의 강의는 본래 자연계 생물에 친근감을 품고 있던 레이첼의 마음에 불을 붙였다. 거기에는 그녀가 알고 싶다고 생각했었던 자연계의 불가사의를 푸는 열쇠가 숨겨져 있었던 것이다. 1891년 태어난 스킨커는 고교를 졸업한 뒤 공립중학교 교사를 하면서 대학 학점을 따고 콜롬비아 대학에서 석사학위를 취득한 여성이었다. 1923년에 펜실베이니아 여자대학 교수로 부임했을 때 그녀의 나이는 33세였다. 키가 크고 아름다우며 우아한 분위기의 스킨커는 학생들의 동경과 숭배의 대상이었다. 그녀의 강의 하나하나가 레이첼이 체험해왔던 야외에서의 일들에 대한 과학적인 해설이었다. 레이첼은 정신없이 빠져들어 같이 생물학을 선택한 친구들과 야외실습에도 나가 많은 생물을 관찰하고 거기에 넘치는 생명의 신비에 감동했다. 레이첼의 생태학적 사고는 역시 야외관찰에 근원이 있다. 리포트의 세부사항에 걸친 정확함과 방대한 지식으로 스킨커 교수는 레이첼의 능력을 높이 평가했다. 그리고 자신이 갖고 있는 지식을 아낌없이 레이첼에게 쏟아 부었다. 메리 스콧 스킨커는 그야말로 레이첼의 인생에 있어서 어머니 마리아 다음으로 커다란 영향을 미친 인물이었다.

현미경을 들여다보는 레이첼(연대미상)

이윽고 레이첼은 작가보다도 생물학자가 되고 싶다는 생각을 하기 시작했다. 1920년대에는 자연과학을 공부하는 여성은 적었고, 여성은 가정에 있어야만 한다는 사회일반의 인식 속에서 여성은 과학에는 적합하지 않다는 생각이 주류를 이루었다. 펜실베이니아 여자대학에서도 학장인 쿨리지 여사는 그러한 현모양처 교육을 주로 하는 생각을 갖고 있었으므로, 여성의 교육을 어떻게 해야 할 지에 대해서는 스킨커 교수와 의견이 대립하고 있었다. 당연한 일이지만 작가로서의 장래를 기대하고 있는 레이첼이 자연과학계로 전과하고 싶다는 희망에는 크게 반대했다.

망설임과 결단

현재로서는 당연한 일이지만, 과학과 문학이 결부된다는 것은 그 무렵에는 생각도 할 수 없었다. 스킨커 교수와 문학 코스의 클로프 교수조차 양립할 수 있다고는 생각하지 않았다. 사람들은 과학과 문학 사이에는 깊은 간격이 있어서 합류할 수 없다고 생각했으며 레이첼 자신도 그렇게 생각하고 있었다. 또한 자연과학을 배웠다고 하더라도 여성의 직장은 제한되어 있어서 중학교나 고등학교의 교사나 간호사 정도밖에 없었다. 더구나 여성교사는 결혼하면 그만두어야 하는 곳이 많았다. 레이첼의 동급생인 도로시 사이프도 석사 학위를 가지고 있었음에도 불구하고 결혼한 것을 감추고 교사를 계속하고 있었으나 임신을 했기에 사직을 할 수밖에 없었다. 여성의 권리가 어느 정도 인정되는 듯 했던 미국에서도 1930년대에는 아직 그러한 상황이었던 것이다. 연구 또는 비즈니스의 세계에서, 또한 정부기관에서 순수하게 자립할 수 있는 여성은 거의 없었다. 쿨리지 학장이나 문학 코스의 교수들은 여성에게는 과학 분야에서 자립할 수 있는 능력도 체력도 없다고 믿고 있었기 때문에, 레이첼이 전공변경에 대하여 상담해도 동의하지 않았던 것은 당시 세간 일반의 사고방식에서 무리도 아니었을 것이다.

레이첼은 작가인지 과학자인지 망설이고 망설인 끝에, 타협안으로서 문학을 주전공으로 하고 생물학을 부전공으로 하는 길을 선택했다. 그러나 그녀는 마음을 집중해서 문장을 쓸 수가 없게 되고 말았다. 자신의 창조력이 고갈되어 버렸다고 생각할 정도였다. 그러나 그것은 체험했던 일에서부터 나오는 상상력이 과학의 눈으로 현상을 파악하여 써나간다는, 그녀 특유의 표현방법이 확립해가는 과정이었던 것이다.

어느 겨울 밤, 기숙사의 방에서 레이첼은 숙제인 알프레드 테니슨의 시 〈록슬리 홀〉(1834)을 읽고 있었다. 창밖에는 천둥을 동반한 폭풍이 몰아치고 있었다.

번개를 안고 부는 거센 바람을 삼키고
비 우박 화염도 눈도 록슬리 홀에 내리고 내려
바람이 바다로 윙윙 소리를 내며 부니 나는 이제 노를 저어가야만 하네

이 시의 일절이 레이첼에게 무언가 말을 걸었던 것이다. 그녀가 자신이 나아가야 할 길이 아직 보지 못한 바다로 이어져 있다는 것을 느낀 운명적인 순간이었다. 그리고 마침내 3학년 후기에 주전공을 생물학으로 변경한다. 이수과목이 늘어서 바쁜 학생 생활이었지만 충실한 날들이었다. 집필 슬럼

프에서도 서서히 빠져 나와 아름다운 시를 썼다.

엉겅퀴 관에 머문 나비야
여름 하루 빌려다오 그 날개를
왕의 관은 바라지 않겠다
엉겅퀴 관에 머문 나비야
너의 가벼운 옷을 걸치고
난꽃의 옥좌에 앉고 싶다
엉겅퀴 관에 머문 나비야
여름 하루 빌려다오 그 날개를!

레이첼은 과학과 문학이 양립하지 않는다고 생각하면서도 집필을 그만둘 수는 없었던 것이다. 1928년 레이첼이 최종학년이 되었을 때 스킨커 교수가 박사 학위를 취득하기 위하여 존스 홉킨스 대학으로 가게 되어 펜실베이니아 여자대학에서 떠나게 되었다. 스킨커 교수와 마음껏 공부할 수 있다고 생각했던 레이첼로서는 충격이었으나 자신도 또한 존스 홉킨스 대학에 진학하려고 결심을 했다.

첫 번째 바다—우즈홀 해양생물연구소

1929년 여름, 우수한 성적으로 대학을 졸업한 레이첼은 이미 볼티모어에 있는 존스 홉킨스 대학 대학원으로의 진학이 결정되어 있었으나, 해양생물학의 메카로 불린 우즈홀 해양생물연구소에서 6주간의 초급생물학자 연수 코스에 참가했다. 그곳은 보스턴의 남쪽으로 200킬로, 대서양쪽으로 구부러져 팔꿈치처럼 튀어나와 있는 코드 곶의 남단에 있고 모래사장, 갯벌, 암벽 등의 복잡한 해안선을 가졌으며, 남쪽으로부터 오는 멕시코 만류와 북쪽으로부터 오는 래브라도 해류가 합류하는 해양생물이 풍부한 곳이었다. 그녀는 여기서 처음으로 차분히 바다를 보았던 것이다. 일류 생물학자와의 교류, 관찰, 실험, 충실한 도서관 등은 지방여대 출신인 레이첼에게는 모두 자극적이고 신선했다. 생물과 환경과의 연관을 실제로 관찰할 수 있었기에 생태학적 견지에서의 연구자세도 습득했다. 대학시절부터 시작했던 파충류의 뇌신

《바닷바람 아래에서》를 집필중일 무렵의 레이첼
(자택에서, 1940)

경 형태와 기능의 연구도 거북이를 재료로 하고, 도마뱀이나 뱀, 게 등도 비교연구의 대상이 되었다.

그녀는 당연한 고민이지만, 생물학자로서의 훈련 부족을 절실히 느꼈다. 그러나 노력의 결과 쓴 논문은 지도해 준 선배학자에게도 좋은 평가를 받았다. 그녀는 연구실에 틀어박히기만 하는 것이 아니라, 해변을 걷거나, 바닷물이 빠진 뒤의 웅덩이를 들여다보는 것, 바닷소리, 냄새, 리듬에 매료되어 있었다. 앞바다에서 만들어진 안개가 해변에 선 레이첼을 폭 감싸면 그곳은 생명이 탄생한 태고의 바닷가 같았다. 그녀의 바다 3부작 《바닷바람 아래에서》, 《우리를 둘러싼 바다》, 《바닷가》의 첫 번째 씨앗은 여기서 뿌려졌다고 할 수 있다. 테니슨의 시와 만났을 때처럼 레이첼의 미래는 바다와 이어졌던 것이다.

우즈홀 해양생물연구소는 1888년 많은 과학자의 운동에 의하여 창립된 것으로 이 운동에는 당시의 선구적 여성과학자들이 참가했다. 그 중에는 1873년에 매사추세츠공과대학을 여자로서는 처음으로 졸업한 엘렌 스왈로의 이름도 끼어 있다. 스왈로는 화학과 영양학 등을 전공하여 가정학의 어머니로 불리는 미국의 여성과학자 창성기의 사람으로, 인간과 환경과의 연관을 중시하여 에콜로지의 개념을 일찍부터 이야기했던 사람이다. 창립자들은 처음부터 여성 과학자를 동료로 받아들이기로 정했었기에 레이첼의 연수코스 71명 중 여성이 31명이었다고 한다. 남성과 똑같은 조건에서 연구하고 검토할 수 있는 분위기는 과학자로서 살아가려고 하는 레이첼의 의욕을 점점 불러 일으켰다.

대학원시절

1929년 가을, 레이첼은 메릴랜드 주 볼티모어에 있는 명문대학 존스 홉킨스 대학 동물학과 석사과정에 입학했다. 당시 생물학 분야에서는 발생학과 유전학이 첨단과학이었다. 레이첼은 허버트 스펜서 제닝스 교수, 레이몬드 펄 교수 아래서 파충류의 뇌신경 형태에 대한 연구를 계속하고 있었으나, 사실은 벽에 부딪쳐 있었다. 우선 펜실베이니아 여자대학 수준에서는 모든 강의와 실험을 따라가기에 상당한 노력이 필요했다. 특히 화학이 문제였다. 그무렵의 친구에게 보낸 편지에는 아침부터 밤까지 꼬박 강의나 실험을 하는데 쓰고 있다고 쓰여 있다. 또한 실험재료인 파충류를 손에 넣기 어렵다는것, 학과 분위기에 우즈홀 해양생물연구소와 같은 자유로움이 없다는 것 때문에 고생을 했다. 그러나 진지한 학습태도로 지도교관으로부터 그 노력을 인정받고 있었다. 익숙하지 않았던 화학에서도 그럭저럭 좋은 성적을 거둘수 있었다. 볼티모어의 기후는 상쾌하고 생활하는 데 쾌적했으나, 학업은 반드시 순조롭지만은 않은 노력의 연속이었다.

게다가 10월에 일어난 주식 대폭락과 세계대공황은 지방경제를 파탄으로 몰고 갔다. 스프링데일에 있는 카슨 가문도 그 영향을 피할 수는 없었다. 일가는 볼티모어로 나와서 레이첼과 함께 살게 되었다. 부모님과 오빠, 이혼해서 두 딸을 데리고 돌아온 언니와의 7명의 생활이 시작된 것이다. 도회지 쪽이 학력도 특기도 없는 아버지나 오빠가 일을 찾기 쉬웠던 것이다. 그녀도 학부 학생을 위한 실험조수를 하여 학비를 벌었다. 그러한 여러 가지 사정이 겹쳐져 석사 논문은 테마를 바꾸어, 1년 늦은 1932년 마침내 《메기(Ictalurus punctatus)의 태생기 및 자어기의 전현의 발달》이라는 논문으로 석사 학위를 받았던 것이다. 그 사이 워싱턴에 있는 스킨커와는 종종 만나 격려와 충고를 받고 있었다. 이미 두 사람은 사제라기보다 친구사이였다. 스킨커 또한 여성 과학자로서 살아가기 때문에 겪는 애로사항을 경험하며 건강까지 해친 상태였다. 대학에서 교직에 서고 싶다는 레이첼을 위하여 노력해 주었으나 무엇하나 열매를 맺지 못했다. 스킨커는 스스로의 경험에서, 일을 계속하려면 국가공무원이 좋지 않겠냐고 했다. 일정한 직업 없이 서머스쿨 강사 등을 하면서 박사 과정 진학을 생각했던 레이첼에게 전환기가 찾아오는 것이다.

아버지의 죽음—빵을 위하여

1935년 7월, 아버지 로버트 카슨이 71세로 갑자기 죽고 말았다. 그 일생은 성공과는 거리가 먼, 바라지 않던 삶이었을지도 모르지만 어쨌든 그는 카슨 일가의 기둥이었던 것이다. 오빠는 의지가 되지 않아서 레이첼은 어머니와 자신, 언니와 그 두 딸의 부양자가 될 수밖에 없었다. 그녀는 스킨커의 소개로 상무성 어업국 과학조사부장인 엘머 히긴스를 만나기 위해 워싱턴으로 갔다. 그 무렵 어업국은 〈물속의 로맨스〉라는 일반인을 대상으로 한 7분짜리 라디오 프로그램을 가지고 있었으나 대본을 만드는 데 어려움이 많았다. 히긴스는 해양생물학에 대한 지식이 있어서 일반청취자를 위하여 알기 쉽고 재미있게 글을 쓸 수 있는 인재를 찾느라 안달이 나 있었다. 그리고 레이첼에게 '해 볼 생각이 없느냐?'고 물은 것이다. 그로서는 되든 안 되든 한번 해보자는 모험이었으며 레이첼로서는 새로운 가능성을 향한 전환기였다. 레이첼이 쓴 주 1회의 방송 프로그램은 호평을 받아 부장인 히긴스는 크게 만족했다. 그녀의 원고는 그 고장의 신문에서 사들여 일요판 특집기사가 되기도 했다. 어업국에서의 조사는 기사를 쓰기 위한 아이디어를 제공해 준 것이다.

펜을 놓을 생각이었던 레이첼의 내부에서 집필에 대한 정열이 되살아났다. 자신은 파트 타이머였으나 대본 쓰는 일은 계속하고 있었다. 그리고 1936년 수생생물학자 공무원 시험을 보고 톱클래스의 성적으로 합격하여 정식 직원이 되었다. 병이 잦았던 언니 마리안이 두 딸을 남기고 죽어 중학교에 다니는 두 조카딸의 양육까지 책임져야 했던 레이첼로서는 확실한 수입이 필요했던 것이다. 그리고 워싱턴DC에 가까운 실버스프링으로 이주하여, 어머니 마리아는 주부로서 집안일과 손녀들을 돌보고 레이첼이 한 집안의 부양자가 되는 가족의 형태가 완성되었다. 프라이버시는 없어지고 육체적으로도 정신적으로도 괴로운 생활이었다. 그러나 박사 학위를 따서 대학교수가 되겠다는 희망은 이루지 못한다 해도 바다가 자신이 사는 목적과 이어져 있다는 것은 직감했던 것이다.

작가의 책무

과학과 문학의 합류

언젠가 상사인 히긴스가, 이제까지 쓴 것을 정리해서 전국지인 〈아틀랜틱
먼슬리〉에 투고하면 어떻겠냐고 권유해 주었다. 《바닷속》이라고 제목을 붙인
작품은 1937년 9월호에 게재되고, 이것이 그녀의 장래를 결정짓는 계기가
되었다.

평론가들은 과학적 정확도와 함께 시적인 통찰력, 상상력을 가지고 자연
의 영원한 순환, 리듬, 관계를 그리는 독특한 스타일을 절찬했다. 큰 출판사
의 편집자 퀸시 하우와 저명한 작가이자 문명사가인 헨드릭 W. 반룬도 이
작품에 주목했다. 이 두 실력자는 젊은 레이첼에게 책을 쓰도록 권하였다.
행운의 여신이 레이첼에게 미소를 지어준 것이다. 펜실베이니아 여자대학에
서 생물학을 전공하려고 결정했을 때는 과학과 문학이 양립한다고는 생각하
지 못했으나 지금 그것이 가능해진 것이다. 레이첼은 낮에는 어업국에서 일
을 하고 밤에는 오로지 집필에 몰두했다. 1941년 11월, 첫 번째 작품《바닷
바람 아래에서》가 출판되었다. 때는 바야흐로 일본의 진주만공격 직전이었
다. 문예평론가나 과학자로부터 호평을 받으면서도, 기념해야 할 작품은 전
쟁의 커다란 소용돌이에 휩쓸려 초판은 2000부 정도밖에 팔리지 않았다. 동

서양을 막론하고 전쟁은 평화롭고 문화적인 것을 압살하여, 그녀의 작품뿐만 아니라 많은 것이 잊혀 갔다. 어업국은 어류야생생물국으로 개편되어 내무성으로 이관되었다. 그녀의 일은 바다로부터의 식량 보급, 특히 단백질원으로서의 해양생물 연구와 광고활동이었다. '식량이 되는 바다의 생물, 뉴잉글랜드의 어류와 조개류' '국내 하천에서 잡히는 식물, 미국 중서부의 어류' 등은 정부 간행물로서는 드물게도 활기차고 알기 쉬운 읽을거리가 되었다. 광대한 전선(戰線)에서 보내져 오는 전 세계의 바다 정보가 그녀 아래 쌓여 갔다.

1945년 전쟁이 끝나자, 공무로는 《자연보호의 현상》의 취재와 집필을 하고 휴일에는 탐조(birdwatching) 등을 하러 나갔다. 또한 이 시기에 《매의 길》, 《추억의 섬》, 《마타무스키트 국립 야생생물보호구역》 등의 소품을 썼다. 경제적으로는 변함없이 힘들었으나 어머니가 아직 기운이 있어 짧은 여행을 할 수 있었기에 정신적으로는 잠시 동안의 안정기라고도 할 수 있었다. 그리고 레이첼은 비축된 해양학의 최신정보를 토대로, 이윽고 《우리를 둘러싼 바다》가 되어 출판되는 바다의 자연사를 쓸 준비를 천천히 진행시켜 갔다.

명성

1951년 《우리를 둘러싼 바다》가 출판되어 86주 동안이나 베스트셀러가 되었다. 수많은 상이 주어졌는데, 레이첼은 전미도서상을 수상하며 다음과 같이 말했다.

많은 사람들은 과학 서적이 많이 팔린 것에 놀라고 있습니다. 저는 이러한 사고방식, 즉 '과학'은 일상생활과는 동떨어져 개별 세계를 형성하고 있다는 사고방식에 도전하고 싶습니다. 우리는 과학의 시대에 살고 있습니다. 그럼에도 불구하고 우리는 과학에 관한 지식이 실험실 속에 틀어박힌 몇몇 인간만의 특전이라고 단정합니다. 과학의 내용은 생명 자체에 대한 학문입니다. 환경과 인간을 육체적, 정신적으로 완성한 힘을 이해하는 일 없이 인간을 이해하는 것은 불가능합니다. 과학의 목적은 진실을 발견하고 밝히는 것입니다. 전기, 역사, 소설, 어느 것이 되었든 문학의 목적은 그와 같다고 생각합니다. 저에게는 과학에 관한 문학이라는 어떤 특별한 것은 없습니다. ……바람, 바다, 바닷물의 흐름은 그야말로 자연 그 자체입니다. 그들 가운데에 불가사의와 아름다움과 존경이 있다면 과학이 그 특질을 발견할 것입니다. 과학이 그것들을 만들어 낼 수는 없습니다. 만약 저의 책에 시적인 정서가 있다고 한다면 그것은 제가 고의로 집어넣은 것이 아니며, 바다에 대하여 성실하게 기술하려고 하는 사람은 누구나 시적 정서를 무시할 수 없는 것입니다.

이 시기, 첫 번째 작품인 《바닷바람 아래에서》가 재판되어 이 또한 베스트셀러가 되었다. 세 번째 작품 《바닷가》는 1955년에 출판되었는데 이 작품을 쓸 때 그녀는 처음으로 집필에만 몰두할 수 있었다. 《우리를 둘러싼 바다》의 성공이 레이첼을 생활을 위한 일이었던 공무원으로부터 해방시켜 준 것이다. 레이첼은 과학자의 눈과 시인의 마음을 가진 매우 드문 작가로서 찬양을 받았다.

그러나 그녀는 내심 원자력연구를 비롯한 과학기술의 발전에 불안을 느끼고 있었다.

자연계의 대부분이 영구히 인간이 도달하지 못하는 곳에 있다고 믿는 것은 즐거운 일이었다. 인간은 숲을 베어 열고 강을 막을 수는 있어도 구름과 비와 바람은 신의 것이었다. 생명의 흐름은 모두 신이 제시한 진로를—그 물결의 하나의 물방울에 지나지 않는 인간에게 가로막히는 일 없이—영원히 흘러갈 것이다. 또한 물질적인 환경이 생명의 형태를 바꾸는 일이 있더라도 생명이 물질적인 세계를 크게 변화시키는—또는 멸망까지 시키는—힘을 갖는 일 같은 건 있을 수 없다고 상상하는 것은 즐거웠다. 이 신념이 위협을 받았기에 나는 마음을 닫았다. 그러나 그것은 잘못된 일이었다. 눈에 보이는 것이 내 마음에 들지 않을 수도 있다. 그러나 그것을 무시할 수는 없다. 누군가가 생명의 양상을 진실의 빛에 비추어 있는 그대로 써야할 때가 온 것 같다.

1958년, 레이첼은 살충제가 가져오는 경고에 대한 책의 집필에 착수하고, 어머니의 죽음, 암의 발견 등의 괴로운 여정을 거쳐 1962년 마침내 《침묵의 봄》을 세상에 내보낸다. 이 책으로 인하여 우리는 환경문제에 처음으로 눈을 뜨게 된 것이다.

여로의 끝

《침묵의 봄》이 사회에 전해준 충격은 강렬했다. 찬반양론이 미디어를 떠들썩하게 하고 레이첼은 칭찬의 소용돌이에 휩쓸렸으나 동시에 개인공격의 파도도 거셌다. 그러나 그녀의 신념은 흔들리지 않았다. 그것을 지탱해준 것은 많은 학술논문에서 얻은 과학적으로 옳다는 자신감과 사랑하는 자연계의 생물들, 인간을 포함한 모든 생명을 위하여 무엇인가를 할 수 있었다는 기쁨이었다. 《침묵의 봄》은 케네디 대통령의 지시에 의한 과학자문위원회의 개최, 그녀 자신에 의한 국회공청회에서의 증언, 과학자와 여론의 지지에 의하여 그 정당성을 평가받았다. 그러나 그녀의 암은 계속 진행되어갔다.

1963년 9월의 어느 아침, 레이첼은 별장이 있는 메인 주의 바다에 접해 있는 바위에서 친구와 모나크 나비의 가을 이동을 바라보고 있었다. 이미 암은 온몸에 퍼져서 그녀는 내년 여름을 맞을 수 없을지도 모른다고 느끼고 있었다. 모나크 나비는 가을이 되면 캘리포니아나 멕시코 등 따뜻한 곳까지 수천 킬로를 날아가 월동을 하는 습성을 가졌다. '바다를 건너는 나비'로 유명하다. 이 날의 일을 레이첼은 평생 친구 도로시 프리먼에게 편지로 썼다.

모든 정경 가운데 가장 인상적이었던 것은 모나크 나비의 비상이었습니다. 마치 보이지 않는 힘에 이끌리듯이 한 마리 또 한 마리 천천히 날아갔습니다. 그들은 돌아올까요? 아니, 그들 대다수에게 있어 그것은 생명의 끝을 향한 여행입니다. ……그들이 또다시 돌아올 일은 없을 거라는 이야기를 나누고 있었을 때조차, 그 광경이 너무나 아름다웠기 때문에 우리는 전혀 슬픔을 느끼지 않았습니다. 그것은 올바른 일입니다. 왜냐하면 어떤 생물이든 그들이 생활사의 막을 닫으려 할 때 우리는 그 종말을 자연스러운 일로 받아들이기 때문입니다. 모나크 나비의 일생은 몇 개월이라는 일정한 폭을 가지고 있습니다. 우리 인간에게서는 그것이 다른 척도로 측정되기 때문에 우리는 그 길이를 알 수는 없습니다. 그러나 사고방식은 같습니다. 측정할 수 없는 평생을 마치는 것도 자연스러운 일이지 결코 불행한

실버스프링 자택 이 집에서 《침묵의 봄》을 집필, 죽음을 맞이했다

일은 아닙니다. 반짝거리며 날개 치는 작은 생명이 오늘 아침 내게 그것을 가르쳐 주었습니다. 나는 그 안에서 깊은 행복을 발견했으며 당신도 그러기를 바랍니다. 나는 이 아침에 감사해야만 합니다.

레이첼은 닥쳐오는 자신의 죽음을 모나크 나비의 비상을 바라보는 가운데 받아들이고 있다. 또한 그녀는 제왕나비를 통해, 지상 위의 모든 생물은 자연에 준거해 겸허하게 살아야 하는 것을 프리먼에게 전하고 싶었음이 분명하다. 제왕나비에 대한 기억 속에, 자연을 지배하려는 인간의 경솔한 행위에 대한 비판이 담겨 있다.

1964년 4월 14일, 레이첼은 메릴랜드 주 실버스프링의 자택에서, 많은 사람들의 가슴 속에서 계속 살 것을 믿으며 56세의 생애를 마감했다. '모든 것은 결국 바다로 돌아간다─대륙을 둘러싼 거대한 해원의 물결 속으로. 그것은 시간의 흐름과 마찬가지로 영원히 흐른다. 그것은 시작이며 또한 끝이다'

그녀의 오빠인 로버트는 여동생의 유지를 염두에 두지 않고 워싱턴 대성당에서 호화로운 장례식을 행하도록 지시했다. 4월 17일, 워싱턴 대성당에는 작가이자 친구인 에드윈 웨이 틸, 상원 의원 아브라함 리비코프, 내무장관 스튜어트 유달을 포함한 저명한 회장자(會葬者)들이 모였다. 한편으로 4

월 19일에는 카슨의 친우들이 모여 그녀가 바라던 간소한 추도집회가 엄숙하게 집행되었다. 장례식 마지막에는 도로시 프리먼에게 보낸 위의 편지가 낭독되었다.

장례식의 참례자들은 이를 아름다운 지구를 지키려는 카슨의 메시지로서 받아들여 추도의 말에 의해 새로운 희망과 자신감을 부여받았다. 그들은 제왕나비의 추억을 가슴 속에 간직하며 카슨이 나타낸 길을 걸으리라 맹세했다. 그들이야말로 카슨의 진정한 이해자이고 그녀의 메시지를 후세에 바르게 전한 사람들이었다.

그녀의 몸을 화장하고 남은 재의 일부는 모나크 나비의 비상을 보았던 암초해안에서 바다로 흘려보내졌다.

풀뿌리 환경보호단체의 탄생

추도집회에 참가한 카슨의 출판대리인 마리 로델은 카슨이 살아생전에 소망하던, 환경을 지키는 시민조직의 설립에 착수했다. 어류야생생물국 시대부터의 친구 셜리 브릭스도 함께 하여 1956년에 '레이첼 카슨 트러스트(trust)'를 창설했다. 1978년에는 '레이첼 카슨 협회'라 명칭을 변경하였으며, 오늘에 이르기까지 환경오염고발에 누구보다 앞장서는 환경보호단체이다. 한편으로 1975년 카슨의 출생지인 펜실베이니아 주 스프링데일에는 '레이첼 카슨 생가(生家)협회'가 설립되었다. 여기서는 생가를 환경교육의 장소로서 이용하며 지역밀착형의 활동을 계속하고 있다.

1969년 메인 주에 있는 메인연안 국립야생생물보호구가 레이첼 카슨 국립야생생물보호구로 명칭이 변경되었다. 또한 카슨이 《잃어버린 숲》 중에서 보호를 호소한 토지가 부스베이 지방 트러스트에 의해 완전히 보호되며 드디어 카슨의 꿈이 이루어졌다.

Ⅱ 카슨의 작품

주요작품

카슨을 그리워하는 사람들에 의해 카슨의 메시지가 올바르게 전해진 것은 기쁜 일이지만, 카슨을 모르는 젊은 세대에게는 그녀가 우리들에게 남겨준 유산, 즉 저작을 통해 그녀의 메시지를 배울 필요가 있다. 카슨은 만년의 프리먼에게 보내는 편지 속에서 '나를 모르는 많은 사람들의 마음속에도 내가 계속 존재하며 아름답고 사랑스러운 것과 함께 기억해주는 것은 기쁜 일입니다.' 말한다. 카슨과 함께 있기 위해서는 우선 그녀의 문학작품을 읽어야 한다. 카슨의 문학을 녹색 문학(자연문학 또는 환경문학이라 불린 문학의 총칭)의 시점에서 다시 생각해보자.

바다 3부작

카슨의 주된 저서는 생전에 발표된 4권과 사후에 발표된 3권으로 총 7권이다. 생전에는 바다 3부작이라 불렸던 《바닷바람 아래에서》(1941), 《우리를 둘러싼 바다》(1951) 《바닷가》(1955) 《침묵의 봄》(1961)이 있다. 사후에는 생전 잡지에 게재되었던 《아이들이 경이로움에 눈을 뜨도록 해주자》(1956)가 《센스 오브 원더》(1965)로서 출판되었다. 1995년에는 친우 도로시 프리먼에게 보내는 편지가 《카슨=프리먼 서간집》으로서 출판되었으며 나아가 1998년에는 신문과 잡지, 강연, 편지 등의 원고를 모아 유고집 《잃어버린 숲》(1999)이 출판되었다.

카슨의 바다 3부작 모두 베스트셀러가 되었을 뿐 아니라 주옥의 자연사로서 높은 평가를 얻었다. 제1작 《바닷바람 아래에서》는 출판하자마자 불행하게도 제2차 세계대전이 일어나 독자층은 한정되고 말았으나 전문가 사이에서는 높은 평가를 얻어, 1952년에 재간되고부터는 단번에 베스트셀러가 되었다. 이 저서는 해안, 대양, 해저에 생식하는 생물들이 과혹한 생존 경쟁 안에서 필사적으로 살아가는 상황을 그들의 시점에서 현실감 있게 묘사한 것이다. 독자는 마치 바닷가에서 그들의 일거수일투족을 직접 바라보고 있는 듯한 현장감을 음미할 수 있다. 이 같은 수법은 카슨이 즐겨 읽던 작품인 《수달 타카의 일생》(1927) 《연어 살라》(1935)의 저자 헨리 윌리엄슨 (1895~1977)을 모방했다고 말하는 사람도 있다.

제2작 《우리를 둘러싼 바다》는 바다의 신비를 장대한 스케일로 과학적 및 정서가 풍부하게 엮어지은 자연사의 명작으로서 영예가 높다. 바다 세계의 묘사를 중시한 《바닷바람 아래에서》와 다르게 자연을 파괴하는 인간 활동에 대해서 카슨이 반복해 언급하는 것은 주목할 만하다. 《새의 탄생》이라는 장 마지막 부분에 허드슨(W. H. Hudson)의 만가 《아름다운 것은 사라져 돌아오지 않으리》는 확대하는 인간 활동에 대해서 카슨 나름의 염려를 나타낸 것이다.

제3작 《바닷가》는 바다와 육지가 교체하는 바닷가의 생태계를 묘사한 것으로 지금까지 이상으로 환경보전의 개념이 짙게 반영된다. 바다 3부작에 공통하여 결국 카슨을 베스트셀러 작가로 올려준 요인은 분명 과학적인 전문지식을 매력적인 문학으로 바꾸는 그녀의 시적 재능 때문이다.

그렇다 해도 카슨의 전기 안에서 흥미 깊은 것은 바다로부터 멀리 떨어진 펜실베이니아 주의 내륙부에서 자란 그녀가 왜 바다에 매료되었는지, 또한 왜 바다 문학이 베스트셀러가 되었는지다. 바다에 관심을 가지기 이르기까지의 경위에는 호기심 왕성한 어렸을 적, 자택 가까이에서 조개 화석을 발견한 것, 자택의 현관 옆에 소라가 놓여있던 것 등으로, 바다에 대해서 조사해가는 중에 그녀의 상상력이 발휘된 것이다. 많은 전기 작가에 의하면 대학시절에 읽은 테니슨의 시 〈록슬리 홀〉이 그녀의 인생을 결정지었다 한다. '강풍이 일어 노호하여 바다로 밀려가면, 나도 가리니.'라는 바다에 대한 유혹을 부르는 이 시는 카슨에게 있어 인생 계시의 순간이었다. 바다에 상상력을 향할 때, 그녀의 인생의 방향은 결정되었다 할 수 있다.

바다 3부작이 쓰인 1950년대, 바다를 무대로 한 문학작품이 미국의 독자를 사로잡았다. 특히 토르 헤이에르달의 《콘티키 호의 탐험》과 앤 모로우의 《바다의 선물》은 오랫동안 베스트셀러를 잇고 있다. 왜 이 정도까지 독자는 바다에 관심을 보이는 것인가. 그 이유는 당시의 미국이 직면하던 정치상황과 연관성이 있었다. 제2차세계대전 후의 핵 위협, 냉전구조와 한국전쟁이라는 정치적인 폐색상황 속에서 미국 국민들은 카슨을 시작으로 하는 바다의 문학에 잠시 동안의 안식을 얻으려 했던 것이다.

《침묵의 봄》, 그 밖에

《침묵의 봄》은 여러 해석이 가능하지만 특히 환경에 무관심한 미국 국민들을 생태학에 눈뜨게 하고 생태학운동으로 재촉하는 의의가 크다. 이 작품이 살충제와 제초제의 위험성에 관한 단순한 기록문학보다 뛰어난 점은 본문 중에 빈번히 나오는 '인간', '자연 균형', '생명의 연쇄', '생명에 대한 경외심'등의 중요한 개념의 전개이다. 특히 '부담은 견뎌야만 한다'라는 장 안에서 '20세기라는 짧은 기간에 인간이라는 종이 세계의 성격을 바꿀 정도의 큰 힘을 손에 넣었다'라는 카슨의 '인간'에 대한 인식이 이 작품 해석상 큰 의미를 가진다. 농약오염의 고발이라는 표면적인 일면만을 그대로 받아들이는 것이 아닌 인간이 구축해 온 현대문명, 특히 그 짊어진 유산을 다시 문제 삼으려 하는 카슨의 자세야말로 배워야 하는 교훈이다. 《센스 오브 원더》는 짧은 에세이에 카슨의 기본적 사상(놀라움, 깨달음, 생명에 대한 경외심 등)이 응축되어 있다. 에세이라기보다는 한 편의 시와도 닮은 이 작품에서 독자는 카슨이 띄우는 메시지의 파악을 요구받고 있다. 미래를 짊어지는 아이들의 환경교육 교과서로도 의미가 크다.

《카슨=프리먼 서간집》과 유고집 《잃어버린 숲》은 이제까지의 5권의 저서에서는 볼 수 없던 카슨의 일면을 뚜렷이 보여준다. 카슨의 참모습을 이해하기 위해서는 꼭 읽어야 할 책이다.

이들 7권의 저서 이외에 주목할 것으로는, 카슨이 어류야생생물국에 있을 시절에 편집한 《자연보호의 현 상황》이라는 소책자 시리즈에 기고한 몇 가지 보고서가 있다. 《신커티그(Chincoteague) 국립생물보호구역》, 《파커 리버 국립 야생생물보호구역》. 《마타무스키트 국립 야생생물보호구역》(《잃어버린 숲》에 수록되어 있다), 《야생생물자원의 보호》, 《베아 리버 국립야생생물보호구》(공저(共著))는 정부간행물의 수준을 넘은 자연문학의 가작(佳作)이라 여겨지고 있다.

현대 사회와 카슨

카슨의 문학적 평가

《침묵의 봄》에서 열정적으로 이야기된 카슨의 메시지는 1970년 4월 22일 '지구의 날' 지정으로 결실을 맺고, 정부 측에서도 1970년 12월 2일의 환경 보호청의 설치로 이어져 갔다. 그리고 살충제의 사용을 제한하는 움직임이 빨라지고, 1972년에는 DDT의 사용금지, 그 뒤에도 앨드린, 디엘드린 등의 유해살충제는 제조가 금지되었다.

1963년에 제출된 케네디 대통령 직속의 과학자문위원회에 의한 보고서를 기다릴 필요도 없이 과학자로서의 카슨의 평가는 항시 높았다. 그에 비해서 작가로서의 평가는 그리 높지 않았다. 저명한 자연주의자인 윌리엄 비비가 편집한 《자연주의자의 책》(1944) 안에 《바닷바람 아래에서》의 '토끼의 모험'이 기록된 점, 《우리를 둘러싼 바다》가 존 버로우즈 메달 수상, 전미도서상을 수상한 점, 나아가 《침묵의 봄》이 전 세계에 번역되어 사회적으로 강한 인상을 주었음에도 불구하고 문학연구 분야에서는 자연사의 범위를 넘는 평가를 얻을 수는 없었다. 예를 들어 기본적인 미국문학사전 중 한 가지인 《옥스포드판 미국문학 안내》 제4판(1965), 제5판(1983)에 있어서조차 카슨의 항목에는 간략한 역사가 소개되었을 뿐으로, 문학연구 대상으로서 삼기 힘든 작가 중 한사람이었음을 알 수 있다.

이와 같이 작가로서의 평가는 뒤쳐졌지만 사상가로서의 카슨은 생태과학 영역, 특히 전면적 생태 보호 운동과 환경윤리 분야, 또한 자연보호운동과 생태여성론 분야에서 일찍부터 주목받고 있었다. 이 같은 여러 환경 사상이 자연사작품의 되읽기를 독촉하는 것이 되고 1980년대 후반에는 인간과 자연을 둘러싼 문학, 일반적으로 자연문학이라 불리는 자연문학의 장르가 재평가되기 시작했다. 카슨의 문학적 평가는 자연문학 연구의 발전에 의한 점이 크다.

카슨 연구의 기원

카슨의 3부작과 《침묵의 봄》은 해외에서도 번역되어 그녀의 지명도는 세계적으로 넓어졌다. 그러나 그녀를 평가하는 책이 미국에서 쓰이기까지 그녀의 사후 6년이 흘렀다. 첫 지구의 날(Earth day)의 집회가 열리고 환경보호청도 1970년 카슨에 관한 3권의 책이 한꺼번에 출판되어 1970년을 경계로 카슨 연구가 사실상 시작됐다 할 수 있다.

역사가인 다운스는 《미국을 개혁한 책》 25권 중 한 권에 《침묵의 봄》을 선택했다. 그는 '사람들의 의식에 충격을 주어 금새 행동하기를 재촉했다'는 점에서 토마스 페인(1737~1809)의 《상식》, 해리엇 비처 스토(1811~1896)의 《톰 아저씨의 오두막집》, 싱클레어의 《정글》에 비해야 하는 작품이라 간주했다. 나아가서는 그는 '인간이 일으키는 변화는 자주 갑작스럽고 심각하고 자주 돌이킬 수 없는 것이다. 너무나도 자주 인간은 자신을 자연의 일부라 말하여 카슨의 주장과 영향에 대해서 관객적인 평가를 내리고 있다.

또한 다운즈는 독편의 《세계를 개혁한 서적》(개정판, 1983) 27권 안의 한 권에도 《침묵의 봄》을 채택하고 있다. 이 27권에는 《성서》를 비롯하여 플라톤, 아리스토텔레스, 코페르니쿠스, 뉴턴, 아담 스미스, 마르크스, 다윈 등 쟁쟁한 위인의 고전이 소개되어 있다. 이 중에 카슨의 《침묵의 봄》이 선택된 자체가 세계 역사의 흐름을 바꾸는 중요한 저서였음을 실증하는 것이다.

프랑크 그레이엄의 《침묵의 봄의 행방》은 《침묵의 봄》 출판 이후의 살충제 사용상황을 상세하게 분석한 것이다. 그레이엄에 의하면 DDT사용반대로 시대는 움직이고 카슨이 보인 '다른 길'로 나아간 만큼 사태는 개선되었지만, 바람직하지 않은 약제에 대한 의존은 여전히 계속하고 있는 것에 대해서 경종을 울리고 있다.

카슨의 첫 전기 《바다와 육지의 생애》가 필립 스털링에 의해 저술되었다. 전기 작가에게 있어서 카슨에 관한 자료가 적다는 제약을 받던 젊은 사람들에게 알기 쉽게 명쾌하게 카슨의 생애를 명백히 한 의의는 크다.

자연문학

1972년 본격적인 전기 《레이첼 카슨》이 카슨과 직접적인 관계였던 휴턴 미플린 출판사의 편집자, 폴 브룩스에 의해 저술되었다. 그 자신 또한 저명한 자연문학가인 브룩스의 문장은 아름다운 기품이 있고, 카슨 문학의 본질을 꿰뚫어보는 그 혜안은 다른 전기 작가를 완벽히 따돌리는 듯하다. 머리말에 있는 '한 통의 편지 안의 몇 행의 문장에 인생과 예술에 대한 그녀의 태도를 엿보아 아는 것이 가능하다', '가능한 한 그녀 자신의 말을 통해서 명백히 할 것'이라는 브룩스의 편집자세로부터도 알 수 있듯 이 전기는 카슨의 문학작품과 강연·편지로부터의 발췌와 전기적 사실을 교묘하게 조합시켜 쓰인 것이다.

브룩스는 카슨을 과학과 문학을 융합시켜 인간과 자연의 더없이 좋은 관계를 일생동안 유지해온 작가·과학자라 해석했다. 그는 예언자 카슨보다도 작가 카슨에게 매료되어, 자연을 이해함에 있어서 문학이 달성한 역할을 강조한다. 브룩스는 자연문학이라는 용어는 사용하지 않았는데, 카슨을 헨리 데이빗 소로우(1817~1862) 이후의 미국의 인간과 자연을 둘러싼 문학—녹색 문학—의 전통으로 고정시킨 점은 그 뒤 카슨 연구 방향을 결정짓게 했다. 또한 그는 카슨의 문학에 자연문학의 특징 외에도 슈바이처가 주장하는 '생명에 대한 경외심'이 보이는 것을 지적하고 있다. 브룩스는 1980년에《자연보호의 새벽—제이빗 소로로부터 레이첼 칼슨에게》를 저술하고, 미국에 있어서의 자연문학의 전통을 재평가 하고 있다.

카슨 전기의 결정판

린다 리어의《레이첼 카슨 평전》(1997)은 방대한 자료를 구사하여 쓰인 대저의 전기로 앞으로도 이를 능가하는 전기는 쓰이지 않을 것이다. 사실의 정확도는 말할 필요도 없이 자연보호운동, 환경윤리, 생태여성론 등의 사상에 배려하고 남성전기 작가가 빠지기 쉬운 고지식한 여성상은 불식되어 있다. 고독하고 소심한 여성이라는 이미지는 수정되어, 자립한 창조적인 여성으로서 묘사된다. 리어는 만년 12년 동안 카슨과 편지를 주고받으며 그녀를 내면적으로 지탱한 친우 도로시 프리먼을 높이 평가한다. 또한 늙은 어머니를 돌보고 조카아이도 로저를 양자로 삼아 키우는 한편으로 많은 지인·친구들에게 둘러싸인 카슨을 더듬어 조사하고 있다. 또한 문학과 관계하는 카슨은 영미의 자연문학의 전통에 명확히 자리 잡혀있다.

그러나 리어의 끊임없는 탐구심은 때로 카슨 가의 비밀 사항에까지 향해진다. 로저는 조카인 마조리가 유부남과의 사이에서 낳은 아이인 점, 《침묵의 봄》을 둘러싼 최초의 출판협력자 다이아몬드와의 확집, 오빠인 로버트의 비정함, 자신의 병, 유언장 등 카슨이 피하고만 싶은 사실을 가차 없이 파헤친다. 물론 실상에 재촉 받는 것은 진정한 전기 작가로서 피할 수 없는 사명이고, 이러한 사실들이 있었다 해서 카슨의 평가가 떨어지지는 않는다. 오히려 표면적인 인기 작가 카슨에 만족하지 않고, 그녀의 기쁨과 고뇌를 통해 인간 카슨에게 다가간 점이 리어의 전기의 진면목이다.

레이첼 카슨의 《생명의 집(The House Of Life)》 표지

새로운 자연문학

《침묵의 봄》의 출판과 〈야생보호법〉(1964)의 성립을 통해 1960년 이후 자연·환경보호운동이 활발해지고 미국 국민들의 환경에 대한 의식도 변해가는 중이었다. 이미 말했듯이 인간과 자연을 둘러싼 문학에 대한 연구자의 평가는 상대적으로 낮았었다. 이 같은 상황 아래 '문학연구는 뒤처지고 말았다'라는 통절한 자멸감에 빠진 연구자가 있었다. 로런스 뷰엘이다. 그는 《환경론적 상상력》(1995)이라는 저서 안에서, 환경위기의 시대에 있어서의 문학연구로서 자연문학 연구의 의의를 정당하게 평가했다.

이 저서에는 인간과 자연(환경)과의 관계에 대한 깊은 통찰이 여기저기 보여 인간과 자연을 둘러싼 녹색 문화비평(Ecocriticism)이 매우 웅장하게 이루어져있다. 하버드 대학교수이자 미국문학연구의 제일인자인 뷰엘이 자연과 환경에 대해서 자유분방하게 논한 점은 의미가 크다. 이른바 자연문학과 환경문학이라는 분야가 미국문학연구의 안에서 정식으로 인지 되었다 할 수 있다.

뷰엘은 이어지는 《절멸위기의 세계를 위해 쓴다—문학·문화·환경, 미국과 미국을 넘어》(2001)와 《환경비평의 미래—환경위기와 문화적 상상력》(2005)에 있어서도 카슨을 명확한 주체성을 가진 작가로서 논하고 있다. 그가 《환경적 상상력》 안에서 《침묵의 봄》을 '이콜러지컬 어포컬립스(ecological apocalypse)', 《절멸위기의 세계를 위해 쓴다》 안에서 '오염의 언설(toxic discourse)'이라는 방법론으로 새로운 자연문학 비평을 시도한 것은 의의 있는 행위였다. 뷰엘에 의해서 비로소 카슨이 순수한 문학연구의 대상으로 자리매김했다 할 수 있다.

계시의 문학

'이콜로지컬 어포컬립스'란 종말론의 수사법, 즉 자연을 지배하려 하는 탐욕스러운 인간 활동이 도달하는 끝은 생태계의 파괴(즉 세계의 멸망)이라는 문학적 수사법으로, 그 목적은 독자의 환경적 상상력을 최대한으로 높이고 위기적 상황을 자각시켜 환경적대참사(ecological catastrophe)를 회피하는 것에 있다. 이 수사법은 환경적 상상력이 가질 수 있는 '유일한 가장 강력한 비유'가 된다. 이 수법을 효과적으로 사용한 예는 빌 맥키벤의 《자연의 종말》(1989)에 보인다. 현대의 지구환경문제에 경고를 울리는 이 저서에 있어서 맥키벤은 '레이첼 카슨이 DDT의 위험성에 대해서 경고한 책을 쓰지 않았다면 누군가 그 위험성을 알아챘을 때는 이미 손 쓸 수 없게 되었을 것이다. 그녀는 문제를 지적하고 대책을 보여줬다. 그리고 세상의 흐름이 바뀐 것이다. 이 책 또한 그녀의 저서와 같은 길을 가야만 한다'이라 이야기하고 카슨의 유지를 계속하리라 맹세한다.

'오염의 언설'에 있어서 뷰엘은 문학과 독을 둘러싼 비평을 전개하는 것에 의해 자연문학과 환경문학의 가능성을 한층 더 확대시키는데 공헌했다. 이 새로운 장르에는 로이스 깁스의 《러브커넬》(1982)과 테리 템페스트 윌리엄스의 《새와 사막과 호수와》(1991)가 포함된다.

카슨의 유지를 잇는다

맥케이가 카슨의 후계자로서 즉술(卽述)한 맥키벤 외에 《지구의 운명》(1982)의 저자 조나단 셸, 《자연의 지배》(1989)의 저자 존 맥피를 들고 있는데, 카슨의 사상을 잇는 진정한 후계자로서는 윌리엄스가 유력하다. 다시 말해 그녀는 적극적으로 카슨의 말을 인용하면서 카슨이 환경파괴의 현실을 깨닫고 대담하게 고발했던 삶의 방식에 공명하며 스스로의 삶의 흔적과 견주어 본다. 윌리엄스 자신도 몰몬교(Mormonism)라는 보수적인 남성중심의 사회에 대해서 대담하게 이의를 주장했었다. 그녀는 카슨의 말에 '성스러운 교과서'를 발견했다 이야기한다.

윌리엄스의 대표작 《새와 사막과 호수와》의 무대는 기이하게도 카슨이 1940년대에 방문하여 《자연보호의 현 상황》 제8호 (1950)에 있어서 소개한 베아 강 국립야생생물보호구역이다. 카슨은 개척자에 의해서 베아 강 습지대가 감소하고 그에 따르는 철새의 감소를 이야기하며 이곳에 야생생물보호구역이 설치되기에 이르기까지의 과정을 상세하게 설명한다. 이 보호구역이 그녀의 후계자 윌리엄스의 손을 통해 40년 만에 되살아난 것이다.

표지에 레이첼 카슨의 초상이 게재된 TIME지

《새와 사막과 호수와》는 여성과 자연을 둘러싼 두 가지의 중요한 스토리가 서로 겹치면서 전개한다. 그 중 한 가지는 그레이트 솔트 호의 비정상적인 증수(增水)에 의한 베아 강 철새보호구역이 침수될 위기에 직면하는 이야기, 또 한 가지는 어머니의 암의 재발에 따르는 죽음의 위기에 처한 이야기다. 윌리엄스를 지탱해 준 두 가지 모두 무너지려 하고 있었다—'내 아이도 시대의 풍경과 내 가족의 풍경, 항시 기반이라 생각해 왔던 이 두 가지가 여전히 변화할 수도 있었다'

그로트 페르티가 윌리엄스의 가치는 '개인적 레벨이 아닌 장소, 자연, 성(性), 종교, 시민권이라는 보다 큰 문제에 몰두하는 부분에 있다'라 말하는 것은 올바르다. 윌리엄스의 예리한 눈초리는 모순에 찬 현대사회를 비춘다. 그녀는 생태 여성론의 시점에서 남성이 쌓아 올린 사회에 대해서 '우리 여자들의 몸과 지구의 육체가 어떻게 파헤쳐져 왔는가', 얼마만큼 '여성과 자연을 복종시켰는가'를 이야기한다. 그런 와중에 그녀에게 있어서 그레이트 솔트 호는 남성에 의해서 길들여지는 것을 거부하는 여성으로서 조명한다. 그녀가 호수와 같이 살아가리라 맹세했을 때 어머니를, 또 그녀의 가계의 많은 여성의 목숨을 뺏은 원인은 네바다 핵실험장에서 날아오는 핵물질이라 깨닫는다.

《새와 사막과 호수와》의 마지막 장에 놓인 '한쪽 가슴의 여자들 일족'안에서 '미국 남서부에서 성장하는 아이들은 오염된 유방으로부터 나오는 오염된 모유를 마시고 머지않아 한쪽 가슴의 여자들 일족의 일원이 된다'라 말한다. 일찍이 레오 마크스는 《낙원과 기계문명》 안에서, 한가로운 전원풍경과 자연 속에 갑작스레 침입하는 기계의 이미지를 미국문학의 중요한 특징의 한 가지로서 논했는데, 지금은 눈에 보이지 않는 비화학 물질이 기계를 대신하려 한다.

이 작품은 극적인 종말을 갖추고 있다. 윌리엄스는 실험에 항의해서 핵실험장 안에 들어가 소로가 주장한 '시민적불복종'을 실천한다. 그녀는 체포되어 실험장에서 추방되었으나 그녀의 양심의 목소리는 작품 안에 울려 퍼진다. 카슨은 '자연문학의 의장(意匠)' 안에서 '시대의 대변자가 되어 새로운 타입의 작품을 창조한다'라 호소했던 적이 있는데, 윌리엄스의 《새와 사막과 호수와》는 그야말로 카슨의 정신을 계승하는 새로운 녹색 문학작품이다. 윌리엄스는 시대의 대변자로서 이야기하는 것에 스스로의 사명을 발견하는 듯하다. 카슨의 유지는 윌리엄스를 통해 미국 대지에 뿌리 내리고 있다.

《침묵의 봄》─환경적 계시와 오염에 대해

《침묵의 봄》 오늘날 과제

《침묵의 봄》이 세계와 시대를 완전히 바꾼 것에 대해서는 이미 여러 면에서 상세하게 논하고, 그 경이적 변혁의 힘의 찬반양론에 있어서 다윈의 《종의 기원》처럼 온갖 칭찬과 비난을 받고, 남북전쟁을 이끈 《톰 아저씨의 오두막집》에도 비교되어 왔다. 〈뉴요커〉에 실린 직후 휴튼 미플린사에 의한 단행본 베스트셀러나 수십 개 국어로의 빠른 번역에 의한 세계로의 전파, 현재에 이르기까지 계속되는 재판에 의한 베스트셀러라는 현상도 《톰 아저씨의 오두막집》과 매우 닮았다. 뿐만 아니라 실제로 《침묵의 봄》이 가져온 DDT 사용금지와 농약규제법 및 EPA(환경보호청) 설립 등의 성과는 스토 문학이 역사에 영향을 미쳐 실현시킨 노예제도폐지에 해당하고, 대지의 심각한 오염으로부터의 구제로의 길을 만들어 냈다.

그동안 카슨이 연 환경주의에 대해서도 많은 검토가 이루어져 왔지만, 《침묵의 봄》의 선과 악의 철저한 대립에 의한 멜로드라마라고도 할 수 있는 이야기나 종말론적 말을 만들어 낸 문학적 수법에 대해서는 상세하게 검토할 여지가 남아 있다. 폴 브룩스에 의하면 '카슨은 전쟁의 여신 아테나처럼 제우스의 머리에서 갑자기 완전한 무장을 하고 나올 리' 없고, 브룩스 자신의 책 제목 '자연을 위해 말하다'가 소로의 작품 '워킹' 서두에서 발췌하였듯이, 《침묵의 봄》의 사상과 표현에는 많은 문학적 전통이 유입되어 있는 것은 말할 것도 없다. 뷰엘도 "toxic Inferno"라는 말을 써서 《침묵의 봄》에서 단테의 《신곡》 정신의 영향을 암시하고 있다. 《침묵의 봄》은 그리스 신화를 비롯해 보르지아가의 역사나 그림형제, 캐럴 등 마술과 독의 유럽문화의 계보가 자주 직유로 사용되고, 이 책의 혁명적인 특질이나 과학적 증언은 상반된 상상력이 풍부한 픽션과 논픽션이 결합된 새로운 장르인 환경문학 특유의 구조를 만들어 냈다. 뷰엘의 《환경비평의 미래》 제1장에서도 소로와 카슨이 이 분야의 미래를 점치는 최대 지표가 되고 있다. 본 장에서는 우선 《침묵의 봄》 제목의 변천에 주목하고, 그것과 유럽문학의 인용이나 언급의 의미를 생각하고, 다음으로 카슨의 이야기에 미친 소로의 영향을 다시 생각한다. 그리고 이것들을 근거로 삼아 《침묵의 봄》이 구사한 냉전기의 표상과 카슨 이후의 환경적 기본적 구조가 된 환경적 계기 및 오염에 대하여 지금까지의 모든 연구를 근거삼아 최대 환경파괴인 핵 문제도 시야에 넣고 새로운 전망을 말하고자 한다.

제목 변천에 대해

《침묵의 봄》과 예레미야의 한탄

《침묵의 봄》이 출판된 1962년은 쿠바에서의 미사일 위기 등 시국이 공산권과의 긴장감이 높아지는 위기적 상황이었다. 이러한 배경에서도 《침묵의 봄》에 이르기까지 제목이 잘 알려진 "Man against the Earth", "The War against Nature"로 된 것은 시대의 반영이기도 했고, 나중에 말할 카슨의 대지와 그것을 오염시킨 것과의 이원적 대립을 바로 표현했다. 린다 리어에 의하면 카슨은 용의주도하게 전쟁의 이미지를 사용해 일의 긴급성을 호소했다. 미플린사에서 브룩스가 편집하고 최종단계에서 '침묵의 봄'이 되기 전,

현재 텍스트의 가장 중심적인 장인 제8장 제목 '그리고 새는 울지 않는다'도 제목으로서 제안되었다. 잘 알려졌듯이 이것은 키츠의 '무정한 미녀'(1819) 첫줄과 마지막 14줄에 반복되는 후렴이고, 책 속표지에도 슈바이처와 화이트의 말이 같이 있어서 8장의 제목과 합치면 《침묵의 봄》 가운데에서도 '그리고 새는 울지 않는다'는 후렴으로서 역할을 하고 있다고 할 수 있다. 이것은 제8장이 17장으로 구성된 전체의 거의 중간에 위치하고, 합성화학농약의 역사와 현상분석을 해서 보다 구체적으로 지상의 오염이 확대되는 기술이 전개하는 지점이 되기 때문이다. 침묵을 의미하는 S음이 같은 길이로 반복되는 제목 "Silent Spring"으로 발전할 때 그것은 카슨이 다른 해양 3부작 《바닷바람 아래에서》, 《우리를 둘러싼 바다》, 《바닷가》에서 칭찬해 온 새들의 죽음을 애도하는 종처럼 울리고, 마지막 재목은 카슨의 생애의 전반부를 형성했던 바다 3부작이 후반 《침묵의 봄》의 한탄으로 포개지는 구조가 된다.

자연문학의 인식론적 영역을 언급한 스콧 슬로빅의 '미국 자연문학의 인식론과 정책—숨겨진 계략/독립된 계략'은, 이 작품의 '통렬한 예레미야적 비탄'은 바로 제목에 나타나 '상실이라는 현상에서 생긴다'고 지적하고 있다. 실제 평온하고 정묘한 균형을 만든 바닷가의 생물을 활기 있게 그린 《바닷가》 등에서 이 작품의 '그림동화라고 해서 이만큼 환상적이지는 않다. 동화 속 멋진 숲이 눈 깜짝할 사이에 독으로 가득 찬 숲으로 변하는' 세계로 바뀌면 독자는 커다란 충격을 받는다. 이 충격은 예전 중세의 암흑시대, 숲의 바곳이나 독버섯 등 자연 속에서 추출된 국소적 독이 독살 등 악덕으로 역사에 남고 '보르지아가의 꿈을 넘어'(제11장 제목), 현대 과학에 의해 자연계에는 존재하지 않는 화학물질을 실험실에서 합성하여 숲 전체를 독으로 바꾸는 사실에서 일어난다. 이러한 독자의 충격의 〈자연의 칭찬〉과 그 상실을 한탄하는 〈예레미야적 비탄〉, 즉 미국문학의 전통인 설교문학에서 계시(종말론)의 구조를 가진 것으로 환경 이데올로기를 수동적으로 받아들이는 것이 아니라 자발적 동의로 촉구하는 설득의 수사법을 형성했다. 그러한 국민적 표현 전략이 이 제목 선택에서는 있었다고 할 수 있다.

카슨과 유럽의 독 문화

제목의 변천은 카슨의 영문학에 대한 조예의 깊이를 나타냄과 동시에 키츠의 담시에 담긴, 시신의 화신인 사악한 요녀의 마술에 걸려 초라하고 쓸쓸하게 산과 들을 방황하는 기사의 절망적인 이야기를 텍스트로 바꾼다. 제1장에서 나오는 요녀("a grim specter" 7~3페이지)의 마술이 사회를 죽음이 떠도는 이야기로 변모시키는 것이고, 오염의 원천이 낭만파를 넘어 유럽 중세의 역사로까지, 아니 더 깊게 그리스 신화의 시대까지 깊게 뿌리박히는 것도 상기시킨다. '침투살충제'의 맹독성에 대해 '그리스 신화에서 남편을 뺏긴 아내 메디아가 신부에게 독을 묻힌 옷을 선물로 주어 죽게 한다'는 직유는 일찍이 개인의 말살을 의도한 독의 암흑의 역사가 바로 현재 과학의 이름으로 사회전체에 무차별적으로 확대된 현실을 느끼게 하는 수법이다. 그 밖에도 키츠의 에코로서 "Ode to a Nightingale"(1819)에서 볼 수 없는 새에 대한 시인의 한탄이 《침묵의 봄》에서는 들리지만, 강조되고 있는 것은 소리의 상실이고, 〈침묵의 봄〉이라는 제목은 엘리엇의 《황무지》(1922)에서 썼듯이 워즈워스를 시작으로 유럽과 영문학의 가조에 의한 풍부한 봄의 전통 전체의 사멸을 그리는 것으로 현대의 〈죽음의 영약〉이 초래한 물리적 정신적 종말의 풍경을 텍스트로 구축한 것이기도 했다.

소로는 《월든》의 표어로 콜리지의 〈실의의 노래〉 "An Ode to Dejection"(1802)는 구가하지 않는다며 미국의 수탉을 도입해서 우울한 낭만파로부터 벗어나려고 한 반면, 카슨의 제목은 인류 역사로 이어지는 〈독의 계보〉 연속선상에 현대의 농약에 의한 오염의 의미를 두고, 동시에 과학에 의한 독의 의미의 변질을 설명했다고 볼 수 있다. 1847년 초 독일에서 개발된 DDT나 가스실에서 사용된 '유기인산 에스테르계 살충제' 합성화학농약에 대한 응용이 흑마술에서 벗어난 미국에서 생명을 종말을 가져오는 것을 으스스한 S음의 두음에 담아 경고했다.

'침묵'의 젠다적 기원

제3장 제목은 〈죽음의 영약〉이다. 전후 농업의 희망으로서 등장한 합성화학농약이 토양이나 세포 내에 남는 '치사적 독'이고, '마녀가 만든 국물처럼' '화학적 죽음의 비'가 내리는 것을 카슨은 낭만파적 비유로, 또 캐럴의 《이상한 나라의 앨리스》의 '기사' 등, 일종의 시대착오적이라고 할 수 있는 마술로 인해 믿기 어려울 정도의 농약의 독성과 편재성을 표상했다.

한국어 번역은 1981년 《침묵의 봄》으로 나왔지만, 그 뒤에 《봄의 침묵》(1995)으로 다시 번역되었다. 이 제목은, 이 책에서 침묵하는 것은 도대체 누군가 하는 별개의 문제를 불러일으킨다. 미친 과학자의 실험은 항상 여성을 대상으로 해왔지만, 여성과학자 문제에 의식적인 환경작가 산드라는 《암과 환경—환자로서, 과학자로서, 여성으로서》(1997)로, 카슨에게는 '세 가지 침묵이 있다'고 한다. 그것은 '화학물질에 중독된 세계로 새의 지저귐이 사라지는 침묵', '정부의 침묵', '과학자의 침묵'이다. 이 외에 카슨 자신의 병에 대한 주위의 모든 것에 대한 침묵이 있었다. 《암과 환경》은 두 번째 《침묵의 봄》이라고 한 콜본의 《도둑맞은 미래》로 이어져 카슨에서 시작한 환경과 암 발생의 밀접한 관계에 대하여 연구하고, 일리노이의 잃어버린 '초원지대'와 환경적 발암성 물질을 조사하고, 암환자인 친구의 죽음까지를 카슨의 경우와 비교하여 말한다. 그녀는 카슨이 수술한 뒤의 치료 등 암에 대하여 완전히 침묵한 이유에 대해 '환경오염의 인간적 코스트(사회적 코스트)를 기록한 것에 대해 과학적 객관성의 외관을 유지하기 위함이었다'고 한다.

《우리를 둘러싼 바다》의 성공 뒤 카슨은 많은 강연을 하지만, 제일 처음에 한 《뉴욕 헤럴드 트리뷴》지 주최의 강연회의 서두에서 '그녀가 바다에 관한 책을 쓴 것을 알고 놀란 분이 많습니다. 특히 남자들이 많을 것 같습니다. 그런 분들은, 과학이라는 매우 흥미 깊은 영역은 남성만의 영역이라 생각했을 것입니다'라고 말하고 있다. 50년대 당시의 여성이, 특히 과학과 자연사 분야에서 여성작가 위치의 곤란함을 말해주는 이야기이고, 그것은 《침묵의 봄》 출판 뒤 카슨에게 쏟아지는 '히스테리적 여자, 자연의 수도녀, 올드 미스'라고 매도하는 사회의 배경이기도 했다. 따라서 제목인 침묵에는 산드라가 지적하듯이 죽음과 싸우는 카슨의 육체적 정신적인 고독한 싸움에 더해 사회와 과학계의 성차별주의도 각인되었다고 볼 수 있다.

소로와 카슨의 에코페미니즘

카슨의 소로에 대한 언급

카슨에 대한 소로의 사상적 영향은 자연문학과 환경문학의 역사상 당연시되고 있지만, 앞에 인용한 브룩스의 책에서도 생전에 출판된 4작품 중에 소

로에 대한 직접적인 언급은
지적되지 않는다. 하지만 린
다 리어의 전기에 의하면 죽
음이 임박한 가슴 수술 뒤 에
드윈에게 보낸 편지에 다음
작품을 서두를지의 여부에 대
해 말할 때, 소로를 인용하여

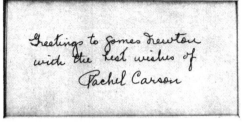

'카슨의 자필사인' 제임스 뉴튼 앞으로 보낸 것. (연대미상)

'당신, 작가가 된다면 인생이 짧은 것처럼 써야 한다. 오래 사는 사람이라도
사실 짧다'라고 썼듯이 소로가 카슨의 작품과 행동이 모델이 된 것은 상상하
기에 어렵지 않다. 소로에게 받은 영향은 카슨이 1952년 버로우즈 메달 수
여식에서 말한 '자신이 매우 높게 평가하고 있는 사람들, 버로우즈, 리처드
제프리즈, 허드슨, 헨리, 소로'나 전미영어교원협의회가 제정한 《명저선집》
에 실린 '지구의 생물들을 이해하기 위해서는' '우선 자연체험을 하고, 소로
나 허드슨 같은 자연주의자의 작품 등을 접하면서 연구를 시작해야 한다'는
발언에서도 엿볼 수 있다. 스스로를 자연주의자의 '사라져가는 전통의 마지
막 부분'이라고 평가하여 쓴 《침묵의 봄》에서는 당연히 자연문학의 원형으로
서 《월든》의 영향이 명확하게 보인다. 단 카슨은 《월든》이 확립한 회귀하는
계절의 신화 구조를 종말론적으로 해체하는 형태로 응용하고, 현실적인 겨
울의 위협을 환기하는 말로 바꾼 것은 이미 다른 곳에서 논하고 있다. 이러
한 카슨에게는 멕시코 전쟁과 노예제도를 비호한 정부에 대해 반대를 표시
한 소로의 '시민 불복종'의 영향도 명시적으로 보고 있다.

'페미니스트 선언'으로서의 《월든》

소로와 카슨을 잇는 것은 이미 숨겨진 하나의 선이 있고, 그것은 서로에
게 공통된 환경에 대한 감수성이 이원론적으로 젠다화된 것이다. 잘 알려져
있듯이 소로는 지금까지 매우 남성적 작가라고 생각되어 왔고, 전기적으로
도 작품 중에서도 헤리슨이나 《월든》에 등장하는 캐나다 인 알렉스와의 인
간관계나, 형 존에 대한 생각에도 보통 형제애 이상의 것이 있다는 것 등이
주목되어 왔다. 또 소로의 영향이 '야생적 자아'의 대립에 나타나고, 가정으
로부터의 피난소 구축의 모델이 되기도 했던 것에서 월든 체험은 가정 내의

여성적 가치관과 속박으로부터의 도피와 남성적 '독거'의 시도라고 해석되어 왔다.

하지만 소로의 자연개념의 새로움이나 복잡함에서 1960년 이후 카슨을 시작으로 하는 여성 환경작가에 대한 영향의 착안에서도 소로와 여성성과의 깊은 관계가 고찰되어 왔다. 예를 들면 통설과는 완전히 반대로 소로의 자연사 연구의 제1인자로 과학자이기도 한 월즈는 '페미니스트 선언으로서의《월든》'이라는 제목의 논문으로 시사 깊은 지적을 하고 있다. '19세기 미국 문학 텍스트 중《월든》은 가장 규범적으로 남성적인 책이라고 생각되어 왔다'고 월즈는 시작하지만, 동시에 소로가 가만히 놓인 매트를 '나쁜 것은 피하는 것이 중요하다'라고 하는 점에 주목한다. 소로가 여성적인 것과 가사에서 벗어난 것은 가정 내에 고정된 성역할과 고정된 일에서 여성을 해방하는 것이라고 월즈는 해석한다.

사실 소로는 카슨도 매일 읽은《저널》에 계속해서 남녀 구별을 없애고 본질적인 평등성에 대해 쓰고, 여성성과 남성성의 동질성에 대해 아래와 같이 말하고 있다.

여성적인 것은 남성적인 것을 만들어내는 어머니이고(중략), 여성의 예언자적 특징도 남성에게 어떤 의미에서는 영향을 주고 있다. 여성의 풍부하고 참하고 따뜻한 사랑에 비교할 수 있는 남성의 지혜는 구름 사이에 빛나는 번개 같은 것으로 그것을 보면 결국에는 남성이 여성으로, 여성이 남성으로 되는 것이다.

내가 자연을 사랑하는 것은 그것이 남성이 아니라 남성에서 벗어나 있기 때문이다. 남성의 제도는 자연을 지배하거나 침투하거나 하지 않는다. 남성은 강제이고 자연은 자유이다. 남성은 다른 세계를 원하게 하지만, 여성(자연)은 이 세계에 만족하게 한다. 그녀가 주는 기쁨은 어떤 남성의 규칙이나 정의에 따르는 것이 아니다. 남성과 접촉하는 것은 모두 오염된다. (중략) 남성은 악마이다. 모든 악의 근원이다.

이렇게 소로는 남성적인 것을 만들어 내는 것은 여성이라고 할 뿐만 아니라 여성적이지만 본질을 자연과 동질로 자유로 보고, 그 자유는 남성과 사회 제도에서 자유롭고, 남성을 속박, 결정, 강제, 악과 결합하여 여성을 자유로운 존재라고 의의를 둔다.

지금까지도 소로와 여성성의 관계, 특히 19세기 동시대의 여성작가의 선구적인 소로의 평가나 수용에는 여성적인 가정 내의 주거 공간이 가진 정치성의 문제가 얽혀있었다. 중산계급의 여성들이 국토의 광대함과 서점 운동을 추진하는 정책을 형성하는 부권적 미국을 지지하고, 소수 억압의 구조를 강화했던 것에 대해 근본적인 사상가로서의 소로와 시대를 확인한 일부 여성작가들은 가정(oikos)이라는 생태학의 어원적 견해에서도 소수로서의 여성이나 흑인의 억압을 문제시했다. 가정의 천사로서의 여성상이 제도화된 시대에 소로는 선구적인 해방된 여성관을 가졌다고 할 수 있다. 카슨처럼 소로가 〈자연, 그 경이로움에 대하여〉를 안은 콩코드의 숲과 대지는 여성의 본질인 '자유'로서 문화의 기반을 형성해야만 하는 것으로 인식되었다.

환경적 계시·냉전·오염

카슨과 전쟁과 환경적 계시

잘 알려졌듯이 《침묵의 봄》은 여러 전쟁과 불가분의 관계에 있다. 제2차 대전 중 무기로서의 합성농약의 살상능력은 대단하고, 카슨은 '화학전 연구를 진행하는 가운데 살충력이 있는 화학약품을 발견했다. 원래 사람을 죽이려면 여러 곤충이 실험대에 사용되었기 때문이었다'고 지적하고, 화학농약업계는 마치 '제2차 대전의 사생아'라고 단죄하였다. 《침묵의 봄》이 종말을 예언하는 것으로 종말을 회피하고자 하는 계시에 익숙해진 것을 처음으로 지적한 것은 에디스 에프런의 《종말론자들》(1984)이 아닐까 생각한다. 에프런은 카슨을 '국민적 중요성을 가진 최초의 환경적 종말론자'라 하고, 제1장 '우화'가 완전하게 계시·환상으로서 전개되고 있는 것을 지적했다. 또 카슨이 시작한 이 패러다임을 계승하는 종말론자들의 표현에 대해 마가렛 미드, 배리 코머너, 린 화이트, 돈 프라이스, 앨런 와츠, 머레이 북친 등 많은 환경학자나 저널리스트의 발언에서 찾아내어 그 보급에 대해서도 논하고 있다. 또 에프런은 지금까지 유전형질이었던 암에 대해 카슨이 먼저 착수한 환경

《환경적 상상력》표지

적 발암물질의 지적을 높이 평가하고, 암에 의한 인간의 종말적 풍경을 지적하는 과학자나 저널리스트를 '암 종말론자들'이라고 약간 비유하여 부르고 있다. 카슨의 선견지명은 발암성 합성 농약 금지안의 제안을 촉구하였으며, '암의 정치적 병으로서의 개념 확립'에도 있었다고 한다.

원래 종교 윤리적 계시가 환경적 비극적 결말에 의해서도 온다고 하는 '환경적 계시'와 냉전에 대한 연구를 총합하고, 환경문학 가운데 종말론적 말이 가진 새로운 표현력을 상세하게 논구한 것은 뷰엘의 《환경적 상상력》(1995)이었다.

카슨이 그린 '환경적 계시'를 소로를 기점으로 하는 미국 문학의 전통 가운데 자리매김하는 것과 동시에 계시는 미국 문학의 자연관과도 융합하여 실코의 명작 《의식》(1977)에서는 주인공에게 생명과 세계의 그물 구조에 대한 계시적 인식을 초래한 것이라고 한다. 그것은 '생태학적인 은총의 의식으로서 인간문화적인 속죄의 장대한 드라마'로서 의의를 가진 것이라고 밝혔다. 주인공 타요가 히로시마에 떨어진 원자폭탄의 원료가 된 우라늄 폐광에서 광석을 골라내고, 그 노란 줄무늬를 '순수한 환경 디자인'으로서 또 놀랄만한 모양으로 보는' 경우에 대해 뷰엘은 '동시에 그 같은 디자인을 태양으로도 이해하고, 갑자기 에피파니를 소우주적인 돌로 이어진 대우주적인 것으로 했다'고 해석하고 있다. 이렇게 현재 카슨의 '환경적 계시'는 미국 문학 가운데 새로운 변용을 보이며 전개하고 있다.

냉전과 '오염'

하지만 《절멸위기의 세계를 위해 쓴 것—문학, 문화, 환경, 미국과 미국을 넘어》에서 뷰엘은 카슨이 만들어 낸 말을 새롭게 '오염'으로 파악하고, 그 표현의 타협 없는 구조를 더욱 상세하게 논하고 있다. '오염'은 지구에 오염되지 않은 곳은 없다는 냉엄한 사실에 대한 인식에 근거한 것으로 하고, 낙원이나 성역으로서의 바다를 독물이 들어간 것, 다른 말로 하면 '오염의 지옥(toxic Inferno)'으로 바꾸어 독자는 스스로를 지옥을 둘러싼 단테로 상상시키는 것이고, 오염에 대한 사실 인식과 체험으로부터의 구원은 가능해진다.

팔머도 이 작품이 핵 시대의 대중에게 침투했던 묵시록적 분위기에 얼마나 깊게 공감을 주었는지를 극명하게 논했지만, 밥 딜런'비가 몹시 내린다'의 '독의 비' '독의 숲'의 악몽을 비롯하여, 카슨은 60년대의 포크 송 가수의 베트남 반전 노래나 머레이 북친의 《주위의 합성화학물질》(1962)이나 폴 에릭의 《인구폭탄》(1968) 등의 '지구온난화에 이르는 종말론적 이야기' 모두 언어의 원형을 제시했다고 한다. 오염이란 말은 세계를 죽음의 네트워크로 보고, 냉전은 지금이야말로 실전이고, 게다가 그것은 스프레이 총과 지상에서 싸우는 것을 실감나게 한다. 과학이 원폭이라는 '궁극의 핵무기를 야기하기보다 전쟁을 끝냈다고 환영받았다'고 선전된 풍조 가운데 그 핵무기 자체가 세계를 대 파괴 속에 몰아넣는 두려움은, 카슨이 농약에 대해 생각한 세계적 위기의 사고와 표현 그 자체를 형성했던 것과 다르지 않을 것이다. 실제로 이 책에서 전개하는 농약 살포가 가져오는 무차별적인 살상 작용은 물리적으로도 수사적으로도 히로시마와 나가사키에서 작렬한 원자폭탄의 전대미문의 파괴 및 폭발 직후의 '검은 비'즉 높은 단계의 방사 물질이 무수한 사람들은 죽인 사실을 환유적으로 상기시키는 묘사로 가득 차 있다.

《침묵의 봄》의 이원론적 수사법

카슨이 수립한 환경문학 교유의 선악(善惡)이원론적 수사법은 특히 《침묵의 봄》과 냉전의 관계에서는 와델편 논문집 《노래하지 않는 새》가 다방면에서 자세히 의론하고 있다. 린다 리어에 의하면 《침묵의 봄》에서 카슨이 가장 두려워한 물자는 DDT가 아닌 방사성강하물질, 스트론튬(strontium) 90이었다 한다. 즉 《침묵의 봄》이 고발하는 농약화(農藥禍)는 핵전쟁과 대지의 전멸에 대한 공포가 전제로서 존재하고, 농약살포는 식품연쇄에 의한 오염의 순환에 의해 전면파괴의 구체적 전초전(前哨戰), 또는 핵에 의한 지구의 죽음의 직접 비유이기도 했다는 말이 된다. DDT는 '농약의 Atomic Bomb'라 불리어 하늘로부터의 살포는 그야말로 대지에 대한 '공폭'이라 표현되었다.

그 결과, 《침묵의 봄》의 대지의 특성을 고찰하면 생물은 항시 압도적인 약자로서 하늘로부터의 전멸적인 공격을 받고 멸하는 비극적인 등장인물로서,

비전투원으로서 표상되어 있다. 제6장 '지구의 녹색 겉옷'에서 하늘로부터의 대규모인 살충제 스프레이 공격에 의한 파괴를 냉전기 특유의 적과 아군의 이원 대립 수사법으로 전개하며 중간적인 존재는 전무하다. 제7장 '쓸데없는 대파괴'에서는 1955년 일본으로부터의 알풍뎅이(Japanese beetle) 구축에 미시간주에서 행해진 '대공격'에 사용된 극약 올드린을 인허(認許)한 '연방항공국관리'와 '저공비행'에 의한 '탄원발사'가 80퍼센트에 달하는 조류의 죽음, 식품연쇄에 의해 이어지는 다람쥐, 토끼, 여우다람쥐, 고양이, 양, 소의 죽음을 초래했다고 묘사되어 있다. 이 외래곤충이 상륙하며 피해를 불러온 것은 분명하지만 '중서부에서의 자연의 파괴─그것은 악몽과도 같은 잔학행위이고 설령 피해가 아무리 클지라도 두 번 다시 용서받을 행위는 아니다'라 쓸 때, 알풍뎅이에 대한 하늘로부터의 일제사격의 구축수단은 알풍뎅이가 초래한 피해에 마주하지 않는 생물전역에 대한 치명적인 희생을 초래했던 점을 고발한다.

그녀의 강한 공감이 희생자인 대지에 있고, 비참한 시체가 되어 대지를 묻는 봄을 상징하는 아메리카울새(Turdus migratorius)는 작자의 페르소나(persona)로서 기능한다고 볼 수 있다. 그리고 앞서 말했듯이 본서의 축소모형(miniature)로 되어 있는 제8장의 구조는 62절 중 11의 절이 아메리카울새에 대한 언급으로 남은 절 중 10절이 스프레이에 대한 언급으로 시작된다. 그 외의 절은 확대하는 약해의 순환에 '죽음의 연쇄'와 '불모의 세계'의 도래를 저주하는 역동감 넘치는 묘사가 엮어져 선과 악의 전면전쟁의 형태를 취하지만 악이 승리하는 부분에 성서와도 다른 '오염의 언설'의 특질이 있다.

이미 논집《그리고 새는 울지않는다》에서 랏츠와 그로트 페르티에 의해서 지적된 것처럼《침묵의 봄》은 핵에 의한 종말을 묘사하는 SF소설과 양화의 고전《그날이 오면》(1959),《해저2만리》(1953) 등에서 1950년대를 통해서 대중의 것이 된 '죽음의 재'에 대한 공포의 시각적인 수사법을 구사한 것이었다. 나아가 킬링 스와스와 파머에 의하면 DDT등의 농약은 이 작품에서 일종의 '기술의 미래'를 표상하는 악당 로봇으로 등장한다 한다. 이 악당이 선(善)과 미국 하늘의 무구(無垢)를 표상하고 영국 로망파의 나이팅게일로 변신해서《월든》에서도 특권적으로 봄의 아침의 시작을 고한 천상의 새인 아메리카붉은가슴울새(American robin Turdus migratorius)라는 청순한 캐릭터를 무자비하게 죽이려 하는 스토리는 거의 고딕 소설에 가까운 멜로 드라마적인 이야기로 '박해를 받는 청순한 여주인공'이라는 대중소설의 수법이 파악된다고 할 수 있다.

암(癌)표상과 환경문학

카슨이 오늘날 환경정의문학의 출발점으로서 자리매김한 것은 그녀를 좀먹고 있던 유방암과 환경의 밀접한 관계에 대한 깊은 통찰을 가능케 했다, 환경에 대한 이콜러지컬 페미니즘적·신체적 상상력이기도 했다. 그것은 오염의 언설의 중심에 병과 암표상을 두고 독의 연쇄가 '4명에 한 명'(제14장의 제목) 발암시켜 '정상적인 핵분열이 미쳐 와서 암이라는 지리멸렬(支離滅裂)한 증식이 일어난다'는 것을 기술하고 암이라는 병을 현대의 통합체로 된 오염의 세계의 병과로서 표상한다. 이 의미에서 암표상은 자전형식과 역학(疫學)적 기술과 환경 행동주의의 융합에 의해 작품을 짜는 테리·템페스트·윌리엄스 등 현대 환경작가의 가장 중요한 계기로서 계승받고 있다.

뷰엘의《환경비평의 본래》는 자연과 사회의 새로운 관계를 구하고 자연문학이 환경문학에 발전해가는 과정을 상세하게 기술한 저자인데,《바닷바람 아래에서》부터《침묵의 봄》으로의 전개에 자연문학을 중심으로 비평한 제1파 Ecocriticism부터 환경정의비평에 의의적이 된 제2파 Ecocriticism으로의 변화에 대응하는 사람이 없는 해안과 야외주변부부터 마을안의 사람들의 주거환경영역으로의 이동이 일어나고 있다는 점에 착목하고 있다. 이 변화에 대해서는 대립은 야외와 마을이 아닌 오염원과 희생자에 있다 하는 이정(二項)대립적 상상력이 깊이 관계하고 있다. 오염원과 희생자의 관계는 스타인그래버의 타이틀인 '강의 하류'에 의미되고 있어 강의 상류는 오염의 원인을 만드는 기업·제도·침묵하는 과학자로부터 되어 강 아래 주민은 항시 피해를 받는다. 이 표현은 윌리엄스도《새와 사막과 호수와》에서 핵 피해가 항시 핵실험의 바람이 불어가는 쪽(downwind)에 사는 바람아래의 주민(downwinder)에만 영향을 미친다 하여 오염이 힘의 상하관계와 비례하는 사회적 구조부터 발하는 것을 주장하고 있다. 네비다주에서 피폭한 사람들의 시집《Atomic Ghost》의 윌리엄스의 서문에도 마을사람과 악과의 엄한 대립과 투쟁이 간파된다. 카슨의 이정대립적 수사법의 승계는 카슨이 경고한 핵강하물에 실제로 처해졌던 희생자들에 의해 이루어져 있다.

《센스 오브 원더》와 유아교육에 대해

아동관과 교육관

과열하는 유아 조기교육
조기교육의 실태에 대한 어느 방송 프로그램에서, 한 할머니는 이런 말을 했다.

"내 손자는 말이지, 아장아장 걷기 시작할 때부터 며느리가 바이올린 교실에 다니게 하고 있는데, 그래서인지 등뼈가 왼쪽으로 굽어버려서 말이야. 몹쓸 짓을 했지."

최근 아이의 조기교육(조교육)에 대해서 의론이 한창인데, 부모도 교사도 '아이'를 위한다는 대의명분 아래 아이 발달을 무시한 교육에 지나치게 치우치고 있는 것이 아닐까? 음악의 조기교육도 지적 교육도 언제나 눈부신 성공을 거둔 예만 화제가 될 뿐 실패한 예는 알려지지 않는다. 얼마 안 되는 성공의 그림자가 얼마만큼 많은 아이를 좌절감에 빠지게 하는가. "발달을 재촉한다"가 현대교육의 지상(至上)명령인 듯 보인다. 그러나 여기에 존재하는 큰 함정은 잘 모르는 듯하다.

여전히 잊지 못하는 것
현재 우리들의 주위에는 가정이며 유치원이며 할 것 없이 사회전체가 과잉교육 상태이다. 우리들은 너무나도 아이들을 쥐어짜고 있다. 아직 한글도 다 깨우치기 전인 유치원 때부터 영어를 가르치는 것은 일시적으로는 효과가 있을지 모르나, 초등학교 입학 후에도 꾸준한 효과를 보이는 예는 드물며 오히려 아이들이 우리말을 익히는 데에도 큰 걸림돌이다.

현재 우리나라의 아이들을 둘러싼 교육상황은 비정상적이다. 수험전쟁은 더욱 격해지고 학교격차, 학력격차가 퍼지는 중이다. 경쟁사회의 원리가 유아에게까지 영향을 미쳐 교육열과 더불어 유아의 영어교실, 학습 기숙사 등, 조기지적교육은 점점 더 과열하고 있다. 수영을 비롯한 체육교실, 피아노와 바이올린 등의 음악 교실 또한 왕성해져 최근에는 '태아교실'까지 생겨나 교육산업의 일대 시장이 되고 있다.

대체 부모와 사회에 있어서 '아이'란 어떠한 존재인가? 아이는 유아기부터 교육에 찌드는 존재가 아닌 좀 더 자유로운 존재가 아닐까? 우리들은 너무 성급히 지나치게 많은 것을 가르쳐 '나무를 무성히 하려고 종이 잎을 한 장한 장 붙이는' 듯한 짓을 하는 것이 아닐까? 카슨이 오늘날 한국 아이들을 보면 무어라 할까?

자유로운 아이도 선한 아이도

은도 금도 보옥 또한 아이라는 보물에는 견줄 수 없다.

예로부터 아이는 '신이 주신 선물'이고 특히 '7살까지는 신의 아이'라 여겨졌다. 아이는 의료의 미발달과 영양 상태와 건강에 대한 환경조건이 나쁜 시대에 있어서는 항시 죽음과 이웃하고 있었다. 그리고 언제 '저 세상'으로 끌려가게 될지 모르고 7살 정도가 되어서야 살아갈 수 있다는 엄격한 시대상황으로 인해 '신의 아이'로서 소중히 길러졌었다. 한편으로 또 '아이는 천성적인 선한 성품을 가진다' 는 '성선설'도 우리나라의 전통적 아동관으로서 존재한다. 즉 아이는 제각기 개성을 가지고 있어 그것을 "이끌어내며 키운다" 는 것이 교육과 가정교육이고 '밖에서부터 무언가를 주입시키는' 것이 아니라는 사상이다.

동일한 사상은 서양의 동서를 넘어 18세기의 사상가 루소 저작 《에밀》 (1762)에서도 보인다.

상냥하고 선경지명이 있는 어머니여, 갓 태어난 분재를 인간의 여러 의견의 충격으로부터 지켜줄 수 있는 어머니여. 나는 당신에게 호소한다. 어린 식물이 시들지 않도록 키우며 물을 주십시오. 그 나무가 맺는 열매는 언젠가 당신에게 더없는 기쁨을 안겨줄 것이다.

루소는 절대주의의 정치체재를 뒤엎은 혁명적 사상가로서 유명하지만 교육론에 있어서도 완전히 새로운 사상을 전개하고 아동중심주의사상의 선구자가 되었다. 규잔과 루소는 비록나라는 다르지만 둘다 아이의 발달을 식물의 성장에 비유한 '성선설'의 교육관을 내놓았다. 그것은 페스탈로치(1746~1827), 프뢰벨(1782~1852), 오언(1893~1918), 몬테소리(1870~1952)에게 계승되고 있다.

'천성인가 가정교육인가'를 초월하는 것

아이의 설장·발달에 관해서 '천성인가 가정교육인가', 바꿔 말하면 '유전인가 환경인가'라는 논쟁이 있다. 유전론은 인류 사상 가장 오래된 기원전 5세기 그리스 시대까지 거슬러 올라간다. 한편으로 경험주의 철학을 대표하는 '환경론'은 인간의 타고난 관념을 부정하고 발달의 성공여부는 후천적인 환경에 의한 것이라 한다.

그러나 아이의 발달에 대해서 유전론이 맞는지 환경론이 맞는지 도저히 한쪽만으로는 아이의 발달을 해명할 수 없는 것이 솔직한 심정이다. 즉 양방의 요인이 얽혀 있기 때문으로 유전요인을 중시한다 해도 예를 들어 태아는 태내에 있어서 이미 '모태라는 환경'의 여러 영향을 받고 있으며, 역사상의 천재라 할지라도 부모와 교사의 훌륭한 지도가 있었기의 천재의 재능이 개화한 것이라 생각하면 환경론을 무시할 수는 없다.

이처럼 인간발달의 프로세스는 복잡하여 유전과 환경의 양측요인이 제각기 서로 얽혀 있다. 그래서 등장한 것이 상호작용론이라 불리는 것이다. 이는 발달에는 유전요인(성숙)과 환경요인의 단순한 상호작용의 결과가 아닌 양자가 개체에 대해 역동적으로 영향을 미친다.

양자는 발달에 양적으로가 아닌 질적으로 관여한다. 이 같은 사고방식은 인류 역사상에서는 극히 최근의 것으로 1950년대 중반부터 유력해졌다. 그 대표적인 기수가 스위스의 심리학자 장 피아제(1896~1980)이다.

경이의 감각

놀람으로서 마음의 창이 열린다

카슨의 《센스 오브 원더》를 읽으면 피아제의 사상과 공통하는 흥미 깊은 점이 있다. 피아제는 오랜 시간에 걸친 아이 발달에 관한 연구부터 아이는 어른과는 다른 독특한 정신세계에 거처한다는 것을 많은 임상연구를 통해

발견하고 그를 '자기중심성'
이라 이름 붙였다.

자기중심성이란 아이의 사
고가 상황에 좌우되어 대상을
객관적으로 보는 것이 불가능
하고 일면적인 견해만이 가능
한 것, 즉 '정신의 일방향성'
을 가리키고 있다. 예를 들어
유아는 '모든 것에 생명이 깃
든다'(animism)라 생각하여
나무와 돌, 인형에도 영혼이
존재한다고 믿는다. 쓰러져

장 피아제(1896~1980)
20세기를 대표하는 심리학자로 어린이 연구의 선구자

있는 컵을 보고 "컵이 코 자고 있다"라고 생각하는 것도 이 때문이다. 즉 유
아는 현실과 자신의 의식, 바꿔 말하자면 바깥세상과 자기의 혼동이 있기 때
문에 반대로 설화(說話)세계에서 놀 수 있는 것이다. 피아제의 이론은 오늘
날 '아이의 새로운 발견'으로서 높게 평가되고 있다.

자주 "아이는 머리 꼭대기서부터 발톱까지 감동한다"라 말해지는데, 유아
는 호기심과 감동에 넘치는 감각적 세계에서 살고 있다. 이 같은 아이의 독특
한 세계에 대해서 카슨은 《센스 오브 원더》 안에서 다음과 같이 말하고 있다.

"아이들의 세계는 언제나 활기차고 신선하며 아름답고 경이로움과 감격에
넘치고 있습니다. (중략) 만약 내가 모든 아이의 성장을 지켜보는 선량한 요
정에게 말 걸 수 있는 능력이 있다면 세계 속의 아이들에게 일생 동안 지워
지지 않을 'Sense of Wonder=신비로움과 불가사의함에 눈이 휘둥그레지는
감성'을 주길 원한다고 부탁할 것입니다."

'놀람으로서 마음의 창이 열린다'라는 것은 옛적에 자주 들었던 말로, 생
물학자로서의 카슨은 그녀 자신이 유아시절부터 감수성이 예민했다. 또 후
에 성인이 되어서야 비로소 처음으로 바다를 보고 감동해 바다를 연구하고,
또 많은 생물의 생태를 보고 수많은 자연에 대하는 《센스 오브 원더》(경이로
움의 감각)를 가졌기 때문이다. 그리고 그 중요성을 직감적으로 느꼈기 때
문이라 추측할 수도 있다. 피아제도 카슨과 비슷한 생각을 말하고 있다.

'마음을 두근거리게 하는 경이로움은 교육과 과학적 탐구에 있어서 본질적인 원동력이 된다. 우수한 과학자를 다른 사람과 구별하는 것은 타인이 대수롭지 않게 여기는 것에 경이로움의 감각을 가진다.'

이 한 문장을 보아도, 자연과학자 카슨과 심리학자 피아제는 같은 아동관으로 유아기의 교육을 생각하던 것을 알 수 있다는 점에서 대단히 흥미롭다.

인간중심주의에 대한 의문

우리가 사상적으로 높은 가치를 두는 서유럽의 휴머니즘은 '인간중심' '인간존중' 중심의 사상이다. 카슨이 '우리들이 사는 지구는 인간만의 것이 아니다. (중략) 자연의 정복―이는 인간이 허영심으로 생각해낸 제멋대로의 문구에 불과하다. ⋯⋯자연은 인간 생활에 도움을 주기 위해서 존재하는 것이라 자만한 것이다'라 말할 때 그녀는 베이컨(1561~1626), 데카르트(1596~1650), 르네상스 이래의 세계관에 의문을 품고 있던 것이 아닐까?

그녀는 선진공업국에 의한 환경파괴에 대해서 많은 책임을 져야 한다는 반성도 담아 새로운 환경이론으로서, '자연과의 공존공영'이야말로 현대의 과학기술문명의 모순을 극복하는 길이고 인류를 포함하는 모든 생물이 이 지구에서 살아남을 수 있는 유일한 길이라고 말했다.

카슨의 이 사상은 불교사상과, 많은 선주민족에게 보이는 '자연과의 공존사상'과 공통하는 점이 보인다. '지렁이도 밟으면 꿈틀한다'라는 것은 동양사상이라기보다는 원시적 애니미즘사상이라 해야 하지만, 그 말의 현대적 의의를 카슨은 자연과학자의 입장에서 지적했던 사람이다.

만유공존으로의 길

나는 자연의 일부이다

카슨과 같은 생각을 가진 사람은 당시의 미국에도 있다. 헨리 깁슨은 1968년부터 1971년까지 텔레비전 방송 'Laugh-in'에 출연했던 시인이자 배우, 연주자이기도 했는데 그는 다음과 같은 시를 지었다. 그것은 당시의 환경파괴에 대해서 미국독립선언 'Declaration of Independence'를 흉내 내며 'Declaration of dependence'라 했다. 인디펜던스가 '독립'이라는 의미이기 때

문에 그 반대의 디펜던스(상호의존·공존)
이라는 것이다. 상당히 흥미로운 시이다.

공존선언

헨리 깁슨

나는 자연의 일부이다.
나는 모든 생물의 일부분이다.
나는 대기, 대지, 물 안에서 사는 모든
생물과 이어져 있다.
나의 생명은 대자연과 공존한다.
자연의 균형, 그 자원, 그리고 양자의
연속성과 공존한다.
그것을 파괴하는 것은 나 자신을 파괴
하는 것이다.
인종의 일원으로서 나는 자연이 살아 남는 것에 대한 책임이 있다.
그것을 파괴하고 싶지 않다.

Declaration of DependenceHenry Gibson
I am a part of Nature.
I am a part of everything that lives.
I am bound together with all living things in air, in land, in water.
My life depends upon Nature.
Upon its balance, upon is resources and upon the continuity of both,
To destroy them is to destroy myself.
As a member df the human race,
I am responsible for its survival.
I am a part of Nature
I will not destroy it.

깁슨의 시는 우리 인류는 자연을 정복하는 것이 인류의 행복으로 이어진다는 것을 일찍이 말하고 있으나 그러한 거만한 행동은 불가능할뿐더러 해서조차 안 된다, 자연 파괴는 부메랑과 같이 자신들에게 돌아와 그들의 목을 조른다, 우리들도 자연의 일부로서 태어나 살고 결국 죽는다는 것을 가르치고 있다. 깁슨은 이 시를 《침묵의 봄》이 간행되고부터 몇 년 후에 발표했다. 이것은 카슨의 사상을 시로 표현한 것이라 할 수 있다.

'인간은 자연의 일부이다'라는 사상은 앞서 말했던 동양사상의 불교사상과 선(禪)사상과 공통점이 있다. 선사상 안에 '자신의 발자국은 남기지 않는다'라는 말도 있다. 그 의미에서 이 시는 동서를 막론하고 서로 통하는 '사상시'라 할 수 있다.

지구는 인간만의 것이 아니다

1972년, 스웨덴의 스톡홀름에서 국제연맹인간환경회의가 열려 '인간환경선언'이 발표되었다. 머리글에서 다음과 같이 말하고 있다.

"인간은 지금은 과학기술의 가속도적인 발전에 의해. 스스로의 환경을 방법과 전례가 없을 정도의 규모로 변화시키는 능력을 획득하는 단계에 달했다. 인간환경의 양면, 즉 자연 그대로의 환경과 인위적인 환경 모두 인간의 복지와 기본적 인권—나아가서는 생존권 그 자체—의 향수를 위해 필요불가결하다."

여기서 말하고 있는 것은 '자연 그대로의 환경'(자연생태계)와 '인위적인 환경'(인공생태계)와의 조화이다. 이는 말하자면 자연에 따라 자연을 정복한다는 입장과 자연에 따라 자연에 조화한다는 두 가지의 상반되는 입장을 통일한다는 생각을 나타내고 있다.

자연생태계와 인공생태계의 불균형에 의해 환경이 지구규모로 파괴되고 있는 것을 카슨은 비판한 것이지만, '인간환경선언'은 이 두 가지의 생태계의 균형에 의해 새로운 환경을 만들어내는 것이 인류의 복지에 있어 불가결하다 했다.

그럼 새로운 제3의 환경이란 어떠한 것인가? 그것은 인간중심주의가 아닌 '만유공존의 이념'(total system)이라는 생각이다. 이것은 인간과 자연, 과학과 철학의 종합화이고 윤리적·철학적·심리적 환경을 나타내는 것이다. 이 이른바 '내부 환경'이라는 것은 자연을 아끼고 생물을 사랑한다는 마음속에서 우러나는 것으로 철학적·윤리적 가치관에 뿌리내린 '만유환경'관이라고도 한다. 이것이야말로 카슨이 《센스 오브 원더》 안에서 반복해서 말했던 것이다.

인간의 지혜를 초월한 존재

말을 뛰어넘은 것

카슨은 말한다.

"인간을 초월한 존재를 인식하고 경외하며 경이하는 감각을 소중히 강하게 키워나가는 것은 어떠한 의의가 있을까요? 자연계를 탐구하는 것은 귀중한 아이도 시대를 지내는 유쾌하고 즐거운 방법 중 한 가지에 불과한 것일까요? 아니면 좀 더 깊은 무언가가 있는 것일까요?

나는 그 안에 영구적으로 깊은 의의에 무언가가 있다고 믿고 있습니다. 지구의 아름다움과 신비를 느낄 수 있는 사람은 과학자이든 아니든 인생에 질려 지치거나 고독에 괴로워하는 일은 결코 없을 것입니다. 설령 생활 속에서 괴로움과 걱정이 있었다 해도, 반드시 내면적인 만족감과 산다는 것에 대한 새로운 기쁨으로 통하는 지름길을 발견하는 것이 가능하리라 믿습니다. 지구의 아름다움에 대해 서 깊은 궁리를 하는 사람은 생명의 종말의 순간까지 활기찬 정신을 유지해 나가는 것이 가능할 것입니다."

우리들은 근대적 과학기술을 사용하여 '진실과 증명'이라는 방법에 의해 눈에 보이는 성과에 가치를 두는 사회를 구축해왔다. 그러나 눈에 보이지 않는 것, 마음의 세계, 말로 표현할 수 없는 감동이 있는 것을 카슨은 새삼 가르쳐 준 것이다. 자기를 사랑하는 마음, 타인을 배려하는 마음, 자연계의 동식물의, 인간의 지혜를 초월한 생태계에 감탄하는 마음, 그리고 지구라는 성역을 에워싸는 우주에 대한 생각, 인간의 능력을 훨씬 뛰어넘은 자연계의 천변지이(天變地異)의 힘과 거대한 우주의 정신이 아찔해지는 오랜 시간에 생각에 잠기는 것. 이들은 한계가 있는 우리들 한 사람 한 사람의 인간은 영원의 모습 아래에 있어 너무나도 작은 존재에 불과하다는 것을 깨닫게 해준다.

감성교육의 중요성

카슨은 유아기에 있어서 감성교육의 중요성을 《센스 오브 원더》의 다른 곳에서 자세하게 말하고 있다.

"아이들의 세계는 언제나 활기차고 신선하며 아름다워 경이로움과 감격에 넘치고 있습니다. 유감스럽게도 우리들의 대부분은 어른이 되기 전에 티 없이 맑은 통찰력과 아름다운 것, 경외해야 하는 것에 대한 직감력이 둔해지며 어느 때 완전히 잃어버리고 맙니다. 만약 내가 모든 아이의 성장을 지켜보는 선량한 요정에게 말을 걸 능력이 있다면 세계 속의 아이들에게 평생 지워지지 않는 《Sense of Wonder=신비로움과 불가사의함을 느끼는 감성》을 주길 원한다고 부탁할 것입니다.

이 감성은 이윽고 어른이 되면 찾아오는 태만과 환멸, 우리들이 자연이라는 힘의 원천으로부터 멀어지는 것, 시시한 인공적인 것에 몰두하는 것 등에 대한 변함없는 해독제가 됩니다.

요정의 힘에 의지하지 않고 천성적인 아이의 《센스 오브 원더》를 언제나 신선하게 유지하기 위해서는 우리들이 사는 세계의 기쁨, 감격, 신비 등을 아이와 함께 재발견하고 감동을 서로 나누는 어른이 적어도 한 사람, 곁에 있을 필요가 있습니다. 많은 부모들은 열심인, 세세한 아이의 호기심과 접할 때마다 여러 생물들이 사는 복잡한 자연계에 대해서 자신이 무엇 하나 알지 못하는 것을 깨닫고 자주 어떻게 해야 좋을지 모르게 됩니다. 그리고 "자신의 아이에게 자연을 가르친다니 어떻게 해야 가능할까요? 나는 자연 안에 존재하는 새의 이름조차 모르는데!"라고 한탄하는 목소리를 높일 것입니다.

나는 아이에게 있어서도 어떠한 방식으로 교육해야 하는지 골머리를 앓고 있는 부모에게 있어서도 '안다'는 것은 '느낀다'는 것의 절반도 중요하지 않는다고 굳게 믿고 있습니다. 아이들이 접하는 사실 하나 하나가 이윽고 지식과 지혜를 낳는 씨앗이라고 한다면 제각기의 정서와 풍부한 감수성은 이 씨앗을 품어 기르는 비옥한 토양입니다. 유년 시절은 이 토양을 경작할 때입니다.

아름다운 것을 아름답다 느끼는 감각, 새로운 것과 미지한 것에 접했을 때의 감격, 배려, 연민, 찬미와 애정 등의 여러 형태의 감정이 일단 깨어지면 다음은 그 대상이 되는 것에 대해서 좀 더 자세히 알고 싶어 합니다. 그렇게 해서 발견한 지식은 확실히 몸에 배입니다.

  소화하는 능력이 아직 갖추어지지 않은 아이에게 사실을 그대로 받아들이게 하기보다도 오히려 아이가 알고 싶어 하는 길을 펼쳐주는 것이 얼마만큼 중요한지 모릅니다."

  '아는 것'(지식)은 '느끼는 것'(감각)의 토대 위에 꽃을 피는 것이다. 지식과 지혜를 낳는 토양에는 풍부한 정서와 감수성이 존재한다. 카슨은 이 사실을 깔끔한 형태로 말한다.

아이는 누구의 것인가

  다음에 열거하는 칼릴 지브란(1883~1931)의 시를 읽으면 유아기의 소중함뿐만이 아닌 아이의 존재 의미에 대해서 생각하게 된다.

예언자

아기를 안은 한 여인이 말했다
부디 아이들 이야기를 해 주십시오
(그래서 예언자는 말했다)
당신들의 아이들은
당신들의 것이 아니다
그들은 생명 그 자체
동경의 아들과 딸이다
그들은 당신들을 통해서 태어나지만
당신들로부터 생긴 것은 아니다―
당신들은 그들에게 애정을 줄 수 있으나
당신들의 사고를 주는 것은 불가능하다
왜냐하면 그들은 자기 자신의 사고를 가지기 때문에
당신들은 그들의 몸을 머물게 할 수는 있으나
그들의 영혼을 머물게 할 수는 없다
왜냐하면 그들의 영혼은 내일의 집에 살기 때문에

  이 시에는 큰 진리가 포함되어 있다. 지브란은 1883년에 현재 이스라엘과 전쟁에 대면한 레바논의 한촌에 태어난 시인, 철학자, 화가로 1931년에 세상을 떠났다. 그의 투철한 부분은 아이, 인생, 지구와 우주 또한 투철한 시선으로 꿰뚫고 있는 듯하다.

카슨의 《센스 오브 원더》가 출판된 것은 1965년으로 그녀가 세상을 떠나고 나서의 일이었다. 카슨이 쓴 시집과 같은 에세이 《센스 오브 원더》는 읽을 때마다 무언가 새로운 진리를 발견하고 기쁨과 감동에 차게 해주는 샘물이다. 우리들은 이 보물을 언제까지나 소중히 여겨 카슨의 마음을 아이들 앞에 살포시 둘 필요가 있다.

Ⅲ 카슨의 사상

'현대'를 다시 들여다보다

'환경의 세기'라는 것

21세기에 들어 '밀레니엄'이라는 말과 함께 사람들은 이 새로운 세기를 어떤 희망을 가지고 맞이했다. 그 희망 가운데에는 환경을 잘 개선할 수 있을까 하는 기대도 포함되어 있었다. 자주 '21세기'를 가리키며 '환경의 세기'라고 하지만, 그것도 하나의 표현일 것이다.

하지만 현실은 어떨까? 교토에서 열린 국제회의에서 결정된 온실가스 감소를 위한 의정서도 그림의 떡이 되어 버릴지, 온난화 현상은 가속화되고 있는 추세다. 각지에서 지금까지 볼 수 없었던 생물이 발견되거나 기상현상에도 평년과는 다른 '이상'이라는 레테르가 자주 붙여지게 된다. 오존층의 파괴도 마찬가지이다. 남극상공의 오존 구멍의 크기가 남극대륙을 덮을 정도가 되었다는 보도도 있었다.

또 농업에서 없어서는 안 될 물이 고갈되는 지역이 생기고, 사막화 진행도 심각하다. 또한 환경파괴의 가장 큰 문제인 전쟁(분쟁)도 국지적이지만 빈번해지고 있는 상황이다. 선진국과 발전도상국의 격차는 해소되고 있기는커녕 확대되고 있다.

한편 국제 연합을 중심으로 한 환경개선의 구조도 보인다. '지속가능한 사회'를 구축하기 위한 운동의 하나로서 '국제 연합·지속가능한 개발을 위한 교육 10년'이 2005년부터 개시되었지만, 과연 그 성과는 어떠했을까?

지금 만약 카슨이 태어났다면 어떠한 말을 하고 어떠한 행동을 하도록 우리에게 호소했을까? 본장에서는 카슨이 우리들에게 남긴 것, 특히 그녀의 '사상'을 배우고, 그것을 기준으로 해서 '현대'를 다시 들여다보겠지만, 그전에 인류사에 있어서 '현대'의 위치를 파악해 두자.

'환경'에서 본 인류사

처음에 '환경'이라는 시점에서 보자. 인류는 지금까지 각각의 시대나 여러 지역에 따라 식료부족, 외적의 공격, 더위와 추위 등 여러 환경문제에 직면하고, 그때마다 머리를 짜내고, 그것들을 해결해 왔을 것이다. 만약 그렇지 않았다면 인류는 틀림없이 멸망했을 것이다. 바꿔 말하면 '환경문제'는 현대 특유의 문제가 아니라 그 종류나 규모에서 다르지만, 인류 역사상 항상 존재하고 있던 것이고, 과거에 남겨진 여러 라이프스타일(문화인류학에서는 '문화'라 한다)이나 문명은 그때의 해결 모습이기도 했다. 우선 여기에서 문명이란 라이프스타일(문화)의 한 가지 형태라는 이해를 해 둔다.

인류의 역사를 인간환경이라는 시점에서 바라보면 〔그림 1〕에서 보듯, 현대와 함께 인간환경을 구성하는 요소에 변화가 보이는 것을 알 수 있다. 원시 시대에는 인간을 에워싼 환경요소는 대부분이 자연의 사물현상(사상이라 줄인다)이었다. 이 경우 환경요소를 '자연적 환경요소'라고 한다. 한편 시대의 흐름과 함께 인간은 스스로의 환경을 개선하기 위해 기술에 따라 주위에 있는 자연적 사상을 수정하여 거기에서 여러 인위적 현상을 만들어 냈다. '인위적 환경요소'의 등장이다. 지역에 따라 다르기는 하지만, 현대에 가까워질수록 그 '인위적 환경요소'의 비율이 커진다. 현재, 세계의 대부분의 사람들이 생활하는 도시에서는 그것이 극한에 달하는 추세이다.

그러나 이 그림을 보면 19세기에 그 경계선이 아래로 구부러져있다. 이것은 그 비율이 급격히 변화하고, 후자가 커진 것을 의미하기 위해 나타낸 것이다. 그 배경에는 그림에도 나타났듯이 '과학기술'의 탄생이 있다. 과학기술에는 '자연적 사상'을 '인위적 사상'으로 크게 바꾼 힘이 갖추어져 있다.

그러면 애당초 '과학기술'이란 도대체 무엇인가? 간단히 말하면 '과학'의 지식을 활용하여 개발된 '기술'인 것이다. 오늘날에는 일상적으로 사용되고 있는 발전기나 모터, 이것들은 18세기경에 발달한 전기나 자기에 관한 '과학'연구(전자기학)에 따라 얻어진 지식을 이용하여 19세기에 개발된 '기술'이다. 이러한 과학기술 및 그것에 의해 만들어진 사상이 인위적 환경요소의 대부분을 차지하게 되고, 그 결과 우리들의 라이프스타일은 크게 변모하게 된다.

과학문명이라는 '현대'

다음으로 인류사를 '문명'이라는 시점에서 파악한다. 이미 앞에서 말했듯이 '문명(civilization)'은 라이프 스타일(문화)의 한 가지 형태이고, 그 어원(civic)이 말하듯이 '도시화'한(사람들이 모여 생활하는) 라이프 스타일이다. 인류사를 읽으면 '고대

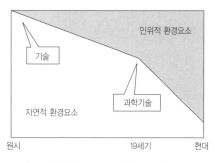

[그림 1] 인간환경구성요소의 역사적 변화

문명' '중세문명' '근대문명' '현대문명' 등 시간 축에서의 명칭, 또 '그리스문명' '잉카문명' 등 '공간 축'에서 파악한 명칭 등을 발견할 수 있다. 물론 우리들이 누리는 문명은 '현대문명'이고, 세계적인 크기를 볼 수 있다.

그러나 '현대문명'이라 부르고 '과학문명'이라는 것이 있다. 그것은 왜일까? 또 애당초 '과학문명'이란 어떠한 문명일까?

일반적으로 '과학문명'의 특징으로 들 수 있는 것은 사람들의 생활 속에 과학기술과 깊게 관련된 것이다. 먼저 예로 들었듯이 과학기술은 이미 18세기 후반부터 19세기 초에 걸쳐 인류 역사에 등장하고 있다. 또 한 가지는 사람들의 공통된 가치관으로서 '과학적인' 사고를 긍정하고 있다는 것이다. 이 가운데 전자에 대해서는 여기에서 설명할 것도 없이 자신들의 생활을 돌아보면 이해할 수 있을 것이다. 지금 과학기술을 전면적으로 부정한 생활을 하려고 한다면 그만큼 노력이 필요할 것이다.

하지만 첫 번째 과학기술은 두 번째 과학적 사고의 결과를 만들어낸 것이므로, 과학문명을 이해하기 위해서는 후자의 '과학적' 사고는 어떠한 것인지를 알 필요가 있다.

과학적이라는 것

원래 '과학'이라는 말은 라틴어의 '알다'라는 의미를 가진 '스키엔티아(Scientia)'에서 유래한다. 영어와 프랑스어에서는 science, 독일어에서는 Wissenschaft(wissen은 '알다'라는 의미)가 되고, 우리말에서 '과학'이 된다. 따라서 '과학'은 '무언가'를 '알다'라는 활동이다. 단 '알기'위한 일정한 절차

가 필요하게 된다. 그 절차란 어느 사상을 설명할 때 '윤리적' '실증적' '객관적'인 것이다.

실제 이러한 절차를 근거로 삼은 '아는' 활동은 17세기경 갈릴레이, 뉴턴 등 유럽 학자들의 세계에서 널리 퍼진 것이고, 과학의 역사에서는 이 사건을 가리켜 근대과학의 성립이라고 부르고 있다. 이 배경으로는 당시 유럽에서 실증정신의 대두가 있었다. 한편 그들이 그러한 '아는' 활동을 전개할 즈음하여, 우주·자연은 신에 의해 창조되었다는 그리스도교의 사상에 근거하고, 거기에 숨겨진 법칙을 발견하는 것에 의해 신을 이해할 수 있다는 생각과, 인간은 신으로부터 자연을 관리하고 유효하게 이용할 권리를 받았기 때문에 그러기 위해서도 자연을 잘 '아는' 것이 필요하다는 생각 등이 있었기 때문이다. 그래서 아까 소개한 절차를 근거로 삼아 자연계에 보이는 사상, 예를 들면 뉴턴은 운동이라는 현상에 주목하고, 거기에 숨겨진 법칙(만유인력의 법칙 등)을 발견했다.

지금 그 법칙들에 근거하여 일식이나 월식, 혹은 혜성의 출현 등의 예고가 가능해지고, 또 그 법칙을 활용하여 로켓이 발사된다. 그래서 사람들의 '과학'에 대한 신뢰가 생겼다. 그러나 환경문제가 드러나 그 과학문명을 되묻게 되었다.

카슨의 '과학'사상을 탐구하다

과학기술의 실체

그러면 카슨은 과학문명이라는 것에 대해 어떠한 생각을 가지고 있었을까? 《침묵의 봄》 제 6장 '녹색의 지표' 가운데 '기술문명'이라는 말을 사용하여 다음과 같이 말하고 있다.

몇 마일이나 양쪽 길은 황폐하고, 이런 곳은 되도록 빨리 지나갔으면 하는 비겁함. 기술문명이 만들어 낸 불모의, 소름이 끼치는 세계는 우리들과 같은 사람들 기술자 탓이라고 생각하면 참을 수 없다.

이것은 도로 양쪽에 자란 이른바 잡초가 제초제에 의해 없어진 모습을 말한 것이다. 여기서 카슨이 말하는 '기술문명'의 '기술'은 말할 것도 없이 화학약품의 제초제를 예로 한 것에서 '과학기술'을 염두에 둔 것이다. 그렇게 되면 과학문명의 전체가 문제인지 어떤지 걱정이 된다. 또 하나의 특징인 '과학적'으로 생각하는 것에 대해서는 어떻게 생각했던 것일까?

카슨은 몇 개의 저작에서 '과학'에 대한 생각을 말하고 있다. 다음 그 한 가지를 인용해 보자. 이 문장은 《우리를 둘러싼 바다》에서 전미 도서상을 받고, 그 수상식에서 강연했던 것의 일부이다.

……'과학'은 일상생활과는 거리를 둔 특별한 것이라는 사고방식에 감히 이의를 주장했다고 생각한다. 현대는 '과학의 시대'이다. 그런데도 과학지식은 성직자처럼 실험실에 격리된, 한정된 사람들만의 특권이라고 생각되고 있다. 이것은 진실이 아니다. …… 과학의 목적은 진실을 발견하고 해명하는 것이다.

이 문장에서도 알 수 있듯이 카슨은 '과학'이라는 인간 활동을 인정하고, 그 성과를 널리 사람들에게 전달하는 것에 대한 중대함을 강조하고 있다. 《침묵의 봄》은 대부분 '과학적' 데이터에 근거한 논문이기도 하다. 카슨은 그 과학성과를 실용화할 때, 바꿔 말하면 과학기술을 개발할 때 어떠한 과학기술을 무엇 때문에 개발하고 그것을 어떻게 사용할지 하는 것 등을 문제로 하고, '안이한 기술주의'를 비판했던 것이다.

'생물학'에 대한 생각

그러면 무조건적으로 '과학'을 인정한 것일까? 카슨이 대학에서 익힌 생물학에 대한 생각을 들어보자.

카슨은 생물학에 관해 1956년 '생물과학에 대해서'라는 제목으로 썼다. 이것은 미국 전미영어 교원협의회의 후원으로 출판되었고, 《명저선집》중 생물학 관련 저서에 대한 해설로서 편집자로부터 의뢰받은 것이다. 그 중에서 생물학 연구의 실체에 대해 언급한 부분을 소개한다.

생물학은 지구에 서식하는, 살아있는 것을 다룬다. 색이나 형태, 움직임에 기쁨을 느끼고, 생명의 놀랄 만한 다양함을 인식하고 자연의 아름다움을 즐기는 것은 생물로서의 인류가 가진 타고난 권리이다. 생물학과의 첫 만남은 되도록 들판이나 숲, 해변 등에서 자연을 통해 이루어져야 한다. 그래서 그것을 보충하여 채우고 확인하는 수단으로서 실험실에서의 연구가 있어야만 한다. 최고의 재능과 상상력이 타고난 생물학자 중에는 생물학과의 첫 만남이 감각적인 인상이나 감동을 매개로 했다는 사람들도 있다. 가장 뛰어난 저작의 대부분은—지식인을 대상으로 쓴 것이라도—인류를 포함한 생명의 끊임없는 흐름에 대한, 감동에서 비롯된 것이다. 현재, 쉽게 손에 얻을 수 있는 허드슨이나 소로와 같은 위대한 자연주의자의 저서는 이것을 나타내는 대표적인 작품이고, 생물학 분야의 저작으로서 권위 있는 지위를 차지하고 있다.

카슨이 이 문장을 쓴 해는 저자가 생물학을 공부한 대학을 막 졸업했을 때이다. 지금 돌이켜보면 당시 생물학에 뜻을 둔 대부분의 젊은 사람들의 생각은 여기에 소개한 카슨의 마음과는 조금 벗어난 것 같다.

생물학의 동향

그때 생물학의 꽃이라 하면 유전학이나 생화학 등, 이른바 '마이크로'를 목표로 생명현상을 해명하고자 한 분야였다. 따라서 대부분의 연구자는 실험실에 박혀 현미경이나 시험관과 마주 앉은 상황이었다. 카슨이 기대하던 야외에서 자연 동식물과 접촉할 기회는 거의 없었다. 개체 이상의 이른바 '마이크로' 단계에서 생명현상을 추구하던 분류학은 케케묵은 '박물학'으로서 경원시되고, 생태학은 반대로 아직 젊은 분야로 연구조건이 제대로 갖추어진 상황은 아니었다.

실제로 이러한 생물학에서 '마이크로'에 대한 쏠림 현상은 생물학의 본질이라기보다도 17세기에 성립된 근대과학의 선배인 물리학이 영향을 준 것이었다. 당시 물리학은 자연현상을 몇 개의 요소로 분해하고, 요소마다 인과관계를 밝히는 '요소환원적 방법'을 택해 성과를 올렸다. 이후 그 방법이 물질의 해명을 목표로 하는 화학의 세계에서도 사용되고, 거기에서도 일정 성과

를 얻었다. 그 상황은 생명현
상의 해명을 목표로 하는 생
물학자들에게도 영향을 미치
게 된다. 물질의 기본단위로
서 원자의 존재가 밝혀지면,
생명현상에서도 그러한 단위
가 얻어져, 이미 17세기에 현

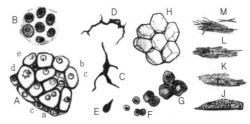

슈반(독일)이 그린 동물세포(1839)

미경 아래에서 모습을 드러낸 '세포'야말로 생명의 기본단위라는 생각이 19
세기에 등장한다.

이후 그 '세포' 내의 연구가 진행되고, 세포핵, 게다가 세포핵 안의 염색
체, 그리고 염색체에 존재한다고 생각된 유전자, 그 물질로서의 DNA로의
생명현상은 '마이크로'라는 세계 언어로 널리 퍼졌다. 카슨이 앞의 문장을
쓴 수년 전, 나중에 노벨의학·생리학상을 받게 된 왓슨과 크릭에 의한 DNA
분자 모델 발견이 있었지만, 카슨은 그것을 어떻게 보았을까?

생태학에 대한 생각

생물학 가운데에서도 카슨이 주력한 것은 '마이크로'단계에서 생명을 탐구
하는 박물학과 생태학 분야였다. 이것은 카슨의 대부분의 저작에서 알 수 있
다. 그 한 가지 예로 미국과학진흥협회 심포지엄에서 발표한 과학논문의 일
부를 소개한다.

최근 수년간, 나는 바닷가의 생태학, 즉 암석해변이나 모래밭, 저습지, 개
펄, 산호초, 맹그로브습지 등 동식물의 생태에 대해 연구를 계속해 왔다. 동
물과 동물, 동물과 식물 그리고 동식물과 주위의 자연계와의 관계에 대해 생
각해 왔다. 그러한 것을 자주 생각하면 생명의 복잡함을 알아차리게 된다.
거기에는 독자적으로 종결된 요소는 하나 없고, 단독으로 의미를 가진 요소
도 없다. 하나하나가 복잡하게 짜인 전체구조의 일부분인 것이다. 왜냐하면
생물은 수많은 연결로 주위 세계와 이어지고, 그 연결은 생물학·화학·지질
학에도 관련이 있다.

오늘날에 자주 듣는 '자연을 하나로 정리해 보는 입장'을 이미 이때부터 카슨은 나타내고 있다. '마이크로' 연구에 대한 유혹에도 지지 않고, 오히려 비판적인 입장을 취한 것은 어릴 때부터 몸에 밴 자연에 대한 접촉 방법, 그리고 학생 시절 우드홀 해양연구소에서의 체험 등과, 나중에 다룬 소로 등 자연주의자들의 저서에서의 시사 등이 배경에 있었기 때문일 것이다.

카슨은 앞에서 소개한 '생물과학에 대하여' 중에서 생태학은 20세기가 되고부터 주목받게 되지만, 생태학적인 관계를 인식하는 것은 현대의 환경보전계획의 기본이라고 말하고 있다. 이 '환경'에 관한 과제는 다음 절에서 다시 다루게 된다.

카슨의 '환경'사상을 탐구하다

이주민들의 자연관

이미 제1절에서 말했듯이 '자연'은 인류사 처음부터 인간환경을 구성해 온 주요 부분이다. 따라서 사람들이 자신의 환경을 생각하거나 완성할 때 '자연'을 어떻게 파악할지, 바꿔 말해 어떠한 '자연관'을 가질지가 중요해진다.

'자연관'이라 하면 자주 소개되는 것이 그리스도교적 자연관이고, 그 내용의 일부분도 제1절에서 소개했다. 즉 '자연'은 인간에 의해 관리, 이용되는 존재로서 신이 창조한 것이다. 이 자연관을 미국에서 자연의 개발과 관련지어 환경사상사 연구자 R.F. 내시는 다음과 같이 말하고 있다.

미국 사람들은 스스로를 자연의 일부로 느끼고, 그들을 지탱해 온 환경을 존경했다. …… 유럽에서 밀려온 새로운 이민들은 자연계에 대해 전혀 다른 견해를 가지고 있었다. 그들은 유대·그리스도교의 전통을 충실하게 계승해 왔기 때문에 자연은 인간의 물질적인 욕망을 만족시키기 위해 신이 준 선물이라고 이해했다. …… 이러한 사고가 환경을 개발하기 위한 지적인 정당성을 수여했다……

그 뒤 많은 이주민과 그 자손들은 '개발'에 힘썼다. 내시에 의하면, 이주민과 그 자손들에게 '자연'은 이익을 낼 수 있는 '자원'이었다.

한편 이러한 인간중심주의적 사고에 대해 이미 18세기에 등장했던 낭만주의의 영향도 있어서, 자연과 함께 생활하는 그 중요함을 호소하거나 실제로 자연 속에서 생활하는 길을 선택하는 사람들도 나타났다. 에머슨, 소로, 뮤어가 있다. 미국의 자연(환경)보호운동 역사를 말하는 사람은 꼭 그들을 그 선구자로서 소개하고 있다.

소로에서 카슨으로

그 가운데 숲 속에서 2년 남짓, 혼자 생활한 기록인 《숲 속의 생활》(1854)을 쓴 소로에 대해 카슨은 '위대한 자연주의자'나, '주위 세계를 깊이 관찰한 대표적 인물'이라고 소개하고 있다. 이 소로에서 카슨으로의 거리를 상세하게 알 수 있는 저작 《자연보호의 여명》이 출판되었다. 지금 그 중에서 카슨의 '자연관'을 짐작할 수 있는 부분을 인용하자.

그녀의 침대 옆에 항상 놓여 있던 《일기》의 소로나 그녀가 가장 좋아하는 《수달 타카의 일생》의 저자 헨리 윌리엄스가 그랬듯이 카슨도 역시 소재로 삼는 생물과의 일체감을 가지고 있었다. 반면, 그녀는 의인화에 빠지기 쉬운 위험성도 알고 있었다.

이 문장에서도 알 수 있듯이 소로는 카슨이 경애하는 인물 중의 한 사람이었다. 그래서 카슨의 '자연관'에도 소로의 '자연관'이 영향을 준 것은 상상하기에 어렵지 않다. 카슨에게 '자연'은 인간을 그 일원으로 하는 여러 생물들과 그것을 떠받치는 대기, 물, 흙 등의 공생체이고, 결코 이익을 내기 위한 '자원'은 아니었다.

낭만주의자 가운데에는 전면적으로 과학문명을 거부하는 사람도 있지만, 물론 카슨은 그렇지 않았다. 농약의 위험성을 호소한 《침묵의 봄》 마지막 장(17장) '다른 길'에서 '생물농약'연구를 제안하거나 생태학에 대한 기대를 보이거나 하는 등 과학문명의 한 가지 특징인 '과학적 사고'는 인정하고 있었다. 이미 말했듯이 카슨에게 문제인 것은 과학기술이었다.

환경보전에 대하여

인간을 둘러싼 환경 가운데 과학기술이라 하는 인위적 환경요소를 어떻게 평가하는가? 그에 따라 인간환경이 좋아지기도 하고 나빠지기도 한다. 후자가 이른바 인간의 환경문제이지만, 카슨은 《침묵의 봄》에서 인간의 환경만이 아니라 지구상의 모든 생물의 환경도 생각하고, 그 악화를 '과학적인 눈'으로 파악해 생태학적인 입장에서 환경보전에 힘쓰는 일의 소중함을 호소했다.

《침묵의 봄》이 간행된 이듬해 1963년, 샌프란시스코에 있는 카이저재단병원그룹이 주최한 심포지엄에서 카슨이 한 말에 귀를 기울여보자.

인간과 환경과의 관계라는 문제는 이전부터 나에게 가장 중요한 주제였다. 우리들은 인간이 특별한 존재라고 생각하기 쉽지만, 사실 인간은 주위의 세계와 관계없이 살 수 없다. 우리들은 모두 물리적·화학적·생물학적인 힘이 얽힌 복잡하고 동적인 상호작용의 한가운데에서 살고, 인간과 환경은 서로 영향을 주고, 그 관계는 절대로 끊어지는 일 없이 끝없이 이어지는 것이다.

인간은 은근히 무언가를 두려워하고 있는 것인지, 스스로의 기원을 인정하고, 이른바 생물이 진화하고 공존해 온 환경과의 깊은 관계를 인정하려고 하지 않는 것은 왜인지 하는 이런 생각들은 매우 흥미롭다. 빅토리아조 시대의 사람들은 이유 없는 공포나 미신 때문에 다윈의 진화론에 주저하고 당황했지만, 결국을 그것을 극복했다. 우리들 또한 인간과 환경과의 진정한 연결에 대한 사실을 받아들일 수 있다. 그러한 지성과 자유가 가득 찬 상황에서야말로 우리들은 현재 눈앞에 있는 어려운 문제를 해결할 수 있다고 믿고 있다.

이 강연 이듬해 카슨은 세상을 떠났다. 그 의미에서 이 인용문은 카슨의 유언이기도 하다.

'현대'는 카슨으로부터 무언가를 배우다

과학기술과의 조화

카슨이 비판한 '안이한 기술주의'는 지금 어떠한 상황일까? 과학기술은 그 편리함과 적절함에서 점점 일상생활 속에 침투하고 있다. 예전처럼 환경을 무시한 개발이 적어졌다고는 하나 아직 문제가 있는 기술이 있다. 농약을 예로 해도 카슨이 두려워했던 인공적인 화학물질은 늘면 늘었지 줄어드는 일은 없다. 그 가운데에는 환경호르몬 작용을 가진 것도 볼 수 있다. 환경 호르몬 가운데에는 인간만이 아니라 다른 동물들에게 영향을 준 것도 있고, 생태계의 균형을 무너뜨리기 쉽다. 그 의미에서는 환경호르몬 작용을 가진 상품을 사용하는 것은 생태학적 윤리에 반하게 된다.

편리함, 쾌적함이라 하면 다양한 전자 제품, 자동차 등이 그것을 만족시키기 위해 나오고 있다. 우리들은 어느덧 그것들을 쓰게 된다. 환경에 배려한 것도 많지만, 그 나름대로의 전기나 가솔린 등 에너지를 사용한다. 예전에 물리학자 에이머리 로빈스는 에너지 사용방법에 관해, 현대는 버터를 기계로 자르는 듯한 생활을 하는 것으로서 그것을 그만두면 원자력 발전을 늘릴 필요는 없다는 의미의 말을 한 적이 있다. 중요한 것은 카슨이 지적하는 '안이한 기술주의'에 빠지지 않고 생활하는 것이 아닐까? 최근에는 슬로우 라이프라는 말도 등장하고 있다. 자동차보다도 자전거, 자전거보다도 도보, 되도록 그러한 행동을 하는 문자 그대로 슬로우 라이프이다.

미래를 짊어질 아이들에게

사람들이 '안이한 기술주의'에 빠지는 배경에는 그러한 과학과 기술에 대한 올바른 지식을 갖추지 않거나 갖출 기회를 받지 못한 것도 있다. 그렇게 생각한 카슨은 그 상황을 바꾸기 위해서도 《침묵의 봄》을 출판했다. 이 카슨의 생각을 많은 사람들과 공유하고, 미래를 맡길 아이들에게도 전할 의무가 있다고 생각한다. 그 구체적인 활동의 하나로서 가장 중요한 것이 환경교육이다.

환경교육의 궁극적인 목적은 인간에게 보다 바람직한 라이프 스타일을 생각하고, 그 실현을 위해 행동하는 힘을 기르는 것이다. 지금 국내외에서 바

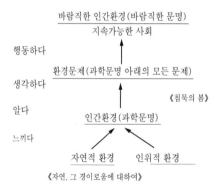

행동하다

생각하다

알다

느끼다

바람직한 인간환경 (바람직한 문명)

지속가능한 사회

환경문제 (과학문명 아래의 모든 문제)

《침묵의 봄》

인간환경 (과학문명)

자연적 환경   인위적 환경

《자연, 그 경이로움에 대하여》

〔그림 2〕 카슨에게 배운 환경교육 (학습)의 체계포스터

람직한 라이프 스타일로서 '지속가능한 사회'를 내걸고 있다. 따라서 환경교육도 '지속가능한 사회'구축을 목표로 할 것이다. 그러기 위해서는 어떠한 내용을, 어떠한 방법으로 학습할지를 검토할 필요가 있다. 카슨은 그 힌트를 《침묵의 봄》, 그리고 《자연, 그 경이로움에 대하여》에서 보여주고 있다. 전자에서는 현대의 과학문제를 다시 묻는 그 필요성이 드러난다. 그렇게 되면 '지속가능한 사회'의 구축이라는 시점에서 '과학'과 '과학기술'을 생각하는 학습내용과 그 기회를 얻게 될 것이다. 후자에서는 인간환경의 기초로서 '자연'을 '아는' 그 첫걸음을 배울 수 있다. 이 두 가지를 잘 조합한 프로그램을 만들고, 미래를 짊어질 아이들을 교육해야 한다〔그림 2〕.

카슨 연보

1907년 펜실베이니아주 알레게니군 스프링데일에서 태어나다(5월 27일).

1903년 스쿨 스트리트 학교에 입학.

1918년 〈세인트 니콜라스 매거진〉에 《구름 속의 싸움》이 게재되다.

1923년 파르나서스 고등학교로 편입.

1925년 피츠버그에 있는 펜실베이니아 여대에 입학(영문학 전공).

1928년 전공을 생물학으로 변경.

1929년 우즈홀 해양생물연구소의 '초급생물학자' 연수 코스에 참가, 바다와
        만남. 볼티모어의 존스 홉킨스 대학 대학원 석사과정 입학.

1930년 가족도 스프링데일의 집을 팔고 볼티모어로 이주.

1932년 《메기의 태생기 및 자어기의 전현의 발달》라는 논문으로 존스 홉킨
        스 대학으로부터 석사학위를 수여받다. 메릴랜드 대학 등에서 강사
        를 하며 연구를 계속.

1934년 존스 홉킨스 대학 대학원을 퇴학하고 정규 교직 자리를 찾아 취직
        활동.

1935년 아버지 로버트 사망. 방송 프로그램에서 대본 집필 아르바이트를
        한 것을 기회로 정부 발행 팸플릿의 원고를 집필.

1936년 일요판 〈선데이선〉에 서명이 들어간 기사 《청어의 계절은 곧 온다》
        를 게재. 공무원시험에 합격. 어업국에 정식 채용되다. 연봉 2,000
        달러.

1937년 언니 마리안 사망. 두 조카딸을 마리아가 돌보게 되고, 주거도 메
        릴랜드주 실버스프링으로 이전. 〈아틀랜틱 먼슬리〉에 《바닷속》이
        게재되다.

1939년 중앙관청의 재편성에 의해 어업국은 생물조사국과 통합하여 어류야
        생생물국이 된다.

1941년 《바닷바람 아래에서》 출판.

1942년 제2차 세계대전으로 시카고 근무.

1943년 시카고에서 돌아오다.

1946년 국립야생생물보호구를 소개하는 시리즈로 된 소책자 《자연보호의 현상》의 편집 집필 업무를 담당. 메인주 부스베이에서 휴가를 보냄.

1947년 각지의 야생생물보호구의 조사를 진행하며 집필. 《자연보호의 현상》 시리즈 《신커티그》, 《파커 리버》 《마타무스키트》 출판.

1948년 《자연보호의 현상》 시리즈 《야생생물자원의 보호》 출판. 《우리를 둘러싼 바다》 집필구상 구체화. 저작권 대리인 메리 로데일과의 공동작업 개시.

1949년 플로리다에서의 수중조사, 조사선 '알바트로스 3세호'를 타고 해양조사를 경험.

1950년 《자연보호의 현상》 시리즈 《베어 리버》(공저)출판. 잡지 〈예일 리뷰〉에 《섬의 탄생》 게재. 《섬의 탄생》이 미국과학진흥협회 '과학문학상'을 수상.

1951년 잡지 〈뉴요커〉가 《우리를 둘러싼 바다》를 분할게재. 《우리를 둘러싼 바다》 출판, 베스트셀러가 되다.

1952년 《우리를 둘러싼 바다》가 전미도서상, 존 버로우즈 메달을 수상. 《바닷바람 아래에서》재간. 역시 베스트셀러가 되다. 어류야생생물국을 퇴직. 문필활동에 전념.

1953년 메인주 부스베이에 별장을 건축.

1955년 《바닷가》 출판.

1956년 잡지 〈우먼즈 홈 컴패니언〉에 《아이들이 경이로움에 눈을 뜨도록 해주자》 게재(나중에 《센스 오브 원더》로 출판).

1957년 조카딸 마조리가 사망. 유아였던 로저(5세)를 양자로 입양. 메릴랜드주 실버스프링에 집을 신축.

1958년 《침묵의 봄》집필 시작. 어머니 마리아 사망.

1960년 암을 발견하고 방사선 치료를 시작.

1962년 《침묵의 봄》, 잡지 〈뉴요커〉에 게재(6월 16일). 단행본 출판(9월

27일).

1963년   슈바이처 메달 수상. CBS 텔레비전 프로그램《레이첼 카슨의 침묵
의 봄》방송. 케네디 대통령 과학자문위원회 농약위원회 보고서 제
출. 리비코프 의원을 대표로 하는 상원소위원회에서 증언.

1964년   56세로 사망(4월 14일).

1965년   《센스 오브 원더》출판. 레이첼 카슨 트러스트(1978년 이후 레이첼
카슨 협회) 설립.

1970년   지구의 날. 환경보호청 창설.

1980년   지미 카터 대통령으로부터 자유훈장을 수여.

1981년   레이첼 카슨 초상우표발행.

1995년   《카슨=프리먼 서간집》출판.

1998년   《잃어버린 숲—레이첼 카슨 유고집》출판.

2001년   《센스 오브 원더》영화화.

2007년   레이첼 카슨 탄생 100주년.

오정환(吳正煥)
미국 인디아나대학 수학. 동아일보 외신부장·동화통신 편집국장 역임.
옮긴책 O. 헨리 《마지막 잎새》 윌리엄 서로이언 《인간희극》 마크 트웨인
《톰소여의 모험》《허클베리핀의 모험》 버튼 《아라비안나이트》 등이 있다.

World Book 102
Henry David Thoreau/Rachel Carson
WALDEN, OR LIFE IN THE WOODS
SILENT SPRING/THE SENCE OF WONDER
월든/침묵의 봄/센스 오브 원더
헨리 데이비드 소로/레이첼 카슨/오정환 옮김
1판 1쇄 발행/1988. 1. 1
2판 1쇄 발행/2009. 6. 1
2판 5쇄 발행/2019. 7. 1
발행인 고정일
발행처 동서문화사
창업 1956. 12. 12. 등록 16-3799
서울 중구 다산로 12길 6(신당동 4층)
☎ 546-0331~6 Fax. 545-0331
www.dongsuhbook.com

＊
사업자등록번호 211-87-75330
ISBN 978-89-497-0530-9 04080
ISBN 978-89-497-0382-4 (세트)